JACQUES ATTALI

Os judeus, o dinheiro e o mundo

TRADUÇÃO
Joana Angélica D'Avila Melo

Editora Futura

Os judeus, o dinheiro e o mundo

Título original: *Les juifs, le monde et l'argent*

Editora geral	ANA EMÍLIA DE OLIVEIRA SILVA
Editor de negócios e tecnologia	MARCO PACE
Produtor editorial	JOSÉ ANTÔNIO RUGERI
Produtora editorial assistente	MÔNICA DI GIACOMO
Revisão	BEATRIZ DE FREITAS MOREIRA
Projeto gráfico e diagramação	LUCIANE SZABO
Capa	NEWTON CESAR (A PARTIR DA IMAGEM DE G. DAGLI ORTI)

Impressão e acabamento: São Paulo, Brasil

DADOS INTERNACIONAIS DE CATALOGAÇÃO NA PUBLICAÇÃO (CIP)
(CÂMARA BRASILEIRA DO LIVRO, SP, BRASIL)

Attali, Jacques
Os judeus, o dinheiro e o mundo / Jacques Attali ;
tradução Joana Angélica D'Avila Melo. — São Paulo : Futura, 2003.

Título original: *Les juifs, le monde et l'argent.*
Bibliografia.
ISBN 85-7413-180-6

1. Judeus — Condições econômicas 2. Judeus — História I. Título.

03-5268 CDD-330.900924

ÍNDICES PARA CATÁLOGO SISTEMÁTICO:

1. Judeus : História econômica 330.900924

2003

EDITORA FUTURA
Av. Raimundo Pereira de Magalhães, 3305
CEP 05145-200 — São Paulo — Brasil
e-mail: edfutura@edfutura.com.br

Ao meu pai, Simon

SUMÁRIO

2
ÊXODO
(70 / 1096)

3
LEVÍTICO
(1096 / 1789)

4
NÚMEROS
(1789 / 1945)

5
DEUTERONÔMIO
(1945 / ...)

PREFÁCIO

O*s judeus, o dinheiro e o mundo* é um livro que eu preferiria não tivesse sido escrito. Através dos tempos, a relação supostamente obsessiva entre os judeus e o dinheiro tem sido usada *ad nauseam* para alimentar o preconceito contra o nosso povo. Não entendo por que uma pessoa esclarecida queira retomar o assunto justo agora, numa época em que o anti-semitismo dá sérios sinais de recrudescimento no mundo inteiro.

No entanto, não se pode negar que o autor, Jacques Attali, um judeu de origem algeriana e escritor prolífico, apresenta nesta obra uma análise objetiva do tema. Discorrendo extensivamente sobre os motivos históricos, sociais e teológicos que levaram os judeus a sobressaírem no campo das finanças, Attali alia fatos já conhecidos a novas interpretações para comprovar sua tese de que o apego dos judeus ao dinheiro não foi uma opção, e sim uma imposição das circunstâncias.

Sabe-se, é claro, que, já nos primeiros séculos da Era Comum, os judeus — sendo vistos como culpados pela morte de Cristo e, portanto, merecedores do castigo divino — eram barrados das profissões respeitáveis e tolerados somente naquelas desprovidas de *status*. Desde a era romana, muitos judeus tinham sido mercadores, uma ocupação menosprezada nas sociedades agrícolas. Quando, porém, as Cruzadas abriram novas rotas de comércio por toda a Europa e as atividades comerciais adquiriram prestígio, muitos cristãos se apressaram a entrar no ramo e os judeus foram forçados a sair. Nesse mesmo período, a crescente hostilidade popular levou a novas leis que proibiam os judeus de possuírem terra. As guildas de artesãos, que estavam sendo então organizadas, só admitiam cristãos. Assim, o único meio de vida que restou aos judeus era o empréstimo de dinheiro a juros — a usura, como era então chamada —, atividade proibida aos cristãos pela Igreja. Ao realizarem operações de empréstimo, os judeus enriqueceram e se tornaram ainda mais malvistos. Devido à escassez de dinheiro, às incertezas inerentes à agricultura e aos grandes riscos do comércio internacional, as taxas de juros eram forçosamente altas, resultando na acusação de que os judeus eram exploradores que "sugavam o sangue cristão".

Attali expõe como outra possível razão para a intimidade dos judeus com o dinheiro o fato de terem sido durante séculos um povo errante. Mencionando as viagens dos patriarcas, a peregrinação pelo deserto do Sinai a caminho da Terra Prometida, os repetidos exílios e a dispersão, o autor conclui que o dinheiro sempre foi o único bem portátil dos judeus. Era seu instrumento de sobrevivência.

Apesar do título e conteúdo controversos, este livro merece ser lido. Primeiro, porque é uma leitura fascinante. Segundo, porque quem o lê com atenção e isenção descobre nele interessantes explicações para a imagem distorcida do judeu que se formou na mente de tantas pessoas e talvez até se sinta impelido a rever seus (pré)conceitos.

RABINO HENRY I. SOBEL
Presidente do Rabinato da Congregação Israelita Paulista

INTRODUÇÃO

Esta é a história das relações do povo judeu com o mundo e com o dinheiro. Não ignoro quanto esse tema cheira a enxofre. Ele desencadeou tantas polêmicas e provocou tantos massacres que se tornou uma espécie de tabu, a não evocar sob nenhum pretexto, por temor de despertar alguma catástrofe imemorial. Hoje em dia, já ninguém ousa escrever sobre esse tema; como se séculos de estudos só tivessem servido para alimentar autos-de-fé. Por isso, por sua própria existência, este livro está ameaçado de originar mil mal-entendidos.

Quando tratamos de um assunto, somos tentados a aumentar-lhe a importância. Aqui, é grande o risco de superestimar o papel do dinheiro na história do povo judeu, assim como o do povo judeu na história do mundo. A decisão de contar essa história poderia fazer crer que existe um povo judeu unido, rico e poderoso, submetido a um comando centralizado, ocupado em acionar uma estratégia de poder mundial através do dinheiro. E assim veríamos o retorno de fantasmas que atravessaram todos os séculos, de Trajano a Constantino, de Mateus a Lutero, de Marlowe a Voltaire, dos *Protocolos dos Sábios de Sião* a *Mein Kampf*, até desembocar em tudo o que hoje em dia a Internet veicula anonimamente.

Além disso, um livro não é como uma conversa que podemos encerrar e cujo rumo podemos controlar; nem mesmo como aquelas piadas — e há tantas sobre esse tema! — que autorizam a rir de tudo, desde que não seja com qualquer um. Uma vez publicado, um manuscrito escapa ao seu autor; ele ajuda certos leitores a refletir e outros a alimentar seus fantasmas. Ao escrevê-lo, portanto, convém prepará-lo para todos os seus desdobramentos, inclusive os mais deturpadores.

Os homens de hoje, contudo, têm interesse em compreender de que modo o povo descobridor do monoteísmo se viu na situação de fundar a ética do capitalismo, antes de se tornar, através de alguns de seus filhos, o principal corretor e o primeiro banqueiro desse mesmo capitalismo e, através de outros, seu mais implacável inimigo. É também essencial, para o próprio povo judeu, enfrentar essa parte de sua história, da qual ele não gosta e da qual, na verdade, teria bons motivos para se orgulhar.

Para isso, é preciso responder a perguntas difíceis: os judeus foram mesmo os usurários cuja memória a História conservou? Tiveram com o dinheiro um vínculo particular? São atores específicos do capitalismo? Beneficiaram-se das guerras e das crises para fazer fortuna? Ou, ao contrário, só se tornaram banqueiros, ourives, corretores quando lhes foi proibido o acesso aos outros ofícios? Hoje, são eles os donos da globalização ou seus piores adversários?

Para responder a tais interrogações e a várias outras — mesmo assumindo os riscos inevitáveis da síntese —, precisaremos reviver os principais acontecimentos da história política, religiosa, econômica e cultural dos três últimos milênios, descrever a sorte que as nações reservaram às minorias, acompanhar o destino de príncipes e mendigos, intelectuais e camponeses, filósofos e financistas, mercadores e capitães da indústria, reconstituindo suas trajetórias freqüentemente inacreditáveis e fulgurantes, quase sempre trágicas, gloriosas ou miseráveis, de poder e de dinheiro.

Então nos espantaremos por descobrir o sentido inesperado que alguns dos mais conhecidos acontecimentos assumem quando se revela o papel neles desempenhado pela gente do Livro.

Para realizar tal viagem, não seria cabível adotar de antemão uma bússola única: no extraordinário fervilhar de aventuras coletivas e de destinos individuais aos quais se mescla o povo judeu, seria absurdo seguir apenas uma pista. Minha tese só se desvelará aos poucos, paralelamente à narrativa, a fim de impor-se à sua conclusão. Sendo assim, parece-me que, para empreender essa viagem cronológica, o melhor fio condutor e o principal guia deve ser a própria Bíblia.

De fato, é como se a distribuição do Pentateuco em cinco livros de temas perfeitamente circunscritos fosse a mais exata metáfora das principais etapas da história do povo judeu. Mais precisamente, é como se cada um desses cinco livros descrevesse de antemão o espírito de cada uma das cinco fases da história real do povo que os escreveu. Naturalmente, isso não passa de um modo de esclarecer tendências gerais: não é o caso de lermos a Bíblia como se ela fosse o relato secreto de profecias históricas. O destino do povo judeu demonstrará isso mais que qualquer outra coisa: os homens são livres para fazer o bem ou o mal. Trata-se apenas de situar cada período histórico sob os auspícios de uma das cinco partes do Pentateuco, porque o tema de cada uma remete perturbadoramente aos desafios essenciais de uma época.

Primeiro, o Gênesis (que abrange, na Bíblia, desde a origem do mundo até a morte de José no Egito) pode iluminar o período que se estende, na história real, do nascimento do povo judeu em torno de Abraão à destruição do segundo Templo. Nos dois casos, trata-se da gênese de um povo e de suas leis, de suas relações com o mundo e com o dinheiro. Nos dois casos, tudo termina com a chegada dos judeus a um lugar de exílio: o Egito em um, o Império Romano em outro.

Segue-se o Êxodo, que, na Bíblia, narra desde a estada no Egito até a saída cheia de esperança para o Sinai. Ele pode ser colocado em correspondência com o período de um milênio que vai do exílio no Império Romano à partida promissora para a Europa cristã.

Após o ano 1000 têm início, ecoando o Levítico (livro que relata as leis do Exílio e a esperança na Terra Prometida), as atribulações do povo judeu entre as garras dos senhores da Europa, na Espanha, nos Países Baixos, no Brasil, na Índia, na Polônia, até a revolução americana. As leis explicam a sobrevivência desse povo.

Vem então a época do livro dos Números (que, na Bíblia, conduz os judeus desde o Bezerro de Ouro no Sinai até as batalhas às portas de Canaã), período de abundância econômica e de crescimento demográfico, seguido de massacres em massa e da chegada à Terra Prometida. Exatamente como na história real, em que as maravilhosas promessas das Luzes geraram indiretamente a *Shoah** e a criação do Estado de Israel.

Alguns dos sobreviventes chegam então ao novo Estado, que nesse ínterim passou pelas mãos de hititas, filisteus, ápiros, cananeus, hicsos, egípcios, babilônios, persas, gregos, romanos, novamente persas, bizantinos, omíadas, abássidas, cruzados, fatímidas, mamelucos, otomanos e ingleses, sem que os judeus jamais renunciassem a ele.

A seguir, abre-se o período em que ainda nos encontramos. Ele faz eco ao Deuteronômio, o qual descreve as leis de uma sociedade moral que permite aos povos defender sua identidade com e contra o dinheiro.

Nestes tempos de incerteza, em que o reconhecimento recíproco das nações no Oriente Próximo condiciona amplamente a paz e a guerra no mundo, as lições desses milênios nômades merecem ser tiradas. Até que se possa contornar — esperança dada pelo quinto livro — a nova barbárie do dinheiro, inventando a mais promissora das civilizações: a da hospitalidade.

Iniciemos a viagem.

* Termo hebraico para designar o Holocausto, a saber, o massacre de judeus e de outras minorias nos campos de concentração alemães, durante a Segunda Guerra Mundial. (N. da T.)

I

GÊNESIS

(2000 a.C. / 70)

O judaísmo começa por uma viagem. E, como o sentido de todas as coisas freqüentemente se esconde no das palavras, a identidade do povo hebreu se dissimula em seu nome, que remete justamente à viagem. Seu ancestral mais longínquo, um dos netos de Noé e um dos antepassados de Abraão, chama-se *Ever*, o que podemos traduzir por "nômade", "homem de passagem", ou ainda "permutador". Um pouco mais tarde, esse Ever se tornará *Ivri*, "hebreu". É como se, desde o início, o destino desse povo estivesse inscrito nas letras do seu nome, código genético de sua história: ele deverá viajar, permutar, comunicar-se, transmitir. E, portanto, também comerciar.

Encontra-se esse tema da viagem em todos os mitos originais dos povos itinerantes: seu fundador vem de fora; o primeiro de seus deuses protege os viajantes, reina sobre a comunicação e o intercâmbio, condições da paz e da confiança; e, para complicar as coisas um pouco mais, em geral esse deus é também o dos ladrões...

Assim, o relato bíblico se inicia por uma viagem. E o primeiro livro do Pentateuco — aquele que é chamado Gênesis, cujas primeiras palavras são "No princípio" ou "Para começar"[90] — conta justamente o périplo que vai desde a criação do mundo até a partida de José para o Egito, isto é, desde o nascimento do homem para a liberdade até o desastre da escravidão.

Na história real do povo, esse Gênesis começa nas terras da Mesopotâmia, dezoito séculos antes da nossa era, para terminar com a destruição do segundo Templo, no ano 70, e com a submissão ao Império Romano. Em suma, ela vai de outro paraíso terrestre a outro Egito.

No período desses quinze séculos — pelo menos —, esse pequeno povo fez surgir uma religião da qual um terço da humanidade de hoje fará a base de sua crença, e estruturou uma relação com o dinheiro que servirá, mais tarde, de fundamento para o capitalismo.

1. Até o Egito: da troca à prata

Ish e Adão

Embora não se possa afirmar com total certeza a existência de um povo hebreu antes de que ele chegasse a Canaã — mais de três mil e duzentos anos atrás —, não se pode contar sua história sem interessar-se pelo modo como ele mesmo relembra sua epopéia anterior. Ainda que não exista nenhuma prova material dos acontecimentos narrados pelo seu Livro sagrado, estes permanecerão para os hebreus, ao longo dos séculos, como uma fonte de inspiração moral, política, econômica e social, um guia dos comportamentos cotidianos, uma lição de vida, de coragem, um ato de esperança no reino de Deus.

Raras são as cosmogonias nas quais o primeiro homem não faz parte do povo que as descreve. É esse, no entanto, o caso da narrativa bíblica, para a qual o primeiro homem não é um hebreu.

Esse homem, Ish ou Adão, vive inicialmente no jardim do Éden, lugar de não-desejo, de inocência e de integridade que lhe garante a abundância e o preserva das necessidades do trabalho, exceto o de guardar esse jardim. O jardim do Éden não lhe pertence, mas ele não precisa possuir nada para viver feliz ali, primeiro sozinho, depois com uma companheira: a primeira necessidade é de ordem sexual, o primeiro repúdio é a solidão. Somente duas interdições o limitam, ambas relativas ao alimento: ele não deve comer dos frutos da Árvore do Conhecimento — pois neles descobriria o saber, a consciência de si e, portanto, a dúvida — nem dos da Árvore da Vida — pois com isso ganharia a eternidade. Nos dois casos, trata-se de privilégios de Deus. Primeira inscrição da condição humana na economia: para não desejar, o homem não deve conhecer a extensão de sua ignorância nem a finitude de sua condição. Assim que viola uma dessas duas interdições — ao comer o fruto proibido —, ele descobre a consciência de si e o desejo; é então relegado ao mundo da escassez, onde nada está disponível sem trabalho.

Dessa forma, o desejo produz a escassez, diz a Bíblia, e não o inverso, como a evidência faria pensar. Primeira lição de economia política...

Essa expulsão do jardim do Éden, esse exílio da condição humana faz do homem um ser material. Ele se torna um ser de carne e sangue. Imediatamente, a busca da subsistência lhe é penosa: até mesmo duas vezes mais difícil — diz o comentário — do que o parto para sua companheira, e duas vezes mais árdua do que a busca da salvação. Ish, o homem sem nome, o homem genérico, torna-se então um homem específico, o qual estabelece com Deus um contrato que transforma a condição humana em projeto: realizar o reino de Deus sobre a terra para recuperar a inocência moral, para fazer desaparecer a privação.

Pela primeira vez, uma cosmogonia não se vê como cíclica: não fixa como seu alvo o retorno da mesma coisa. Ela estabelece um sentido para o progresso; faz da Aliança com Deus a flecha do tempo; atribui ao homem a escolha de seu destino: o livre-arbítrio. Assim é colocada a função da economia: quadro material do exílio e meio de reinvenção do paraíso perdido. Doravante, a humanidade tem um objetivo: superar seu erro. Ela dispõe de um meio para alcançá-lo: fazer o tempo frutificar.

Mas, conta o Gênesis, tudo perde o rumo, geração após geração. Em vez de trabalharem para reinventar um novo Jardim das Delícias, os homens afastam-se dele por seus conflitos e suas ambições. Quanto mais esquecem Deus, mais penam para sobreviver. Nesse sentido, o Gênesis já não é senão o relato, de Abel a Noé, de Noé a Abraão, de Abraão a José, do confronto cada vez mais desastroso do homem com todas as limitações da economia.

Incapazes de preferir as exigências da moral às da privação, os filhos de Adão matam-se entre si. Caim — cujo nome significa "adquirir" ou "cobiçar" — recebe a terra em partilha. Abel — cujo nome remete ao nada, ao sopro, à fatuidade, à fumaça — recebe os rebanhos[132]. Quando o agricultor recusa ao pastor o direito de passagem, um dos dois irmãos perde a vida ali. Segunda lição de economia: ninguém deseja senão aquilo que o outro deseja: portanto, só existe sociedade possível na diferenciação das necessidades[165].

O assassinato do pastor não é um simples fraticídio: o verdadeiro culpado é a própria terra, essa terra maldita que Caim só recebera em partilha para acolher nela seu irmão[132]. Se a Bíblia dá o bom papel à vítima nômade, se ela deixa sobreviver o assassino sedentário, é para lançá-lo, por sua vez, a uma viagem redentora.

Assim como fizera com Adão, Deus exila Caim; faz dele um despossuído, um viajante, um nômade, para ensinar-lhe a viver o outro lado da violência.

Essas primeiras lições não são suficientes. Os filhos de Caim recaem cada vez mais nas engrenagens do desafio a Deus, da rivalidade entre os semelhantes, do combate pelos bens raros. Várias vezes Deus tenta reconduzi-los ao caminho do contrato feito com Adão. A cada tentativa, no tempo dos operários de Babel ou dos delírios de Sodoma e Gomorra, Deus renova Seu gesto de cólera e devolve os homens à sua fraqueza.

De Abraão a Jacó

Logo após um Dilúvio refundador, Deus escolhe outra estratégia: já que nem todos os homens são acessíveis às Suas razões, Ele encarregará um povo de ser Seu intermediário junto a eles. Confiará a esse povo deveres específicos, sem qualquer privilégio. Exigirá que ele sirva de exemplo, que conserte o mundo destruído pelo erro. Assim nasce o povo "hebreu", que só se tornará povo "judeu" quinze séculos mais tarde.

Quatro mil anos atrás, a crer-se no relato do Gênesis, um neto de Noé, chamado Ever, perambula pela Anatólia[16]. Antes de chegar lá, ele atravessa as primeiras cidades-Estado (Uruk, Lagash, Girson e Kish), onde certos povos adoram divindades ligadas à fertilidade, conhecem a escrita, praticam a irrigação, trabalham o bronze e utilizam o ouro e a prata como meios de permuta[157]. Um antigo oficial do rei de Kish, Sargão, acaba de confederá-los num império acadiano, que vassaliza a Suméria, incessantemente atacada por povos de passagem que ele submete integrando o estilo de vida e os cultos de suas vítimas[133]. Entre esses povos errantes que Ever encontra na Anatólia estão os hititas, descritos como "homens rústicos da montanha, que não conhecem o trigo", "que não conhecem casa nem cidade" e falam a mais antiga das línguas hoje ditas indo-européias[429]. Sumérios e hititas se confrontam e se observam, cada um construindo para si um território.

Os descendentes de Noé, a tribo de Ever, agora chamados ápiros ou háribos, são mercadores caravaneiros, criadores de jumentos[6], pequenos pastores em vias de sedentarização[430]. Invocam seu ancestral imediato, que os acompanha e protege, em troca de sacrifícios de animais e de pedras erguidas a cada etapa.

Um pouco mais tarde, por volta de 1730 a.C., a Mesopotâmia se organiza num reino único, tendo como capital Babilônia, "porta de Deus", e, como rei, Hamurábi. Alguns vestígios de seu "código" serão identificados nas leis judaicas ulteriores[157].

É então que, segundo a narrativa bíblica, um desses nômades ápiros, Terah, rico criador de gado, deixa Ur, na Caldéia suméria (ou Ura, na Anatólia), e se instala, com suas mulheres, seus filhos, seus pastores e seus rebanhos, em Harran, na Assíria hitita[6]. Como vem do império inimigo, ele não é muito bem recebido e tem dificuldades para obter o direito de fazer pastarem seus rebanhos.

Um dos filhos desse Terah, Abrão — nascido, informa o Gênesis, em 1812 a.C., ou seja, vinte gerações após Adão e dez após Noé —, deixa então o clã paterno e desposa, entre outras mulheres, Sara (cujo nome lembra o de Sarai, outro nome de Ningal, deusa da Lua tanto em Ur quanto em Harran[6]).

E eis que Deus lhe fala. Dá-lhe ordem de fundar um novo povo, um povo-sacerdote, responsável perante Ele pela condição humana. Tudo que Deus quiser dizer aos homens, Ele o dirá a esse povo. E tudo que Ele disser a esse povo se dirigirá, na verdade, a todos os homens. Abrão deve levar aos homens a felicidade de Deus.

Assim, no mesmo momento em que se anuncia, mais a leste, na Índia, um outro pensamento fundador, os Vedas, o monoteísmo surge na Ásia Menor. Ele só poderia aparecer entre nômades, necessitados de viajar com pouco peso — sem muitos ídolos — e depressa — por não terem tempo de adotar os deuses dos países atravessados. Dupla abstração: um só deus — El ou Eloim, curioso plural, deus ou YHWH —, e o mesmo para todos os povos[6]. Formidável mudança!

O Gênesis narra então a disputa entre os pastores do clã de Abrão e os de seu sobrinho Ló pelo controle de terras. Ló parte em direção ao leste e à rica planície irrigada do Jordão, e se estabelece em Sodoma. Abrão — que tem então setenta e cinco anos — parte em direção ao sul e às colinas de Hebron, em Canaã. O sul representa a sabedoria espiritual, a luz da Lei: o oriente designa a riqueza temporal.

A terra de Canaã, aonde chega Abrão, é uma região rica; por ali passam todas as caravanas a caminho da Ásia. Ela está retalhada num mosaico de pequenas cidades-Estados sob a tutela do Egito, onde reina então a XII[a] dinastia, em cujos arquivos encontram-se textos de execração dirigidos contra "rebeldes" cananeus.

Ao que parece, os ápiros encontram em Canaã um outro povo da Ásia, os hicsos, guerreiros sofisticados, um de cujos deuses, Set, confunde-se com o Baal dos cananeus[6].

Quando Abrão, agora chamado Abraão, se instala em Canaã, Deus lhe dá duas ordens.

Primeiro, a de crescer, multiplicar-se e tirar proveito da terra. Deus lhe pede que seja rico para servi-Lo. O Gênesis (13, 2) avalia com orgulho os progressos dessa riqueza, nestes termos: "Abrão era muito rico em rebanhos, em prata e em ouro"* — bens que constituíam então as principais moedas de troca. E, para obtê-los, quase todos os meios servem, inclusive a esperteza: Abrão chega ao ponto de fazer sua mulher Sara passar por sua irmã, esperando assim receber presentes daqueles que a quisessem desposar!

Em seguida, Deus lhe proíbe o sacrifício humano afastando o cutelo da garganta de Isaac, filho de Abraão com Sara, preferido, segundo o texto, a Ismael, o mais velho, filho de Abraão com outra de suas mulheres, Agar, e em quem a tradição vê o ancestral dos árabes do deserto. Com isso, Deus dá um fim, somente para o povo hebreu, a milênios de assassinatos ritualísticos. Deus não precisa de sacrifício humano, mas não renuncia ao sacrifício animal; assim, Ele situa o homem num lugar à parte, na Criação, e desvia a violência somente para a destruição de suas riquezas materiais.

Essas duas primeiras ordens de Deus ao Seu povo não são independentes uma da outra: a riqueza sob a forma de rebanhos, de ouro ou de prata é o melhor substituto para a violência. Reencontraremos mil e uma vezes esse vínculo entre o dinheiro e o sangue, lancinante advertência lançada por Deus aos hebreus e, através destes, a todos os homens: o dinheiro é, antes de tudo, um meio de evitar a violência. Impondo a si mesmo a substituição do sacrifício pela oferenda, o povo judeu anuncia todo o seu destino: ele utilizará o dinheiro como um meio de reparar os prejuízos e de deter a engrenagem das represálias. O dinheiro irá tornar-se para ele um meio de negociar, de fazer a paz, em vez de combater. Pelo dinheiro, o povo judeu manifestará seu ódio à violência. Até que a violência do dinheiro se volte contra ele...

As duas ordens recebidas se ligam na primeira ação importante de Abraão em Canaã: quando se trata de enterrar Sara, sua mulher, mãe de Isaac, ele não escolhe um terreno conquistado pela força, mas uma gruta

---

* Nesta tradução, as citações bíblicas seguem o texto de *A Bíblia de Jerusalém*, Edições Paulinas, 2ª impressão, maio de 1992. (N. da T.)

comprada a um hitita, Efron, em Macpela, não longe de Hebron (Gênesis 23, 8-11). Tudo é feito de modo a que essa cessão não possa ser questionada nunca: ela acontece em público; Abraão não discute o preço exorbitante que o outro lhe pede (Gênesis 23, 13-16): 400 siclos (*shekels*, termo que ainda designava então uma unidade de peso), ou seja, 4,6 quilos de prata. E, para a obtenção desse total, utilizam-se pesos de grande exatidão, cuja confiabilidade todos se empenham em verificar.

Milhares de páginas foram escritas para explicar por que, na verdade, Abraão compra essa gruta aos homens e a aluga de Deus, e por que o preço dela é de 400 siclos. A locação lembra que os homens estão apenas de passagem e que toda propriedade, mesmo a mais durável, como o túmulo, só pode ser um empréstimo de Deus. Este diz, aliás: "A terra me pertence e vós sois para mim estrangeiros e hóspedes" (Levítico 25, 23). Jamais se deverá esquecer essa precariedade, que acarreta a obrigação de mostrar-se hospitaleiro para com os estrangeiros.

O preço tampouco resulta do acaso, e o modo como o explicam os comentaristas judeus ulteriores merece ser mencionado, pois fornece um excelente exemplo da maneira pela qual raciocinarão, durante milênios, os exegetas desses relatos. Em hebraico, assim como em muitas outras línguas da Antiguidade, os números são expressados por letras. Pois bem, ocorre que a última letra do alfabeto hebraico designa o número 400, e que, para contar acima disso, é preciso utilizar duas letras, e não mais uma só; assim, 400 constitui uma espécie de limite do mensurável. Por outro lado, pode-se decompor 400 em oito vezes 50. Ora, oito vem depois do número dos dias da semana, e 50 vem depois de 49, número de anos depois dos quais é preciso devolver toda terra ao seu proprietário inicial; portanto, oito e 50 representam, um e outro, números que limitam externamente ciclos do tempo humano. E 400 simboliza o que fica além do tempo humano.

Ora, o que fica além do tempo humano é a eternidade. Assim, "400" acaba significando o direito eterno adquirido por Abraão sobre a gruta, o direito eterno dos judeus sobre Hebron e, mais amplamente, sobre a terra de Canaã. Claro está que, até hoje, justamente esse número ressoa como um trovão geopolítico...

Abraão morre com cento e setenta e cinco anos, ou seja, um século após sua chegada a Canaã. Depois dele, duas gerações, a de Isaac e em seguida a de Jacó, vivem e prosperam em Canaã. A religião delas torna-se precisa[16]. Numerosas festas cananéias são transpostas pelos hebreus como aniversários dos principais episódios de sua história do mundo[6].

Isaac e Jacó confirmam a necessidade de enriquecer para agradar a Deus. Isaac acumula animais. "O homem se enriqueceu, enriqueceu-se cada vez mais, até tornar-se extremamente rico. Tinha rebanhos de bois e ovelhas e numerosos servos" (Gênesis 26, 13-14). Depois dele, Jacó "se enriqueceu enormemente e teve rebanhos em quantidade, servas e servos, camelos e jumentos" (Gênesis 30, 43). Deus abençoa sua fortuna e lhe permite comprar o direito de primogenitura de seu irmão Esaú — prova de que tudo se negocia, mesmo em troca de um prato de lentilhas...

Após um combate com um anjo que, ao amanhecer, se confessa vencido pela sabedoria do patriarca, Jacó, aleijado para sempre, recebe de seu misterioso adversário o nome de Israel ("o combatente de Deus"), que ele transmitirá à sua descendência. Depois reparte as terras conquistadas, ou adquiridas mais ou menos pacificamente desde o tempo de seu avô, entre seus doze filhos, nascidos de suas duas esposas, Lia (Rúben, Simeão, Levi, Judá, Issacar e Zabulon) e Raquel (José e Benjamim), e de duas servas, Bala (Dã e Neftali) e Zelfa (Gad e Aser). A poligamia é, e permanecerá por muito tempo, uma prática admitida pelos hebreus, assim como por todos os povos da região.

Depois, diz o Livro, sobrevém a fome em Canaã; ela talvez remeta à terrível crise econômica que atinge o Oriente Médio nessa época[157]. Isso impele a família de Jacó — ou pelo menos uma parte dela — para o Egito. Não é novidade: no Oriente Próximo falta água, ao passo que, no Egito, as terras fertilizadas anualmente pelo limo do Nilo acolhem campos e pomares. Assim, a cada vez que uma seca se prolonga no Oriente, as tribos asiáticas de Canaã, da Capadócia e da Mesopotâmia afluem para lá. Aliás, os hicsos — que os hebreus conheceram em Hebron e com os quais se misturaram — aproveitaram essa circunstância para desabar sobre o Nilo[157]. Graças a uma força militar superior, devida especialmente ao uso de cavalos para puxar carros de guerra — o que os egípcios não dominam —, eles tomaram o poder em Mênfis e depois em Tebas, privando o clero de Amon dos produtos da Ásia, desde então encaminhados para Ávaris, o santuário de Set, irmão de Osíris e deus favorito dos hicsos.

O faraó deles, Seti I, diz-se afilhado de seu deus, Set, que substitui Hórus e protege a produção dos oásis[16]. Na mesma época, mais ao norte, entre os hititas em seu apogeu, encontram-se os primeiros registros escritos[6] da presença dos ápiros ou háribos, em textos que evocam personagens cujos nomes poderiam ser os de Abraão, Isaac e Jacó.

2. Israel no Egito: da prata ao ouro

Riqueza do exílio

E assim é que, por volta de 1600 a.C., os hebreus (eles só se tornarão "os judeus", habitantes da Judéia, sete séculos mais tarde) se vêem no Egito. São bem acolhidos pelos poderosos hicsos, que conheceram em Canaã.

A não ser que sigamos o Gênesis, quando conta (42, 1-8) que eles foram recebidos por um certo José[131]. Mas disso não existe nenhum registro histórico. Primeira figura de judeu cortesão, esse José, um dos filhos de Jacó, é um grande sedutor que se tornou conselheiro do faraó por ter sabido prever uma crise econômica — interpretando um sonho — e fornecer ao príncipe uma maneira de resolvê-la: constituir reservas, forma primitiva de poupança. A metáfora das sete vacas gordas e das sete vacas magras, nova lição de economia política dada pela Bíblia, revoluciona a ordem social: não consumir toda a colheita, prever as ameaças do futuro e levá-las em conta. Dar um papel ao tempo, no domínio sobre a natureza.

Nesse ponto encerra-se a narrativa do primeiro livro, o Gênesis. Mas nem por isso a formação histórica do povo hebreu está concluída. Ele precisará de muito tempo para dotar-se de uma Lei escrita e recuperar um reino, para em seguida perdê-lo. Só então sua relação com o dinheiro e com o mundo acabará de constituir-se. Ao longo dessa gênese histórica, os hebreus vão de um nascimento em um paraíso terrestre, Canaã, a um exílio em regime de escravidão, a saber, Roma; também nesse trajeto, os bens materiais ocupam o centro de uma formidável mutação teológica e política.

Os hebreus permanecem no Egito durante alguns séculos, até por volta de 1200 a.C., e de início parecem viver felizes. Amigos dos príncipes hicsos (talvez seus primos), tornam-se uma comunidade numerosa e forte, nação dentro da nação. Embora ainda não disponham de texto sagrado — é proibido escrevê-lo — nem de ritos bem definidos, vivenciam-se como o Povo escolhido para servir de exemplo e dar a conhecer a unicidade de Deus. Alguns se preparam para retornar um dia à Terra Prometida, enquanto outros vivem como egípcios. Exercem todos os ofícios: de comerciante a pedreiro, de marceneiro a camponês ou a oficiante. Vários são admitidos no seio da elite egípcia, cuja língua aprendem e cujos costumes adotam. Tornam-se astrônomos, escribas, oficiais do exército, financistas. Alguns se assimilam e deixam o grupo original. Em sua maioria são pobres, a exemplo dos outros egípcios, e fundem-se tão bem com o povo que os acolhe que até se pôde sustentar, forçando muito grosseiramente o traço, que eles doravante são simplesmente egípcios e que toda a sua cultura ulterior era apenas uma expressão, entre outras, da cultura do vale do Nilo.

Partindo de um esquema imitado da organização egípcia, eles se organizam de certa forma (pelo menos metaforicamente) em doze famílias ou tribos oriundas dos doze filhos de Jacó — todas polígamas, elas próprias divididas em clãs, por sua vez subdivididos em "casas paternas" administradas por juízes (*chofetim*), policiais (*choterim*) e guardas (*chomerim*). Um príncipe (*nassi*) toma as decisões concernentes ao povo inteiro, sob o controle da assembléia dos chefes de clã, a *eda*. Ele só presta contas ao faraó, com quem negocia os impostos e as corvéias.

Os hebreus comerciam entre si e com os egípcios, mas sem atribuir a estes as mesmas vantagens que concedem aos seus irmãos em dificuldade.

Organiza-se entre eles uma solidariedade, feita de trocas e de empréstimos sem juros.

A moeda ainda não existe sob sua forma moderna; os objetos a trocar são comparados a quantidades abstratas de ouro ou a todos os tipos de outros metais, trabalhados em lingotes de peso fixo. Numa estela do século XVIII a.C., lê-se: "Vendido a Hay, pelo soldado Nebsem, um boi, a saber, 120 medidas [*deben*] de cobre. Recebidos em troca dois potes de gordura [ou seja, 60 *deben*], cinco tangas de tecido fino [25 *deben*], um traje de linho meridional [20 *deben*] e um couro [15 *deben*][17]".

Num túmulo de Tebas datado do século XV a.C., um baixo-relevo representa uma balança com dois bois sobre um dos pratos e nove argolas de metal sobre o outro. A partir desse século, lingotes de chumbo ou de ouro, de tamanho incerto, começam a servir de instrumento para efetuação das trocas.

Os exilados não cortaram os laços com aqueles dentre os seus que ficaram em Canaã. Por intermédio dos mercadores hebreus que seguem as rotas das caravanas, com eles intercambiam manuscritos religiosos, assim como incontáveis mercadorias: ouro da Núbia (a "carne dos deuses", que os ourives transformam em jóias e objetos funerários), cobre, ametista, ébano, incenso, azeite, ovos de avestruz, peles de animais exóticos, marfim etc. Incluem-se, assim, entre os principais mercadores e corretores do império.

Mas, quando os poderosos mudam, a força comercial dos hebreus e sua proximidade com o poder tornam-se funestas para eles. Nova lição para o futuro. Por volta de 1600 a.C., sacerdotes tebanos conseguem erguer-se contra os ocupantes hicsos. Um certo Ahmose ou Ahmés apodera-se de Ávaris, expulsa os invasores, restitui o poder aos sacerdotes de Tebas e funda a XVIII[a] dinastia, com a qual os hebreus do Egito não têm qualquer relação. A Bíblia o diz magnificamente, em sua impressionante concisão: "Levantou-se sobre o Egito um novo rei, que não conhecia José" (Êxodo 1, 8). Essa nova dinastia, a dos Amenófis, restaura o deus Amon como protetor.

A economia se aperfeiçoa

Já se vai em direção a algo que se assemelha à moeda. No Egito, o ouro, o cobre, a prata e o bronze servem de moeda de conta. Assim, o hieroglifo egípcio para designar o ouro consiste numa fieira de pérolas.

O regime torna-se mais duro. Para enfrentar os hititas, que pressionam no nordeste, os egípcios constituem um verdadeiro exército profissional terrestre e marítimo. É nessa época que pela primeira vez encontramos os hebreus citados em tabuinhas egípcias, em Tell el-Amarna. De faraó em faraó, a vida dos hebreus se degrada. Por volta de 1372 a.C., Amenófis IV assume o nome de Akhenaton, elimina o clero tebano e substitui Amon, protetor de sua própria dinastia, por um deus único e universal, Aton, deus do Céu, cuja única representação por ele autorizada é um disco solar de onde partem longos raios de luz, cada um terminado por uma mão humana que segura o hieroglifo da vida. Estranho período, sobre o qual emitiram-se dezenas de teorias, sem que realmente se tenha encontrado uma explicação para ele[157]. É possível que o novo culto, talvez monoteísta, tenha sido inspirado pelo dos hebreus; mas parece também que estes não se curvam à nova ordem e aplaudem a morte mais ou menos natural do misterioso faraó[157], em 1347 a.C., e o advento de Tutancâmon.

O clero tebano e os militares retomam então o poder e instalam a XIX[a] dinastia, que durará até 1186 a.C. Seus faraós, entre os quais Ramsés II (1294 a.C. / 1229 a.C.), encarniçam-se contra os hebreus. Preocupam-se com seu número, sua solidariedade, sua influência ainda não desprezível sobre o aparelho de Estado e o exército. Espanta-os que uma parte da elite egípcia se interesse por essa religião tão antiga, próxima daquilo que a formidável ciência egípcia dá a conhecer sobre o mundo, e que talvez tenha inspirado a Akhenaton a idéia de derrubar os sacerdotes de Amon. Então isolam os hebreus, proíbem-nos de exercer certos ofícios, de se casar, de ter filhos, matam todos os recém-nascidos e transformam os sobreviventes em escravos, a quem ordenam produzir tijolos e construir cidades e monumentos do Novo Império: "Foi assim que ele [o povo hebreu] construiu para Faraó as cidades armazéns de Pitom e de Ramsés" (Êxodo 1, 11).

Depois vem Moisés, salvo e salvador. Pelo menos, segundo a Bíblia, pois a história egípcia nada diz sobre esse hebreu miraculosamente resgatado do massacre dos recém-nascidos para se tornar príncipe, quase irmão do faraó. Segundo o Livro, Moisés mata um egípcio que maltratava um hebreu, descobre-se ele mesmo hebreu e recebe de seu Deus, por uma sarça ardente, a missão de libertar seu povo da escravidão a fim de reconduzi-lo à sua terra. Estranha decisão de Deus, essa de escolher um hebreu ignorante das próprias origens, alçado ao topo do poder de Estado entre os estrangeiros, para fazer dele o chefe de uma revolta de escravos! Mais tarde, veremos muitos outros exemplos disso.

Lição política para o futuro, mas também lição de economia: se, apesar de Moisés ter-se assimilado e ter-se tornado rico e poderoso entre os não-hebreus, Deus não se ressentiu com ele, a ponto de até escolhê-lo como Seu patriarca, por que não fazer o mesmo?

Pois Moisés aceita a missão que Deus lhe dita. Propõe ao faraó, seu quase-irmão, o resgate dos escravos. Recusa arrogante do monarca, que agrava as condições de trabalho deles, exigindo-lhes a fabricação de mais tijolos com menos matéria-prima. Os hebreus voltam-se então contra Moisés, que implora a ajuda de Deus. Eloim intervém com múltiplos prodígios, a fim de estabelecer Sua supremacia diante dos deuses do Egito. Cada um desses prodígios poderia ser interpretado como um sinal do domínio divino sobre a economia. Assim, a vara transformada num crocodilo suficientemente forte para devorar o sáurio criado pelos magos egípcios* enuncia o domínio divino sobre todas as criações humanas, por mais prodigiosas que elas sejam. Depois vêm as dez pragas que Eloim inflige ao Egito, para que este deixe Seu povo partir. Dez sanções econômicas de alvo perfeitamente definido, hierarquizadas para fazer um mal cada vez maior ao carcereiro, atacando sucessivamente todas as fontes de sua rique-

* Segundo a versão da já mencionada *Bíblia de Jerusalém* (Êxodo 7, 10-12), a vara se transforma em cobra — e não em crocodilo —, a qual devora as cobras criadas pelos magos. (N. da T.)

za: a água, o ar, os peixes, a agricultura, o trigo, os rebanhos, o clima etc. As próprias palavras que as designam encerram mensagens de caráter econômico. Assim, uma das pragas, o sangue, é identificada pela mesma palavra, *dam*, que mais tarde designará o dinheiro (*damim*): sangue e dinheiro, inseparáveis desde o sacrifício de Isaac.

Na verdade, só o dinheiro não basta; será necessária a morte dos recém-nascidos do Egito para que o faraó se decida a deixar partirem os hebreus.

Exílio e liberdade

E deixá-los partir ricos. Quatro textos estabelecem isso. Primeiro, a predição feita muito tempo antes a Abraão: "Lá eles serão escravos, serão oprimidos durante quatrocentos anos. Mas eu julgarei a nação à qual serão sujeitos, e em seguida sairão com grandes bens" (Gênesis 15, 13-14); depois, a ordem dada a Moisés diante da sarça ardente: "Darei a este povo a boa graça dos egípcios; e quando sairdes, não será de mãos vazias. Cada mulher pedirá à sua vizinha e à sua hóspede jóias de prata, jóias de ouro e vestimentas, que poreis sobre os vossos filhos e sobre as vossas filhas; e despojareis os egípcios" (Êxodo 3, 21-22); em seguida, a ordem transmitida por Moisés aos chefes de tribo, pouco antes da partida: "Dize, pois, ao povo, que todo homem peça ao seu vizinho, e toda mulher à sua vizinha, objetos de prata e ouro" (Êxodo 11, 1-2-3); por fim, o brutal resumo da situação, um pouco adiante: "Os filhos de Israel fizeram como Moisés havia dito, e pediram aos egípcios objetos de prata, objetos de ouro e roupas. Iahweh fez com que seu povo encontrasse graça aos olhos dos egípcios, de maneira que estes lhes davam o que pediam; e despojaram os egípcios" (Êxodo 12, 35-36). Àqueles que se espantam por ver escravos fugirem ricos, os comentadores[150] responderão, ao longo dos séculos, que essas riquezas lhes são devidas a título de compensação pelo trabalho realizado gratuitamente durante os anos de escravidão, ou a título de presente de despedida, ou ainda de tributo pago aos vencedores por um exército vencido. Certos exegetas judeus da Idade Média, como Rachi de Troyes, notarão igualmente que esses bens não beneficiarão os hebreus: chegados a Canaã, eles os esconderão no Templo que será pilhado pelos babilônios, depois pelos gregos e mais tarde "pelos romanos, que o tomaram dos gregos, e o dinheiro continua em Roma"[325].

Nova lição de economia: os bens obtidos pela força ou pelo terror vão embora pelo mesmo caminho. Uma parte, aliás, desaparecerá mais cedo ainda: ao tomarem o ouro dos egípcios, na verdade os hebreus tomam aquilo que lhes permitirá fabricar um Bezerro de Ouro, o qual, como veremos, custará a vida a quase todos os chefes de família.

Segundo a tradição, essa partida acontece em 1212 a.C. A propósito, os textos egípcios da época mencionam a expulsão de um povo doente, ou de um povo cujo rei é leproso, e uma sublevação de escravos estrangeiros. Em 1207 a.C., encontraremos também uma segunda referência egípcia aos ápiros, numa estela consagrada ao faraó Minephtah ou Merneptah, filho e sucessor de Ramsés II, que os persegue, para além do mar Vermelho, até Canaã, parcialmente sob controle egípcio nesse período.

Dezenas de milhares de mulheres, homens e crianças partem então, alguns enriquecidos por ouro, prata e por todos os tipos de bens, até mesmo com escravos. Alguns amigos, esposas e maridos egípcios os acompanham nessa viagem para o nordeste, em direção a Canaã, através do deserto do Sinai.

Para a sobrevivência durante uma marcha que se espera breve, Moisés impõe uma organização muito rigorosa: economia nômade que mescla incessantemente o religioso e o material. Primeiro, exige que todos, ricos ou pobres, declinem sua identidade, contribuam com meio siclo de prata (Êxodo 30, 11-16) — o qual ainda é somente um peso, e não uma moeda — e sacrifiquem um cordeiro por família. Ordena aos artesãos que fabriquem objetos sólidos, mas leves. Como lembrança daquilo que eles acabam de suportar, proíbe todo trabalho humilhante, impõe o repouso semanal, concede a todos os escravos sete semanas de liberdade por ano (Êxodo

20, 10) e ordena a libertação dos escravos hebreus ao cabo de seis anos (Levítico 25, 42; Êxodo 21, 1). Para resolver os conflitos, formula uma regra de proporcionalidade entre falta e punição (Êxodo 21, 12) e fixa uma compensação em ouro ou em prata para reparar qualquer prejuízo, até mesmo corporal. Por fim, exorta cada um a mostrar-se amável com os estrangeiros encontrados nas caravanas ou nos oásis: pode-se precisar da água e do alimento deles. E encarrega uma das tribos, a dos Levi, de aplicar rigorosamente essas regras.

Mas o povo não quer saber de nada disso. E clama: não saiu de uma escravidão para cair em outra. Há murmúrios e protestos. Não se compreende por que adotar regras tão estritas para uma viagem tão curta. Dali a alguns dias, todos estarão em Canaã, arriarão as bagagens, farão festas na Terra reencontrada. Por isso, assim que Moisés se afasta do acampamento para ir receber, no monte Sinai, a Lei prometida por Deus, certos hebreus iniciam a construção de um ídolo com seus butins.

Estranho projeto, feito ao mesmo tempo de zombaria e desafio: vontade de apropriar-se dos deuses dos antigos senhores, de afirmar-se como iguais àqueles que os trataram tão mal, esquecendo o Deus único sem o qual ainda estariam moldando tijolos no inferno. Aarão, o irmão de Moisés, auxiliado pela tribo dos Levi, tudo faz para retardar a fabricação do ídolo até o retorno do irmão. Primeiro, sugere aos chefes dos rebeldes que escolham como modelo um bezerro, símbolo da riqueza no Egito, esperando que o ridículo salte aos olhos de todos. Mas, como isso não acontece, ele propõe requisitar, para fabricar o ídolo, todas as jóias trazidas do Egito, esperando que as mulheres que as recuperaram se oponham a tanto. Nada feito. O essencial do tesouro tomado do Egito é engolido pela fabricação de um suntuoso Bezerro de Ouro. A mensagem é clara: adorar um só Deus, ou então prosternar-se diante das riquezas dadas por Deus para que os homens O amem.

Nova lição de economia: o dinheiro, instrumento a serviço de Deus, torna-se um concorrente de Deus, um objeto de idolatria, um perigo, se vier a constituir um fim em si. Em outras palavras, o enriquecimento é uma forma de idolatria, se não for enquadrado por regras morais.

Mais tarde, a já mencionada equivalência entre dinheiro e sangue irá transformar-se, para os inimigos dos judeus, numa equivalência entre dinheiro e Deus, e portanto entre Deus, dinheiro e sangue. Um dia, dirão eles, o sangue de Deus será trocado por dinheiro. No antijudaísmo, não se sairá mais desse triângulo infernal.

Depois de quarenta dias, Moisés volta de seu recolhimento trazendo o Decálogo, o texto que Deus lhe ditou. Louco de raiva ao ver o espetáculo do ídolo de ouro, ele o "queima", diz o texto — o que indicaria que o Bezerro é só de madeira recoberta de ouro; ou ainda, dizem os comentadores, ordena que ele seja fundido, não sem mandar derramar o metal derretido pela garganta de três mil culpados. Dessa forma, o texto afirma que Moisés faz desaparecerem juntas as riquezas do Egito e a elite do povo hebreu. Esta, por ter cobiçado aquelas. Mais uma vez, sangue e dinheiro.

Ao povo estarrecido pela sucessão de acontecimentos — a evasão, a travessia do mar Vermelho, a entrada no deserto e depois o extermínio dos idólatras —, Moisés pede que considere como sua principal riqueza um bem que não poderá ser vendido nem consumido, mas que cada um poderá possuir sem dele privar o outro: a Lei. Povo de passagem, usufrutuário de um texto, os hebreus deverão conhecer e viver tudo desse texto a fim de transmiti-lo, de fazê-lo a coluna vertebral do mundo. Assim, Moisés impõe o Decálogo ao povo domado. Dez mandamentos que fundamentam uma moral, uma ética, e cujas dimensões sociais são consideráveis. De fato, eles exigem o trabalho, impõem o repouso semanal, proíbem a fabricação de objetos sacros, protegem os contratos e a propriedade privada, assimilam o furto a um rapto e o rapto a um assassinato.

Moisés dá então à tribo dos Levi a missão de fazer respeitar esses mandamentos. Como estes foram os únicos a não participar da idolatria do Bezerro de Ouro, faz deles os eleitos entre os eleitos. E, para manter em doze o número das tribos não-sacerdotais, divide em duas a de José (em torno dos dois filhos deste, Manassés e Efraim).

No entanto, Moisés compreende que seus companheiros de viagem, tendo conhecido a humilhação da escravidão e a tentação do Bezerro de

Ouro, não serão capazes de obedecer a essa Lei: eles foram submetidos durante demasiado tempo para aceitarem agora o livre-arbítrio, eixo da Lei. Portanto, ele precisa mudar o povo, substituí-lo por uma geração sem memória, que não tenha conhecido o Egito. E, assim, cai o veredicto: todos os que conheceram o Egito deverão morrer no deserto. Nenhum antigo escravo terá acesso à terra da liberdade.

Organiza-se então uma alucinante errância, pelo tempo necessário a forjar um povo de reposição. Para ajudar os hebreus nesse labirinto de areia e criar ali os filhos que deverão assumir a vez, Deus suspende provisoriamente uma das obrigações essenciais impostas ao homem desde Adão: o trabalho. Um "maná" vem alimentar os viajantes. Segundo os comentários, trata-se de uma estranha matéria que toma o gosto imaginado por aquele que a consome: para a criança, ela tem gosto de leite; para o adolescente, de pão; para o velho, de mel. Os que a comem tornam-se tão fortes quanto os anjos. Mas o maná é também um alimento aborrecido: depois que a pessoa o come, somente a fome desaparece. Nenhum prazer o acompanha. O Sinai não é o jardim do Éden. Na verdade, o maná não está infinitamente disponível: ele cai todas as manhãs, diante de cada tenda, e só se deve recolher a quantidade exatamente necessária aos ocupantes dessa tenda. O que for recolhido a mais apodrece: nada de estoque, portanto nada de comércio.

Como acontece em relação a todos os acontecimentos da Bíblia, buscou-se uma explicação racional para esse fenômeno. Alguns cientistas vêem aí uma alusão a insetos parasitas de certas plantas, os tamariscos, que ainda hoje crescem no sul do Neguev. Até hoje os beduínos utilizam esses insetos, os *Tamarix mannifera* — coccídeos ricos em hidratos de carbono, de paladar adocicado e viscoso —, como substitutos do mel. E, até hoje, chamam-nos de... *man*!

O povo não se satisfaz com esse alimento que, para ter sabor, exige tanta imaginação. Ele deseja escapar àquela prisão de areia, sair do labirinto. Também aqui, lição de economia: não basta produzir em abundância um alimento, proporcionar casa e comida, suprimir a escassez. Ninguém pode contentar-se com viver satisfazendo apenas suas necessidades elementares. Todo mundo procura satisfazer desejos e encontrar prazer inventando incessantemente novos desejos. Os homens querem a Terra Prometida, mas pressentem que ela não lhes bastará. Assim, não ficam infelizes por não fazerem outra coisa senão buscá-la: a errância pelo labirinto acaba constituindo sua própria finalidade.

De fato, com o tempo, alguns dos hebreus desgarrados até encontram prazer nessa deambulação sem fim. Ao cabo de quarenta anos, acostumaram-se tão bem a essa vida de nômades sem necessidades que suas vanguardas, as quais finalmente alcançam Canaã, criticam esse país onde é preciso trabalhar para obter o alimento.

Moisés, que está para morrer, dispensa-lhes uma última lição de economia: a rotina da alienação (*avodah*) não vale a incerteza da liberdade (*melakh'a*). O nome da primeira remete à dor; o da segunda, ao poder. Mais uma vez, no judaísmo, a mensagem jaz no sentido oculto das palavras.

3. O SENTIDO DAS PALAVRAS: NOMADISMO E ABSTRAÇÃO

Não podemos compreender nada quanto ao pensamento judaico, particularmente quanto à relação com o dinheiro, se não nos interessarmos pelo sentido das coisas tal como o revela a genealogia das palavras que as designam. Aliás, as palavras foram dadas aos homens, diz o Gênesis, até mesmo antes das coisas que elas denominam, e vivem independentemente delas. Assim, querer descrever a relação do judaísmo com a economia significa antes de mais nada empenhar-se em analisar as palavras que podem descrevê-la, procurar compreender-lhes a história, a relação delas com outras palavras. Significa, por exemplo, descobrir pontos comuns entre palavras que se escrevem com as mesmas consoantes (em hebraico não se escrevem as vogais, assim como, aliás, muitas palavras podem ser escritas com as mesmas consoantes), ou entre palavras que têm o mesmo valor numérico (cada letra equivale a um número, e uma palavra equivale à soma dos valores de cada uma de suas letras).

Agindo dessa forma, sem dúvida desde a época da travessia do Sinai, os judeus elaboraram os princípios mesmos da especulação intelectual e do discurso científico, o qual, também ele, visa descobrir invariantes comuns a fatos sem relação apriorística uns com os outros. Assim, trabalhando sobre as palavras, os judeus de três mil e duzentos anos atrás estavam preparando as gerações futuras para a abstração, faculdade tão essencial, como veremos, às finanças, à ciência e à arte.

Essa capacidade de abstração constitui a primeira riqueza do nômade. Ninguém pode roubá-la dele. Vejamos de que modo ela permite jogar com os termos da economia.

Ser/estar e ter

A língua hebraica não comporta verbo "ter". A palavra *yech*, que significa "ser/estar" ou "há", designa também a relação entre "aquele que é" e os objetos; "eu tenho" diz-se *yech li*, ou seja, "isto é meu" ou "há para mim". Em outras palavras, a coisa possuída não se distingue daquele que possui. Os objetos vivem da vida de seu possuidor, e quem se desfaz de um objeto perde muito mais, em força de vida, do que aquilo que a venda desse objeto lhe traz em dinheiro.

Dinheiro

O principal termo utilizado para designar o dinheiro, *kessef*, aparece cerca de 350 vezes na Bíblia[98]. Escreve-se com as consoantes *KSF*, as quais, vocalizadas como *kossèf*, designam a inveja, a nostalgia, o que, evidentemente, não deixa de ter relação com o dinheiro. Por outro lado, essas mesmas três consoantes, vocalizadas como *kassaf* ou de outro modo, formam um verbo que aparece somente cinco vezes em toda a Bíblia, tendo a cada vez um sentido próximo de "desejar"[111]. Tais passagens, aliás, revelam as formas do desejo[119] que o dinheiro permite satisfazer.

O dinheiro permite à pessoa *reclamar* o que lhe é devido, como quando Jó diz a Deus: "Tu me chamarias e eu responderia; desejarias* rever a obra de tuas mãos" (Jó 14, 15).

O dinheiro permite satisfazer uma *impaciência*, como quando Davi diz, a respeito de seus inimigos: "Parecem um leão, ávido** por devorar; um filhote de leão, agachado em seu covil" (Salmos 17, 12).

O dinheiro permite satisfazer o *desejo de ser amado*, como quando o profeta Sofonias proclama: "Amontoai-vos, amontoai-vos; ó nação, não tenhas vergonha" (Sofonias 2, 1)***, encontrando-se também a tradução por "povos indignos de ser amados".

O dinheiro permite cessar de *enlanguescer*, como quando o poeta canta: "Minha alma suspira e desfalece**** pelos átrios de Iahweh" (Salmos 84, 3).

Por fim, o dinheiro permite obter aquilo pelo qual a pessoa *se dispõe a tudo, exceto ao roubo*. Assim, Labão diz a Jacó, que, ao deixá-lo, está levando os ídolos furtados por Raquel: "Por que *roubaste* meus deuses?" (Gênesis 31, 30).

O dinheiro, portanto, remete à reclamação ao desejo, ao langor, ao amor, à paixão[119]. Ele permite satisfazê-los de maneira não-violenta, civilizada. Desde que se mantenha sob controle esse desejo; pois "quem ama o dinheiro nunca está farto de dinheiro", diz magnificamente o Eclesiastes (5, 9). Ainda, lição de economia: o amor ao desejo não pode senão secretar desejo.

Mas, como o hebraico gosta de jogar com as letras[296], obtém-se também, modificando a ordem das de *kessef* ou mudando uma delas, outras

---

* Na citação em francês, *réclamerais*, reclamarias. (N. da T.)

** Na citação em francês, *impatient*, impaciente. (N. da T.)

*** Aqui, há grande divergência entre as versões da Bíblia em francês e em português. No original francês, a citação é: "Ressaisissez-vous, *gens sans désir*", ou seja, "Acalmai-vos, indivíduos sem desejo". (N. da T.)

**** Na citação em francês, 'Mon âme *languit* jusqu'à se consumer", "Minha alma enlanguesce até se consumir". (N. da T.)

palavras que se aproximam, de modo diferente, do sentido do dinheiro, tais como *kachef* (feitiçaria), *hessef* (descobrir, revelar), *sahaf* (devastar) ou ainda *sekef* (enfraquecer, desencorajar, atormentar). *Kessef* pode igualmente decompor-se em *kes* (cortar, anular) e *sof* (fim); portanto, a palavra significa também o "fim da anulação": o dinheiro marca assim o fim de uma ruptura, de uma violência, a retomada de uma comunicação, o início de uma mensagem. Bem exatamente o que ele é.

Outras palavras são também utilizadas para denominar o dinheiro e completar-lhe o sentido.

O dinheiro-moeda se diz *maot*, o que, com outra vocalização, pode ser lido como *mèèt* (aquilo que depende do tempo). Em outras palavras, o dinheiro é uma maneira de cristalizar o tempo, o tempo do trabalho e o da negociação.

O dinheiro no sentido de "pagamento devido" se dirá igualmente, mais tarde, *DaMim*, que é também o plural de *DaM* (sangue). O dinheiro substitui o sangue: asperge-se o altar com o *sangue* (*DaM*) do animal sacrificado, *adquirido* com o dinheiro (*DaMim*) daquele que oferece o sacrifício[98]. Perigosa e luminosa proximidade, já encontrada várias vezes no Egito e que será deturpada pelos acusadores cristãos e, depois, muçulmanos para acusar os judeus de beber o sangue de crianças. *DM* dá também *DaMa* (assemelhar, comparar, representar), pois o dinheiro representa as coisas a fim de compará-las. Por fim, *DM* pode ser vocalizado como *DoM* (silêncio), o que equivale a dizer que o dinheiro reduz ao silêncio, evita a discussão, mas também, segundo a belíssima interpretação ulterior do Talmude (*Baba Qamma* 92 a), que, apesar do dinheiro pago a título de compensação, o agressor não está quite enquanto não obtiver o perdão de sua vítima[296].

Mais uma palavra designa o dinheiro, no sentido de "fortuna": *mamone*, enquanto *ma-moné* é a forma reduzida de *ma* (*ata*) *moné*, que significa: "O que pretendes fazer?". Em outras palavras, o dinheiro obriga a pessoa a calcular seus atos.

Como as letras possuem um valor numérico, também se podem encontrar equivalências e relações interessantes entre as palavras cujo valor total das letras é idêntico. Assim, um rabino do início do século XIV, Jacob ben Acher, dito Ba'al Ha-Turim, observou que as palavras *mamon* (fortuna), *sulam* (escada) e *oni* (pobreza) têm o mesmo valor numérico: 136. Nessa vinculação entre três palavras *a priori* sem relação, ele descobre uma interpretação do sonho de Jacó: a escada de Jacó, que coloca os homens em relação com Deus e nivela as diferenças entre os ricos e os pobres.

Assim, o povo judeu faz da moeda o instrumento único e universal de intercâmbio, assim como faz de seu Deus o instrumento único e universal da transcendência.

Pagar

O termo *leshalem* (pagar) vocaliza-se também como *shlemut* (integridade) e *shalom* (paz). Em outras palavras, o pagamento das dívidas é um meio de obter a paz. Também aqui, o intercâmbio monetário aparece como uma maneira de resolver os conflitos bem melhor do que a disputa ou a guerra.

Valor

O termo *sha'ar*, o qual designa o "valor" que permite calcular uma equivalência, vem de uma raiz que significa também "fixar", "preparar"; ele designa igualmente a porta de uma cidade, isto é, o lugar onde o tribunal exerce a justiça e fixa o valor das coisas e dos atos. "Pois assim é o cálculo* que ele faz em si mesmo" (Provérbios 23, 7). Em outras palavras, tudo se conta, tudo é julgado. O valor de cada coisa em dinheiro é indissociável de seu valor ético. Em hebraico moderno, o termo designa o preço corrente das coisas, particularmente a cotação das moedas e dos títulos.

---

* No original, "Comme la *valeur* de son âme, ainsi il est", "Como o *valor* de sua alma, assim é ele". (N. da T.)

Comércio

A expressão *massa umatane*, que designa o "comércio", significa ao mesmo tempo "pegar" e "dar". Isso significa que o comércio não é o resultado de um cálculo de benefícios, mas a justaposição de duas doações equivalentes, a simultaneidade de dois atos generosos, unilaterais, em que cada um dos dois protagonistas está em situação de igualdade...

Poderíamos continuar até o infinito esta viagem semântica. Por exemplo, a palavra que designa o mercado, *chuk*, designa também a perna (mais especificamente, a tíbia) e, por extensão, o lugar por onde se caminha: a rua, lugar de comércio por excelência.

4. JUÍZES E REIS: DO OURO À MOEDA

Ao se instalarem em Canaã, os hebreus têm pela primeira vez a oportunidade de organizar-se em um país dotado de um Estado. No começo, eles hesitam. Sofreram demais com o poder para agora aceitarem um, ainda que seja o deles. Mas as exigências da guerra e da economia os impelem a isso. São necessários impostos, um orçamento, moeda, regras de propriedade. Numa impressionante eclosão de leis e de procedimentos, testam-se alguns dos valores e alguns dos princípios da economia de mercado, os quais servirão de base às leis do Ocidente pelos três milênios seguintes.

Juízes

Último dos que conheceram o Egito de Ramsés II, Moisés constata, pouco antes de morrer, que passou a maior parte de sua vida no deserto, entre preces e exegeses da Lei. Divide então essas duas funções entre Eleazar, um filho de Aarão, que assume o papel de sacerdote, e Josué (cujo nome significa "Deus salvou"), que assume o encargo de interpretar a Lei e conduzir a vida cotidiana do povo, presidindo um tribunal de setenta e um juízes (esse número, como veremos, tem virtudes específicas). Esse tribunal não é um governo, mas uma espécie de assembléia democrática, pelo menos em seus princípios, dotada de um chefe ao mesmo tempo militar e político e encarregada de achar a solução para os problemas concretos. Não há Estado, não há administração, não há sistema fiscal centralizado.

Nesse início do século XII a.C., Canaã é um território militarmente e economicamente estratégico, no cruzamento das principais rotas comerciais da época: a leste, em direção à Mesopotâmia; ao norte, à Anatólia; a oeste, ao Mediterrâneo e à Grécia; ao sul, em direção ao Egito, que detém sua tutela.

Uma multidão de cidades-Estados independentes, cidades mercantis, portos, escalas de caravanas constituem os pontos obrigatórios de passagem das mercadorias: ouro, prata, cobre, bronze, estanho, armas, madeira de construção, gado, mel, azeite de oliva, cerveja, vinho, ungüentos. O comércio internacional, particularmente o comércio costeiro, está nas mãos dos cananeus, "corretores de todo o Oriente"[429]. Os termos "cananeu" e "fenício" designam então o comerciante, sujeito à concorrência e ao ataque dos filisteus ou filistinos, "povo do mar", cujo nome dará origem, um milênio mais tarde, ao da Palestina. De saída, uma querela: o termo grego *palestinai* viria, segundo a maioria dos historiadores[6], do hebraico *peleshet* (que designa os filisteus). Mas, para outros[205], ele viria do grego *palaistès*, que designa o lutador, isto é, o "combatente de Deus", ou seja, Jacó, em outras palavras, Israel! Conforme o termo Palestina designe o país dos filisteus ou o de Jacó, a genealogia das palavras, mais uma vez, é de temível importância geopolítica...

Para os historiadores, a presença dos hebreus nessa região se verifica por volta de 1200 a.C. Eles a explicam diferentemente dos relatos da Bíblia. Para eles, o mais verossímil é que esse povo tenha surgido da reunião, em Canaã, de quatro clãs vindos de quatro lugares: os Bene Jacob, clã arameu que fugiu do vale de Balih, na alta Mesopotâmia, para instalar-se por volta de 1270 a.C. em Siquém, em Canaã; os Bene Israel, que chegaram um pouco mais tarde, provenientes do sul, da região de Goshen, no delta do Nilo, onde, sob

Ramsés II, foram empregados na construção das cidades de Pitom e Ramsés; esses dois clãs se encontram em Canaã para formar a "aliança de Siquém" de que fala Josué (24) e que por volta de 1200 a.C. se junta a outros dois clãs, também eles reunidos numa aliança: de um lado, os Bene Abraão, vindos de Hebron, que tomam o nome de "casa de Judá", e, de outro, os Bene Isaac, vindos de Beersheba, isto é, do Sinai.

Outros historiadores reduzem essa história a uma revolta de camponeses ápiros, aliados a escravos fugidos do Egito, contra seus senhores cananeus.

Seja qual for a verdadeira explicação para sua chegada ao lugar, é certo que, no século XII a.C., tropas compostas de hebreus, militarmente aguerridas pelo deserto e comandadas por um impiedoso chefe chamado Josué, marcham, tendo na vanguarda uma Arca que contém sua Lei, a fim de reclamar uma terra atribuída ao seu povo por seu Deus — pelo menos em suas narrativas cosmogônicas —, cinco séculos antes.

Eles se vêem diante dos exércitos das cidades-Estados filistéias: Gaza, Ascalon, Ashdod, Eqron e Gat.

Ao cabo de confrontos de extrema violência, as doze tribos derrotam os filisteus, repelem os hititas e se infiltram entre os cananeus, instalando-se por toda a planície costeira entre Jaffa e Gaza, organizando ao norte as fortalezas de Akko, Meguido, Taanakh e Bethshean e construindo no sul uma segunda linha fortificada, com Geer, Ayyalon e Jerusalém. No início, o território de cada tribo é separado do das outras por reinos inimigos. À medida que a conquista avança, as terras das tribos se juntam; ao sentir crescerem os contenciosos entre os conquistadores, Josué faz a partilha da terra conquistada entre as doze tribos: "Escolhei três homens por tribo para que eu os envie; irão percorrer a terra e farão uma descrição dela com vistas à herança, após o que voltarão a mim. Repartirão a terra em sete partes. Judá permanecerá no seu território ao sul, e os da casa de José permanecerão no seu território ao norte. Fareis, portanto, uma descrição da terra em sete partes e ma trareis aqui, para que eu possa lançar sortes por vós, aqui, diante de Iahweh nosso Deus" (Josué 18, 4-6).

A partir de então, os nomes das tribos de Israel se inscrevem na geografia.

O ambiente ainda é hostil. Os cananeus controlam a metalurgia, especialmente a do ferro, que é então um metal precioso; por causa disso, os hebreus têm muita dificuldade para obter armas de ferro. A população total conta então, ao que parece, cerca de um milhão de indivíduos, a maioria ainda composta por egípcios, filisteus e cananeus[35]. As poucas centenas de milhares de recém-chegados hebreus hesitam então em sua fé. Muitos passam a adorar os deuses locais, Astarte ou Astar e Baal, divindades da fertilidade trazidas de Babilônia. Para preservar sua identidade, os outros instauram uma ordem rigorosa: como no Egito e no Sinai, uma assembléia de todo o povo, a *eda*, debate as grandes questões. Cada cidade, cada aldeia se organiza como comunidade independente, dirigida por anciãos e dotada de um tribunal para decidir sobre a conformidade à Lei de todo ato da vida cotidiana, assim como sobre os litígios entre os habitantes.

Não existem leis escritas, mas somente jurisprudências discutidas ao infinito. Como, bem mais tarde, o direito anglo-saxônico, o direito hebraico não pretende estabelecer nada através de textos. De século em século, os tribunais (*beth din*) estudarão e resolverão casos específicos, adaptando os princípios éticos da Lei segundo as condições do momento.

Esses tribunais fixam primeiramente a relação com a morte: à diferença de seus vizinhos, os hebreus enterram seus defuntos fora das cidades, em túmulos. Sem dúvida, estão entre os primeiros a proibir que nesses túmulos sejam depositados objetos ou seres vivos: a fortuna não deve desaparecer com a morte, grau supremo da impureza.

A população tende a tornar-se mais ou menos homogênea, dentro de fronteiras cada vez mais estáveis. Esses antigos pastores, que se tornaram guerreiros nômades e depois escravos de terraplenagem, transformam-se em camponeses que cultivam até as encostas menos férteis. Alguns criam aldeias nas quais se tornam artesãos, comerciantes, joalheiros. A moeda ainda não existe: como no Egito e em outros lugares, o comércio e os empréstimos se fazem em produtos ou em pesos de ouro ou prata. Entre hebreus, o empréstimo, forma de solidariedade, faz-se sem juros; é concedido, por exemplo, aos agricultores para que comprem suas sementes, reembolsadas na próxima colheita. Aos outros, pedem-se juros, como fazem os outros credores.

Pela primeira vez, a moeda aparece, indiretamente, num versículo do livro dos Juízes (16, 5), quando se trata de pagar a Dalila o preço da armadilha que ela faz a Sansão; depois, um pouco adiante, em outro versículo do mesmo livro (17, 2), sob a forma de siclos de prata (já não pesos, mas sim moedas) fundidos para confeccionar uma estátua, como presente devolvido a uma mãe. Essas duas primeiras aparições da moeda remetem, uma à sexualidade, outra à maternidade. Ambas acompanham a traição. Mas, por trás da metáfora, trata-se aqui apenas de um anacronismo: como se verá, a primeira moeda do mundo só aparecerá cinco séculos mais tarde, na Ásia Menor. De fato, o livro dos Juízes, que a menciona, foi escrito seis ou sete séculos após os acontecimentos nele relatados e dois séculos após a introdução da moeda pelos gregos.

Os tribunais estabelecem novas regras familiares aplicadas ao sedentarismo. O que é adquirido pelo trabalho deve antes de mais nada servir para manter a família ("O homem deve gastar abaixo de seus recursos para o alimento; como seus recursos lhe permitem, para suas roupas; mas acima de seus recursos para honrar mulheres e crianças, porque estas dependem dele", dirão mais tarde os comentários[407]). O homem tem total autoridade sobre suas mulheres (a poligamia se mantém) e sobre seus filhos, exceto, desde Abraão, o de matá-los (Levítico 20, 2-5; Deuteronômio 21, 18-21). O pai é obrigado a mandar circuncidar todos os filhos homens e a "resgatar" o primogênito por uma oferenda, a fim de rememorar o sacrifício de Isaac. O filho mais velho recebe por herança uma parte em dobro, em relação às dos outros; os netos passam à frente de suas tias; à falta de filhos e netos homens, as filhas herdam do pai, mas sem direito de primogenitura entre elas; se um homem não tiver filhos, sua sucessão passa aos seus tios paternos. A mãe de um defunto e seus parentes não têm qualquer direito sobre os bens do morto (Juízes 11, 2). Mas o direito de primogenitura não determina por si só o destino de cada um. Todo homem pode até comprar um direito de primogenitura, como fizeram Jacó e José, ou ainda ser escolhido por seu pai para ser o titular de tal direito, assim como Abraão fez com Isaac.

No entanto, o estatuto das mulheres melhora: o contrato de casamento lhes garante uma certa segurança material, em caso de repúdio; se uma mulher não tiver filhos, pode criar como tais, por procuração, os de outra mulher. Mas todas continuam extremamente submetidas: se herdarem do pai, as jovens só podem casar-se com homens da mesma tribo (Números 36); as viúvas sem filhos têm de casar-se com um irmão mais novo de seu marido, a fim de garantir ao falecido uma descendência póstuma. A esposa segue o marido na escravidão quando ele não puder saldar uma dívida (Êxodo 21, 2-3). Elas têm ainda o encargo da primeira educação religiosa das crianças, sem, no entanto, determinar ainda a pertença ao povo, que é de linhagem masculina.

Depois de Josué, outras personalidades fortes dominam a assembléia dos juízes e elaboram a jurisprudência. Teocracia democrática, cujas principais figuras são Débora, Jefté, Sansão, Gedeão e Samuel. Mas teocracia cada vez menos eficaz, tanto financeiramente quanto militarmente...

Samuel e Saul

No início do século XI a.C., as tribos de Efraim, Manassés e Benjamim são derrotadas por povos particularmente agressivos, os filisteus e os amonitas. A Arca é tomada e o santuário de Silo, destruído. Os juízes decidem então reforçar o exército, até então muito pouco profissional, e ao qual a maioria escapa. Servir no exército, dizem agora os juízes, é servir a Deus; os soldados são os "homens de confiança de Deus" (Juízes 20, 2). Quem se subtrai à conscrição é excomungado ("Ele se recusou a vir em socorro de Iahweh"). Apesar dessas objurgações, a falta de um sistema fiscal impede que se tenha um exército permanente e uma estratégia coerente.

Por volta de 1020 a.C., a situação torna-se cada vez mais crítica. Os invasores amonitas fazem-se mais ameaçadores. Uma assembléia plenária das tribos é reunida em Rama. Os anciãos de todos os clãs instam o principal juiz de então, Samuel, a designar um rei e a delegar-lhe os meios para montar um exército permanente. Num discurso magnífico, Samuel alerta os delegados contra o risco de um monarca vir a confiscar poderes e riquezas e lembra tudo o que um poder autoritário pode causar de sofrimento a um povo. Texto de uma modernidade jamais questionada:

> *"Este é o direito do rei que reinará sobre vós: Ele convocará os vossos filhos e os encarregará dos seus carros de guerra e dos seus cavalos e os fará correr à frente do seu carro; e os nomeará chefes de mil e chefes de cinqüenta, e os fará lavrar a terra dele e ceifar a sua seara, fabricar as suas armas de guerra e as peças de seus carros. Ele tomará as vossas filhas para perfumistas, cozinheiras e padeiras. Tomará os vossos campos, as vossas vinhas, os vossos melhores olivais, e os dará aos seus oficiais. Das vossas culturas e das vossas vinhas ele cobrará o dízimo, que destinará aos seus eunucos e aos seus oficiais. Os melhores dentre os vossos servos e as vossas servas, os vossos bois e os vossos jumentos, ele os tomará para o seu serviço. Exigirá o dízimo dos vossos rebanhos, e vós mesmos vos tornareis seus escravos. Então, naquele dia, reclamareis contra o rei que vós mesmos tiverdes escolhido, mas Iahweh não vos responderá, naquele dia!" (I Samuel 8, 11-19). Mas o povo não o escuta e responde por um clamor: "Não! Mas teremos um rei".*

Samuel resigna-se então a propor aquele que lhe parece o mais preparado para resistir a essas tentações: Saul, general vencedor de várias batalhas contra os amonitas. Eleito por aclamação e sagrado por unção de óleo santo, Saul recruta soldados, requisita víveres, erige fortalezas.

Durante um mês por ano, todos devem fornecer os bens necessários ao rei. Junto ao rei assenta-se um tribunal de setenta e um membros. Cada clã administra seu distrito, e ninguém pode aliená-lo fora do clã. Em cada cidade, a autoridade é exercida por um tribunal (*beth din*) composto de três pessoas e por um executivo de sete pessoas; um e outro devem ser legítimos aos olhos do povo.

Saul implanta uma organização militar eficaz. Durante dez anos, repele os amonitas e os filisteus. Morre em combate, em 1010 a.C., com três de seus filhos, entre os quais Jônatas, que fora designado para sucedê-lo.

Davi e Salomão

O poder passa então a outro general, recente vencedor dos filisteus, em circunstâncias das quais o texto conservou uma marca lendária. No entanto, ele é o primeiro personagem bíblico cuja autenticidade histórica foi estabelecida[115]. Dele descenderá, segundo a tradição, o Messias. Davi unifica as tribos e repele um novo ataque filisteu. Administrador sem igual, constrói o Estado e escolhe como capital aquela de um antigo rei cananeu, Melquisedec, então ocupada pelos jebuseus: Jerusalém, cujo nome significa "cidade da paz". Ali Davi manda construir para seu uso um palácio em madeira de cedro do Líbano, instala um colégio de conselheiros, organiza a exploração do domínio real, instaura um sistema fiscal, faz efetuar um recenseamento e dirige a redação da liturgia (a tradição lhe atribui a composição da maior parte dos Salmos). Sem dúvida, põe então em circulação algo que começa a assemelhar-se a uma moeda: seja como for, utiliza metais preciosos para cunhar peças de valor ainda desigual, cujo monopólio ele se outorga[34]. Adquire um terreno para ali edificar um templo e assim substituir os dois principais locais de culto hebreu, Gilgal — onde Josué deixara os marcos da travessia do Jordão — e Silo, que abrigava a Arca da Aliança. Mas, para sua grande perda, não consegue recolher tributos suficientes dos vizinhos. A tradição diz também que o fato de ter enviado para a morte o primeiro marido de Betsabéia, Uri, impediu-o de levar à frente esse projeto. O crescimento econômico do país é considerável. Davi desenvolve a metalurgia do ferro e do cobre, assim como os transportes rodoviários e marítimos. Mercadores vão instalar-se em cidades estrangeiras, para servir de entreposto aos comerciantes da Judéia. No primeiro livro dos Reis, aliás, aparece a primeira menção a mercadores hebreus residentes no estrangeiro: "Ben Hadad então lhe disse [a Acab]: 'Vou restituir-te as cidades que meu pai tomou de teu pai; e poderás abrir para ti mercados em Damasco, como meu pai os possuía em Samaria'" (I Reis 20, 34).

O funcionamento dos impérios da época exige extorquir tributos cada vez mais altos dos países vizinhos, para poder se defender. Embora obtenha tributos de suas conquistas — garantidas por uma tropa de mercenários —, Davi não procura ampliar o território de Israel; assim, seus recursos se esgotam. Por falta de ambição de conquista, ele condena seu país a permanecer economicamente frágil.

Davi morre em 972 a.C. Depois de muitas disputas, seu filho Salomão o sucede. Contemporâneo da XXIª dinastia do Egito, ele se manterá no trono durante quarenta anos. A profecia de Samuel continua a realizar-se: faustoso monarca, dono de um harém de setecentas esposas e trezentas concubinas, Salomão substitui a tropa de mercenários de seu pai por um exército de conscrição e recolhe pesados impostos. Nas fronteiras, fortifica cidades, tais como Meguido, Hazor, Gezer. Para enfraquecer o espírito de clã, divide o país em doze distritos cujas fronteiras não correspondem às das tribos e confia a administração deles a intendentes. Cria uma escola destinada a formar os funcionários. Relança o projeto de construção de um templo em Jerusalém: 150 mil homens trabalham nessa obra durante sete anos e meio, utilizando os materiais mais luxuosos da região, especialmente a madeira de cedro do Líbano fornecida por Hirão, rei de Tiro.

O essencial do comércio na região ainda é mantido pelos não-hebreus; para designar os mercadores, ainda se diz *Cana'ani*, termo que mais tarde designará os fenícios. O comércio não é uma atividade reservada ao povo hebreu, sobretudo pastor, camponês e soldado. Mas ele se inclui nisso bem depressa. Para completar a prata, o ouro e as jóias, doravante se utilizam, como meios de pagamento, lingotes estampilhados pelo rei. Hebreus em número cada vez maior incluem-se entre os mercadores da região, e podem agora ser encontrados até como marinheiros a bordo das embarcações comerciais ou bélicas de Salomão; outros, arquitetos, artesãos ou ourives, partem para outros países a fim de construir palácios[34].

Para aumentar sua renda, o rei garante a segurança do comércio na região, mediante o pagamento de um tributo pelos vizinhos. Ele organiza uma política de alianças, particularmente com o reino de Sabá. É nessa ocasião (I Reis 10) que pela primeira vez vemos aparecer o dinheiro como oferenda religiosa: a rainha de Sabá dá a Salomão, para o Templo, madeira de sândalo, aromas e cem talentos de ouro, diz o texto. Mais uma vez, trata-se de um peso, já que a moeda só aparecerá dois séculos mais tarde.

Para manter a paz com o Egito, Salomão desposa, entre outras princesas longínquas, uma filha do faraó: a cultura hebraica alimenta-se agora de influências egípcias, fenícias — termo grego para cananéias — e babilônicas.

A religião judaica torna-se mais precisa[16]. Muitas festas (Pessah, Shavuot, Succot, Rosh Hashanah) organizam-se em torno dos ciclos da vida agrícola. As obras de construção do Templo se concluem ao preço de impostos e de trabalhos forçados. A inauguração ocasiona grandes cerimônias, durante as quais se reza e se oferecem sacrifícios — touros — pela felicidade de cada uma das setenta nações que povoam o mundo. Em sua oração inaugural, aliás, Salomão atribui ao Templo uma vocação universal: "A fim de que todos os povos da terra reconheçam teu Nome ..." (I Reis 8, 43). Texto essencial para o futuro: o povo hebreu não pode ser feliz se os outros povos não o forem. Povo eleito, suas riquezas só têm sentido se contribuírem para a riqueza de todos os outros. Nada é bom para os hebreus se não o for para os outros, e toda riqueza deve ser compartilhada com o resto do mundo: assim, um trecho do campo é reservado aos estrangeiros, que podem livremente vir colher o fruto do trabalho do camponês hebreu.

Uma verdadeira economia se instala ao redor do Templo. Este recebe a cada ano um sexto das colheitas; um décimo dessa oferenda vai para os levitas, sacerdotes entre os sacerdotes, e o resto serve para a glória do Templo e para a assistência aos pobres. Os primeiros frutos do ano devem ser oferecidos ao sumo sacerdote. Toda doação ao Templo torna-se sagrada, e o doador só pode retomá-la se a resgatar por uma soma superior ao valor mercantil dela. O Templo, lugar mais bem guardado do país, torna-se assim uma caixa-forte que é utilizada também pelo Estado e pelas grandes fortunas privadas, a fim de abrigar suas riquezas. Ele logo vem a constituir o principal pólo de atração do pais, o local de encontro de todos os hebreus vindos dos impérios vizinhos. Seu átrio torna-se até mesmo o local de trabalho dos pesadores de metais preciosos e, a seguir, dos prestamistas de dinheiro — seja a pessoas privadas ou a empregadores, particularmente aos proprietários de terras, que tomam empréstimos antes das colheitas a fim de pagar o salário de seus meeiros.

Primeiras doutrinas

Transmitir a Lei de memória já não é suficiente. Torna-se lícito redigir as primeiras versões daquilo que virá a ser, muitos séculos depois, a Torá ("o ensinamento"). Começa-se assim a compilar a jurisprudência dos tribunais, e um tribunal supremo — sempre de setenta e um membros, como no tempo de Josué —, o Sinédrio ou Sanedrim, especifica entre outras coisas as condições de funcionamento da economia do reino[98]. A seguir, um resumo dos grandes princípios.

Para começar, um otimismo formidável. A época é de construção, de estabelecimento, de grandes projetos. Embora o relato da destruição da Torre de Babel relembre as ameaças do progresso, acredita-se mais do que nunca na necessidade e na possibilidade do aproveitamento e da reparação do mundo. Recomenda-se fazer fortuna, porque, dizem os juízes, um homem rico é preservado da tentação de roubar e pode mais facilmente estudar e, sobretudo, dar. Um pouco mais tarde, no *Ética dos Pais*, coletânea de pensamentos, leremos esta vigorosa máxima, que resume bem o espírito desse tempo: "Quando não há farinha, não há Torá". E vice-versa.

Mas a fortuna deve permanecer discreta, não deve subir à cabeça nem levar a comportamentos orgulhosos: a época é pródiga em contra-exemplos no círculo do rei... Além disso, reafirma-se que a riqueza é precária, reversível, ao passo que a vida não o é. Ser rico é apenas um meio de servir a Deus, de fazer o bem, e não um fim em si.

A propriedade privada é protegida, sem no entanto ser sacralizada. Toda transferência de propriedade, toda transação comercial devem ser feitas diante de testemunhas (Gênesis 37, 2). A propriedade mobiliária se transmite por recepção do objeto; a propriedade territorial é cedida mediante uma cerimônia durante a qual o vendedor tira seu sapato (Ruth 4, 7). Os direitos do locatário são mantidos, se seu contrato ainda estiver em vigor quando a propriedade for vendida. A propriedade de outrem deve ser protegida: "Se encontrares o boi do teu inimigo, ou o seu jumento, desgarrado, lho reconduzirás" (Êxodo 23, 4). Mas ninguém vai para a prisão por dívidas ou mesmo por roubo. O ladrão que age às escondidas deve reembolsar o dobro daquilo que roubou (ou o quádruplo, se se tratar de gado), salvo se devolver o objeto a um agente do tribunal (o que lhe permite manter-se anônimo). O ladrão que age às claras é obrigado apenas a restituir o objeto, sem ter de pagar multa. Se houver insolência diante de um juiz, a pena é muito mais pesada.

A trapaça é um "roubo mental" e deve ser castigada mais do que o roubo material. Está escrito: "Maldito seja aquele que extravia um cego no caminho!" (Deuteronômio 27, 18), e: "Não porás obstáculo diante de um cego" (Levítico 19, 14), o que é interpretado como a proibição de dar deliberadamente um mau conselho, de vender objetos adulterados (vinho, alimento estragado) ou nocivos (armas, drogas), de enganar aquele que não sabe, de pesar os produtos com pesos falsificados. Além disso, como os hebreus têm cada vez mais contato com estrangeiros, em Canaã e em outros lugares, os tribunais são levados a distinguir aquilo que é proibido a todos os homens daquilo que o é somente aos hebreus, povo-sacerdote com deveres específicos. É permitido vender armas ou ídolos a estrangeiros? É permitido fazer-lhes empréstimos com juros?

Os juros (que se dizem *nechekh*, ou "mordida") são proibidos no seio da comunidade porque, nela, o empréstimo é considerado como uma forma de solidariedade entre irmãos, e não como um comércio. Mesmo que o tomador seja abastado, deve-se emprestar-lhe sem juros, pois não se sabe se ele ainda será rico no vencimento do empréstimo; portanto, deve ser tratado como um pobre em potencial. Quem solicita um empréstimo com juros é tão culpado quanto quem o concede. Alguns já contornam essa proibição investindo num negócio e dividindo os riscos e os ganhos com o empreendedor.

No comércio, desde que exista uma verdadeira concorrência, os preços são livres, exceto para os produtos de primeira necessidade; no caso destes, os lucros são limitados a um sexto do preço de revenda, com dois intermediários no máximo. Em outras palavras, o proveito comercial sobre os produtos básicos não pode ultrapassar o imposto devido ao Templo, também de um sexto. Às vezes, o primeiro a instalar-se é protegido de concorrentes demasiado agressivos.

Ponto essencial: todos devem evitar a qualquer preço aceitar um trabalho constrangedor, dependente, porque submeter-se a alguém equivale a retornar ao Egito, a entregar-se a uma droga ou a sucumbir à idolatria: "Vende-te a ti mesmo por um trabalho que te seja estranho, mas não sejas dependente". Essa proibição explica por que, de século em século, os judeus quase sempre se recusarão a pertencer a grandes organizações e preferirão trabalhar por conta própria.

Assim como a riqueza, o trabalho manual é glorificado se for posto a serviço de valores éticos. Na medida em que não seja constrangedor, ele até passa à frente do trabalho de estudo, pois permite ganhar os meios para consagrar-se ao estudo. "Iahweh teu Deus te abençoará em todo trabalho que a tua mão realizar" (Deuteronômio 14, 29). Consertar o mundo é o principal dever.

O empregado tem direito a uma proteção contra os caprichos do empregador: o salário deve ser pago num dia fixo (Deuteronômio 24, 14); é proibido fazer alguém trabalhar em condições nocivas à saúde; o trabalhador muito jovem, doente ou idoso deve ser protegido. Os assalariados têm direito a se unirem, mas as uniões não podem resultar na exclusão de um terço do trabalho. A greve deve permitir que o assalariado exija o respeito ao julgamento de um tribunal, a um contrato ou a um costume. As atividades proibidas no dia de sabá (*shabbath*) ainda não estão enumeradas detalhadamente, mas, aos sábados, desde já é proibido lavrar a terra, fazer trabalharem os escravos e os animais, acender uma fogueira. Mais tarde, será permitido exercer a legítima defesa no dia de sábado.

O estatuto do escravo se precisa. O escravo hebreu deve ser libertado ao cabo de seis anos e receber então alguns animais e frutos (Deuteronômio 15, 13); se quiser continuar a serviço de seu senhor como assalariado, terá sua orelha furada (Êxodo 21, 6; Deuteronômio 15, 17). Os outros escravos, todos circuncidados (Números 17, 23-27), tomam parte dos festejos ligados às cerimônias religiosas e, particularmente, têm direito ao repouso do sabá (Deuteronômio 12, 16) e podem tornar-se homens de confiança (Números 24, 2). Se se converterem — coisa que eles têm o direito de fazer —, são libertados nas mesmas condições que os escravos hebreus.

O meio ambiente deve ser protegido dos efeitos da economia e da guerra: "Quando tiveres que sitiar uma cidade durante muito tempo antes de atacá-la e tomá-la, não deves abater suas árvores a golpes de machado; alimentar-te-ás delas, sem cortá-las: uma árvore do campo é por acaso um homem, para que a trates como um sitiado?" (Deuteronômio 20, 19).

Mas a Lei assim elaborada supõe uma sociedade ideal, um monarca justo, tribunais perfeitamente esclarecidos e cegamente obedecidos. Na prática, não é esse o caso. O jogo do tempo e do poder conduzem, na verdade, a um acúmulo das riquezas e das prerrogativas. Aquilo que Samuel havia predito no tempo de Saul produz-se no tempo de Salomão: as fortunas aumentam; príncipes se deixam corromper. Embora o povo devesse ser reunido em assembléia no Templo a intervalos regulares (pelo menos de sete em sete anos) a fim de tomar as grandes decisões, os chefes das grandes famílias e os proprietários de vastos domínios decidem a respeito de tudo com alguns mercadores, um punhado de altos funcionários e o rei (Deuteronômio 31,10).

Para compensar essas injustiças e proteger a identidade do grupo, implanta-se progressivamente, por iniciativa dos juízes, um sistema de proteção social sofisticado. Justiça e caridade se confundem num conceito particular, *tsedaka*, termo que remete a "caridade" tanto quanto a "solidariedade", a "justiça" tanto quanto a "justeza". A *tsedaka* se aplica a todos os que correm o risco de ser excluídos da comunidade por sua pobreza ou por sua rebeldia: "Se teu irmão vier a desobedecer, se vires sua fortuna vacilar, sustenta-o, ainda que ele seja estrangeiro e recém-chegado, e fá-lo viver contigo" (Êxodo 23, 1-9). O pobre deve receber da comunidade não somente o que comer, mas também suporte para criar uma nova atividade e viver dignamente de seu trabalho. Uma comunidade tem obrigação de dar assistência a todo pobre que resida em seu seio, consagrando a isso pelo menos um décimo de suas rendas. É o Templo que reparte as doações entre os pobres. Um "escritório secreto" permite doar anonimamente e, aos pobres, receber sem dar-se a conhecer.

Em contrapartida, a riqueza não deve ser ilimitada. Não convém ser demasiado rico. Nos Provérbios (30, 8-9) está escrito: "Não me dês nem riqueza e nem pobreza, concede-me o meu pedaço de pão; não seja eu saciado, e te renegue, dizendo: 'Quem é Iahweh?'. Não seja eu necessitado e roube e blasfeme o nome de meu Deus". Para frear o acúmulo excessivo de riqueza, e segundo as exigências da agricultura, é imperativo deixar a terra descansar por um ano a cada período de sete (é o ano sabático) e, durante esse ano, deixar os produtos da terra à disposição dos mais pobres. Além disso, a cada quarenta e nove anos a terra é devolvida ao seu proprietário inicial, isto é, àquela das doze tribos que a recebeu na partilha (é o jubileu). Essa obrigação se estende aos empréstimos, que também devem ser anulados depois de quarenta e nove anos. Esse mecanismo equivale a proibir a constituição de grandes propriedades, a tornar inútil a posse de escravos agrícolas e, sobretudo, a impedir a transmissão das riquezas além de duas gerações e a reduzir o apego à terra. Economia nômade...

Mas agora é tarde: a situação degradou-se demais para que um conjunto legislativo tão sofisticado possa corrigi-la. Quando morre Salomão, em 932 a.C., as desigualdades aumentaram, os grandes domínios arruinaram os pequenos camponeses, os vastos rebanhos substituem as culturas de víveres, fortunas insolentes se exibem, as finanças do país estão em seu nível mais baixo, os tribunais tornam-se incapazes de impor suas decisões, a *tsedaka* não é posta em prática e o luxo do Templo e do Palácio, outrora admirado, é agora objeto de repúdio. A legitimidade do poder é questionada por certas tribos. O reino está à beira da implosão.

Judéia e Samaria

A história que se segue marcará profundamente o povo hebreu. Em poucos séculos, ela o fará perder a terra que lhe foi confiada e o levará a viver no exílio. Até hoje, ela determina a relação desse povo com o mundo e com o dinheiro e explica amplamente o papel que o mundo o fará representar.

Dez tribos do norte se recusam a reconhecer Roboão, filho de Salomão e herdeiro legítimo, e propõem escolher como rei um alto funcionário íntegro, Jeroboão, então exilado no Egito por haver tentado organizar as finanças do reino. Como Roboão se recusa a retirar-se, as províncias do norte fazem secessão e criam um novo reino (mais ou menos a Cisjordânia e a Galiléia de hoje), denominado Israel ou Samaria, tendo Samaria por capital e Jeroboão por soberano. O reino do sul, em torno de Jerusalém, torna-se o reino da Judéia — ou de Judá, do nome da tribo que o rege. O povo hebreu torna-se o povo judeu.

O fosso entre os dois reinos é sobretudo político. A concepção da monarquia não é a mesma num e noutro: o pequeno reino de Judá, em torno de Jerusalém, conserva a forma dinástica em torno da família de Davi, ao passo que em Israel o rei deve ser aprovado por um conselho de anciãos e pode ser substituído, se não cumprir seu primeiro dever: assegurar a justiça e a proteção para os pobres. Os reis de Israel, portanto, não são verdadeiramente sagrados. Algumas pessoas até, em Samaria, consideram o rei como um intermediário inútil entre Deus e o povo. Essa precariedade do poder conduzirá sucessivamente nove famílias ao trono de Israel.

Mais vasto, mais povoado, menos religioso, o reino de Israel conhece uma civilização mais brilhante do que o outro, mais austero. Nele, as riquezas continuam acumulando-se, mas já não se toleram as injustiças como antes. Letrados particularmente inspirados, denominados profetas, erguem-se para denunciar esses desvios morais. Alguns comparam Jerusalém a Sodoma, destruída por não ter sabido repartir melhor suas riquezas entre ricos e pobres, por ter protegido bem demais a propriedade privada e por ter-se recusado a acolher os pobres de passagem. Isaías ameaça: "Ai dos que juntam casa a casa, dos que acrescentam campo a campo até que não haja mais espaço disponível, até serem eles os únicos moradores da terra. Iahweh dos Exércitos jurou aos meus ouvidos: certamente muitas casas serão reduzidas a uma ruína; grandes e belas, não haverá quem as habite" (Isaías 5, 8-9). Mesmo na Judéia, o comércio às vezes predomina sobre a Torá, e o sabá nem sempre é respeitado pelos habitantes de Jerusalém, a ponto de dois profetas, Amós e Neemias, terem de proibir o acesso ao Templo por comerciantes que vêm aproveitar esse dia de afluência para instalar ali seus tabuleiros.

A distinção entre os dois reinos é também de ordem religiosa: os habitantes de Israel, hebreus que logo serão chamados "samaritanos", aspiram a retornar a uma religião mais simples. Alguns chegam até a operar um sincretismo com as religiões dos povos que vivem ao seu redor: assim, El torna-se o pai de YHWH e, com sua esposa Asterath (Astarte) e os filhos dos dois (uma menina e um menino), forma um conjunto divino[6]. Ao contrário, o reino do sul, o da Judéia, povoado de judeus, permanece estritamente monoteísta: ali, os samaritanos são até considerados pagãos.

Começa-se assim a distinguir entre povo, nação e Estado, já que agora existem dois reinos para a mesma nação e que numeros judeus vivem no estrangeiro: no Egito, na Síria ou em Babilônia.

O intercâmbio entre esses impérios é considerável, e os judeus participam dele. O leste envia as mercadorias elaboradas para o oeste, que despacha ouro e prata. Os impérios vigiam e conservam as estradas. A carroça e o navio a vela permitem que caravanas regulares sigam do Egito para a Mesopotâmia e as Índias, passando por Israel. Mercadores judeus fazem o comércio de metais e de tecidos entre o centro da Ásia Menor e a Mesopotâmia[157]. O Egito importa cobre da Pérsia, zinco da Síria, ouro da Armênia e da Núbia, prata da Capadócia; e exporta cereais para os atenienses e os hititas, alume para Delfos, ouro para os príncipes da Ásia. Mercadores fazem a ponte entre as cidades da Fenícia mais ao norte — Tiro, Biblos —, ligadas entre si e com o delta egípcio por acordos comerciais.

Todas essas atividades fazem a fortuna dos locais de comércio (portos marítimos ou entrepostos nas fronteiras dos Estados) e das comunidades judaicas que neles residem.

O crescimento econômico, temporariamente interrompido pela crise dos últimos anos do reinado de Salomão, recomeça nos dois reinos. Ambos se cobrem de cidades (Mizpa, Meguido, Debir, Lakhish) e empreendem imensas obras de adução de água; pistas cortam o deserto do sul em direção ao mar Vermelho e ao porto de Eilat. O reino de Israel, mais aberto, mais rico e mais mercantil que o outro, lança expedições comerciais até a costa ocidental das Índias[34]. Nas cidades, as oficinas artesanais e as manufaturas (reais ou privadas) trabalham em tempo integral para atender às encomendas dos ricos. Ainda não existe moeda no sentido moderno da palavra, mas utilizam-se metais preciosos, em pesos estampilhados pelo tesouro real, para financiar as grandes operações comerciais.

Entre os dirigentes dos dois países, alguns não desistem de reconstituir a unidade do povo hebreu. Um dos primeiros reis de Israel, Acab, tenta reaproximar os dois reinos dando em casamento sua filha Atália ao filho do rei de Judá, embora sua mulher, Jezebel, insista em convertê-lo ao culto de Baal. A aproximação política fracassa, mas os dois reinos conservam mais ou menos a mesma religião.

Por temerem desordens, muitos hebreus dos dois reinos deixam então a região por países onde a vida tem fama de mais fácil: Babilônia, Egito, Creta ou Chipre. Um daqueles a quem se chama Isaías pronuncia então, por volta de 765 a.C., palavras que serão repetidas durante milênios em todas as comunidades dispersas:

> *"Naquele dia, o Senhor tornará a estender sua mão para resgatar o resto do seu povo, a saber, aquilo que restar na Assíria e no Egito, em Patros, em Cuch e no Elam, em Senaar, em Emat, nas ilhas do mar. Ele erguerá um sinal*

para as nações e reunirá os banidos de Israel. Ajuntará os dispersos de Judá dos quatro cantos da terra" (Isaías 11, 11-12). De fato, o espalhamento pelo mundo está apenas começando.

De Nínive a Babilônia

Por volta de 750 a.C., o império assírio, então o mais poderoso, precisa de recursos novos. Em Nínive, a capital, o rei Tiglat Phalazar ou Teglat-Falasar III se interessa pelas riquezas de Canaã. A maioria dos vizinhos de Israel e da Judéia é submetida ao controle dos assírios, que exigem consideráveis tributos. O rei de Israel, Facéia (Peqah), alia-se ao rei de Damasco, Rason, e, com a neutralidade de Joatão, rei de Judá, repele os assírios. Mas o filho de Joatão, Acaz, que por sua vez se tornou rei da Judéia, trai seus irmãos da Samaria apesar das reprimendas de Isaías (7): adere ao rei da Assíria, deixa-o penetrar em Jerusalém e lhe entrega o tesouro do Templo. Os assírios alcançam então Gaza e o "rio do Egito" (*Wadi el-Arish*), eliminando qualquer possibilidade de socorro egípcio, e depois voltam-se contra o reino de Israel. O rei da Síria, Rason, ainda resiste durante três anos, mas por sua vez sucumbe em 732 a.C. Os assírios ganharam: em 721 a.C., seu novo soberano, Salmanasar V,.entra na Samaria e faz do reino de Israel uma província assíria. Ele deporta para Nínive trinta mil habitantes do reino e os substitui por vencidos de outros países. Muitos samaritanos fogem para o Egito e a Ásia Menor: ali, vão ao encontro das comunidades já instaladas e às vezes alistam-se como mercenários nos exércitos locais. As dez tribos de Israel, até então reunidas na Samaria, estão dispersas, assimiladas, perdidas.

Menor e mais fácil de defender, o reino da Judéia, repuxado entre o Egito e a Assíria, conserva uma independência formal, e Jerusalém continua como o centro da vida judaica. O novo rei judeu, Ezequias, moderniza o país e manda escavar um aqueduto subterrâneo entre Siloé e Jerusalém. Em 705 a.C., com a morte do rei da Assíria, Sargão II, Ezequias tenta a reunificação e pede aos habitantes dos dois reinos, assim como aos hebreus da diáspora, o pagamento de um imposto para a manutenção do Templo de Jerusalém.

Isaías proclama: "Ai dos que juntam casa a casa, dos que acrescentam campo a campo até que não haja mais espaço disponível" (Isaías 5, 8). Amós denuncia o trabalho dos escravos no dia de sabá (Amós 8, 5).

Em 701 a.C., Senaquerib, o novo rei assírio, invade o reino da Judéia. Quarenta e seis cidades fortificadas são destruídas. Ele está a ponto de tomar Jerusalém quando se retira, sem dúvida em troca de pesado resgate. Ezequias morre em 699 a.C. O reino da Judéia se mantém, mas bastante enfraquecido. O rei seguinte, Manassés, reina quase cinqüenta anos, até 645 a.C. Ao que parece, mandou assassinar o profeta Isaías (ou pelo menos um dos dois conhecidos sob mesmo nome), que censurava seu laxismo religioso e a ultrajante fortuna dos ricos.

Em 627 a.C., os assírios de Assurbanipal são derrotados pelo governador do "país do mar", um caldeu chamado Nabopolassar, que funda uma nova dinastia. Em 612 a.C., a cidade de Assur e, depois, Nínive, capital dos assírios, caem nas mãos dos novos senhores, os quais as destroem. Eles partilham o império com os medas e se instalam em Babilônia, antiga capital de Hamurábi, no Eufrates.

O rei da Judéia de então, Josias, tenta aproveitar essa mudança de poder entre os senhores para, mais uma vez, tentar reunificar os dois reinos hebreus. Para dotá-los de uma jurisprudência unificada, manda reunir os julgamentos dos tribunais em um código, primeira versão daquilo que virá a ser o quinto livro da Torá, o Deuteronômio. O rei Josias consegue financiar um exército de mercenários — gregos — e retoma dos caldeus uma parte da planície costeira. Mas, em 609 a.C., é morto em Meguido pelas tropas dos novos senhores babilônios.

Os egípcios, que também pretendem exercer sua influência sobre essa região comercialmente tão estratégica, impõem então Joaquim ao trono de Jerusalém e recomendam-lhe fazer a paz com Nabucodonosor, que em 605 a.C. sucedeu seu pai, Nabopolassar. Desprezando os conselhos do profeta Jeremias, retirado em Anatot, perto de Jerusalém, o novo rei recusa essa sábia orientação e se subleva. Em 589 a.C., as tropas de Nabucodonosor entram em Jerusalém; despacham Joaquim, seu séquito e milhares de membros das classes dirigentes, administradores, artesãos, técnicos, ao encontro dos vinte mil hebreus já exilados em Nínive por ocasião da queda da Samaria, e os reúnem em Nippur, sessenta quilômetros a sudeste de Babilônia, às margens do Eufrates. Nabucodonosor nomeia rei em Jerusalém um jovem de vinte e um anos, Zedequias, sobrinho de Joaquim. Zedequias aceita o trono, mas por sua vez suscita uma revolta contra os ocupantes. Em 29 de julho de 587 a.C., após dezoito meses de cerco, Nabucodonosor entra novamente em Jerusalém e, num dia 9 do mês de Ab, arrasa o Templo e leva seus tesouros. Preso Zedequias, Nabucodonosor manda assassinar seus filhos na frente dele, arrancar-lhe os olhos, e o envia ao encontro de seu tio Joaquim, deportado. O reino de Judá, que sobreviveu durante cento e trinta e seis anos ao reino de Israel, está por sua vez aniquilado.

Acabou-se a ordem religiosa, política e econômica de Israel. Sem Templo, não há sacrifícios, oferendas, recursos fiscais, exército, rei, sacerdotes. Só resta dobrar-se à lei do vencedor. Em 586 a.C., Jeremias parte para o Egito, de onde escreve aos exilados uma longa carta da qual, alguns séculos mais tarde, extraiu-se a principal regra de vida na diáspora: para sobreviver, dobrar-se à lei do país de acolhida.

Ainda assim, Jerusalém não está esquecida. O Salmo 137 traduz bem esse espírito de retorno: "À beira dos canais de Babilônia nos sentamos, e choramos com saudades de Sião".

5. PRIMEIRO EXÍLIO EM BABILÔNIA: DA MOEDA ÀS FINANÇAS

Nova experiência, que se prolongará e servirá durante os milênios ulteriores: a diáspora, povo no seio de outros povos, organiza-se sem entidade estatal. Para sua própria surpresa, os hebreus se descobrirão capazes de organizar muito melhor o exílio do que o reino, a diáspora muito melhor do que a Judéia. Misturados a outros homens e privados de autoridade sobre um território, eles se percebem mais livres para extrair o melhor de si mesmos e para levar aos outros as ferramentas insubstituíveis de sua cultura. Mais tarde, compreenderemos por quê.

A acolhida

No século VI a.C., aparecem — embora ignorando-se quase totalmente — alguns dos principais fundamentos do pensamento mundial. Na Ásia, é o século de Confúcio e de Lao-tsé; na Índia, o de Buda; na Grécia, o de Pitágoras. No mundo judaico, esse século excepcional é o de alguns dos grandes profetas e das primeiras descrições da utopia messiânica.

No entanto, o povo hebreu encontra-se numa situação bem triste: a metade dos judeus — que, no total, devem chegar a três milhões — está agora no exílio ou dispersada entre Babilônia, Creta, norte da África ou Egito. A Judéia e a Samaria, em ruínas, vivem da ajuda coletada pelos rabinos nas comunidades da diáspora.

Com o império meda, a Babilônia de Nabucodonosor torna-se a maior potência econômica do mundo. O monarca renova sua capital, multiplicando zigurates e jardins suspensos. O novo poder mostra-se tolerante em relação às minorias: as pessoas não são submetidas a vexames e têm o direito de praticar a religião de sua escolha, assim como o de ocupar qualquer função. Os deportados hebreus se beneficiam disso. Em 561 a.C., o ex-rei Joaquim é libertado: devolvem-lhe sua corte e o instalam em Nippur como um soberano. Os dirigentes judeus, resignados, decidem organizar-se para viver ali por muito tempo. Afinal, é dali que provém Abraão.

Como se espalha entre as comunidades dispersas a notícia de que, em Babilônia, a situação é bem melhor do que na Judéia, muitos vêm juntar-se voluntariamente aos primeiros deportados. Em pouco tempo, já somam centenas de milhares. Aos artesãos, técnicos e altos funcionários militares do início, agora se acrescentam comerciantes, agricultores, pescadores, pedreiros, que vieram participar de todas as atividades lançadas pelo monarca[34].

De geração em geração, relações amigáveis, culturais, religiosas e comerciais, estabelecem-se com não-judeus. Os hebreus comerciam até mesmo produtos que eles não têm o direito de consumir. E fornecem crédito a juros aos babilônios. Não que estes não possam fazer isso: do velho código de Hamurábi conservaram, além da lei de talião, a autorização para o empréstimo a juros. Ainda não existe moeda em espécie — comercia-se sobretudo em cevada, trigo, tâmaras —, mas lingotes de ouro estampilhados fazem agora as vezes de reservas de riqueza. Um coletor arrendatário* de impostos, Shuma Ukin, financia viagens comerciais por adiantamento de capitais. A família Egibi financia sociedades em comandita e empréstimos individuais, recebe depósitos, efetua pagamentos por consignação. Alguns financistas judeus trabalham com esses negociantes locais. Nos arquivos de uma das primeiras casas de crédito do mundo — a "Casa de Murashu"[34], instalada em Nippur, que financia a agricultura e o comércio mediante técnicas muito simples de participação nos lucros —, encontraram-se setenta nomes de prestamistas judeus e contratos assinados em paridade entre homens de negócios judeus e babilônios.

Mas, para evitar demasiadas relações com os templos babilônios, que gerenciam as oferendas e servem de locais de garantia para os empréstimos entre negociantes, os judeus criam seus próprios bancos e fazem-se pagar em gado, em jóias, em escravos, em rendas do solo. Alguns ficam riquíssimos (Neemias 7, 67-69) e são admitidos à corte do rei Nabucodonosor. Certas

---

* No original, *fermier général*. Na França do Antigo Regime, este era um agente autorizado a cobrar impostos indiretos, mediante o pagamento de uma quantia fixa ao Tesouro. A expressão, usada pelo autor para todas as épocas, reaparecerá várias vezes ao longo deste livro. (N. da T.)

famílias judaicas adotam patronímicos locais. Para alguns, a assimilação está em curso. Contudo, a maioria dos judeus a rejeita, não se misturando completamente aos outros: o sabá e outras práticas, tais como a circuncisão e as proibições alimentares, diferenciam-nos dos outros habitantes de Babilônia. Eles elaboram os preceitos essenciais aos quais deverão sua sobrevivência durante milênios de futuro exílio: obedecer à lei local, manter-se em grupo, confiar apenas nos seus, não acumular fortuna territorial, transmitir uma cultura, convencer os não-judeus que se casam com judeus a se converterem à religião de Moisés. As festas se organizam em torno da família, erigida em valor supremo, instrumento da duração, com rigoroso controle da moral sexual. Começa-se a ensinar sistematicamente as crianças a ler e a escrever em aramaico, língua da vida cotidiana e do comércio, e em hebraico, língua de oração. A escrita se modifica: as letras se tornam quadradas, como o são até hoje. Vê-se aparecer uma relação mais individual com Deus, que se torna um ser perfeito, absoluto, ciumento, que exige de cada um — e particularmente dos sacerdotes — a perfeição. Cristalizam-se as noções de além, de pecado, de ressurreição, de anjos[16]. Reza-se pelo retorno a Sião (nome cananeu de Jerusalém) e pela reconstrução do Templo. Poetas e músicos, integrantes do corpo sacerdotal, compõem os Salmos, o livro de Jó, os Provérbios, o Eclesiastes. Novos profetas ainda denunciam os perigos de envolver-se com os desafios dos poderosos, de viver em meio aos ricos, de ganhar dinheiro com os babilônios: "Seu ouro será tratado como imundície!", clama Ezequiel (7, 19-20), que denuncia em Babilônia uma superpotência, uma "terra de mercadores" (16, 29; 17, 4). "Nem sua prata nem seu ouro poderão salvá-los!", brada Sofonias (1, 18).

Como em Israel e na Judéia, em cada comunidade dispersa de Babilônia há tribunais que reúnem sábios (*hachamim*) e decidem sobre litígios individuais. Quando os debates se referem a questões entre pessoas, a fim de resolver litígios de negócios ou de ordem privada, os nomes nunca são mencionados. Os tribunais não podem infligir sanções corporais, mas sim, nos casos extremos, uma pena que equivale praticamente à de morte: a excomunhão. Esta, ao excluir da comunidade o condenado, na verdade proíbe-o de trabalhar e de receber a assistência dos outros judeus. Para deliberar sobre as questões mais difíceis, os juízes completam os raros textos disponíveis com aquilo que sabem sobre as decisões dos grandes mestres da Judéia. Para esse fim, correspondem-se entre si, e cartas desses *rabbis** — perguntas e respostas — são encaminhadas pelos mercadores junto com seus fardos de especiarias. Escolas começam a formar os juízes. Nelas, os professores não são remunerados, à diferença dos sacerdotes de Jerusalém, e ganham a vida trabalhando manualmente — camponeses, artesãos, mercadores. Embora não tenham de prestar contas ao poder político e não sejam obrigados a conformar-se à legislação babilônica, eles começam a adaptar às condições do exílio a doutrina estabelecida no tempo dos reinos da Judéia e da Samaria.

A doutrina econômica na diáspora

Doravante, toda a doutrina econômica visa estabelecer as melhores condições de sobrevivência do grupo em meio estrangeiro. Ela se baseia sobre três princípios — trabalho, concorrência, solidariedade — e pode ser enunciada assim: cada membro da comunidade deve trabalhar para ganhar sua vida, em conformidade com os princípios éticos estabelecidos pela Lei, se possível num ofício livre e solitário; cada um deve aceitar a competição, o que lhe permite ter uma chance de fazer fortuna, mas também o faz correr o risco do fracasso e torna necessária a solidariedade. Cada um, enfim, deve evitar prejudicar o grupo aos olhos de terceiros e até, se puder, fazer-se útil aos hospedeiros que os recebem.

O trabalho é uma prioridade absoluta. A pessoa ociosa é perigosa para a comunidade, porque constitui um peso e porque pode enveredar pela

---

* Ao longo desta tradução, mantivemos a distinção feita, em francês, entre *rabbi*, doutor da Lei, e *rabbin*, chefe religioso de uma comunidade judaica, embora, em português, o termo "rabino" seja o único para as duas categorias. (N. da T.)

bandidagem e até pelo assassinato, prejudicando assim o grupo inteiro. Aliás, uma comunidade se considera responsável por todos os crimes cometidos em sua vizinhança. O trabalho manual é encarado como particularmente digno, mesmo para os letrados: "Assume um trabalho, ainda que esse trabalho não esteja conforme ao que poderias considerar como tua honra, a fim de não passares necessidade", enunciam os mestres, acrescentando: "Aquele que vive do trabalho de suas mãos é superior ao homem piedoso que crê em Deus". Até um rabino deve trabalhar com suas mãos para ganhar a vida; ele não deve esperar, como faziam alguns em Jerusalém, o produto do dízimo. Segundo uma narrativa, um sábio, *rabbi* Kahana, responde a outro *rabbi* que lhe pergunta onde encontrar seu alimento: "Tens somente de ir ao mercado e esquartejar animais que acabam de ser degolados, e com isso poderás ganhar tua vida"[408]. O trabalho pode ser penoso, mas não deve ser alienante, nem por sua duração nem pelas condições de seu exercício. Particularmente, reforça-se a desconfiança em relação ao assalariado: trabalhar para outrem pode constituir uma alienação; mais vale trabalhar por conta própria. Os sábios dizem: "O universo é escuro para aquele que espera seu alimento de outrem"[408]. E ainda: "Mais vale fazer seu sabá num dia útil do que depender de outrem"[408]. A jurisprudência chega a ser reticente diante da divisão do trabalho, que ela percebe como uma ameaça de alienação: "Maldito o homem que se fia no homem"[408]. Os tribunais da época costumam desconfiar dos empregadores. Por exemplo, pagar o salário com atraso pode ser considerado como um pecado tão grave quanto um assassinato: "No mesmo dia, tu lhe entregarás seu salário antes do pôr-do-sol, porque ele é pobre e espera seu salário com ansiedade"[408]. Por fim, uma longa série de julgamentos também prescreve respeitar o trabalho dos animais e não lhes impor tarefas demasiado penosas: ou seja, obrigação de alimentá-los antes dos homens, proibição de adquirir uma besta de carga cuja manutenção não se possa assegurar, repouso semanal, proibição de retalhar um animal vivo.

Nessa economia essencialmente feita de pequenas empresas, a concorrência é primordial. Os consumidores, principais objetos da atenção dos juízes, devem ter a possibilidade de alimentar-se convenientemente ao menor preço possível. Como em Israel no tempo de Salomão, o lucro sobre os produtos básicos permanece limitado a um sexto, o que, aliás, com freqüência leva os fornecedores judeus a vender mais barato do que seus concorrentes não-judeus. Os tribunais podem inclusive fixar os preços dos bens de primeira necessidade, essenciais à sobrevivência, e proibir sua venda fora da comunidade, se eles se tornarem raros. Cada um deve consagrar um décimo da própria renda à solidariedade. A comunidade de uma cidade deve, evidentemente, acolher todo judeu que vem ao seu encontro. Um recém-chegado não pode ser impedido por ninguém de abrir uma loja, ainda que ponha em dificuldade as lojas já instaladas, desde que, no entanto, ele melhore a situação dos consumidores (por exemplo, oferecendo produtos novos ou preços menores), não arruíne todas as lojas existentes e não aumente os incômodos, tais como fumaça ou odores[408].

Para que o consumidor seja perfeitamente informado, o comerciante pode fazer promoções de caráter publicitário ou até distribuir gratuitamente amostras de seus produtos. Sobre esse ponto, a discussão dos rabinos é saborosa: "*Rabbi* Yehuda diz: 'Um comerciante não deve distribuir trigo torrado nem nozes às crianças, porque assim as habitua a vir à sua loja'. Mas os outros sábios permitem isso. *Rabbi* Yehuda diz: 'Ele não deve vender abaixo do preço de mercado'. Mas os outros sábios dizem: 'Um tal homem só pode receber uma boa menção'"[408].

Essa doutrina que se esboça deverá ser posta em prática, dentro de pouco tempo, em um novo ambiente: porque, mal chegados ao exílio, e para sua grande surpresa, os judeus poderão retornar a Israel, onde seus senhores se revelaram mais fracos do que eles.

6. RETORNO DE BABILÔNIA:

DAS FINANÇAS À RUÍNA

Aparentemente, a última etapa dessa gênese do povo judeu é mais teológica e política do que econômica. No decorrer de um inacreditável entrelaçamento de dinastias, assinalado por golpes de Estado e traições, os judeus vão voltar à Judéia, ali reconstruir seu reino e triunfar, para depois perder tudo novamente e partir outra vez para um exílio de dois mil anos. O dinheiro está por trás de cada um desses acontecimentos: é pelo dinheiro que se cobiça a terra, é graças a ele que se financiam exércitos e que se reconstrói o Templo, é por causa das riquezas nele contidas que o reino é atacado e colonizado. Também aqui, e mais uma vez, o dinheiro que deveria ter servido para evitar a violência não fez senão atraí-la.

O talento, *os persas, o Templo*

É nessa época, por volta de 600 a.C., que aparece num pequeno reino da Ásia Menor, a Lídia, ao norte de Éfeso, a primeira moeda de verdade: peças padronizadas, de ouro e de prata, com valor fixo de câmbio. De início, os lídios utilizam, como instrumento de câmbio, peças em eletro, liga natural de ouro e prata de origem aluvial, de tamanho variável e sem indicação de valor. Mais tarde, o último rei lídio, Creso (*c.* 550 a.C.), abandona o eletro por uma moeda bimetálica de ouro e prata, com indicação de valor: o *talento*. Heródoto escreve: "Ao que sabemos, os lídios foram os primeiros a cunhar e colocar em uso a moeda de ouro e prata, e também os primeiros a fazer o comércio de varejo[196]". É possível que a moeda de metal venha da China, mas tudo indica que a Lídia foi o primeiro reino a fabricá-la num metal precioso e a garantir seu valor. O sistema é imediatamente adotado pelos persas, por todas as outras cidades gregas e por todos os povos com quem eles comerciam.

Creso e os babilônios deparam-se conjuntamente com seu senhor: cinqüenta anos depois de tomar Jerusalém, em 550 a.C. o império babilônio de Nabucodonosor (morto em 562 a.C.) cai por sua vez sob os golpes de um persa, grande estrategista, Ciro II, que construiu seu poder com base no desrespeito às alianças — em outras palavras, na traição —, como fizera o próprio Nabucodonosor. Rei de uma cidade persa, Fars, havia seis anos, de início ele se rebela contra seu avô, Astíages, rei dos medas; derrota-o e apodera-se de sua capital, Ecbátana. Em 549 a.C., proclama-se rei dos persas e dos medas. Em 547 a.C., aliado a Nabonido, rei de Babilônia, avança pela Ásia Menor e esmaga os gregos jônicos, entre os quais Creso. Em 539 a.C., nova traição: Ciro se volta contra seu aliado babilônio, aprisiona-o, entra triunfalmente em Babilônia, assume o título de "rei de Babilônia, rei dos quatro países", e faz da Judéia uma província persa. Ele permite aos povos vassalos uma ampla autonomia, em troca de um tributo em dinheiro e em soldados, que os judeus devem pagar como os outros, e autoriza as cerimônias rituais de todas as confissões. Marduk, deus de Babilônia, convive assim com o Deus dos judeus, entre vários outros.

Em 538 a.C., ou seja, dez anos após a conquista, Ciro, temendo um ataque do Egito, decide fazer da Judéia um escudo entre o faraó e ele. Autoriza então o retorno dos judeus e até mesmo ordena que lhes sejam restituídos os tesouros do Templo levados por Nabucodonosor, a fim de que eles tenham recursos para reconstruir seu país. Ainda assim, não promete devolver aos judeus sua independência ou nem mesmo seu rei; a província permanece administrada por um governador persa.

Quando, em 530 a.C., morre Ciro, em combate contra tribos turanianas na Ásia Central, os judeus de Babilônia não retornaram em massa a Jerusalém. Porque, nesse ínterim, a Judéia tornou-se uma província pobre, varrida por incursões de saqueadores. Os exilados de Babilônia não têm vontade alguma de deixar o brilhante império persa. No total, retorna apenas a metade dos exilados — que são agora cerca de 200.000 —, acompanhada de 70.000 escravos domésticos (proporção normal, na época); com freqüência, eles são financiados pelos mais ricos que ficaram na Mesopotâmia. Em geral, esses emigrados voltam com sua fé intacta; e se desentendem com aqueles que, tendo permanecido no país, em certos casos se tornaram pagãos e ocuparam os bens vacantes. Os tribunais da Judéia devem então resolver inúmeros contenciosos relativos à recuperação de terras por parte dos que retornam, à reativação das culturas nas terras abandonadas, à reconstrução das fortificações. Reinstalam-se tribunais e escolas de rabinos, assim como o Sinédrio. Já não é possível respeitar todas as leis do reino de Davi. Por exemplo, o jubileu não pode mais ser aplicado: as terras já não são repartidas segundo as tribos, não se consegue localizar os herdeiros delas, e dez das doze tribos se perderam. Aquela lei máxima, portanto, não pôde manter-se em vigor pelos quarenta e nove anos necessários para ser experimentada mais de uma única vez. A vida torna-se difícil: os judeus precisam apelar incessantemente para o dinheiro dos ricos babilônios, a fim de pagar as dívidas dos camponeses com estrangeiros e evitar a tomada das terras.

Em 522 a.C., um oficial chamado Dario, filho de um sátrapa, desposa duas filhas de Ciro, descartando muitos outros pretendentes, e torna-se rei dos persas. Ele cria duas novas capitais ao lado de Babilônia — Persépolis e Susa — e unifica o sistema monetário, instaurando uma verdadeira moeda composta de dáricos de ouro e siclos de prata. Cunhada com a efígie de um arqueiro, essa moeda é reservada ao intercâmbio com o estrangeiro; nos mercados internos, o comércio continua sendo feito em produtos. Dario divide o império em vinte satrápias, organiza um cadastro e implanta escalas mercantis e militares ao longo das estradas. Ele assume o controle do mar Egeu, anexa a Trácia e a Macedônia, reforça os grandes eixos comerciais entre o mar Vermelho e o golfo Pérsico, conclui a escavação do canal entre o mar Vermelho e o rio Nilo[35]. A Judéia torna-se então uma importante encruzilhada comercial para a Europa. Sob o reinado de Dario, os judeus sentem-se estimulados a permanecer ali: há muito trabalho para todos e oportunidades para viver bem.

Para administrar a Judéia, Dario tem a inteligência de escolher como prefeito um judeu, Zorobabel, filho do rei deportado, e de proceder assim a uma quase restauração da monarquia. O entusiasmo subleva Jerusalém. Os profetas Ageu e Zacarias querem proclamar Zorobabel rei dos judeus. Este os modera, reorganiza o sistema fiscal, rodeia-se de antigos exilados que assumem com ele o poder sobre os que ficaram, não sem suscitar disputas e conflitos. Começa-se finalmente a tão anunciada reconstrução do Templo, com um financiamento assegurado simultaneamente por uma contribuição dos judeus de Babilônia, por um pesadíssimo imposto sobre os judeus da Judéia e por pagamentos oriundos de todas as comunidades, agora dispersas em torno de todo o Mediterrâneo e no Oriente, que rabinos enviados por Zorobabel vão incansavelmente solicitar. Começa o papel da Diáspora na economia de Israel.

Inaugurado em 3 de março de 515 a.C., o novo Templo não é tão grande nem tão luxuoso quanto o primeiro. A Arca da Aliança desapareceu, e um candelabro de sete braços substitui os dez candelabros de Salomão. Mas a economia do Templo está de volta com seus sacerdotes, seus dízimos, suas doações e seus cambistas. As oferendas afluem. É grande a azáfama de sacerdotes, sumos sacerdotes e levitas. Logo haverá vários milhares de sacerdotes mantidos pela renda do Templo, cofre sempre bem guardado que contém jóias, moedas de ouro e de prata de todos os países. Como esses tesouros ficam escondidos no âmago do santuário, todos, judeus e não-judeus, exageram a importância dele. O Templo torna-se tema de conversa e objeto de cobiça em todo o Oriente Próximo.

Vencido em 490 a.C. pelos gregos na batalha de Maratona, Dario morre em 486 a.C. Seu filho, Xerxes, recua em Salamina diante dos gregos. Seu neto, Artaxerxes, governa o império rodeando-se de intelectuais judeus e gregos, entre os quais Temístocles, exilado de Atenas, e Neemias, um *rabbi* que em 445 a.C. ele nomeia governador da Judéia, a fim de evitar que ali se instale uma dinastia com os descendentes de Zorobabel. Neemias reduz os impostos, anula as dívidas e restabelece o dízimo.

A época também assiste a uma excepcional floração de textos. Um segundo Isaías talvez fale do futuro Messias quando anuncia a vinda do "Servo sofredor", a não ser que, por esse nome, esteja designando todo o povo judeu. Dá-se uma forma aos textos do Pentateuco e dos Profetas. O livro de Jonas relembra o dever, por parte dos judeus do primeiro exílio, de defender Nínive — metáfora da necessidade, para os judeus, de em cada época defender o mundo contra a cólera de Deus. A infelicidade dos outros é também a infelicidade de cada um.

Alexandria

Quando, em 338 a.C., Artaxerxes é assassinado, Dario III o sucede, mas esse é o fim do grande reino persa. A força econômica passa da Pérsia à Grécia. O Mediterrâneo toma o poder. Alexandre, filho de Filipe da Macedônia, aluno de Aristóteles, rei aos vinte anos, senhor de Tebas e de Atenas, torna-se chefe da confederação helênica. Mandando cunhar moedas de prata e de ouro com sua efígie, ele adota o sistema monetário de Atenas, logo generalizado para toda a região. Com um importante exército, em 333 a.C. derrota Dario III em Isso, na Síria; abre-se para ele a rota do Egito, e esta passa pela Judéia. Alexandre faz o cerco de Tiro (sete meses), o de Gaza (dois meses), e em 332 a.C. atravessa Jerusalém sob os aplausos dos judeus. Os costumes gregos não demoram a fazer furor. Os ricos judeus põem-se a falar grego, a imitar os trajes e o modo de vida dos novos ocupantes. Até os jovens servidores do Templo se exercitam em jogos esportivos nos ginásios[35]. Tanto na Judéia como em outros lugares, a assimilação está em curso.

A Grécia domina também o comércio. É na prática dos marinheiros e dos comerciantes gregos dessa época que aparecem as modalidades da venda a prazo, do empréstimo de risco aos pescadores e aos mercadores, da hipoteca, do penhor, da caução, do contrato de câmbio e até do seguro[17]: assim, desde essa época, os gregos implantam em Babilônia um sistema de seguro contra a fuga de escravos, financiado mediante o pagamento de um prêmio por parte dos proprietários de escravos[17].

Alexandre deixa Jerusalém e conquista o Egito, acompanhado de mercenários judeus à guisa de pagamento pela construção de um templo no monte Garizim, na Samaria. Funda Alexandria, porto comercial, num local estratégico onde rapidamente se instalará uma vasta comunidade judaica, beneficiada pelos mesmos direitos de que gozam os macedônios. Em pouco tempo, os judeus chegam a representar quase metade dos trezentos mil habitantes da nova cidade. Dali, o judaísmo vai irradiar-se para todo o mundo grego. Outras comunidades judaicas se estabelecem no Egito helenizado; mas, como ali se guardou lembrança — pelo menos, no plano mitológico — daquilo que narra o Êxodo, os egípcios tendem a receber mal esses mercadores vindos com o ocupante grego.

É desse lugar do mundo e dessa época da história que datam os primeiros retratos de judeus como "usurários" ou como "assassinos". O antijudaísmo é grego, alexandrino, antes de ser cristão. Tempos antes, os egípcios sem dúvida os detestaram. Um certo Damócrito afirma que, de sete em sete anos, os judeus devem capturar um estrangeiro, levá-lo ao Templo deles e imolá-lo cortando-o em pedaços. Apiano de Alexandria escreve que todo ano os judeus engordam um grego para comê-lo. Um tal de Mâneto, sacerdote egípcio, explica que os judeus não passam de uma raça de leprosos, já expulsa do Egito à época de Moisés, e que convém expulsar de novo.

Em 331 a.C., Alexandre sai do Egito, passa de novo pela Judéia e por Tiro, marcha em direção à Mesopotâmia, incendeia Persépolis — Dario III é morto pelas tropas dele — e substitui o dárico de ouro pelo estáter. Os tesouros dos reis da Pérsia são transformados em moedas, o que favorece as trocas comerciais e acarreta uma formidável expansão econômica, que passa amplamente pelos mercadores judeus. Em 327 a.C., o macedônio está em Cabul e em Bamiyan, continua em direção ao Indo e retorna através dos desertos, num esgotante périplo até Babilônia, onde ele morre em 323 a.C., aos trinta e três anos, estrela fulgurante. Foi o primeiro homem a ter seu perfil impresso em moedas, privilégio até então reservado aos deuses.

Seus generais, os diádocos, partilham seu império. Seleuco fica com a Síria e a Mesopotâmia, do mar Egeu até o Afeganistão. Ptolomeu arroga-se o Egito e a Grécia. A Judéia, colocada sob o controle de Seleuco, logo se torna um pomo de discórdia entre as duas potências gregas: na verdade, o que está em jogo é o controle das rotas comerciais, e elas ainda passam por lá.

Ptolomeu I Sóter, general de Alexandre, instala em 313 a.C. sua capital em Alexandria, cujos farol e biblioteca constrói, com a ajuda de letrados gregos e judeus, assim como de banqueiros judeus. Ele toma Chipre, auxilia Seleuco I a se apoderar de Babilônia e em troca recebe dele a Síria: dois gregos estão no comando dos dois antigos impérios do Egito e de Babilônia. Ptolomeu I Sóter reina até 286 a.C.

Último sobrevivente da formidável aventura do rei macedônio, Seleuco reina durante quase cinqüenta anos, até 281 a.C., a partir de uma nova capital que tem seu nome, Selêucia, sobre o Tigre, bem ao lado de Babilônia. Depois dele, os reis gregos mantêm o poder sobre Babilônia e o apoio à comunidade judaica local — mercadores, artesãos, camponeses. Controlam também a Palestina, onde começa a surgir uma distinção entre vários grupos religiosos judeus: os fariseus, os saduceus e os essênios[428].

Os saduceus, representantes da aristocracia e das famílias dos sumos sacerdotes, exercem o poder sobre a ordem política e religiosa. Controlam os impostos, as oferendas, o Templo e todos os circuitos financeiros.

Os fariseus, guias espirituais da comunidade, dirigentes religiosos e laicos, fazem a apologia da vida simples, criticam a riqueza dos sacerdotes, afirmam sua crença no livre-arbítrio, na vida eterna, na ressurreição e no Messias. Recordam que o profeta Elias até proclamou, com uma metáfora belíssima, ser a pobreza o supremo bem conferido por Deus ao Seu povo: "A pobreza convém a Israel como uma brida vermelha convém a um cavalo branco". A ascese — *perishut*, de que deriva "fariseu" — não conduz necessariamente à salvação, mas eles não chegam a condenar a riqueza, se ela estiver a serviço do bem.

Os essênios, seita semimonástica, vão ainda mais longe na recusa às riquezas. Eles compartilham propriedades e rendas, alimento e roupas. Recusam o casamento e os sacrifícios de animais. Pregam a castidade, a pureza e o uso de trajes brancos.

As condições da solidariedade se precisam: cada membro da comunidade deve sempre consagrar um décimo de seus recursos, no mínimo, para financiar a *tsedaka*. Gerenciada pela comunidade, ela agora assegura o dote das moças pobres, uma renda aos idosos sem família, a volta ao trabalho por parte dos que faliram, a concessão de empréstimos sem juros, a acolhida aos estrangeiros de passagem, o resgate dos escravos e, por fim e sobretudo, a escola para todas as crianças.

Em 301 a.C. a Judéia, de início nas mãos de Seleuco, passa às de Ptolomeu I. Este entra em Jerusalém num dia de sabá, o que provoca escândalo, mas manda concluir a reconstrução do Templo e intervém muito pouco nos assuntos internos do país. Ele recebe um tributo anual, do qual, no entanto, dispensa os servidores do Templo e, por três anos, todos os judeus de Jerusalém. O sumo sacerdote, única autoridade nacional reconhecida, tem o poder de coletar um dízimo, tanto na Palestina quanto na diáspora, e de administrar o tesouro do Templo.

Ptolomeu II (dito Filadelfo), que sucede seu pai em 286 a.C., controla a Palestina e reina, de Alexandria, até 246 a.C. Em toda a sua história, o Egito nunca foi tão poderoso; helenizado, o país entra aos poucos sob a influência de Roma, nova potência ocidental. Filadelfo manda traduzir a Bíblia para o grego: é a chamada Bíblia dos Septuaginta, útil aos judeus que já não falam outra língua.

Em 245 a.C., seu sucessor, Ptolomeu III Evérgetes, reforça a Judéia e enriquece o Templo. A função de sumo sacerdote é exercida por um certo Simão o Justo e, depois, por seus dois irmãos. "Para um judeu", escreve nessa época Simão o Justo, "o mundo repousa sobre três pilares: a Lei, o serviço de Deus e os atos de amor". Em 222 a.C., Ptolomeu III acelera a helenização da Palestina, e todas as relações oficiais entre judeus e ocupantes se fazem agora em grego. A economia do país está inscrita na do novo império egípcio. Fariseus e essênios continuam a erguer-se contra os ricos saduceus e se empenham em reconquistar os tribunais: os próprios membros saduceus do Sinédrio são progressivamente substituídos por fariseus. A economia comercial continua florescente. Os campos voltam a ser prósperos. A Judéia é doravante uma província grega, que vive em grego.

Em 202 a.C., nova mudança de senhor: ao cabo de uma longa viagem de conquista até a Índia e em seguida até a Arábia, outro rei grego, o selêucida Antíoco III (223 a.C. / 187 a.C.), faz aliança com Filipe V da

Macedônia e organiza a reconquista da Ásia. Retoma a Palestina dos ptolomaicos e reconhece o direito de praticar o judaísmo.

Potência nova, que se apresenta como fiadora da liberdade das cidades gregas, Roma se interessa cada vez mais pelo Oriente Próximo, pelo potencial comercial da região, e preocupa-se com a força crescente de Antíoco III. Para os senhores de Roma, a rota da Ásia deve permanecer aberta. Formam-se as alianças: a Macedônia com os selêucidas, os ptolomaicos com os romanos. A Judéia vê-se entre os dois, política e comercialmente. As comunidades da diáspora — sob os ptolomaicos em Alexandria, sob os selêucidas em Babilônia, sob os romanos em Roma — são às vezes acusadas de conspirar para submeter a Judéia à proteção de um dos outros poderosos: trata-se já da acusação de dupla fidelidade, reforçada pela presença de comunidades irmãs nos impérios rivais.

Roma se faz cada vez mais presente no Egito, militar e comercialmente. Em 191 a.C., o cônsul Flamínio, aliado aos ptolomaicos do Egito, enfrenta exércitos selêucidas aliados a Filipe V da Macedônia, o que lhes confere uma notável superioridade numérica. Os romanos, no entanto, vencem nas Termópilas e depois em Magnésia, em 189 a.C. Antíoco tem de assinar o tratado de Apaméia, pelo qual abandona aos ptolomaicos suas possessões na Ásia para além do Tigre. O rei vencido é condenado a pagar indenizações de guerra tão elevadas que só pode honrá-las vendendo os cargos de sumos sacerdotes de todas as religiões e pilhando todos os templos ao seu alcance, de todas as religiões, de Jerusalém a Babilônia. Surpreendido em 187 a.C. quando pilhava o de Baal em Susa, Antíoco é assassinado ali.

Atravessada por todos os exércitos, mudando incenssantemente de senhor, a Judéia, ainda assim, continua muito próspera. A terra produz trigo, cevada, frutos, vinho, azeite e figos. A pecuária fornece os animais de sacrifício. A pesca se desenvolve nos portos de Acre e Jaffa. Como o país é pobre em metais mas rico em pedra de construção, e como os rebanhos de ovinos produzem lã em abundância, a construção e o artesanato têxtil se expandem. Os prestamistas financiam — contornando a proibição de empréstimos a juros — a agricultura, a pesca, as oficinas[34]. Os cambistas põem-se a serviço dos peregrinos. Alguns, raros, enriquecem como coletores de impostos a serviço do ocupante, seja este qual for. As diásporas continuam a financiar a reconstrução do país e a sustentar sacerdotes cada vez mais numerosos, que gravitam em torno do Templo.

De Jerusalém, de Babilônia e de Alexandria, tribunais e escolas religiosas detalham a jurisprudência. Mestres e alunos começam a redigir suas anotações de aula, ditas *mishnaioth* ou "repetições" — aquilo que é aprendido de cor —, por eles reunidas em coletâneas que recapitulam as decisões dos tribunais sobre questões morais, mas também econômicas, tais como a fiscalidade, os preços e as empresas, e sobre a vida social, a solidariedade, o meio ambiente. Eles exaltam o trabalho manual — à diferença da sociedade grega vizinha, na qual este é visto como degradante —, fixam os "preços justos", limitam os lucros, controlam os grupamentos corporativos, os *hevots*, repartem as ruas das cidades entre os diferentes corpos de ofícios, supervisionam particularmente certos artesãos especializados em produtos femininos, tais como os perfumistas, suspeitos de relaxamento moral, afastam os que exercem certos ofícios considerados humilhantes, como o curtume ou a coleta de excrementos (em razão do odor), e autorizam o divórcio entre judeus.

Agora, acontece de certos tribunais proibirem uma atividade que seja nociva ao resto da economia ou ao meio ambiente. Por exemplo, a criação de gado miúdo, particularmente a das cabras, é proibida porque devasta os campos. Um outro julgamento proíbe estabelecer uma área de batedura do trigo a menos de cinqüenta côvados dos limites de uma cidade, a fim de evitar que a palha, levada pelo vento, prejudique a saúde dos habitantes. De igual modo, não se deve construir fornos de revérbero, que produzem demasiada fumaça, nem queimar no altar do Templo madeira de oliveira, de videira ou de tamareira, nem fazer arder depressa demais uma lâmpada alimentada por óleo de nafta, "pois isso é desperdiçar um valor natural[408]". Às cidades novas, impõe-se preservar na periferia uma zona livre, sem árvores, culturas ou empresas.

Extraindo lições da precariedade das situações e da necessidade de manter-se pronto a partir, os tribunais fixam princípios de gestão do patrimônio: "Um homem deve sempre guardar sua fortuna sob três formas: um terço em terra, um terço em gado, um terço em ouro"[408]. Eles também detalham as condições da ajuda prestada aos pobres, às viúvas, aos órfãos e aos estrangeiros contra os credores e a doença.

Continua proibido emprestar a juros, pois todo tomador corre o risco de tornar-se pobre e insolvente: os juros permanecem assimilados à mentira e à fraude. "Se emprestares dinheiro a um compatriota, ao indigente que está em teu meio, não agirás com ele como credor que impõe juros"; "Não lhe emprestarás [ao teu irmão] dinheiro a juros, nem lhe darás alimento para receber usura" (Êxodo 22, 24; Levítico 25, 37). É igualmente proibido tomar empréstimo a juros, redigir o recibo de empréstimo ou rubricá-lo como testemunha. São igualmente vedados todos os atos pelos quais um credor poderia beneficiar-se indiretamente de seu empréstimo (*avaq ribbit*, literalmente "poeira dos juros"). Na realidade, apesar dessa interdição geral, a interpretação sutil dos textos permite que os tribunais tolerem certas práticas: de início, eles limitam a interdição aos empréstimos para o consumo, os únicos que concernem verdadeiramente aos pobres. Os empréstimos para investimento são autorizados segundo mecanismos bastante precisos. Por exemplo, os bens deixados como garantia de um empréstimo sem juros são resgatados, na hora do reembolso pelo tomador, com uma margem equivalente a juros. Contudo, as garantias são, em princípio, severamente controladas: "Se o teu irmão cair na pobreza e tiver de vender [empenhar] algo do seu patrimônio, o seu parente mais próximo virá a ele, a fim de exercer seus direitos de família sobre aquilo que vende [empenha] seu irmão" (Levítico 25, 23-31). Todo bem pode ser dado como garantia sem limite de tempo, exceto as moradias, que só podem ser recuperadas pelo tomador no prazo de um ano, a fim de permitir ao credor instalar-se ali com sua família.

Fora da comunidade, que exige solidariedade e caridade, os juros são autorizados, pois nada têm de imoral: "Poderás fazer um empréstimo com juros ao estrangeiro" (Deuteronômio 23, 21). Ninguém é obrigado a considerar o estrangeiro como um pobre em potencial. Os não-judeus tampouco correm o risco de ser expulsos.

Como não há praticamente nenhuma sanção — exceto a exclusão da comunidade, muito delicada de se decretar —, os tribunais devem repetir incessantemente a jurisprudência. E são numerosos os empréstimos diretos a juros entre judeus, como atestam, no século V a.C., papiros redigidos no Egito pela comunidade judaica de Elefantina, uma ilha situada em frente a Assuã[399].

Continuam as acusações de jogo duplo proferidas contra os judeus. Elas tomam um rumo particularmente dramático em 187 a.C., quando Antíoco IV Epífanes, que governa no leste, reprova os judeus da Mesopotâmia e da Palestina por terem aderido ao ptolomaicos e aos romanos. Ele anula o edito de Antíoco III que reconhecia o judaísmo e, numa primeira tentativa de erradicação deste, proíbe sua prática em toda a Judéia, manda erguer uma estátua de Zeus no altar do Templo, pune com morte a circuncisão, força os judeus a participarem das festividades gregas e rebatiza Jerusalém com o nome de Antíoca.

Jamais foi tão ameaçada a sobrevivência do judaísmo na Judéia. Os judeus se voltarão então para Roma, para que ela os salve. Tal atitude será sua perda.

Sob Roma

Vejamos agora a história do desaparecimento da última identidade estatal dos hebreus. Ela vai condicionar toda a seqüência do destino dos judeus. E, mais uma vez, transtornar as relações destes com o mundo.

Em 169 a.C., Antíoco IV tenta reprimir a revolta, na Judéia, do sumo sacerdote Jasão, apoderando-se, de passagem, dos tesouros do Templo, queimando os livros e decretando a helenização forçada da Judéia. Daniel protesta; muitos judeus vão refugiar-se no Egito, para onde os ptolomaicos tentam atraí-los. Em 167 a.C., um sacerdote, Matatias o Asmoneu, e seu filho, Judas Macabeu, decidem resistir e incendiam as aldeias helenizantes, onde circuncidam à força as crianças do sexo masculino[101]. Em dezembro de 164 a.C., os rebeldes assumem o controle de Jerusalém e inauguram novamente o Templo como lugar sagrado dos Judeus usando um óleo miraculoso, o que desde então é comemorado pela festa de Hanukkah. O retorno ao poder passa pelo retorno da Luz, do Espírito...

Em 161 a.C., Judas Macabeu aproveita esse primeiro sucesso para proclamar a criação de um Estado judeu independente[101] e despacha para Roma dois representantes, a fim de tentar obter a proteção do Senado. Mas, em 160 a.C., morre num campo de batalha, ao norte de Jerusalém, diante dos exércitos macedônio e selêucida. Seu irmão Jônatas o sucede e, depois de fazer um acordo com os generais selêucidas, apóia-se nos fariseus e faz-se nomear sumo sacerdote do Templo, com as rendas associadas; em 150 a.C., é reconhecido como chefe da nação judaica e até como chefe militar dos exércitos selêucidas do Levante-Sul, que o deixa administrar a Palestina. É que eles têm outras preocupações.

De fato, surge a leste uma nova potência: os partas, vindos da Ásia Menor. Seu chefe, Mitridates, derrota os gregos selêucidas e entra como libertador em Babilônia, sem modificar o estatuto das comunidades que ali vivem. Quanto à Palestina, esta permanece sob controle dos selêucidas de reduzido império.

Em 143 a.C., Simão, o terceiro irmão Macabeu, sucede Jônatas — que fora assassinado —, recusa-se a pagar os impostos ao novo senhor grego, Demétrio I, e decreta a independência de fato da Judéia, fundando a dinastia asmoniana. Em 141 a.C., Simão envia novos embaixadores a Roma, para tentar obter a aliança romana contra os selêucidas enfraquecidos, e convoca uma Grande Assembléia, um Sinédrio que lhe reconhece os títulos de "sumo sacerdote, estrategista e rei dos judeus", "príncipe e sumo sacerdote para sempre". Ele emite moedas metálicas ornadas com os sete principais produtos agrícolas (trigo, aveia, uva, figo, romã, azeitona e tâmara[34]) e reparte os poderes político, econômico e religioso entre seus irmãos; todos nomeados vitaliciamente, estes controlam assim o exército, os religiosos, os tribunais e as finanças. A realeza está de volta. Ela é até hereditária: Simão é sucedido por seu filho mais velho, Aristóbulo I, o primeiro dos Macabeus a assumir o título de rei, dinastia dos asmonianos. Passado um ano, seu sobrinho, Judas Aristóbulo, filho de Hircano, este, por sua vez, terceiro filho de Simão, apodera-se do trono e reina durante um quarto de século, até 76 a.C., massacrando os fariseus que lhe resistem e conquistando a Samaria. Os saduceus apóiam os asmonianos, que são combatidos pelos essênios.

A crise entre as facções judaicas leva a especificar a natureza dos livros sagrados a serem protegidos. Para os saduceus, isso se limita ao Pentateuco. Para os fariseus, isso abrange também os outros livros bíblicos. Para os essênios, isso se refere a todos os livros, mas que eles interpretam segundo exigências de pureza e austeridade.

Situa-se aqui um episódio dinástico particularmente complexo, que conduz até o nascimento do cristianismo e o fim do último Estado judeu.

Após a morte de sua mãe, Alexandra, os dois filhos de Judas Aristóbulo, Hircano II e Aristóbulo II, disputam o poder. Até quando um jovem governador judeu da Iduméia (uma das províncias do país), chamado Antípater, introduz no jogo os romanos, propondo aos dois irmãos inimigos submeterem-se à arbitragem de Pompeu, o comandante das forças romanas instaladas a leste do Mediterrâneo.

Pompeu havia recebido do Senado a dupla missão de pacificar os mares, onde piratas gregos ameaçam o comércio, e de conduzir a guerra contra Mitridates VI, o rei parta que acaba de massacrar romanos em Éfeso, na Ásia Menor. Pompeu aceita ajudar Antípater, de quem supõe precisar para seu combate ulterior. Ele derrota o resto dos exércitos selêucidas e entra em Jerusalém em 63 a.C. Penetra no Santo dos Santos e, na arbitragem, decide-se em favor de Hircano II, de quem, contudo, reduz o poder e o território. Aristóbulo II é mandado para Roma como prisioneiro. Doze mil judeus são massacrados. Na prática, apesar das aparências, é o fim da dinastia asmoniana. Sem querer, e acreditando restaurar um poder judeu, na verdade Antípater trabalhou a favor do controle por parte de Roma.

Doravante, os judeus têm a obrigação de aceitar a submissão ao Império; os coletores de impostos cobram taxas, às quais continuam acrescentando-se o dízimo para o Templo e o imposto para os pobres. Portanto, a aliança romana traduziu-se apenas por uma mudança de senhor e por uma servidão mais pesada.

Um episódio muito conhecido abala ainda mais a Palestina sob controle romano. Em 61 a.C., Pompeu, enfraquecido, é obrigado a dividir o poder com o chefe dos exércitos do Ocidente, Júlio César, e com um político riquíssimo, Crasso, a quem cabe o controle do Oriente. Aristóbulo II é então libertado e tenta retomar o poder do irmão. Derrotado, é enviado pela segunda vez a Roma como prisioneiro de guerra. Aliado de Pompeu, Hircano II reconstrói Jerusalém, enquanto, em Roma, César manda libertar os judeus que haviam sido vendidos como escravos. Em 54 a.C., ao passar por Jerusalém, a caminho da guerra contra os partas, Crasso entra no Templo, onde se apodera de todos os presentes trazidos pelas diásporas e de 2.000 talentos de ouro nos quais Pompeu não tinha tocado; além disso, exige da população 8.000 talentos suplementares; ou seja, ao todo, o equivalente a 34 toneladas de ouro.

Quando, em 52 a.C., Crasso é assassinado, o Senado aprova plenos poderes para Pompeu. César, então em campanha na Gália, não aceita ser de tal forma despojado de sua parte de poder; transpõe o Rubicão e toma Roma, enquanto Pompeu e toda a elite do Senado fogem para a Grécia. Como Antípater e Hircano II tomaram o partido de Pompeu, César liberta Aristóbulo II e o envia à conquista da Judéia, contra o irmão. Aristóbulo II fracassa pela terceira vez.

Pompeu é derrotado por César em Farsala, a 9 de agosto de 48 a.C.; Antípater e Hircano II mudam então de campo e aderem a César, que abandona Aristóbulo II. A traição está em toda parte. Encontram-se soldados judeus em todos os exércitos. Um deles é o chefe da polícia no Egito. Outro comanda os exércitos de Cleópatra. Mercenários judeus vêm ajudar César a vencer os egípcios. Antípater, recompensado por sua traição, torna-se cidadão romano e faz-se nomear por César *procurator* (administrador) para toda a Judéia. Pompeu se refugia no Egito, onde é assassinado.

Em 44 a.C., agora ditador, César não esquece a ajuda que os judeus da Judéia lhe trouxeram em sua luta contra Pompeu: atribui-lhes um estatuto privilegiado, sem no entanto devolver-lhes a independência. Ele autoriza a prática do judaísmo, tanto quanto o culto de Ísis ou de Mitra. Como sempre, a soberania, embora relativa, faz-se acompanhar de vantagens fiscais: "Nós, Caio César, ditador, cônsul pela quinta vez, ordenamos, tanto por considerações de honra, de virtude e de amizade quanto pelo bem e pela vantagem do Senado e do povo romano, que Hircano, filho de Alexandra, e seus filhos sejam sumos sacerdotes e soberanos sacrificadores de Jerusalém e da nação judaica; que os impostos dos judeus sejam reduzidos no segundo ano; que os habitantes da cidade de Jerusalém paguem anualmente um tributo, mas nada paguem no sétimo ano sabático, porque [nesse ano] não semeiam nada nem recolhem nenhum fruto das árvores; que eles paguem de dois em dois anos um tributo igual a um quarto das sementes, assim como os dízimos a Hircano e a seus filhos, como pagaram seus antecessores[177]...".

No mesmo ano, César é assassinado e Antônio toma o poder em Roma. Cássio, um dos assassinos, assume o comando das tropas na Síria. O próprio Antípater, denunciado como aliado dos romanos, é assassinado em 42 a.C. por nacionalistas judeus.

Em Jerusalém, Hircano II é substituído por seu sobrinho Antígono, até que, em 37 a.C., o Senado confia o poder à família do procurador que tanto ajudou Roma: um dos dois filhos de Antípater, Herodes, é proclamado rei dos judeus. Antígono é decapitado.

Herodes se revela um administrador brutal e um excelente soldado. Reconcilia-se com os essênios e opõe-se aos poderosos saduceus, nomeando ele mesmo, a seu critério, os sumos sacerdotes. Não há mais nenhum cargo hereditário. Para reconstruir o país, ele esmaga o povo com impostos.

Em 27 a.C., Augusto toma o poder em Roma. Segundo certas estimativas, os judeus são agora seis milhões no conjunto dos territórios controlados por Roma, ou seja, quase 10 por cento da população total. Encontram-se judeus no Egito, na Tessália, na Ásia, na Espanha, na África

(Argélia), em Lyon, em Trier; em Roma, eles são 50.000, com quinze sinagogas: artesãos e mercadores, prestamistas e corretores.

Em 20 a.C., em Jerusalém, Herodes, odiado pelo povo como o era seu pai, procura seduzi-lo financiando as obras de embelezamento do Templo. Duplica o átrio do edifício, tentando resgatar o esplendor do reinado de Salomão. O santuário volta a ser o centro de oferendas e de peregrinação do judaísmo. Só naquele ano, ele recebe para a Páscoa — anota o escritor judeu romanizado Flávio Josefo[213] — três milhões de peregrinos vindos do mundo inteiro, ou seja, mais de um terço do judaísmo mundial! Exagero, sem a menor dúvida. A economia do Templo funciona a pleno vapor. Mercadores, prestamistas, letrados — ofícios freqüentemente exercidos por um mesmo indivíduo — circulam do Templo ao mar e à diáspora, transportando oferendas, mercadorias, questões teológicas, respostas de mestres, compromissos de empréstimos, doações para o Templo...

Com insistência crescente, os essênios reclamam mais simplicidade no modo de vida dos sacerdotes, menos aparato no funcionamento do Templo, menos oferendas, menos grandes obras, mais solidariedade para com os pobres. Muitos lêem nas desordens desse período o anúncio da vinda iminente do Messias.

Herodes faz-se onipresente. Intervém diretamente por ocasião de trinta e um terremotos que perturbam os espíritos e de crises de fome que exacerbam as revoltas. Um certo João imerge rapidamente nas águas do Jordão todos os que se apresentam a ele e convoca-os à penitência — até ser preso e executado. No ano 4 antes de nossa era, nasce em Belém um certo Yehoshua ou Joshua, criado desde cedo em Nazaré.

Herodes morre naquele ano. Em Roma, Augusto recusa o título de rei ao filho dele, Herodes Antipas, limitando-se a nomeá-lo tetrarca. Dois anos depois, o imperador decide abater a elite judaica, exilando-a — à exceção do tetrarca — o mais longe possível, em Vienne*, na Gália. Confia

---

* Cidade francesa, fundada pelos romanos à margem esquerda do Ródano, 28 quilômetros ao sul de Lyon. (N. da T.)

a um prefeito romano a administração da Judéia, vincula-a à província da Síria e coloca o Templo sob a proteção da lei romana.

Para adaptar-se ao novo ambiente, a doutrina dos tribunais rabínicos se suaviza. Por exemplo, como o fisco romano exige agora um pagamento anual do imposto, renuncia-se ao pousio das terras e à anulação das dívidas a cada período de sete anos, no jubileu. Para isso, em concordância com as autoridades teológicas e particularmente com o principal sábio, *rabbi* Hillal, modificam-se os contratos existentes que previam aquelas medidas, recorrendo para isso a um procedimento grego, o *probsol*, que permite alterar os termos de um acordo por simples declaração feita diante de um tribunal.

Os ricos já não se interessam muito pela religião. Nenhum deles financia a construção de nenhuma das numerosas sinagogas edificadas nessa época na Judéia pelas comunidades de camponeses e de artesãos. Por outro lado, desenvolve-se a agitação popular contra os sacerdotes (que gastam), contra os ricos (que desperdiçam), contra os tribunais (que toleram), contra os romanos (que oprimem), contra os coletores arrendatários de impostos (que esmagam).

No ano 14, um novo imperador, Tibério, nomeia como procurador um certo Valerius Gratius; este designa e em seguida destitui sucessivamente três sumos sacerdotes antes de decidir-se pela escolha, no ano 18, do mais dócil, José Caifás, que aceita — humilhação suprema! — vir solicitar humildemente ao procurador, antes de cada cerimônia, seus trajes sacerdotais. Em 21, Herodes Antipas funda uma nova capital, Tiberíades, ainda mais luxuosa do que Jerusalém, mas aonde os judeus piedosos se recusam a ir, porque a cidade foi construída sobre um cemitério. Em 26, Gratius é substituído por Pôncio Pilatos, nomeado com todos os poderes: político, fiscal, policial, judiciário. Certos judeus se revoltam quando ele manda erguer estátuas a César em Jerusalém e quando ordena que o tesouro do Templo financie um aqueduto. Quanto a José Caifás, este cede a todas as exigências dos romanos.

As seitas se multiplicam[295]. A expectativa pelo Messias torna-se cada vez mais fervorosa. Entre muitos outros, Joshua, Jesus de Nazaré, *rabbi*, prega o amor ao próximo e denuncia a fatuidade das riquezas. Retomando o que está dito na Torá, do sermão na montanha ao "sabá feito para o homem", da apologia da não-violência ao preceito de "amar o próximo como a si mesmo", ele dá a entender que sua autoridade vem de Deus e expulsa os comerciantes do átrio do Templo, cuja destruição iminente anuncia. As autoridades romanas e o Sinédrio querem calar-lhe a boca, assim como a de todos os que falam alto. Jesus de Nazaré é executado pelos romanos num dia de Páscoa. Sua morte passa quase despercebida até que seus companheiros anunciam sua ressurreição, três dias depois.

A "proclamação", feita inicialmente por Pedro, é repetida a todos os judeus por Tiago e por outros companheiros de Jesus, todos judeus, os apóstolos. Depois de ser convencido, Saulo, que passa a chamar-se Paulo, anuncia nas sinagogas de várias grandes cidades da bacia mediterrânea o advento do Messias. Os romanos ainda vêem neles apenas uma seita entre outras.

Na mesma época, aliás, aparecem outros movimentos judeus, entre os quais o dos zelotas, partidários da luta armada contra os romanos.

Enquanto isso, em Roma, cresce o ódio contra os judeus. Eles são censurados por serem diferentes, por não rezarem aos deuses Lares, por atraírem muitos grandes senhores e nobres. Tibério, que sucede Augusto no ano 14, proíbe o judaísmo em toda a península itálica.

Em 37, Calígula, que só reinará durante quatro anos, nomeia Herodes Agripa II rei da Judéia, destitui o procurador Pôncio Pilatos e manda que o legado na Síria, Petrônio, instale uma estátua dele no Templo de Jerusalém. Petrônio tergiversa, sentindo que semelhante provocação ameaça desencadear uma verdadeira insurreição.

Furioso, Calígula suscita ataques de gregos contra os judeus de Alexandria, principal comunidade do Império, muito mais rica e poderosa do que todas as da Judéia. Temendo que os massacres ganhem amplitude, os responsáveis por essa comunidade despacham um emissário para Roma, a fim de negociar a paz com o imperador. Esse homem, conhecido pelo nome de Filão, é um intelectual refinado, grande filósofo e, ao mesmo tempo, um dos mais ricos mercadores da cidade; ele financiou as portas de ouro e prata que ornam a entrada principal do Templo de Jerusalém. A negociação se arrasta. Sentindo-se cobertos por Roma, os gregos tornam-se cada vez mais ameaçadores. Os judeus de Alexandria temem então o pior. Mas Calígula morre em 41, antes de passar à ação. Aliviados, os judeus de Alexandria vingam-se, com agressões aos gregos, do medo que sentiram.

A palavra de Jesus de Nazaré ganha amplitude. Alguns, entre as últimas testemunhas de sua morte, desejam agora anunciar a "boa nova" aos não-judeus. Depois de ásperos debates, Paulo concorda. Discute-se então se convém impor, aos pagãos convertidos à nova fé, as mesmas regras às quais os judeus obedecem. Convenciona-se ser menos exigente com eles: nada de circuncisão, e proibições alimentares muito reduzidas. Em 41, quando chegam a Roma, onde Cláudio acaba de vestir a púrpura imperial, os primeiros cristãos — judeus, quase todos — ainda recebem o tratamento dado aos outros judeus; são dispensados do culto de Roma e de Augusto, desde que não perturbem a ordem pública[368]. Na *Vida dos doze Césares*, Suetônio escreve que "o imperador Cláudio expulsa de Roma os judeus que, sob a influência de um certo Christos, não param de agitar-se"[335]. Na mesma época, em Antíoca, começa-se a identificar os discípulos de Jesus pelo nome de *christianoi*, que remete ao termo grego *christos* para designar o Messias...

Em 41, Cláudio reconhece para Herodes Agripa I, neto de Herodes, o título de rei dos judeus. A Palestina já não é inteiramente uma província do Império Romano. O novo rei demite Caifás e o substitui por outro sumo sacerdote, mais livre, a quem o procurador romano, ao partir, devolve os paramentos. Isso, porém, não dura: em 44, com a morte de Herodes Agripa, Cláudio volta a vincular ao Império o essencial do reino, como província administrada por um procurador romano. Ele atribui a Agripa II, filho de Herodes Agripa I, diversos territórios na Síria e o título de inspetor do Templo de Jerusalém, com o poder de nomear o sumo sacerdote e com um certo acesso às riquezas do Templo.

Os procuradores mostram-se cada vez mais repressivos. Em 55, Nero, que sucedeu Cláudio, devolve ao rei dos judeus uma pequena parte da

Galiléia, onde se inclui Tiberíades. Isso não basta para acalmar os ardores independentistas de um punhado de revoltosos, os zelotas, dirigidos por um certo Judas o Galileu, que conclama à guerra total contra os romanos. Os cristãos não aderem. Cada vez mais preocupado com essas revoltas e com o proselitismo dos judeus, inclusive e até mesmo em sua própria família (comenta-se que Popéia, sua mulher, se fez judia), Nero, em 64, manda massacrar os judeus — entre os quais, membros da seita cristã — em todo o Império, após o incêndio de sua capital, pelo qual ele os responsabiliza.

A destruição do Templo

A crise final começa, mais uma vez, por uma questão de dinheiro: em 66, sob o governo do procurador Gessius Florus, um soldado romano rouba do Templo dezessete talentos de ouro. Soma irrisória, diante das riquezas que ali se acumulam. A multidão, por zombaria, organiza uma coleta em benefício do procurador, o qual responde enviando a tropa. E assim começa uma revolta que logo se transforma em luta pela independência. Um grupo de zelotas dirigidos por Menahem, filho de Judas o Galileu, apodera-se de Massada, onde massacra a guarnição romana. O rei Agripa II está desmoralizado. Os cristãos se recusam a aderir aos judeus revoltados e se mantêm retirados.

É terrível a repressão contra todos os judeus do Império, nesses primeiros massacres em massa da história judaica. A comunidade de Antíoca é exterminada; 53.000 judeus são massacrados em Alexandria, onde viveram tão felizes durante mais de três séculos. Os romanos sitiam Jerusalém, onde os chefes judeus não chegam a um acordo sobre a estratégia para afrouxar o cerco. Nero envia Vespasiano, com 70.000 homens, para sufocar a rebelião.

Após a morte de Nero em 68, em Roma, três imperadores — Galba, Oto e Vitélio — são sucessivamente assassinados. Vespasiano, então em

Jerusalém, torna-se imperador em 69 e deixa seu filho Tito encarregado de acabar com a guerra na Judéia. O jovem general assedia Jerusalém durante a Páscoa judaica e toma o Templo, que pretende colocar sob sua proteção. Quando, em 23 de julho, a tocha de um soldado desencadeia um incêndio sob um pórtico vizinho ao Santo dos Santos, Tito manda tentar apagá-lo: ele havia prometido proteger o Templo à mulher por quem está apaixonado, Berenice, filha de Herodes Agripa I. Mas, no dia 9 de Ab (29 de agosto) do ano 70 — segundo a lenda, aniversário da destruição do primeiro Templo —, o segundo Templo é destruído e suas riquezas, furtadas pela soldadesca romana. Segundo um magnífico comentário ulterior (*Succah* 55 a), o desaparecimento do Templo é uma tragédia também para os não-judeus, pois os hebreus oravam por eles: "Eles não sabem o que perderam".

A parte alta da cidade, controlada por Simão Bargiora, ainda se agüenta por um mês. Após a derrota dele, contam-se de seiscentos mil a um milhão de mortos, entre os três milhões de judeus da Judéia e da Samaria; os homens válidos partem para Roma como escravos ou gladiadores. As últimas riquezas do Templo — o candelabro de sete braços, a Mesa de Ouro, os rolos da Lei — acompanham Tito em seu triunfo. O chefe da revolta, Simão Bargiora, chicoteado durante todo o percurso, é executado na chegada. Numerosas moedas celebram o acontecimento. Herodium e Machaerus caem em 71; Massada, em abril de 73, quando sua guarnição, depois de resistir quase três anos, suicida-se coletivamente.

Cesaréia torna-se a capital do país ocupado. O prefeito autoriza o principal sábio sobrevivente, um discípulo de Hillel, Yohanan ben Zakkai, rabino sapateiro que fugira de Jerusalém durante o cerco escondendo-se num ataúde, a reinstalar não longe dali, em Yavneh, uma academia de sábios e o tribunal supremo, o Sinédrio.

Contam-se então cerca de sete milhões de judeus no mundo[35]: dois milhões na Palestina, três no resto do Império Romano, um no império parta e o último milhão em outros lugares. Aos cinco milhões sob seu controle, Roma impõe o repasse das somas até então coletadas para a manutenção do Templo. Assim nasce o *fiscus judaicus*[34], do qual os cristãos estão isentos por não terem participado da revolta: para Roma, a distinção entre judeus e cristãos é sobretudo fiscal.

Alguns zelotas continuam o combate no Egito e em Cirenaica. Em vão. Os judeus já não parecem ter outro destino afora o de se fundirem irreversivelmente com os povos em cujo seio se dispersaram. Seu papel teológico, político e econômico parece encerrado. Outro monoteísmo vai tomar a vez.

O Gênesis histórico, tal como o Gênesis bíblico, conclui-se no Exílio: o Império Romano, novo Egito.

2

ÊXODO

(70 / 1096)

1. *Com Roma e sem o Templo: primeira rede nômade*
2. *Cristãos e judeus perante o dinheiro*
3. *Babilônia, coração do mundo*
4. *A nova doutrina econômica: o Talmude e o dinheiro*
5. *Entre Roma e Bizâncio: a nova chance de Israel*
6. *Quase felizes no Islã*
7. *Primeiros banqueiros dos cristãos*
8. *Os mercadores judeus passam ao Oeste*

O triunfo do Ocidente romano inaugura uma nova era, e o povo judeu vê-se novamente lançado à estrada. Desta vez, sua sorte parece definitivamente selada: desaparecer, à semelhança do que ocorreu antes deles a outros povos expulsos de suas terras ou submetidos a colonizadores, tais como os hicsos ou os citas, e, como farão mais tarde os medas, os gauleses, os godos ou os vândalos, fundir-se com os vencedores quase sem deixar vestígios de sua força, de sua fé, de sua cultura e de sua língua.

No entanto, ao contrário desses povos, os judeus vão conseguir o impossível: sobreviver nos interstícios dos impérios e, dentro destes, preservar o essencial de sua cultura, adaptando-a incessantemente às exigências dos novos locais de exílio. Da destruição do segundo Templo até o início das Cruzadas, eles atravessarão todas as vicissitudes econômicas, religiosas e políticas do primeiro milênio cristão. Nos primeiros impérios do Oriente e nas primeiras potências do Ocidente, sob a dominação de monarcas, de príncipes ou de bispos, por toda parte a sorte deles será quase tolerável, exceto no Império Romano.

Espantoso destino de um povo minúsculo, feito de camponeses, mercadores, artesãos, comerciantes, financistas e letrados, mesclado aos principais acontecimentos do mundo. Povo-ponte, que participou, na linha de frente, da transformação progressiva da ordem dos impérios em ordem do dinheiro, mantendo vínculos entre comunidades dispersadas pelos diferentes campos em guerra e constituindo assim uma rede cultural e comercial única entre todos os povos sedentários, na paz e na guerra.

O espírito desse milênio de exílio se molda sobre o do período narrado pelo segundo livro do Pentateuco: de fato, o Êxodo (ou os "Nomes"[90]) conta a longa permanência dos hebreus no Egito, às vezes felizes e livres, às vezes escravos obrigados a construir cidades onde não residem, até o momento de sua partida para um ambiente desconhecido, promissor de liberdade. Este capítulo também relata uma estada no exílio, em vários lugares, alguns hospitaleiros e outros, terríveis locais de opressão onde os judeus, escravizados, constroem mundos dos quais se vêem excluídos em seguida.

No fim do livro do Êxodo, eles partem para Canaã. Ao cabo desse primeiro milênio cristão, fogem para a Europa. Tanto uma quanto outra, terras de esperança, lugares de futuras e cruéis desilusões.

Durante esse longo período, funcionando como ponte entre mundos em guerra, os judeus asseguram as ligações entre a Espanha, a Síria, o Egito e a Pérsia. Com freqüência letrados e ao mesmo tempo mercadores, geralmente pobres, restritos aos cargos mais arriscados e menos populares, detestados pelos serviços prestados e por sua teimosia em não se converter, encarados com suspeita por causa de seus vínculos com comunidades implantadas em territórios inimigos, às vezes felizes, freqüentemente mártires, quase sempre solidários, eles sobrevivem transmitindo sua herança cultural de geração em geração. Marcos esquecidos, sem os quais muitos aspectos do mundo de hoje seriam incompreensíveis.

1. Com Roma e sem o Templo: primeira rede nômade

Por ocasião da queda de Jerusalém, o essencial do povo judeu encontra-se no Império Romano, sendo um terço na Palestina, encruzilhada es-

Cenas da vida de José. Miniaturas da Bíblia de Merseburg, século XIII. Merseburg, Domstiftsbibliothek.

O massacre dos judeus em Metz pelos cruzados, visto por um pintor do século XIX, Auguste Migette (1802-1884). Museu de Metz.

D.R.

Debate rabínico, Alemanha, século XV.

D.R.

O Mestre. Iluminura de um manuscrito em hebraico do *Guia dos perplexos*, de Maimônides, Dublin, Galeria Nacional da Irlanda.

Velino do século XVI: ritual de prece escrito e ornado com iluminuras, em Ferrara, por Moisés ben Hayim Agrish. Paris, Museu de Arte e de História do Judaísmo.

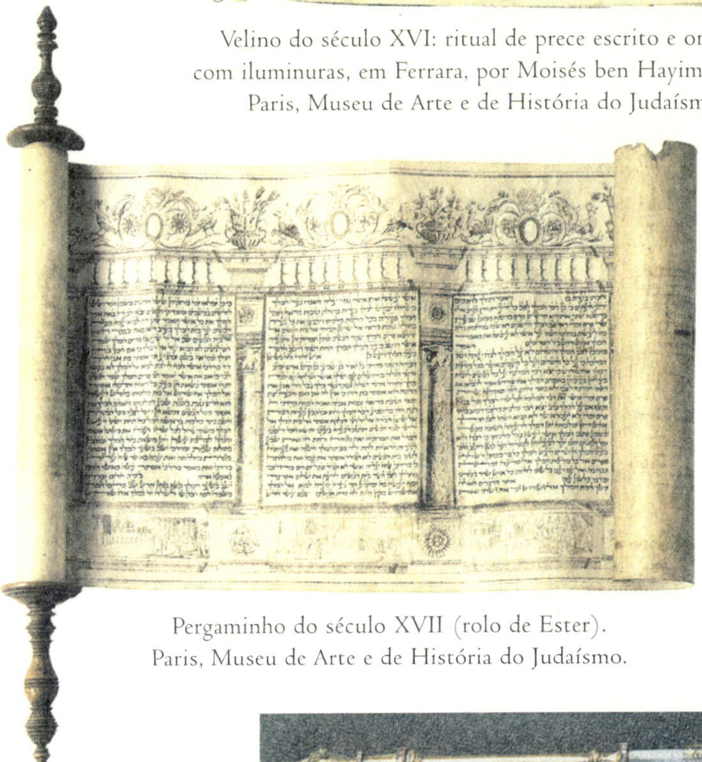

Pergaminho do século XVII (rolo de Ester). Paris, Museu de Arte e de História do Judaísmo.

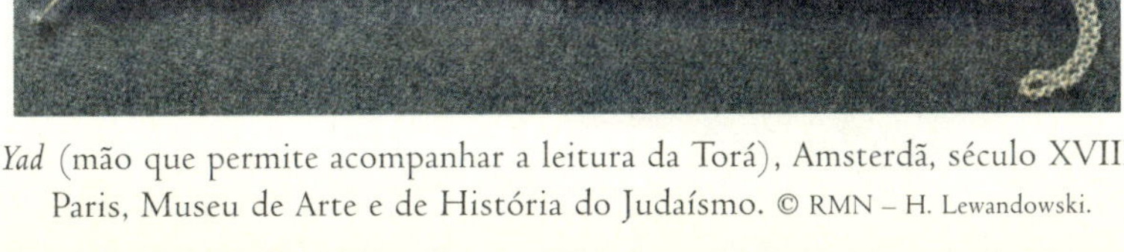

Yad (mão que permite acompanhar a leitura da Torá), Amsterdã, século XVIII. Paris, Museu de Arte e de História do Judaísmo.

Lâmpada de *Hanukkah*,
Alemanha, século XVIII.
Paris, Museu de Arte e
de História do Judaísmo.

Arca santa, Itália, século XV. Paris, Museu Nacional da Idade Média.

Menorá (candelabro), Áustria, século XVIII.
Coleção judaica Max Benya, Viena.

Arca santa, Áustria, século XVIII. Paris,
Museu de Arte e de História do Judaísmo.

Parokhet (cortina instalada diante da arca santa), século XIX.
Paris, Museu de Arte e de História do Judaísmo.

Sinagoga dos Levantinos, século XVI, no gueto de Veneza.

Sinagoga de Cochin (comunidade instalada no século XIII), Índia (Kerala).

Sinagoga da rue Lamartine, em Paris, século XIX.
Pintura de Jacques Émile Édouard Brandon (1831-1897).
Paris, Museu de Arte e de História do Judaísmo.

Interrogatório de um judeu espanhol, na Idade Média. Retábulo da Santa Cruz, por Martin Bernat e Miguel Jimenez, século XV. Museu Provincial de Saragoça.

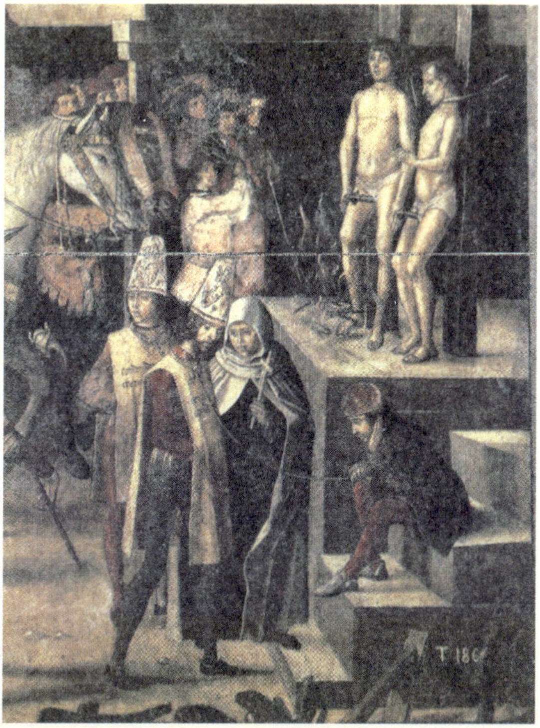

Auto-de-fé da Inquisição presidido por são Domingos (detalhe). Pintura de Pedro Berruguete, século XV. Madri, Museu do Prado.

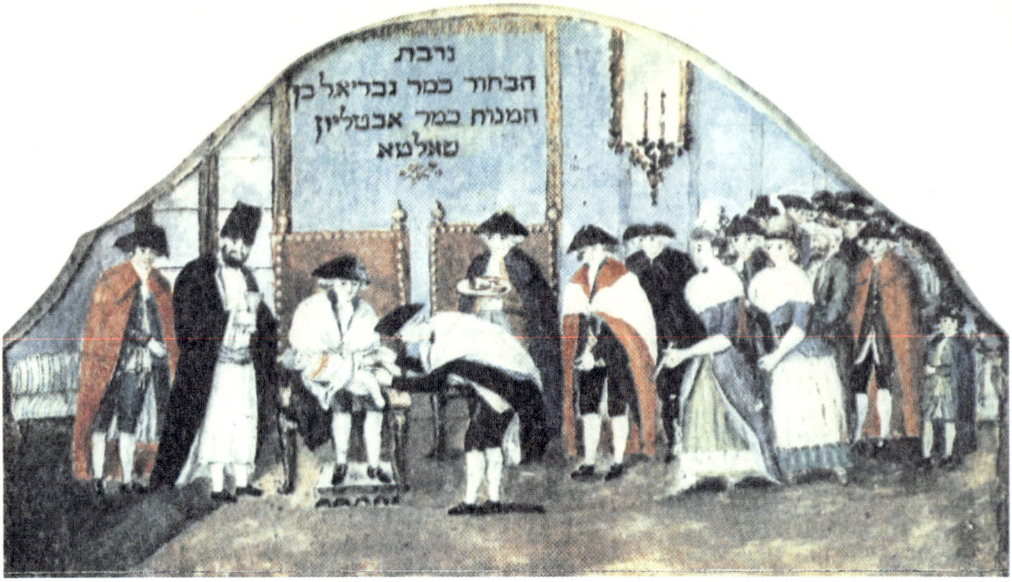

Circuncisão no gueto judeu de Veneza no século XVIII.
Pintura de Baali Berit, Veneza, Museu Hebraico.

Navio em construção no porto de Livorno.
Pintura de Agostino Tassi, século XVII. Gênova, Museu Naval.

tratégica de rotas militares e comerciais. Ao perderem os recursos do Templo, os judeus precisarão aprender a viver no exílio, tanto em sua terra quanto alhures, e implantar a primeira rede internacional de nômades.

As leis da ocupação: o dinheiro do essencial

Para Roma, a questão judaica, nesse momento, não é uma questão marginal: em dez habitantes do Império, um ainda é judeu; ou, em certas regiões, como Roma, até mesmo três; e mais ainda em Alexandria, então centro do judaísmo e do comércio mundial. Também se encontram judeus no contorno mediterrâneo, como em Cartago, e em certos vales fluviais da Gália, a exemplo de Clermont-Ferrand e Poitiers, no cruzamento entre os cursos d'água e as rotas seguidas pelas legiões romanas. Eles acompanham os exércitos como fornecedores ou como soldados, antes de se instalarem nas cidades-etapas como funcionários, lojistas, vendedores ambulantes, armadores, prestamistas, viticultores. Comerciam de tudo: produtos agrícolas, têxteis, madeiras preciosas, especiarias, peles, vinhos, prata, ouro, escravos[34]. Alguns estabelecem escalas de comércio do norte da Germânia ao sul marroquino, da Itália à Índia, e até fazem adeptos entre os outros mercadores: ser ou tornar-se judeu traz o duplo benefício de uma solidariedade comunitária e de uma rede comercial única em seu gênero.

Quando se espalha a notícia da destruição do segundo Templo, essas comunidades — que, às escondidas, pagaram somas às vezes consideráveis para sustentar o esforço de guerra contra seu próprio ocupante — podem apenas constatar a amplitude do desastre. Na batalha por Jerusalém, morreu um milhão de judeus (segundo o historiador judeu Flávio Josefo, exatamente 1.197.000 habitantes da Judéia)[191], ou seja, um terço da população do país; 97.000 prisioneiros partiram como escravos para Roma. A aristocracia saducéia está totalmente desacreditada, e a elite essênia caiu em combate. Os dois milhões de sobreviventes implantados na Judéia e na Samaria, essencialmente fariseus, tentam sobreviver como podem num país em ruínas. O povo perdeu sua razão de ser. Deus parece tê-lo abandonado. Por que confiar ainda em Sua Lei e em Seus sacerdotes? Por que acreditar nAquele que conduziu à desgraça ou, no mínimo, não a impediu?

Toda a economia judaica (os romanos dizem agora "palestina") está destroçada. As indústrias nas quais o país se distinguia — as do ferro, do linho, do vidro, da seda, da tinturaria — foram abandonadas. Nos campos, a ocupação romana destrói as comunidades aldeãs; as raras explorações ainda em atividade vivem isoladamente. Ricos ou pobres, os camponeses deixam suas terras para trás, por não poderem comercializar seus produtos em segurança[34]. Cidades e povoações se enchem de desempregados e de mendigos que maldizem Deus e Seus sacerdotes. Os rabinos exortam os camponeses a não vender por preço ínfimo suas terras a estrangeiros e os dispensam de todo estudo religioso com máximas do tipo: "Trabalhar a terra é uma ocupação de tempo integral"[408], ou: "Os filhos serão criados no ofício do pai"[408]. Em desespero de causa, determinam que todo proprietário decidido a vender só ceda suas terras a um membro da própria família.

Todos esperam um salvador. Para alguns, este será um chefe guerreiro que os conduzirá ao combate e os livrará da ocupação romana. Para outro, esse salvador já veio sob os traços de Jesus o Galileu, cuja morte anunciou as desgraças ulteriores e cujo retorno será oportunidade de revanche. Outros ainda, como Flávio Josefo, preocupam-se com as catástrofes que uma revolta provocaria e aconselham os judeus a fundirem-se no Império Romano, tão acolhedor para os povos vencidos[212].

Para evitar as conversões à religião do ocupante ou ao cristianismo, os rabinos aliviam as exigências da prece. Contrário à luta aberta contra Roma, *rabbi* Yohanan ben Zakkai ensina que "a simples recitação, de manhã e à tardinha, do *shema* [a principal oração judaica para anunciar a unidade de Deus] é suficiente para cumprir o mandamento bíblico"[408]. *Rabbi* Meir promete todas as recompensas celestes a qualquer pessoa que, residindo na Palestina, se expressar em hebraico[408]. Unificam-se os ritos, dá-se um acabamento aos textos da Bíblia. Excluem-se das sinagogas todas as seitas, entre as quais a dos cristãos.

Os romanos, por sua vez, não estão especialmente apressados em assimilar os judeus, descritos em panfletos como "sujos", "selvagens", "covardes", "leprosos", "sacrificadores de crianças". Sêneca, e depois Quintiliano e Juvenal, denunciam no judaísmo uma superstição[335]. Tácito escreve: "Tudo o que é sagrado para nós é profano para os judeus, e tudo o que lhes é permitido nos é impuro"[335]. E, sobretudo, Roma não deseja em absoluto que eles reconstituam um Estado. O imperador Vespasiano e seu filho Tito, que ainda o representa em Jerusalém, cortam-lhes todos os recursos financeiros. Depois de pilhado o Templo e desviado o imposto até então pago ao sumo sacerdote, os judeus são proibidos de financiar qualquer autoridade judaica, seja ela religiosa ou política. Um procurador especial fica encarregado de cobrar o *fiscus judaicus* (fixado no equivalente a duas dracmas) de todo judeu adulto que resida no Império.

Sem Templo, já não é possível realizar sacrifícios nem armazenar riquezas, organizar permutas ou sacralizar contratos. Por isso, os rabinos transferem às sinagogas uma parte das competências do Templo. Eles explicam que a *tsedaka*, a solidariedade, mais necessária do que nunca, substitui os sacrifícios e, por si só, garantirá a expiação dos pecados. Contudo, em nenhum momento se pensa em reproduzir nas sinagogas o ideal de esplendor do Templo: elas devem manter-se simples e as rendas dos rabinos, limitar-se a um montante dez vezes inferior, em média, ao que outrora cabia aos levitas. Começa o judaísmo sem Templo, no qual a prece substitui o sacrifício.

Tito, investido por sua vez como imperador, continua a pilhar as riquezas da Judéia, assim como as do resto do Império, e a distribuir as terras entre cidadãos romanos. Ele proíbe a reconstrução do Templo e manda massacrar todos os que poderiam pertencer, de perto ou de longe, à casa de Davi, fonte de legitimidade dos monarcas autóctones e do Messias. Mas permite que os tribunais rabínicos resolvam as disputas entre os judeus e que o Sinédrio se reconstitua em Jamnia (Yavneh) sob a direção de Yohanan ben Zakkai, aquele rabino sapateiro que conseguira fugir de Jerusalém sitiada escondendo-se num ataúde. O sucessor de Zakkai a partir do ano 80, *rabbi* Gamliel II — de quem, aliás, o apóstolo Paulo é aluno —, reassume o título de *nassi* que seus predecessores exibiam nos bons tempos. Única autoridade judaica admitida pelos romanos, ele reafirma a unidade da jurisprudência. Mas, fazendo uma certa concessão aos seus contraditores, promete mencionar, nos julgamentos pronunciados, as opiniões minoritárias.

A destruição do Templo, no exato momento em que ele poderia confederar o conjunto das diásporas, na verdade libera-as de toda tutela. Tanto na Palestina como alhures, as comunidades reatam com as velhas regras elaboradas no tempo da primeira estada em Babilônia: trabalhar duramente, só confiar nos seus, transmitir às gerações futuras uma língua e uma Lei, obedecer a um príncipe do país de acolhida, permanecer em grupo, comunicar-se entre comunidades.

Imitando o que se faz na Judéia, por todo o Império Romano as comunidades se organizam assim; elas elegem um colégio diretivo formado ao mesmo tempo dos menos ignorantes e dos menos pobres, às vezes de sábios ricos ou de ricos letrados, que com freqüência são admitidos por hereditariedade.

Em certas cidades da Itália, onde desembarcam exilados provenientes dos quatro cantos da Diáspora, surgem sinagogas distintas, segundo os costumes de uns e de outros. Em Roma, sete delas — entre as treze com as quais conta então a cidade — são reservadas a judeus vindos de certas regiões do Império.

Em cada comunidade, um conselho de notáveis administra os cemitérios e coordena a cobrança dos impostos, o apoio aos pobres, a negociação do resgate dos escravos. Um tribunal rabínico regulamenta entre os judeus os preços, as remunerações, as tarifas dos transportes, as comissões; particularmente nos períodos de inflação, atuando como intermediário entre empregados e empregadores, fixa os mínimos salariais e os preços básicos, controla pesos e medidas, verifica a aplicação de um embrião de direito do trabalho, atribui ruas especiais aos corpos de ofícios, gerencia as mutuantes de solidariedade dos artesãos.

Ele também administra as relações com os não-judeus, às vezes para limitá-las. Assim, quando Roma impõe a criação de colégios de artesãos, os tribunais rabínicos determinam que os judeus não se incluam neles como membros, para não terem de trabalhar no dia do sabá. Eles estimulam a criação de guildas judaicas, a fim de garantir a defesa dos interesses dos judeus e o socorro mútuo. Na maioria das vezes, esses tribunais impelem a adaptar-se às leis locais (dessa forma, sendo a sociedade romana monogâmica, numerosos tribunais rabínicos punem a poligamia); e autorizam os comerciantes judeus a vender alimentos ou bebidas não-*kosher*.

Depois dos massacres que ali grassaram, Alexandria voltou a ser a comunidade mais florescente do Império. Seu porto é o maior do mundo, e entre os principais armadores voltam a encontrar-se judeus. Ali se trocam penas de avestruz, marfim, ouro que chega pelos canais do Nilo; fabricam-se papiro, vidro, tapetes, prataria, tecidos — entre os quais, um pouco mais tarde, o Talmude citará catorze tipos diferentes. Sobre esse florescimento, *rabbi* Yehuda escreve[329]: "Quem não viu a sinagoga de Alexandria nunca viu a glória de Israel. Os fiéis não ocupavam seus lugares ao acaso: os ourives sentavam-se à parte, os que trabalhavam a prata sentavam-se à parte, os ferreiros sentavam-se à parte ... Tanto que um homem pobre, quando entrava na sinagoga, reconhecia imediatamente os membros de sua profissão; estes lhe conseguiam trabalho, assim como para os outros membros de sua família".

Em certos países — como, justamente, no Egito, onde reside agora quase um milhão de judeus[35] —, um etnarca com nível de príncipe, como o era Moisés, e um colégio de anciãos (gerúsia), eleito pelas assembléias de fiéis de todas as cidades, administram as relações com o procurador romano que dirige a província.

Em nenhum momento alguém tem a idéia e tampouco o poder de submeter todas essas comunidades a uma autoridade central. Um tribunal supremo, o Sinédrio, na Palestina, já não exerce mais que um magistério de influência, que inspira os tribunais locais do mundo inteiro em seus julgamentos. E, ainda assim, com extrema flexibilidade, porque, se um juiz de qualquer lugar tomar uma decisão contrária à jurisprudência do Sinédrio, ele não é punido por ninguém; até mesmo acontece de argumentos locais acarretarem uma reviravolta na jurisprudência do próprio Sinédrio. Tudo se adapta incessantemente, em torno de princípios éticos imutáveis.

Diante desse formidável instinto de sobrevivência, Domiciano, o sucessor de Tito, enfrenta um dilema com o qual se defrontarão muitas vezes aqueles que desejam acabar com o judaísmo: não seria melhor deixá-lo viver, para extorquir-lhe o que ele sabe e o que ganha, em vez de pagar o preço de seu extermínio? Depois de dominar os últimos sobressaltos de revolta na Judéia, Domiciano é tentado a exigir uma conversão geral à religião oficial do Império; fala em fechar tribunais e sinagogas, e até em expulsar os que pretendam continuar judeus. Mas muda de idéia quando seus financistas ressaltam as receitas que ele perderia se obrigasse os hebreus a emigrarem para territórios inimigos de Roma, onde vastas comunidades estão dispostas a acolhê-los. O imperador decide então não mais falar de conversão, mas sim aumentar o *fiscus judaicus* e aplicá-lo a todo homem *nascido judeu*, esteja ele onde estiver, no Império, e seja qual for sua religião do momento; para isso, chega a impor a todos os suspeitos de judaísmo um interrogatório e um exame físico. O judaísmo torna-se assim uma *raça*, e não mais somente uma religião. Muitos se ocultam para não pagar o imposto. A situação na Palestina se agrava ainda mais: os últimos afortunados emigram para a Mesopotâmia; a taxa renderá cada vez menos, embora por muito tempo continue sendo uma das principais receitas fiscais do Império Romano.

Para tentar aumentar esse rendimento, o imperador Nerva inverte a política de Domiciano, assassinado em 96, e esforça-se por fazer voltarem à Palestina as elites judaicas. Devolve-lhes o direito, único no Império, de não celebrar o culto ao imperador; estimula os tribunais judaicos a resolver seus contenciosos; restitui à casa de Davi, refugiada essencialmente entre os partas, algumas de suas prerrogativas; devolve o título de patriarca ao chefe do Sinédrio, *rabbi* Gamliel II, e dispensa-o do imposto, autorizando-o ao mesmo tempo a recolher em seu próprio benefício, em todas as comunidades do

Império, o imposto outrora pago ao Templo (o *aurum coronarium*), a fim de financiar sua corte em Yavneh e as escolas. Nerva deixa circularem livremente pelo império os coletores desse imposto, personagens freqüentemente importantes que passam de comunidade em comunidade, novos agentes da rede intercomunitária. Quanto ao patriarca, nem palácio nem luxo: a queda do Templo serviu de lição. Nenhuma centralização forte. Nada de acumulação evidente. Nenhuma coordenação visível.

Embora Nerva só reine por dois anos, suas reformas têm enorme impacto sobre o judaísmo. Depois dele, os circuitos econômicos da Palestina se reorganizam, a produção recomeça, as cidades se reanimam, as comunidades permutam e dialogam. Em 98, Trajano não questiona as medidas tomadas por seu predecessor; mas o reinado desse espanhol se revela muito mais difícil, tanto para os judeus quanto para os outros povos colonizados, por causa das guerras civis e dos conflitos com os vizinhos. A situação econômica se degrada. No Egito e em Chipre, judeus e gregos matam-se entre si. Trajano envia para lá forças que massacram os dois lados. Em 116, na Judéia, a revolta ameaça outra vez; o governador Lucius Quintus a sufoca. Outras tropas romanas vencem os partas, ocupam a Mesopotâmia, pretendem impor o *fiscus judaicus* aos judeus que ali vivem.

O Império Romano jamais abrangeu tamanha superfície. No entanto, como sempre, o apogeu parece anunciar a queda, mais cedo ou mais tarde: Roma não tem como gerenciar um conjunto tão vasto.

Segunda guerra, primeiro Talmude

A partir do ano seguinte (117), Adriano, que sucede seu tio Trajano, compreende ser perigoso controlar um império tão extenso. Para grande prazer dos judeus de Babilônia, devolve então a Mesopotâmia aos seus antigos senhores partas. Tolera as preces nas sinagogas do Império e autoriza a academia a mudar-se de Yavneh para Sepphoris, capital administrativa da Galiléia. Gamliel II transmite o título de patriarca ao seu filho Simão.

No entanto, Adriano sonha unificar os povos do Império, criar um *civis romanus*. Portanto, precisa acabar com aqueles judeus tão numerosos, tão organizados, tão questionadores, tão atraentes para as elites romanas. Embora admita estrangeiros — entre os quais os judeus — na administração romana, ele proíbe toda prática específica e ostensiva, como o sabá; de igual modo, a circuncisão torna-se um crime capital, por analogia com a castração (a medida visa também os egípcios). Sua imaginação fiscal não tem limites: ele inventa a corvéia de carreto e a *quadragesima*, direito aduaneiro de 2,5 por cento pago ao cruzar cada uma das fronteiras provinciais. Tudo serve de pretexto para um novo imposto; um governador romano chega a lamentar "não poder taxar o ar que os judeus respiram"[34]. Segundo certas crônicas, acontece de judeus serem obrigados a vender seus filhos para pagar aos coletores de impostos, colocados sob a responsabilidade das autoridades judaicas, que se tornam "colaboradores" de fato. Sobre isso, escreve *rabbi* Yohanan: "Mais vale fugir do país do que aceitar uma eleição para o colégio da cidade"[408].

Adriano decide fazer de Jerusalém uma cidade romana, *Aelia Capitolina*. Manda construir um altar dedicado a Júpiter no lugar do Templo, a cujas ruínas proíbe o acesso a todos os judeus, exceto no dia 9 de Ab — aniversário da destruição —, medida que eles contornam subornando os guardas romanos. Um autor do século XIX escreverá sobre isso: "Somente à custa de dinheiro os judeus podiam derramar lágrimas no próprio local onde haviam comprado e derramado o sangue de Jesus Cristo"[264]. Mais uma vez, dinheiro e assassinato estão juntos, quando se trata de acusar os judeus.

Quando, em 130, Adriano vai verificar pessoalmente a eficácia de sua iniciativa de aniquilamento cultural, explode na Judéia uma revolta. Seu chefe é um certo Simão ben Kozeba. Um dos maiores sábios da época, *rabbi* Akiba, pressente na tirania romana uma ameaça de extermínio: então, abandona o Sinédrio, põe-se a serviço dos rebeldes e vai coletar de comunidade em comunidade, por todo o Oriente Médio, os recursos para financiar uma insurreição. Quando *rabbi* Akiba retorna, Simão ben Kozeba desencadeia operações de guerrilha; muitos judeus aderem a ele. Como por ocasão da revolta precedente, sessenta anos antes, os cristãos preferem manter-se à parte; alguns até se alinham com o ocupante. Certas cidades judaicas, como Sepphoris e Tiberíades, escolhem a neutralidade por temor das represálias.

Simão ben Kozeba começa derrotando o exército romano comandado pelo general Tineius Rufus. Retoma Jerusalém, destrói Aelia Capitolina, reinstala um altar judeu no lugar do Templo, proclama a restauração do Estado hebreu e manda até fabricar novas moedas com a inscrição "Ano I da liberdade de Jerusalém". É a hora do triunfo. *Rabbi* Akiba proclama Simão ben Kozeba rei dos judeus e altera o nome deste para Bar Kochba ("filho da estrela"), a fim de lembrar a profecia que anunciava a chegada do Messias: "Um astro procedente de Jacó se torna chefe" (Números 24, 17), dando assim a entender que Simão — e não Jesus — poderia ser o Messias tão esperado, já que salvou o país.

Adriano substitui então o general vencido por seu melhor oficial, Julius Severus, convocado de volta da Bretanha, onde estava ocupado em derrotar os últimos bastiões celtas. Depois de quatro anos de encarniçados combates, Jerusalém é retomada; a última fortaleza judaica, Beitar, cai em 135. Subsistem apenas alguns bolsões de resistência isolados em grutas do deserto. Simão bar Kochba é executado; *rabbi* Akiba, de início encarcerado em Cesaréia, também o será pouco depois. O Sinédrio está desmantelado; o templo de Júpiter e a cidade de Aelia Capitolina são reconstruídos, e nenhum judeu tem mais o direito de se aproximar dela, nem para viver nem para rezar.

O povo judeu perdeu todos os seus chefes civis, militares e até religiosos. Em sua maioria, os homens em idade de portar armas foram mortos ou são vendidos como escravos. Como todo o território é declarado domínio imperial, os raros camponeses judeus que ainda cultivam o solo já não passam de rendeiros mais ou menos hereditários, e devem pagar a Roma, além dos impostos, um aluguel da terra. Os que podem fogem.

Ao todo, segundo o historiador grego Dião Cássio[34], nascido trinta anos após os acontecimentos, 580.000 hebreus sucumbiram nessa guerra, somando-se ao milhão da guerra precedente. Já não restam na Palestina mais que algumas centenas de milhares de judeus. Em um século, o povo judeu diminuiu em um terço, no total.

Já os nazarenos, nome dado por certos romanos aos discípulos judeus de Jesus, agora chamados "cristãos" pelas autoridades, conservam o direito de residir em Jerusalém e de não pagar o *fiscus judaicus*: a distinção entre uns e outros é de ordem fiscal[34].

Cinco anos mais tarde, em 140, o sucessor de Adriano, Antonino Pio, autoriza os discípulos de *rabbi* Akiba, o mestre rebelde, a retornar à Judéia e a reconstituir uma academia em Usha, na Galiléia, ainda sob a presidência de Simão, filho de Gamliel II, que retomou de seu pai o título de patriarca ou *nassi* para seu filho Simão II. Para grande prejuízo dos outros contribuintes do Império, judeus e não-judeus, os rabinos são isentados de encargos fiscais para animá-los ao estudo. Por outro lado, Antonino reautoriza a circuncisão de todo menino nascido de pais judeus. A reviravolta é tanta que corre o boato, inclusive em Roma, de que um rabino denominado Judá teria convertido o imperador, a quem teria até encarregado de redigir comentários teológicos! A Palestina deixa de ser uma subdivisão da província da Síria para tornar-se uma província autônoma. É então que o nome "Palestina" aparece verdadeiramente. Será preciso esperar mais três séculos para que ele se imponha em todos os escritos romanos.

Apesar de tais esforços, em 161, último ano do reinado de Antonino, judeus da Galiléia se aliam aos partas, concentrados nas fronteiras da Síria, para tentar livrar-se da tutela romana. O imperador seguinte, Marco Aurélio, sufoca essa nova revolta judaica, faz recuarem os partas e cancela a maioria das reformas de Antonino.

Em 165, *rabbi* Yehuda Ha-Nassi sucede Simão II como patriarca e se instala em Sepphoris com o Sinédrio. Manterá o título durante trinta anos. Sua primeira decisão consiste em mandar assentar por escrito os comentários da Bíblia que os sábios transmitiam oralmente entre si, havia séculos, e cujo registro era até formalmente proibido, talvez para evitar trazer à luz as contradições entre eles ("dois *rabbis*, três opiniões"). Pelo menos cento e quarenta e oito autores participarão da redação desse conjunto que se tornará a *Mixná* (ou "Repetição", pois reúne textos até então "repetidos" de memória). O Livro substitui o Templo como "lugar" de ajuntamento do povo.

Em 188, *rabbi* Yehuda termina de compilar sessenta e três tratados subdivididos em seis ordens: a agricultura, o ciclo anual das cerimônias, o casamento, o código comercial civil e penal, o serviço do Templo e os rituais de purificação. Será necessário mais meio século, em Jerusalém e em Babilônia, para que se conclua a Mixná. O essencial da doutrina econômica figura na quarta ordem (*Nezikim*), particularmente em três tratados — *Baba Qamma, Baba Metsia* e *Baba Batra*, literalmente, em aramaico (língua ainda falada em Babilônia e utilizada em parte nos textos), "primeira porta", "porta do meio" e "última porta" — nos quais estão reunidas as leis sobre a propriedade.

A Mixná constitui o estado do direito da época; ela não paralisa a reflexão dos juízes, os letrados continuam a redigir comentários novos e os tribunais, a julgar livremente situações que mudam sem cessar. Por exemplo, quando, após a publicação da Mixná, os romanos exigem o pagamento de impostos todos os anos, inclusive durante o ano dito sabático, os tribunais autorizam os judeus a vender ficticiamente suas terras por um ano a amigos não-judeus, a fim de escapar à obrigação de pousio que os priva de renda naquele ano. *Rabbi* Yannai chega até a proclamar, pelas mesmas razões e circunstâncias, a abolição do ano sabático.

Dessa forma, nas academias da Galiléia já se trabalha em comentários da Mixná que serão denominados *Guemará* ("Acabamento"), feitos de historietas, de discussões, de complementos acrescidos a cada um dos livros da Mixná. Uma e outra formarão juntas aquilo que será chamado o Talmude de Jerusalém.

Contudo, apesar de todos os esforços feitos para manter uma vida judaica na Palestina, as comunidades tendem sempre a dispersar-se pelo resto do Império Romano: na Pérsia, na Arábia ou mais longe ainda. Os mais ricos levam em sua esteira todos os corpos de ofícios necessários à vida de uma comunidade: professores, juízes, oficiantes, açougueiros, padeiros. Os que ficam tornam-se minoritários, submetidos a uma influência que permanece mais grega do que romana.

Pouco a pouco, mais uma vez, o povo judeu desaparece enquanto tal. Logo não restará mais nada dele, prevêem os escritos romanos[335], a não ser alguns livros e a lembrança irônica e desdenhosa que dele conservarão os vencedores.

No mesmo lugar, nesse momento, surge uma outra leitura monoteísta do mundo e do dinheiro, uma reviravolta radical na relação com Deus.

2. CRISTÃOS E JUDEUS PERANTE O DINHEIRO

Dinheiro fértil, dinheiro estéril

Os primeiros discípulos de Jesus são judeus praticantes. Seguem a liturgia judaica e respeitam a Torá. Tendo reconhecido o Messias em Jesus, esperam convencer os outros judeus a aderirem a eles na expectativa do retorno do salvador.

Mas, como o retorno do Messias se faz esperar e as conversões se tornam mais raras, as relações ficam tensas. Os cristãos se dizem o "*verus Israel*", suspeitam de que os judeus amaldiçoam Jesus em suas preces e os acusam de "deicídio"[428]. Alguns até murmuram que todas as desgraças dos judeus têm sua origem no martírio de Jesus e no papel nele exercido pelos saduceus. Em contrapartida, os judeus declaram heréticos os cristãos e os excluem das comunidades e das redes comerciais[428].

Os dois ramos do judaísmo distanciam-se assim um do outro. Paulo de Tarso, em desacordo com Pedro, atrai pagãos, antes simpatizantes do judaísmo. As conversões ao cristianismo se aceleram na Ásia Menor, na Grécia, na Síria, no Egito, em Roma, em Cartago. Em cada comunidade, quando há fiéis em bom número, um padre é ordenado. Quando há padres suficientes, estes elegem um bispo que, consagrado pelos bispos vizinhos, se torna responsável pelos padres e pelos fiéis de sua comunidade[428]. A Igreja ainda não tem Livro santo. Após a morte de Pedro, ela tampouco tem chefe. Este será, bem mais tarde, o bispo de Roma, no seio do Império dominante.

Paralelamente, crescem as diferenças entre as duas doutrinas econômicas. Numa e noutra, acredita-se nas virtudes da caridade, da justiça e da oferenda. Mas, para os judeus, é desejável ser rico, ao passo que, para os cristãos, é recomendável ser pobre. Para uns, a riqueza é um meio de melhor servir a Deus; para os outros, ela só pode ser nociva à salvação. Para uns, o dinheiro pode ser um instrumento do bem; para os outros, os efeitos dele são sempre desastrosos. Para uns, todos podem usufruir do dinheiro bem ganho; para os outros, ele não deve ser acumulado em nossas mãos. Para uns, morrer rico é uma bênção, desde que o dinheiro tenha sido adquirido com moralidade e que a pessoa tenha cumprido todos os seus deveres em relação aos pobres da comunidade; para os outros, morrer pobre é a condição necessária da salvação. Assim, Mateus relata esta afirmação de Jesus: "E vos digo ainda: é mais fácil um camelo entrar pelo buraco de uma agulha do que um rico entrar no Reino de Deus" (19, 24). E Lucas, embora conclua a parábola do administrador infiel com uma frase ambígua ("E eu vos digo: fazei amigos com o Dinheiro da iniqüidade" [16, 9]), com isso reconhecendo a força do dinheiro, logo acrescenta: "Fazei o bem e emprestai sem esperar coisa alguma em troca" (6, 35).

De fato, para os judeus, como vimos, extrair juros do dinheiro não é imoral; e, se não se deve fazer isso entre judeus, é por solidariedade, e não por proibição moral. O dinheiro, assim como o gado, é uma riqueza fértil, e o tempo é como um espaço a ser valorizado. Para os cristãos, ao contrário, assim como para Aristóteles e os gregos, o dinheiro — tanto quanto o tempo — não produz riqueza por si mesmo, é estéril; por isso, fazer comércio de dinheiro é um pecado mortal. Essa obsessão da esterilidade do dinheiro também remete ao ódio à sexualidade, proibida fora do casamento. Para a nova Igreja, nada deve ser fértil fora daquilo que é criado por Deus. Fazer o dinheiro trabalhar corresponde a fornicar.

Sem dúvida, convém ver também nessas diferenças a marca do conflito antiquíssimo entre essênios e saduceus, assim como a vontade, por parte dos apóstolos, de atrair os mais pobres dentre os judeus.

As doações dos judeus às suas comunidades são limitadas a um quinto de suas rendas. Os cristãos, ao contrário, são estimulados a doar ilimitadamente à Igreja. Enquanto as comunidades judaicas devem redistribuir integralmente essas doações entre os pobres, a Igreja pode guardá-las — pelo menos em parte — para si mesma, a fim de criar, por seu esplendor, as condições do deslumbramento e da salvação dos homens. O dinheiro, que não pode produzir juros, pode então produzir graça, se transitar pela Igreja. Todo o poder eclesiástico futuro virá dessa subversão da relação com o dinheiro.

Para aumentar ainda mais a diferença, a crítica cristã ao judaísmo mistura de saída o teológico e o econômico, combinando as acusações de deicídio às de açambarcamento. Os Evangelhos opõem Judas (que aceita receber trinta moedas de prata para entregar Jesus [Mateus 27, 6-7] e depois, devolvendo-as, espera ser absolvido de sua falta) a Maria Madalena, que por trezentas moedas espalha perfume aos pés de Cristo (Lucas 7, 47), fazendo do dinheiro um meio de redenção e dando o exemplo de uma oferenda pela remissão dos pecados.

Os Evangelhos opõem também, à pretensa "lei judaica de talião" (sobre a qual, contudo, constatou-se que ela na verdade provinha de Hamurábi e estava denunciada no Pentateuco), a apologia cristã da não-violência[121]. Mateus (5, 38-39) assume essa acusação, fazendo Jesus dizer: "Ouvistes o que foi dito: 'Olho por olho e dente por dente'. Eu, porém, vos digo: não resistais ao homem mau; antes, àquele que te fere na face direita oferece-lhe também a esquerda". Ora, na realidade o versículo bíblico citado diz: "Darás vida segundo [e não "por"] vida, olho segundo olho, dente segundo dente ...". A palavra *ta'hat* (segundo) não designa uma vingança, mas, ao contrário, o pagamento de uma indenização para compensar um dano[121]. O versículo, portanto, exige contentar-se com dinheiro quando o que se perdeu foi sangue. Encontra-se essa interdição das represálias em incontáveis outros versículos do Pentateuco, entre os quais aquele que Jesus, excelente doutor da Lei, cita com tanta freqüência que, mais tarde, a referência inicial será esquecida: "Não te vingarás e não guardarás rancor contra os filhos do teu povo. Amarás o teu próximo como a ti mesmo" (Levítico 19, 18).

Ainda que, dentro desse espírito, certos teólogos do cristianismo antigo[301], como Clemente de Alexandria, preguem uma ética econômica bastante próxima da moral do Pentateuco, os primeiros cristãos extraem argumentos dessas passagens do Evangelho para sustentar que, entre os judeus, tudo é medido em dinheiro, tudo se converte em moeda: até o tempo, até a carne humana, até Deus! O judeu — dizem eles —, que trocou o Messias por dinheiro, dispõe-se a comprar tudo e a vender tudo. O mercado é sua única Lei. O antijudaísmo cristão é imediatamente inseparável da denúncia econômica.

No fim do século I da era cristã, quando a Igreja começa a instalar-se, a questão de suas relações com o judaísmo ocupa o centro dos debates[301]. Certos teólogos explicam que o cristianismo é o desfecho do judaísmo; outros, ao contrário, dizem que o primeiro já nada tem a ver com o segundo. Os gnósticos, por exemplo, sustentam que o Deus dos judeus criou apenas o mundo daqui de baixo e que outro Deus, o Pai de Jesus, criou o mundo lá de cima. Por volta do ano 150, o heresiarca gnóstico Marcião pede até que se elimine dos textos dos Evangelhos, então em fase de redação, toda referência ao judaísmo e ao Pentateuco.

Apesar dessas clivagens, os cristãos, aos olhos dos romanos, ainda não passam de uma seita judaica entre outras, como a dos samaritanos. O sucessor de Marco Aurélio, o imperador Cômodo, um louco que se pretende Hércules, persegue indistintamente judeus e cristãos. Uns e outros são mantidos à parte dentro do Império, habitam na periferia e são condenados a empregos igualmente marginais. A partir de 212, Caracala, que se tornou imperador depois de perpetrar mil crimes, retoma contra uns e outros a estratégia da assimilação. Ele promulga um edito que institui uma cidadania romana única para todos os habitantes do Império. Os judeus entram então em grande número para a administração romana, sem ter de prestar juramento ao imperador nem de mudar de religião, mas não podem alcançar os postos importantes. Os melhores empregos que eles podem esperar são os de coletores de impostos, execrados por todos. Já não lhes é aplicável nenhum direito específico; sua religião e sua cultura são negadas. Os judeus se vêem tomados por um dilema que não cessará mais: demasiadas perseguições, e eles morrem; demasiada integração, e eles desaparecem.

Por volta de 240, o cristianismo penetra com força cada vez maior nos meios mais elevados do Império. Os cânones do Novo Testamento se formam, os Evangelhos estão prontos. Reconhece-se o poder dos bispos sobre regiões inteiras. Trocadas com Deus por promessas de eternidade, as doações afluem, quer se trate de terras, de cabeças de gado ou de objetos preciosos. Os prelados têm a missão de geri-las a fim de constituir domínios e rendas próprios da Igreja. Alguns procuram revendê-las — o que a instituição, em torno do bispo de Roma, faz tudo para impedir. Orígenes, teólogo de Alexandria, declara que os fiéis da Igreja substituem o povo judeu como "povo eleito".

No início do século III, Roma declina em proveito de suas províncias da Ásia, enquanto o cristianismo ganha todo o Império. Assim, em 216, um concílio regional reúne setenta e um bispos africanos em Cartago. Outro, inspirando-se também no Sinédrio, congrega igual número em Roma, pouco mais tarde. Na capital já se contam quarenta e seis padres cristãos. Eles podem ser encontrados, em número crescente, até mesmo fora do mundo romano. Agora, o fortalecimento dos cristãos preocupa o poder imperial muito mais que os poucos milhões de judeus, não-prosélitos, disseminados pelo Império.

A partir de 222, quando começa o reinado de Alexandre Severo, os judeus são um pouco menos maltratados do que os cristãos: têm direito de cidadania em Roma, são isentados de encargos e podem celebrar publicamente seu culto. Em 236 desaparece até o *fiscus judaicus*, cuja coleta, desde algum tempo antes, custava mais caro do que aquilo que rendia; as comunidades também se cansam de pagar o *apostolé*, o imposto ao patriarca, cuja notoriedade se enfraquece. As relações entre comunidades mantêm algo de sua força, mas seu centro já não se situa na Palestina. Se ele está em algum lugar, é antes em Alexandria e, veremos adiante, nos impérios rivais de Roma.

Os imperadores seguintes (Décio, Valeriano, Diocleciano) perseguem tanto judeus quanto cristãos. O esforço para assimilar uns e outros continua. Em 250, Décio ainda obriga todos os cidadãos de Roma a cultuar os deuses oficiais. Em 285, Diocleciano proíbe os artesãos judeus e cristãos de ter suas próprias guildas. Em 303, os locais de culto deles são incendiados, as assembléias cristãs, proibidas, e todos os bens da Igreja, apreendidos.

Apesar dessas perseguições, o judaísmo persiste e a Igreja se reforça, por toda parte ganhando terreno e corações. Sob a crescente autoridade do bispo de Roma, ela calca sua organização sobre a do Império. Recebendo cada vez mais oferendas, declara inalienáveis seus bens e proíbe seus bispos de fazer comércio com eles, acumulando assim os meios para atrair cada vez mais fiéis. Com freqüência os imperadores confiscam a fortuna dos bispados, que é quase imediatamente reconstituída por novas doações.

Os primeiros bispos tudo fazem para distinguir os patriarcas da Bíblia dos judeus de seu tempo. Assim, Eusébio, bispo de Cesaréia, diferencia os "bons hebreus do Antigo Testamento" e os "horríveis" judeus contemporâneos. Contudo, essa estratégia de segregação não deve revelar-se suficientemente eficaz, já que, em 312, por ocasião de um de seus primeiros concílios regionais, em Elvira, na Espanha, a Igreja proíbe os cristãos de mandar abençoar por rabinos suas colheitas. Proibições reiteradas, a seguir, com tanta freqüência que, na verdade, só fazem trazer à luz a persistência das práticas que elas condenam: de fato, cristãos e judeus permanecem muito mais próximos do que o prefeririam seus oficiantes. De um lado e de outro, mercadores e camponeses, artesãos e ourives se falam mais do que os bispos gostariam. As pessoas se recebem, assistem às festas de uns e de outros. Trocam-se preces e bênçãos, para grande enfurecimento das autoridades religiosas.

O isolamento bizantino

O que se vem anunciando há um século acaba acontecendo: em 312, um imperador torna-se cristão. Depois de muitos massacres entre pretendentes, Constantino toma o poder em Roma e, pelo edito de Milão, outorga em 313 a liberdade de culto aos cristãos. Ele até restitui à Igreja todos os bens confiscados por seus predecessores. Está feita a fortuna da cristandade. No mesmo período, decide-se a inclinação do Império para o Oriente; a economia do mundo gravita cada vez mais em torno da Ásia.

Constantino funda uma nova capital, Constantinopla, sobre as ruínas de Bizâncio, antiga colônia grega no Bósforo. Aliás, para designar essa parte oriental do Império, mais tarde se falará de Império Bizantino. Em 325, único senhor de todo o Império, Constantino também se pretende chefe da Igreja, acima dos bispos. Intervém nos debates teológicos e tenta converter os samaritanos, os quais distingue dos outros judeus. Aos que se recusam a tornar-se cristãos, retira a cidadania romana concedida um século antes por Caracala; proíbe severamente qualquer proselitismo (um cristão convertido ao judaísmo é condenado à fogueira, assim como o judeu que o converteu), desautoriza a circuncisão de todo escravo cristão e pune com a morte toda crítica dirigida por um judeu a outro judeu que se tenha convertido. Exclui os judeus dos empregos militares e civis — exceto a coleta de impostos —, ao mesmo tempo em que lhes devolve a possibilidade de submeter seus litígios aos seus próprios tribunais: os judeus já não são romanos, e a lei romana já não se aplica a eles.

A distinção entre judeus e cristãos continua sendo discutida no seio da própria Igreja. Em 318, Ário, padre em Alexandria, sustenta que o Pai preexiste ao Filho e o criou. O bispo de Alexandria o excomunga, afirmando que o Filho coexiste com o Pai por toda a eternidade. Por trás dessa divergência esconde-se um debate sobre o papel do judaísmo no nascimento do cristianismo. Os cristãos dividem-se entre o desejo de acabar com o outro monoteísmo e o de conservar, como testemunha de sua autenticidade histórica, o povo do qual veio Jesus. Para encerrar a questão, em 325 Constantino convoca para Nicéia, na Ásia Menor, o primeiro concílio ecumênico. O imperador e o concílio confirmam que o Pai, Deus dos cristãos, é o mesmo que o dos judeus, ainda assim decretados "povo odioso"... Instala-se o antijudaísmo cristão, baseado no ódio àquele que trouxe a boa palavra. O ódio àquele que prestou serviço. Reencontraremos isso bem mais tarde, na relação com o dinheiro: o ódio àquele que empresta dinheiro aos outros depois de ter-lhes fornecido seu Deus.

De imperador em imperador, a situação dos judeus se deteriora. Seu isolamento faz-se mais rígido à medida que o Império declina. Em 330, ano em que se inaugura Constantinopla, "Nova Roma", explode um conflito de poder entre a Igreja e o imperador, cada um pretendendo ter a preeminência política e teológica. O único ponto sobre o qual eles se entendem é a necessidade de sufocar os judeus. Às proibições que são feitas a estes pelo imperador, a Igreja responde — em incessante sobrecarga — com outras proibições, feitas aos cristãos, de manter com eles qualquer vínculo que seja. Assim, os cristãos são proibidos de utilizar o calendário das festas judaicas para marcar as suas. Certos rabinos não desgostam de tal medida, por verem nessa segregação a oportunidade de manter uma identidade ameaçada.

Com a morte de Constantino, o Império Romano em seu apogeu se cinde em dois subconjuntos, o do Oriente e o do Ocidente: em 337, Constâncio II, um dos filhos de Constantino, instala-se em Constantinopla e conduz a guerra contra os persas; seu irmão mais velho, Constantino II, se estabelece em Roma e governa a parte ocidental do Império. O caçula Constâncio II, junto com o terceiro irmão, Constante, reprime revoltas judaicas em Alexandria e na Judéia. Em 339, ele proíbe o casamento entre judeus e cristãs e, a seguir, entre judias e cristãos. E, para expulsá-los definitivamente da agricultura, proíbe-os de possuir escravos, mesmo não-cristãos.

Em 350, Constâncio II tenta reunir as duas partes do Império, depois de mandar massacrar o resto de sua família. Denuncia os judeus como uma "seita perniciosa" e acusa-os de conspirar contra ele, em conluio com os persas; alega como prova aqueles "rabinos-espiões" que circulam entre os dois impérios, na verdade para transmitir às comunidades o calendário das festas estabelecido em Jerusalém. As redes comerciais e religiosas dos judeus encontram-se então seriamente fragilizadas. Muitos se convertem para evitar as perseguições; vivem sua fé às escondidas, ou acabam por tornar-se cristãos sinceros. Na Galiléia, o lugar-tenente de Constâncio para o Oriente, Galo, torna insuportável a vida dos judeus. A região é cada vez menos importante politicamente. As principais rotas comerciais vão de Roma a Constantinopla e a Alexandria. A Palestina está marginalizada.

Nova revolta explode ali em 352; mas, como não é apoiada pelo patriarca — o qual colabora com Roma —, tem tudo para abortar logo, à falta de recursos financeiros. Em 358, para acabar com a identidade nacional judaica, Constantinopla decide juntar a Palestina ao conjunto dos outros territórios situados entre o mar Vermelho e o Mediterrâneo numa nova província, batizada de *Palestina Tertia*. Instala-se verdadeiramente o nome Palestina. Em 358, quando o patriarca, desacreditado entre os judeus do mundo inteiro, tenta impor um novo calendário, desta vez a partir da data da destruição do segundo Templo, ninguém dá atenção ao assunto.

Ao mesmo tempo, na solidão de suas escolas e apesar da decadência circundante, os *rabbis* de Tiberíades concluem a redação dos novos comentários ao conjunto dos textos sagrados. Obra imensa, essa Guemará forma com a Mixná o Talmude dito "de Jerusalém", ou melhor, de "Erets Israel", porque não foi escrito na Cidade Santa. Simultaneamente, como veremos, escrevem-se outros comentários da Mixná, uma outra Guemará que formará um pouco mais o Talmude de Babilônia.

Como numa gangorra, ao sabor das circunstâncias econômicas e das necessidades do momento, os imperadores do Oriente se mostram, a seguir, menos ou mais tolerantes com os judeus. Estes, onde quer que vivam, são essencialmente comerciantes ou artesãos; doravante, já quase não podem cultivar a terra, por falta de autorização para possuir escravos. Só muito raramente fornecem empréstimos sobre penhores, sobretudo para o comércio internacional, em que seu papel continua considerável.

Juliano, politeísta convicto, sucede Constâncio II em 361. Ele retorna ao paganismo, o que lhe vale o apelido de Juliano o Apóstata. Esperando obter o concurso da rede internacional dos mercadores judeus e, por intermédio destes, o das comunidades de Babilônia na guerra que o opõe aos senhores sassânidas da Mesopotâmia, protege os judeus de todo o Império, permite-lhes voltar a ocupar empregos públicos, reconhece-lhes o direito à prece e aos seus próprios tribunais, promete suprimir o imposto devido ao patriarca. Chega até a empreender a reconstrução do Templo, cujas primeiras obras são interrompidas por um misterioso incêndio pouco antes de sua morte, em 364, ao cabo de apenas três anos de reinado, durante o cerco a Ctesifonte, a capital dos sassânidas.

Depois dele, os imperadores reatam com o cristianismo e as perseguições antijudaicas recomeçam. Valente e Valentiniano expulsam os judeus dos empregos públicos aos quais Juliano lhes permitira voltar. Os imperadores seguintes agravam mais ainda o isolamento deles em relação à economia e ao poder.

Em 380, Teodósio I retorna a uma política mais clemente. Enquanto Ambrósio, bispo de Milão, denuncia em 390 os judeus que se entregam "a horríveis transações comerciais"[301], Teodósio reafirma a autonomia de decisão dos tribunais judaicos ("Nenhum estrangeiro de fé judaica fixará os preços para os judeus"[301]) e exige o respeito às festas e ao calendário judaicos, assim como a proteção desse povo contra toda forma de agressão; no mesmo ano, concede aos armadores judeus de Alexandria o direito de se constituírem em guilda autônoma — privilégio excepcional no principal porto do mundo.

A Igreja, contudo, opõe-se aos judeus tanto no terreno teológico quanto no econômico. Em 395, logo após a destruição parcial da biblioteca de Alexandria pelo patriarca cristão Teófilo, o patriarca de Constantinopla, João Crisóstomo, denuncia-os como "hostis a Deus" e classifica a sinagoga de "casa de Satã dedicada à idolatria", "covil dos matadores de Deus"[34]. Ele reprova nos judeus o luxo e a prática do empréstimo a juros (ainda extremamente rara, no entanto). "Os judeus adoram o diabo, sua religião é uma doença"[135]. Na mesma época, em Hipona, na Numídia, Agostinho denuncia o empréstimo a juros. Ele distingue três pecados principais: a cobiça da carne (mas, afinal, é preciso reproduzir-se), a cobiça do poder (mas, afinal, é preciso dedicar-se aos assuntos comuns) e a cobiça do dinheiro (esta, sim, imperdoável). Em outras palavras, deve-se proibir o dinheiro de "fornicar", ou seja, de produzir juros. Agostinho faz dos judeus os símbolos, "por sua decadência", da morte de Cristo. Embora peça que se evite matá-los, prescreve — para dar-lhes uma lição — que eles sejam dispersados e humilhados, "a fim de marcar a vitória da Igreja sobre a Sinagoga".

Em 395, Teodósio I entrega o império do Oriente ao seu filho mais velho, Arcádio, e o do Ocidente ao caçula, Honório. Os novos imperadores mostram-se menos tolerantes do que o pai. Uma lei de 398 suprime a autonomia jurídica dos judeus e só reconhece os tribunais deles como "simples órgãos de arbitragem com o acordo das partes"[135], completados por um direito de apelação às cortes ordinárias. A mesma lei proíbe-os de se converterem se nisso houver uma vantagem econômica: por exemplo, para ter acesso a certas profissões ou para não pagar certos impostos. Os mercadores gregos e bizantinos estão agora em todas as rotas e em todos os mares. Os judeus são, para eles, concorrentes indesejáveis.

Teodósio II, filho de Arcádio, sucede o pai em 408 e conclui o isolamento dos judeus num estatuto de exceção. Por decreto imperial, extingue em 431 a dignidade de patriarca. Instaura um novo imposto cujo pagamento cada comunidade deve assegurar[34]. Chega a prometer a todo delator de judeus uma fração da renda obtida. Renova as proibições, para os judeus, de possuir escravos cristãos, de criticar cristãos, de coletar impostos para a *tsedaka*, de converter e circuncidar não-judeus, de construir sinagogas. Os judeus só são autorizados a comemorar suas festas em âmbito privado. As leis redigidas a partir de 312 e a seguir reunidas no "Código Teodosiano", composto de 435 a 438, condenam também à morte todos os judeus — designados como "a seita abominável" —, todos os samaritanos e todos os outros não-cristãos "em busca do paraíso" que tentarem converter um cristão. Esse código limita os locais onde os "incréus" podem viver[135]. Para que eles parem de se integrar e sejam distinguidos dos mercadores rivais, define como os judeus devem vestir-se. Interdita para eles a maioria dos empregos públicos, particularmente os de guarda de prisão e juiz, e obriga-os a assumir aqueles que acarretam encargos financeiros, em especial a coleta de impostos.

Nesse ponto, o texto do código é de impiedosa hipocrisia:

"Uma vez que importa a Sua Majestade Imperial considerar todas as coisas com vistas ao bem-estar geral em seus mínimos detalhes, ordenamos que os indivíduos dessas seitas aos quais forem confiados os encargos de coletar os impostos em todas as cidades os conservem, com seus empregados de província, e sejam obrigados a consagrar a tal tarefa suas fortunas, a fazer doações, a cumprir deveres militares. Nenhuma isenção será concedida a essa gente, detestável por suas manobras, que a lei deve condenar"[177].

Por volta de 435, o termo "deicídio" é utilizado pela primeira vez em latim pelo bispo de Ravenna, Pedro Crisólogo.

A maioria dos judeus deixa então o Império do Oriente. Enquanto isso, os do Império do Ocidente se instalam, com um tratamento um pouco melhor.

Os vândalos hospitaleiros: necessidade de mercadores

No Ocidente, os visigodos, conduzidos por seu rei Alarico, entram em Roma a 24 de agosto de 410. Em 418, Honório consegue expulsá-los e, depois, fazê-los aliados. Em seguida é a vez de os vândalos, vindos da Europa Central, pilharem a Gália, a Espanha, o norte da África, Cartago, e chegarem à Itália. Embora Aécio, que governa então o Ocidente, consiga repelir outros invasores — os hunos, perto de Troyes, em 453 —, os vândalos de Genserico saqueiam Roma em 455.

O derradeiro episódio é mal conhecido, sem dúvida por ser pouco glorioso: em 476, Odoacro, rei dos hérulos (um dos grupos vândalos), depõe o último imperador do Ocidente, Rômulo Augústulo, toma o lugar dele e transfere para Zênon, que então reina em Constantinopla, as insígnias imperiais: humilhação final para o moribundo Império Romano do Ocidente.

Paradoxalmente, os judeus serão muito mais bem tratados por esses bárbaros do que pelos cristãos de Constantinopla. É verdade que, antes mesmo de encontrá-los no Império Romano, as tribos germânicas tinham entrado em contato com mercadores judeus, que desde o século I freqüentavam as terras do Norte e do Leste em busca de âmbar e de peles. Ali, em conformidade com o direito germânico, esses mercadores tinham pedido aos senhores locais, mediante o pagamento de uma taxa, a proteção devida aos estrangeiros de passagem enquanto durasse a temporada de suas compras. E tinham obtido essa proteção, antes de retornarem ao Império Romano e ao Oriente, sem buscar obter um direito de residência no local: os germanos precisam de negociantes que lhes comprem seus produtos e lhes tragam as mercadorias do resto do mundo.

Quando desaba o Império Romano do Ocidente, o direito que se aplica é o germânico: os judeus são tratados pelos germanos à semelhança dos outros cidadãos romanos, ou seja, como "estrangeiros". Para esses súditos *a priori* sem senhor, o direito consuetudinário germânico não reconhece nenhum estatuto; quem matar um deles não é punido; quem os abrigar é responsável pelos atos que cometerem; eles não têm nem direito de propriedade nem direito de herança. Se, ao cabo de um ano e um dia de residência, não tiverem encontrado nenhum protetor, ou se não puderem pagar a este a taxa exigida, devem partir ou então se tornam escravos. Eles são utilizados como um recurso, uma riqueza, um instrumento de comércio.

Quando, no século V, esses bárbaros se fazem cristãos, já não se sabe exatamente quem — entre os romanos, os vândalos, os francos, os burgúndios ou os visigodos — assimila o outro. Os direitos se fundem. Os romanos cristianizados, assim como os vândalos ou os visigodos romanizados, tornam-se cidadãos de reinos novos. Somente os judeus continuam "estrangeiros", úteis por isso e desejosos de permanecer assim.

Muito parece ser feito para levá-los a converter-se, ou pelo menos para proibi-los de impedir que seus filhos se convertam. Contudo, os que persistem em sua religião são menos maltratados pelos novos senhores do que o eram pelos imperadores bizantinos: são excluídos dos cargos militares, mas têm permissão para fundar escritórios comerciais. Pois, na realidade, são necessários: em meio à insegurança das estradas, ao caos das relações e ao fragor das armas, eles garantem, junto com alguns mercadores gregos denominados *syri* — muitos dos quais são também judeus —, as relações comerciais e o financiamento das primeiras povoações da nova Europa.

Apesar do que acontece em Constantinopla, melhoram as relações dos judeus com a Igreja de Roma, que quer proteger as testemunhas da autenticidade de Cristo. Em 495, o papa Gelásio I chega a recomendar a um bispo um judeu que lhe "prestou grandes serviços". Em 512, Teodorico, rei dos ostrogodos, influenciado por seu cônsul e prefeito, o escritor Cassiodoro, mantém para os judeus o direito de residir livremente, se forem "de alguma serventia para a coletividade" (*pro servanda civilitate*), e lhes devolve a autonomia judiciária retirada pela lei romana de 398. Em 519, Teodorico até mesmo obriga cristãos a financiarem a reconstrução das sinagogas de Ravenna que eles mesmos incendiaram.

Somente a Espanha se alinha sob o antijudaísmo de Constantinopla. O rei Recaredo, quando, em 589, sob a influência dos bizantinos, abandona o arianismo e se converte ao catolicismo, ordena aos judeus que libertem seus escravos, proíbe os casamentos mistos, obriga as crianças judias a receber uma educação cristã e, a seguir, intima todos os judeus a escolher entre o batismo e a expulsão. Em 615, um de seus sucessores, Sisebuto, reedita essas leis, o que parece comprovar que elas não eram aplicadas.

Os judeus se fazem cada vez menos numerosos no que resta do Império Romano. Seguem para a Babilônia que se tornou parta a fim de assegurar suas relações comerciais com o Império do Oriente.

3. BABILÔNIA, CORAÇÃO DO MUNDO

Na época em que é destruído o segundo Templo, uma parte dos hebreus reside há pelo menos cinco séculos naquela Babilônia onde, segundo a narrativa bíblica, nasceu o pai do povo, Abraão. Todos os judeus sabem que esse primeiro exílio foi tão feliz que, quando Ciro lhes permitiu voltar para Israel, poucos o fizeram. Muitos também sabem que, apesar das vicissitudes que se seguiram às ocupações grega e, a seguir, parta, as comunidades judaicas sempre foram quase bem tratadas ali e puderam preservar sua identidade sem medo de desaparecer. Por isso, após o desastre do 9 de Ab, numerosos judeus da Judéia e do resto do Império Romano retornam às províncias persas. Movimento tão amplo que, no período de dois séculos, os que passam de um império a outro são mais de dois milhões.

Poderosos em Babilônia

Nessa época, os partas de Babilônia se incluem, com a China e Roma, entre as principais potências econômicas, políticas, culturais e artísticas do mundo.

Alastra-se então a guerra entre Roma e Ctesifonte, capital dos partas, pelo controle das margens e das rotas estratégicas, da Espanha à China. Guerras frias, guerras quentes, guerras de posições, guerras de movimentos, guerras de mercadores e de soldados. As fronteiras se deslocam: as tropas de uns às vezes chegam até o âmago dos outros. Guerras "porosas", também: os impérios e seus exércitos trocam bens, homens, terras; deixam passar caravanas e mensageiros. Nem se cogita em fechar as estradas aos comerciantes, particularmente aos judeus e aos gregos.

Nas fronteiras, surgem cidades; comunidades se instalam, numa perigosa mas vantajosa situação. Suspeitas de espionagem por todos os campos, vítimas de todos os saqueadores, elas tentam conservar sua neutralidade, comerciando com todos os que passam e até mesmo viajando com a bagagem de uns e de outros. Assim, encontram-se pistas de mercadores judeus tanto nos exércitos partas quanto nos dos romanos, para os quais eles são fornecedores de grãos ou de material (em princípio, o comércio de armas lhes é proibido) e, às vezes, também de soldados, como no Egito.

Em geral, os judeus escolhem apoiar a Pérsia acolhedora contra a Roma destruidora. Em 116, os judeus do Egito participam de uma insurreição contra Roma; mais tarde, de outra em Cirenaica e de uma terceira em Chipre. Aliás, em todos os recantos do Império Romano eles são acusados de financiar sublevações contra Roma. Seu papel econômico cresce entre os partas, cuja força comercial aumenta.

No império parta, os judeus tornam-se majoritários em numerosas cidades: na própria Babilônia, em Selêucia, em Nehardéia, em Nisibis, em Mahoza, em Isfahan, em Susa, mas também em aldeias disseminadas por toda a Pérsia e toda a Mesopotâmia, onde comunidades de camponeses, de artesãos e de mercadores judeus se mantêm há séculos[34]. Durante todo esse período, não se encontra qualquer vestígio de conflitos violentos, de massacres em massa, de acusações específicas.

Para dirigir o conjunto dessas comunidades que logo reúnem, com os exilados vindos do Oeste, cerca de dois milhões de pessoas, o poder parta — como fizera Ciro na época do primeiro exílio — reconhece certa autonomia para uma autoridade judaica, o exilarca (ou, em aramaico, sempre dito *resh galutha*, "chefe do exílio"). Ao contrário do patriarca de Jerusalém, o exilarca exerce um poder temporal, e não religioso. Príncipe judeu recrutado entre dinastias supostamente descendentes diretas de Davi, seu poder se estende a todas as comunidades da Mesopotâmia. Ele administra até mesmo os habitantes, judeus e não-judeus, das regiões onde os judeus são majoritários. Cidades como Nares, Sura, Pumbedita, Nehardéia, Nahar-Paked e Mahoza (onde ele reside) são submetidas à sua autoridade. Ele dirige a economia desses lugares, cada vez mais importante para o império.

O primeiro exilarca conhecido por esse título é um certo Naum, por volta de 75 a.C., embora seja verossímil que outros tenham existido antes, talvez até desde o reinado de Dario[45]. Ele dispõe de uma polícia, de um exército, de um orçamento financiado por um imposto comunitário, cuja percepção ele organiza, e de uma administração judiciária, civil e religiosa. No seio de cada comunidade, nomeia um preboste. Ele pode infligir penas de multa, de flagelação ou de prisão. Em Babilônia, todos aceitam essa ficção de monarquia, como se rememorassem a realeza na Judéia, e também porque ela permite melhorar a relação de forças com o senhor. Mas, já que nenhum versículo da Bíblia impõe a autoridade do exilarca sobre as comunidades, ele não goza dos privilégios de um rei: por exemplo, é responsável pelos seus atos diante da assembléia do povo, e os judeus não se privam de criticá-lo. Espantosa construção — que reencontraremos no Egito, no Marrocos, na Polônia — de um poder dentro de um poder. Aqui, ele vai durar um milênio, conferindo ao judaísmo babilônico os meios de uma extraordinária estabilidade política e econômica, assim como de uma excepcional criatividade teológica, cultural e financeira.

O nome e a letra de câmbio

Nos campos, os judeus são mercadores de produtos agrícolas e de animais necessários à agricultura; às vezes são também cultivadores, criadores de gado, diaristas, meeiros e até proprietários. São tantos os ligados à terra que, durante os meses de Nissan e Tishri, época de intensos trabalhos agrícolas, os tribunais rabínicos não funcionam. Os novos imigrados e os mercadores vindos do resto do Oriente Médio lhes apresentam as novas tecnologias e os novos produtos. Não é a última vez que esses nômades trazem novidades. Transformados em camponeses, eles estão na vanguarda dos progressos da agricultura: implantam a oliveira no vale do Eufrates e organizam a substituição do óleo de sésamo pelo de oliva, como gênero alimentício e como combustível. Introduzem o mel de abelhas, as tâmaras, as palmeiras e mesmo a videira até Ta'if, perto de Meca[34]. Seus médicos — a dissecção é autorizada pelos rabinos — travam as primeiras lutas contra as epidemias e epizootias que assolam a região.

Oprimidos por impostos — para a comunidade, para o proprietário rural, para o rei —, os camponeses que não puderem pagar, judeus ou não, são reduzidos à escravidão pelo Estado ou por qualquer pessoa, judia ou não, que venha cobrar as dívidas. Mas, enquanto no Império Romano as terras dos devedores fiscais são logo tomadas pelo Estado, na Mesopotâmia as relações e a corrupção permitem mil e um arranjos, e afinal são raros os devedores reduzidos à escravidão.

Nas cidades, os judeus são comerciantes, padeiros, cervejeiros, tecelãos, alfaiates, curtidores, pescadores, marujos, carregadores, ferreiros. Como os juízes os proíbem de exercer um ofício constrangedor e de constranger alguém a isso, eles preferem trabalhar por conta própria com pouquíssimos empregados, geralmente membros de suas famílias. Não gostam de ser assalariados nem de tê-los; o nome e a reputação constituem seu ativo principal. Seus artesãos são considerados os melhores especialistas do império na fabricação de tinturas, no trabalho do cobre, das pérolas, do vidro, dos metais preciosos[34]. Alguns são vendedores ambulantes e mal ganham a vida; outros são ourives, mercadores de ouro menos ou mais puro, cunhadores de moeda; outros ainda, grandes negociantes, exportam grãos, vinho, lã, e importam ferro, seda, pedras preciosas, por caravanas ou por embarcações através do mar Vermelho e do oceano Índico[45]. Outros ainda, penhoristas, financiam as colheitas e os carregamentos. Importar novidades, assim como dinheiro, é sua especialidade.

Naturalmente, os empréstimos entre judeus continuam sem juros; mas os mercadores inventam incessantemente novas técnicas para contornar essa proibição, dividindo os riscos e os lucros. O comércio internacional se desenvolve e necessita de crédito. De Constantinopla ao Cairo, de Babilônia a Isfahan, de Alexandria a Fez, dispondo das melhores redes de informação da época, os judeus se mantêm, ao lado dos gregos, como os financistas da economia internacional. Invejadíssimos pelos ricos babilônios sedentários, esses mercadores e financistas, letrados e viajantes, constituem alvos ideais para todas as críticas e fazem pesar uma ameaça sobre a comunidade inteira. No início do século III, um banqueiro judeu de Selêucia — a antiga capital dos selêucidas, que se tornou acampamento militar e depois, sob os partas, cidade mercantil — resigna-se às taxas especiais que o oneram afirmando que elas "garantem a existência deles", ao passo que, "suprimindo-as, liberaríeis as tendências da população a derramar o sangue dos judeus"[34]. Reencontraremos numerosos casos em que o sucesso de uma minoria ínfima servirá de pretexto para perseguições em massa.

Os judeus se sentem tão bem protegidos por esse equilíbrio que em 220, quando Ardacher ou Ardashir I, rei de um pequeno principado vizinho a Persépolis, ataca o rei parta Artabano V, a maioria deles toma partido pela dinastia ameaçada. Artabano, contudo, é vencido. Ardacher estabelece a dinastia conhecida sob o nome de sassânida e instala sua nova capital à beira do Tigre, em Veh-Ardacher ou Ctesifonte, na margem esquerda, diante de Selêucia — situada na margem direita —, que permanece como capital mercantil. O conjunto é ligado por duas pontes guarnecidas de muros fortificados.

Os novos senhores não mudam quase nada na organização do país. Mantêm o sistema religioso e as divisões sociais em castas; a nova alta nobreza se apóia sobre senhores de segundo nível e sobre o clero masdeísta. Ardacher não altera muito a organização das comunidades judaicas nem o exilarcado; não ordena nenhuma conversão, mas atribui algumas vantagens fiscais aos fiéis da religião dos senhores. A administração sassânida permite que os judeus construam sinagogas, ao passo que proíbe aos cristãos, que começam a se multiplicar, a construção de igrejas.

Após dez anos de lutas quase sempre vitoriosas contra seus inimigos do leste, os citas, Ardacher disputa com Roma o controle da Mesopotâmia e da Armênia, local de passagem para o resto da Ásia. Ele morre em 240, deixando um império próspero, aberto aos artistas e aos intelectuais vindos de todas as partes, judeus em particular. Seu sucessor, Sapor ou Shapur I, atrai mais ainda os judeus, que se tornam até majoritários em Ctesifonte, capital do império.

A vida comunitária é então florescente. Exceto pelo fato de ser quase impossível aos judeus da Mesopotâmia, no momento em que se conclui a redação da Mixná, ter acesso aos comentários dos rabinos da Palestina: todo judeu que passe documentos através da fronteira entre o Império Romano e o império agora sassânida é considerado, pelos dois campos, como um perigoso espião, mesmo que só se trate de comentários religiosos.

Além disso, os temas próprios do exílio não são examinados pelas academias de Yavneh e Tiberíades, e a Mixná não permite que os judeus de Babilônia resolvam a questão em cada caso. Portanto, eles necessitam dotar-se o mais rapidamente possível dos meios para elaborar uma doutrina própria da Diáspora, com o risco de distanciar-se dos mestres da Judéia.

Em 250, um médico, astrônomo, jurista e rabino, *rav* Samuel, cria em Nehardéia uma primeira academia religiosa. Como esta é destruída em 259, durante uma incursão de aliados de Roma, ele manda reconstruí-la um pouco mais longe, em local mais protegido, em Pumbedita, e depois em Sura, onde ela permanecerá por oito séculos. O chefe dessa academia assume o título de *gaon* ("altivez", "orgulho" de Jacó). Ela é um local de pesquisas, tanto quanto um tribunal supremo. Os jovens letrados começam ali estudando; depois, até os quarenta anos, escrevem seus próprios comentários, antes de, por sua vez, ensinar. Cada mestre pode conferir o título de *rav* ao seu aluno, pois "toda pessoa que tenha recebido a ordenação pode conferir a ordenação"[408]. Os letrados não são afastados das comunidades. Primeiro, durante dois meses quentes (Adar e Elul), todos os judeus das cidades vizinhas encontram os estudantes para grandes sessões, chamadas *kallah*, de comentários ao ar livre. Além disso, esses letrados não são pagos pela comunidade, e devem trabalhar para ganhar a vida: são mercadores, médicos, banqueiros, horticultores, artesãos. Por exemplo, *rav* Abba Arikha, o fundador da academia de Sura, administra o comércio de seda do seu tio. *Rav* Hiya supervisiona mercados. *Rav* Samuel, que dirige a academia de Nehardéia, também faz comércio de seda. Alguns são proprietários de terras e vivem de rendas. Outros, ainda, conseguem casar-se com filhas de ricos letrados, e, nesse caso, seu trabalho manual é puramente simbólico. A maioria é isenta de impostos.

A rivalidade entre o exilarca e o *gaon* é imediata. Embora, em princípio, o primeiro tenha autoridade administrativa sobre os juízes e trate o segundo como um simples colaborador, os *rabbis* desprezam os funcionários do exilarca, acusados de viver dos impostos cobrados dos judeus: "É melhor ganhar dinheiro pelo trabalho de suas próprias mãos do que usufruir da riqueza do exilarca, que vive do dinheiro de outrem"[408].

Sob os sassânidas, como sob os partas, os judeus são muito mais bem-tratados do que os cristãos. Por toda parte, nas zonas de confronto, em geral eles são aliados dos persas, ao passo que os cristãos tornam-se aliados de Roma. Assim, os imperadores sassânidas tentam atrair os judeus do Império cristão, enquanto os imperadores cristãos intervêm freqüentemente em favor dos cristãos da Pérsia. Trocam-se populações como reféns; as mercadorias voltam a circular.

Os judeus sentem-se tão bem na Mesopotâmia que por volta de 360, quando o imperador romano Juliano o Apóstata tenta seduzi-los e ataca a Pérsia, os rabinos não incitam à rebelião desejada por Constantinopla, mas sim, violando regras judaicas, autorizam os mercadores judeus da Mesopotâmia a fornecer armas ao exército persa.

Mesmo assim, os judeus raramente figuram na roda dos príncipes. Sob os sassânidas como sob os partas — exatamente como nos países submetidos a Roma —, o poder político permanece nas mãos dos militares e de uma aristocracia hereditária muito fechada. A única ligação das autoridades com a comunidade judaica é assegurada pelo exilarca e pelo imposto: cada comunidade deve uma soma fixa, calculada com base no total de seus membros. Se a soma não estiver completa na data prevista, a administração persa exige o pagamento por parte do exilarca, que em seguida procura ser reembolsado pela comunidade, ao mesmo tempo em que cobra dela um outro imposto a fim de fazer funcionarem seus serviços e de financiar a *tsedaka*. Os agentes do exilarca mostram-se igualmente insistentes na cobrança de um e de outro. Desnecessário dizer que eles não são nada populares!

Todas as comunidades, por mais modestas que sejam, implantam uma organização sofisticada (sinagoga, escola, banho ritual...). Desde que tenham recursos para isso, também criam instituições para cuidar dos sepultamentos, abrigar os anciãos sem família, remunerar os professores e pagar os dotes, os enxovais, o alimento e as roupas dos pobres pertencentes à comunidade ou que estão de passagem.

O desenvolvimento do comércio, de que eles são o motor, impele os mercadores a criar novos instrumentos financeiros. Assim, a *letra de câmbio*, inventada por essa época na Pérsia, talvez por um deles[34], constitui uma importante revolução financeira e econômica, porque permite tornar abstrato o crédito e transferi-lo a um terceiro, que se encarrega de recebê-lo do tomador inicial. Uma vez que ela só pode funcionar com a confiança das partes, os mercadores judeus são os mais categorizados para usá-la. No entanto, os rabinos desconfiam desse instrumento, pois temem que ele resulte em tornar os créditos transferíveis a desconhecidos. Ora, para eles, a confiança, fundamento da economia, supõe que se conheça aquele que garante o valor do crédito. O *nome*, a reiteração constituem os principais valores, e é recomendável não esquecer isso em absoluto: são eles que permitem obter fundos durante uma viagem mediante a simples apresentação de uma tal letra (tanto que, com freqüência, mercadores persas tomam um judeu como sócio a fim de serem cobertos pela mesma garantia).

Para vencer as reticências dos letrados diante desses novos instrumentos de crédito, certos mercadores, que muitas vezes são também *rabbis*, preparam garantias muito específicas, reservadas a credores de confiança: eles observam que certos rabinos vindos da Palestina a fim de recolher doações para as comunidades da Judéia entregam aos seus generosos mecenas títulos de propriedade puramente simbólicos sobre parcelas de terra situadas na Palestina, em lotes de quatro côvados de superfície[34]. Eles decidem utilizar tais títulos de propriedade — evidentemente, sem nenhum valor jurídico, já que a terra, na Palestina, tornou-se domínio imperial — como garantias de empréstimos concedidos entre eles e de transferências entre mercadores judeus de um crédito sobre um não-judeu. Esses documentos, que não têm outro valor afora o do apego à terra de Israel por parte daqueles que os transmitem, constituem aos olhos deles a melhor segurança quanto à validade do crédito.

Apesar de tanta inventividade financeira, nessa época a atividade de crédito é bastante marginal, pois, sendo a moeda muito pouco difundida, quase sempre a troca é a regra. Por isso, os tribunais judeus não se ocupam muito do assunto, exceto no que se refere ao comércio internacional.

De fato, para resolver seus litígios, os judeus conservam o direito — inteiramente particular, e inexistente para qualquer outra minoria do império sassânida — de só se dirigirem aos seus próprios tribunais. Além das condições dos empréstimos, estes fixam um enorme número de condições de aplicação da Mixná e, particularmente, definem o preço das mercadorias, as taxas de lucro, a hierarquia dos salários, as formas dos contratos; controlam os preços, os pesos e as medidas. Disso decorre todo um emaranhado de regulamentações, de derrogações, de exceções às exceções, das quais se deduzem comentários de comentários que, pouco a pouco, se distanciam dos de Jerusalém.

4. A NOVA DOUTRINA ECONÔMICA: O TALMUDE E O DINHEIRO

A Escritura e o dinheiro

Apoiando-se sobre a Mixná elaborada por volta do ano 200 na Palestina e em Babilônia, em Yavneh e em Pumbedita, os juízes de Babilônia, exilados que se dirigem a exilados, afinam e precisam o equilíbrio entre os pontos de vista dos camponeses, apegados à tradição, e os dos comerciantes, viajantes e letrados das metrópoles e dos portos, carreadores de novidades. Seu objetivo é sobretudo o de assegurar a coesão das comunidades e a transmissão da ética. O conjunto dessas reflexões formará no século V, com a Mixná, aquilo que logo será chamado o "Talmude de Babilônia", por oposição àquele que, no mesmo momento, está sendo redigido na Palestina. Como é produto de uma comunidade rica, ele não demorará a circular por todas as comunidades, mais que o da Palestina.

Nesse mundo brutal, regido por relações de força, a moeda pouco a pouco aparece como uma forma superior de organização das relações humanas, que permite resolver sem violência todos os conflitos, inclusive os de ordem religiosa. Os autores do Talmude, na maioria eles mesmos mercadores, com freqüência são especialistas em economia; seus julgamentos são de rara finura teórica e até de grande modernidade. A tal ponto que, no início do século XX, um dos primeiros economistas a interessar-se por eles, o alemão Werner Sombart, observará que "os rabinos do Talmude raciocinam como se tivessem lido Ricardo e Marx, ou como se tivessem exercido durante anos as funções de agentes de câmbio na Bolsa de Valores"[391]. Veremos que, por sua vez, David Ricardo, Karl Marx e muitos agentes de câmbio da Bolsa de Valores também se alimentaram dessa cultura...

As decisões do Talmude se aplicarão em todas as comunidades judaicas do mundo até o fim do século XVIII, e às vezes até meados do século XX. Ou seja, quinze séculos após a redação dessa coletânea, cujos grandes traços apresentamos a seguir.

Amar a Deus com todas as suas riquezas

Para começar, a riqueza é bem-vinda[409]. Deus, autor de todos os bens, deu a terra aos homens para que eles a tornem produtiva e façam dela seu patrimônio comum. Particularmente, o dinheiro — máquina para transformar o sagrado em profano, liberar dos constrangimentos, canalizar a violência, organizar a solidariedade, enfrentar as exigências dos não-judeus — constitui um excelente meio de servir a Deus. O dinheiro é um fluido necessário à vida das redes. Assim, à semelhança dos textos anteriores, o Talmude não condena os ricos nem glorifica os pobres.

Mas a riqueza não é uma recompensa: é um encargo. O rico não tem de desculpar-se por sê-lo; deve somente assumir mais responsabilidades na gestão do mundo; nenhum rico tem o direito de furtar-se a essa missão.

Ficar rico, portanto, não é sinal de um favor divino, mas de um dever divino, e o rico adquire apenas o privilégio de poder tornar-se útil, de poder ajudar os outros.

Em contrapartida, a riqueza pode revelar-se perigosa se for egoísta e ostentatória; nesse caso, gera inveja e pode viciar o comportamento daquele que dispõe dela, tornando-o avarento e pretensioso. O rico, portanto, deve viver na modéstia, sem orgulho nem arrogância, mas também sem falsa humildade: ele não deve viver como um pobre, a fim de não perder o sentido dos seus privilégios e dos seus deveres. Deve assumir-se como rico, para não se esquecer de compartilhar com os mais pobres.

A fortuna não deve ser essencialmente territorial, pois nesse caso é demasiado visível, criadora de inveja, e difícil de ceder, para quem pode precisar partir o mais depressa possível. Assim, deve permanecer líquida: o metal precioso é sua melhor forma e a terra, a pior.

A riqueza tampouco é o meio de satisfazer todos os desejos, insaciáveis depois da Queda. Ela não pode senão criar a necessidade de sua própria superação, a qual é indefinida. Mais ainda, o enriquecimento só é tolerável e benéfico se for obtido criando riquezas por inovação ou a partir de bens férteis (gado, dinheiro), e não tirando-as de outros. Por fim, como toda riqueza vem de Deus, dar é enriquecer: a *tsedaka* é um modo de enriquecimento. Em suma, a única verdadeira riqueza é a vida. O dinheiro é substituível. Ela, não. A fortuna, reversível, não é o principal bem dos homens, ao passo que a vida se escoa, irreversível. Assim, os rabinos aprovam que um agricultor esgote uma terra para obter comida ou pagar seus impostos. Ou que uma comunidade venda seus bens para obter a libertação de um escravo ou de um prisioneiro. Ou que se viole o sabá para defender uma vida. Nada, enfim, é mais importante que a vida, nem mesmo a Palavra de Deus: se for para resgatar escravos ou adquirir meios de defesa, é permitido utilizar o dinheiro coletado para construir uma sinagoga ou um local de estudos, ou até vender manuscritos de textos sagrados e qualquer objeto cultural.

A relação monetária das coisas e dos corpos

A moeda serve para compensar todo dano, inclusive os que podem ter sido causados intencionalmente, e até os danos corporais. Ela permite indenizar uma vítima pelo sofrimento e ajuda a evitar a engrenagem das represálias. Especificando a rejeição, já enunciada pela Bíblia, à lei de talião, o Talmude estipula detalhadamente como indenizar roubos, golpes e ferimentos. Longuíssimas discussões esclarecem a natureza daquilo que deve ser compensado pelo faltoso: "Quem quer que fira seu próximo está sujeito a indenizá-lo pecuniariamente do ataque feito às suas capacidades profissionais, do sofrimento físico ocasionado pelo ferimento, do prejuízo moral, das despesas médicas, da interrupção de sua atividade"[408]. Além disso, a indenização é proporcional ao dano, e não à fortuna daquele que cometeu a falta.

Contudo, essa equivalência monetária não compensa todos os danos. Em particular, o dinheiro não pode compensar a perda de uma vida: uma multa, por mais pesada que seja, não basta para punir um assassinato, e portanto o perdão é indispensável[408]. De igual modo, tudo o que se refere à vida não pode ser trocado por dinheiro: por exemplo, um homem não pode nem vender uma esposa nem comprar um título de rabino. E um escravo pode escapar ao seu estatuto sem ser resgatado, simplesmente tornando-se judeu. Além disso, como ainda se acredita — a exemplo de muitas outras civilizações — que todo objeto fabricado pela mão humana contém um pouco da vida daquele que o modelou, o dinheiro é incapaz de compensar inteiramente o valor do objeto vendido. O Talmude (*Baba Metsia* 51 a) chega a dizer, lindamente: *zaben ovid* (o vendedor sai perdendo); o que equivale a dizer que vender um objeto é como abandonar a vida que se encontra nele, a qual nenhum dinheiro é capaz de compensar.

Um mercado honesto: o preço justo e verdadeiro

Enganar e trapacear constituem os piores crimes: "Enganar alguém com palavras é uma ação pior do que a fraude em dinheiro"[408]. Em particular, num mercado, servir-se de um peso falsificado, ainda que muito levemente, constitui uma blasfêmia. Um preço é como uma palavra. Aliás, o hebraico designa o "preço injusto" pelo termo *ona'ah*, que remete a "mentira" ou "ferimento". Em outras palavras, vender alguma coisa por preço injusto equivale a mentir ou a oprimir (Levítico 25, 14).

Uma série de regras talmúdicas define as condições nas quais um mercado pode fazer surgir o preço justo das coisas, respeitando prioritariamente o mais fraco: o consumidor. E, em especial, o consumidor não-judeu.

Primeiro, o mercado deve utilizar instrumentos honestos, em particular um sistema preciso de pesos e medidas. "Balança falsa é abominação para Iahweh, mas o peso justo tem o Seu favor" (Provérbios 11, 1). O que o Levítico (19, 35-36) já diz: "Não cometereis injustiça no julgamento, quer se trate de medidas de comprimento, quer de peso ou de capacidade. Tereis balanças justas, pesos justos, medida justa e quartilho justo". No momento em que mede ou pesa os objetos que vai vender, o mercador torna-se um oficial de justiça e, ao anunciar um peso ou um comprimento, enuncia um veredito. Certos comentários chegam a considerar a proibição de balanças falsificadas quase tão importante quanto a interdição, absoluta, do incesto, "em razão da amplitude, no espaço e no tempo, das conseqüências de uma fraude"[408]. O produtor tem o dever de informar detalhadamente seus clientes sobre a natureza daquilo que lhes vende; os vendedores só podem se "cartelizar" se essa aliança contribuir para encontrar o "preço justo".

Se o preço de venda, posteriormente, se revelar excessivo, o comprador pode exigir reembolso pelo lucro a mais, salvo se o vendedor conseguir mostrar que o informou disso antes da venda. Para que o preço seja justo, o lucro não deve ultrapassar um montante "razoável", fixado, no caso do simples intermediário comercial, em um sexto do preço de custo, exceto se o vendedor justificar o serviço prestado. Para os produtos de primeira necessidade — comida e roupas —, a comunidade deve fixar preços acessíveis aos pobres. Numerosos comentários (*Baba Batra* 90 b) detalham as condições de fixação dos preços em caso de penúria de um bem essencial.

O interesse voltado para o consumidor leva a permitir que um recém-chegado intervenha sobre um mercado, salvo se ele não trouxer nada de novo ou se criar uma situação desigual perante os vendedores já instalados. Em contrapartida, um comprador não tem o direito de afastar outros consumidores para manter baixos os preços.

A propriedade

A propriedade sobre as coisas nunca é absoluta. Em matéria territorial, é permitido apoderar-se de um terreno sem herdeiros (*hazaqah*). A comunidade pode tomar uma propriedade se isso for "de interesse público" — por exemplo, para criar uma área verde, abrir um local de culto ou uma escola, eliminar uma poluição, garantir a segurança da coletividade contra vizinhanças perigosas, impedir de vender ou alugar a um não-judeu um terreno situado num bairro judeu. Para fazer funcionar a interdição, a própria comunidade, diz o comentário da Mixná (*Baba Qamma* 114 a), pode comprar o terreno litigioso ou apenas atribuir a vizinhos judeus um direito de preempção, invocando o versículo: "Autorizaste um leão a viver nos limites da minha propriedade". Esses questionamentos da propriedade privada são mais vastos que os autorizados pelas categorias romanas de *res nullius* e *res omnium communes*, nas quais se inspiraram os direitos ocidentais modernos.

Não sendo absoluta a propriedade, o roubo é menos punido que a violência. Se um furto for cometido às claras (*guezela*), o tribunal só exige do ladrão a restituição ou o reembolso do bem furtado; se ele for cometido às escondidas da vítima ou por um ladrão mascarado (*gueneva*), este deve reembolsar a vítima com pelo menos o dobro daquilo que furtou. O roubo de uma pessoa, o rapto, pode ser punido com morte.

Como para deixar bem marcado que a propriedade privada não deve ser considerada um princípio sagrado, encontra-se no Talmude, logo após a análise de um compromisso essencial — o sabá —, uma definição da conduta a ser adotada nessa matéria: respeitar a propriedade de outrem sem defender a sua própria. Num comentário intitulado *Tratado dos Pais*, Hillel escreve, em sua linguagem tão particular: "Existem quatro dimensões do homem. Aquele que diz: 'O que é meu é meu, e o que é teu é teu' é um medíocre. Aquele que diz: 'O que é meu é teu, e o que é teu é meu' é um ignaro. Aquele que diz: 'O que é teu é meu, e o que é meu é meu' é um malvado. Aquele que diz: 'O que é meu é teu, e o que é teu é teu' é um sábio". Em outras palavras, só o compartilhamento merece defesa e respeito[296].

As mulheres e a terra

Em diáspora, para viver em paz com os vizinhos os judeus devem adaptar seu direito ao ambiente onde se encontram. Por exemplo, como a Mesopotâmia é polígama, os judeus de Babilônia também o são — pelo menos em princípio —, ao passo que os do Ocidente adotaram, desde tempos antes, a monogamia em vigor no Império Romano. E, assim como os rabinos do mundo cristão encontram textos da Torá para proibir os casamentos múltiplos, os rabinos do mundo babilônico encontram outros, igualmente peremptórios, para justificar tais casamentos, proibir qualquer discriminação legal entre as esposas e até aconselhar que se prefira ter três mulheres em vez de duas, a fim de evitar rivalidades. Em contrapartida, o incesto, embora seja correntemente praticado, tanto entre os babilônios como entre os egípcios, é rigorosamente proibido a todos os judeus, estejam onde estiverem. E, enquanto a união livre é proibida pela legislação persa, os rabinos a toleram — e, com ela, a sexualidade fora do casamento —, reconhecendo os mesmos direitos para todos os filhos, legítimos e naturais. Como na Palestina e em Roma, os rabinos do Oriente também estimulam os casamentos precoces, sobretudo nas cidades. Aliás, o ofício de casamenteiro é reconhecido como uma profissão honrosa, às vezes exercida por um rabino.

Um contrato por escrito protege as mulheres contra os caprichos dos maridos; e os rabinos da Mesopotâmia denunciam os judeus de Alexandria, que se casam sem firmar tal documento, como se fossem "pessoas vindas da rua para apoderar-se de uma mulher a fim de desposá-la". Em outras palavras, desposar uma mulher sem lhe dar a garantia de um contrato equivale a tratá-la como uma prostituta. Como nas comunidades judaicas do mundo cristão, de início o dote é pago pelas jovens a fim de permitir que seus maridos estudem; a seguir, quem paga é o noivo, primeiro aos pais da noiva e depois à própria esposa. Esse dote é posto de reserva, para o caso de morte do marido ou de divórcio. O marido o administra, junto com os outros bens da esposa, e mantém o usufruto dele. A coletividade se encarrega do dote dos mais pobres. Poucas mulheres trabalham, a não ser para auxiliar os maridos em suas quitandas e para cumprir as tarefas domésticas.

Os tribunais judaicos também tentam regulamentar as relações dos judeus com os babilônios. Se faltam gêneros alimentícios a uma comunidade, o tribunal pode pedir que se evite vendê-los aos não-judeus, ainda que tal venda possa render mais. Em contrapartida, recomenda vender apenas aos não-judeus os produtos perigosos para a moralidade. Por exemplo, segundo *rav* Judah ben Betera, uma comunidade de viticultores deve estimular a venda de vinhos a estrangeiros, "porque essa exportação contribui para reduzir a lascividade"[408] no seio da comunidade. Mas ninguém deve tampouco fazer comércio de objetos que possam incitar os não-judeus a cometer atos imorais. Assim, os tribunais proíbem vender armas a não-judeus, assim como vender a quem quer que seja objetos de idolatria ou estátuas da figura humana, que poderiam servir para organizar cultos não-monoteístas.

Transmitir

Por essa época, o judaísmo ainda se transmite pelos homens ou pelas mulheres. Aliás, uma bela história talmúdica conta que a judeidade é avaliada com base nos filhos, e não nos pais: não basta ser educado como judeu para sê-lo, também é preciso criar os filhos como tais. Em outras palavras, para todo homem, judeu ou não, o mais importante não é o que ele recebe, mas o que transmite. Portanto, a maior responsabilidade da comunidade consiste em transmitir seu saber à geração seguinte. Daí a obrigação de casar-se dentro da comunidade ou, pelo menos, de obter a conversão do cônjuge. Será preciso esperar mais alguns séculos para que o judaísmo se transmita apenas pelas mulheres.

O primeiro dever da mãe e do pai diante dos filhos é o de ensinar-lhes a ler. Os manuscritos são raros, e a memória é o melhor receptáculo para o saber. A aprendizagem se organiza pela participação nas preces familiares e por exercícios mnemônicos. Dezenas de páginas são então consagradas à ordem na qual devem ser lidos os textos, à lista daqueles que convém decorar, à seleção dos textos profanos — Aristóteles em primeiro lugar — que se podem ler e dar às crianças para ler.

O Talmude especifica também as condições da transmissão do patrimônio material. Um homem herda de sua esposa, mas uma esposa não herda de seu marido, exceto por doação escrita. Os *rabbis* proíbem que um pai deserde seus filhos e, em cada contrato de casamento, impõem a atribuição de uma parte da herança às filhas menores: "Esta é a ordem de sucessão: os filhos e os descendentes dos filhos (se estes morrerem antes de seu pai) precedem as filhas; as filhas precedem os irmãos do defunto, e seus descendentes também; os irmãos do defunto precedem os irmãos do pai, e os descendentes dos irmãos vêm antes dos irmãos do pai. Mas o pai que sobrevive aos seus filhos precede todos os seus descendentes" (*Baba Batra* 8 b).

Embora os homens sejam os herdeiros prioritários, a educação das meninas passa à frente da herança dos meninos. "Quando um homem morre deixando ao mesmo tempo filhos e filhas, se a sucessão for importante, os filhos herdam e, sobre essa soma, suprem a manutenção das filhas até que elas se casem; se a sucessão for modesta, essa soma serve para sustentar as filhas, e os filhos vão mendigar" (*Baba Batra* 9 a).

O trabalho por toda a vida

No exílio, não se pode viver do maná, como no deserto, nem do dízimo, como os sacerdotes do Templo. Ninguém, nem mesmo os rabinos ou os juízes, tem o direito de viver sem trabalhar. Viver de caridade é apenas o recurso extremo. "Mais vale não cumprir o sabá do que depender da caridade"[408]. Trabalhar com as próprias mãos é o primeiro dever de um judeu, seja qual for o tempo que ele passa estudando, rezando, julgando, ensinando. O Talmude cita incontáveis exemplos de mestres, na Judéia ou em Babilônia, que ganham a vida com um trabalho manual: o patriarca Yohanan ben Zakkai era sapateiro, *rabbi* Yehudah Ha-Nassi, padeiro, *rav* Huna, agricultor, *rabbi* Isaac, ferreiro. Outro mestre considerável, fundador da escola de Sura, *rav* Abba Arikha, chegou a recusar-se um dia a responder a uma saudação de seus alunos, porque na hora estava envolvido num trabalho manual cuja interrupção ameaçaria lesar seu comanditário. Até a leitura da Bíblia — exceto no momento das orações — fica para depois do trabalho.

E não se pode escapar ao caráter penoso do trabalho. Aliás, o Talmude, segundo um modo de raciocínio que lhe é próprio, demonstra que trabalhar para viver é necessariamente duas vezes mais difícil do que dar a vida. Eis uma demonstração. Por um lado, está escrito: "Na dor darás à luz filhos" (Gênesis 3, 16); por outro, "Tirarás toda subsistência na amargura" (Gênesis 3, 17)*. Como o termo "amargura" tem duas vezes mais sílabas do que o termo "dor", aquilo que se faz "na amargura" (o trabalho) é duas vezes mais difícil do que aquilo que se faz "na dor" (o parto). Um é sofrimento moral, muito mais penoso do que o outro, sofrimento físico. Pelas mesmas razões, ganhar o alimento é mais penoso do que ganhar a eternidade, e até mais complexo do que abrir uma passagem através do mar Vermelho...

Embora não se possa evitar que o trabalho seja moralmente penoso, ele não deve ser nem aviltante nem humilhante. Assim, são proibidos os trabalhos que exigem gestos infinitamente recomeçados, aqueles cujas finalidade, intenção ou conseqüência são imorais e aqueles que colocam na situação de depender da boa vontade de um terceiro. Daí a preferência pelo

* Na já mencionada versão da Bíblia em português, a tradução desse versículo é: "Com sofrimentos, dele [do solo] te nutrirás". (N. da T.)

trabalho independente. As tarefas domésticas, inevitáveis, são aceitas com reticências ("degradantes para os homens, prejudiciais à moralidade das mulheres"). Por isso, admite-se — como é de hábito na época, para os mais ricos — possuir escravos não-judeus para executá-las, porque eles não têm de cumprir as mesmas obrigações morais, tais como o sabá.

Ainda assim, a escravidão é menos tolerada do que nos séculos precedentes: embora seja permitido a um judeu reter prisioneiros de guerra e devedores, essa dependência está agora limitada a um ano. Baseados no versículo segundo o qual o escravo deve "estar bem contigo" (Deuteronômio 15, 16), os rabinos babilônios deduzem que é proibido conservar, por um instante que seja, um escravo judeu, e que é preciso propor a conversão a qualquer outro escravo: se este persistir por um ano em sua recusa, então é preciso vendê-lo.

Por outro lado, encontra-se no Talmude uma descrição das atividades proibidas durante o sabá muito mais precisa do que aquela fornecida anteriormente pelo Pentateuco — o qual só proibia o judeu de transportar objetos, por mínimos que fossem, e afastar-se de sua aldeia por mais de dois mil côvados. Essa lista acrescenta a proibição de trinta e nove atividades (apresentadas como os ofícios ligados à construção do Templo), cujo exame fornece indicações bastante preciosas sobre os ofícios da época, entre os quais ainda se constata a predominância da agricultura e das atividades conexas.

Estão autorizadas para todos os dias, mas proibidas desde o anoitecer de sexta até o de sábado, as atividades de: semear, lavrar, ceifar, colher, atar feixes, bater o trigo, joeirar, selecionar os grãos, moer, peneirar, amassar, cozer o pão, tosar os carneiros, lavar a lã, batê-la, tingi-la, fiar, tecer, fazer dois anéis, tecer dois fios, separá-los, fazer um nó permanente, desfazê-lo, costurar dois pontos, rasgar a fim de recosturar dois pontos, caçar um gamo, abater um cavalo, esfolar um animal, selecionar um couro, curti-lo, raspá-lo para fazer dele uma roupa ou um rolo de escrita, cortá-lo, escrever duas letras do alfabeto, apagar duas letras do alfabeto, construir, derrubar uma construção, apagar um fogo, acender outro, martelar a fim de concluir um trabalho, transportar um objeto de um lugar para outro. A tudo isso acrescentam-se, em outro texto, proibições relativas ao comércio e a diversas tarefas domésticas.

Quando não é possível evitar a condição de assalariado — numa loja, numa oficina de artesão ou num armador —, o trabalhador deve consagrar à sua atividade todo o tempo previsto; ele tem até o direito de não saudar seu empregador ou de não pronunciar a mínima bênção após a refeição, se isso se estender às suas horas de trabalho. Em contrapartida, o empregador lhe deve um salário que lhe permita fazer sua família viver dignamente.

Não existe "salário justo", embora exista um "preço justo": o Talmude protege mais os consumidores do que os trabalhadores. O salário decorre do "preço justo" dividido entre o lucro — limitado, em certos casos extremos, a um sexto do preço de custo —, o custo das matérias-primas e ele; é o que subsiste quando o resto foi pago. Como o lucro tem um teto, pode-se dizer que o valor criado passa essencialmente para o consumidor e o assalariado, e não para o capitalista.

Mais ainda do que o salário, o empregador deve respeitar a dignidade do assalariado. Deve considerá-lo seu igual e, por exemplo, convidá-lo diariamente a compartilhar das refeições à sua mesa. Deve também pagar-lhe o salário devido. Se se recusar a isso, o empregador priva o empregado de seu tempo, de seu trabalho e de suas expectativas; em suma, tira-lhe uma fatia de vida, cometendo então o equivalente a um assassinato, pois o outro "é pobre e sua vida está investida ali" (comentário talmúdico do Deuteronômio 24, 15). Trata-se de um crime extremamente grave. "O Eterno despoja então da vida aqueles que despojam o fraco dos seus bens, e despoja dos bens mal adquiridos aqueles que despojam o fraco de sua vida"[408]. Para recusar-se a pagar, um empregador não pode limitar-se a jurar que não deve nada ou que já pagou; ele deve apresentar a prova material de seu pagamento ou do fato de que não deve nada. Ao passo que, para um assalariado, basta afirmar que um salário lhe é devido para que o empregador seja obrigado a lhe pagar. Porque — dizem os juízes — o empregador, tendo muitos assalariados, pode esquecer sua dívida para com um deles, enquanto o assalariado, este sabe se foi ou não corretamente pago.

A intolerável pobreza

A pobreza não priva a pessoa de dignidade. A oferenda religiosa de um pobre vale tanto quanto a de um rico: "o touro do rico tem a mesma santidade que o punhado de farinha do pobre"[408]. A pobreza não se discute, não se demonstra, não se negocia. Não se deve pedir a alguém a justificativa de estar com fome antes de alimentá-lo, mas pode-se pedir-lhe provas de que não possui roupas antes de fornecê-las a ele.

A pobreza é a inimiga do povo. "Deus se mantém diante da porta com o homem pobre", diz magnificamente um comentário do Levítico (34, 9). É preciso combatê-la por amor ao próximo (Levítico 19, 18), em razão da prioridade reconhecida para a vida (Deuteronômio 30, 19), a fim de preservar a integridade do povo e de evitar a violência.

Mas a pobreza é invencível. O Talmude não é um texto utopista: com base na experiência dos séculos anteriores, ele acredita que a pobreza resistirá sempre e se recriará sem cessar. "Pior do que cinqüenta feridas"[408], a pobreza é sempre conseqüência ou causa de uma falta ética, da violação de um mandamento, da negação da palavra ou da má sorte que se encarniça sobre qualquer um. Para demonstrar isso, o Talmude, como sempre, mistura fábula e jogos de palavras. Eis um esplêndido exemplo:

"Um dia, *rabbi* Yohanan ben Zakkai [o patriarca na época da revolta] saiu de Jerusalém em lombo de burrico e acompanhado de seus discípulos. Ele viu num campo uma mulher remexendo excremento de gado para procurar grãos de aveia. Ao percebê-lo, a mulher embrulhou-se nos cabelos, aproximou-se dele e pediu: 'Mestre! Dá-me algo para comer.' Ele respondeu: 'Minha filha, quem és tu?'. Ela respondeu: 'Sou a filha de Nakdimon ben Gurion.' Ele perguntou: 'Minha filha, o que foi feito da fortuna do teu pai?'. Ela respondeu: 'É como se diz em Jerusalém: O sal da moeda provoca sua diminuição'"[408].

Essa resposta misteriosa suscita, é claro, mil e um comentários. Ela pode significar que todo uso do dinheiro provoca a ruína. Mas certos rabinos observam que o termo "diminuição" (*h'asser*) só difere do termo "beneficência" (*h'essed*) por uma única letra — o *d* em vez do *r*. Isso, dizem eles, demonstra que a diferença entre "fortuna" e "ruína" resulta de um simples erro de ortografia, de uma falha na expressão da palavra. Dito de outro modo, a pobreza poderia ser o resultado de uma falta ética, e não de um arriscado manejo do dinheiro. Outros comentadores notam que o sal é o principal meio de conservar gêneros alimentícios e, portanto, simboliza a acumulação. Quando diz: "O sal da moeda provoca sua diminuição", a mulher quer significar que a avareza levou seu pai à ruína moral e, em seguida, material. Ao passo que uma atitude justa lhe teria permitido possuir o suficiente para continuar rico e, ao mesmo tempo, para doar generosamente.

Em suma, a mulher explica que seu pai se arruinou por querer guardar demais para si. Uma letra de diferença — uma outra atitude ética —, e ela afirmaria que ele se tornara rico por sua generosidade...

A obrigação de ser caridoso

Segundo outro comentário magnífico, os tribunais podem obrigar os membros de uma comunidade "a prestar-se reciprocamente todos os serviços compatíveis com seu próprio interesse"[408]. Em outras palavras, a riqueza só tem sentido porque permite ser útil aos outros. Os bens materiais, afirmam ainda os mestres, são como uma fonte que convém deixar fluir; o dinheiro não passa de uma maneira de criar e de ser útil. Obstinar-se em guardá-lo é uma loucura assassina; doar é um ato ético, um modo de enriquecer.

Assim como o faz em matéria de propriedade, o Talmude distingue quatro atitudes perante a doação: "Quem só quer doar se os outros não doarem quer distinguir-se dos outros; quem quer que os outros doem, mas não ele, quer fazer-se passar por um dos outros; quem não doa e impede os outros de doar é um malvado; quem doa mesmo que os outros também doem é um sábio"[408].

A doação não passa de uma obrigação terrestre; não é uma oferenda para garantir a salvação ou a eternidade. Dirige-se prioritariamente aos outros judeus, mas também a todos aqueles que não são idólatras. E o cristianismo, nessa época, é considerado idólatra pelos judeus, em razão da Trindade. A caridade, à diferença do que é no cristianismo, não constitui um seguro para depois da vida, mas somente um dever humano, uma responsabilidade coletiva. Assim, uma comunidade será considerada responsável pelos roubos e assassinatos cometidos na vizinhança, por não ter sido capaz de evitar a pobreza ao seu redor. Portanto, cada membro de uma comunidade tem a obrigação de contribuir para esta com um imposto que deve ser inteiramente redistribuído aos pobres. Como no tempo de Salomão, a medida normal dessa caridade — a *tsedaka* — é de um décimo das rendas de todo tipo; por exemplo, um camponês ou um proprietário rural deve contribuir com um décimo do produto de seus campos, pomares ou vinhedos, após a subtração do dízimo pago aos sacerdotes (reduzido a quase nada, tanto na Palestina como no exílio, desde a destruição do Templo). O camponês deve também permitir que, após a colheita, os pobres venham respigar os feixes e espigas, assim como catar as uvas caídas ou ainda não maduras. Mais ainda, um canto de seu campo não lhe pertence: é de qualquer estrangeiro, judeu e não-judeu. E o camponês judeu só pode ficar satisfeito com sua colheita se, em seu campo, a do estrangeiro for considerável. O rico deve doar até o dobro da *tsedaka* — ou seja, um quinto de sua renda —, não mais do que isso, para não colocar sua fortuna em perigo. Ele tampouco deve mascarar sua fortuna com o único objetivo de reduzir suas doações. O Talmude chega a dizer que um rico deve comer do bom e do melhor e viver bem, a fim de não incorrer na tentação de aconselhar os pobres a imitarem sua frugalidade! E um rico que pressente um decréscimo de sua renda deve reservar uma parte a fim de cumprir ulteriormente a *tsedaka*, como demonstra esta encantadora história talmúdica[118]:

"*Rabbi* Yohanan ben Zakkai [ele, de novo!] viu em sonhos que seus sobrinhos estavam a ponto de perder 700 dinares. Sem dizer nada a eles, convenceu-os a lhe dar tudo o que possuíam a fim de fazer a *tsedaka*, conservando apenas 17 dinares. Eles aceitaram. Na véspera do Yom Kippur, o governo dos estrangeiros afanou todo o dinheiro dos judeus. *Rabbi* Yohanan disse aos sobrinhos: 'Não há problema, só possuíeis 17 dinares, e isso foi tudo o que vos tomaram'. Os sobrinhos perguntaram: 'Como soubeste?'. Ele respondeu: 'Por um sonho'. Os sobrinhos reagiram: 'Por que não nos disseste nada?'. Ele retrucou: 'Porque eu desejava que cumprísseis a *tsedaka* de maneira desinteressada'"[408].

Sobre isso, o Talmude diz ainda, lindamente, que convém "tosar as ovelhas antes que elas atravessem o vau"[408].

A *tsedaka* deve sempre ser cumprida com discrição. Quando o doador a efetua de maneira ostentatória, é porque espera uma retribuição; trata-se então de um ato mercantil, um tráfico, que conduz a catástrofes: quem doa assim chama a atenção dos poderosos e dos invejosos, e quem recebe assim é vítima de "feridas narcísicas".

O Talmude especifica o uso que a comunidade deve fazer do dinheiro coletado. À diferença da Igreja, que então se implanta, nada é guardado para o esplendor dos locais de culto. A prioridade é pagar o resgate dos escravos, dos prisioneiros de guerra, dos mercadores retidos pelos piratas. Para que esse seguro de resgate não incite a tomar judeus como reféns, proclama-se alto e bom som que não se pagará mais caro do que o valor usualmente pago por um escravo ou refém não-judeu. E, para que os judeus perdulários não sejam tentados a tomar empréstimos ilimitadamente, convenciona-se que a comunidade não pagará mais que duas vezes o resgate de um escravo por dívidas, salvo se depois disso a vida dele correr perigo. A *tsedaka* também assegura o financiamento da manutenção dos órfãos, o dote das jovens pobres, a acolhida aos viajantes, o salário dos professores, as roupas "para aquele que está nu; os utensílios de cozinha para aquele que não os possui; uma mulher ou um marido para um solteiro ou uma solteira, e até um servo para um rico que ficou pobre"[408]. Pois o

Talmude recomenda ajudar um ex-rico de preferência a um pobre de sempre. Enfim, a *tsedaka* deve sobretudo ajudar os que só precisam de uma ajuda temporária, para evitar que eles tenham de vender seus bens em má hora. É nesse ponto que ela assume sua forma mais completa: o empréstimo de dinheiro sem juros.

O empréstimo de dinheiro

De fato, a melhor maneira de realizar justiça consiste em emprestar dinheiro ou bens materiais àquele que está sem recursos ou que atravessa uma dificuldade passageira. O empréstimo deve então ser sem juros: "É permitido fazer pagar em parcelas, mas não se o total das parcelas for superior ao valor pagável à vista" (*Baba Metsia* 70 b). *Rabbi* Gamliel recomenda até emprestar com perda aos mais pobres.

De modo mais geral, continua proibido, como desde sempre, emprestar a juros a um membro da comunidade. Essa proibição é categórica e repetida: "Não aceites de teu irmão nem 'mordida' (*nechekh*) nem 'mais-valia' (*ribbit*), mas sim teme teu Deus e que teu irmão viva contigo" (comentário sobre Deuteronômio 23, 20, em *Baba Metsia* 61 a). A "mordida" designa os juros pagos pelo devedor; a "mais-valia", os juros recebidos pelo credor. Para certos letrados, essa proibição dos juros não se justifica apenas pelo risco de empobrecimento do rico, mas também pelo fato de que o homem não é proprietário do tempo. Ora, os juros transferem o tempo do tomador (para quem o intervalo entre dois vencimentos é demasiado curto) para o prestamista (para quem esse intervalo é demasiado longo). Os juros, portanto, não são, como dizem as doutrinas grega e cristã, uma venda de tempo do credor ao devedor, mas, ao contrário, um furto do tempo do devedor por parte do credor, que ainda por cima recebe juros.

Em certas situações, contudo, pode-se emprestar a juros a um membro da comunidade; por exemplo, se não se dispuser de nenhuma outra fonte de renda — nesse caso, é o tomador que faz a caridade, pagando juros. Mas o prestamista não deve colocar-se voluntariamente na situação de depender da renda dos empréstimos para viver, e o Talmude condena o prestamista profissional (*Maqqot* 24 a; *Nedarim* 49 b).

Para certos letrados, se essas proibições só se referem a empréstimos entre judeus é porque eles estão submetidos a obrigações superiores; para outros, é porque um não-judeu está em situação menos precária ou corre menos risco de empobrecer. Como é só por espírito de caridade e de solidariedade que os juros não são cobrados entre judeus, fora disso o dinheiro está vivo e deve trabalhar; ele é fecundo, como o eram os rebanhos de Jacó, e a riqueza é sã. O dinheiro não é um bem diferente dos outros; está tão vivo quanto os outros. Para certos juízes, somente os letrados, e só eles, podem emprestar a juros aos não-judeus, porque sabem melhor que os outros como conduzir-se com essas pessoas. Para outros, enfim, emprestar a juros a não-judeus é, para todos os judeus, uma obrigação, um dever moral.

Em suma, após muitos debates e muitas contradições, o Talmude autoriza em todos os casos o empréstimo a juros aos não-judeus e o autoriza entre judeus, desde que se faça do prestamista um sócio do tomador.

Uma sociedade necessariamente altruísta: "consertar o mundo"

No total, no Talmude, cristaliza-se o fundamento da prática judaica da economia: nada é bom para os judeus se não o for também para os outros. Portanto, eles não podem viver felizes tendo uma vizinhança que não o é. Assim, cabe-lhes "consertar o mundo" (*tikun olam*), pois este, diz a Mixná, é o resultado de uma "quebradura de vasos"[43]. O papel do povo judeu é ajudar a consertá-lo, sendo solidário a todos os outros homens.

Encontram-se marcas dessa exigência altruísta em numerosos comentários[43]. Assim, o Talmude se pergunta como os judeus devem amar a Deus.

Resposta: agindo de maneira a que, pela exemplaridade de seus atos, pelo altruísmo de sua conduta, os outros homens amem a esse Deus que leva Seus fiéis a uma tal atitude.

Como dissemos, quem cultiva um campo deve deixar uma parte dos frutos dele para os estrangeiros. Daí também a obrigação de honestidade, a proibição de entregar-se à fraude e de cometer atos nocivos a terceiros — tanto judeus como não-judeus —, de explorar ou de alienar quem quer que seja. Daí, ainda, a obrigação de receber bem os estrangeiros, de não esquecer que um dia também se foi estrangeiro, ou que há sempre o risco de vir a sê-lo. Daí, enfim, a obrigação de acrescentar aos bens do mundo, em vez de subtrair aos dos outros. Em conseqüência, a economia não consiste em tomar riquezas dos vizinhos, mas em criar riquezas novas, para não privar ninguém de seus bens. Por isso a importância dos bens férteis, que criam riquezas: a terra, o dinheiro, a inteligência.

Nisso está a função dos hebreus como povo "eleito" (Êxodo 19 e Deuteronômio 26), o que lhes impõe deveres, livremente consentidos, e em primeiro lugar o de tornar felizes os outros, de encontrar a própria felicidade na felicidade dos outros. *Rabbenu* Hananael diz: "Os judeus nunca estão melhor do que quando os outros estão igualmente bem".

Em conseqüência, ao mundo interessa deixar aos judeus suficiente liberdade para que eles possam cumprir esse papel. Assim, segundo um comentário (*Sukka* 55 b), o mundo se encontra em seu melhor estado quando os judeus são livres e, portanto, capazes de interceder em favor dele. Os judeus devem ajudar os monoteístas como iguais e perdoar os politeístas, para que estes rejeitem a idolatria[390]. A desgraça do povo judeu, portanto, é uma desgraça para todos os homens.

Durante a redação desses textos, do século III ao V, sob a direção sucessiva de *rav* Judas, *rav* Huna, *rav* Nahmen, *rav* Abaye, *rav* Papa e *rav* Ashi, judeus e mesopotâmios vivem em bom entendimento, uns assumindo os riscos mercantis que os outros não querem correr. O conjunto dos comentários redigidos por volta de 420 sob a direção do rabino Ashi é quatro vezes mais volumoso que o de Jerusalém. Mas, em meados do século V, enquanto o Império do Ocidente desmorona sob os golpes de várias invasões bárbaras sucessivas, movimentos fanáticos emergem na Mesopotâmia, nos meios masdeístas. O exilarca de então, Mar Samuel, rebela-se, mas é morto. O novo exilarca, Mar Zutra II, monta um exército e declara a independência de um Estado judeu que engloba as principais cidades babilônicas de maioria judaica. Ele se mantém durante sete anos, até sua morte, em 520.

Tais acontecimentos interrompem os trabalhos de redação da Guemará de Babilônia, mais de um século após a conclusão da de Israel.

A situação, nesse momento, é bastante preocupante para o povo judeu: mal recebido em Constantinopla, perseguido na Mesopotâmia e em Roma, expulso de Jerusalém, ele já não tem muitos lugares aonde ir. Perseguidos, os judeus se assimilam. Já não passam de cinco milhões, em vez dos oito milhões de cinco séculos antes[35]. Muitos deixam o império sassânida para instalar-se no Iêmen, na Arábia, na Índia, nos Bálcãs. Um rei da Arábia meridional, Dhu Nuwar, converte-se ao judaísmo no início do século VI, o que resultará na criação da comunidade dos falachas da Abissínia. No litoral de Malabar (no Kerala de hoje), refugiados vindos de Ctesifonte fundam uma comunidade que desempenhará até o século XVI um papel considerável no comércio da pimenta.

Entre Bizâncio e Roma, surge uma nova chance na Palestina...

5. Entre Roma e Bizâncio: a nova chance de Israel

O papa contra Bizâncio

Depois de tornar-se imperador em 527, após a morte de seu tio Justino I, Justiniano reprime as reb eliões (uma das quais em sua própria capital, em 532) e centraliza as administrações do Império e da Igreja. Deixa a direção do Império do Ocidente a cargo de seu representante, o exarca, que tem sede em Ravenna e precedência sobre o papa. Ele mesmo assina tratados teológicos e arbitra entre as diferentes correntes cristãs, favorecendo os "nicenos" — para os quais Jesus é consubstancial a Deus — contra os "monofisistas" — para os quais Jesus é igual a Deus — que dominam então no Oriente. Em 531, reúne todas as leis existentes em um código, compromisso entre a ortodoxia da Igreja e a prática do Império[21]. Sobre a questão do empréstimo, por exemplo, ele retoma a tradição romana que em certos casos, como no comércio marítimo, admite juros, limitados a 33 por cento ao ano, em contrapartida aos riscos corridos. Como ainda vê no judaísmo um rival em universalidade, Justiniano exige que cada comunidade preste homenagem a cada novo imperador e a cada novo papa. Àqueles "que crêem nas superstições judaicas, os heréticos, os maniqueístas e os samaritanos"[21], proíbe testemunhar contra um cristão, ampliar as sinagogas existentes, construir novas, exercer responsabilidades locais. Reduz os tribunais rabínicos a cortes de arbitragem e obriga a celebrar os casamentos segundo as regras da lei canônica. Autoriza os judeus a possuir e a comprar escravos pagãos, desde que liberem os que se converterem ao cristianismo.

Em 532, um de seus generais, Belisário, conclui uma paz com o soberano sassânida Khosrau I Anushirvan, mediante a qual permite que os comerciantes bizantinos utilizem as rotas da Ásia e comerciem com os judeus de Ctesifonte e de todo o império persa. Três anos depois, à frente de doze mil homens, Belisário retoma dos ostrogodos o controle de Ravenna, do sul da Itália e do sul da Espanha, e faz de Toledo uma verdadeira metrópole. Como os judeus de Roma, Nápoles, Milão, Gênova e Palermo tomam o partido dos vândalos e dos ostrogodos contra os bizantinos — por exemplo, defendendo Nápoles contra o exército de Bizâncio —, Belisário os exclui do serviço militar e de todos os serviços públicos. Em 535, os concílios locais de Clermont e Mâcon ainda protestam contra a presença de judeus nas funções públicas e judiciárias do Império. Em 538 e 541, os concílios de Orléans tentam novamente proscrever toda relação entre judeus e cristãos. Mas sempre em vão. As comunidades agarram-se à sua identidade profunda.

Em 546, Roma é retomada pelos godos, os quais são novamente derrotados pelos bizantinos em 555. Em 565, ao morrer Justiniano, que nunca saiu de Constantinopla, o Mediterrâneo está sob o controle do Império do Oriente. Mais uma vez, porém, a onipotência anuncia a queda: três anos depois, outros bárbaros, os lombardos, atacam a Itália, enquanto a Pérsia ataca Constantinopla. Sob Justino II e, depois, sob Tibério e Maurício, filho adotivo de Justino II, os impérios se esgotam nesses múltiplos e intermináveis conflitos.

Em 590, o papa Gregório I exige a prevalência sobre o exarca de Ravenna, representante, na Itália, do imperador bizantino[3]. Totalmente ocupado em implantar sua autoridade e em lutar contra uma ressurgência do arianismo, ele suspende as restrições relativas aos judeus[308]. Em 591, proíbe o bispo de Terracina de deslocar uma sinagoga sob o pretexto de que as preces dos judeus atrapalhariam os fiéis de uma igreja vizinha, e ordena a indenização da comunidade judaica de Palermo cuja sinagoga e cujos locais de atendimento aos pobres foram requisitados. Gregório I chega a repreender um judeu convertido por ter este instalado uma cruz e uma imagem da Virgem numa sinagoga[336]. Ele estimula os judeus a exercer as atividades econômicas necessárias à cristandade mas proibidas aos cristãos. Por exemplo, sendo o trabalho dos escravos "essencial para o funcionamento das grandes propriedades cristãs", inclusive as da Igreja, e como o cristianismo não permite o comércio de escravos, ele se empenha em incitar os judeus a tal comércio. Mas, como a Igreja, por outro lado, proíbe-os de possuí-los, Gregório I os autoriza a conservar durante quarenta dias um escravo cristão e, durante três meses, um escravo pagão convertido, ou seja, o tempo de vendê-los. Mais ainda: autoriza um mercador judeu chamado Basil a transferir ficticiamente seus escravos cristãos para seus filhos, convertidos por ocasião da transação! Por fim, permite que as raras propriedades territoriais judaicas empreguem *coloni* cristãos. O que não o impede de felicitar o rei Recaredo por sua legislação antijudaica, nem de condenar os reis francos por terem autorizado os judeus da Gália a possuir permanentemente escravos cristãos[34].

Em Constantinopla, um golpe de Estado vem enfraquecer ainda mais o Império. Em 602, um motim do exército do Danúbio resulta no assassinato de Maurício, último imperador associado à linhagem de Justiniano; em 610, Heráclio funda em Bizâncio uma nova dinastia.

A situação militar é caótica. Embora os persas sejam contidos por Heráclio, os eslavos transpõem o Danúbio; em 629, os visigodos bizantinos são expulsos da Espanha por outros visigodos. Todos são cristãos e submetidos ao papa. Por conseguinte, a Igreja não mais precisa poupar os judeus: em 633, um concílio regional reunido em Toledo, na presença dos novos senhores, declara que o judaísmo é uma "poluição"[135]. Ele reitera a obrigação de conversão por parte de todos os judeus, particularmente daqueles que exercem um emprego público, e a proibição, para todo convertido, de conviver com seus antigos correligionários. Contudo, nenhuma dessas medidas é verdadeiramente aplicada.

Última tentativa na Judéia

Em 610, no mesmo ano em que Heráclio I e os visigodos assumem o poder em Bizâncio, o imperador sassânida, Khosrau II, tenta retomar a Palestina — onde os judeus já não representam mais que um décimo da população — do imperador cristão. Os judeus se alinham com o general sassânida Romizanes e tentam livrar-se do ocupante bizantino. Um grupo mata o patriarca cristão de Antioquia, outros se rebelam em Tiro. Ao que parece (segundo as únicas fontes da época disponíveis, que são cristãs), judeus de Tiberíades, dirigidos por um certo Benjamim, ajudam os sassânidas a tomar Cesaréia, em troca da promessa de eles mesmos administrarem a Judéia[135]. Em 614, os persas entram em Jerusalém. Romizanes toma de Ctesifonte a relíquia da Santa Cruz e, conforme o prometido, confia a administração da Cidade Santa a Benjamim. Alguns vêem nisso signos precursores da vinda do Messias. De fato, no *Apocalipse* de Elias estava escrito que, antes dessa vinda, o "último rei da Pérsia" deveria "dirigir-se a Roma durante três anos consecutivos" e "derrotar três heróis vindos do mar contra ele". Benjamim é proclamado rei dos judeus, e afluem a Jerusalém todos aqueles que, da Espanha a Alexandria, sonham com a reconstituição do Estado judeu.

Mas esse sonho dura pouco. Três anos depois, em 617, os persas retiram de Benjamim a administração de Jerusalém e expulsam os "turbulentos" para mais de três milhas além das muralhas da cidade. A última oportunidade de restabelecer um reino judeu na Judéia acabou. Desesperado porque o Messias não veio em seu socorro, Benjamim se converte, assim como muitos outros, decepcionados por verem esfumar-se qualquer esperança de reconstruir Israel. Assim é que, por exemplo, há registros da conversão ao cristianismo por parte de 375 judeus em Tumai, no Egito[135].

Em 625, o imperador Khosrau II assedia Constantinopla. Mas o império bizantino de Heráclio recobra forças. Na batalha de Nehavend, as tropas dele derrotam os persas, que negligenciaram a consolidação de sua frota. Khosrau II é assassinado e substituído por seu filho Yezdegerd. Ctesifonte é ocupada pelos bizantinos, que ali recuperam todos os tesouros pilhados pelos persas, inclusive a Santa Cruz, que, em 630, eles reconduzem a Jerusalém, deixada quinze anos antes.

Os judeus, que trabalharam pela vitória dos persas antes de serem expulsos por eles, aguardam as piores represálias por parte dos bizantinos. Mas Heráclio proclama a anistia. É o momento do seu apogeu e da ruptura entre o Oriente e o Ocidente: Heráclio substitui o latim pelo grego, como língua oficial do exército e da corte, e assume o título de *basileus* em vez do de "César Augusto", utilizado pelo imperador romano desde Augusto. Ele submete cada província à direção de oficiais e cria um exército de mercenários. O Império do Oriente parece instalado para sempre.

Mais uma vez, contudo, um império vitorioso pagará por sua vitória. Enfraquecido pela guerra contra os persas, minado pelos incessantes conflitos de doutrina entre arianos (para quem Deus está acima de Jesus), monoteístas (para quem a vontade de Deus se expressa em Jesus) e monofisistas (para quem Jesus é igual a Deus), mal aceito pelo bispo de

Roma, Heráclio vê seu poder se desgastar e se esgotar. Ainda que, em 632, repita a exigência de conversão feita a todos os judeus do Império, ele já não a consegue impor. Tanto quanto não o consegue o rei visigodo da Espanha, Sisebuto, que ainda exige dos judeus a escolha entre o batismo e o exílio. Ninguém consegue impor coisa alguma a eles. Apesar de todos os ataques e de todas as proibições sofridas, as comunidades perduram.

Enquanto isso, a luta entre os impérios bizantino e sassânida prejudica toda a economia do Oriente Médio. Os canais de irrigação já não são mantidos, e a região volta lentamente a ser um deserto[34]. Apesar da vitória, a luta enfraqueceu Bizâncio. Lição de economia doméstica: às vezes, o dominante é muito mais vulnerável do que o dominado. Lição de estratégia: piramidal, um império tem muito menos possibilidades de resistir aos choques do que uma estrutura em redes. Lição de política: quando duas superpotências disputam a supremacia, uma terceira pode surgir e ganhar.

De fato, chegou o tempo do Islã, e os judeus vão encontrar um novo espaço de relativa liberdade.

6. Quase felizes no Islã

Uma nova idéia de Deus vem subverter a geopolítica. Em um século, o Islã toma o poder de Córdoba a Cabul. Os judeus encontram nele um novo ambiente monoteísta, desta vez quase acolhedor. Dentro da civilização islâmica, viverão corretamente, humilhados mas aceitos, e se manterão como os donos do comércio internacional. Acompanhando os conquistadores árabes à Europa, importando para lá mercadorias e saberes do Oriente, eles criarão as condições do despertar do Ocidente. Vejamos como.

Mercadores judeus e nascimento do islamismo

Antes do nascimento de Maomé, já são numerosos, nos diferentes reinos da Arábia, os judeus que fogem das perseguições persas e romanas.

A Arábia é então um local de passagem, onde se cruzam monoteísmo e politeísmo. Existe até, no Hedjaz (Hijaz), ao norte do Iêmen, um reino de árabes convertidos ao judaísmo, reino que desaparecerá por volta de 530 sob a pressão de um rei cristão da Abissínia[166].

É justamente nessa região que começa a aventura de Maomé, nascido em 570 ou 571 em Meca — oásis de caravanas com três mil habitantes —, sob o nome de Muhammad ibn Abdallah. Órfão aos dez anos, analfabeto, tendo recebido em criança, no deserto, o selo da profecia, ele é recolhido por um de seus tios, Abu Talib, comerciante e chefe da tribo Qoreish ou Quraish. Essa tribo tem a guarda de um meteorito, a Pedra Negra, então sede de trezentos ídolos*, oferecida pelo anjo Gabriel a Abraão e ao seu filho Ismael — o que atesta a presença do monoteísmo abraâmico na região. Depois de casar-se com uma viúva rica, Khadija, quinze anos mais velha do que ele, Maomé aprofunda seus conhecimentos do monoteísmo, sem dúvida através dos contatos com a pequena comunidade judaica da cidade. Por volta de 607, parte para longos retiros no deserto e, em 610, recebe do anjo Gabriel a revelação de sua missão, durante o mês de Ramadã, numa gruta do monte Hirã. Faz a apologia da pobreza, da purificação moral, da submissão (*islam*) ao Deus de Abraão, Alá. Pede aos seus primeiros discípulos — raros e perseguidos — que leiam, recitem (*qûran*, que dá Corão"), rezem voltados para Jerusalém e rejeitem os ídolos. Atrai cada vez mais discípulos, os *muslimun* ("aqueles que entregam sua alma a Alá"). Dois anos após a morte de sua primeira mulher — ele chegará a ter nove, simultaneamente —, numa noite de 621, no meio de seu sono, uma viagem (*isra*) o conduz até o santuário longínquo, em Jerusalém, de onde ele ascende ao céu (*miraj*) para encontrar ali os profetas, Jesus e os apóstolos, antes de retornar. Dita então o Corão, redigido em "árabe puro", a escribas que anotam sobre pedaços de couro, cacos de cerâmica, nervuras de folhas

* Parece haver aqui um equívoco. Sede de muitos ídolos era, nessa época, a Caaba, santuário de forma cúbica em cuja parede leste está hoje incrustada a Pedra Negra. Várias vezes reconstruída ao longo dos séculos, a Caaba fica no interior da Grande Mesquita de Meca. (N. da T.)

de palmeira. É uma revelação (*al-tanzil*; a mesma palavra designa o aguaceiro), uma palavra "incriada", o "verbo do próprio Deus". Mais tarde, certos escribas irão gabar-se de não ter consignado exatamente o que o Profeta lhes disse e de ter até sugerido a ele certas passagens. Quando Maomé termina o ditado, seu diálogo com Gabriel havia durado doze anos.

Em setembro de 622, setenta e cinco habitantes do principal centro comercial da Arábia, o oásis de Yathrib, ou Medina ("a cidade do Profeta"), a trezentos quilômetros de Meca, pedem-lhe que arbitre um conflito entre duas famílias árabes, os Aws e os Khazradj. Na época, Medina é também o mais importante centro de vida judaica na Arábia[385]. Artesãos, comerciantes, mercadores, ourives, fabricantes de couraças e de armas, banqueiros (o Corão é o primeiro texto não-judeu a aludir a uma atividade judaica de prestamistas a juros) tomam partido na disputa: os Banu Nadir e os Banu Qurayza pelos Aws; os Banu Quaynuqa pelos Khazradj. A arbitragem é difícil; Maomé decide a favor dos Khazradj e seus aliados judeus[455].

Maomé torna-se chefe militar, profeta armado e senhor da cidade. Na chamada declaração de Medina, propõe organizar as tribos monoteístas, muçulmanas e não-muçulmanas, numa confederação de todos os descendentes de Abraão. "Debatei com eles [os judeus] da maneira mais gentil" (Corão 16, 126). Certos judeus ficam seduzidos, mas a maioria não aceita. É muito forte a disputa teológica com os rabinos, que acusam Maomé de deformar o texto bíblico. O anjo Gabriel, que foi o primeiro a informá-lo de sua missão, volta para avisar-lhe que a tribo judaica dos Banu Nadir, que perdeu o processo, está conspirando para derrubá-lo. Em 624, ele ordena que a tribo seja expulsa de Medina: "Deixai vossa terra e tomai tudo o que vossos camelos puderem carregar, menos vossas armas e vossa armadura!". Ele já não reza voltando-se para Jerusalém, mas para Meca. O Ramadã substitui o Ashura, que se assemelha a Kippur.

Em março de 627, os árabes contrários a Maomé reúnem um exército de dez mil homens, com o auxílio de algumas famílias judias e cristãs. A guerra é declarada. Maomé irá travar vinte e oito batalhas contra os infiéis: "Fazei a guerra contra a gente do Livro que [...] não aceita a religião islâmica"

(Corão 9, 29); "E Alá havia decretado o banimento para eles. Alá certamente os puniria neste mundo, e, no Além, que tenham a punição do fogo" (Corão 59, 3). Em seguida, expulsa os judeus de Quaynuqa e manda massacrar os da tribo de Qurayza.

Em 628, os judeus de Khaybar, ao norte, no Hedjaz, são massacrados. Khaybar torna-se muçulmana; mulheres e crianças são entregues aos vencedores. Maomé conserva para si como concubina, entre outras, uma judia chamada Rayhanah[305]. Assina então, com os cristãos e os judeus de Khaybar, tratados de paz que lhes garantem a liberdade do culto e do trabalho, em troca do imposto, até então pago aos ocupantes persas[34], de uma moeda de ouro por adulto.

Pouco a pouco, todas as tribos árabes se convertem. Em 630, os dez mil homens dos exércitos de Maomé dominam a região de Meca. Nas zonas sob seu controle, Maomé organiza um Estado. Todas as formas antigas de comércio, inclusive a do empréstimo, são mantidas. O Corão admite os contratos de associação (*shirka al akd*), os contratos de sociedade, as sociedades de capitais, as sociedades de trabalho, as sociedades de "alta consideração" (contratos dissolvidos segundo a vontade de cada associado), a sociedade em comandita (já praticada na época pré-islâmica para as caravanas), o contrato de semeadura e o contrato de irrigação[17]. Também admite o contrato gerador de ganho, desde que este seja justificado por um trabalho; em conseqüência, autoriza o empréstimo (*rahn*) com penhor sobre um imóvel, por uma duração determinada e com gozo do usufruto, se não for reembolsado no vencimento. O credor pode também vender o bem penhorado, sem sequer recorrer à justiça.

Já com a Arábia inteira do seu lado, Maomé proíbe todo judeu e todo cristão de residir na península[385]: "Senhor, que pereçam os judeus e os cristãos! Dos túmulos dos seus profetas, eles fizeram igrejas. Não haverá nenhuma dessas duas religiões na Arábia". Em 631, contudo, ele estabelece um acordo com os chefes cristãos do Najran e com as colônias judaicas do norte da Arábia, que se comprometem a repassar metade de suas colheitas aos muçulmanos em troca do direito de permanência[385].

Após sua morte, em 8 de junho de 632, com cerca de sessenta e dois anos, começam as fulminantes conquistas de seus sucessores. Em dez anos, a Palestina, a Síria, o Egito, o império babilônio cairão nas mãos deles. "Nós te enviamos a todos os homens", escreve o Corão.

Jerusalém e Babilônia passam ao Islã

Ocupadíssimo em preparar o texto do Corão e em continuar a conquista, o primeiro califa, Abu Bakr, não expulsa da Arábia nem os judeus nem os cristãos. Ele sobe até a Judéia pelo deserto. Temendo então um conluio entre judeus e muçulmanos, Heráclio tenta novamente obrigar todos os judeus da Palestina à conversão ao cristianismo. Mas, em 633, seus exércitos são derrotados ao sul do mar Morto pelos de Abu Bakr. Os lugares onde os muçulmanos se instalam, as terras vacantes, até então terras do imperador, tornam-se "domínio do imame". Muitos fenícios, cananeus, gregos da Palestina convertem-se então ao islamismo. Várias vezes, Abu Bakr tenta conquistar Jerusalém, mas em vão: o exército bizantino consegue reagir. Em agosto de 634, morre o califa — de morte natural, o que não será o caso de seus três sucessores[256].

O primeiro deles, o califa Omar ibn al-Khattaab, primeiro a usar o título de "comendador dos crentes", contorna a Judéia pelo leste, esmaga em 636, às margens do Yarmuk, um exército de mercenários a serviço de Bizâncio, e apodera-se de Damasco. Os judeus que vivem ali recebem os conquistadores como libertadores. Em 638, por fim, os muçulmanos tomam Jerusalém, que eles haviam cercado totalmente. Inicia-se uma negociação entre Omar e o patriarca cristão da cidade sobre o número de judeus a tolerar ali. Os judeus reclamam esse direito para, pelo menos, duzentas famílias. O patriarca propõe cinqüenta. Omar aceita setenta, e sem acesso aos poços — mais tarde os judeus conseguirão obtê-lo, assim como o direito de rezar diante do muro ocidental, a despeito das ordens categóricas do califa.

Em todos os lugares onde se instala, Omar confia o poder a alguns fiéis. Mantém, sob as ordens destes, funcionários do regime precedente, dos quais faz burocratas-escravos, e confia a sírios e a judeus o trabalho de recolher os impostos. As cidades e províncias que se rendem sem resistência são menos taxadas do que as resistentes[256]. Inspirando-se no acordo de Maomé com os judeus de Khaybar, Omar acrescenta à taxa por cabeça um imposto territorial, correspondente a um quinto da colheita, e outros sobre os bens, aos quais ainda se acrescentam aqueles que os coletores arrendatários recebem por sua própria conta. O pagamento dos impostos, que condiciona o direito de circular, às vezes é pretexto para cerimônias humilhantes: em cada cidade, o representante do califa, o emir, recebe a contribuição e depois desfecha um golpe na nuca do contribuinte, que a seguir é expulso por um guarda. Como ao califa não interessa perder contribuintes, as tropas muçulmanas e os emires não fazem esforços para convertê-los, e o imposto acaba colaborando para manter a coesão das comunidades.

Os não-muçulmanos, sejam eles judeus, cristãos ou politeístas, tornam-se minorias "protegidas", *dhimmis*[454]. Situação humilhante: o *dhimmi* não tem o direito de elevar a voz na presença de muçulmanos nem o de manter-se ao lado de um deles num caminho estreito; também não pode matar animais, andar armado ou montar a cavalo. Nenhum ofício lhe é proibido, mas também nenhum lhe é reservado, exceto o de banco, ainda pouco desenvolvido. Embora, em princípio, não tenham permissão para usar sobrenomes árabes, os *dhimmis* conservam os que tinham antes do advento do islamismo, com as designações *Abu*, *Banu* e *Ibn* combinadas a tais sobrenomes. Eles não são obrigados a residir num bairro reservado, mas preferem permanecer agrupados para melhor usufruir dos serviços do *rabbi*, do juiz, do fiscal das transações, da caixa de socorro, do preposto ao resgate de cativos, dos mensageiros vindos das outras comunidades. Mesmo assim, essas aldeias dentro da cidade — chamadas *mellahs* em certas regiões — não são fechadas, e seu intercâmbio com os vizinhos é incessante. A única restrição às residências e aos locais de culto judaico é a de que eles não devem ser mais vastos ou mais altos do que as construções muçulmanas das proximidades.

Camponeses, tecelãos, banqueiros ou tradutores judeus se integram à sociedade islâmica. Alguns judeus até participam do estabelecimento do texto corânico[455]; auxiliam na elaboração das categorias da gramática árabe e exercem um papel muito específico na implantação da civilização islâmica. Numerosos mercadores judeus circulam de barco e em caravana entre a Espanha e a Pérsia, atravessando terras cristãs, muçulmanas e persas.

Alguns são até mesmo empregados pelos exércitos muçulmanos. Em 640, Omar se instala em Alexandria — onde ainda encontra quarenta mil judeus — e no lugar que virá a ser o Cairo[256]. Na conquista da cidade, é acompanhado por uma tribo de quatrocentos guerreiros judeus, os Beni Rubi. O ano de 642 é um grande momento para os muçulmanos: eles tomam toda a Judéia aos bizantinos e toda a Mesopotâmia aos sassânidas. Omar entra em Ctesifonte derrotando Yezdegerd II, último filho de Khosrau II. Incluindo os arredores, a cidade conta mais de dois milhões de habitantes. Mais da metade dos chefes de família são judeus; destes, noventa mil organizam um triunfo para Omar. Já abalado, quinze anos antes, pela ocupação bizantina, o regime local desaba. Os príncipes sassânidas e os sacerdotes zoroastrianos desaparecem rapidamente. A Mesopotâmia torna-se um dos centros políticos e intelectuais do Islã. Apesar dos pedidos de suas tropas, Omar protege os judeus. Assim, proíbe um de seus generais, Sa'd ibn Abu Waqqar, de apoderar-se de terras pertencentes a judeus[34]. Reconhece a legitimidade do exilarca, então chamado Bostanai. O chefe da escola de Sura, o *gaon*, adquire importância: doravante, ele pode ordenar excomunhões e flagelação em público, e conclui suas respostas com um peremptório: "Tal é a Lei, e é proibido afastar-se dela, seja para a direita ou para a esquerda"[135]. Começa então uma querela de legitimidade. Mu'awiyya inaugura em 661 a dinastia dos omíadas. De Damasco, onde se instala depois de deixar o Cairo, ele tenta todo ano, a partir de 674, tomar Constantinopla. A cada vez, o imperador Constante IV consegue repeli-lo. De Ctesifonte, Mu'awiyya conquista em seguida a Pérsia, onde há pelo menos seis séculos vivem judeus; segundo lendas locais, certas comunidades, como a de Isfahan, centro econômico e cultural de grande importância, remontariam até mesmo ao primeiro exílio[346]. As redes mercantis dos judeus do Islã encontram nisso novas fontes de comércio.

De igual modo, quando penetram no Afeganistão, as tropas muçulmanas encontram — em Merv, Balkh, Ghazni, Herat, Cabul e Nishapur — judeus mercadores, gestionários dos impostos por conta dos senhores das cidades, ou dirigentes de minas de chumbo[47]. Em Merv, conservaram-se pistas de um rabino ordenado em Babilônia, coletor de impostos por conta de um certo Mansur ibn Omar, e de uma polêmica ocorrida entre os "judeus" e "aqueles a quem se chama judeus"[47]. Uma parte dessa comunidade se converte ao islamismo, como os outros habitantes; o resto parte para a Palestina, onde o controle muçulmano se faz mais intenso.

Em Jerusalém, os judeus ainda são autorizados, em raras ocasiões, a se aproximarem dos vestígios do muro ocidental, acima do qual o califa Abd el-Malik faz construir, a partir de 685, a mesquita do Domo, sobre o Rochedo, e ao lado dela, a partir de 705, a de Al-Aksa. Jerusalém torna-se *Al-Qods*, "a Santa".

Mercadores judeus e primeiros judeus de corte

Em 672, é a judeus que os novos senhores árabes vendem o bronze do Colosso de Rodes — uma das sete maravilhas do mundo —, que eles destruíram. Em muitos emirados e cidades, os mercadores judeus continuam responsáveis pela percepção dos impostos. Alguns tornam-se fornecedores das armas muçulmanas, sempre mantendo vínculos estreitos com suas comunidades de origem; escrevem em hebraico ou em aramaico, e falam árabe na vida cotidiana.

Grande estréia: em numerosas regiões, certos judeus tornam-se os conselheiros escutados pelos emires. O fenômeno é totalmente novo: até então, os judeus só se aproximavam dos príncipes como empregados do fisco. A carência em elites muçulmanas leva-os ao primeiro plano. Em 695, em Damasco, um financista judeu é até nomeado, pelo califa Abd el-Malik, responsável pela moeda para todo o Islã.

Na Tunísia, onde residem judeus desde muito antes da conquista árabe, as tropas muçulmanas por vezes lutam contra tribos judaicas, como a dos Ubaid Allah, instalada na ilha de Djerba. Na Argélia, uma mulher, Dihya, chamada "a Kahina", combate os árabes em 703, ao lado de judeus e berberes judaizados. Os conquistadores muçulmanos encontram comunidades judaicas, mercantis e agrícolas, em Constantine, Fez, Marrakech. No Saara, a tribo dos Daggatun, que combate o Islã, seria judaica[252].

Continuando seu avanço, as tropas árabes desembarcam na Espanha, de onde os visigodos acabam de expulsar os últimos bizantinos; os judeus as acolhem como libertadoras. Com a ajuda deles, as tropas muçulmanas derrotam o rei Roderico em julho de 711 e logo conquistam toda a península, à exceção de alguns enclaves no norte, os quais permanecem cristãos. As relações entre judeus e muçulmanos se intensificam. Eles discutem filosofia, literatura, ciência, teologia. Trocam idéias. Traduzem para o árabe e o hebraico os textos gregos. Tarefa imensa: *rav* Ibn Abitur traduz a Mixná para o árabe. Os mercadores circulam; os artesãos prosperam. Os judeus jamais conheceram melhor lugar para residir do que esse Islã europeu do século VIII.

Em 717, de Damasco, o califa Omar II começa a reforçar a presença muçulmana no aparelho de Estado. Ele tenta substituir todos os funcionários *dhimmis* por muçulmanos. Procura, portanto, livrar-se dos altos funcionários judeus, que se tornaram demasiado numerosos e influentes. Mas não consegue, à falta de quadros de valor, a ponto de os religiosos muçulmanos reprovarem a excessiva benevolência dos califas em relação aos judeus[454].

É nesse momento, em 745, que o suserano de um reino da Ásia central, um certo Bulan, rei dos cazares, se teria convertido ao judaísmo. Seus sucessores teriam permanecido judeus durante dois séculos e meio. Segundo uma correspondência do século X entre um ministro judeu do califa de Córdoba — um poderoso judeu de corte, Hasdai ibn Chaprut, de quem voltaremos a falar — e José, rei dos cazares, essa conversão teria acontecido ao término de um debate entre os três monoteísmos, organizado pelo rei Bulan e do qual o judaísmo teria saído vencedor.

Em 753, um novo fracasso dos califas omíadas diante de Constantinopla estimula a revolta dos descendentes de um tio de Maomé, Al-Abbas, de cujo nome virá o dos abássidas. Um deles massacra o último califa omíada, Marwan II, e sua família[256]. Em 756, o único sobrevivente da matança, Abd al-Rahman, funda uma dinastia em Córdoba e assume o título de emir Al-Andaluz.

Na Mesopotâmia, o novo califa da nova dinastia, a dos abássidas, decide edificar uma nova capital, mais a leste que Damasco, a fim de aproximar-se das províncias orientais, que doravante constituem o essencial de seu território. Ele encarrega um matemático e astrólogo judeu, Masha Allah, e um astrônomo zoroastriano, An-Naubakhl, de traçar o plano da cidade, não longe de Ctesifonte, de Babilônia e de Selêucia, capitais dos impérios precedentes, e sobre o Tigre: será Bagdá.

Bagdalis e radhanitas

Em 762, isto é, dez anos depois de ser concebida, Bagdá já é a capital do Islã. Não demora a tornar-se uma metrópole gigante, a mais vasta do mundo, com talvez dois milhões de habitantes. Mais de um milhão de judeus, dizem, deixam as cidades, povoações e campos vizinhos para ir viver em seu centro mercantil, Al-Karkh, a fim de não mais pagarem o imposto territorial — embora os califas prometam reduções fiscais àqueles que permanecerem fixados à terra[34].

Nessa aglomeração imensa, os judeus bagdalis exercem todos os ofícios; não são nem mais nem menos ricos do que os muçulmanos. Vivem agrupados em bairros não fechados. Como em todos os outros lugares, os proprietários judeus são incitados pelos rabinos a não ceder a um muçulmano uma casa do bairro judaico, a fim de não ter "um lobo como vizinho"[256]. As leis muçulmanas até reconhecem para os judeus um direito de preempção sobre uma casa possuída em comum com um muçulmano. As escolas de Sura e de Pumbedita estão agora ligadas à nova capital pelo *Nahr Yahudiyya*, o "rio dos judeus", assim chamado porque as casas deles o margeiam. Às vezes, as duas escolas se opõem quanto à atitude a adotar em relação ao Talmude ou a certas fórmulas de orações.

A rede das comunidades comerciantes reúne então todas as comunidades judaicas do mundo conhecido — as da Índia, do Cáucaso, do mar Vermelho, da Mesopotâmia, da Palestina, do Egito, dos oásis saarianos, da Itália e da Espanha[256] — em torno de três capitais: Córdoba, Alexandria e Bagdá. Entre elas circulam, como há sete séculos, mercadores judeus, agora chamados *radhanitas* (o termo viria do persa *radhan*, "guia", ou "aquele que conhece os caminhos")[256]. Em sua maioria, esses mercadores são também letrados. Embora, até essa época, ninguém disponha de nome totalmente estável, começam a surgir alguns ao sabor de uma ou outra carta ou fatura. É o caso de Abraham ben Yishon, que comercia desde o norte da África até Sumatra e obtém o título de *haver* (membro) da *yeshivah** de Jerusalém[230]. Enquanto os mercadores de Damasco, ditos *syri* (com freqüência cristãos, mas às vezes judeus), exportam os produtos orientais de luxo para a Espanha, a Itália ou o norte da Europa, os radhanitas importam para Bagdá tecidos de seda, ouro, especiarias, drogas, escravos e peles do Norte, vinhos e tecidos provenientes do Reno, do Meuse, do corredor Saône-Ródano e do Languedoc. Para isso, organizam transferências de fundos entre comunidades, por simples escrituração. Outros são coletores arrendatários e garantem o pagamento dos impostos das províncias[455].

A letra de câmbio torna-se impessoal, a despeito da oposição dos rabinos; o hebraico, junto com o grego e o árabe, passa a ser uma das principais línguas do comércio internacional; o direito comercial internacional, privado e público, está quase unificado em torno da Lei judaica e dos comentários a ela.

---

* Escola judaica, destinada ao estudo do Talmude e dos escritos rabínicos. (N. da T.)

Grão-vizires e judeus insignificantes

Em Bagdá, os califas desconfiam dos persas (que se convertem ao islamismo xiita) e dos cristãos (que poderiam ser tentados a auxiliar os bizantinos). Para manter o califado, dilacerado por forças centrífugas, recorrem a conselheiros e banqueiros judeus. Estes gerenciam para eles as finanças, organizam a moeda e obtêm empréstimos consideráveis, que os califas reembolsam após a coleta dos impostos da qual estão encarregados os mesmos — ou outros — mercadores judeus.

Contudo, a evidente influência judaica não deve mascarar a extraordinária precariedade do estatuto do essencial das comunidades circundantes. Em sua imensa maioria, os judeus continuam muito pobres, e sua situação, aqui e alhures, é até mesmo agravada pelo sucesso dos judeus de corte.

Assim, por volta de 800, o quinto califa abássida, o célebre Harun al-Rachid, conhecido sobretudo pela narrativa de suas lendárias relações com Sheherazade, está rodeado por numerosos conselheiros judeus. Ele chega a enviar um deles, chamado Isaac, como embaixador junto a Carlos Magno (segundo certas fontes, esse Isaac seria na verdade um enviado de Carlos Magno que ficou amigo de Harun, o qual o teria devolvido, carregado de presentes, ao imperador francês). Mas isso não o impede — pelo contrário — de esmagar os judeus, assim como os outros súditos, com impostos.

Em 853, o califa Al-Motawakkel, embora vários de seus conselheiros influentes sejam judeus, transforma algumas sinagogas e igrejas em mesquitas; proíbe aos judeus a recitação de determinadas preces em voz alta, retira dos mercadores judeus o direito de utilizar cavalos para transportar mercadorias — o que reduz certos comércios a nada — e acaba expulsando-os da administração das finanças.

Como, na época, judeus e cristãos se assimilam tão bem que não se consegue distingui-los dos muçulmanos, Al-Motawakkel impõe-lhes um modo de vestir específico: calçado branco num dos pés e preto no outro; sobre o manto, o desenho de um macaco para os judeus e o de um porco para os cristãos. Outros, na Europa, logo farão o mesmo.

O califa seguinte, Al-Hakim, obriga os judeus a carregar, em certas ocasiões, cepos de pelo menos cinco libras de peso, esculpidos em forma de boi para simbolizar o Bezerro de Ouro, e os cristãos a arrastar uma cruz de dois pés de comprimento*. O que não impede nem um pouco alguns banqueiros judeus de conservar posições elevadas. Assim, por volta de 880, dois banqueiros judeus de Bagdá, Joseph ben Phiméas e Aaron ben Amran, são empregados pelo vizir Al-Khaqan para "transações meio fiscais, meio comerciais". Em 892, o genro do mesmo Joseph ben Phiméas, Netira, torna-se confidente do califa Al-Muktadin, depois de descobrir um desvio de fundos no seio do aparelho de Estado[251]. Em 969, Jawhar Paltiel, vindo do sul da Itália, constrói uma parte do Cairo para Al-Mir'izz ou Al-Mu'izz, o primeiro califa de uma nova dinastia, a dos fatímidas. Em 975, Yacub ibn Killis torna-se vizir do califa Al'Aziz e funda no Cairo a universidade corânica El-Azhar. Em 983, quando é também fundada no Cairo uma guilda dos banqueiros judeus, a situação deles é tão próspera que alguns panfletos acusam a dinastia fatímida de ter origens judaicas[251].

Mas, para uma comunidade, não é bom ter poderosos em suas fileiras: quando, em 998, um banqueiro judeu de Bagdá recusa um empréstimo ao califa, certos dirigentes da comunidade são aprisionados. Por volta de 1030, a família Tusturi, enriquecida no comércio de pedras preciosas, torna-se a principal financiadora do califa Mustansir[161], sem que com isso as perseguições sejam interrompidas ou mesmo afrouxadas.

Depois, Bagdá declina; o poderio econômico dos califas se perde nas areias do deserto. As elites judaicas partem então para o Egito e a Espanha. Em 1038, o posto de *gaon* de Babilônia desaparece; em 1040, o último exilarca, Ezequiah, morre sem deixar sucessor. Bagdá se apaga diante do Cairo e, a seguir, de Córdoba, onde escolas talmúdicas ultrapassam em brilho as academias bagdalis. Em Córdoba, os mestres também assumem o

* Respectivamente, cerca de 2,5 kg e aproximadamente 60 cm. (N. da T.)

título de *gaon*, com direito de vida e morte — à diferença do de Babilônia — sobre aqueles que eles julgam.

Em 1080, o califa Al-Muqtadir obriga os últimos judeus de Bagdá a usar uma insígnia amarela e uma medalha de chumbo com o peso de um dinar de prata, sobre a qual figura a palavra *dhimmi*. Assim se encerra, para os judeus, um milênio e meio de vida quase feliz na Mesopotâmia. É também o fim dos impérios do Oriente. O Ocidente está a ponto de tomar a dianteira. Aparentemente, por sua organização social, o feudalismo. Na realidade, por sua rede mercantil.

A transferência de Córdoba

O reino muçulmano da Espanha e do Marrocos atrai os mercadores hebreus a tal ponto que certas cidades espanholas logo se tornam majoritariamente judaicas. Granada é até chamada, no idioma árabe, *Gharnartat al-Yahud* ("cidade judaica"), porque — explica na época o historiador Al-Himyari — "os primeiros habitantes a se estabelecerem lá eram judeus"[19]. Estes organizam ali, com muçulmanos, aquilo que poderíamos chamar de "transferência de tecnologias" do Oriente para o Ocidente: os manuscritos gregos, os cálculos indianos, a geometria chinesa, a contabilidade babilônica, a medicina grega chegam à Espanha por intermédio dos árabes e dos judeus[34]. Imensas obras são então traduzidas para o hebraico e para o árabe. Córdoba torna-se uma enorme máquina de traduzir e comentar. Comunidades consideráveis se instalam ali, assim como em Sevilha, Granada, Toledo. Assim como em outros lugares, os judeus se tornam artesãos, fornecedores dos exércitos e das cortes, coletores de impostos, financistas e ministros. Citemos alguns destinos, entre outros.

Em 960, Hasdai ibn Chaprut, rabino, médico e erudito, torna-se diplomata, homem da corte e, a seguir, grão-vizir do califa Abd al-Rahman III; recebe os embaixadores, orienta o comércio internacional para as comunidades do Oriente. Em 970, Jacob Ibn-Jau aconselha o califa Al-Hakam. Um pouco mais tarde, Samuel Halevi torna-se regente do califa Al-Mansur. Em 1030, Samuel ibn Nagida, oriundo de uma rica família de mercadores de Córdoba, corretor de especiarias em Málaga, autor de tratados religiosos, talmudista e lingüista, torna-se recebedor dos impostos, mais tarde vizir do rei Habbus, de Granada, e, durante dezoito anos, general comandante-em-chefe do exército; apesar de muitas intrigas, chega a tornar-se, em 1038, primeiro-ministro sob Belir o Debochado, e manterá o cargo até sua morte em combate, em 1056, numa batalha contra príncipes cristãos. Seu filho o sucederá, mas, em 1066, uma sublevação dirigida contra ele acarretará o massacre de três mil judeus da cidade.

Esperanças e massacres: prelúdio a tudo o que espera os judeus na Europa.

7. Primeiros banqueiros dos cristãos

A França merovíngia

Quando o cristianismo se instala na Gália, uma comunidade judaica bastante antiga está implantada ali. Já no ano 6, Arquelau, filho de Herodes o Grande, foi exilado em Vienne, e Herodes Antipas o foi em Lyon. Mais tarde, numerosos outros judeus palestinos se instalam em Tours, Poitiers, Narbonne, Lunel, Nîmes, na Aquitânia, na Normandia e na Champagne. No século V, encontram-se indícios de uma sinagoga erguida em Paris, na Île de la Cité[61]. No reino burgúndio, em 517, a presença de judeus é revelada pelas leis do rei Sigismundo, que os expulsa dali. Em 554, Childeberto I, que reina sobre uma parte da Gália, proíbe-os de se mostrarem no dia da Páscoa pelas ruas de Paris. Ferréol, bispo de Uzès, é privado de sua diocese por "haver tratado judeus com excessiva doçura"[369]. Em 576, uma sinagoga de Clermont é destruída em seguida à pregação do bispo Avito. Em

582, Chilperico obriga os judeus a escolher entre o batismo e a extirpação dos olhos.

O essencial do comércio ainda se faz — até o século XI — sob a forma de troca. Sal, armas, tecidos, vinhos, produtos agrícolas permutam-se uns pelos outros. Os foros são pagos aos senhores da terra em trigo, em tecidos ou em roupas de lã ou de linho (certos domínios rurais possuem verdadeiros ateliês de tecelagem)[34]. Entre as cidades, mercadores, às vezes sírios, mas também judeus de língua grega — às vezes chamados *syri* —, fazem circular tecidos preciosos, especiarias, drogas, escravos, às vezes ouro. Quase nunca se utilizam moedas[17]; somente, aqui e ali, lingotes para o comércio longínquo. Não há, ou já não há, divisas "nacionais": abadias, bispos, príncipes cunham soldos de ouro e moedas de prata incompatíveis entre si; em certas regiões, ainda prevalece o *solidus* de ouro criado por Constantino, sob os nomes de besante, dinar ou maravedi[17]. Ao lado das velhas peças romanas e francas, o numisma (gr. *nomisma*) bizantino, peça cunhada em ouro em Constantinopla, com peso teórico de 3,89 gramas, permanece como a principal moeda do comércio internacional. Esse *solidus* — que, bem mais tarde, resultou no português 'soldo' e no francês *sol* ou *sou* — só exerce na Europa uma função de moeda de conta entre grandes centros comerciais e entre os mercadores judeus e gregos que fazem a ligação. Na prática, ele não circula. O ouro domina preferencialmente no Oriente, a prata no Ocidente[17].

Ao lado dos *castra*, burgos rodeados de muralhas, instalam-se novas comunidades judaicas no fim do século VI. Nos portos, os judeus garantem as redes de permuta que eles mantêm desde o Império Romano, sejam quais forem os senhores do momento. O papiro do Egito é desembarcado em Marselha; o trigo do norte da África e da Sicília, em Ostia. O azeite de oliva, que vem da Espanha, é vendido até o norte da Gália. As especiarias da Índia e da China são entregues em Narbonne, que ainda é um porto. Mercadores de Ravenna recebem as sedas vindas de Constantinopla. Na feira de Verdun, faz-se comércio de escravos saxões, distribuídos, em seguida, na Espanha e no Oriente[34]. Os judeus exercem nessas cidades todos os ofícios do comércio e do artesanato; o crédito, atividade marginal, limitada aos empréstimos para o consumo, continua como monopólio deles. O investimento e o espírito empresarial ainda são malvistos: a "usura"[237], termo tomado de empréstimo à Vulgata, designa todo lucro resultante de uma transação à base de dinheiro e, por conseguinte, tanto o lucro comercial quanto os juros do crédito, inclusive quando estes incidem sobre um montante modesto; essa generalidade do substantivo levará a chamar de "usurário" praticamente todo empresário, até o século IX, e todo prestamista, seja qual for a taxa que ele pratica, até o século XIX.

Em 584, Gregório de Tours, arcebispo e cronista da *Historia Francorum*, menciona o assassinato, em sua cidade, de um prestamista judeu, um certo Armentário[34]. Clotário II, em 613, e a seguir Dagoberto, em 629, obrigam novamente os judeus do Languedoc — retomado aos visigodos — à escolha entre batismo e expulsão. Em 719, Narbonne, Carcassone, Agde, Béziers e Nîmes são ocupadas por um general muçulmano. Em 732, Charles Martel detém em Poitiers esse crescimento do Islã em direção ao norte; em 737, retoma Carcassone e Béziers. Em Narbonne, muçulmanos, cristãos e judeus ainda continuam a coabitar. Em 755, Pepino o Breve derrota os lombardos e cumpre a promessa que fez ao papa, no ano anterior, de "doar a são Pedro" territórios conquistados na Itália: assim são fundados os Estados pontifícios. Em 759, ele retoma Narbonne dos muçulmanos, com a ajuda dos visigodos. Como agradecimento pela neutralidade dos judeus, confirma para os que vivem nessa cidade o direito de organizar-se numa comunidade e o de transmitir bens imóveis aos seus herdeiros. Raríssimo privilégio, por mais seis séculos.

A idade de ouro carolíngia

Em 800, o papa Leão III coroa Carlos Magno como imperador do Ocidente para fazer surgir um rival diante do imperador bizantino, a quem o opõe uma viva discordância sobre a questão da representação de Jesus por imagens. A Europa de Carlos Magno é ainda muito pobre, comparada ao império de Constante IV, à Mesopotâmia de Harun al-Rachid e ao emirado de Córdoba de Abd al-Rahman II. Carlos Magno inaugura seu reinado por uma reavaliação da moeda: a prata é confirmada como padrão, com duas moedas de conta (a libra e o soldo) e uma só peça em circulação (o *denier*, dinheiro, denário). Para firmar sua preeminência política, favorecer o intercâmbio no país e reduzir o comércio para o exterior do império, Carlos Magno proíbe a cunhagem privada de meios de troca internacionais e limita o número de oficinas públicas de cunhagem de moeda[17]. Os mercadores judeus continuam importando os produtos orientais por Sens, Verdun e Troyes, que são grandes centros de feiras[34].

Em Narbonne, por volta de 800, um certo *rabbi* Makhir funda uma escola religiosa e recebe de Carlos Magno uma grande parte da cidade, que se torna uma espécie de "reino" minúsculo, chefiado, com base no antigo modelo da comunidade de Babilônia, por um "príncipe do exílio" cujo título será transmitido hereditariamente durante várias gerações. Em 797, o imperador até confia uma embaixada, junto ao califa de Bagdá, a um judeu narbonense chamado Isaac (talvez aquele de quem se falou acima), o qual retorna em 802 trazendo uma clepsidra e um elefante.

Para favorecer o desenvolvimento econômico de seu reino, o imperador carolíngio procura atrair os judeus. Um médico e historiador judeu, Joseph Ha-Cohen, escreverá sobre isso no século XVI: "Os cristãos e os mouros travaram guerra, e esse foi para Israel um tempo de aflição. O imperador Carlos Magno, rei da França, trouxe de Roma *rabbi* Kalonymos, de Lucques, e este reconduziu à Alemanha os judeus sobreviventes, reuniu os dispersados de Judá, e Carlos Magno fez com eles uma aliança. Então eles estabeleceram, na Alemanha, escolas da Lei de Deus, como antes, e esse *rabbi* Kalonymos foi seu chefe"[293]. Por outro lado, o imperador permite que os mercadores judeus prestem um juramento *more judaico*, isto é, sobre a Bíblia deles, e encarrega certos funcionários cristãos, os *magistri Judæorum*, de supervisionar e proteger os judeus que faziam comércio. Instala-se uma verdadeira administração específica.

O país continua muito pobre. Bandos de salteadores e de miseráveis percorrem-no sem dar trégua. A ajuda aos indigentes cabe à Igreja, que em princípio deve destinar-lhes um terço de suas rendas. Um dos capitulares de Carlos Magno especifica que "o dízimo eclesiástico deve ser dividido, na presença de testemunhas, em três partes que assegurarão as despesas de manutenção da igreja, a subsistência do padre e a ajuda aos pobres"[160].

Um cronista[60] do reinado de Carlos Magno, conhecido sob o nome de "Monge de Sankt Gallen", relata como o imperador pediu certa vez a um mercador judeu, seu amigo, que armasse uma cilada para um bispo particularmente ávido e que não respeitava a obrigação de reverter aos pobres um terço de seus recursos. O mercador perfuma um camundongo e o exibe ao prelado, "alegando ter achado na Judéia esse animal nunca visto". O bispo quer comprá-lo por três libras de prata. "Que preço ridículo por um objeto tão caro!, exclama o mercador judeu. Eu preferiria lançá-lo ao mar a cedê-lo por tão vil preço." O bispo propõe então dez libras. O mercador responde: "O Deus de Abraão não aprovaria em absoluto que eu perdesse assim o fruto de meu suor e o meu ganha-pão". O bispo sobe a oferta para vinte libras. O mercador embrulha o camundongo num tecido precioso e finge estar de saída. O prelado chama-o de volta e lhe oferece uma medida cheia de prata. O mercador cede e logo vai informar a Carlos Magno o preço da venda, narrando-lhe a cena. O imperador convoca então os bispos para um sínodo e, após despachar os assuntos correntes, manda trazer a prata obtida pelo mercador judeu, mostra-a à assembléia e diz: "Vós, bispos, deveríeis servir aos pobres e, através deles, a Cristo, em vez de procurar as coisas fúteis... Aqui está toda a prata que um de vós pagou a um mercador judeu por um vulgar camundongo doméstico um pouco perfumado!...". Segundo a crônica, o bispo assim "exposto à vergonha pública jogou-se aos pés do imperador para implorar seu perdão"[60].

Verdadeiras ou falsas, tais historietas em nada favorecem a imagem de Carlos Magno nem a dos judeus, aos olhos da Igreja.

O filho de Carlos, Luís o Pio, também se cerca de judeus. Tem por conselheiro privado um médico, Zedekiah, de tal ascendência sobre ele que

— escreve o monge espanhol Agobardo, em *Cinco cartas contra os judeus escritas em 814* — "os cortesãos procuram seus favores oferecendo-lhe ricos presentes"[60]. Na corte, apoiar os judeus entra na moda. "Alguns senhores até celebram o sabá e preferem os sermões dos rabinos aos dos padres e monges, que eram então muito ignorantes"[60]. O soberano libera passaportes para famílias judias "a fim de atraí-las e protegê-las em seus périplos comerciais". Ele autoriza os judeus a construir novas sinagogas e lhes concede os direitos de fazer comércio durante a quaresma e de observar o sabá — apesar dos protestos de Agobardo, que em 813 se tornara arcebispo de Lyon. Depois que ele insuflou os três filhos de Luís, o Pio, contra o pai, este conseguiu exilá-lo.

Essa paz carolíngia atrai um número crescente de judeus da Ásia Menor, dos Bálcãs e do sul da Itália. Dessa forma, apesar da hostilidade por parte da Igreja e da aristocracia, comunidades se instalam na Provença, na Champagne, na região do Reno, no norte da Itália, por toda parte ao longo do trajeto das primeiras feiras. Assim como se deu em Córdoba, os judeus trazem para esses lugares sua experiência em matéria de viticultura e de artesanato e suas relações comerciais com a Ásia Menor[34]; eles participam da transferência de riquezas e de saberes provenientes do Oriente.

Igrejas e sinagogas ainda são indiscerníveis; os cantos ainda são parecidos. Muitos cristãos celebram o repouso do sábado; curas e rabinos debatem, misturam-se, comerciam, trocam idéias. Coletâneas do Midrash ou da Hagadah traduzidas para a *langue d'oïl** por judeus convertidos são apresentadas como "*fabliaux*". A parábola do cego e do paralítico de Sinédrio 91a torna-se a história de são Martinho[388]. No fim do século IX, cerca de vinte mil judeus estão estabelecidos na Germânia e trinta mil na Gália.

No conjunto da Europa cristã, os judeus não chegam a cem mil, ou seja, uma fração ainda irrisória dos seis milhões que vivem então pelo

* Conjunto dos dialetos românicos então falados na metade norte da França, por oposição a *langue d'oc*, do sul. Adiante, *fabliaux*, historietas jocosas, em verso. (N. da T.)

mundo. O resto encontra-se essencialmente no Islã e em Bizâncio, e um pouco também na Europa central. No século X, em Viena, onde se instalam mercadores, aparece o termo *ashkenazi*, asquenazi, para designar os judeus da Alemanha, termo formado, segundo dizem, a partir do nome de um bisneto de Noé (e cujo pai se chamava Gomen ou Gomer, nome de sonoridades que remetem vagamente a *Germania*...).

O judaísmo feudal

O sistema feudal se instala pouco a pouco. No começo do século X, os nobres e os homens livres protegem os camponeses, em troca do trabalho agrícola deles. Quanto aos judeus, estes não são nem livres nem servos, não têm o direito de usar armas nem o de possuir terras. Não passam de contribuintes estrangeiros, uma fonte de renda que um príncipe pode ceder a um vassalo ou a uma abadia, em troca de outras vantagens.

Em contrapartida, os senhores das jovens cidades mercantis da Europa recebem judeus e lhes oferecem terras, privilégios e até uma "carta de direitos". Eles necessitam de mercadores e constatam que os judeus trazem riquezas à cidade que os acolhe. Em 1004, um bispo de Spira (Speyer), na Renânia, chamado Rudiger, concede uma dessas cartas aos judeus de sua cidade: "Creio que aumentaria mil vezes a honra de nossa localidade", escreve ele, "trazendo judeus para viver aqui". Na Champagne, ao longo do Reno, do Loire, do Sena, no norte da Itália e na Polônia instalam-se assim várias centenas de novas comunidades. No sul da Gália, certos judeus tornam-se proprietários de terras e às vezes exploram eles mesmos seus domínios. Acontece-lhes até de ser viticultores, embora não possam beber com cristãos (o Talmude diz: "O vinho dos gentios é proibido em razão das filhas deles. Não se deve bebê-lo em sua companhia"). De novo, o temor dos casamentos mistos. Em geral, contudo, os judeus são menos envolvidos com trabalhos agrícolas do que nos territórios islâmicos e na Mesopotâmia. Primeiro, porque a Igreja prefere confiar suas terras a cristãos, aos quais pode fazer pagar um dízimo. Depois, porque os judeus não têm o direito de empregar escravos, sem os quais não existe agricultura extensiva possível. Finalmente, e sobretudo, porque as ameaças de expulsão logo incitarão os judeus a manter-se móveis: a Diáspora, na Europa, só pode ser urbana.

Nas cidades, as comunidades (*universitas Judæorum*) constituem-se em pessoas jurídicas: como em outros lugares, dotam-se de um conselho, de um tribunal, de um fundo de solidariedade, de uma sinagoga. Os judeus exercem os mais diversos ofícios: médicos, tintureiros, preparadores de peles finas, carroceiros, alfaiates, marceneiros, ferreiros, joalheiros, banqueiros, carpinteiros. Os mercadores cristãos preocupam-se com a concorrência deles. No século IX, o capitular de Quierzy estipula que os mercadores judeus deverão pagar taxas de décima e os cristãos, de décima primeira.

As operações de crédito continuam marginais; não são sequer mencionadas nas coletâneas antijudaicas, os *Adversus Judæus* da época[60]. As somas consignadas nos julgamentos (os quais, por outro lado, nunca esclarecem a identidade das partes, nem a data e o local da transação, nem a taxa de juros) são pouco importantes. Contudo, essas operações existem: cristãos de diferentes camadas sociais pedem empréstimos aos judeus e em geral consideram o reembolso como uma obrigação moral. Assim, Dhuoda, condessa de Toulouse, em seu *Liber manualis* redigido para o filho Guillaume, lembra-lhe a obrigação de pagar as dívidas do pai, inclusive as contraídas com credores judeus[60]. Os judeus também emprestam a abadias: um certo Ursellus, de Montmorency, por exemplo, percebe juros de 28 por cento por um empréstimo concedido à abadia de Saint-Denis[176].

Com o crescimento econômico, tais demandas aumentam um pouco e acabam ultrapassando as capacidades dos prestamistas individuais; os juízes autorizam então os prestamistas judeus a se agruparem a fim de reunir fundos para empréstimos a cristãos. Com isso, torna-se possível emprestar a juros entre judeus, desde que o tomador final seja cristão. Duzentos anos mais tarde, portanto no século XI, na Alemanha, *rabbi* Gershom escreve: "Se um não-judeu autorizar um judeu a conseguir dinheiro com outro judeu, a fim de que o valor lhe seja emprestado a juros, o negócio é legítimo, porque o primeiro judeu serve de procurador na transação do empréstimo ao gentio"[176].

Para assegurar-se do reembolso dos capitais e dos juros, que muitas vezes ultrapassam 60 por cento ao ano, os prestamistas têm direito a uma garantia (*gage*) sobre um bem. Ou o próprio bem dado como garantia produz rendas cujo usufruto se mantém com o tomador, caso em que se trata do "*mort-gage*"*, ou essas rendas são deixadas ao prestamista a título de juros, em troca de um compromisso assumido perante cristãos ilustres no sentido de não alienar o bem em questão — exceto se não houver reembolso da dívida —, caso em que se trata do "*vif-gage*".

Na segunda metade do século X, a demanda por empréstimos faz-se mais forte, e a pressão dos devedores sobre os prestamistas torna-se inquietante. Discute-se asperamente sobre os bens dados como garantia. *Rabbi* Meshulam ben Kalonymos preconiza pedir, como garantia, imóveis de renda equivalente aos juros[34]. Às vezes, tais bens não proporcionam coisa alguma: na presença de testemunhas "notórias", os conventos entregam como garantia objetos preciosos, trajes de cerimônia, objetos de culto que não rendem nada e que o prestamista judeu não pode nem utilizar nem vender. Só lhe resta basear-se no desejo, por parte do tomador, de recuperar o bem dado como garantia.

Ninguém, afora os judeus, conserva ainda o direito de emprestar, e muitas vezes eles já não têm autorização para exercer outros ofícios sem que exerçam também esse. "Não há empréstimo de dinheiro que não seja judeu", dizem por toda parte[134]. Em muitas línguas da época, "judaizar" significa "receber juros"[231]. A expressão não é nem um pouco benévola. Os judeus preocupam-se com isso e tentam livrar-se de tal imagem, mas em vão. Já não se designam como "usura" os lucros comerciais extraídos da compra e da venda de bens, mas apenas os empréstimos: o usurário é o judeu, e vice-versa...

* Ou seja, hipoteca. A expressão originou o inglês *mortgage*. (N. da T.)

Judeus de feiras

A distância em relação aos "centros" de Babilônia e da Palestina favorece a originalidade das comunidades que se criam na Europa cristã. Ali, reza-se de cabeça descoberta e recita-se o *kaddish* (santificação do nome de Deus) tendo os pais ainda vivos. Intelectuais compõem poemas litúrgicos para todas as festas e introduzem novos métodos de estudo do Talmude. Já não se esperam respostas nem de Jerusalém, nem de Bagdá, nem mesmo de Córdoba. Ninguém se abala quando a academia de Sura, centro teológico do judaísmo babilônico, renova a proibição do empréstimo a juros, ainda que indireto, primeiro a judeus e depois a não-judeus.

Como os letrados são também mercadores, naturalmente é nas cidades de feiras — Mainz (Mogúncia) e Worms na Alemanha, Troyes e Sens na França — que se organizam os encontros entre mestres: para vender seus produtos e, ao mesmo tempo, discutir controvérsias teológicas do momento. As opiniões deles, em seguida, são repercutidas por outros mercadores através da Europa e criam jurisprudência.

Assim é que, em Mainz, *rabbi* Gershom Maor Ha-Golah ("Luz do Exílio") proíbe definitivamente a poligamia a todo o judaísmo europeu. Essa prática, ainda autorizada pelo Talmude, permanece em vigor nas terras islâmicas, mas há muito tempo já não tem curso no Império Romano. Porém, a chegada à Europa cristã de comunidades vindas do mundo muçulmano obriga a reiterar a regra. Em Worms, *rabbi* Eleazar preocupa-se com o papel atribuído aos judeus em todas as atividades financeiras. Como sente despontar a ameaça, ele aconselha — por razões de prudência política, e não de ordem teológica — que nunca se façam empréstimos a juros a quem quer que seja, inclusive a um não-judeu. Ninguém lhe dá ouvidos. E, além do mais, como recusar?

Em Troyes, então um dos mais importantes centros comerciais da Europa, aparece um dos primeiros pensadores em língua francesa — ou melhor, em champanhês antigo —, Salomon ben Isaaac, dito Rachi ou Rashi, discípulo de Isaac ben Yehudah, de Metz, aluno de Gershom Maor Ha-Golah, de Meinz, viticultor e mercador de vinho por profissão[373]. Entre 1060 — ele tem então vinte anos — e 1105, Rachi escreve um comentário completo sobre a Bíblia, versículo por versículo, e sobre quase todo o Talmude, a que se acrescentam trezentas e cinqüenta *responsæ* a consultas recebidas de comunidades da Europa inteira[325]. Muitas vezes dando o equivalente, em champanhês antigo, de um termo hebraico difícil, ele é uma fonte extremamente preciosa para a genealogia da gramática do francês arcaico. Notável teólogo e homem do seu tempo, propõe uma leitura simples e clara da Lei e, ao mesmo tempo, uma considerável modernização da jurisprudência. Por exemplo, autoriza os judeus a se misturarem com os cristãos: "Nós não podemos ganhar nossa subsistência sem que façamos negócios com os gentios, pois vivemos entre eles, dependemos deles"[325]. Exorta os mercadores a elaborar contratos por escrito, estabelecendo a clara vontade das partes de subscrevê-los sem transgredir a Lei. Como conhece muito bem o funcionamento das feiras, edita uma nova regulamentação dos preços. Por exemplo, faz um alerta contra os ricos mercadores que compram uma parte importante da colheita a baixo preço, para estocá-la e revendê-la mais tarde com lucros consideráveis, embora respeitando aparentemente o princípio do "preço justo". Aperfeiçoa o estatuto dos assalariados, exigindo que estes se beneficiem de um contrato de trabalho limitado a três anos. Autoriza um diarista a deixar seu posto a qualquer momento, se essa partida não acarretar prejuízos materiais afora a interrupção do próprio trabalho, e conserva-lhe o direito ao pagamento integral da fração de salário correspondente ao seu tempo de trabalho real.

No fim da vida, Rachi conhecerá a angústia dos primeiros massacres ligados à primeira cruzada e não terá tempo de dar acabamento ao seu trabalho[373]. As correções ou retificações por ele trazidas ao texto do Talmude serão incorporadas a todas as edições ulteriores. Seus discípulos (tais como Simhah ben Samuel, de Vitry; Chemayah; Yehudah ben Abraham; Joseph ben Yehudah; Jacob ben Simeon) serão chamados tosafistas (*tosafa* significa "adição"), porque "acrescentam", isto é, fazem aditamentos ao mestre. Suas três filhas desposarão três de seus alunos. Um de seus netos, Samuel ben Meir, concluirá a redação de seu comentário sobre o *Baba Batra*, um dos tratados econômicos do Talmude. Outro neto, Jacob *rabbenu* Tam, penhorista, coletor de impostos e viticultor, autorizará a venda de vinho a não-judeus se essa for a única maneira de ganhar dinheiro. Ele escreverá: "Sempre que se tratou de uma grande perda financeira, a Torá sempre se preocupou com o dinheiro de Israel. Por que eu mostraria menos solicitude e me recusaria a decidir que isso é uma coisa permitida?"[34]. Um dos discípulos tardios de Rachi será um dos maiores mestres do judaísmo da Europa central no século XVII, o Maharal de Praga. A influência de Rachi ultrapassará até mesmo a esfera do judaísmo: o monge franciscano Nicolas de Lyre (1270-1340) o lerá no original e o citará freqüentemente em seu próprio comentário bíblico. Também Martinho Lutero citará os comentários dele.

Rachi permanece como o mais alto símbolo desse momento de glória dos mercadores letrados, atores essenciais do despertar econômico e político do mundo cristão.

8. Os mercadores judeus passam ao Oeste

Em meio aos transtornos geopolíticos, os judeus ainda são quase os únicos a poderem passar de uma parte do mundo a outra. Os portos do Mediterrâneo controlados pelos muçulmanos (da Espanha ao Egito, da Palestina ao Líbano) estão fechados aos comerciantes cristãos. Gênova e Pisa têm de travar duros combates contra os piratas muçulmanos. Por terra, a situação é ainda pior, pois o Islã começa nas fronteiras de Bizâncio. Mas os mercadores judeus, estes estão presentes nas principais escalas comerciais, terrestres e portuárias, sejam elas muçulmanas ou cristãs: Gênova, Palermo, Kairouan, Alexandria, Fustat (futura cidade do Cairo), Cós, Aden, Ramle e Sijilmosa (oásis de chegada de caravanas, em pleno deserto marroquino). Eles circulam da Mesopotâmia ao Marrocos, do Cáucaso e da Criméia à Espanha, do golfo Pérsico à costa de Malabar. Formam uma espécie de guilda que se reserva a exclusividade de certos clientes[34] e organiza permutas que só seus integrantes podem conduzir. Graças a arquivos encontrados no Cairo[45], conhecem-se bem suas práticas da época; sem dúvida, elas ainda refletem mais ou menos as dos séculos anteriores.

Muitos mercadores judeus acompanham, a bordo dos navios, suas próprias mercadorias (têxteis, tinturas, remédios, perfumes, cobre, bronze, açúcar, xaropes, óleos, ceras, vinhos, peixes secos, peças de ouro e de prata, manuscritos — mas não se encontra qualquer indício de um comércio de armas ou de escravos)[5]. Tomam grandes cuidados para proteger as mercadorias da água e dos cupins; por isso, são especialistas em embalagem, em papéis, tecidos e nós. Em geral, seus clientes são outros mercadores judeus, importadores de suas mercadorias. Para divulgar os produtos, utilizam uma espécie de "agentes de publicidade" pagos por comissão. Para não correrem demasiados riscos, repartem a carga entre várias embarcações, exceto em tempo de guerra, quando às vezes tentam forçar a passagem com toda a carga num único navio, com risco de perder ali a liberdade ou a vida. Têm então poucos contatos com os governos e os exércitos, salvo se forem fornecedores deles. Acontece-lhes de pedir proteção para seus comboios pelo mar, através dos desertos ou então nas zonas conflituosas (Síria, Iêmen, Egito). Às vezes são aprisionados por piratas, mas rapidamente libertados (é o caso de um judeu de Aden preso em Bombaim e libertado por seu cunhado em Bangalore). Também lhes acontece estagnar durante anos numa cidade, dirigindo cartas desesperadas aos seus associados e parentes (é o caso, por volta do ano 1000, de um mercador da Tunísia bloqueado em Amalfi, ou de Nahrey ben Nissim, intelectual, mercador e banqueiro tunisino, que, à sua revelia, passará o essencial de sua vida bloqueado no Egito).

As cartas trocadas por esses mercadores — das quais se encontram vestígios nessa época, mas que devem existir há muito tempo — são às vezes longas e complexas, sutis e detalhadas, floridas e até poéticas, mas, outras vezes, reduzidas a simples inventários contábeis. Eles pedem notícias incessantemente, preocupam-se, resignam-se à fatalidade. Mas o otimismo é geral e a confiança em Deus, inabalável. Em todas as cartas, deseja-se que o destinatário "preserve sua posição honrosa[5]". No fim de uma carta endereçada por um mercador tunisino do século XI a um correspondente comercial, podemos ler:

"Recuperai, por favor, os dois mil dinares que me são devidos dos dois comboios. Com eles, comprai cera de primeira qualidade, se possível Misari, a melhor, e todas as lâminas de faca Fayymi que encontrardes"[5].

Todos utilizam freqüentemente, como fórmula de polidez, "Que Deus vos inspire idéias cheias de sucesso!"[5]. Eles viajam da Sicília à Tunísia, do Egito ao Iêmen, sem dinheiro, certos de, na chegada, encontrar guarida, crédito, informações sobre os mercados locais[254]. Por ocasião do pagamento, discutem longamente o teor metálico das moedas, cujas flutuações equivalem a juros positivos ou negativos que convém então dividir. (Em geral, os tribunais decidem que o prejuízo pela desvalorização da moeda deve ser dividido igualmente entre o comprador e o vendedor.)

Nas cidades onde não existem comunidades judaicas importantes e onde eles não têm correspondentes naturais, os mercadores instalam agentes de representação cujo escritório funciona também como bolsa de valores, posto de correio, banco, tribunal e cartório (para as famílias dos mercadores mortos durante uma viagem). Às vezes, os agentes têm escravos logo libertados ou revendidos. Aqui e ali, esses representantes são muçulmanos; até acontece de os juízes entre dois mercadores judeus serem cádis que, no caso, aplicam o direito talmúdico. Também ocorre de mercadores judeus e muçulmanos se unirem para construir embarcações ou para comerciar: assim, por volta do ano 1000, o chefe da comunidade judaica de Aden, Ma'mun, associa-se a um armador muçulmano, Bilal, para construir um enorme navio destinado a fazer a rota entre Aden e o Ceilão.

Certos mercadores, depois de muito viajar, instalam-se numa cidade que de início não conheciam. Assim, Joseph ben Jacob ibn Awkal, originário do Irã, após muitas viagens à Espanha e à Sicília desembarca no Egito com os fatímidas, em 969, e se estabelece em Fustat. Em sua família, fala-se persa; ele mesmo escreve em hebraico, em judeo-persa e em árabe, num estilo muito refinado. Comercia com a Ásia e o mundo muçulmano e recebe de Sijilmosa tudo o que provém da África negra, via Kairouan. Especializa-se no comércio de pérolas e diamantes, que troca por madeiras preciosas, especiarias, perfumes, sedas, sabões, ouro do Sudão, prata da Espanha. Também recebe, pelos mesmos circuitos, as perguntas e respostas das academias de Bagdá, agonizantes, que ele representa no Cairo.

Em Aden, a principal família judia, os Ma'mun, exerce o ofício de armador (na época, é mais fácil para um judeu ter essa profissão no oceano Índico do que no Mediterrâneo[5]). Outra família fixa as tarifas aduaneiras do porto.

Regidos pelo direito talmúdico, os contratos, assim como as credenciais dos mercadores judeus, são muito protegidos. Muitas vezes, as letras de câmbio e de crédito por eles emitidas são redigidas em hebraico a fim de serem indecifráveis por eventuais piratas. Quando as polícias locais aprendem a decifrar os caracteres hebraicos, a correspondência passa a utilizar códigos secretos formados por esses mesmos caracteres. Os contenciosos são resolvidos por tribunais rabínicos que aplicam o direito judaico, e não o do país pelo qual os mercadores transitam. O direito, nômade, viaja com eles.

Dessa forma, os mercadores judeus derrubam as barreiras lingüísticas entre o Oriente (poucos árabes sabem latim) e o Ocidente (poucos cristãos falam árabe). Eles asseguram a uniformização dos documentos, veiculam idéias, traduzem textos (gregos para o árabe, árabes para o latim). Ao que parece, um mercador judeu foi quem transmitiu o sistema numérico hindu ao mundo árabe, e outro, quem trouxe o sistema numérico árabe ao mundo cristão[64]. Muitas inovações passam, assim, de um mundo ao outro[254].

Como desde quinze séculos antes, esses nômades são necessários ao funcionamento das comunidades sedentárias. Mais uma vez, nada é bom para eles se não o for também para os outros. Os mercadores judeus conseguirão, assim, manter vínculos entre as partes hostis de um mundo esfacelado, enquanto se mantêm a si mesmos. O povo-ponte encontra sua razão de ser na organização da travessia. Se os judeus sobreviveram, foi para cumprir essa missão: transmitir, fazer "passar" através do espaço e do tempo.

Quanto a eles — bem recebidos tanto no Islã abássida quanto na Europa carolíngia, numerosos na Espanha, fatores de encontro entre os dois monoteísmos dominantes —, somente por nostalgia ainda pensam no Estado judeu, cuja restauração não passa agora de uma esperança mística tão improvável quanto a vinda do Messias, com a qual, aliás, se confunde.

Derradeiras testemunhas de uma enorme reviravolta geopolítica, os judeus anunciam a virada do mundo em direção à Europa. O Êxodo, para eles, parece estar terminando. Durante esse período, massacres e assimilação reduziram à metade o efetivo do povo judeu, de oito a talvez quatro milhões, enquanto a população do mundo mais que duplicava[86]. Será uma Terra Prometida, essa que se anuncia na Europa? Como a outra, ela será cheia de glória e de prosperidade, de lágrimas e de sangue.

3

LEVÍTICO

(1096 / 1789)

1. *Viagens mais a Leste (ano 1000)*
2. *Prestamistas e vendidos (1000-1260)*
3. *O dinheiro sem judeus (1260-1492)*
4. *Do Islã e da Polônia (1260-1492)*
5. *Financiar as descobertas e desaparecer (1000-1492)*
6. *Judaísmo do Oriente: mercadores substitutos (1492-1700)*
7. *Judeus do príncipe e príncipes sem judeus (1492-1700)*
8. *Judeus clandestinos no coração do capital (1492-1700)*
9. *Os três novos mundos (1492-1700)*
10. *Vida e morte das nações no século XVIII*
11. *Fornecedores de corte e Revolução Industrial (1700-1800)*

No fim do primeiro milênio da nossa era, contrariamente ao que dizem todos os mitos, os judeus não são nem ricos, nem banqueiros, nem conselheiros dos príncipes. São quase todos pobres, camponeses e artesãos. Alguns são prestamistas forçados, de montantes reduzidos, que atendem a comerciantes, artesãos, camponeses, conventos, pequenos senhores feudais. Uns poucos são financistas de monarcas e ajudam a organizar as administrações dos Estados. A maioria vive no Islã da Espanha, da Mesopotâmia e do Egito. Outros são mercadores em embarcações ou em caravanas; viajando sem respeitar as fronteiras e as proibições dos príncipes, eles constituem a última rede a ligar impérios que se erguem cada vez mais uns contra os outros.

Quando o Oriente se ensombrece e a chama do Ocidente ameaça já não ser mais que uma fogueira, quando declina o mundo que os tolera e quando desperta aquele que os odeia, os judeus adivinham que não será aconselhável ver-se no meio dos combates que se anunciam.

De fato, estes serão terríveis: enquanto, do ano 1000 ao fim do século XVIII, a população mundial, ao que parece, mais que triplica[86], passando talvez de 250 milhões a 900 milhões, a do povo judeu parece estagnar em torno de quatro milhões, sob os golpes dos massacres e das conversões mais ou menos forçadas.

Se o povo hebreu não desaparece totalmente, assimilando-se — como fazem vários outros, na época —, é porque consegue respeitar e transmitir regras de vida reunidas dois mil anos antes no terceiro livro do Pentateuco, o Levítico (ou "Ele chamou"[90]). Esse conjunto de normas fornecidas aos sacerdotes organiza justamente as condições práticas da manutenção, ao longo do tempo, daquilo que constitui a identidade do povo: regras de aliança, principais festas, preceitos alimentares, língua, cultura, memória, ética da liberdade e, de passagem, ética da economia. De fato, ao lado das regras da vida judaica, o Levítico recapitula as condições de anulação das dívidas e de devolução das garantias. Estranha mistura, extraordinária premonição: no decorrer dos séculos da Idade Média, e depois dela, os judeus se tornarão prestamistas forçados. Serão detestados por prestarem esse serviço. Obrigados a financiar o nascimento do capitalismo, perseguidos por ter feito isso, eles moldarão os valores desse mesmo capitalismo. Ao longo de uma formidável epopéia, no seio de mil desastres, ajudarão a instituir as regras do mundo do dinheiro e a organizar o dinheiro do mundo.

1. Viagens mais a Leste (ano 1000)

De Bizâncio e do Islã: cheque e contabilidade

Na virada do milênio, enquanto Bagdá declina, Constantinopla tem todos os trunfos para transformar-se no centro da economia mundial. Ponto de encontro entre a Ásia, a África, o Ocidente e Pequim, a megalópole é, com a metrópole chinesa, uma das maiores cidades do mundo. Dispõe de dinheiro, de mercadorias, de espaço, de força militar e de redes comerciais. No entanto, por falta de combatividade de uma elite demasiado burocrática, demasiado luxuosa, demasiado feliz, cada vez mais paralisada por sua própria arte de viver e sua nostalgia helênica, Constantinopla não consegue sobrepor-se ao Islã.

Ali, os judeus vivem entre si e trabalham para todos. São tintureiros, peleteiros, tecelãos, comerciantes, mercadores, corretores de tudo, fornecedores — às vezes, até mesmo à corte — de roupas e de jóias; pouquíssimos trabalham como prestamistas ou financistas: agora, o império bizantino conta com seus próprios canais.

Desde o imperador Justiniano, um grupo de hebreus integrou-se particularmente ao espírito grego, para melhor fazer-se aceitar: os romaniotas. São essencialmente artesãos, ourives, marceneiros, mercadores no porto. Tendo helenizado seus patrônimos, lêem as Escrituras e cumprem seus ritos em grego; dando mais importância aos comentários de seus rabinos do que ao próprio texto da Torá, às vezes julgam litígios entre si segundo as leis do império. Depois de 1050, quando outros judeus, fugindo de uma Bagdá em declínio, chegam à capital bizantina, seus ritos são tão diferentes daqueles dos romaniotas que o imperador Aleixo Comneno tem de mandar erguer um muro entre os respectivos bairros. Essas duas comunidades judaicas trabalham e comerciam juntas, mas não rezam nas mesmas sinagogas, e raramente há casamentos entre as duas. Não é um cisma, mas somente uma distância cultural.

O Islã circundante é agora menos favorável. Nele, as comunidades ainda reúnem três quartos dos judeus — ou seja, mais de três milhões de pessoas — de Córdoba a Cabul, e mesmo além. Por toda parte, como em Constantinopla, eles trabalham em todos os ofícios do comércio, da agricultura e do artesanato. Por toda parte, continuam sendo isolados, circunscritos, "protegidos", humilhados e tratados como inferiores. No entanto, seus mercadores asseguram uma parte importante das trocas entre o Indo e o Atlântico, impelindo seus cortejos de caravanas e seus navios em busca até da pimenta da Índia e da seda da China.

O Islã já não tem outro centro senão aquele, religioso, da Arábia, de onde os judeus são excluídos. Bagdá não é mais a principal cidade judaica do mundo, e o judaísmo da Mesopotâmia perdeu seu papel milenar de mestre do pensamento. Já não há exilarca nem *gaon*; cada vez menos financistas gravitam em torno dos califas. A população de Bagdá caiu drasticamente: em 1168, não conta mais do que 40 mil judeus. Em 1177, segundo um viajante judeu, Benjamim de Tudela, cujos apaixonantes relatos[422] nem sempre são de grande rigor histórico, ainda se podem encontrar ali vinte e oito sinagogas e cerca de dez escolas. Um século mais tarde, em 1258, outro viajante já fala de apenas 36 mil judeus, que freqüentam somente dezesseis sinagogas: como por toda parte, no Islã, a pressão muçulmana impele-os agora a rezar privadamente. Ao todo, no califado, eles são menos de um milhão; os outros partiram para Alexandria ou para as incontáveis pequenas comunidades dispersas pelas terras islâmicas.

Em Alepo, Mossul, Damasco, Fostat, Kairouan, Fez, no Iêmen e na Espanha, cada uma dessas comunidades regula suas práticas à sua própria maneira, às vezes mantendo-se durante séculos sob a autoridade de uma mesma família de mercadores-letrados. Sofrem humilhações e perseguições nesses lugares, como em Fez, onde, em 1032, um chefe árabe, Abu Kama Tanim, massacra seis mil pessoas; ou como em Marrakech, onde, a partir de 1150, uma comunidade fundada em 1062 se vê proibida de praticar sua religião por uma nova dinastia particularmente intolerante, a dos almôades ou almóadas. Na Palestina, a situação é ainda mais miserável: há pouquíssimos judeus, a não ser nas academias, e os restantes são tratados em certas cidades como subhomens.

O Islã mais acolhedor e mais próspero da época encontra-se no Egito, que permanece como ponto de passagem obrigatório do Oriente para o Ocidente. A partir do ano 1000, a dinastia xiita dos fatímidas garante nesse país uma prosperidade e uma liberdade quase nunca atingidas em toda a história do Nilo. Nessa sociedade mediterrânea, os teólogos bizantinos e os letrados judeus convivem e dialogam com os pensadores muçulmanos. As comunidades judaicas do Egito são representadas junto ao califa por um *naguid*, que negocia para elas os impostos e as corvéias dentro de um espírito de respeito mútuo. Quando os fatímidas assumem o controle de Meca e de Medina, assim como o das regiões circundantes, o *naguid* do Cairo torna-se ao mesmo tempo o porta-voz das comunidades da Palestina, da Sicília e do norte da África. Camponeses, artesãos, agentes de câmbio, corretores e ourives participam da construção da nova capital, Al-Qahira (o Cairo), ao lado da antiga, Fostat. Arquitetos judeus desenham o projeto da mesquita Al-Azhar, e os marinheiros judeus, junto com os gregos, mantêm a rede de vínculos comerciais que há mais de mil anos ligam entre si Alexandria, Espanha, Sicília, Pisa, Amalfi, Corfu, Omã e Cochin.

Os mercadores judeus são os primeiros a recorrer a três invenções que, bem mais tarde, a História atribuirá a italianos: o *cheque* (um papel entregue pelo comprador ao vendedor, em pagamento de uma mercadoria, e sobre o qual estão mencionados os nomes de um e de outro, o lugar onde se encontra o dinheiro, o montante a pagar e um versículo bíblico à guisa de código de identificação do comprador), a *letra de câmbio*, quando o pagamento é diferido, e a *contabilidade por partidas dobradas*, para anotar o movimento dos créditos de cada um.

Mas o parêntese fatímida e xiita tem curta duração. Em 1164, insuficientes cheias do Nilo, colheitas catastróficas e uma aguda crise de fome provocam transtornos econômicos e motins no Cairo. O califa, sobrecarregado, apela então para as tropas do atabeque de Alepo, o sunita Nur al-Din. O general curdo Saladino[258] (Salah al-Din ibn Ayyub), despachado para restabelecer a ordem, faz-se nomear vizir do califa fatímida Al-Adid, depois elimina-o e restaura a primazia sunita no Cairo. Com a morte — mais ou menos natural, em 1174 — de Nur al-Din, Saladino vincula Síria e Egito, assume o controle de uma parte da Mesopotâmia, da Arábia e, em 1187, apodera-se de Jerusalém. A sorte dos judeus do Egito não é modificada por isso. Eles continuam basicamente artesãos e mercadores. Um certo Abu Al Beygren torna-se médico do novo califa. Outro, Abu Al Menagga ibn Shahah, é o responsável pela agricultura e constrói um canal derivado do Nilo.

Nesse Islã brilhante e quase sempre tolerante, ninguém encarna melhor as múltiplas facetas do destino judeu do que Moisés Maimônides, rabino, médico e conselheiro do príncipe. Nascido em 1135 em Córdoba, ele tem treze anos quando os príncipes almôades invadem a cidade e proíbem que nela se pratique o judaísmo. Sua família então se converte aparentemente ao islamismo, ao mesmo tempo em que se exila no Marrocos, um pouco mais longe da dinastia almôade. Ali, encontra numerosos intelectuais em busca de liberdade: muçulmanos — como Averroés, grande comentador de Aristóteles, refugiado em Marrakech — e judeus, na maioria estabelecidos em Fez. No Marrocos, judeu mais ou menos disfarçado, Maimônides estuda o Talmude, a medicina, as filosofias grega e muçulmana (mais tarde, escreverá: "Não há monoteísmo mais puro que o islamismo"[262]). Tem vinte e dois anos quando redige um tratado sobre o calendário.

Em 1165, os almôades intensificam o controle sobre o Marrocos; a prática do judaísmo, mesmo discreta, torna-se ali muito difícil. Atraído pela liberdade reinante no Egito, por volta de 1165 Maimônides se instala em Alexandria, que ele encontra em declínio (em 1177, Benjamim de Tudela não conta na cidade mais que três mil judeus), e onde reencontra seu irmão, vindo antes dele para enriquecer no comércio com o Índico, antes de morrer afogado no mar Vermelho, em 1169. Agora jovem e rico herdeiro, Maimônides se casa e muda-se para Fostat, bairro do Cairo onde vive a maioria dos judeus da capital; consagra-se então à teologia e à medicina. Em 1185, é o médico de Al-Fadil, vizir representante de Saladino, que foi se instalar em Damasco; recebe rabinos e letrados muçulmanos apaixonados por matemática grega e ciência egípcia. Nesse ambiente de intelectuais e de mercadores letrados, perturbados pelo choque do Corão com Aristóteles, ele tenciona demonstrar — em árabe — que a filosofia judaica fornece uma explicação racional para a condição humana. Por volta de 1190, escreve o *Guia dos perplexos*[262], ultrapassando e atualizando o *Livro dos Pais* e o pensamento de *rabbi* Hillel, que ele adapta ao universo grego e muçulmano. Maimônides organiza uma coerência nova entre o coletivo e o individual, entre a fé e a razão, entre a Bíblia e Aristóteles — como faz Averroés, no mesmo momento, em relação ao islamismo. Segundo ele, cada um é livre para viver a fé como a entender ("Somente a Torá pode intitular-se divina: as outras leis são obra dos homens"[262]). No mundo de mercadores e de viajantes em que vive, ele faz a apologia da responsabilidade individual; chega a deduzir daí que a melhor forma de caridade consiste em ajudar "aquele que empobreceu — seja por doações, seja por empréstimos, seja associando-se a ele — a criar para si um trabalho de tal modo que já não precise pedir assistência"[262]. Em outras palavras, a pobreza só pode ser vencida se os ricos financiarem os projetos dos pobres. Na verdade, criar é a única maneira digna de enriquecer. Por outro lado, é moralmente obrigatório emprestar aos não-judeus, se se dispuser de recursos, tendo como único limite a proibição de explorar o tomador com taxas demasiado altas e a de emprestar a uma mulher sozinha, para não a tornar dependente.

Após a morte de Maimônides, em 1204, seus filhos inauguram uma dinastia de rabinos e dirigentes comunitários que dominará o judaísmo egípcio até a conquista do país pelos otomanos, em 1517. Essa dinastia começa inclusive com o sogro de um de seus filhos, *rabbi* Abraham Hananael, rico proprietário de uma refinaria de açúcar e, como responsável pelo conjunto dos tribunais rabínicos do Egito, encarregado de julgar todos os litígios entre os mercadores que partem em busca das especiarias da Índia e das sedas da China para ir revendê-las até na Europa.

A obra de Maimônides não demora a tornar-se conhecida no seio das comunidades judaicas do Islã e da cristandade: os mercadores viajam levando seus livros. Assim, é especialmente a partir do Egito e através desse pensador judeu que os rudimentos de uma ética do individualismo racional logo irrigarão o Ocidente cristão. De passagem, Maimônides fornece, sobre as noções de graça individual e de eternidade da alma, esclarecimentos nos quais se inspirará Tomás de Aquino, e especifica os valores de liberdade e responsabilidade dos quais surgirá a ética do capitalismo. Muitos daqueles que, mais tarde, alegarão estar refletindo sobre as origens da modernidade esquecerão as fontes judaico-islâmicas desta: Hillel, Averroés, Maimônides.

Pimenta e papel-moeda

Nessa época, a pimenta é — com a seda — uma das principais riquezas do Oriente. É encontrada sobretudo na Índia, na costa de Malabar (hoje Kerala). Há séculos, talvez mais de um milênio, mercadores judeus vêm trocá-la por tecidos e jóias. Por volta do ano 1000, uma comunidade poderosa instalou-se em Cochin, sob a direção de um certo Joseph Rabban. Ela serve de escala para os corretores e mercadores vindos do Egito. Benjamim de Tudela, viajante impenintente, relata haver encontrado, por volta de 1180, mil judeus "negros como seus vizinhos, observantes da Lei e com alguns conhecimentos sobre o Talmude"[422]. Pouco mais tarde, diversos viajantes cristãos também registram a presença de mercadores judeus em Cochin e Cranganore, fazendo escala para viagens mais longínquas em direção à China, onde vão em busca de seda.

De fato, mercadores judeus chegam ao Império do Meio pelo menos três séculos antes de Marco Polo. Em 950, um judeu do Cairo, Buzuy ibn Shahriyar, conta no *Livro das maravilhas da Índia* a história de um certo Isaac ben Yehuda, mercador que em 882 partiu de Omã para a China, onde teria permanecido até 912; teria retornado rico, antes de partir novamente e de morrer assassinado em Sumatra. Por volta do ano 1000, uma comunidade de mercadores[248] vindos de Omã, da Pérsia e da Índia instala-se na província do Henan, sobre o rio Amarelo, em Kaifeng; esta é então a capital imperial da dinastia Song. Essa minúscula comunidade, perdida entre sessenta milhões de chineses, serve inicialmente como escritório de representação para os mercadores do Oriente Próximo; seus integrantes são corretores de tudo. Depois, obtêm outras funções dentro da sociedade chinesa e fazem-se artesãos, camponeses, prestamistas. Um século mais tarde, sob a dinastia Jin, já integram a administração do império, em níveis às vezes importantes; em particular, alguns são responsáveis pela moeda e pelo Tesouro público, tal como em muitos outros lugares do mundo. Parece até, segundo certos pesquisadores chineses de hoje[472], que em 1154 tenham sido judeus os primeiros a fabricar notas bancárias em juta: nos quatro cantos de uma placa de impressão recentemente descoberta, seria possível ler caracteres possivelmente hebraicos.

Os judeus estão presentes então em várias cidades do país: encontram-se indícios de uma sinagoga estabelecida em 1163 em Shangjing (hoje Acheng), na província de Heilongjiang. Em 1271, se dermos crédito às lembranças atribuídas a Jacob de Ancona, um mercador judeu de passagem por Cantão, dois mil judeus vivem ali, em meio a francos, genoveses e romanos; também lhe falam de várias dezenas de milhares de outros judeus instalados mais ao norte da China. Essas comunidades prosperam até o século XIV, sob os Yuan. Depois, sob os Ming, perdem qualquer contato com o resto do mundo: alguns milhares de judeus no meio de cem milhões de chineses.

A corrida para o Oeste

A Europa do fim do século XII desperta. Criam-se e organizam-se portos ao longo do mar do Norte e do Báltico. Tecem-se novas redes comerciais para ir buscar os produtos do oceano Índico, símbolos de abundância e conforto; elas passam pelas feiras de Nuremberg, Mainz e Troyes e pelos portos de Veneza, Ravenna, Amalfi, Túnis, Constantinopla, Alexandria, Omã e Cochin. Únicos a dispor de correspondentes de confiança em todas essas praças, os mercadores judeus mantêm-se entre os senhores das rotas da Ásia longínqua e da África; são, assim, quase os únicos a saber como trazer o ouro do Sudão.

Mas perdem muitos de seus mercados na Europa. De um lado, os progressos da agricultura permitem produzir nesse continente muitas mercadorias (particularmente as tinturas) cujo comércio eles faziam até então. De outro, nas novas cidades mercantis da Inglaterra e de Flandres, os mercadores cristãos, para defender-se dos saqueadores, reúnem-se em "caridades" que, à imagem das milenares associações de mercadores judeus, doravante organizam e financiam suas próprias caravanas e instalam um de seus membros em cada porto de passagem. A solidariedade já não é um monopólio judeu. Uma associação de mercadores sazonais de Gotland forma uma *hansa* que reunirá, no século XIV, os de cento e setenta cidades do Báltico, de Bruges a Dantzig, de Lübeck a Riga[69]. Por suas mãos passam os produtos do Extremo Oriente, que às vezes transitam pela Mesopotâmia e pelos Bálcãs. Eles só deixam aos negociantes judeus os mercados menos rentáveis: os do trigo e do vinho, que os judeus vêm escoar nas feiras da Renânia, onde acabam por instalar-se, engrossando as pequenas comunidades ali residentes, às vezes desde séculos antes.

No total, no século XI, as comunidades judaicas do Ocidente cristão formam uma rede de aproximadamente duzentas mil pessoas. Apesar de seus fracos efetivos, elas vão exercer, muito involuntariamente, um papel estratégico no nascimento do capitalismo: no momento em que despertam para o comércio, os vinte e cinco milhões de cristãos da Europa precisam de empréstimos, sem terem eles mesmos o direito de emprestar. Aqueles poucos "deicidas" farão o negócio...

2. PRESTAMISTAS E VENDIDOS (1000-1260)

Feiras e portos

Quando o império carolíngio se desfaz, os judeus vivem na Europa em comunidades reduzidas, muitas vezes com menos de quinhentos membros. São encontrados na Sicília, em Nápoles (onde Frederico II acolhe eruditos judeus e muçulmanos, fazendo da cidade um lugar de traduções, de intercâmbio e de comércio), Veneza, Roma, Speyer, Worms, Mainz, Nuremberg, Londres, York, Bristol, Canterbury e Viena (onde um primeiro estabelecimento judeu é criado no século XII). Benjamim de Tudela cita como exemplo a comunidade de Astransburg, "uma das mais florescentes da Alemanha"[422] a partir de 1188. Na França, há judeus em mais de uma centena de cidades[113], sobretudo na Provença e ao longo dos rios: Sena,

Loire, Garona, Ródano e Reno. Em Paris, eles são menos de mil; em Narbonne, Bordeaux e nos outros portos do sul, assim como na Espanha cristã e muçulmana, são muito mais numerosos.

No total, ainda que os números sejam incertos, a população judia da Europa cristã no século XI atinge provavelmente trezentos mil indivíduos — número irrisório, comparado aos quatro milhões e meio ainda instalados no Oriente. No entanto, é a partir desse pequeno grupo que se moldará a nova imagem do judeu: o usurário parasita, e não mais somente o deicida. Nessa história, pouco a pouco a economia ocupará o lugar da teologia.

As regras romanas e carolíngias se atenuam. Em princípio, os estrangeiros podem escolher entre a aplicação de seus próprios costumes e a fusão no direito feudal, feito de relações de força e vínculos com a terra. Os judeus que se mantêm fiéis à sua fé não podem ser nem cavaleiros nem servos. Assim, muitos permanecem como verdadeiros estrangeiros, ao passo que os outros povos se assimilam. *Servi camerae* — "servos do Tesouro", "vassalos do rei" —, eles não podem dispor então, sem o consentimento do príncipe, nem de sua pessoa nem de seus bens. Os senhores têm direito de vida e de morte sobre eles. Seus créditos se extinguem com o falecimento e os senhores herdam todos os seus bens, salvo particular favor concedido aos descendentes.

Quando um judeu é vítima de roubo, é seu protetor que deve ser indenizado. Também ocorre de um protetor opor-se à partida de um judeu que lhe pertence para casar-se com uma judia pertencente a outro; assim é que o rei de Aragão escreve a Alphonse, conde de Toulouse, para cobrar de volta seu judeu Bonus du Mas-d'Agenais.

As comunidades recebem cartas de estabelecimento que lhes asseguram, em troca de uma taxa, uma proteção contra os bandidos, o direito de viver nas terras do protetor e o de praticar a religião judaica. Com freqüência, logo após serem concedidas, essas cartas são retomadas e a seguir revendidas às mesmas comunidades, após simulacros de expulsão que visam apenas justificar novos impostos.

Para um príncipe, possuir judeus é garantir-se rendas importantes. Pouco a pouco, as comunidades passam a constituir consideráveis fontes financeiras que os senhores protegem e defendem cuidadosamente, optando, segundo as circunstâncias, entre apoderar-se de todos os bens delas de uma só vez ou cobrar regularmente uma parte das rendas que elas produzem. Nove séculos mais tarde, Hitler, Goering, Speer e Himmler ainda analisarão a mesma alternativa.

As primeiras cartas desse tipo são concedidas no século XI, na Inglaterra, na Alemanha e na França, por monarcas; depois, entre 1120 e 1150, por cidades como Worms, Speyer, Salamanca e Marselha. Em 1236, os judeus de Estrasburgo tornam-se *Kammerknechte*, "servos da Câmara Imperial", colocados sob a proteção pessoal do imperador Frederico II; a comunidade da cidade paga então, anualmente, 200 marcos ao Tesouro imperial; seus dirigentes rateiam esse encargo entre as famílias, segundo o patrimônio destas. Quando uma comunidade reclama, o pagamento pode ser extorquido: assim é que um bispo de Estrasburgo, Berthold de Bucheck, considerando que também ele pode taxar os judeus da cidade, manda suas próprias tropas detê-los na sinagoga num dia de sabá — quando tem certeza de encontrá-los ali — e só os libera em troca de 6.000 libras, metade das quais, esclarece ele, "para o casamento de suas sobrinhas". Às vezes, a reclamação provoca sevícias e torturas; outras vezes, certos senhores admitem adiar o pagamento, enquanto os contribuintes conseguem juntar novos recursos.

Eles trocam de dono ao sabor dos movimentos de poder. Por exemplo, em 1177, quando Frederico Barba-Roxa deve reconhecer a independência das cidades lombardas, os judeus passam às mãos de novos senhores.

As proteções se organizam em cascata: os vassalos têm de pedir ao respectivo senhor o direito de acolher judeus em suas terras. Em 1294, Ulrich de Neuhaus pede a Venceslau III, rei da Boêmia, permissão para estabelecer oito famílias e autorização para que elas possam "fazer, a fim de agradá-lo, todas as coisas que os judeus do rei fazem para agradar ao rei, e prestar-lhe todos os serviços que os judeus do rei prestam ao rei"[221]. Promete que somente o chefe de cada família poderá praticar o empréstímo de dinheiro e que, se algumas famílias fugirem, ele não procurará substituí-las com integrantes das comunidades pertencentes ao rei. Em 1322, o rei da Boêmia, João, autoriza o bispo de Olmutz a manter um judeu em cada uma de suas quatro cidades; em 1334, permite que Pierre de Rosenberg possua quatro deles em seus próprios Estados.

Às vezes, os senhores cedem a credores ou a vassalos as rendas obtidas de seus judeus[221]. Eles também podem vender, empenhar e trocar judeus. Na Borgonha, em 1196, o duque Eudes III troca os seus pelos da cidade de Dijon. Henrique III da Inglaterra empenha os dele junto a Ricardo de Cornualha e depois cede-os ao seu filho Eduardo, o qual, por sua vez, empenha-os junto a banqueiros lombardos. Em 1293, o imperador Adolfo de Nassau cede ao arcebispo de Mainz seus direitos sobre os judeus da Alsácia, como pagamento de uma dívida de 1200 libras. Para agradecer a um certo Henri d'Isny por sua fidelidade, Rodolfo de Habsburgo promete-lhe 3.000 marcos e cede-lhe seus direitos sobre os judeus de Estrasburgo e Mainz até o pagamento dessa soma.

Também acontece de senhores cederem terras ou privilégios conservando ao mesmo tempo a posse dos judeus ali estabelecidos. Assim, em 1106, na Espanha, o visconde de Gerona cede a fortaleza de Balaguer a Arnold Berenger de Anglerola, mas conserva o domínio sobre os mercadores que ali se encontram, sejam eles judeus, cristãos ou mouros[19].

Objetos de comércio, as comunidades judaicas são também tema de contenciosos entre os senhores, as autoridades religiosas e as municipalidades. Primeiro, disputa-se o direito de julgar judeus e, portanto, o de embolsar multas. Depois, o de taxá-los. Em 1094, o bispo de Speyer, Rudiger, confere uma carta aos seus judeus; seis anos mais tarde, o imperador Henrique IV outorga outra à mesma comunidade. A de Ratisbona (Regensburg) é colocada sob a proteção de três autoridades: o imperador, o conde e os burgueses da cidade. Os judeus de Narbonne são divididos em duas comunidades, uma dependente do arcebispo e outra do visconde, cada uma com direitos diferentes; em 1289, o parlamento de Toulouse ordena o pagamento de indenizações a judeus do arcebispado torturados por servidores do visconde.

Em matéria fiscal, não falta imaginação: em 1261, a municipalidade de Estrasburgo impõe aos judeus o pagamento dos estandartes da cidade, ao qual se acrescentam um imposto sobre as multas infligidas pelo tribunal rabínico e outro para "pagar os presentes de Natal"! O bispo da cidade, Walther de Geroldseck, que já os taxa, opõe-se a essa decisão, calculando que tais impostos ameaçam reduzir a capacidade dos judeus para pagar aqueles que ele mesmo lhes exige. O conflito transforma-se em guerra civil: as tropas do bispo são derrotadas em 8 de março de 1262; convenciona-se então que os judeus serão isentados de impostos durante cinco anos e, em seguida, deverão pagar anualmente 1.000 libras à cidade, 12 marcos ao bispo e 60 marcos ao imperador.

Na França, será preciso esperar Filipe Augusto e a centralização do poder para ver os judeus submetidos à autoridade dos monarcas[67]. E, ainda assim, mediante certas precauções, a fim de preservar os direitos adquiridos: entre 1198 e 1231, dezoito acordos de respeito recíproco quanto à posse dos judeus são assinados entre o rei e diversos senhores. Em 1223, por exemplo, Luís VIII assina com vinte e cinco senhores do reino um acordo segundo o qual ninguém tem o direito de receber ou de reter os judeus de outrem, ou de emprestá-los a outro senhor, sem a concordância do rei, o qual, de passagem, recebe uma remuneração. Em 1230, Luís IX ainda confirma esse acordo por uma convenção de Melun, embora metade das cidades que têm comunidades judaicas já tenham passado à administração real. Será preciso esperar Filipe, o Belo, por volta de 1300, para que oficiais reais proíbam que os privilégios dos barões interfiram "com as pessoas ou as atividades comerciais dos judeus do reino"[61]; em outras palavras, tratem de garantir que a Coroa receba sua parte dos impostos pagos pelos judeus aos seus senhores. Assim, a posse dos judeus é um dos primeiros sinais da afirmação de um poder monárquico.

A vida das comunidades

Jovens, mercantis, pioneiras, essas comunidades submetidas a uma implacável ordem feudal se organizam para negociar seus direitos e seus impostos. Enquanto, no Oriente, a condução delas é em geral garantida hereditariamente por famílias de letrados, na Europa elas são administradas pelos mercadores mais audaciosos, que têm melhores condições de negociar com o príncipe. Acontece até, como na Inglaterra dos Plantagenetas, de todas as comunidades de um país se reunirem para que um só representante, o *presbyter* (o "ancião"), negocie com o príncipe o montante do imposto, reatando assim com a tradição do exilarca de Bagdá e do *naguib* do Cairo.

A vida desses pequenos conjuntos isolados em terra cristã organiza-se em torno de alguns princípios simples e ancestrais: permanecer em grupo, manter relações corretas mas distantes com os poderosos, ser útil aos não-judeus e transmitir a Lei. Dos ascetas do Norte aos *bon-vivants* da Espanha e da Provença, a prática religiosa varia; uma comunidade ocupada com o trabalho nos campos pode até remunerar *batlans* para rezar de manhã e à noite em nome de todos.

Na Europa, como em outros lugares, os judeus, ao lado dos clérigos, incluem-se entre os poucos a saber ler; essa é sempre uma obrigação de todos, desde a infância. Seu idioma de oração e de cultura continua sendo o hebraico, o qual integra expressões do idioma do país de acolhida. Os dirigentes de cada comunidade organizam o ensino da língua e da Lei, assim como o funcionamento dos banhos rituais — elemento essencial da higiene —, as sinagogas, o cemitério, os tribunais e, sobretudo, a solidariedade. Desde a Antiguidade, nenhum letrado admitiria viver numa comunidade que não desse assistência aos seus pobres. Muito antes das fundações e dos hospitais gerais dos cristãos, sociedades de "hospitalidade" alimentam e alojam os visitantes e os pobres vindos de outras comunidades; os rabinos editam regras rigorosas para organizar a estada dessas pessoas: "Desde sua chegada, os visitantes devem ser tratados com a maior cortesia, mesmo que se mostrem grosseiros. Deve ser-lhes trazida comida tão depressa quanto possível, porque, se forem pobres, eles podem hesitar em pedi-la. O hospedeiro não deve mostrar-se preocupado com problemas pessoais nem gabar-se de suas riquezas. Os convidados, por sua vez, recitarão uma bênção em favor de seu hospedeiro por ocasião da ação de graças, após a refeição"[408]. Às vezes, certas comunidades hesitam em deixar instalarem-se muitas famílias novas, por medo das reações de seus protetores ou do aumento de custos que a manutenção delas poderia acarretar. Mas a hospitalidade é sagrada e, em geral, os mais reticentes acabam cedendo.

Cada comunidade deve também reservar recursos para quitar o resgate de seus membros aprisionados pelo capricho de um príncipe ou que, sendo mercadores, foram retidos à distância por piratas. Acontece — raramente — de um prisioneiro não aceitar que paguem seu resgate; assim, em 1286, um letrado da região de Worms, conhecido como o Maharal de Rothenburg, aprisionado pelo senhor de Worms, Rodolfo de Habsburgo, proíbe sua comunidade de pagar seu resgate a fim de evitar que o príncipe mande raptar outros notáveis. O príncipe não cede e o Maharal morre na prisão. Um negociante judeu, Alexander Wimpfen, que se oferecera para liquidar o resgate, recupera o corpo dele — pelo mesmo preço — e manda enterrá-lo com grande pompa em seu próprio jazigo. Até hoje, podem-se ver, em Worms, os dois túmulos justapostos.

A caridade não se limita aos vizinhos: assim como as outras, as comunidades da Europa devem contribuir para as coletas organizadas pelos rabinos vindos da Terra Santa e destinadas às últimas comunidades que ali vivem.

Também se discute a atitude a adotar diante de um pobre não-judeu que venha bater à porta de uma sinagoga. Embora os textos (*Sukha* 55 a) exijam a mesma solidariedade para com todos os monoteístas, muitos rabinos se opõem a isso a fim de não dilapidar os raros recursos disponíveis e ainda porque, sustentam eles, os cristãos, que crêem na Santíssima Trindade, não são monoteístas, à diferença dos muçulmanos...

A comunidade financia todos esses serviços com um imposto pago em dinheiro ou em produtos e com o leilão de "honrarias" na sinagoga. Subtrair-se ao imposto comunitário é motivo de excomunhão, condenação máxima. Mas seu índice não deve prejudicar o desenvolvimento econômico: um décimo da renda continua sendo o mínimo; um quinto, o máximo. Nada é desviado do imposto para financiar o esplendor dos locais de culto: não existe — ou quase não existe — arte religiosa judaica.

As comunidades regem também a vida dos mais ricos proibindo-lhes uma atitude demasiado ostentatória, a fim de não suscitar invejas entre os cristãos. Assim, no século XIII, uma comunidade do Reno — região onde, como veremos, os judeus são particularmente maltratados — proíbe aos seus membros qualquer festa não-religiosa, para não chamar a atenção. Os letrados, especialmente, não têm direito a participar de festas, mesmo entre eles, "exceto pelo casamento de um letrado com a filha de outro letrado"[262], especifica Maimônides, retomado pelos rabinos da Europa. Outra comunidade da Alemanha castiga severamente todos os que se vestem, ou vestem suas filhas, com roupas caras. Daí as acusações de avareza que, um pouco por toda parte, começam a espalhar-se sobre os judeus. Mais uma vez, eles são criticados por aquilo que são forçados a ser.

Corretores e artesãos

O dinheiro deve ser ganho honestamente e pelo trabalho. Tanto quanto o roubo, o jogo é proibido, porque "não contribui para o estabelecimento do mundo". O dinheiro não é vergonhoso; é um salvo-conduto, um recurso para a fuga, uma garantia de liberdade. Não é um meio de acumular terras — ambição irrisória, grilheta que prende o pé, dizem os sábios. Tampouco é um caminho para a salvação. É um escudo, uma salvaguarda. Jacob ben Elie, um rabino judaico-provençal da segunda metade do século XIII, agradece a Deus "por ter multiplicado nossas riquezas, pois isso nos dá a possibilidade de proteger nossas vidas e as dos nossos filhos, de fazer fracassarem os desígnios dos nossos perseguidores"[329]. Além disso, quando as perseguições ameaçam, o medo da privação é um poderoso estímulo ao trabalho e à poupança.

São bastante raros os judeus estabelecidos como camponeses; quando o são, é geralmente como rendeiros de feudos, jamais como servos ou como senhores — a não ser que se convertam. Menos raros são os que fazem o comércio de produtos agrícolas, de gado ou de vinho. Nas grandes povoações, com freqüência encontram-se albergueiros, curtidores (ofício tão malcheiroso que há sinagogas — ou pelo menos certas áreas — reservadas para eles), alfaiates, sopradores de vidro, tecelãos de seda (tradicionalmente, a seda do traje usado por ocasião da coroação dos Habsburgo é tecida por um judeu[34]), ourives, lapidadores de pedras preciosas, e até fabricantes de incenso e de objetos de culto cristãos. Em certos casos, os rabinos se opõem ao trabalho das mulheres: por exemplo, a venda de porta em porta lhes é proibida, pois uma mulher não acompanhada pelo marido não deve encontrar-se sob o teto de outro homem.

Nas cidades, com freqüência os judeus são corretores, isto é, intermediários, compradores e vendedores de todos os produtos, às vezes representantes de grandes mercadores cristãos. No capitalismo nascente, não há mercado transparente sem corretor que ajude a comparar a oferta e a procura, a obter o financiamento de uma e da outra, a fazer evoluir a qualidade dos produtos. O corretor é, por natureza, um marginal; ao mesmo tempo necessário e detestado, trabalha solitariamente, com base na simples virtude do seu nome, fora das guildas. Seu ofício não exige nenhum capital, mas somente uma aptidão para antecipar as necessidades, os clientes, os fornecedores, os preços. Para especular, no bom sentido da palavra.

Em Arles, judeus são fabricantes de sabão; em Marselha, eles são corretores marítimos e alguns detêm o monopólio do artesanato em coral[5]. Em Nápoles, são encontrados particularmente no tingimento de tecidos, na tecelagem de seda e — primeira indústria — na exploração de minas. No Languedoc e na Espanha, alguns ascendem aos conselhos das cidades e às vezes obtêm o privilégio do arrendamento dos impostos ou o da cunhagem de moeda. Por toda parte, há os que são médicos e descobridores do corpo humano, por serem os únicos, em princípio, a terem o direito de dissecar cadáveres. Muitos, enfim, são músicos ambulantes, como o *trouvère** Susskind von Trimberg e o trovador Acher Ben Yehiel.

---

* Troveiro, trovador em *langue d'oïl*, por oposição ao *troubadour*, que compunha em *langue d'oc*. (N. da T.)

No início do milênio, tanto no sul da Europa quanto em terras do Islã e em Constantinopla, os judeus constituem suas próprias guildas de artesãos. No Norte, penetram nas guildas cristãs, às vezes abertamente, outras clandestinamente. Depois, tanto no Norte como no Sul, as corporações, agora todo-poderosas, excluem-nos das profissões artesanais e até dos ofícios menos valorizados: em 1331, na cidade imperial de Esslingen, eles são expulsos da guilda dos curtidores[5].

Em numerosos lugares da Europa, só lhes restam então o comércio de cavalos, o ofício de açougueiro e, sobretudo — trágico impasse! —, o de prestamista, atividade estratégica nessa fase do capitalismo nascente e da constituição das nações. Como são forçados a exercê-la, eles irão engolfar-se nela, para sua máxima desgraça. Mais uma vez, serão úteis e ao mesmo tempo odiados pelos serviços que prestam.

Os juros dos judeus

Na virada do milênio, o sistema monetário se asfixia diante das demandas do comércio. Embora, durante a Idade Média, moedas de Gênova (o florim), da França (o *gros* tornês*) e de Veneza (o ducado) se acrescentem à de Carlos Magno (o *denier* de prata), o volume dos meios de pagamento já não basta para cobrir as necessidades dos camponeses, dos artesãos, dos mercadores e, sobretudo, dos senhores e dos monarcas. Portanto, é necessário haver crédito. Muito mais do que nos séculos anteriores.

Ora, conceder empréstimos continua sendo absolutamente proibido aos cristãos; a Igreja ainda denomina, horrorizada, a renda que se extrai disso como usura, termo que ela já não emprega para designar a renda oriunda do comércio de mercadorias[237]. Todo prestamista é considerado um diabo que tenta o tomador e cria as condições para que este se arruíne:

---

* *Tournois*, cunhado em Tours. O *gros*, 'grosso', era uma moeda de prata instituída por Luís IX. (N. da T.)

o empréstimo e o prestamista existem respectivamente à imagem da maçã e da serpente do Jardim do Éden. Portanto, o prestamista é odiado por aquele a quem presta serviço, mesmo que as condições do empréstimo não sejam usurárias.

Além disso, a Igreja se inquieta por ver o crédito reforçar os monarcas, que se opõem a ela, e as cidades, onde o enquadramento dos corpos e das almas lhe é mais difícil que no campo. Por conseguinte, continua proibindo a todos os cristãos a concessão de empréstimos; mas, paradoxalmente, não proíbe os fiéis de contraí-los. Assim, é total o impasse entre as necessidades econômicas e a ideologia religiosa.

A partir do século XI, quando o feudalismo está dando à luz a ordem mercantil e o Estado-nação, não há mais ninguém, afora os judeus, para exercer o comércio de dinheiro. Nos séculos precedentes, como vimos, eles já começaram a fazê-lo. Agora, vários dispõem dos recursos monetários para isso: comerciantes e artesãos, proibidos de fazer aquisições territoriais e preocupados com dispor de meios que lhes permitam fugir às pressas em caso de ameaça, acumulam bens líquidos em moeda, ouro e pedras preciosas, que eles podem emprestar enquanto continuam exercendo sua outra atividade, se tiverem o direito de exercer alguma. Por outro lado, as taxas de juros são de tal ordem (às vezes ainda mais de 60 por cento ao ano, em razão da demanda e dos riscos) que essa liquidez aumenta rapidamente. Embora não fixem à vontade as taxas, controladíssimas pelas autoridades, eles são bastante livres para definir as condições de pagamento delas. A Igreja ainda sublinha horrozizada que "o dinheiro gera dinheiro"; vozes ultrajadas misturam economia e sexualidade em sua denúncia contra o caráter monstruoso dos juros, produto dos "amores" culpados entre o prestamista e seu devedor.

Assim é que os judeus vão-se tornando prestamistas ao mesmo tempo em que permanecem submetidos. Propriedade dos senhores e prestamistas para seus donos ou seus vizinhos. Prestamistas forçados. Prestamistas vendidos.

Desde o século XII, certas regras locais estabelecem como condição, para acolher as comunidades judaicas, que elas exerçam essa atividade. Às vezes, exigem até que todos os chefes de família sejam penhoristas — além de terem outro ofício —, como é o caso em Neuhaus, na Boêmia. Também no século XIII, a primeira carta de estabelecimento concedida aos judeus da Polônia menciona a atividade de prestamista como uma das profissões exigidas. Em 1236, o imperador aceita os judeus como *servi nostri* em troca dos serviços deles como prestamistas.

Os rabinos dos séculos XI e XII estão perfeitamente conscientes dos perigos inerentes à aceitação de um tal papel; já em Bagdá, no século X, comunidades inteiras foram perseguidas porque alguns de seus integrantes haviam concordado em exercer o ofício de banqueiros. Se as perseguições aos prestamistas foram, até aqui, raras na Europa, é que o crédito era insignificante nesse continente. Os *rav* debatem longamente o assunto. Trocam-se cartas que retomam sempre a mesma pergunta: por que correr o risco de fazer-se massacrar por devedores enfurecidos?

Rabbi Ishmael recomenda que a proibição de emprestar a juros a judeus seja estendida aos não-judeus, exceto se não houver outro meio de ganhar a vida. Em outras palavras: não corram esse risco, salvo por urgência absoluta! *Rabbi* Ravina é da mesma opinião, porque a profissão de prestamista leva a estabelecer demasiadas relações com não-judeus e ameaça a integridade ética; o autor do *Sefer Hachinukh* sublinha que, "segundo a nova moralidade do mundo, deveríamos ser autorizados a emprestar a juros, mas o objetivo dos *mitzvot* é purificar os judeus, e Deus nos proíbe de fazer coisas inaceitáveis à luz das exigências morais que nos são próprias"[442].

Em contrapartida, outros rabinos não se opõem: na França, *rabbi* Mordechai, citando Rachi de Troyes, aprova o empréstimo a juros entre judeus quando este é conduzido por um intermediário que mascara o destinatário final; mas a maioria dos comentários o rejeita, exceto se o lucro for destinado à *tsedaka*, isto é, aos pobres. Mais tarde, veremos exemplos disso. Em 1160, um dos netos de Rachi, *Rabbenu* Jacob Tam — assim como, no mesmo momento, Maimônides no Egito —, interpreta a permissão de emprestar a pessoas estranhas ao grupo como uma obrigação moral[176]. Deve-se colocar os próprios bens à disposição dos estranhos. Ele acrescenta — raciocínio muito moderno, que não será retomado antes de Adam Smith — que o empréstimo a juros é do interesse do tomador, pois leva-o a adotar decisões racionais, ao passo que o empréstimo sem juros falseia os cálculos econômicos. Rambam é da mesma opinião e lembra que, embora não seja obrigatório, o ofício de prestamista é autorizado pela Torá. Muitos explicam, além disso, que essa é uma profissão honrosa, visto que os prestamistas rapidamente ganham dinheiro suficiente para abandonar qualquer outra atividade e consagrar-se ao estudo religioso. Esse é particularmente o caso na Alemanha, onde um rabino do século XII, Chalom ben Isaac Shekel, anota: "A razão pela qual a Torá ocupa na Alemanha um lugar maior do que nos outros países é o fato de que, aqui, os judeus emprestam a juros aos gentios e não precisam consagrar-se a um ofício que tome tempo [...]. Quem não se entrega ao estudo da Torá emprega seus ganhos em subvencionar as necessidades dos que a estudam[34]...".

Outros, ainda, discutem a taxa de juros: ela deve ser elevada, dizem alguns, para cobrir o risco de não haver reembolso e para evitar ter de emprestar demais; deve ser baixa, rebatem outros, para não suscitar rancor e inveja.

Os senhores que protegem os judeus são os primeiros clientes destes: é necessário ter dinheiro, muito dinheiro, para construir Estados. Após a conquista normanda, que em 1066 os leva para a Inglaterra, Guilherme, o Conquistador exige dos comerciantes judeus que financiem suas novas instituições; deixa-lhes o trabalho de fazer-se reembolsar coletando eles mesmos os impostos ou emprestando, com elevadas taxas de juros, a outros que não o príncipe. Assim, em 1170, um mercador judeu, Josué de Gloucester, empresta somas consideráveis a Henrique II, para financiar a conquista da Irlanda. Um bispo inglês protesta[239]: "O dinheiro que um príncipe obtém indiretamente das rendas de um usurário faz dele um cúmplice do crime". O prestamista é então arrastado para uma engrenagem mortal: coletor dos impostos, deve suportar os atrasos de pagamento dos pequenos fidalgos e dos camponeses e, portanto, torna-se credor deles à sua própria revelia. Assim, acontece — como sob Luís IX — de funcionários reais, ao coletarem eles mesmos os impostos, interditarem os bens dos contribuintes insolventes e forçarem judeus a aceitá-los como penhor de um empréstimo concedido ao rei, cabendo ao prestamista forçado fazer-se reembolsar diretamente pelo contribuinte que deseja resgatar seus bens penhorados. Por fim, acontece simplesmente de os agentes do poder confiscarem os bens dos prestamistas alegando que "sua prática usurária empobrece os devedores", esquecendo-se de que foram eles mesmos a impingir-lhes tal situação!

Depois dos príncipes, os mosteiros são os segundos clientes impostos aos judeus. O abade Suger, que se consagra à reconstrução da abadia de Saint-Denis, felicita-se por haver conseguido tomar um empréstimo e depois reembolsar sua dívida, contraída junto a um certo Ursellus de Montmorency, penhorista[60].

Uma historieta particularmente esclarecedora[80]: em 1173, na Inglaterra, a abadia de Bury Saint Edmund's toma emprestadas de um certo Isaac, filho de *rabbi* Josué, 400 libras esterlinas à taxa de 25 por cento ao ano, empenhando para isso as propriedades da abadia, trajes de seda e baixelas de ouro; e depois, mais 40 libras de um certo Benedict de Norwich. A história desse empréstimo, relatada um pouco mais tarde por um monge[80], deixa bem claras as condições enfrentadas por todos os judeus dessa época, banqueiros forçados, que emprestavam cada vez mais na esperança, muitas vezes ilusória, de um dia serem reembolsados, e que viam seus créditos serem falseados e contestados até a anulação por uma autoridade superior. Vale a pena ler o relato em detalhes.

"Estando destruída nossa batedeira de nata, para consertá-la o sacristão William precisou tomar emprestadas secretamente de Benedict, o judeu de Norwich, 40 libras em usura; a ele entregou um reconhecimento de dívida autenticado por um selo guardado habitualmente junto ao relicário de santo Edmundo e com o qual as irmandades autenticam suas mensagens. Quando o montante atingiu 100 libras, o judeu chegou com cartas do rei sobre a dívida do sacristão e revelou-se que este a contraíra às escondidas do abade e dos monges. O abade, após ter querido demitir o sacristão, emitiu para o judeu novo reconhecimento de dívida, no valor de 400 libras a pagar dali a quatro anos, incluindo as 100 libras já emprestadas e mais 100 que o abade pediu. O abade, porém, não colocou seu próprio selo sobre o documento, mas apenas o selo dos monges. Então, ao fim dos quatro anos, a dívida não foi saldada, e emitiu-se novo reconhecimento de dívida no valor de 880 libras, desta vez a serem pagas à razão de 80 libras por ano durante onze anos. Como o mesmo judeu detinha outros reconhecimentos de dívida não liquidados pelo convento, um dos quais já durava catorze anos, a soma total que lhe era devida chegava a 1.400 libras. O representante do rei mandou que o abade o mantivesse informado sobre dívidas tão grandes"[80].

A história não diz se o credor judeu foi enfim reembolsado. É possível que não, considerando-se o modo como foram tratados os judeus ingleses alguns anos depois.

Além dos príncipes e da Igreja, todo mundo — sobretudo na Renânia — toma empréstimos com os comerciantes judeus: os camponeses para comprar sementes, os artesãos para adquirir ferramentas, e até mesmo as guildas, que não os querem em suas fileiras. Em geral, trata-se de quantias pequenas, emprestadas a taxas elevadas e, quase sempre, reembolsadas num clima amigável. Documentos notariais do fim do século XIII conservados em Perpignan[134] mostram que a média dos empréstimos equivale a um ano de renda de um artesão e que um décimo dos empréstimos é inferior a 10 soldos, ou seja, dois meses de renda. Enquanto, em Saint-Quentin, os prestamistas judeus concedem crédito aos comerciantes mais modestos, em Perpignan eles só financiam o artesanato remediado[124], com uma taxa anual de juros superior a 50 por cento.

Às vezes os tomadores contraem tais empréstimos com remorso, como uma droga que não conseguem dispensar, e furiosos contra aquele que a fornece. Já os prestamistas devem calcular seus riscos segundo a personalidade e a situação do tomador, computar as taxas que podem razoavelmente pedir, imaginar e avaliar garantias, fazer-se reembolsar nos vencimentos convencionados, esconder os objetos empenhados e o dinheiro —

muitas vezes considerável — que receberam, tão tentadores para os ladrões. Dessa forma, não há prestamista sem teoria do risco, sem ciência do esconderijo, sem *expertise* em objetos preciosos — pérolas, ouro, prata, moedas —, qualidades que lhes permitem dissimular a maior riqueza possível no menor espaço imaginável.

No início, as operações de crédito se fazem sobretudo oralmente: os aldeães não sabem ler nem escrever; em particular, as mulheres, que freqüentemente pedem empréstimos às escondidas do marido, não querem que sua dívida figure num documento[176].

Com o desenvolvimento do direito escrito na Europa meridional, na segunda metade do século XII, contratos começam a servir de prova em caso de contestação. Mas é necessário ainda — como vimos no caso do mosteiro inglês de Bury Saint Edmund's — que a rubrica e o selo sejam dignos de fé. Às vezes se estabelecem os títulos de empréstimo perante um tabelião ou um oficial do bispado. Assim, as atas dos arquivos notariais de Perpignan tanto contêm contratos de importantes transações financeiras quanto autos de pequenos empréstimos concedidos a artesãos[123], geralmente sem contestação.

Os prestamistas elaboram então técnicas de empréstimo cada vez mais sofisticadas. Alguns também trabalham com a poupança de seus vizinhos judeus, a quem remuneram — os sábios autorizam isso, já que o tomador final é estranho à comunidade. Outros preparam instrumentos escritos que permitem transformar o empréstimo num bem comercializável que eles podem revender: o *mamram* é um simples documento no qual figuram a soma devida, a data prevista para o reembolso e a assinatura do devedor (ninguém conhece verdadeiramente a origem desse termo, muito utilizado na Idade Média: viria ele do hebraico *hemir*, "mudar", do latim *in memoriam* ou ainda de *membrana*, que designa, em baixo-latim, um pedaço de pergaminho?). Encontra-se uma primeira menção a ele na França do século XII, num comentário, por Elahan ben Isaac de Dampierre, sobre o tratado *Avodah Zarah*. Como o nome do credor não é mencionado no *mamram*, este é pagável a quem o apresentar ao devedor; é, portanto, transferível, pelo menos entre prestamistas judeus que têm confiança recíproca, e com juros, uma vez que o tomador final é cristão. Formidável instrumento de desenvolvimento do crédito, o *mamram* permite que os prestamistas disponham de novos recursos convencendo outro prestamista do valor da assinatura de seu cliente, seja ele o Estado, um camponês, um artesão ou um mercador. Os judeus utilizam-no três séculos antes de as promissórias se tornarem transferíveis na Itália (no início do século XV). No entanto, essa inovação será atribuída a banqueiros lombardos, alguns dos quais poderiam ser, como veremos, convertidos que secretamente se haviam mantido judeus.

A questão do penhor também suscita numerosas discussões doutrinárias[231]. Os rabinos admitem que os bens pertencentes a gentios sejam aceitos como garantia, à exceção de certos objetos de primeira necessidade (por exemplo, a pedra de moer grãos ou certas roupas[231]). Nas cidades, recebem-se como garantia ferramentas, pedras preciosas, obras-primas de artesãos e até objetos de culto cristãos. No campo, muitas vezes a garantia é a colheita do tomador; em Moselle, na Renânia, são tecidos, cavalos ou vinhos. Nas cidades polonesas[414] e nas comunidades morávias, é também vinho. Conseqüentemente, pode ocorrer que a penhora seja na verdade uma venda disfarçada e que o tomador seja obrigado a entregar ao credor, a baixo preço, um bem de valor. Certos senhores proíbem os judeus de aceitar a penhora de terrenos, moinhos ou feudos; ao contrário, outros, mais espertos, forçam-nos a aceitar como garantia somente bens territoriais, a fim de que não possam levá-los se partirem! Às vezes, as cartas concedidas por uma cidade a uma comunidade estabelecem que os prestamistas podem mandar apreender a garantia de um devedor inadimplente. A situação é particularmente delicada quando um prestamista deve apreender as garantias deixadas por seu próprio protetor, aquele que lhe outorgou a carta. E o que pedir como garantia a um monarca que toma empréstimos a fim de pagar o soldo de seu exército?

Assim é que, pouco a pouco, prestamistas vão-se tornando proprietários, mais ou menos voluntários, de roupas, cavalos, colheitas de vinho e até terrenos em usufruto, feudos de artesãos, títulos de comando sobre vassalos, fábricas, quedas d'água, moinhos, aquedutos, canais, que às vezes eles não têm o direito de explorar nem de revender como quiserem. A Igreja também se inquieta por ver os senhores darem aos judeus, como garantia, bens de tal ordem, que ela esperava recuperar a título de oferendas religiosas.

Aparecem então novos ofícios, para administrar e comercializar esses bens. Os judeus, já comerciantes, artesãos, corretores, prestamistas, tornam-se além disso negociantes de artigos de ocasião. Assim, os prestamistas da Alsácia e da Renânia aprendem o comércio de cavalos, gado, vinho — o que os rabinos tentam impedir —, tecidos, roupas usadas (os adeleiros) e objetos preciosos. Acontece até de prestamistas precisarem fazer o comércio de objetos roubados e deixados como garantia por ladrões em fuga, com o risco de em seguida serem eles próprios acusados do delito.

Cada comunidade é responsável pela probidade de seus prestamistas. Em certos casos, ela deve inclusive comprometer-se a que eles não ultrapassem certas taxas, assim como assegurar que a restituição das garantias aos tomadores seja feita pontualmente.

Em geral, emprestar não é uma profissão. Para a maioria dos judeus, é uma ocupação paralela. Em certas comunidades, todos os judeus adultos são prestamistas e camponeses, prestamistas e comerciantes, prestamistas e médicos, prestamistas e rabinos. Às vezes é difícil encontrar um judeu que não se dedique, pelo menos esporadicamente, ao comércio de dinheiro. Menahem Ha-Meiri, erudito judeu provençal do século XIII, escreve: "Ao que parece, ninguém se priva do exercício do empréstimo a juros aos gentios"[104]. Nem mesmo ele...

Um relatório de investigadores enviados por Luís IX a Saint-Quentin mostra que, ali, um terço dos prestamistas judeus é constituído por mulheres, a quem outras mulheres com encargos de família solicitam montantes muito inferiores àqueles tomados de empréstimo pelos homens.

Quando a situação política é duravelmente calma, às vezes instalamse dinastias de prestamistas especializados que exercem esse ofício durante três ou quatro gerações e dão continuidade às dinastias financeiras do norte da África ou do Oriente, sobretudo para emprestar aos príncipes e aos grandes mercadores: é o caso dos Volterra, dos Tivoli, dos Da Pisa, dos Del Banco, judeus italianos que, mais tarde, serão tidos por lombardos. Alguns deles enriquecem: na Inglaterra, por volta de 1240, sob Henrique III, documentos fiscais estabelecem que três prestamistas judeus (Aaron e Leon de York, David de Oxford) quitam 83 por cento das taxas pagas por todos os judeus sobre as atividades de crédito. No fim do século XIII, um grande banqueiro e mercador judeu da Borgonha, Elias de Vesoul, tem clientes até na Alemanha. Ante a amplitude assumida pelas operações desses prestamistas, na Inglaterra e na Espanha seus protetores os controlam, registram seus créditos e recebem uma parte dos juros, mesmo que eles mesmos sejam tomadores!

O prestamista e o judeu acabam formando um só. Assim, Bernard de Clairvaux cunha o verbo *judaisare* para designar a atividade do prestamista. Na mentalidade do século XII, todo devedor é cristão e todo credor é judeu; um cristão, mesmo quando é financista, como o mercador flamengo Guillaume Cades, cujo volume de transações no mercado inglês ultrapassa o de seu contemporâneo judeu Aaron de Lincoln, é considerado um "judaizante"[104].

Certos rabinos preocupam-se com tudo isso e pedem aos judeus que se afastem desse comércio, que é agravado por outro risco: obriga a viver na vizinhança dos outros e, em pouco tempo, sob a ameaça do ódio dos outros.

As relações com os outros: odiados pelos serviços prestados

Certos judeus, pouco numerosos, estabelecem-se sozinhos em aldeias, em fortes, em postos avançados; ali, são comerciantes, concessionários de destilaria, representantes de grandes mercadores, corretores, coletores de impostos — e ao mesmo tempo, com muita freqüência, prestamistas. Os outros vivem em comunidades de pelo menos dez adultos do sexo masculino, como impõe a Lei. Todos têm contato com os cristãos da vizinhança. Seus médicos e suas parteiras cuidam dos enfermos nos arredores; seus camponeses vendem os produtos na feira; seus comerciantes entram nas casas dos gentios; os judeus viajam na companhia destes, comem e hospedam-se juntos; artesãos judeus trabalham em oficinas com operários cristãos; os prestamistas têm de negociar com seus clientes; os camelôs de todas as confissões misturam-se para jogar dados nas espeluncas; os mercados acolhem cristãos e judeus; a "rua dos judeus", que se encontra em muitas cidades, é um espaço aberto.

Desbravadores por natureza, os judeus se entregam de bom grado a esse mergulho em novos mundos. Sempre que chegam a um país, aprendem o idioma e apropriam-se da cultura local. Discutem as mesmas literaturas, lêem os mesmos filósofos, compartilham as mesmas modas no vestuário, suportam as mesmas crises de fome, as mesmas epidemias, os mesmos inimigos. Combatem nos mesmos exércitos, criam juntos obras literárias, obras-primas de artesanato e empresas comerciais. Participam da mesma economia, consomem e produzem os mesmos bens que os cristãos. Também trazem novidades do lugar de onde vêm. Mais flexíveis, livres das limitações das guildas, são temíveis concorrentes dos artesãos cristãos. Com freqüência, teme-se sua aptidão para produzir melhor e mais barato.

Essa necessidade de viver em meio aberto obriga-os a modificar sua prática da Lei. Embora a questão ainda seja evocada e discutida, já não é aplicado o preceito babilônico que proibia o comércio com não-judeus três dias antes das festas religiosas. Com as necessidades geradas pela prática da penhora, a proibição de comerciar vinho e de deter objetos de culto cristãos também cai em desuso. A poligamia torna-se motivo de excomunhão, o repúdio é proibido e o divórcio já não é autorizado, salvo por consentimento mútuo. Enfim, como desde o tempo do primeiro exílio babilônico, os judeus são proibidos de resistir à força do príncipe (exceto se este quiser impor-lhes a conversão; nesse caso, e somente nesse caso, a resistência armada e até o suicídio são às vezes autorizados).

Contam-se muitas histórias de discussões públicas, de relações comerciais e familiares, de amizade e mesmo de amor entre cristãos e judeus — a exemplo daquela do clérigo de Oxford que, por volta de 1120, se converteu ao judaísmo por amor a uma jovem da comunidade judaica da cidade. O inverso também é verdadeiro, e certos judeus se convertem por amor ou por desejo de integração.

Cristãos e judeus debatem sobre teologia em praça pública ou na casa de uns e de outros. Rachi de Troyes conta que um de seus vizinhos cristãos lhe oferece bolos no último dia da Páscoa judaica. Estudantes judeus poloneses freqüentam clérigos de universidades italianas. *Rabbi* Levi ben Gerson é recebido em Avignon na corte do papa Clemente VI. As obras de Abraham ibn Ezra são traduzidas para o latim e o francês[104]. Os grandes intelectuais judeus de então, como o filósofo Ha-Meiri, de Perpignan, dialogam com seus homólogos cristãos, como Raymond Lulle, que escreve *O gentio e os três sábios*[257]. Certos escritores cristãos demonstram excelente conhecimento da literatura judaica[388]. Os textos de Nicolas de Lyre incluem incontáveis referências a Rachi; textos judeus recorrem cada vez mais às filosofias árabe, grega e augustiniana; romances de cavalaria inspiram filósofos judeus. No século XII, certos teólogos cristãos consultam os manuscritos hebraicos e pedem a ajuda de rabinos para compará-los à Vulgata. Desenvolve-se uma estreita colaboração entre monges de Cîteaux e rabinos que traduzem, do hebraico para o francês, passagens das Escrituras que os clérigos só conhecem em latim[104]. Para enriquecer seus comentários, dominicanos e franciscanos consultam exegetas judeus. No século XIII, Salomon ibn Gabirol, em *A fonte de vida*, alimenta suas construções teóricas abeberando-se em certas doutrinas cristãs[388]. Os *rabbis* insistem então nas convergências entre os três monoteísmos. Aceita-se melhor aquilo que Rachi escreveu sobre isso: "Estas nações onde nós, o povo de Israel, estamos exilados reconhecem a Criação *ex nihilo*, o Êxodo e outros pontos essenciais. Seu culto é dedicado ao Criador do céu e da terra"[326]. Em Perpignan, Ha-Meiri agora reconhece até que os cristãos são monoteístas, a exemplo dos judeus e dos muçulmanos, e não idólatras, o que obriga as comunidades a ajudar os pobres deles tanto quanto os das outras religiões do Livro.

Aristóteles — já traduzido para o árabe — é debatido em hebraico pelas comunidades judaicas do sul da França, antes de ser comentado por

Tomás de Aquino[388]. Em 1336, aliás, explode no seio da comunidade de Narbonne uma polêmica sobre a idade em que os jovens judeus devem ser formados no pensamento aristotélico. Os cristãos, confrontados a Aristóteles por Averroés, atravessam então uma crise à qual Maimônides já tentara responder com o *Guia dos perplexos*. Certos autores cristãos citam como modelo o ensino judaico. Assim, um aluno de Abelardo anota num comentário da Epístola de São Paulo aos Efésios: "Mesmo que seja pobre, mesmo que tenha dez filhos, um judeu os mandará para a escola, não pelo lucro, mas pela inteligência da Lei, e não somente seus filhos, mas também suas filhas"[59]. De passagem, ele também destaca a excepcional expansão demográfica judaica: as famílias de dez filhos não são raras, e as comunidades crescem depressa.

Como sempre, os *rabbis* temem então que os principais comerciantes, os mais integrados, os mais ricos, os mais próximos dos príncipes ou dos meios intelectuais, causem aborrecimentos às suas comunidades pelas faltas que poderiam cometer ou pela inveja que poderiam suscitar. É sempre a velha idéia: nada é bom para os judeus se não o for também para todos os outros. Por isso, as relações fora das comunidades são muito vigiadas; os mestres repetem incansavelmente que a sobrevivência de todos depende da honestidade de cada um, que apropriar-se fraudulentamente dos bens de um cristão ou tirar proveito de um erro cristão, por ocasião de uma transação comercial, constituem pecados graves; e que todos têm interesse na prosperidade dos gentios, para a qual devem colaborar.

Mas, como se teme sobretudo a assimilação, os *rabbis* cuidam para que sejam respeitadas as prescrições alimentares proibindo todo judeu de compartilhar uma refeição ou de beber com um cristão. Eles impelem os fiéis a reunirem-se nos mesmos bairros, em torno de uma sinagoga, um banho ritual, um cemitério. Às vezes reclamam a possibilidade de eles mesmos fecharem sua rua, nas duas extremidades, com um portão, a fim de melhor se defenderem em caso de agressão. Doravante, nesse tipo de bairro, o rabino, o mestre-escola, o açougueiro e certos artesãos nunca mais têm contato com os gentios[34]. Os senhores favorecem tais ajuntamentos, que facilitam o controle e evitam as misturas. Assim, em 1243, Jaime, o Conquistador, rei de Aragão, determina aos judeus de Perpignan, com a concordância destes, que vivam num bairro próximo ao dos tecelãos, de quem eles são os financiadores. O gueto já começa a esboçar-se.

Seguramente, os rabinos têm razão de precaver-se: apesar da coexistência popular e da utilidade econômica dos judeus, o ódio está de volta. Por uma erudita mistura entre teologia e economia, o Ocidente logo irá livrar-se de seus credores acusando-os de deicídio. Assim, as comunidades judaicas logo se tornarão alvo de novos ataques, que passam incessantemente de um domínio a outro. As pessoas detestam os judeus, que lhes forneceram seu Deus e seu dinheiro, porque odeiam a si mesmas por já não poderem dispensar nem Um nem outro. Prestamistas de Deus, prestamistas de dinheiro, os judeus são acusados indiscriminadamente de ladrões, exploradores, parasitas, açambarcadores, usurários, conspiradores, bebedores de sangue, envenenadores, assassinos de crianças, profanadores de hóstias, inimigos de Deus, assassinos de Cristo, invejosos de Jesus.

As cruzadas: pagar e morrer

Tudo se anuncia desde meados do século XI. A situação na Europa não é animadora. Bandos de assaltantes pilham cidades, senhores lutam entre si. Em 1073, um novo papa, Gregório VII, aproveita-se disso para negar ao imperador romano-germânico o direito de intervir na eleição pontifícia. Chega a obrigá-lo, em 1077, a ajoelhar-se aos seus pés em Canossa, e proíbe aos senhores a compra de cargos eclesiásticos. É ainda para o papa que se volta, em 1081, o novo imperador do Oriente, Aleixo Comneno — cujos exércitos acabam de ser derrotados pelos muçulmanos —, para solicitar a ajuda dos cristãos do Ocidente, com os quais, no entanto, havia rompido mais de vinte anos antes.

Para a Igreja de Roma, a oportunidade é excelente: atendendo a esse apelo, ela pode esperar assumir o comando dos príncipes do Ocidente, recuperar a Igreja do Oriente e, aproveitando-se disso, continuar até Jerusalém e retomar dos muçulmanos o túmulo de Cristo. Gregório VII não tem tempo de executar esse projeto. É seu sucessor, Urbano II, por ocasião de um concílio reunido em Clermont, em 27 de novembro de 1095, quem desencadeia aquilo que mais tarde será chamado de primeira cruzada. Cavaleiros, monges, homens do povo vindos de toda a Europa, dirigidos pelos cavaleiros francos Godofredo de Bouillon e Raymond de Toulouse, lançam-se assim em socorro aos bizantinos e à conquista do Oriente.

Para financiar seus equipamentos e assegurar a proteção às suas famílias durante sua ausência, que se anuncia longa, os cruzados, naturalmente, precisam de dinheiro. O único lugar onde imaginam poder encontrá-lo são os cofres dos prestamistas judeus. Aliás, a Igreja os exonera de qualquer reembolso de empréstimos anteriores. Mas isso não basta, e alguns recorrem à pilhagem. A caminho de Jerusalém, os cruzados — sobretudo os da Alemanha, mas não só eles — assaltam as comunidades por onde passam, roubando dinheiro, ouro, pérolas e até as jóias de mortos desenterrados. De nada adiantam os apelos à calma por parte de certos bispos nem os protestos do imperador Conrado III, a quem os judeus alemães estão sujeitos. A partir de 30 de maio de 1096, as comunidades de Colônia, Mainz, Worms, Speyer e Estrasburgo são saqueadas e massacradas, em vários casos depois de oferecimentos — que elas recusam — de conversão. Às vezes, para evitar estupros e torturas, batalhas resultam em suicídios coletivos, como em Colônia e em Worms. No total, trinta mil mortos no período de poucas semanas. Desde os massacres da Judéia, mil anos antes, nunca aconteceu algo semelhante, em nenhum lugar do mundo. Comenta-se febrilmente o assunto na Provença, na Espanha, na Itália e na Europa central, regiões relativamente poupadas.

Ao chegarem à Terra Santa em 1098, os cruzados encontram, na retaguarda dos exércitos seljúcidas, algumas raras comunidades judaicas corretamente tratadas pelo Islã. Assim, quando em 15 de julho de 1099, após cinco semanas de cerco, apodera-se de Jerusalém e massacra os habitantes, Godofredo de Bouillon reúne os poucos milhares de judeus da cidade numa das raras sinagogas ainda intactas e incendeia o local. Os outros judeus flagrados com armas nas mãos são vendidos como escravos a preços mais baixos que os dos soldados muçulmanos, para deixar bem clara a humilhante inferioridade deles.

Uma vez instalado, o reino cristão não institui taxação especial sobre os judeus e não impõe discriminação aos sobreviventes, afora a proibição de morar em Jerusalém. A participação deles na economia do reino dos cruzados irá manter-se marginal.

No sul da Europa, o acontecimento provoca um traumatismo tão grande que certas comunidades partem para o Marrocos e outras exigem garantias suplementares dos príncipes cristãos, para continuarem sob sua tutela. Por exemplo, a cidade de Reggio di Calabria, para dissuadir sua comunidade judaica de partir, deve garantir-lhe uma indenização total em caso de agressão.

Mas isso não contém a violência. Na Alemanha e na Inglaterra, os judeus são cada vez mais freqüentemente acusados dos mais variados crimes: inimigos de Cristo, aliados dos sarracenos, aproveitadores da ausência dos cruzados — estes obrigados, diz-se, "a privar suas famílias do necessário a fim de cobrir suas despesas de viagem, enquanto os inimigos de Cristo vivem na opulência". Qualquer ocasião serve para confiscar os bens dos judeus. Em 1130, o rei Henrique I da Inglaterra, de início muito acolhedor, faz com que eles paguem coletivamente uma multa de 2.000 libras, porque um deles é suspeito de assassinato. Quando o rei morre, em 1135, seus dois herdeiros ainda disputam asperamente o dinheiro dos judeus.

Em 1144, grande inovação: os judeus de Norwich são acusados de ter assassinado, na véspera da Sexta-Feira santa, um menino encontrado morto num bosque, a fim de beber seu sangue. É a primeira vez, desde a Antiguidade, que uma tal acusação é lançada contra judeus. Até então, ela era reservada aos cristãos heréticos. Apesar da intervenção de algumas autoridades locais, as quais estabelecem que o menino morreu de uma crise de epilepsia, são massacrados cerca de cem comerciantes judeus, muitos dos quais concediam empréstimos aos camponeses. Sobre os outros, desaba uma multa: os protetores fazem-se gatunos.

Em 1146, ante as dificuldades financeiras e militares do reino dos cruzados, Bernard de Clairvaux prega uma segunda cruzada, mas proibindo a pilhagem dos bens judaicos. Para ele, assim como para santo Agostinho e são Gregório, o Grande, o povo judeu deve ser protegido como testemunha da paixão de Cristo e "responsável" por ela. Portanto, deve sobreviver para continuar sendo denunciado como deicida. Contudo, certos monges — sobretudo no sul da Alemanha — convocam à destruição de comunidades recém-reconstituídas, meio século após as primeiras matanças. Um monge chamado Randulph prega a pilhagem na Alemanha e na Alsácia. Também nesse caso, as acusações de deicídio são outros tantos estímulos à violência. Naquele mesmo ano, Pedro, o Venerável, abade de Cluny, crivado de dívidas contraídas com prestamistas judeus e furioso por ver os bens que esperava receber como oferendas tornarem-se judeus em conseqüência da penhora, espalha seu azedume. Seus sermões denunciam a usura, "mau costume dos judeus", suscetível de contaminar o bom povo. É preciso tomar-lhes tudo, escreve ele cinicamente a Luís VII: "Eles devem ser execrados e odiados, mas recomendo que não sejam mortos. Convém puni-los de maneira mais relacionada à sua perversidade. Existe castigo mais indicado para esse povo ruim que o de tomar-lhes o que eles adquiriram pela fraude e roubaram com iniqüidade?"[309].

A segunda cruzada, conduzida por Luís VII e Conrado IV, começa mediocremente com a tomada de algumas ilhas gregas e conclui-se lamentavelmente diante de Damasco. Na Europa, os massacres recomeçam; desta vez, são iniciativa do povo e não mais dos príncipes. É o que acontece, em 1168, em Gloucester. Depois, na Páscoa de 1171, toda a comunidade de Blois, acusada de beber o sangue de crianças — é o segundo caso desse tipo depois de Norwich —, é queimada viva. Nesse mesmo ano, Salah al-Din ibn Ayyub, dito Saladino[85], que se tornou senhor do Egito, desencadeia a guerra contra os francos e apodera-se de Damasco, antes de ser derrotado em 1177 em Montgisard e de fracassar diante de Jerusalém.

O primeiro monarca da Europa cristã a ter a idéia de expulsar todos os judeus do seu reino é Filipe Augusto. Em 1180, quando sobe ao trono, ele projeta bani-los, autorizando-os a levar somente o produto da venda de seus bens móveis. Manda fechar a *yeshiva* de Paris, mas depois, premido pela necessidade de dinheiro — especialmente por causa da nova cruzada que se anuncia —, permite que os judeus fiquem, em troca de um imposto suplementar: seus financistas lhe explicaram que os judeus rendem mais como contribuintes do que como expropriados.

Posteriormente, a mesma técnica será utilizada muitas vezes: um edito de expulsão que em seguida é cancelado, em troca de um resgate. Assim é que, por seis vezes em um século, os judeus estarão a ponto de ser expulsos da França — não partindo nunca, mas pagando sempre.

Os massacres continuam, sobretudo na Inglaterra: em Bury Saint Edmund's em 1181 (ou seja, oito anos após o empréstimo de que se falou acima), em Bristol em 1183, em Winchester em 1192. Os judeus não são os únicos a serem perseguidos dessa forma pela Igreja. Esta, na verdade, ataca também os heréticos. Os valdenses são massacrados em 1184; depois, é a vez dos cátaros, contra os quais se cria a inquisição episcopal, polícia dotada de todos os poderes, inclusive o de torturar. Com freqüência, os suspeitos que não abjuram morrem sob as sevícias; os que se "reconciliam" com a Igreja são condenados ao "muro", isto é, à prisão perpétua; os que confessam e persistem na sua fé herética (os "relapsos") são entregues ao braço secular e queimados. Às vezes mortos, às vezes vivos.

Em 1187, após quinze anos de tentativas, Saladino derrota o reino dos cruzados, massacra os cavaleiros (como Renaud de Châtillon), conquista Beirute e Jerusalém, arranca a cruz instalada sobre o Domo do Rochedo e autoriza novamente os judeus a residir ali[85]. Para retomar a cidade aos muçulmanos, em 1188 uma terceira cruzada é lançada pelos três principais soberanos da Europa, Frederico Barba-Roxa, Henrique II Plantageneta e Filipe Augusto. Por toda parte, seu financiamento é explicitamente posto a cargo dos judeus. Em 1188, o Parlamento inglês, reunido em Northampton, decide subvencionar a nova aventura cobrando uma taxa de 130.000 libras, metade das quais cabem aos judeus, embora estes representem menos de 0,25 por cento da população. Para enfrentar esses impostos e espoliações, os prestamistas judeus elevam as taxas de juros, o que aumenta ainda mais sua impopularidade. Em 3 de setembro de 1189, após a morte de Henrique II, o sucessor deste, Ricardo I Coração de Leão, recusa o acesso à sua coroação, em Westminster, a judeus que vieram trazer-lhe presentes; desencadeiam-se tumultos e judeus são massacrados. No dia seguinte, o monarca toma-os sob sua proteção: os bens de seus vassalos lhe pertencem, explica ele em substância, e é melhor que ninguém os danifique!

Depois que Ricardo parte em cruzada, no início de 1190, um grupo de barões endividados, conduzido por Richard Malebys, ataca a comunidade de York. Em 16 de março, esta se refugia num castelo do rei que a multidão toma de assalto, incendiando ao mesmo tempo os registros dos empréstimos conservados na catedral. No dia seguinte, por instigação de seu rabino, *rabbi* Yom Tov Ben Isaac de Joigny, a comunidade assediada se defende quase sem armas e depois se suicida, para não se converter e para evitar a tortura. Outros massacres acontecem em Londres e, de novo, em Norwich.

Acre é tomada pelos cavaleiros. Saladino é derrotado. A guerra se interrompe; Jerusalém é disputada. Ricardo quer a Cidade Santa, "que, para nós", escreve ele, "é objeto de tal reverência que jamais renunciaríamos a ela, mesmo que estivéssemos reduzidos a um só homem"[85]. Saladino lhe responde: "Jerusalém importa para nós tanto quanto para vós; ela nos é até mesmo ainda mais sagrada, como ponto de partida do nosso profeta para sua viagem noturna e lugar de reunião de nossa comunidade no dia do Juízo"[85]. Em 1191, para pagar o resgate exigido pelo duque Leopoldo da Áustria, que aprisionou Ricardo Coração de Leão no trajeto da volta, de novo oneram-se pesadamente os prestamistas judeus e anulam-se seus créditos. Uma trégua assinada em 1192 deixa o litoral e a cidade de Acre para os cruzados do império latino do Oriente, autorizados a ir rezar em Jerusalém; a Síria, Jerusalém e a Palestina cabem a Saladino. Após a morte deste, em 1193, o Egito passa ao sultanato de Al-Malik al-Kamil, seu tio.

De volta a Londres em 1194, o rei Ricardo, furioso por ter perdido, pela destruição dos arquivos, os bens que poderia recuperar dos judeus, implanta uma minuciosa proteção aos empréstimos deles, a fim de evitar perder a respectiva documentação em caso de tumulto. Encarrega agentes da Coroa de registrar todos os créditos e manda guardar três exemplares dos registros em cofres cujas chaves ficam em poder de comissões mistas, presididas por um oficial real e compostas por notáveis cristãos e judeus[34]. Em caso de não-pagamento dos impostos sobre a renda dos empréstimos, as punições infligidas às comunidades vão da prisão à morte, passando pela tortura e pelo confisco dos bens, das mulheres e das crianças. Certos barões do norte da França, até então moderados, declaram-se livres de suas dívidas com os judeus, a quem espoliam e expulsam antes de partirem para mais uma cruzada.

Na bula *Sicut Judeis*, o papa Inocêncio III, como outros antes dele, proíbe os cristãos de despojar os judeus, de perturbar-lhes as festas, de forçá-los a fazer certos trabalhos, de profanar-lhes os cemitérios ou de "exumar, com o objetivo de extorquir-lhes dinheiro, os corpos que eles enterraram". Na verdade, a pilhagem dos bens judaicos já não rende o bastante para financiar a enormidade dos gastos: os cruzados já não têm sequer com que pagar aos venezianos o preço da travessia do mar Egeu e do Mediterrâneo. O doge então lhes propõe contratá-los para derrubar por sua conta o imperador bizantino. Em 1204, os cruzados, agora mercenários, ocupam Constantinopla, permitindo assim aos venezianos (e aos genoveses) abrir escritórios no mar Negro; ali, encontram mercadores judeus. Privado de reforços, morre o efêmero império latino do Oriente, enquanto os cruzados descobrem em Constantinopla as delícias da arte de viver bizantina, fonte longínqua do futuro Renascimento.

Na Europa, para proteger-se um pouco, os judeus tentam generalizar a redação dos contratos de empréstimo. No mesmo ano de 1204, o mesmo papa Inocêncio III protesta contra essa prática junto ao rei da França:

"Se, algumas vezes, aqueles [cristãos] a quem eles emprestam dinheiro a juros produzem testemunhas cristãs do fato de que repagaram, já não há credibilidade no documento, que, às vezes, o tomador cristão teve a negligência de deixar com seu credor. E como, nessa matéria, os cristãos não podem testemunhar contra judeus, estes fazem fortuna". O papa também se indigna com a excessiva tolerância do rei da França diante de suas comunidades judaicas, menos pilhadas nesse país do que em outros, e com freqüência suficientemente ricas para cometer o erro de construir sinagogas demasiado belas: "E a insolência dos judeus vai tão longe (falamos disso com vergonha) que os de Sens acabam de construir, junto a uma velha igreja, uma sinagoga muito mais alta do que a igreja e onde eles celebram seus ofícios segundo os ritos judaicos. E não fazem isso como antes de serem expulsos do reino, isto é, de maneira discreta, mas sim com grande clamor, sem terem o escrúpulo de evitar incomodar as mais santas cerimônias que se desenvolvem na igreja vizinha"[60].

Por toda parte, continuam as extorsões. Em 1210, João sem Terra, que em 1198 sucedeu seu irmão Ricardo Coração de Leão, manda prender e torturar os dirigentes comunitários a fim de obter deles o pagamento de 66.000 marcos de prata. Particularmente, ordena que diariamente se arranque um dente de um representante dos judeus de Bristol que se recusam a pagar 10.000 marcos de prata. No terceiro dente, eles pagam o que podem. Em 1211, trezentos judeus franceses e ingleses partem para instalar-se em Acre e em Jerusalém, no lado cristão e no lado muçulmano. Torna-se cada vez mais difícil extorquir-lhes o que eles já não possuem.

O ano de 1215 assinala uma data considerável. Na Inglaterra, é assinada a Magna Carta, pela qual o rei João sem Terra, após a derrota de Bouvines em 1214, compromete-se a não cobrar imposto sem o assentimento da nobreza e do clero e a conceder liberdade de comércio a todos os estrangeiros, particularmente aos judeus. Na Itália, o quarto concílio de Latrão, reunido pelo papa Inocêncio III, proíbe os judeus de emprestarem a juros. Ele também reafirma a definição da transubstanciação: a hóstia é o corpo de Jesus e o vinho, seu sangue. Mais uma vez, misturam-se os simbolismos do dinheiro e do sangue. A fim de detectar mais eficazmente os heréticos, o concílio também obriga todos os cristãos a se confessarem uma vez por ano. Quanto aos judeus, que se tornaram perigosos para a Igreja, decide-se pelo isolamento: a eles é proibido ocupar um emprego público, empregar uma mulher cristã em idade de ter filhos, entrar numa igreja, sair à rua nos dias de festas cristãs, trabalhar aos domingos, construir sinagogas altas e decoradas. Para distingui-los melhor dos cristãos e evitar que eles se insinuem na cidade para entregar-se ao comércio, o concílio obriga-os a usar uma marca: nos países germânicos, um chapéu cônico; nos países latinos, um decálogo ou uma rodela de tecido amarelo costurada sobre a roupa, simbolizando as moedas de ouro aceitas por Judas — sempre o dinheiro! Um comissário fica encarregado de perseguir os judeus que não usarem esse distintivo.

Assim como as precedentes, tais interdições não são realmente aplicadas. Até 1270, vinte e uma ordens escritas terão de reiterá-las, a cada vez sob pena de multa ou de castigos corporais. Sempre em vão: com freqüência, os povos mostram-se mais tolerantes do que seus senhores e continuam coexistindo, porque precisam uns dos outros.

Em 1223 começa uma nova cruzada contra outros heréticos: o filho de Filipe Augusto, que comandou a campanha contra as tropas cátaras de Raymond de Toulouse, sobe ao trono sob o nome de Luís VIII. Ele toma posse do Languedoc antes de morrer, em 1126, no trajeto de retorno da região das Cévennes. Em 1229, Frederico II de Hohenstaufen obtém do sultão Al-Kamil, sucessor de Saladino, o direito de entrar em Jerusalém. E ali se instala; excomungado em 1228, leva até sua morte, na Itália, a vida refinada de um príncipe oriental. A própria idéia de cruzada torna-se assim ridícula.

Em 1232, Henrique III da Inglaterra é criticado por não taxar suficientemente os judeus. Um cronista do século seguinte anotará que, nessa época, os judeus acumularam grandes riquezas, graças ao seu forçado monopólio da profissão de banqueiro[183]: "A Coroa os protegeu sob a condição de que uma parte do butim deles fosse para os cofres do rei, coisa que eles podiam pagar sem alterar seu luxuoso modo de vida [...]. Durante o reinado de Henrique III, as necessidades do reino o mantinham em situação de tal dependência diante deles que, em vez de persegui-los, o rei construiu a *Domus Conversorum* [Casa dos convertidos], onde pagou pensões a anciãos judeus que abrigou. Os barões, furiosos com essa aliança entre o rei e os judeus, massacraram os agentes do rei junto com os judeus".

Em 1235, Gregório IX condena as agressões perpetradas contra os judeus sob Luís VIII... ou seja, quinze anos antes! Em 1239, a nobreza e os mercadores obtêm do duque da Bretanha, João o Ruivo, o banimento para fora da província dos raros artesãos-prestamistas judeus que ainda vivem ali; a medida é naturalmente liberatória das dívidas. Em Ruão, os últimos judeus que não seguiram os ingleses sofrem a mesma desventura. Em 1240, o concílio de Lyon determina com extrema precisão que todos os príncipes cristãos, sob pena de excomunhão, obriguem seus judeus "a entregar aos cruzados o dinheiro que adquiriram através de juros".

Todos os meios são então utilizados para expropriá-los. Em 1241, no Sacro Império Romano Germânico, sob Frederico II, descobrem-se em Haguenau três crianças mortas; o populacho se revolta. Diante da ameaça, a comunidade judaica obtém a proteção do imperador em troca de uma alta soma: murmura-se que o monarca suscitou uma para extorquir a outra. Acusados de aliar-se a hipotéticos invasores mongóis e de veicular a peste, três quartos dos judeus de Frankfurt — cerca de mil — são massacrados; o quarto restante paga muito caro por manter a vida a salvo.

A Igreja deseja que os judeus sejam pilhados, mas não massacrados, pois são testemunhas da morte de Cristo. Assim, depois de circunscrevê-los a certas áreas, depois de incitar ao ódio contra eles e ao não-reembolso dos empréstimos, ainda alega protegê-los. Em 1247, o papa Inocêncio IV protesta, como fez Gregório IX doze anos antes, contra as acusações de crime ritual feitas a eles e contra as "espoliações". E escreve aos bispos da França e da Alemanha: "Certos membros do clero, príncipes, nobres e grão-senhores de nossas cidades e dioceses traçaram alguns planos urdidos pelo diabo contra os judeus, privando-os à força de suas propriedades e acusando-os falsamente de dividir entre si, em Paynes, o coração de uma criança assassinada. Como é nosso desejo que não sejam molestados, ordenamos que todos se conduzam com eles de maneira amigável. Quando atentardes para algum ataque injusto, corrigi as injustiças e não permitais, no futuro, que eles sejam vítimas de semelhantes atribulações". Ordem que ficará sem efeito, mas que teve o mérito de existir.

No mesmo ano, na Inglaterra, desta vez sob a acusação de fabricar moeda falsa, os judeus são taxados em 20.000 marcos de prata, o que provoca uma reunião, em Worcester, de todos os chefes de comunidade do reino, a fim de dividir os encargos. O maior banqueiro judeu do país, Aaron de York, é condenado pelo rei a pagar, sozinho, primeiro 4.000 marcos de ouro e depois mais 14.000 marcos de prata. A todos os judeus atribuem-se riquezas inesgotáveis; mas, no ano seguinte, uma ampla investigação feita por ordem do rei da Inglaterra revela que quase todos eles são pobres e que seus empréstimos, quando ocorrem, vão essencialmente para pessoas simples e correspondem a somas pequenas.

Em 1248, antes de partir para uma nova cruzada, Luís IX convoca o concílio de Melun; proíbe os cristãos de pedir empréstimos aos judeus — podia-se ter começado por aí! — e os judeus de comerciar com os cristãos. Além disso, impõe aos judeus o uso de uma "rodela" (um círculo amarelo). Sua cruzada se revelará uma longa odisséia: ele se apodera de Damietta, no Egito, antes de ser feito prisioneiro na rota do Cairo, enquanto a família de Saladino é afastada do poder pelos mamelucos, soldados mongóis vindos das regiões circassianas. Em 1253, durante o cativeiro de Luís IX, a regente Branca de Castela, sua mãe, decide expulsar todos os judeus de seus Estados; depois, como tantos outros governantes, prefere fazê-los pagar uma parte do enorme resgate — 400.000 libras — exigido para a libertação do soberano. Ao retornar, o futuro são Luís, em sinal de gratidão para com aqueles que lhe permitiram voltar vivo... resolve bani-los! Inocêncio IV, cuja solicitude em relação aos judeus foi de curtíssima duração, escreve ao rei para felicitá-lo por essa medida e quase para desculpar-se por sua mansuetude anterior:

"porque soubemos que eles não obedecem aos estatutos que emitimos". Os judeus, contudo, conseguem permanecer, mediante o pagamento de mais um imposto.

Na Inglaterra, Henrique III ainda tenta obter dinheiro para conduzir suas guerras e taxa novamente os judeus ingleses, desta vez em 8.000 marcos de prata. Como estes não conseguem pagar, o rei vende-os — eles são cerca de dez mil — ao seu irmão Ricardo de Cornualha, segundo filho de João sem Terra. Em 1255, os judeus são mais uma vez acusados de matar uma criança, um certo Hugues de Lincoln, para beber-lhe o sangue. A descoberta do corpo, vinte e seis dias depois, perto do local do casamento de um rabino, é ocasião para o massacre de uma centena de judeus.

Em 1260, *rabbi* Yehiel, testemunha de um auto-de-fé contra o Talmude em Paris, deixa a França para ir fundar uma escola talmúdica na cidade de Acre.

Luís IX proíbe novamente os judeus franceses de possuir terras, de transmitir bens por herança e de emprestar a juros. Mas, escreve Guillaume de Chartres, seus conselheiros lhe demonstram a crescente importância do crédito para o funcionamento da economia do reino, "de modo que mais vale tolerar os usurários judeus, porquanto já estão condenados, do que deixar os cristãos cometerem esse pecado"[240]. Luís replica que não pode tolerar esse "veneno que arruína o reino". Ele quer incitar os judeus a tornarem-se artesãos, mas recua ante a oposição das guildas cristãs, e ainda fala em expulsá-los quando morre, em 1270, diante de Túnis.

As cruzadas estão terminadas, embora ainda seja preciso esperar o ano de 1291 para que os mamelucos se apoderem de São João de Acre e acabem com o minúsculo reino dos cruzados.

O único vencedor é Veneza: a Sereníssima construiu os enormes navios que transportaram os cruzados; outrora, teve o controle de Constantinopla e dos escritórios do mar Negro; agora domina as técnicas orientais de fabricação e tintura de tecidos de algodão e seda (o camelão, o brocado, o damasco) e da arte da vidraria; controla uma parte do tráfico de certos portos mediterrâneos: Pisa, Gênova, Marselha, Narbonne, Sète, Aigues-Mortes. Seus mercadores aliam-se aos mercadores judeus e servem-se das redes destes nos Bálcãs e nos países muçulmanos para importar os novos produtos que os europeus adoram: tâmaras, bananas, rosas, lírios, hena, sena, índigo, pimenta, cravo, gengibre, canela, noz-moscada, açafrão, cardamomo, cominho, anis...

Os primeiros créditos fizeram seu trabalho: a economia está prestes a decolar, sob a pressão de novas necessidades. Os principais riscos foram corridos. O ofício de banqueiro torna-se menos aventureiro. Os judeus já não são necessários.

3. O dinheiro sem judeus (1260-1492)

Novos banqueiros

Diante de tamanha demanda, muitos cristãos se enfurecem por não poderem exercer uma profissão tão lucrativa e tão útil. A Igreja não consegue mais justificar a proibição de fazer frutificar o dinheiro nem a inclusão do prestamista e do cambista, junto com o jogral, o ator e a prostituta, entre as profissões que levam ao inferno. Pouco a pouco, ela passa "do compromisso com o feudalismo ao compromisso com o capitalismo; a Igreja não faz senão salvar a si mesma no capitalismo: a bolsa é sua vida"[239].

De início, ela toma certas distâncias em relação ao ideal de pobreza e dá a entender que desejar recompensas terrestres não é totalmente imoral. Desde que, é claro, a pessoa as ofereça à Igreja e se satisfaça com a continência e a frugalidade; em outras palavras, poupe em todos os sentidos do termo. Como sublinha Lewis Munford[287], pouco a pouco a Igreja transforma em valores positivos cinco dos sete pecados capitais: avareza, orgulho, inveja, gula e cobiça. Só continuam proibidos a luxúria e a preguiça.

Juristas consideram a legislação romana mais rica do que o direito canônico e tiram do ostracismo o Código Justiniano, esquecido havia alguns séculos. Novamente autorizam o empréstimo a juros, pelo menos no comércio marítimo e como pagamento dos riscos corridos. Redescobre-se que, apesar dos concílios e dos anátemas, leigos cristãos e até mosteiros, abades e bispos jamais pararam de exercer todos os comércios do dinheiro[239]. Certos conventos chegam a emprestar a juros as doações que receberam como oferenda[159]! Assim, a abadia Saint-Martin de Pontoise empresta 60 libras a Guillaume de Mello, tomando-lhe o feudo de Berville como garantia, antes da partida dele para a cruzada, em 1157. A ordem dos Templários torna-se um prestamista considerável, assim como a dos Cavaleiros Teutônicos é um dos maiores mercadores de lã da Europa.

Mas isso não basta: esses empréstimos a juros entre cristãos devem manter-se discretos, clandestinos mesmo, e não podem cobrir a imensidão das necessidades suscitadas pelo despertar da economia na Europa.

Em 1179, o terceiro concílio de Latrão já não se preocupa senão com as usuras "manifestas", isto é, com os empréstimos a taxas "injustas". Estima então que 33 por cento ao ano pode ser, em certos casos, um limite admissível para o "preço justo" do dinheiro. Para melhor afastar os judeus, o concílio declara que o testemunho de um cristão vale mais que um contrato feito por escrito com um judeu. Em 1215, o quarto concílio de Latrão admite, não sem alguma hipocrisia, que o empréstimo de dinheiro de um cristão a outro pode ser remunerado se for feito como compensação por um atraso de pagamento, ou como salário de um trabalho de cambista ou de contador, ou ainda como preço do risco de perda do capital emprestado. Em contrapartida, a usura "grave e imoderada" permanece proibida aos cristãos[237]. Isso provoca o aparecimento de alguns banqueiros cristãos que aumentam a quantidade do crédito disponível.

Mas o dinheiro continua muito raro; as taxas anuais prosseguem ultrapassando correntemente os 40 por cento. Entre o Reno e o Loire, elas variam entre 30 por cento e 60 por cento. Na Inglaterra, podem elevar-se a 80 por cento e até mesmo a 100 por cento. Os príncipes tentam então contê-las. Em 1218, uma ordenação do rei da França fixa o preço do dinheiro em 2 denários por semana (ou seja, 43,33 por cento ao ano). Em 1228, Jaime I de

Aragão limita-o a 20 por cento para o curto prazo e proíbe os juros compostos. Em 1255, numa reunião da Confederação das Cidades Renanas, a taxa de juros legais é fixada para o curto prazo em 2 denários por libra e por semana, ou seja, 43,33 por cento ao ano, e em 33,5 por cento para o longo prazo.

Mercadores italianos, corretores de produtos agrícolas e depois prestamistas em divisas, surgem em três lugares: Veneza, Gênova e Florença[69]. A eles correspondem três formas de capitalismo[17]: capitalismo de Estado, capitalismo de risco e capitalismo familiar.

Com as cruzadas, a cidade dos doges substitui Constantinopla como intermediária privilegiada entre o Ocidente e o Oriente. Doravante, por ela passará o essencial das especiarias, da seda, do algodão consumidos pelo Ocidente; os produtos são trocados pelos tecidos de Flandres e pela prata extraída das minas de Nuremberg. Em 1252, alguns mercadores judeus instalam-se na ilha de Spinalonga, que virá a ser a *Giudecca*[75]. Em sua maioria, tornam-se mercadores, seguradores, às vezes prestamistas, e reúnem-se aos cambistas que circulam e negociam no Rialto.

Em Gênova, alguns mercadores e corsários importam há séculos os produtos da agricultura e das minas do norte da Europa, os tecidos da Europa central e os vidros da Itália, trocando-os por ouro do Senegal e da Nigéria, por sal e cobre do Saara, por escravos, madeiras e armas do leste da África[69]. Suas lutas contra os sarracenos insuflam neles o gosto pelo risco e pela glória. Para financiar esse comércio e equipar seus navios, reaparecem a "sociedade do mar" (conhecida dos marinheiros fenícios, judeus e gregos desde quinze séculos antes, ela associa mercadores na compra de uma embarcação dividida em partes abstratas) e a "encomenda" (que reúne capitais de vários mercadores para financiar operações artesanais ou industriais[17]). Para evitar que os mercadores viajem levando somas altas demais, eles redescobrem a letra de câmbio praticada pelos judeus desde pelo menos dois séculos antes, no Egito.

Por fim, em Florença, os mercadores de grãos e de lã tornam-se banqueiros dos príncipes. Recebem depósitos e efetuam pagamentos por conta de seus clientes, transferências de fundos e compensações de uma filial para outra. Entre eles, há grandes famílias, como os Bardi, os Riccardi, os Peruzzi, os Frescobaldi, que também emprestam no exterior, particularmente aos Plantagenetas (a estes, os Riccardi adiantam 400.000 libras e os Frescobaldi, 12.200), e que se instalam em Bruges e mais tarde em Antuérpia.

No fim do século XIII, o crédito se desenvolve na Itália o suficiente para que as taxas de juros caiam para até 25 por cento. A Igreja tira proveito disso, associando esses prestamistas aos seus negócios. Mas nem assim se livra dos judeus. Entre estes, ainda são numerosos os que emprestam aos mercadores e mesmo à Igreja: em 1267, meio século após o quarto concílio de Latrão, o concílio de Vienne (França) ainda observa que os empréstimos dos judeus transformam em garantias os bens que ela almeja, e que eles "se tornaram tão numerosos e poderosos que as rendas do clero experimentam uma diminuição considerável". A conclusão logo será tirada: é preciso expulsá-los!

Mudar de memória (1260-1300)

O Ocidente distancia-se então do Oriente. A Igreja escolhe definitivamente Roma como centro. A pintura, a música, a literatura ocidentalizam os discursos, os comportamentos e os nomes. Jesus e Maria tornam-se louros. O povo judeu, testemunha da origem oriental do cristianismo e do fracasso das cruzadas, é designado como a encarnação do Mal na pintura, na literatura, no teatro religioso.

Uma vez que as comunidades judaicas já não são economicamente necessárias, desencadeiam-se ameaças de expulsá-las de todos os grandes reinos cristãos. Na verdade, essa partida levará mais de dois séculos; no intervalo, dezenas de decisões de expulsão serão tomadas e anuladas, pois as comunidades rendem mais com os impostos e os resgates que pagam do que com uma espoliação definitiva.

Embora Gregório X ordene proteger as pessoas e os bens dos judeus em todos os seus territórios, embora Filipe III, o Ousado, apele para eles a fim de "reanimar o comércio, restabelecer a circulação do dinheiro e remediar o esgotamento das finanças"[67], anunciam-se as primeiras decisões de expulsão. Em 1272, as sinagogas de Londres são fechadas e a prática do judaísmo é proibida na Inglaterra. Um *Statum judaicum* editado por Eduardo I proíbe-os de emprestar a juros. Assim como o soberano francês, o rei da Inglaterra autoriza-os a tornar-se artesãos, mas sem abrir para eles as guildas — o que os impede, como na França, de fazer outra coisa, além de emprestar, para sobreviver. Boa oportunidade para executar prestamistas judeus: em 1278, 680 deles são detidos e enforcados na Torre de Londres; em 1280, outros 293 sofrem a mesma sorte. Ante a impossibilidade, para os sobreviventes, de descobrir outras fontes de renda, e ante as necessidades do crédito, a Coroa os autoriza a emprestar durante mais quatro anos, e depois renova esse prazo. Em 1287, Eduardo I, de volta do Oriente e furioso por ver que sua decisão de expulsão não foi cumprida, apropria-se das últimas casas dos judeus, taxa-os sobre os bens móveis que possuem e proíbe-os de ceder suas garantias. Muitos se preparam para partir e liquidam seus bens; acusados então de querer mascarar o que têm, eles aguçam ainda mais a inveja. A expulsão em massa está próxima.

Ela começa em 1288 pela dos judeus de Nápoles, quase todos de origem alemã. Muitos aceitam converter-se para poder ficar. Dois anos mais tarde, em 1290, Eduardo I decide expulsar os quinze mil judeus que ainda vivem na Inglaterra. Alguns permanecem, disfarçando nome e identidade; os outros emigram para a Alemanha, a Boêmia, a Hungria, a Polônia e até a França — especialmente para Ruão e Bordeaux —, onde a situação não é melhor.

No início do ano, corre em Paris uma história[175]: um penhorista da rue des Billettes teria emprestado 30 soldos (o número de dinheiros de Judas) a uma mulher de costumes levianos (*muliercula*), que lhe entrega como garantia seu vestido mais bonito. Na véspera da Páscoa, a mulher teria vindo propor-lhe trocar a garantia por uma hóstia roubada numa igreja; ele teria concordado e até a teria dispensado da dívida, considerando que a hóstia valia muito bem os 30 soldos. Segundo o boato, "o judeu espeta então a hóstia com sua faca, mas, para estupor geral, o sangue do Salvador escorre da hóstia". O judeu e toda a sua família são presos e acusados perante a corte do bispo, o qual, "para extrair do milagre uma lição, propõe que eles se convertam". A mulher e as crianças aceitam, mas o "cúpido blasfemador, teimoso", se recusa; é então levado ao cadafalso e queimado, "embora alegue que um livro em sua posse lhe salvará a vida. Uma capela foi erguida sobre o local do milagre"[175].

Em 18 de julho desse mesmo ano, o rei da França decide-se pela expulsão dos quase cem mil judeus do reino — medida que, mais uma vez, ele transforma pouco depois em simples expropriação.

Em 1294, também são expulsos todos os judeus de Berna, acusados de matar um menininho; dois séculos e meio depois, instala-se na praça de La Grenette uma fonte, dita "fonte do Comedor de Crianças", que representa um ogro de barrete amarelo pontudo metendo uma criança num saco e devorando outra. Até hoje, essa fonte ainda está lá.

Em 1298, um senhor de terras alemão, Rindfleish, apelidado "matador de judeus" (*Judenschäger*), reúne um pequeno exército que, em seis meses, massacra a maior parte dos cem mil judeus então instalados nas cidades feirantes de Warburg, Ratisbona, Nuremberg, Augsburgo, Heilbronn e Röttingen, na Baviera[129]. É o maior massacre até então perpetrado na história dos judeus da Europa, mais importante ainda que o da primeira cruzada, exatamente dois séculos depois dele e exatamente no mesmo lugar.

Em 1306, após sua guerra contra os flamengos, Filipe IV, o Belo, ainda precisa de dinheiro. Ao mesmo tempo em que manda aprisionar os templários e os banqueiros lombardos para confiscar-lhes os bens, ele decide, como já fez quinze anos antes, expulsar os judeus que rejeitarem a conversão. Desta vez, a coisa é séria: ao que parece, nem pensar em adquirir o direito de ficar. Os judeus são autorizados a levar apenas o que tiverem sobre o corpo e víveres para um dia de viagem. A operação começa, mas se arrasta: entre 1307 e 1310, ainda se encontram numerosos atos de venda de bens judeus com abatimento. Depois, em 1311, o edito é novamente cancelado; os judeus podem continuar, mas sem recuperar seus bens...

O renascimento pela Grande Peste

No início do século XIV, a expansão da economia e a elevação dos preços acentuam na Europa ocidental as necessidades de crédito e o papel dos banqueiros. Em Florença, os Frescobaldi, os Bardi, os Peruzzi — os "lombardos" — efetuam agora todas as operações bancárias[411]: câmbio, transferência de fundos, pagamentos de uma praça a outra, empréstimos aos papas, aos reis, aos príncipes, às cidades, cujas rendas eles recolhem e a quem aconselham em matéria financeira[176]. Como a atividade bancária continua proibida aos cristãos pela Igreja, os lombardos alegam dedicar-se apenas ao comércio e não saber que o acréscimo feito pelos seus devedores ao reembolso dos empréstimos tem o nome de "juros"[311]... Trabalham muito em Bruges, em Antuérpia e na Inglaterra, onde ocuparam o lugar dos judeus (que eles até receberam um dia como garantia de um empréstimo concedido ao rei!). Assim é que os Frescobaldi adiantam a Eduardo II o dinheiro necessário para custear a guerra contra a Escócia[354]; os Bardi e os Peruzzi financiam as operações de Eduardo III contra a França durante a Guerra dos Cem Anos, tomando como garantia a lã inglesa que fará a fortuna das oficinas têxteis de Florença: o empréstimo torna-se então uma forma de compra com desconto. Em 1318, o patrimônio dos Bardi é avaliado em 875.000 florins, ou seja, o equivalente ao orçamento de seu principal cliente, Eduardo II[354].

Depois sobrevém o craque: em 1345, Henrique III não tem como reembolsar 900.000 florins que deve aos Bardi e 600.000 florins tomados de empréstimo aos Peruzzi[354]. Somas enormes! Falência dos lombardos, que destrói a fortuna bancária de Florença em proveito da de Gênova e Veneza[176].

Portanto, os prestamistas judeus permanecem indispensáveis, apesar do fim das cruzadas. Nenhuma das expulsões gerais foi até então realmente aplicada. Escolas talmúdicas ainda existem em Sens, em Falaise e em Troyes, formando dezenas de mestres. Por toda parte, exige-se que os judeus continuem emprestando aos camponeses e aos artesãos. Em Zurique, em 1309, um decreto até ordena que eles emprestem aos burgueses locais, mediante uma taxa de juros fixada pelo conselho da cidade; aliás, essa taxa e a venda das roupas entregues como garantia são as únicas fontes de renda que lhes são autorizadas. Na França, a expulsão de 1306 logo cai no esquecimento, ao menos quanto aos prestamistas, pois já em 1311 o herdeiro da coroa concede a certos barões o direito de ter sob sua jurisdição "lombardos, judeus e outros usurários"[61]. Em 1315, agora com o título de Luís X, ele confirma o direito de permanência dos judeus, em princípio por doze anos. Ainda em 1315, atendendo ao "comum clamor do povo", é a vez de o soberano inglês chamar de volta todos os judeus expulsos vinte e cinco anos antes. Em 1317, em Marselha, o judeu Bondavin de Draguignan é defendido no tribunal por vinte e quatro testemunhas cristãs[382].

Essa trégua dura pouco: em 1320, na França, quarenta mil "*pastoureaux*", 'pastorinhos', camponeses em revolta, massacram os judeus em seu trajeto — é uma de suas ocupações favoritas —, particularmente em Bordeaux. Em 1321, as comunas da senescalia de Carcassonne pedem a Filipe V, o Alto, que expulse os últimos judeus presentes na cidade, acusados de ter estuprado devedoras cristãs. No mesmo ano, os judeus de Roma, ameaçados de expulsão por João XXII, que reside em Avignon, são protegidos por Robert d'Anjou, vigário-geral dos Estados pontifícios. Em 1337, os de Bordeaux são novamente massacrados por terem profanado uma hóstia, como o são outros na Boêmia, na Morávia, na Áustria. Em 1339, bandos de miseráveis, autodenominados *Judenschläger*, massacram comunidades na Alsácia e na Francônia.

Por toda parte, na Europa, os judeus são de novo acusados de envenenar os poços, desta vez em conluio com os leprosos. O boato corre célere: dinheiro e doença. Um e outro circulam, como o sangue, e misturam-se ao espírito popular. Sangue, doença, dinheiro? Eis que chega a Peste Negra.

Em 1346, uma embarcação vinda de Caffa, escritório genovês no mar Negro assediado pelos mongóis, introduz em Veneza uma doença pavorosa: a peste[69]. Ela mata metade da população e se espalha com enorme velocidade pela Europa, ao longo da rota que sobe através da Renânia até o mar do Norte.

Embora médicos judeus e cristãos lutem juntos — com os poucos meios da época — para salvar vidas, certos padres e senhores logo denunciam um "ato satânico" orquestrado pelos judeus a fim de exterminar a cristandade envenenando o ar e a água. Fala-se de uma conspiração urdida em Toledo por um certo *rabbi* Peyrat, cujo quartel-general ficaria em Chambéry; dali, ele teria enviado seus envenenadores a toda a Europa, de Veneza a Hamburgo! Os judeus de Chambéry são presos pelo conde de Savóia, Amadeu I, e confessam sob tortura. Na Suíça e na Alemanha, massacram-se comunidades, sem que com isso a epidemia seja contida. Em Estrasburgo, onde a peste ainda não grassou, as guildas dos açougueiros e dos curtidores, assim como certos nobres endividados, começam a matar judeus; nem por isso a peste deixa de chegar à cidade, onde extermina mil e seiscentas pessoas. Em abril de 1348, os judeus de Toulon, uma das raras cidades européias onde eles são admitidos como cidadãos na assembléia local, são massacrados na "Carrière de la Juderia".

Em julho e setembro de 1348, o papa Clemente VI toma sob sua proteção os judeus de Avignon e do Comtat Venaissin, lembrando que eles não são poupados pela doença e que esta ataca inclusive nas regiões de onde eles estão ausentes. Em 1349, mais dois mil são mortos em Estrasburgo, 400 em Worms, dois mil em Oppenheim; seis mil são queimados vivos em Mainz; três mil são massacrados em Erfurt; em Viena, Munique, Augsburgo, Wurtzburg, Nuremberg, assiste-se a matanças, batalhas, suicídios. No total, o terceiro massacre de massa na Renânia em dois séculos faz pelo menos 30 mil mortos. Os sobreviventes deixam novamente a região; desta vez, partem para a Polônia, a Pomerânia e a Rutênia.

A peste continua percorrendo a Europa. Queimam-se os mortos e os vivos. Com a concordância dos papas e dos mercadores, a Espanha, a França, o sul da Itália e os Países Baixos, menos atingidos do que a Alemanha, mantêm-se como locais de refúgio para alguns judeus. Por fim, a doença se interrompe em 1352, tão misteriosamente quanto apareceu. No total, a epidemia levou mais de um terço da população do continente. Ela retornará várias vezes.

A peste não é apenas uma tragédia indescritível. Por um estranho viés, é também a derrocada do sistema feudal: como os trabalhadores tornaram-se mais raros, os salários têm de aumentar; e a ordem das corporações não resiste a isso. A ordem mercantil pode anunciar-se; a Peste Negra extinguiu o velho mundo.

Nesse preciso momento, em 1353, em Florença, um dos primeiros textos do Renascimento fala justamente do mundo, dos judeus e do dinheiro. E, pela primeira vez, fala-se deles de maneira positiva: numa curiosa novela do *Decameron*[62] (primeiro dia, terceira novela: "Os três anéis ou as três religiões"), Boccacio narra como Saladino negocia um empréstimo "na cidade de Alexandria com um rico judeu chamado Melquisedec, usurário. Esse judeu era o homem mais interesseiro e mais avarento da época. Saladino manda chamá-lo e o lisonjeia: 'Melquisedec, várias pessoas me disseram que tens sabedoria, ciência, e que sobretudo és versado nas coisas divinas; eu queria saber de ti qual destas três religiões, a judaica, a maometana e a cristã, te parece a melhor e a verdadeira'"[62]. O outro responde por uma metáfora na qual um pai, para não dividir uma jóia magnífica entre seus três filhos, manda fazer duas outras tão semelhantes que, após sua morte, os herdeiros brigam para saber qual é a verdadeira, ao passo que todas são igualmente belas. Saladino aplaude a habilidade da resposta. "O judeu, num ataque de generosidade, emprestou-lhe tudo o que ele quis; e o sultão, sensível a tal procedimento, mostrou-se muito agradecido. Não contente com reembolsar o judeu, cumulou-o também de presentes, reteve-o junto à sua pessoa, tratou-o com muita distinção e honrou-o sempre com sua amizade"[62]. Texto radicalmente novo, no qual o islamismo é dado como exemplo de tolerância e de respeito recíproco: o Renascimento italiano está em andamento.

A partir de 1355, apesar das horríveis lembranças da Grande Peste, mercadores judeus retornam à Turíngia, à Baviera e à Boêmia para vender especiarias e roupas, sem na verdade instalarem-se ali. Em Nuremberg, capital da prata, local de três grandes massacres, já não subsistem mais que setenta e oito adultos judeus, cujo único ofício ainda autorizado é o de penhorista; três famílias constituem quase metade dessa comunidade, cada uma com oito a onze adultos. Um agente municipal vai até a sinagoga a cada ano, por ocasião de um sabá do mês de Nissan, para fazer a lista dos presentes e verificar se cada um tem o *Bürgerrecht* (direito de cidadania)[34]: ali encontra nove servos, dez professores da Torá, um açougueiro ritual, um bedel e algumas crianças.

Na Inglaterra, quando morre o Príncipe Negro, em 1376, murmura-se que os banqueiros lombardos a quem o rei não pagara suas dívidas, trinta anos antes, teriam sido na verdade judeus dissimulados[417]: portanto, era normal não os reembolsar. Em 1370, os judeus de Bruxelas são massacrados sob o pretexto de que haviam "conspurcado as santas hóstias". Em 5 de julho de 1394, enquanto a guerra descamba para um casamento real, os poucos judeus que retornaram à Inglaterra após a expulsão de 1315 são novamente banidos por Ricardo II, sob a dupla acusação de usura e de proselitismo. Sem dúvida eles tentaram despertar a fé de seus amigos convertidos. Dão-lhes um prazo de doze anos para encerrar seus negócios; o empréstimo a juros lhes é proibido; o rei se apropria de dois terços dos créditos que eles têm em curso. Desta vez, é o fim: depois de um século de repetidas expulsões, não haverá chamado de volta; o proselitismo é um crime demasiado grave aos olhos da Igreja.

Alguns partem para a Alemanha, onde, ainda sob a acusação de "bebedores de sangue", são perseguidos. Ao longo de todo o século XIV, os judeus vão desaparecendo da Europa, sobrevivendo apenas na Alemanha, na Espanha e na Itália. Em 1458, em Frankfurt, eles são até encerrados atrás de cartazes erguidos nas duas extremidades de sua rua. Primeiros confinamentos. Outros se refugiam na Lombardia, onde sobrevivem vendendo a banqueiros locais letras de câmbio sacadas sobre devedores ingleses. Sem dúvida, há os que com isso reatam antigos vínculos com banqueiros lombardos. Talvez até alguns desses "lombardos" que os acolhem tão bem sejam outros tantos convertidos. Jogos de máscaras para sobreviver sem perder-se demais...

Toscana e Venécia

No início do século XV, Bruges se assoreia[69] e deixa de ser o principal porto do mundo, a Hansa declina, Antuérpia ainda é tímida; quase todo o comércio passa agora por Gênova, Florença e Veneza. Em toda a Itália, os judeus não passam de quinze mil, para uma população total de onze milhões de habitantes. Graças às cartas (*condotte*) concedidas desde o século XIII pelas cidades de Ferrara, Bolonha, Pádua, Mântua, Perugia, Gênova, Florença e Veneza, e apesar dos franciscanos e dominicanos — que desejam fazer expulsá-los de toda a península —, eles ainda são artesãos, ourives e prestamistas nesses lugares.

Veneza é então a cidade mais importante da economia mundial[69]. É lá que se fixam os preços das principais mercadorias e se constroem as melhores embarcações, as *galere da mercato*. É de lá que mercadores cristãos e judeus remetem para o Oriente a lã de Flandres, o veludo de Gênova, a lã feltrada de Milão e de Florença, o coral de Barcelona. É também por Veneza que chegam os escravos de Tana, a seda de Constantinopla, os metais da Anatólia, as sedas da Pérsia, a pimenta de Malabar. A pequena comunidade judaica é próspera[75]. Uma primeira bíblia em hebraico é impressa na cidade em 1488, por Abraham ben Hayyim, em prensas instaladas por uma família de livreiros, os Soncino, depois que se imprimiu em 1475, em Reggio di Calabria, um pioneiro livro de orações em hebraico[75].

Para o judaísmo, tanto quanto para o cristianismo, a imprensa constitui uma verdadeira revolução[19]: os livros, tão essenciais à vida comum, finalmente poderão estar disponíveis em grande número e a baixo preço. Nenhuma comunidade importante se imaginará daí em diante sem sua gráfica. O mercado é vasto: uma só língua para todo o judaísmo mundial;

quase nenhuma língua falada no mundo, afora o chinês e o latim, conta então tantos leitores! Mas, em contrapartida, os comentários dos grandes rabinos, assim disponibilizados, paralisarão a reflexão. Doravante, poucos ousarão acrescentar os seus àqueles já impressos.

Junto com outros mercadores baseados na cidade, os judeus venezianos incluem-se agora entre os únicos a poder transpor os limites e comerciar com Istambul (novo nome de Constantinopla a partir de 1453) e com a Pérsia. Eles têm representantes em escritórios distribuídos ao longo dos Bálcãs e da rota da seda, até a China: Samarkand, Bukhara... Os dois mil judeus venezianos encontram-se tão bem integrados aos diversos comércios que o doge se preocupa com isso e, a partir de 1420, impõe-lhes o uso de um chapéu amarelo para distingui-los[75].

Em Florença, Cosimo de Medici, que reina de 1434 a 1464, atrai filósofos judeus e árabes em torno de Marsilio Ficino[411]. Em 1437, ele concede aos mercadores judeus uma carta que lhes permite trabalhar com crédito. Depois, Lourenço, o Magnífico, lhes garante a liberdade de estudar e de comerciar. Romaniotas trazem de Istambul as traduções de textos árabes e gregos, e exercem um papel essencial na difusão da imprensa. Uma cátedra de hebraico é criada na universidade de Bolonha. *Rabbi* Elijah Delmedigo, que detém a cátedra de filosofia na universidade de Pádua, exerce grande influência sobre Pico della Mirandola, que vai buscar na cabala (a tradição) a prova da veracidade do cristianismo. Na Toscana, o número de judeus logo ultrapassará cinqüenta mil.

Nos Estados do papa — sobretudo em Roma e seu porto, Ancona —, Martinho V concede em 1420 sua proteção a alguns banqueiros judeus, como contrapartida a um tributo[313]. Em 1442, Eugênio IV proíbe os judeus de construir sinagogas, de ocupar empregos públicos e de testemunhar em processos contra cristãos, o que, na prática, impossibilita para eles qualquer recurso nos litígios comerciais. Em 1462, os franciscanos criam os montepios para oferecer empréstimos sem juros e forçar o papa a livrar-se de seus banqueiros judeus — o que ele não faz.

Estranha ironia: nessa Europa cristã, onde os judeus são expulsos de toda parte, os papas conservam alguns que exerçam a profissão de banqueiros, mas sem deixar de recomendar aos príncipes cristãos que se livrem deles!

Em 1491, ainda por instigação dos franciscanos e dos dominicanos, os judeus são expulsos de Ravenna, cujas sinagogas são destruídas — um ano antes de concluir-se a fabulosa história dos judeus da Espanha...

4. DO ISLÃ E DA POLÔNIA (1260-1492)

Mamelucos, otomanos, mongóis

O Egito dos mamelucos disputa o Oriente Médio com a Turquia dos otomanos e a Pérsia dos mongóis: três impérios muçulmanos em declínio, de onde muitos judeus procuram fugir.

Os mamelucos, oficiais de origem turca, assassinam em 1250 o último sultão da família de Solimão e estabelecem um regime militar no Egito, na Síria e depois na Palestina. Alexandria, assim como o Egito inteiro, enfrenta o poderio otomano. Os últimos mercadores judeus da cidade mantêm o controle do mercado das especiarias, que eles revendem a negociantes genoveses, pisanos, venezianos, marselheses e catalães.

No fim do século XIV, sob o reinado de Bajazet (Bayazid) I, o império otomano estende-se sobre a Anatólia, uma parte da Sérvia (após a batalha de Kosovo, vencida em 1389), a Bulgária, a Macedônia e uma parte da Trácia. Só lhe falta apoderar-se de Constantinopla quando ele é atacado pelos mongóis, convertidos ao islamismo um século antes. Em 1386, o chefe destes, Tamerlão, neto de Gengis Khan, empreende a conquista da Pérsia e massacra os habitantes de Isfahan e Chiraz, mas poupa artesãos e letrados, entre os quais os judeus, que ele deporta para Samarkand a fim de fazê-los trabalhar para a glória de sua capital (revestimentos em madeira, tapetes, sedas). Em 1393, os mongóis entram em Bagdá, onde ainda residem vinte mil judeus. Em 1401, ordenam o massacre de todos os habitantes: cada soldado deve trazer uma cabeça; todos os edifícios, entre os quais as sinagogas, são destruídos. É o aniquilamento da mais antiga comunidade da Diáspora, a do primeiro exílio de 722 a.C. Na região sobrevivem apenas algumas comunidades esparsas, que mais tarde retornarão a uma Bagdá mortificada.

Nesse mesmo ano, Tamerlão apodera-se de Alepo, importante encruzilhada comercial, e de Baalbek. Damasco, que lhe abre suas portas, nem por isso escapa do saque pelas tropas dele. Em junho de 1402, na batalha de Ancara, Tamerlão enfrenta Bajazet, aprisiona-o e toma a Anatólia e Smirna dos otomanos, enquanto, de passagem, massacra judeus e cristãos. O imperador mongol morre em 1405, no momento em que se prepara para atacar a China dos Ming, depois de ter fundado a dinastia dos Mogol na Índia. Os otomanos podem então recuperar o fôlego e acabar com o império bizantino. Tamerlão conseguira apenas proporcionar uma trégua aos cristãos assediados no Peloponeso e na cidade de Constantinopla, isolada em território otomano.

Em 29 de maio de 1453, o sultão Mehmet II destrona o último imperador romano do Oriente, Constantino Paleólogo, e entra na cidade. As igrejas são substituídas por mesquitas, mas não as sinagogas. O humilhante estatuto de *dhimmis*, os "protegidos", como os definiu o Islã desde o século VIII, é aplicado a uns e outros. Os romaniotas conservam o direito de dizer suas preces em grego; outros judeus vêm ao encontro deles, deixando a França, a Alemanha, a Hungria, a Sicília. A guerra continua por algum tempo, até que Mehmet II fracassa diante de Belgrado e Rhodes; assina então, em 25 de janeiro de 1479, um tratado com Veneza.

No império otomano, que agora se estende da Argélia à Pérsia, passando pela Palestina, os judeus são sobretudo artesãos e camponeses. Em árabe ou em turco, seus sobrenomes, aliás, remetem aos seus ofícios[459]: Haddad (ferreiro), Tzaig (joalheiro), Nahesi (caldeireiro), Fellah (granjeiro), Leben (estucador), Sabag (pintor), Hiat (alfaiate), Nejar (carpinteiro), Attal (carregador). Às vezes, os sobrenomes escolhidos remetem deliberadamente a profissões humildes, a fim de mascarar as fortunas. Alguns comerciam em todos os mares, apesar dos piratas. Outros se tornam financistas até na corte dos sultães. Uma boa descrição da situação deles no século XV muçulmano é dada por *rabbi* Isaac Ilos, a respeito dos últimos judeus de Jerusalém: "Muitos são artesãos [...]. Alguns exercem ricos comércios. Outros se dedicam à ciência [...]; a maioria se consagra ao estudo da Lei. Os judeus de Hebron são numerosos e fazem um considerável comércio do algodão que eles tecem e tingem"[459]. Na Argélia, como no Marrocos, as comunidades são prósperas; suas *yeshivas* são particularmente sofisticadas; ali, o rabino Simeon ben Tsemah Duran redige prescrições que, durante séculos, fixarão as regras matrimoniais na maioria das diásporas do mundo islâmico.

Afora essas raras exceções, os judeus já quase não ocupam funções importantes no Islã, de onde partem pouco a pouco. O centro de gravidade do judaísmo inclina-se então para a Polônia.

A chegada ao leste da Europa

Os primeiros judeus a passar pela Polônia vêm de terras islâmicas: em 965, chegam à região alguns mercadores radanitas — e talvez *khazars* — dos quais se conservou menção através de um relato de Ibrahim ibn Jacob, mercador judeu de Toledo (então cidade muçulmana)[414]. A seguir, em 1097, logo após a primeira cruzada, instalam-se na Silésia famílias provenientes da Renânia ou de Praga, comerciantes e camponeses que têm excelente acolhida: muito recente, a cristianização da região pelo duque dos polonos ("povo dos campos"), Mieszko I, não predispõe os habitantes do lugar a desposar os ódios ocidentais. Segundo uma crônica de Vincent Kadluba[414], por volta de 1170-1180 os judeus vivem despreocupados em Cracóvia, onde são gravadores, tinturistas, fabricantes de seda, penhoristas, mercadores, corretores. Do Báltico à Turquia, eles povoam a Lituânia, a Ucrânia e os Bálcãs com comunidades que servem de escala para os mercadores. Peças de prata com brasões em hebraico encontradas na Polônia — nas regiões da Silésia e da Mazóvia — estabelecem que alguns deles cunham moeda para Mieszko III, príncipe da Grande Polônia, de 1138 a 1202[414].

Em 1264, segundo o costume germânico, o rei Boleslau, o Pio, faz dos judeus "escravos do Tesouro". Confirma-lhes o direito de organizar sua vida comunitária, de fazer comércio, de emprestar tomando bens imóveis como garantia, e até de ser camponeses[414]. Em seguida, com cinqüenta anos de atraso, a Igreja da Polônia tenta fazer respeitar as decisões do concílio de Latrão de 1215. No sínodo de 1267, ela se esforça por proibir que os judeus cultivem a terra, empreguem cristãos, tenham mais de uma sinagoga por cidade, e por obrigá-los a usar uma insígnia especial e a se isolarem num bairro. Tanto quanto as de Roma, tais medidas não são aplicadas e precisam ser reiteradas, em vão, pelas assembléias de Buda (na Hungria), em 1279, e Leczyca (na Polônia), em 1285: a Igreja não pode impedir príncipe e povo de receber bem os judeus. Os da Silésia têm reconhecidos os mesmos direitos, por certos senhores locais: Henrique Probus de Wroclaw em 1273, Henrique de Glogow em 1274, Henrique de Legnica em 1290 e Bolko de Wroclaw em 1295.

Em 1334, um ano após subir ao trono, Casimiro, o Grande, confirma a proteção que Boleslau, o Pio, concedeu aos judeus setenta anos antes. Embora não lhes reconheça a propriedade do solo, chega a fundar para eles uma cidade, Kazimierz, ao lado de Cracóvia. A Igreja volta a protestar; murmura até mesmo que o rei está sob a influência de uma amante judia, a bela Esterka[414].

Entre as comunidades, as notícias rapidamente circulam. Grande número de judeus acorre à Polônia, fugindo da Europa ocidental e dos massacres contemporâneos das cruzadas; eles ainda representam apenas 0,6 por cento da população do país, mas, agora, comunidades mais ou menos importantes são encontradas em trinta e cinco cidades da Polônia, da Silésia e da Ucrânia incorporada ao reino polono-lituano. A maioria dos judeus trabalha no artesanato (peleteria, curtume, roupas), no comércio de sal, de cobre e de arenques, e ainda como corretores desde o Báltico até a Silésia, a Hungria, a Turquia e mesmo as colônias venezianas do mar Negro. Alguns emprestam a camponeses; outros, a ricos mercadores, e tornam-se banqueiros importantes: caso de Lewek de Cracóvia, Abraham Niger, Wolczko de Drohobycz, Josek de Lublin[414].

Como as perseguições se multiplicam no Oeste, são cada vez mais numerosos os judeus que se dirigem para Leste: primeiro para a Silésia, em 1349, e logo depois, durante a Grande Peste, para a Polônia. Também aqui, acusam-nos de envenenar os poços, sem ainda assim expulsá-los nem massacrá-los todos. Depois de Casimiro, a partir de 1387 uma nova dinastia, a dos Jagelões, reúne Polônia e Lituânia[414]. Com freqüência, judeus são empregados pela monarquia como coletores do imposto real nos domínios dos senhores, os magnatas. Eles também são encontrados a serviço desses proprietários de terras como gerentes de domínios, contramestres, camponeses, artesãos, hospedeiros. Alguns desses intendentes enriquecem e adquirem reservatórios de água, moinhos, solares, aldeias. Assim é que um deles, Wolczko de Drohobycz, possui várias aldeias na Rutênia.

A partir do início do século XV, alguns homens livres, agora fidalgos provincianos, isto é, membros da *szchlachta*, reivindicam esses empregos tão lucrativos. Como em outros lugares, pensa-se em expulsar os judeus, depois de tê-los utilizado como "arriscadores interinos". Alguns, que se tornaram proprietários, são impelidos a vender suas casas e suas terras. Uma universidade cristã é construída em plena Kazimierz e os estudantes forçam os prestamistas judeus a lhes concederem empréstimos sem juros, que são mais ou menos reembolsados. As acusações de assassinato ritual chegam do Ocidente. Em 1423, os prestamistas são proibidos de emitir cartas de crédito e de aceitar hipotecas territoriais; agora, só podem conceder empréstimos modestos, garantidos por bens móveis (roupas, barricas de vinho). Em 1454, enquanto luta contra a heresia hussita na Boêmia, o franciscano João de Capistrano, inquisidor, ataca de passagem os judeus de Wroclaw. Em 1490, os judeus são expulsos da Baixa Silésia; depois, de Cracóvia e até de Kazimierz.

Diante de tais perseguições, alguns se convertem, para tornarem-se também eles fidalgos de província. Outros deixam as profissões nas quais foram confinados até então e investem nas minas ou em cargos de coletores de impostos. Ainda assim, sua situação parece ser melhor aqui do que em qualquer outro lugar. E, sobretudo, melhor do que na Espanha.

5. Financiar as descobertas e desaparecer (1000-1492)

A hora espanhola

No início do milênio, o termo hebraico *Sefarad* começa a designar a Espanha, ponto de encontro entre o Islã e a cristandade. A palavra vem do livro bíblico de Abdias, que fala do "exílio de Jerusalém em Sefarad", evocando com isso as comunidades da Ásia Menor no tempo de Nabucodonosor. No mesmo versículo, encontra-se o termo *Tsarfat*, utilizado durante o primeiro milênio para designar a Gália e, depois, o reino franco.

No norte da península ibérica, os cristãos; no sul, os muçulmanos. Num e noutro, os judeus. Em bom entendimento. Bem rapidamente instala-se ali a mais importante comunidade judaica da Europa ocidental. A história de sua estada e de sua expulsão constitui uma das mais extraordinárias aventuras do destino judeu.

No século XI, *rabbi* Samuel Levi é ao mesmo tempo o *naguid* da comunidade e o principal colaborador do rei muçulmano de Granada. Escritores judeus importam para lá o pensamento grego do Oriente, traduzem-no para o hebraico, comentam-no e o revelam ao mundo cristão. Em 1150, depois de reconquistar grande parte de Castela das mãos dos mouros, Afonso VII de Castela proclama-se "imperador das Espanhas" e "rei das três religiões". Em 1170, ao tempo em que as cruzadas estão no auge, seu filho Sancho III, rei de Castela, traz do Egito e de Babilônia alguns eruditos e doutores da Lei. Em Tudela, ao norte de Saragoça, tribunais cristãos arbitram os litígios entre judeus com base no direito talmúdico[406].

Por essa época, tanto no norte quanto no sul da península, encontram-se judeus exercendo todos os ofícios: artesanato, comércio e até agricultura. Em Segóvia, por exemplo, na parte cristã, metade dos chefes de famílias judias é de tecelães, sapateiros, ourives, ferreiros, oleiros ou tintureiros. Em Barcelona, os artesãos (encadernadores, gravadores, joalheiros) também representam metade da comunidade[19]. Em Tudela, eles são artesãos ou médicos; em outros lugares, camponeses, viticultores, proprietários de oliveirais ou de trigais, às vezes cultivando-os eles mesmos, ou então alugando-os a muçulmanos ou a cristãos. Em outros lugares ainda, trabalham a lã ou a seda.

Em razão das proibições da Igreja e das exigências dos monarcas, na Espanha, como no resto do mundo, o empréstimo é monopólio forçado dos judeus. Muitos emprestam dinheiro, sementes, azeite, redigindo em hebraico ou em judeo-castelhano suas letras de câmbio e suas faturas endereçadas até à corte dos reis. Por toda parte, na Espanha, o vocabulário econômico se forma a partir do hebraico[19]. Por exemplo, em castelhano os juros de uma dívida são denominados *quiño*, termo derivado do hebraico *quenesh*. Como em outros lugares, "judeu" e "prestamista" são sinônimos.

Certos judeus são conselheiros de príncipes, responsáveis pela cunhagem de moedas, agentes financeiros das cortes. Joseph ibn Zadok é coletor de impostos de Afonso X; Abraham El Barchilón, financista de Sancho IV; Benveniste de Porta, banqueiro de Jaime I de Aragão; Judah Halevi e Abraham ibn Joseph, coletores arrendatários de Carlos III de Navarra. Certas famílias judias são autênticos viveiros onde se recrutam grandes administradores: os ben Nashman e os Abravanel (ou, segundo as fontes, Abarbanel) de Sevilha; os ibn Wakar e os ibn Shoshan de Toledo; os Halevi e os Benveniste de Burgos; os Caballería e os Alazar de Saragoça. Eles não são nem chanceleres nem tesoureiros-gerais; servem à pessoa física do rei, mais que ao Estado. Raramente são admitidos nos governos ou nas cortes. Tornam-se os executantes eficazes de uma política de cuja concepção só raramente participam, pelo menos oficialmente.

Alguns desses mercadores abjuram, para melhor se integrarem: no sul, Samuel ben Yehudah abraça o islamismo, passa a chamar-se Asmuril e, em 1174, publica um livro no qual acusa os judeus de terem deformado a Bíblia; na cristandade, o médico de Afonso VII, rei de Castela e Leão, é um judeu convertido.

Quando os pequenos reinos cristãos do norte, ajudados por cavaleiros vindos da França, empreendem a reconquista das terras muçulmanas, os judeus servem de colonos, como camponeses ou como administradores.

Enquanto os massacres e as expulsões se multiplicam ao norte dos Pireneus, judeus e cristãos da Espanha vivem em bom entendimento. Em 1250, sob Jaime I de Aragão, o geral dos dominicanos, Raimundo de Peñaforte, confessor de Gregório IX, manda ensinar hebraico e árabe a vários monges, para que eles tenham condições de discutir com os rabinos[19]. Em Castela, Afonso X, que tem Joseph ibn Zadok como intendente das finanças, acolhe eruditos de todas as religiões. Os outros soberanos de Castela até mesmo encorajam os judeus a respeitarem sua confissão, e certos tribunais castelhanos chegam a infligir multas aos judeus não-religiosos. O assassinato de um judeu é punido com a mesma pena aplicada ao de um nobre. Em meados do século XIII, um dos maiores senhores do reino, don Juan Núñez de Lara, joga dados com judeus no mosteiro dominicano de Toledo[406].

Vários judeus da França, expulsos em 1306 por Filipe, o Belo, vêm refugiar-se além-Pireneus, felizes por encontrar ali uma comunidade próspera e numerosas escolas talmúdicas. Como os mercados espanhóis estão praticamente fechados aos lombardos, aos de Cahors e a outros prestamistas cristãos, aqui o crédito judaico perdura por muito mais tempo do que em outros lugares, sendo também mais aceito, sem espoliações nem massacres. Judah Abravanel torna-se assim, em 1284, tesoureiro de Sancho IV de Castela, e, depois, do sucessor deste, Fernando IV.

Nesse fim do século XIII, após a expulsão da maior parte dos príncipes muçulmanos, a Igreja ganhou segurança e pretende obrigar os príncipes a obedecer às normas de Roma. Um século depois das injunções do quarto concílio de Latrão, ela se esforça por conseguir que eles separem judeus e cristãos. Assim, o arcebispo de Toledo acusa os judeus de traição em favor dos sarracenos, provocando uma sublevação e organizando a pilhagem das sinagogas. Em Barcelona e em Tortosa, as "disputas" transformam-se em processos dirigidos contra os textos hebraicos.

Embora ataque menos a Espanha que o resto da Europa, a Grande Peste não ajuda, e a sorte dos judeus piora em Castela. Ali, em 1368, uma luta sucessória opõe o pretendente legítimo, Pedro, o Cruel, ao seu irmão, Henrique de Trastamara. Incertos sobre o resultado da disputa, os prestamistas judeus financiam os dois campos. Ao vencer, em 1369, Henrique denuncia o irmão como "enjudeusado", manda assassiná-lo e proíbe aos judeus todas as funções no serviço do Estado. Em 1370, a Igreja persegue mercadores cristãos de Gerona por terem jogado dados no bairro judeu, numa quinta-feira santa. Em 1378, o arquidiácono de Ecija e vigário-geral da diocese de Sveilha, Fernando Martínez, exige a expulsão dos judeus, a exemplo do que se faz em todo o resto da Europa[274]. Em julho de 1390, morre João I de Castela, o último soberano que ainda os protegia um pouco. O século XV anuncia-se bastante sombrio para eles, em seu último refúgio ibérico.

Marinheiros e descobridores

A cartografia é uma ciência capital: todo mapa é um segredo de Estado e constitui uma informação, um acesso a riquezas. Portanto, os mapas são objetos de grande valor. Seu comércio, ligado à diplomacia e à espionagem, é complexo e lucrativo.

Desde o tempo de Salomão, os mercadores judeus são notáveis marinheiros; ao longo dos dois milênios precedentes, já os encontramos navegando da Espanha à Índia, em navios persas, gregos, egípcios, árabes, ou em suas próprias frotas. Assim, acumularam um saber imenso e, por toda parte, vários são excelentes cartógrafos.

Agora, é sob a perspectiva da Espanha e de Portugal que se encara o alto-mar: é a partir dali que se contornará a África e se encontrarão os confins do mundo. Os marinheiros que se aventuram em direção ao sul necessitam de instrumentos de navegação e de mapas cada vez mais precisos. No início do século XIV, muitos instrumentos marítimos são aperfeiçoados por astrônomos judeus. Assim, por volta de 1300, Jacob ben Machir ibn Tibbon inventa um aparelho de bordo, conhecido sob o nome de "quadrante judaico", que permite medir a posição das estrelas. Por volta de 1330, Levi ben Gershon, comentador bíblico, matemático e astrônomo, inventa o "bastão de Jacó", quadrante muito simples que permite aos marinheiros medir a separação angular entre dois corpos celestes. Por volta de 1475, Abraham Zacuto, astrônomo em Salamanca, elabora as primeiras tábuas astronômicas, que fornecem as horas mais ou menos exatas do nascer dos planetas e das estrelas; sua tábua das efemérides, traduzida do hebraico para o latim por outro judeu, José Diego Mendes Vizinho, é publicada sob o título de *Almanach perpetuum*.

Navegadores e mercadores judeus estabelecidos em Portugal a partir do reinado de João I, o Grande, por volta de 1410, época das primeiras conquistas ultramarinas, participam da organização do comércio exterior do reino. Pouco mais tarde, em Barcelona, corretores de especiarias — a família Crescas — dirigem um centro judaico de cartografia denominado Academia Nacional de Palma de Maiorca. Obrigado a converter-se ao catolicismo sob o nome de Jaime Riba, o filho de Abraham Crescas, Yehudah, entra para o serviço de Henrique o Navegador — filho de João I de Portugal —, que sonha com a conquista da África sem jamais embarcar. Yehudah torna-se diretor da escola de navegação de Sagres e, nessa condição, faz parte dos organizadores das expedições portuguesas ao longo do litoral da África, buscando — em vão — contornar esse continente. A partir de 1448, essas expedições chegam à costa da África ocidental e resultam num comércio de escravos, arrancados pelos árabes aos reinos do Mali e do

Songhai para serem trocados com os portugueses em Arguin, na costa da Guiné, por tecidos de seda. Nada indica que mercadores judeus tenham exercido um papel específico nesse comércio, embora seja verossímil que participaram dele.

Por trás da busca de uma passagem no sul da África para a Ásia, os judeus têm também a idéia de que existe uma terra desconhecida, Terra Prometida, Jardim do Éden ou paraíso perdido. Textos do Midrash sustentam a idéia de que membros das dez tribos do reino de Israel — aquelas que foram "perdidas" depois do primeiro exílio de 722 antes da nossa era — partiram para ir viver do outro lado de um rio lendário, o Sabbatyon, cujas águas se agitam durante a semana e se detêm durante o sabá. Um viajante judeu do século XII, Eldah Ha-Dani, afirma vir de um lugar desconhecido e pertencer a uma dessas tribos, a de Dã. Benjamim de Tudela, o viajante espanhol do século XII que já encontramos em Alexandria e em Bagdá, descreve as tribos de Dã, Aser, Zabulon e Neftali, com as quais esteve perto de um rio, o Gozan; quanto às de Rúben, de Gad e à metade da de Manassés, ele as situa em Khaibar, no Iêmen.

Espantosa conseqüência dessa cultura da viagem: quase todos os que organizarão e financiarão a descoberta da América ou são judeus ou o foram. Passemos à extraordinária odisséia dos judeus da Espanha, expulsos do mundo antigo e descobridores do novo.

Conversos e marranos

Com a morte de João I de Castela, em junho de 1390, acaba-se a proteção; o rastelo paira sobre os judeus. Os quase trezentos mil que vivem na Espanha estão de sobreaviso, sentindo crescer a ameaça. O dia 4 de junho de 1391 chega como um rastilho de pólvora[274]: o bairro judeu de Sevilha é destruído e, nos dias seguintes, é a vez dos de Córdoba, Montoro, Jaén, Tudela, Madri, Segóvia, Valência, Barcelona, Palma e Gerona. No total, cinqüenta mil mortos, ou seja, um sexto da comunidade. Tantos quantos os dos massacres dos séculos precedentes. Cinqüenta mil sobreviventes fogem para as terras islâmicas em Granada, Fez, Marrakech, Argel, Mostaganem, Tlemcen, Orã, Túnis e Trípoli. Cem mil persistem em sua fé e permanecem na Espanha. Outros cem mil se convertem, mas uma parte se manterá judia em segredo.

Na Espanha, mais ainda do que em outros lugares, praticar o judaísmo às escondidas é perigoso: a Igreja, em último caso, pode tolerar os judeus, mas queima os "relapsos". Os vaivéns entre cristianismo e judaísmo são às vezes tolerados em outros lugares, mas não aqui. Ser flagrado praticando o judaísmo depois de uma conversão acarreta a morte, após tortura e processo. Além disso, um *converso* perde seus amigos judeus sem com isso ganhar a amizade dos "cristãos-velhos", que o chamam, com desprezo, de *marrano* (porco). Em conseqüência, muitos desses marranos vivem e casam-se entre si, o que reforça as suspeitas da Igreja em relação a eles.

Assim começa, com os massacres de 1391, a vida dupla do marrano, judeu em segredo: feita de angústia, de jogo duplo e de riscos diários para transmitir uma identidade proibida. Em certas famílias, pais se convertem sem os filhos, um cônjuge sem o outro, e filhos partem sem seus pais. Em Tudela, alguns rabinos solicitam o batismo, enquanto outros, Itzhak ben Sheshet e Joseph ben Menir, seguem para o Maghreb. Em Saragoça, um filho de rabino, Alazar Galluf, converte-se sob o nome de Juan Sanchez. Em Burgos, o próprio grão-rabino, Salomon Ha-Levi, converte-se com toda a sua família, torna-se bispo dessa cidade, sob o nome de Pablo de Santa Maria, e escreve panfletos antijudaicos.

Os que se exilam denunciam os convertidos; os que permanecem denunciam os intelectuais, discípulos de Maimônides — que, com seu gosto pela filosofia aristotélica e sua paixão pela modernidade, transtornou as mentes e impeliu os dirigentes das comunidades a se assimilarem, a se aproximarem dos príncipes, provocando inveja, causa de todas as desgraças[19].

Depois de alguns meses, a violência diminui. Em 1394, ao mesmo tempo em que os últimos remanescentes dos judeus da Inglaterra são expulsos, a vida recupera na Espanha um pouco da tranqüilidade. Em Saragoça, em 1397, a comunidade está de novo florescente. Mas os que se converteram no clima de pânico do verão de 1391 caíram numa armadilha: um converso não pode voltar a ser judeu; um judeu não pode trazer conversos de volta ao judaísmo. Uns e outros estão sujeitos a rigorosa vigilância.

Impedir os judeus de "contaminar" os conversos torna-se então uma idéia fixa para a Igreja da Espanha. À revelia de qualquer consideração de interesse econômico, às vezes à revelia dos próprios monarcas e do papa, com uma fúria obsessiva, a Igreja vai tentar "proteger" os conversos contra os judeus: estes, dizem os eclesiásticos, são portadores de uma peste — o próprio judaísmo —, com a qual podem a qualquer momento contaminar aqueles, ainda convalescentes. A metáfora da peste ou a do tumor não os abandonará mais. Aos poucos, a Igreja da Espanha conseguirá tirar do país os judeus, para só conservar — vigiando-os de perto — os que se converteram. Para isso, ela não hesitará em destruir a estrutura comercial, cultural, econômica e financeira dos diversos reinos, fazendo sua idéia fixa sobrepujar os interesses dos mercadores e dos príncipes.

Em 1411, em Valência, as pregações de um monge fanático, Vicente Ferrer, incitam as multidões cristãs a massacrar judeus, que ele acusa — como se faz em outras partes da Europa — de envenenar os poços. Alguns fogem e se exilam então, até na Polônia.

Em 2 de janeiro de 1412, um primeiro monarca da península cede à Igreja e a Ferrer: João II decide aplicar as resoluções tomadas quase dois séculos antes pelo quarto concílio de Latrão e confinar todos os judeus de seu reino em bairros fechados. O texto desse importantíssimo decreto, dito de Valladolid, é bem esclarecedor quanto às condições econômicas e sociais dos judeus da época:

"Todos os judeus do reino devem viver afastados dos cristãos num bairro rodeado por um muro, com uma só porta de acesso. Eles têm oito dias para instalar-se lá, do contrário perdem todos os seus bens. Nenhum judeu poderá comer nem beber com cristãos, ou mesmo conversar; os judeus não poderão assistir a cerimônias cristãs nem empregar cristãos para cozinhar, para educar crianças, para qualquer trabalho que seja. Nem empregar um cristão para lavrar campos ou vinhas, nem para construir casas ou outros edifícios. Nenhum judeu poderá utilizar tecido de valor superior a 30 maravedis por vara [unidade de medida]. Os judeus usarão um casaco até os pés, sem franja nem plumas, e um gorro sem ouro. Nenhum judeu poderá raspar sua barba nem cortar seus cabelos. Nenhum judeu poderá exercer os ofícios de droguista, procurador, perceptor de impostos e de direitos aduaneiros, cambista (em nenhuma cidade), farmacêutico, cirurgião, médico, veterinário, açougueiro, curtidor, ferreiro, marceneiro, fundidor, mercador de tecidos, de sapatos ou de corpetes, fabricante de meias ou de gibões, nem costurar as roupas dos cristãos, nem ser tropeiro, nem transportador de qualquer mercadoria, e se absterá sobretudo de vender azeite, mel, arroz e outros alimentos, nem portar ou utilizar arma alguma. Todo denunciador de uma violação deste texto por um judeu receberá um terço da multa imposta ao judeu que ele terá feito condenar. Nenhum judeu poderá criar obstáculos àqueles dentre eles que, inspirados pelo Espírito Santo, quiserem tornar-se cristãos, seja qual for o vínculo que os une. Nenhuma comunidade judaica terá o direito de coletar impostos em seu seio sem autorização real. Nenhuma comunidade judaica poderá distribuir, dos seus bens, mais que o expressamente ordenado pelo rei, sob pena, para os responsáveis, de perder seus bens e suas vidas"[39].

Não se pode decretar condenação mais exaustiva nem confinamento mais total: o empréstimo de dinheiro resta como única atividade autorizada a esses enclausurados, privados de qualquer abertura.

Um dos Abravanel, família de banqueiros desde dois séculos antes, que garante os empréstimos da Coroa para financiar o cerco de Algeciras, emigra então para Portugal. Reencontraremos sua família, mais de um século depois, de volta à Espanha[390]. Em Alcañiz, um médico judeu, Joshua Ha-Lorki, converte-se sob o nome de Jerônimo de Santa Fé.

Em 1412, o papa Benedito XIII organiza uma *disputatio* entre o convertido Jerônimo de Santa Fé, que se tornou seu médico, e catorze rabinos aragoneses. Ela irá opô-los durante dois anos. No verão de 1414, o papa decidirá que a *disputatio* se concluiu pela vitória do cristão-novo[266].

No entanto, o judaísmo espanhol, sozinho na Europa, ainda sobrevive graças a certos príncipes. Por volta de 1420, Meir Alguadez, o grão-rabino de Castela, onde acaba de ocorrer um sério massacre, conclui uma nova tradução da *Ética* de Aristóteles para o hebraico. Outros traduzem Tomás de Aquino e Guilherme de Occam. A pedido de cristãos, Moisés Ajangel traduz a Torá para o castelhano. Nesse início do século XV, os financistas judeus continuam muito apreciados em certas cortes; outros são intérpretes, tradutores, negociadores, espiões, embaixadores, o que lhes vale uma recrudescência da inveja por parte da nobreza, do povo simples e, sobretudo do clero. Em 1432, Abraham Benveniste, grão-rabino e tesoureiro do rei João II, obtém a revogação do decreto de 1412 e reorganiza as comunidades. Em Aragão e em Castela, uma parte importante do poder está agora nas mãos de conversos.

Paradoxo: fez-se de tudo para converter os judeus, mas não se suportam os conversos. Em 1446, a pedido da Igreja, o rei de Castela proíbe-lhes o acesso a qualquer cargo público, o que exclui particularmente a família Caballería do serviço do Estado, assim como várias grandes famílias cristãs em que havia casamento com conversos. O papa Nicolau V emite opinião contrária: um cristão-novo, explica ele aos seus bispos, é um cristão como os outros, exceto se ficar provado que ele judaíza em segredo. A Igreja dos reinos da Espanha resiste. Serão necessárias duas bulas pontifícias para triunfar sobre sua obstinação[406].

Estranha situação: em certas cidades, massacra-se, tortura-se, expulsa-se; em outras, cristãos ainda escutam os sermões de rabinos famosos, judeus assistem a missas de Natal, grão-senhores jantam — comida *kosher* — nas casas de mercadores judeus, financistas judeus são convidados às cortes e nelas exercem funções importantes, conversos trabalham junto a judeus e a cristãos-velhos como ministros, mercadores, ourives, camponeses ou artesãos.

Alguns destinos judeus singulares dessa segunda metade do século XV:

Diego Arias de Avila e, mais tarde, seu filho tornam-se secretários de Henrique IV de Castela, irmão e predecessor de Isabel, a Católica. O filho, Juan, converte-se e torna-se bispo de Segóvia.

Abraham Señor, de início rabino, mais tarde banqueiro de Afonso V na guerra contra Granada, torna-se coletor arrendatário e chefe da comunidade judaica de Castela no reinado de Henrique IV. Em 1469, ao lado de outros judeus influentes, participa do arranjo do casamento de Isabel, irmã do rei, com Fernando, filho de João II de Aragão. Com a morte de Henrique IV, em 1474, ele ajuda na eliminação da filha deste, a "Beltraneja"*, o que abre para Isabel o acesso ao trono[304]. Com isso, possiblita a reunião dos reinos de Aragão e Castela, quando morre João II de Aragão, em 1479. Abraham Señor torna-se então *rab de la corte* (rabino da corte) e *gaon* (título que havia desaparecido desde muito tempo antes) do conjunto dos judeus dos dois reinos reunidos; é dispensado de pagar o imposto e de usar os trajes impostos aos outros judeus.

Oito dos nove filhos de Luís de la Caballería, o tesoureiro de João II de Aragão (pai de Fernando), se convertem. Vários ocupam cargos importantes na Igreja e no Estado; um deles, Alfonso de la Caballería, inicia por volta de 1460 uma carreira de conselheiro na corte de Aragão, reino do qual virá a ser vice-chanceler. Todos parecem permanecer judeus em segredo, e a maior parte de seus casamentos se faz entre conversos.

Muitos conversos ocupam altíssimas funções junto aos dois novos monarcas: Hernándo de Talavera, confessor da rainha, nasceu de mãe judia; Gabriel Sanchez, filho de Juan Sanchez, neto do rabino Alazar Galuff de Saragoça, torna-se tesoureiro de Aragão; Luís de Santangel, sobretudo — cujo avô, Azarias Chinillo, converteu-se ao cristianismo no início do século XV, antes de tornar-se bispo de Maiorca —, é nomeado coletor dos impostos; é o favorito do rei Fernando de Aragão, que em 1481 o nomeia *escribano de ración*, ou seja, controlador-geral da casa de Aragão — em outras palavras, principal coletor dos impostos indiretos do rei —, mais tarde *contador mayor*, isto é, pagador-geral de Castela, e tesoureiro-geral da Santa

* Filha de Joana de Portugal (segunda esposa de Henrique IV), Joana, "a Beltraneja", tinha esse apelido por ser considerada fruto das relações da rainha com Beltrán de Cueva. (N. da T.)

Hermandad, organização paramilitar destinada a garantir a manutenção da ordem, um dos postos mais eminentes do reino[304].

Essa lista não foi elaborada ao acaso: como veremos adiante, esses conversos, que constituem o núcleo do aparelho administrativo e financeiro do país, na verdade continuaram judeus em segredo. Juntos, eles financiarão o projeto de um desconhecido marinheiro genovês, que alguns[259] dizem ser judeu e que se encontra então em Portugal, em busca de financiamento para uma viagem em direção a oeste, cuja rota marítima ele discute com cartógrafos portugueses, judeus em sua maioria: Cristóvão Colombo.

Enquanto isso, a Igreja na Espanha não parou de vigiar os conversos, principalmente os que se alçaram ao topo do Estado. Ela observa os contatos deles com os judeus e espiona seus hábitos de vida, em busca do mínimo indício, tal como uma maneira insólita de matar aves, de acender velas, de apagar o fogo no sábado, de conduzir-se à mesa, de vestir os mortos, de celebrar os enterros. A ordem dos cavaleiros de Alcântara chega a afirmar que toda vigilância é inútil, pois todo judeu convertido permaneceu necessariamente judeu em segredo; portanto, é preciso excluir de Castela e Aragão qualquer indivíduo que tenha um ascendente judeu e instaurar aquilo que a ordem denomina "pureza de sangue". Mas Roma, como vimos, não é da mesma opinião; deseja apenas assegurar-se da fé dos novos convertidos e aceitá-los entre os cristãos. Em 1º de novembro de 1478, um novo pontífice, Sisto IV, eleito em 1471, exige justamente dos Reis Católicos que nomeiem inquisidores em seus reinos, a fim de verificar a sinceridade dos conversos e de vigiar os judeus que os incitem a reconverter-se. Com isso, toda pessoa suspeita de "judaizar" em segredo, ou de impelir um converso a fazê-lo, será denunciada ao tribunal e acabará na fogueira. Uma investigação mostra nesse momento que, em Sevilha, de fato muitos conversos se mantiveram judeus em segredo[274]. Em Maiorca, o médico Bonet Bonjorn e o grande cartógrafo Yehudah Crescas se converteram, por sua vez.

A Inquisição é imediatamente atacada: no mesmo ano — 1480 — em que ela começa a funcionar, Pedro de Arbues, cônego da catedral de Saragoça, é assassinado. A Inquisição investiga e acredita descobrir um complô que envolve os mais famosos conversos do reino: Luís de la Cerda, Pedro Gonzales de Mendoza, Luís de Santangel, Alfonso de la Caballería, o marquês de Moya, Juan Sanchez, Sancho de Patenoy e Juan de Coloma. Todos grão-senhores e próximos dos monarcas.

O inquérito é aterrorizante: exuma-se a avó de Alfonso de la Caballería para verificar de que modo ela foi enterrada; arrasta-se a mulher dele em penitência num auto-de-fé; queima-se em efígie seu irmão Jaime. O sogro de Gabriel Sanchez, também acusado de ser judeu em segredo, é condenado à morte e executado. Sancho de Patenoy é condenado à morte, mas agraciado por intervenção de seu neto Juan Cabrero, mordomo-chefe do rei, que conseguiu a comutação da sentença em prisão perpétua. Os outros — todos eles grandes do reino — livram-se da condenação por vontade do soberano, que defende seus favoritos. No ano seguinte, após esses processos movidos sem sua concordância contra conversos que lhe são próximos, e depois de vários ataques a judeus que supostamente se haviam aproximado deles, Fernando, como prova de sua confiança, nomeia Luís de Santangel, um dos principais suspeitos, controlador-geral de Aragão, e lembra que "os judeus são nossos vassalos. Baixar normas sobre os judeus que são nossos cofres e pertencem ao nosso patrimônio cabe somente a nós". Os judeus "que são nossos cofres": raramente as coisas terão sido ditas mais cruamente. A Inquisição despreza essa interdição: no período de poucos meses, cinco mil conversos são torturados e, a seguir, liberados, após terem-se "arrependido"; outros setecentos são queimados vivos.

É para essa Espanha inquietante, em plena crise econômica, que retorna em 1481 um grande financista judeu português, dom Isaac ben Judah Abravanel[391], descendente de Judah Abravanel, que tempos antes se refugiara em Portugal. Isaac foge da ira de João II, novo rei em Lisboa, que o considera suspeito de ter participado de uma conspiração dirigida contra ele, depois de ter sido o conselheiro, e mais tarde o ministro das Finanças, do soberano anterior, Afonso I. Aos quarenta e quatro anos, Isaac Abravanel retorna à terra de seus ancestrais e coloca todos os seus bens a serviço de

Isabel e Fernando. Por exemplo, organiza o financiamento da nova guerra contra os mouros a fim de liquidar Granada[391]; depois torna-se tesoureiro do reino, sob o olhar desconfiado da Inquisição, furiosa por ver mais um judeu alçar-se à roda dos Reis Católicos.

Se, em 1482, o papa Sisto IV se esforça por frear um pouco a Inquisição castelhana, embora a tenha suscitado, o dominicano Tomás de Torquemada, confessor da rainha e novo inquisidor-geral a partir de 1482, não desiste[107]. Inclusive, propõe aos Reis Católicos uma solução radical: expulsar todos os judeus do país, a fim de que eles não possam mais desviar os conversos da verdadeira fé.

Fernando, que ainda se pretende rei das três religiões, não está convencido, nem política nem economicamente, da necessidade da expulsão[304]. Nem o povo, nem a burguesia nem a nobreza a reclamam. Os judeus representam uma força econômica fundamental; são os únicos prestamistas autorizados e animam o comércio internacional. A chegada de Abravanel o demonstra: os judeus podem trazer riquezas ao país e privar delas os reinos rivais. Eles são o "patrimônio" do rei e constituem, ao lado dos conversos e de vários outros senhores e mercadores cristãos, a estrutura administrativa, financeira e comercial do país, assim como a única ligação deste com o império otomano e os mercados da Índia. Para Fernando, nem pensar em perdê-los! De resto, o papa não lhe pede isso.

Já Isabel mostra-se mais seduzida pelas idéias de Torquemada: purificar é sua obsessão, e, além disso, ela está convencida de que, colocados contra a parede, todos os judeus se converterão[304].

Os Reis Católicos hesitam e, a título de advertência aos trezentos mil judeus da Espanha (em um século, o número deles quase triplicou), decidem, em 1º de janeiro de 1483, dar às quatro mil famílias judias da arquidiocese de Sevilha, onde as suspeitas sobre os conversos são mais fortes[274], e das dioceses de Cádiz e Córdoba a opção entre deixar as respectivas cidades ou converter-se. Para grande surpresa de Isabel, muito poucos escolhem a segunda alternativa: quase todos partem, geralmente para um outro lugar da península[274]. Torquemada não se satisfaz com isso; estende sua competência a Toledo, a Aragão, depois a Castela inteira, e começa a instruir processos de conversos e de judeus que supostamente se aproximaram deles. Em quinze anos, instruirá cem mil casos e mandará para a fogueira mais de dois mil acusados[107].

Enquanto isso, Cristóvão Colombo continua explicando aos portugueses os fundamentos de seu projeto: chegar às Índias pelo oeste. Detalhe singular: muitos dos que ele procura são judeus ou conversos. Primeiro, em Lisboa, em 1484, o cartógrafo converso Yehudah Crescas, que ele encontra pouco antes de apresentar seu projeto a João II; mais tarde se afirmará que o geógrafo lhe teria mostrado um esboço do litoral de um novo mundo a oeste. Depois, José Diego Mendes Vizinho, outro cartógrafo judeu na corte de Portugal, chefe de um comitê de especialistas encarregado pelo rei de avaliar a proposta de Colombo. O projeto deste acabará sendo recusado por Lisboa.

Em 1485, desanimado, o genovês parte para a Espanha. Naquele ano, em Guadalupe, cinqüenta e dois conversos são queimados como relapsos, depois de terem sido torturados até a morte. Um rabino, Abraham de Huesca, é queimado vivo por ter feito circuncidar conversos.

Em 1486, Colombo encontra em Saragoça o astrônomo judeu Abraham Zacuto, conselheiro do rei para as expedições marítimas, que parece convencido pelo projeto mas não obtém a adesão dos monarcas.

Colombo procura então um financiamento privado. Curiosa coincidência: entre outros mecenas possíveis, ele encontra todos os que participaram, de um modo ou de outro, do assassinato do inquisidor Arbues. Primeiro, Luís de la Cerda, conde de Medinaceli, o qual por sua vez lhe apresenta um primo seu, o cardeal Pedro Gonzales de Mendoza, arcebispo de Toledo, que compartilha com ele uma avó judia; embora nunca tenham sido presos, ambos foram suspeitos de ser judeus em segredo. Mendoza preside uma comissão real que aprova os planos de Colombo, enquanto Luís de la Cerda insiste com os monarcas para que recebam o genovês, e Juan Cabrera, na intimidade de suas funções de mordomo, descreve ao casal real os tesouros que o navegador poderia trazer para a Coroa.

Em 1486, Colombo é finalmente recebido pela corte reunida em Córdoba. Uma nova comissão de especialistas, presidida pelo confessor da rainha de Castela, Hernando de Talavera — prior do Prado, mais tarde arcebispo de Granada; segundo se disse, neto de uma judia —, rejeita o projeto.

Em 1488, Colombo conhece outro converso, também perseguido após o assassinato do inquisidor; trata-se de Luís de Santangel, então pagador-geral de Castela, o homem mais poderoso da Espanha, que afinal aprova os planos do navegador.

No início de 1491, depois que o projeto do genovês é rejeitado mais uma vez pelos monarcas, Santangel obtém uma nova audiência para Colombo. O grão-senhor explica aos soberanos que a Santa Hermandad, por ele dirigida, tem condições de garantir um empréstimo que financiará a viagem, e que a cidade de Palos, a qual deve dinheiro à Coroa por ter-se entregue ao contrabando, poderia fornecer as três caravelas para a expedição[19].

Os Reis Católicos cedem ao seu principal financista[304]. Eles concedem a Colombo cartas de missão e as caravelas de Palos. Sinal suplementar: outro marrano, Juan de Coloma, cuja esposa é uma Caballería, redige o contrato estabelecido entre Colombo e os monarcas, especificando a repartição das riquezas das terras a serem descobertas.

O próprio Santangel financia o projeto de Colombo — por 17 mil ducados —, com outros dois conversos: Alfonso de Caballería (tesoureiro de Castela, ainda visto pela Inquisição como suspeito de judaizar em segredo) e Juan Andrés Cabrera, mordomo de Fernando e agora marquês de Moya, amigo de Isabel e, quase com certeza, também marrano.

Dois últimos encontros judeus de Colombo: na primavera de 1491, ele conhece em Málaga, que acaba de ser tomada dos muçulmanos, o banqueiro e chefe da comunidade de Castela Abraham Señor, o qual, por sua vez, em meados de 1491 apresenta-lhe dom Isaac ben Judah Abravanel, o judeu português que se tornou tesoureiro do reino da Espanha. Mas este não pode ajudar o navegador, por estar ocupado com algo totalmente diverso[391]: em meados de 1490, um converso, detido por haver sido surpreendido com "uma hóstia consagrada em seu alforje", confessou à Inquisição, sob tortura, que alguns anos antes, numa Sexta-Feira santa, em companhia de judeus e de outros conversos, teria arrancado o coração de uma criança cristã, depois de crucificá-la e de colocar-lhe sobre a cabeça uma coroa de espinhos. A instrução desse processo extravagante, iniciada em 17 de dezembro de 1490, encerra-se um ano mais tarde, em 16 de novembro de 1491, por uma série de condenações à morte e de execuções.

Em julho de 1491, Luís de Santangel, pagador-geral de Castela, então já muito envolvido com a organização do projeto de Colombo, é também acusado, mais uma vez, de ser judeu em segredo. De novo, o rei Fernando consegue arrancá-lo às garras da Inquisição.

Torquemada quer encerrar o assunto e impor sua decisão aos monarcas: a Espanha, ao lado de algumas cidades alemãs e italianas — entre as quais, como vimos, os Estados do papa! —, é um dos últimos lugares da Europa ocidental a tolerar os judeus. Eles devem ir embora da Espanha.

Na terça-feira 20 de março de 1492, quando se concluiu a triunfal reconquista de Granada das mãos dos muçulmanos, Torquemada solicita ao Conselho Real, reunido nessa cidade, que acabe com os últimos incréus, dando aos judeus a escolha entre conversão e banimento. Membro do Conselho, Luís de Santangel sustenta corajosamente que a comunidade judaica é econômica, moral e intelectualmente necessária à nação. Torquemada retruca que "a heresia judaizante é um tumor maligno que deve ser eliminado". A metáfora da doença continua tão eficaz quanto antes.

Na quarta-feira 28 de março, depois de uma semana de reflexão e sem que se saiba ao certo em quais circunstâncias, Fernando cede a Isabel: os soberanos aprovam a expulsão[304]. Em 12 de abril, Isaac Abravanel, rabino e tesoureiro da corte, que acaba de financiar a guerra vitoriosa contra os muçulmanos, pede audiência aos Reis Católicos, junto com uma delegação de judeus — e de não-judeus —: mercadores, diplomatas, médicos, banqueiros, altos funcionários, nobres e bispos. Eles vêm solicitar a anulação da decisão; sem dúvida, propõem na verdade resgatá-la, como ocorreu tantas vezes no passado, em outros lugares da Europa. Mas, nesse caso, a expulsão não é motivada por necessidade de dinheiro. Portanto, não há nada a resgatar. A discussão logo se encerra. Na terça-feira 1º de maio o texto do decreto de expulsão é exibido publicamente nos dois reinos.

Como tão freqüentemente acontecia em outros lugares havia séculos, o pânico apodera-se então das comunidades judaicas. O que fazer? Não acreditar naquilo, como sempre? As pessoas se tranqüilizam: mas é claro, nossos dirigentes, e sobretudo o *rab de la corte*, Abraham Señor, tão poderoso, vão nos poupar disso. Nós, não! Isso, não! Eles, não!

Depois, instala-se a dúvida; as ameaças se fazem mais precisas; os dirigentes das comunidades parecem impotentes. Os judeus espanhóis compreendem então que vão sofrer a mesma sorte que os do resto da Europa. Converter-se? Nada mais perigoso, se em seguida a pessoa for flagrada judaizando. Partir? Mas para onde? Portugal? Navarra? O anti-semitismo também ameaça nesses lugares. Flandres? Itália? França? Turquia? Polônia? Jerusalém? Perigos por toda parte. Grão-senhores cristãos de Aragão se oferecem para esconder os proscritos, até que tudo se acalme: eles se acreditam em condições de obter, com a ajuda de Abraham Señor, a anulação ulterior da expulsão. Outros sugerem que os judeus liquidem como puderem suas propriedades, antes que os preços desabem, e partam o mais depressa possível.

No mês de maio, volta o pânico: os judeus não podem levar nem ouro nem dinheiro; têm de queimar tudo a preço vil e pagar muito caro aos armadores pela passagem. Em Cádiz, quase oito mil famílias judias dispersam seus bens às pressas e negociam a viagem com capitães bastante decididos a fazê-las deixar para trás todo o ouro que eles puderem receber. Todos tentam levar suas ferramentas de trabalho. Os impressores fazem o impossível para partir com suas prensas; as comunidades tentam ajudar os mais pobres. Quando a de Palencia tenta vender sua sinagoga para financiar a viagem dos mais necessitados, a municipalidade proíbe que alguém a compre. Em contrapartida, quando a comunidade de Vitoria, na esperança do retorno, confia seu cemitério à guarda da municipalidade, pedindo-lhe que se empenhe em não deixar que algum dia se construa no local, esta aceita o compromisso — e só o quebrará depois da Segunda Guerra Mundial...

Embaraçados ou cínicos, os Reis Católicos fazem saber que colocam essa partida "sob sua proteção"; mas as palavras não alteram nada: a Inquisição, encarregada pelo poder de supervisionar o conjunto das operações, impele os judeus a irem embora e barra-lhes o quanto pode o caminho da conversão.

Lance teatral: na terça-feira 5 de junho o banqueiro e *rabbi* Abraham Señor — o qual, ao organizar o casamento de Isabel e Fernando, ajudou-os a unificar a península, aquele de quem todos esperavam que conseguisse convencer os soberanos a anular a decisão — se converte em grande pompa na catedral de Córdoba, na presença dos monarcas, tomando o nome de Fernando Perez Coronel. Depois, cala-se e rompe todo contato com seus próximos. Morrerá alguns meses mais tarde. Bem depois de sua morte, será descoberto que ele continuara a judaizar em segredo, e só se convertera para melhor proteger os que não podiam partir.

Outro lance teatral: no domingo 17 de junho um rabino de Saragoça, Levi ibn Santo, confessa sob tortura que Alfonso de la Caballería, grande de Espanha e vice-governador de Aragão — cuja família, como vimos, converteu-se em 1414 —, um dos que foram perseguidos no processo Arbues e um dos financistas de Colombo, na verdade permaneceu judeu em segredo. Libertado, Levi ibn Santo foge para Portugal. Alfonso de la Caballería será assassinado pouco depois.

Entre os judeus o pânico chegou ao máximo. Acabou-se: é preciso partir, camuflando tanto quanto possível os raros bens que se tem a faculdade e o tempo de levar. Uma testemunha cristã, o padre André Bernaldez, que não compreende a recusa deles a converter-se, escreverá pouco depois[406]:

"Os judeus da Espanha viviam na abastança e, entre eles, havia homens riquíssimos, proprietários, financistas como Abraham Señor, que arrendava os impostos de Castela, e outros que se sobressaíam no comércio. Abandonando esses bens e esse esplendor, e confiando-se às vãs esperanças de sua cegueira, em poucos meses eles venderam tudo o que puderam; davam uma casa por um asno, uma vinha por uma peça de tecido, fino ou grosseiro. Antes de partir, casaram

entre si todos os seus filhos de mais de doze anos, para que cada moça tivesse a companhia de um marido"[406].

Em 2 de agosto (que, naquele ano, corresponde justamente ao dia 9 do mês de Ab, aniversário da destruição do primeiro e do segundo templos de Jerusalém), os últimos judeus espanhóis deixam o país por terra, em direção a Portugal ou a Navarra, e por mar, para o Islã marroquino ou o turco.

Assim que saem dos portos, as embarcações dos expulsos são espreitadas por piratas genoveses e da Barbaria, que as detêm em pleno curso. Outra testemunha, desta vez judia, Joseph Ha-Cohen, anota enfaticamente:

"Os judeus se foram para onde o vento os empurrou, para a África, a Ásia, a Grécia e a Turquia [...]. Terríveis sofrimentos e agudas dores os assaltaram. Os marinheiros genoveses os maltrataram cruelmente. Esses infortunados seres morriam de desespero durante o trajeto; os muçulmanos desventraram alguns para extrair-lhes das entranhas o ouro que eles haviam engolido para escondê-lo, e lançaram outros às ondas; houve os que foram consumidos pela peste e pela fome; outros foram desembarcados nus, em ilhas desertas, pelo capitão do barco; outros, ainda, naquele ano desgraçado, foram vendidos como escravos na soberba Gênova e nas cidades submetidas à sua obediência"[349].

Pobres e ricos partem juntos, sem nenhum bem ou quase nenhum, e sem compreender por que estão sendo expulsos. Em 1496, de Nápoles, onde se exilou[390], Isaac Abravanel dá sua versão da decisão dos Reis Católicos com extraordinária e amarga ironia. Para ele, foi por puro capricho místico que Fernando cedeu a Isabel. Eis como ele o ridiculariza:

"Depois que tomou Granada, cidade poderosa e populosa, o rei de Aragão disse a si mesmo: 'Como posso dar graças ao meu Deus, mostrar desvelo por Aquele que entregou essa cidade ao meu poder? Não será abrigando sob Suas asas esse povo que caminha na escuridão, essa ovelha desgarrada que é Israel, ou lançando-o para outros países, sem esperança de retorno?'. Assim, o arauto anunciou

por toda parte: 'A vós, todas as famílias da casa de Israel, fazemos saber: se receberdes a água do batismo e vos prostrardes diante do meu Deus, gozareis como nós do bem-estar neste país. Se recusardes, deixai meu reino dentro de três meses!'"[390].

Em seguida, ele traça um balanço econômico dessa partida:

"Pelo temor que tenho dos céus e pela glória da divindade, eu testemunho que o número dos filhos de Israel na Espanha era de trezentos mil, no ano em que seu esplendor foi pilhado; e o valor de seus bens, e sua fortuna em móveis e imóveis, e a abundância de suas bênçãos, eram de mais de mil milhares de ducados de ouro puro, riquezas que eles guardavam para os dias de infelicidade. E hoje, quatro anos depois do nosso exílio e da nossa destruição, tudo pereceu ao mesmo tempo de um amargo fim; pois deles só restam cerca de dez mil homens, mulheres e crianças nos países onde habitam; e nas regiões de seu exílio acabaram-se suas riquezas e tudo o que eles haviam levado de seu país natal em suas mãos"[391].

Então, com a descoberta da América e do seu ouro, o reino da Espanha acredita haver chegado sua hora de glória. Na verdade, privado de uma ampla fração de sua elite cultural, comercial e administrativa, ele conhece apenas uma vitalidade sem futuro, para além do Século de Ouro. Melhor do que qualquer outra, a história da Espanha mostra o quanto as comunidades judaicas são úteis ao desenvolvimento de um país.

Conversões, exílios, América

Muitos dos que permanecem na Espanha e se convertem tornam-se autênticos cristãos. Santa Teresa d'Avila nasce no início do século XVI numa família de conversos. O sucessor de Inácio de Loyola (que ele mesmo havia escolhido), Diego de Lañez, e seu secretário são conversos de antes de 1492, sem que ninguém possa duvidar da sinceridade de sua fé. Outros só se convertem para poder ficar na Espanha, na esperança de que o decreto seja revogado. Enquanto se dirigem abertamente à missa dominical, oram em segredo, na sexta-feira à noite e no sábado, em porões com o chão coberto de areia para evitar ruído. Mas para eles é difícil comer alimentos *kosher*, respeitar o jejum, não acender fogo aos sábados, não se deixar penetrar pelas preces cantadas na igreja, quando já não há nenhum judeu ao seu redor. O vocabulário, os conceitos de sua fé aparente acabam por impregná-los. A implacável vigilância da Inquisição os espreita e os força a descartar suas Bíblias em hebraico. Assim é que, em 1505, o inquisidor de Córdoba, Lucero, manda prender a família de Hernando de Talavera por prática clandestina do judaísmo: Hernando morrerá por isso[380].

Muitos, no entanto, continuarão a dialogar e a comerciar secretamente com marranos que partiram para outras terras submetidas à Espanha. Alguns logo irão ao encontro destes, se conseguirem sobreviver. A maioria dos que ficaram funde-se na paisagem.

Até que, em 1572, o arcebispo de Toledo e primaz da Espanha, Juan Martinez Siliceo, obtém que *todos* os marranos — definidos como aqueles que têm pelo menos um ancestral judeu — sejam expulsos do país. Muitos são os que partem então para as Províncias Unidas ou para a Turquia. Alguns ainda permanecem na Espanha.

Vinte anos mais tarde, em 1592, ou seja, um século após a expulsão, os jesuítas, último pólo de resistência no seio da Igreja, escorraçarão de suas fileiras os últimos descendentes dos marranos, inclusive a título póstumo, chegando a falsificar a genealogia de Diego de Lañez para fazer esquecer que o sucessor de Inácio de Loyola tinha um antepassado judeu[380].

Em 1609, os marranos do islamismo, os mouriscos — cujos ancestrais que haviam recusado a conversão tinham sido expulsos no mesmo ano que os judeus —, devem também deixar a Espanha, agora "purificada de todo sangue não-católico", dizem os jesuítas.

Os judeus que partiram em 1492 se dispersam[66]. Alguns seguem diretamente para Nápoles; é o caso de Isaac Abravanel, que se torna tesoureiro de Fernando, rei das Duas Sicílias. Quando, em 1494, dom Pedro é derrubado por Carlos VIII, rei da França, Abravanel o acompanha ao exílio na Sicília[391]. Com a morte do monarca, ele parte para Corfu e depois retorna a Nápoles, antes de instalar-se em Veneza, em 1500, por insistência de seu filho Joseph. Ali, publica em hebraico obras religiosas, entre as quais um comentário da Bíblia, e serve a Sereníssima como diplomata até sua morte, em 1508. Reencontraremos seus filhos a serviço dos Medici.

Alguns partem para os Estados pontifícios, onde são tolerados, particularmente em Ancona e em Roma. Mas as comunidades, já superpovoadas, não podem acolher todos. Mais raramente, outros seguem para lugares onde têm relações comerciais, mas que não lhes permitem ser judeus abertamente; é o caso dos Pinto, dos Lopez Suissa e dos Mendes, que buscam refúgio em Antuérpia. Diego Teixeira de Sampaio, coletor arrendatário da Espanha, torna-se conselheiro financeiro de Cristina da Suécia; seu filho Manuel, judeu em segredo, instala-se em Hamburgo. Os Gradis e os Pinto partem para Bayonne e Bordeaux; outros seguem para Toulouse ou Ruão. Mais tarde, encontraremos alguns, igualmente judeus clandestinos, na Inglaterra, em Amsterdã e em lugares diversos.

De início, eles tentam abrigar-se majoritariamente em Portugal, onde ainda são tolerados: às vezes têm amigos ou membros da família entre os poucos judeus portugueses; o idioma é parecido; e, dali, poderão manter o contato com os que decidiram converter-se. O rei João II autoriza-os a ficar no país mediante o pagamento de oito cruzados por pessoa, a cada seis meses: não existem benefícios baratos... Eles tentam refazer a vida quando, em 5 de dezembro de 1496, o sucessor do rei João, Manuel I, depois de desposar a filha dos Reis Católicos, impõe-lhes escolher entre a partida e a conversão. Depois, muda de opinião e proíbe-os de partir: todos são convertidos à força; o rei precisa deles, particularmente para as viagens que estão sendo preparadas por Vasco da Gama, Cabral e outros.

Os judeus da Espanha e de Portugal que se dobram à obrigação de fazer-se batizar e permanecem em Lisboa obtêm dois privilégios em troca: o de não serem incomodados pela Inquisição durante vinte anos; e, para os mercadores, o monopólio do comércio da pimenta, da Índia para

Flandres. Esses mercadores, que com freqüência permaneceram judeus em segredo, associam-se a outros "cristãos-novos" ou então a judeus discretos (*de nação*) refugiados em Antuérpia e Amsterdã. Têm tanto sucesso que Manuel I e depois seu sucessor, João III, preferem recorrer a eles e não às importantes casas comerciais alemãs e italianas (os Welser, Fugger, Hähsteller, Marchioni, Carducci), as quais, no entanto, mantêm sucursais em Lisboa. Como veremos, numerosos judeus assim batizados participarão do comércio exterior português; iremos reencontrá-los mais tarde, judeus secretos, em todo o comércio destinado a Amsterdã, a Londres, às Índias e às Américas. Contudo, o ódio e a inveja continuam presentes: em 1506, dois mil "cristãos-novos" portugueses são massacrados. Em 1507, os sobreviventes são autorizados a partir. Quando a Inquisição se instala em Lisboa, em 1547, eles têm de emigrar para a França, os Países Baixos, o norte da África[380].

No total, a maior parte dos 145 mil judeus que abandonam a península ibérica termina a viagem em terras islâmicas, sendo 93 mil na Turquia e 30 mil no Maghreb (dez mil na Argélia e 20 mil no Marrocos); outros nove mil se instalam na Itália, três mil na França, dois mil na Holanda, dois mil no Egito, mil na Grécia, na Hungria, na Polônia e nos Bálcãs. E cinco mil nas Américas.

Pois, a bordo das caravelas de Colombo, que em 2 de agosto de 1492 deixam para trás o porto de Palos — com os últimos judeus expulsos da Espanha —, há pelo menos cinco judeus batizados às pressas, pouco antes da partida: Alonso de la Calle; Rodrigo Sanchez de Segovia, parente de Gabriel Sanchez, um dos financiadores do projeto; Marco, o cirurgião; Bernal de Tortosa, médico que a Inquisição liberou após fazê-lo assistir à morte de sua mulher; e, como intérprete por conta do governador de Múrcia, Luís de Torres, que fala hebraico, caldeu e árabe e cuja presença a bordo da *Santa María* só faz sentido se Colombo estiver esperando encontrar o Oriente e suas tribos perdidas, ou então alcançar terras já visitadas por outros viajantes judeus: afinal, o que terá ele sabido pelos cartógrafos?

Ao desembarcar na primeira grande ilha, batizada por Colombo de Hispaníola (hoje Santo Domingo), Luís de Torres é enviado em exploração pelo almirante, que lhe entrega cartas de crédito da rainha Isabel e presentes para os príncipes do interior dessas novas terras. Luís não descobre nada que se assemelhe aos palácios de Cipangu — o Japão — nem às tribos perdidas de Israel. Ele registra o hábito de fumar folhas de tabaco. Mais tarde, retornará à ilha como agente do rei, obterá terras do soberano local e ali construirá um pequeno império com Alonso de la Calle, um dos cinco judeus da *Santa María*.

Na volta, é a Luís de Santangel — mais que nunca, o principal financista do reino, sobretudo desde a partida de Abravanel — e a Gabriel Sanchez que Colombo escreve para participar suas descobertas, e é Santangel quem informa sobre isso os soberanos: ele é o verdadeiro patrão da expedição, e Sanchez, que tinha um parente a bordo, é sem dúvida o verdadeiro financiador dela.

Destino de uma carta: Gabriel Sanchez envia cópia daquela que recebeu de Colombo ao seu irmão Juan, marrano exilado em Florença, onde os judeus são admitidos por mais dois anos; Juan a encaminha a um primo impressor, Leonardo de Cosco, que a traduz para o latim e a publica. Em um ano, essa tradução conhecerá nove edições: a notícia da descoberta dessa nova terra ganha o mundo por intermédio dos judeus e dos marranos...

Outros marranos chegam com Cortés ao México, em 1521, e com Pizarro ao Peru, em 1540. Fabulosos destinos de mercadores, de aventureiros, de exploradores, de marinheiros. Quase todos, fiéis até a morte à sua fé escondida, transmitirão as secretas exigências desta aos seus descendentes.

Uma das mais extraordinárias aventuras de descobridores — sobre a qual estamos mal informados[326] — é a de Gaspar da Gama. Nascido por volta de 1445 em Posen (Poznan), na Polônia, sob um nome que não se conhece, viajante e mercador, comerciante até em Jerusalém e Alexandria, que se tornou pirata no mar Vermelho, ele é vendido como escravo na Índia, obtém sua liberdade por volta de 1490 e, sob o nome de Yusuf

Abdil, entra para o serviço do príncipe muçulmano de Goa. Segundo fontes talvez lendárias[470], ali adquire um excelente conhecimento do oceano Índico. Em 1498, quando Vasco da Gama chega ao lugar, Yusuf Abdil o acolhe em nome de seu senhor; faz-se reconhecer como judeu dois anos após a conversão forçada em Portugal, sobre a qual ele nada sabe. Batizado às pressas sob o nome de Gaspar da Gama, torna-se piloto da frota lusitana e a reconduz a Portugal; recebe uma pensão do rei, pouco preocupado com saber se ele permaneceu judeu. No ano seguinte, em 1500, Gaspar da Gama acompanha Cabral em sua viagem à América do Sul e é o primeiro, junto com Nicolau Coelho, a pôr os pés na terra que logo será denominada Brasil. No trajeto de volta, encontra em Cabo Verde um pequeno aventureiro, Américo Vespúcio, que um dia dará seu nome ao continente. Em 1502, talvez por sentir falta do país, Gaspar retorna com Vasco da Gama à Índia, para onde irá novamente em 1505, desta vez com Francisco de Almeida, que o batizará de Gaspar de Almeida.

Em 1510, ele ainda escolhe outro nome, o de Gaspar de las Indias, e volta a Calicut, onde parece ficar até sua morte.

Tal foi esse homem de cinco nomes, judeu polonês descobridor das Índias e do Brasil, cuja existência incerta quase nunca é mencionada pelos livros de história.

6. Judaísmo do Oriente: mercadores substitutos (1492-1700)

No fim do século XV, cerca de três milhões de judeus, ou seja, menos do que no ano 1000, estão dispersos pela superfície do planeta. Outros desapareceram nas epidemias e nos massacres. Muitos, enfim, se converteram.

Quando o capitalismo eclode, essencialmente na Europa ocidental, três quartos do povo judeu encontram-se relegados às terras islâmicas, pela expulsão da Espanha, e à Polônia, pelos massacres germânicos.

As terras islâmicas

Todos os lugares sagrados do judaísmo estão agora sob o controle islâmico: a Babilônia de onde vem Abraão, o Egito de onde vem Moisés, a Judéia de onde vêm os profetas. O império otomano estende-se do sul da Áustria aos confins do Marrocos; na Europa, reúne a Hungria, a Bulgária, a Romênia, Istambul, Salônica, Andrinopla e as ilhas gregas; é senhor de todos os portos mediterrâneos do Islã, exceto os do Marrocos; controla todas as saídas do mar Vermelho, do golfo Pérsico e do mar Negro; além, por Alepo, Damasco e a Criméia, os otomanos dominam os transportes terrestres; mercadores judeus e armênios controlam para eles o comércio para o distante Oriente, e servem de intermediários para a libertação dos cativos muçulmanos detidos em terra cristã ou para o resgate dos cristãos aprisionados por muçulmanos.

Nesse império, as comunidades judaicas, numerosas, vivem quase livremente. Às vezes perseguidos, nunca expulsos, em geral *dhimmis* pobres e humilhados, os judeus não são autorizados a construir novas sinagogas e permanecem submetidos a impostos especiais (a capitação [*j'zya*], isto é, o imposto por cabeça, e uma taxa militar [o *bedel*]), pagos ao sultão ou aos governadores de província por ocasião das grandes festas muçulmanas e às vezes acompanhados por outra humilhação: esbofeteia-se o contribuinte depois que ele paga a taxa[454]. Os dirigentes se esforçam por repartir o encargo o mais eqüitativamente possível: o mais rico é cobrado em igualdade com os seguintes, a fim de não ser singularizado. Coletores designados pelo rabinato avaliam a fortuna dos membros da comunidade e suas capacidades contributivas. Às vezes, os mais ricos tentam ditar à comunidade sua própria avaliação de sua fortuna, o que os *beth din* recusam. Os judeus exercem todos os ofícios, de vendedor ambulante a conselheiro do príncipe, mas sempre em situação de inferioridade. Mesmo ricos, eles não têm o direito de possuir o que constitui o verdadeiro prestígio: nem escravos muçulmanos (exceto no Cairo e em Damasco) nem palácios, cavalos, embarcações com mais de seis remadores, trajes luxuosos[34]. Em contrapartida, podem ter escravos não-muçulmanos.

Depois de 1492, noventa mil judeus da península ibérica acabam, de um modo ou de outro, no império otomano. Segundo fontes judaicas[66], quando um dos rabinos representantes dos exilados, *rabbi* Capsali, veio pedir-lhe asilo, Bajazet II o teria acolhido calorosamente em Istambul, comentando: "Como pode ser sábio e inteligente esse monarca que empobrece seu reino e enriquece o meu?".

Os refugiados se amontoam primeiro em Istambul, acolhidos pelas pequenas comunidades de artesãos romaniotas e bagdalis. Enquanto, em 1.477, contam-se nessa cidade apenas 1.647 casas judaicas, ou seja, 10 por cento das habitações, elas já são 8.070 em 1.532, ou seja, mais de um terço do total, sem que isso provoque reações hostis.

Desde sua chegada, comerciantes e artesãos espanhóis lançam-se a ofícios que eles conhecem e que não exigem grandes capitais: fabricação de pólvora e de armas de fogo, fiação, tecelagem, tintura, costura, curtume, sapataria, comércio de pedras preciosas, de ouro e de prata, funilaria, mercearia. Os corretores judeus até obtêm o monopólio do comércio de vinho, de cera de abelhas e, em certas regiões, o da cunhagem de moedas, muito mais importante. Sua contribuição para a economia otomana logo se torna incomensurável.

Em 1493, assim que chegam da Espanha trazendo prensas e caracteres latinos e hebraicos, David e Samuel ibn Nahmias estabelecem a primeira tipografia de Istambul[66]. Editam primeiramente um Pentateuco acompanhado de comentários: as comunidades novas precisam muito dele para seu culto. Em seguida, os irmãos Nahmias abrem outras tipografias no império otomano e publicam obras religiosas e laicas. Em pouco tempo, isso se transforma numa indústria florescente. Durante mais de dois séculos, todas as tipografias criadas no império otomano são judaicas: em 1504 em Istambul; em 1510 em Salônica; em 1554 em Andrinopla; em 1557 no Cairo; em 1605 em Damasco; em 1646 em Esmirna (ou Izmir), o grande porto do sul da Turquia. A primeira tipografia não-judaica só aparecerá na Turquia em 1728, o que confirma o avanço intelectual da sociedade judaica em relação à sociedade otomana da época.

Certos recém-chegados vão também ao encontro de comunidades já instaladas em todas as cidades-etapa da rota da seda: Esmirna, Trebizonda, Samarkand, Bukhara. Também são encontrados no grande comércio com Veneza, a Índia e a China[66].

Outros reatam com atividades de astrônomos, de financistas, de mercadores. Os príncipes otomanos utilizam-nos como diplomatas, por saberem-nos pouco dispostos a traí-los em favor dos príncipes cristãos. Os sultões rodeiam-se também de médicos judeus. Um viajante francês, Pierre Belon, escreve em 1553:

> *"Em sua maioria, são judeus os que exercem a medicina na Turquia, no Egito, na Síria, na Anatólia e em outras cidades do país dos turcos. Para os judeus, é fácil saber alguma coisa de medicina, porque eles têm a comodidade dos livros gregos, árabes e hebraicos que foram traduzidos para sua língua vulgar, tais como Hipócrates e Galeno, Avicena, Al-Mansur, Rasis, Serapião e outros autores árabes"*[345].

Por toda parte onde domina o islamismo — do Marrocos à Palestina —, os cento e vinte mil judeus vindos da Espanha conseguem instalar-se mais ou menos livremente. Durante muito tempo, o *ladino* se mantém como sua língua de expressão corrente; seus regulamentos são redigidos em hebraico, em árabe e em castelhano.

Em 1517, Selim I acrescenta ao império o Azerbaijão, a Síria, a Mesopotâmia e o Egito. Judeus partem então para Rosetta, Cairo, Alepo (onde se desenvolve o que se tornará uma imensa comunidade de mercadores e de intelectuais), Bagdá, Isfahan e Tabriz, na Pérsia, e para todas as cidades turcas da África, da Ásia e dos Bálcãs. Selim toma Jerusalém em 1518. No Cairo, logo se contam trinta sinagogas e uma comunidade inteiramente voltada para o comércio exterior: aos sábados, os escritórios da alfândega ficam fechados; nem as mercadorias dos judeus, nem as dos muçulmanos ou dos cristãos podem entrar na cidade.

O império logo se apodera da Arábia, que inclui Meca: o sultão — Solimão o Magnífico, a partir de 1520 — assume então o título de califa, chefe de todos os muçulmanos do mundo. Mas fracassa diante de Viena, em agosto de 1529.

Depois de sua anexação, a Palestina, onde vivem agora menos de cem mil judeus, é vinculada à província da Síria, onde convivem curdos, drusos, gregos ortodoxos, armênios, etíopes, georgianos, católicos romanos. A comunidade de Jerusalém declina, compensada pela expansão da de Safed, na Galiléia, a cujo encontro seguem alguns expulsos da Espanha, após mil atribulações: é o caso dos *rabbis* Moisés de Trani e Joseph Caro, que ali escreve em 1555 o *Shulkhan Arukh*, resumindo as regras éticas aplicáveis em diáspora. Para sobreviver, essas comunidades de cabalistas enviam à Europa rabinos que vão vender seus livros, por eles mesmos impressos, junto com saquinhos de terra santa a ser espalhada sobre os túmulos.

Nesse império, dois excepcionais destinos de judeus:

Nascida em Portugal em 1510, de uma família de conversos, sob o nome cristão de Beatriz de Luna, Gracia Ha-Nassi desposa um negociante de pedras preciosas e banqueiro, Francisco Mendes, também converso[344]. Com a morte do marido, em 1536, Beatriz procura o cunhado, José Diego Mendes, que no ano anterior partira para Antuérpia, sempre como judeu clandestino. Na cidade ainda sob tutela espanhola, José chega a ser preso — adiante, veremos em quais circunstâncias — e depois reata com o poder: enobrecido por Carlos V, torna-se banqueiro de vários soberanos europeus. Com ele, Beatriz ajuda secretamente outros judeus a fugir da Inquisição portuguesa. Em 1543, ao morrer seu cunhado, ela foge de Antuérpia com o jovem filho deste último, Juan Ha-Nassi Diego Mendes, nascido em Portugal em 1514 e que, em Antuérpia, foi companheiro de juventude de Maximiliano, futuro imperador[345]. Os dois viajam para a França, passam por Veneza e se estabelecem em Ferrara, onde voltam a ser abertamente judeus e banqueiros. Abandonam o nome Luna: ela retoma o de Gracia Ha-Nassi e ele passa a usar o de Juan Ha-Nassi, sobrenome de solteira de sua tia... Ambos continuam a ajudar judeus em segredo e gastam para esse fim tanto dinheiro que, em Portugal, uma irmã conversa de Gracia a denuncia à Inquisição. Gracia e Juan fogem novamente e desta vez se instalam na Turquia, em 1553. Banqueiros, especializam-se na aplicação, no estrangeiro, dos capitais de mercadores judeus otomanos, em sua maioria antigos amigos da Espanha ou de Portugal. Juan, particularmente, obtém 150 mil ducados para emprestar ao rei da França, Henrique II, o qual se recusará a reembolsá-lo desse dinheiro. Tendo-se tornado próximo de Solimão II e um de seus financistas, Juan Ha-Nassi convence-o então a confiscar uma frota francesa de passagem por um porto otomano, até completar a soma não-reembolsada pelo monarca francês. Em 1555, ele também persuade Solimão a pedir ao papa — em condições de que voltaremos a falar — a libertação de judeus retidos em Ancona como reféns. Em 1558, ao que parece, Gracia Ha-Nassi compra do sultão uma área ao redor da cidade de Tiberíades, na Palestina, para ser um dia sepultada lá. Até mesmo investe nisso o suficiente para atrair ao lugar aqueles judeus de Ancona, cuja terrível situação ela descobrira três anos antes. Mas o primeiro navio de emigrantes é interceptado por piratas, e seus passageiros, despojados e massacrados; o projeto aborta. Em 1566, Solimão, o Magnífico, eleva Juan à dignidade de duque de Naxos e lhe doa a ilha epônima[345].

A essa altura, Nassi é — sob cinco sobrenomes diferentes — um homem influente, tanto para os judeus (ele protege a comunidade de Salônica) quanto para o próprio sultão (ele utiliza suas relações com os judeus de Amsterdã para ajudar a Sublime Porta contra Filipe II da Espanha, o qual ordena trazerem-no vivo ou morto à Sicília[345]). Quando Gracia morre, em 1569, Nassi aconselha Solimão a atacar Veneza para tomar Chipre, da qual ele pretende fazer um refúgio para os judeus. Desastre: em 1571, o ataque se conclui por uma derrota em Lepanto, diante do exército veneziano comandando por dom João d'Áustria, o bastardo de Carlos V. Embora essa guerra — na qual todas as potências católicas, menos a França, estão coligadas contra os otomanos — ultrapasse muito amplamente a sorte de Chipre, os judeus de Veneza são considerados cúmplices de Juan Ha-Nassi. Ele cai em desgraça, e morre em 1579.

Depois dos Ha-Nassi, outros judeus de origem espanhola se farão financistas, diplomatas ou médicos influentes na corte dos sultões: tais como Esther Kiera sob Murad III, Muhammad (ou Mehemet) III e Ahmed I; Aluaro Mendes, a quem o sultão Murad III dará o título de duque de Mitilene; Salomon Rophe, a quem o sultão confiará a missão de negociar a paz com a república de Veneza após Lepanto; Salomon ben Nathan Eskenezi, encarregado de estabelecer as primeiras relações diplomáticas com a Inglaterra.

Mas o período feliz passou. Como sempre ocorre em fases de declínio, os judeus são perseguidos. As necessidades financeiras do império otomano tornam-se pesadas, e os impostos cobrados dos judeus aumentam. Em 1636, Murad IV até manda executar Judah Kovo, presidente da comunidade de Salônica, porque ele não lhe trouxe o montante previsto para o pagamento do imposto sobre tecidos. Cai o nível de vida das comunidades judaicas; além disso, outras minorias, especialmente grega e armênia, agora disputam com elas a preeminência comercial.

Uma última aventura acaba de desacreditar o judaísmo otomano aos olhos do resto do mundo, trazendo sérias conseqüências sobre os planos econômico, político e social.

Em meados do século XVII, o declínio do império impele as comunidades otomanas ao misticismo. Sábios das tão respeitadas *yeshivot* de Safed chegam anunciar em toda parte, no império e na Europa, através de seus enviados coletores de fundos, o provável advento do Messias para 1666. Anúncios desse tipo aconteceram várias vezes, desde dois mil anos antes, e o de agora é ainda levado a sério. Por toda parte, no mundo judaico, a expectativa é decuplicada pelas perseguições que, exatamente no mesmo momento — como veremos —, afetam a outra grande comunidade, a da Polônia.

Por isso, ninguém se surpreende quando se anuncia, em 1664, que o Messias chegou; ele se chamaria Shabbatai Zvi[366]. Trocam-se informações. Esse homem nasceu em 1626 em Esmirna, principal porto do império, onde prospera uma comunidade judaica particularmente brilhante. Viajante, asceta, iluminado, Shabbatai Zvi pretende-se o "homem de Deus", atraindo as multidões e irritando os rabinos, ensinando a cabala pelas estradas, até Jerusalém e Safed, onde os místicos se espantam com seu saber.

Um de seus companheiros de viagem, Nathan de Gaza, declara-o Messias. Os sábios cabalistas não o desmentem. Em outubro de 1665, a notícia alcança a Itália, a Holanda, a Alemanha, a Polônia. O fervor impele dezenas de delegações até Esmirna, a fim de levar a Shabbatai Zvi as mensagens e os presentes dos dirigentes das maiores comunidades, as de Veneza, Livorno e Amsterdã. A empolgação transforma-se em loucura: mercadores, rabinos, médicos abandonam tudo para ir ao encontro dele. Mas não por muito tempo: em 15 de setembro de 1566, o sultão manda prendê-lo e levá-lo a Istambul, onde lhe ordena escolher entre a decapitação e o islamismo. Sem hesitar, Shabbatai Zvi escolhe o islamismo e recebe o título de "guardião das portas do Palácio", com uma pensão de 150 piastras por dia.

De início, todas as comunidades, aterrorizadas, recusam-se a acreditar nesse lamentável desenlace. Nathan de Gaza explica que a conversão de seu mestre não passa de um artifício destinado a permitir-lhe prosseguir em sua missão; certos discípulos até o acompanham nessa conversão, patéticos marranos do islamismo, que, às escondidas, continuam a ler a Torá e a respeitar os ofícios... Por toda parte, as pessoas se dividem entre a raiva de si mesmas, o medo do ridículo e a denúncia contra os *rabbis* que designaram o impostor como o Messias. Os mercadores destroem os documentos nos quais o tinham reconhecido como filho de Davi e queimam os textos que falam dele.

O acontecimento terá repercussões muito profundas sobre o conjunto do judaísmo e sobre seu lugar na economia do mundo. Doravante, a autoridade dos *rabbis* está abalada; os leigos se sobrepõem aos religiosos, os mercadores aos letrados, os intelectuais aos teólogos, a ética moderna à ética do dogma. Na seqüência dos trabalhos dos médicos e de certos *rabbis* como o médico-*rabbi* Maimônides, o pensamento científico judaico se afirma. Ele ecoará até os Países Baixos com Spinoza, a Inglaterra com Locke, a França com Voltaire, que zombará dos judeus lançados ao ridículo por um deles[432].

Por volta de 1550, a dinastia dos saadianos toma o poder, até que, em 1803, os alawitas ou alauítas se instalam num país finalmente livre dos portugueses. Abre-se então uma nova era para os judeus do reino xerifino[458].

Amontoados em bairros reservados, os *mellah*, eles exercem todos os comércios: minerais, trigo, amêndoas, cera, figos. Outros fazem-se artesãos, ourives ou vendedores ambulantes; outros, ainda, vêem-se reduzidos à condição de miseráveis carregadores ou de mendigos sustentados pela *tsedaka*. *Rabbis* vendem papel e fabricam tinta, amuletos, talismãs; outros ganham a vida como chantres, calígrafos, copistas, fabricantes de correias, franjas, xales de oração, ou como prepostos ao abate ritual de animais e à circuncisão. A vida religiosa e a vida econômica se misturam estreitamente. Estuda-se sem cessar, às vezes em reuniões numa loja, nas horas vagas, para discutir o texto da semana[458]. Sendo as reflexões teológicas supostamente mais inventivas à noite, dorme-se muito tarde.

Como em outros lugares, os ricos devem viver modesta e discretamente; o desperdício de dinheiro deve ser evitado para não expor os bens de todos à cobiça dos estranhos. Os tribunais especificam, com riqueza de detalhes, que roupas e que jóias podem ser usadas, como devem ser festejados os casamentos, as circuncisões, o resgate do primogênito. Em 1603, uma ordenação do tribunal rabínico de Fez menciona incidentalmente a presença de cativos cristãos nas casas de ricos negociantes do *mellah*, ao explicar... que é permitido fornecer bebidas alcoólicas aos cristãos cativos[458] na presença de muçulmanos! Em Mogador, cidade nova onde Mulay Hassan instalou uma poderosa comunidade judaica para enfrentar os ataques portugueses, certos judeus possuem também, como os senhores muçulmanos, haréns de escravas negras[459].

Os negociantes judeus arquitetam maneiras de contornar a proibição dos juros nos empréstimos que fazem entre si. Por exemplo, declaram aos rabinos, o reembolso se efetua em ouro, ou em qualquer outra matéria-prima, a um preço que compense os juros. Mas os tribunais não se deixam tapear: um julgamento de 1603 proíbe que os escrivães-notários redijam atos relativos a certos produtos utilizados para esse tipo de transação (trigo, cera, manteiga, mel, azeite de oliva, seda) e que envolvam "qualquer pessoa que não seja conhecida por fazer tais comércios"[458]. Às vezes a variação do câmbio é real, e de fato é preciso levá-la em conta:

assim, em 1609, após a tomada de Fez por Mulay Abdallah, a cotação do ouro flutua; as autoridades rabínicas decidem então dividir a perda em partes iguais entre credor e devedor.

As comunidades são dirigidas por negociantes hierarquizados, segundo suas qualidades, em "excelentes da cidade", "melhores da sinagoga", "honoráveis burgueses", "elites da sociedade" e "classe dominante". Em geral, as funções comunitárias são exercidas a título beneficente. O renomado ourives *rabbi* Judah ben Attar, por exemplo, não admite ser remunerado para presidir o tribunal rabínico de Fez.

Entre os notáveis, o conjunto da comunidade designa um *naguid*, um príncipe, que administra as relações com o soberano. Como o exilarca da Mesopotâmia, o *naguid* do Egito ou o *stadlan* da Alemanha, o *naguid* do Marrocos torna-se com freqüência conselheiro do rei, embaixador e até, às vezes, intendente dos exércitos. Ele é assistido por *mokhazni*, espécies de policiais judeus que fazem respeitar a ordem dentro das comunidades e defendem os *mellah* contra os ataques (freqüentes) de muçulmanos[459].

A fim de ajudar os pobres, de impedir as conversões forçadas e de resgatar os escravos convertidos à força — o que é tolerado pelo islamismo marroquino —, as comunidades se financiam mediante impostos (sobre o sal, o alimento, o vinho), multas infligidas aos que transgridem as proibições quando aos sinais exteriores de riqueza, leilão do direito de "subir ao *sefer*" (para ler as preces na sinagoga) e contribuições semestrais dos fiéis. Nas escolas judaicas, os pais pagam ao professor uma retribuição, não pelo ensino, que é gratuito, mas pela vigilância das crianças, "para compensar o tempo que ele subtrai às suas ocupações corriqueiras"[459]. No sul do Marrocos, a tradição atesta que, às sextas-feiras, ele recebe o "pão do mestre". Como em outros lugares, a *tsedaka* é eficaz: uma carta datada de 1613 indica que, por ocasião de uma crise de fome em Fez, "mais de sessenta muçulmanos morriam diariamente de fome, mas, graças a Deus, nenhum judeu pereceu"[459].

Os grandes negociantes judeus marroquinos possuem escritórios em todas as cidades do império otomano, de Argel a Sofia, de Sarajevo a

Monastir, de Patras a Esmirna, de Volubilis a Gallipoli. Eles exercem perante o soberano xerifino um papel diplomático junto a Portugal, os Países Baixos e a Inglaterra[459]. Assim, Khlifa ben Malka, corretor de todas as coisas, talmudista e poeta, envia a um correspondente comercial de Amsterdã, *rabbi* Isaac ben Salomon Yeshurum, uma coletânea de comentários sobre os rituais sefardis. Em 1684, Joseph de Toledo é encarregado pelo sucessor de Mulay Ismail de negociar a paz com as Províncias Unidas. O mercador Joseph Pallach tem três filhos: Isaac, corretor em Amsterdã e professor de hebraico na universidade de Leyden; Moses, secretário do sultão do Marrocos; e David, súdito ao mesmo tempo holandês e marroquino, embaixador do Marrocos em Haia e depois em Constantinopla.

Às vezes, eles parecem entregar-se a complicadas movimentações contra o rei: assim é que, em maio de 1624, um mercador judeu de Salé, Aaron Querido, adquire de Diego Nuñez del Monte e Francisco Vaez de León, mercadores judeus de Amsterdã, armas e munições que ele despacha em navios holandeses para o *caid* de Kasba, então rebelado contra o monarca. Este manda prendê-lo e protesta junto ao embaixador dos Países Baixos, Joseph Biscayno, também judeu, contra essa remessa de armas a um de seus inimigos, em navios holandeses. Simultaneamente, o *caid* de Kasba queixa-se aos Países Baixos desses mesmos mercadores judeus, que "fizeram favores ao inimigo [o rei do Marrocos] enviando-lhe pólvora, mosquetes e munições em navios pertencentes a Vossa Excelência, graças a Benjamin Cohen e Aaron Querido"[439]: esse Aaron Querido, portanto, forneceu armas aos dois beligerantes. É compreensível que o soberano não tenha gostado...

Os dois séculos de ouro poloneses

Unida à Ucrânia e depois ao Estado lituano, a Polônia forma, no fim do século XV, um conjunto territorial de 850 mil quilômetros quadrados que vai do Báltico à Criméia tártara (*od morza do morza*, "do mar ao mar"). O país é hospitaleiro para todos: cristãos orientais, calvinistas e judeus vindos da Alemanha, da Boêmia, da Hungria, da Baixa Silésia, da Áustria, da Espanha e do litoral turco do mar Negro. As controvérsias religiosas, embora não faltem, desenrolam-se sem violência; a Igreja, até a lenta reconquista das mentes pelos jesuítas, após a Contra-Reforma, é mantida sob controle pelos príncipes[414]. Cada nacionalidade, regida sobretudo pelo seu próprio direito, recebe privilégios gerais e individuais que aos poucos se fundem num direito único[414].

Em 1495, três anos após a última expulsão dos judeus da Espanha, Alexandre Jagelão reafirma o direito deles a viver na Polônia[414], apesar de algumas agressões antijudaicas. Por volta de 1500, eles ainda não passam de vinte e três mil, ou seja, 0,6 por cento da população, dispersos por oitenta e cinco cidades e vilarejos[414]. Um século e meio depois, serão mais de quinhentos mil, correspondentes a 5 por cento da população, num território mais vasto.

Suas profissões variam consideravelmente de uma cidade para outra. Eles são camponeses, comerciantes, vendedores ambulantes, rendeiros de moinhos, cervejarias e albergues, músicos, condutores de cavalos, camareiros — a serviço dos judeus mais ricos —, fabricantes de couros, de têxteis, de roupas, funcionários de comunidades. Em certas cidades, os artesãos e práticos judeus (ourives, barbeiros, farmacêuticos, médicos, fabricantes de produtos alimentícios) devem pagar elevadas taxas às guildas locais. Em outras, o artesanato lhes é proibido e eles se mantêm clandestinos. Em outras, ainda, são admitidos nas guildas com os artesãos cristãos. Em outras, enfim, criam suas próprias guildas. Os *rabbis* lhes proíbem certos ofícios. Por exemplo, em meados do século XVI, o grão-mestre encarregado da comunidade, *rabbi* Moses Isserles, autoriza o comércio de objetos sacramentais católicos, tais como os rosários, ao passo que outros rabinos o proíbem. Mais tarde, *rabbi* Judah Loew, dito o Maharal de Praga — muito influente na Polônia, durante meio século —, decreta, com base na cabala, que o comércio do couro com os não-judeus exclui da "celeste Israel" aqueles que o praticam.

Às vezes eles gerenciam o comércio de sal por conta do Estado; assim, em 1578, um judeu da Lituânia, Saul Frudycz, a quem o rei arrenda o comércio do sal de Koden (a 60 quilômetros de Brest-Litovsk), obtém do

Tesouro real empréstimos a taxas baixíssimas, a fim de construir uma torre de evaporação e uma cuba para combustão das pastas de sal[414].

Os reis também os nomeiam coletores de impostos ou de direitos alfandegários: também nesses casos, a formação da nação exige um financiamento estrangeiro.

Os grandes proprietários de terras, em concorrência com os reis, utilizam judeus como administradores de seus domínios. Em troca de direitos sobre a colheita, esses administradores adiantam o produto dos campos aos senhores, fazem-se reembolsar pelos camponeses e tornam-se influentes o bastante para trazer aos domínios que eles gerenciam outros judeus, como albergueiros (ofício muito valorizado), colonos, moleiros, camareiros. Algumas aldeias judaicas até se organizam em torno desses grandes gerentes.

A atividade de prestamista torna-se considerável, e os rabinos da Polônia têm de autorizá-la explicitamente mais uma vez: para *rabbi* Judah Loew, o direito de emprestar a juros resulta de que o valor numérico do termo "juro" (*ribbit*) é 612, o que, segundo ele, prova que emprestar equivale por si só a obedecer às 613 obrigações da Lei[414]. Como em outros lugares, afora os empréstimos a ricos negociantes, os judeus emprestam a artesãos e a comerciantes cristãos utilizando o *mamram* (em polonês, *membran goly*), aquela promissória muito sumária, elaborada por judeus franceses no século XII, da qual constam o montante do empréstimo, a data de pagamento e a assinatura do devedor.

Também como em outros lugares, os ofícios de prestamista e corretor se misturam. Um poeta e compositor de música das cortes de Brandemburgo e depois da Polônia, A. Jarzebski, anota no século XVI que "os judeus nos prestam certos serviços trazendo peles, ouro, prata, cordas e botões, e, com eles, tudo é barato. Pode-se obter tudo, seja por empréstimo, seja por troca. Dizem que, entre eles, mercadeia-se todos os dias, exceto aos sábados. Mas, se é verdade que eles tiram pouco lucro daquilo que vendem, também é verdade que dão pouca coisa por esse dinheiro"[414].

Inovação em relação àquilo que acontece em outros lugares da Europa: os prestamistas judeus funcionam realmente como bancos. Não somente emprestam, mas também gerenciam e aplicam a poupança de seus clientes cristãos. Isso começa com empréstimos de nobres aos seus administradores para a manutenção dos domínios que lhes confiam; certos nobres até emprestam aos judeus quantias quatro vezes superiores às que os judeus lhes emprestam. Depois, prossegue com aplicações do dinheiro recebido em gestão feitas pelos prestamistas judeus em empréstimos públicos ou em negócios privados, particularmente no comércio internacional. Dessa forma, eles assumem o risco de perder o dinheiro que lhes é confiado, esperando ganhar mais que a taxa de juros que garantem aos seus clientes.

Certos negociantes judeus — já vimos isso com o lendário destino de Gaspar de las Indias, por volta de 1490 — fazem comércio (peles, madeira, sal, trigo, gado, roupas) com a Inglaterra, os Países Baixos, a Hungria, a Turquia, a Palestina, o Egito e a Índia. Têm correspondentes em Veneza, Florença, Leipzig, Hamburgo, Frankfurt-am-Main, Wroclaw, Gdansk (Dantzig), Brest-Litowski, Tykocin, Grodno, Sledzew, formando companhias entre si, associando-se a negociantes não-judeus e aplicando nisso fortunas cristãs. Os mais ricos dentre eles (os Fiszel em Cracóvia, os Nachmanowicz em Lvov, Mendel Izakowicz e Isaac Brodawka na Lituânia[414]) são financiados por empréstimos de outros empresários, judeus e não-judeus. Em 1521, um dos panfletários da época, Justus Ludwik Decius, escreve enfurecido na *Crônica de Sigismundo o Velho*: "Os judeus ganham em importância; não há alfândega ou imposto pelos quais eles não sejam responsáveis ou aos quais não possam aspirar. Em geral os cristãos lhes são subordinados. Entre as famílias ricas do país, não se encontra nenhuma que não favoreça os judeus em suas casas e que não lhes dê precedência em relação aos cristãos"[414].

São eminentes banqueiros judeus dessa época os três irmãos Ezofowicz, de Brest-Litovsk[414]. O mais velho, Abraham, converte-se em 1490; é nomeado responsável pela praça militar de Kowno; enobrecido, arrenda as alfândegas de Kowno e torna-se estaroste de Smolensk e de Minsk; em 1510, Sigismundo I nomeia-o ministro do Tesouro da Lituânia. Depois de sua morte, em 1519, a viúva se casará novamente com um nobre. Seus dois irmãos[34], Michal e Ajzyk, não se convertem e, sempre mantendo-se em relação com Abraham, fazem uma grande carreira financeira. Michal, especialmente, torna-se um dos banqueiros do reino da Lituânia em 1514 e, mais tarde, estaroste de Kowno; em 1525, agora principal coletor de impostos da Lituânia, é enobrecido como conde de Leliwa. É um dos últimos banqueiros judeus importantes da história da Polônia, antes de o país tornar-se parcialmente russo.

Em geral, os casamentos são arranjados por ocasião das feiras, nas quais os pais das moças vêm conhecer os jovens das escolas talmúdicas, particularmente buscados. Os rapazes casam-se geralmente antes dos dezoito anos e as moças, antes dos catorze. *Rabbi* Salomon Luria lembra a regra talmúdica: um casamento é considerado regular quando um rapaz declara a uma moça: "Eu te quero para esposa" e ela aceita um presente dele, mesmo sem o consentimento dos pais. A natalidade dos judeus conhece então uma expansão considerável[414]. Como as regras em matéria de alimentação e higiene são muito rigorosas, a mortalidade infantil, apesar da extrema pobreza e da exigüidade das moradias, é menor que entre os cristãos. Não é raro, portanto, ter dez filhos, dos quais seis ou sete sobrevivem. Assim, a população judaica, completada pela imigração, cresce muito depressa[35]. As comunidades se amontoam em cidades onde com freqüência se tornam majoritárias.

Cada comunidade (de cem a mil pessoas no início, e depois de dez mil membros e até mais) possui pelo menos uma *yeshiva*, onde todos os meninos estudam o Talmude, e uma gráfica para os livros de orações: assim, a transmissão é garantida. A organização é a mesma que em outros lugares: um *beth din* (tribunal) para fazer respeitar a ética da Lei; alguns *parnassim* e *tovim* — perceptores de imposto — para fixar a repartição dos impostos pagos aos príncipes e às instituições comunitárias; outros tantos *medunim* — "guardiães da medida" — para ocupar-se dos pesos e medidas nos mercados; um *stadlan* — "aquele que negocia com a cidade" — para avaliar as ameaças e negociar com as autoridades públicas os impostos, as multas ou a revogação dos editos de expulsão.

Em 1503, o rei Alexandre Jagelão confirma ao grão-rabino da Polônia, Jacob Pollack, a autoridade dos tribunais judaicos sobre os litígios entre judeus. Por volta de 1520, o rei Sigismundo divide o país em cinco regiões judaicas: Grande Polônia, Pequena Polônia, Rússia Vermelha, Podólia e Lituânia. A partir de 1533, tribunais reúnem uma vez por ano os grão-rabinos vindos de todo o país por ocasião das grandes feiras, geralmente em Lublin, às vezes em Jaroslaw ou em Tsyzowce, para resolver os assuntos relativos ao conjunto das comunidades[414]. Os principais notáveis, rabinos e negociantes, criam então o hábito de reunir-se no local e eleger, nessa ocasião, um Conselho, a "Generalidade Judaica", chefiado por um rabino geral só para a Polônia. O primeiro deles, por volta de 1540, é *rabbi* Moses Isserles. Pouco a pouco, esse Conselho fixa os impostos comunitários, organiza a ajuda aos pobres e a vida cultural, supervisiona o sistema escolar, as academias talmúdicas e a impressão dos livros hebraicos. Ele se atribui o poder supremo, o de excomungar. Discute as relações com os cristãos: é permitido associar-se ao comércio dos produtos de Estado? Que taxas de juros exigir dos cristãos? Que garantia pedir a eles?

A partir de 1540, esse Conselho delega junto ao rei e à Dieta um representante que faz aplicar os editos reais nas comunidades e negocia com as autoridades polonesas o montante global dos impostos, que em seguida ele se encarrega de repartir entre os judeus. Às vezes os mais pobres protestam contra essa organização, que muitas vezes lhes parece demasiado favorável aos ricos.

Por volta de 1550, o Conselho estende sua autoridade a todas as comunidades do país, inclusive à Lituânia. Os judeus são agora cento e cinqüenta mil na Polônia, ou seja, 2 por cento da população total[414]. Certas cidades polonesas começam a achar "aquelas pessoas" um tanto invasoras.

Mais de vinte cidades obtêm o *privilegium de non tolerandis Judæis*: primeiro Miedzyrzec em 1520, depois Varsóvia em 1525, Sambor em 1542, Grodek em 1550, Vilna em 1551, Bygdoszcz em 1556, Stryj em 1567, Biez, Krosno e Tarnogrod em 1569. As mesmas cidades, assim como outras, repelem os judeus para subúrbios reservados: caso de Lublin, Piotrkow, Bygdoszcz, Drohobycz e Sambor. Às vezes o desejo de separação é recíproco: em 1564, os judeus obtêm o *privilegium de non tolerandis Christianis* para Kazimierz. A separação entre judeus e cristãos decidida pelo concílio de Latrão de 1215 instala-se assim, na Polônia, com três séculos e meio de atraso.

Em 1569, Sigismundo II Jagelão unifica a Polônia e a Lituânia antes de morrer, em 1572, sem herdeiro. Começa então uma monarquia eletiva iniciada com Henrique de Valois — o qual, tendo-se tornado rei da França, depois de algumas semanas abandona o trono da Polônia a Estêvão I Báthory. Este, em 1579, oficializa a "Generalidade Judaica" sob o nome de "Conselho dos Quatro Países" (*Vaad arbaa aratsot*, ou *Vaad*). Junto aos judeus pobres, a reputação dessa instância não melhora: assim que é criado, o Vaad obriga-os a aceitar servir como domésticos aos ricos, se quiserem beneficiar-se da assistência comunitária: nada de ajuda social para os desocupados[414]! No ano seguinte (1580), um rabino polonês, Salomon Efraim, de Keczyca, publica em Basiléia um ataque contra "esses rabinos que cortejam os ricos". *Rabbi* Loew, dito o Maharal de Praga, cuja influência em toda a Europa oriental, e especialmente na Polônia, é cada vez maior, também protesta: "Dispensar substância vital ao pobre para fazê-lo viver, tal é a essência mesma da vida. Quem quer que se furte a isso torna-se idólatra [...]. A unidade de Deus exige a unidade do povo"[260]. O Vaad bem sente que as desigualdades e a excessiva riqueza de alguns constituem uma ameaça para todos. Em 1581, proíbe qualquer judeu, sob pena de anátema, de administrar as minas de sal e de coletar impostos, direitos sobre os álcoois e direitos aduaneiros, "porque isso pode fazer com que todo o povo judeu corra grande perigo"[414]. Alguns, no entanto, insistem em infringir essa proibição na Rutênia, na Podólia, na Volínia, na Ucrânia e na Lituânia[414]. Os judeus continuam a ser empregados como uma burguesia de reposição pelos nobres, que temem as reivindicações políticas de uma burguesia nacional.

A organização das comunidades torna-se cada vez mais sofisticada. Por exemplo, em 1599, um conselho de quatro membros dirige a de Cracóvia, com o auxílio de catorze rabinos e nove juízes; outros cinco notáveis se encarregam dos órfãos, dos pobres, da taxa do Estado, da venda dos lugares na sinagoga (aos mais ricos, e não aos mais letrados), do controle das bebidas alcoólicas, da casa de banhos, dos açougueiros, das taxas de juros, do controle dos prestamistas, da gestão do lixo e das autorizações para circular por ruas não-judaicas.

Como um crescente número de cristãos aplica sua poupança com judeus, as comunidades também devem fazer-se fiadoras da capacidade de seus banqueiros para o reembolso, a fim de evitar a ira dos cristãos em caso de falência. Mas dar uma tal garantia é arriscado: se a comunidade não puder reembolsar o prestamista cristão, este pode obter o fechamento da sinagoga ou a prisão dos dirigentes. Assim, para precaver-se, certos dirigentes proíbem todo membro de suas comunidades de administrar dinheiro cristão; outros, mais audaciosos, criam um banco comunitário que recebe investimentos cristãos e em seguida os reempresta, com juros mais altos, a banqueiros da comunidade, os quais mais uma vez os emprestam, a juros ainda mais elevados, a tomadores cristãos, ou então os aplicam em operações de comércio internacional. Como o lucro do banco comunitário serve unicamente para financiar as obras sociais, os rabinos autorizam a cobrança de juros entre judeus.

No fim do século XVI — contam-se agora trezentos mil judeus na Polônia, na Lituânia e na Ucrânia —, a integração está no auge: negociantes judeus constituem companhias comerciais e bancárias com negociantes cristãos. E, apesar das proibições, os judeus de Kazimierz comerciam em Cracóvia. Os nobres poloneses, que nem sempre querem permitir o enriquecimento de uma burguesia nacional, ficam satisfeitos por verem os judeus exercerem tais papéis.

As guerras do início do século XVII orientam os judeus para novas profissões. Alguns tornam-se oficiais do rei Báthory. Conhece-se assim a história de um certo Mendel Izakowicz, de Kazimierz, engenheiro, especialista em construção de pontes, durante a guerra contra a Moscóvia em 1610. Outros servem na cavalaria ligeira de Lisowski. Outros, ainda, são oficiais durante a Guerra dos Trinta Anos. Muitos artesãos tornam-se também fornecedores dos exércitos. São ferreiros, vidreiros, peleteiros, alfaiates, pedreiros, bronzistas, armeiros, tapeceiros, carpinteiros, impressores, tintureiros. Em Cracóvia, Lvov e Przemysl até aparecem guildas judaicas de artesãos fornecedores do Estado. Em 1640, nasce uma confraria de cirurgiões-barbeiros judeus, essencialmente a serviço dos exércitos.

Para defender o país, os príncipes poloneses criam novecentos burgos "privados" e fortificados, alguns majoritariamente povoados por judeus. A Polônia abriga então a mais vasta comunidade judaica do mundo. Em 1648, entre a Lituânia, a Polônia e a Ucrânia, eles são quase quinhentos e cinqüenta mil. Gerenciam, por arrendamento, moinhos, albergues, cervejarias, reservatórios de água. São alfaiates, merceeiros, artesãos. Sua organização comunitária, o Vaad, funciona quase sempre bem.

A primeira metade do século XVII marca o apogeu da comunidade judaica polonesa, assim como o de toda a Polônia. A partir de 1648, a ascensão das potências sueca e moscovita provoca numa e noutra um longo naufrágio.

Tudo começa pela invasão da Criméia russa — ucraniana — e otomana pelos tártaros. Os judeus da região são massacrados. Os sobreviventes, vendidos como escravos nos mercados de Istambul, são resgatados ali por judeus de Salônica.

Naquele ano, a revolta dos cossacos de Zaporojie — liderada por um certo Bohdan Chmielnicki, de início a serviço dos poloneses — acarreta, após muitas batalhas e insurreições, um imenso massacre, até então o mais importante em toda a história judaica européia: mais de cem mil mortos em poucos meses. Dos trezentos e cinqüenta mil sobreviventes na região, mais de cento e vinte e cinco mil refluem para a Polônia central, a Morávia, a Alemanha, a Áustria e a Itália. Outros engajam-se na luta dos poloneses contra a Rússia em 1654, depois contra a Suécia em 1655, e finalmente contra a Turquia em 1667. A Polônia recupera então boa parte dos territórios que havia perdido no leste.

Cada vez mais mercadores e artesãos judeus tornam-se fornecedores dos exércitos; beneficiam-se de uma situação cada vez mais invejada e ao mesmo tempo ameaçada. Os incidentes entre comunidades se multiplicam, a recessão e o desemprego acentuam a concorrência. Alguns banqueiros judeus, surpreendidos pelos massacres, já não podem reembolsar os investimentos que cristãos lhes confiaram. Em 1659, traumatizado pelas perseguições, o Conselho dos Quatro Países proíbe todos os sinais exteriores de riqueza: cada judeu deve limitar o número de convidados às suas festas em função dos impostos que paga à comunidade.

Diante dos ataques de senhores e camponeses que têm de enfrentar, os monarcas apóiam e protegem os judeus. Em 1669, o rei Miguel Wisniowiecki confirma o estatuto dos judeus da Lituânia. João Sobieski III, o sucessor, concede-lhes uma moratória de suas dívidas (desta vez, pelo menos, não ocorre o contrário!) e obriga as cidades a se comprometerem com a proteção de suas comunidades. Em 1674, ele até proíbe Cracóvia de aumentar os impostos sobre os judeus locais[414]. A nobreza polonesa denuncia então seu governo como uma "junta israelita". Em 1683, alfaiates cristãos acusam concorrentes judeus de desonestidade. Novos massacres. Em 1694, destiladores cristãos se recusam a vender álcool a taberneiros judeus[414].

As ameaças da Rússia fazem-se cada vez mais pesadas sobre uma Polônia cada vez mais enfraquecida. O vasto império ortodoxo continua não abrigando judeus. Quando, em 1665, Smolensk volta a ser russa por conquista, os judeus locais devem escolher entre o exílio sem seus bens e a conversão. A maioria se converte e cria linhagens de marranos. Um certo Samuel Vistritzki, que se converte, continua a rubricar em hebraico os contratos que assina. Outro, chamado Chafir (*saphir*, em hebraico: "belo", "soberbo"), torna-se grande mercador. Pouco mais tarde, encontraremos seu neto, sob o novo nome de Pavel Filippovitch Chafirov, marrano de corte, como tantos outros antes e depois dele. Longe dali, na Rússia, também encontramos ortodoxos de nomes estranhos, vindos, segundo se diz, daquele reino cazar cuja aristocracia se teria convertido ao judaísmo no século VII. Eles têm por sobrenome Kazarinov e Chaldeev...

7. JUDEUS DO PRÍNCIPE E PRÍNCIPES SEM JUDEUS (1492-1700)

Gueto ou Livorno

Na Itália, existem duas formas de sociedade política e, paralelamente, duas formas de vida judaica: numa, a das cidades feudais, os judeus são acolhidos como prestamistas e artesãos e, à noite, confinados nos guetos; na outra, a das cidades mercantis, eles são recebidos enquanto agentes do grande comércio e podem viver em total liberdade. De um lado, Veneza e os Estados do papa; de outro, a Toscana e a Florença dos Medici.

Em 1492, o papa Alexandre VI acolhe em seus Estados alguns exilados da Espanha e de Portugal, sobretudo banqueiros que podem pagar bem caro por sua licença[313]. Eles lhe são ainda mais necessários porque os montepios, de inspiração cristã, foram à falência, a exemplo daquele criado em 1462 em Perugia por Barnabé de Terni. Os judeus vindos da Espanha chegam com seus ritos; sentem-se tão profundamente diferentes de seus correligionários, ali instalados às vezes desde quinze séculos antes, que não se misturam com eles; certas comunidades antigas, para defender-se, afastam os recém-chegados. Ao cabo de vinte anos, contudo, faz-se a integração; em 1524, os judeus de Roma, muito remotamente estabelecidos, aceitam finalmente dividir a direção da comunidade com os recentes refugiados da Espanha, da França e da Alemanha.

Em Veneza, a acolhida reservada aos judeus espanhóis é tão boa quanto nos Estados do papa. Por um lado, não foram esquecidos os serviços que eles prestaram por ocasião da guerra contra os turcos, em particular durante o cerco de Candia. Por outro, Veneza precisa deles não como banqueiros, mas como mercadores internacionais, a fim de manter suas relações com o Levante e exportar para lá os têxteis italianos[69]. Mas, também aqui, as comunidades existentes se inquietam. Preocupado com esse afluxo, o conselho da de Pádua quer proibir, "em razão da situação econômica", o acesso à cidade para todo recém-chegado, mesmo que este seja parente de um membro da comunidade[193]. De novo, contudo, os *rabbis* reconstituem a ordem: o *beth din* de Veneza, do qual depende Pádua, manda que os deixem entrar. Às vezes, lança-se mão de certos subterfúgios. Assim, em 1511, um certo David Bamberg, vindo de Antuérpia, desembarca em Veneza a fim de criar ali uma grande tipografia hebraica; esta será a primeira empresa judaica quase industrial, ao empregar uma centena de operários[75].

Em 1516, ante o afluxo — vários milhares — de emigrantes, e para recebê-los sem que eles se revelem demasiado invasores, os cinco mil judeus de Veneza são obrigados a amontoar-se num bairro minúsculo e insalubre, a Giudecca, que toma o nome de *ghetto*[75]. A origem do termo é incerta: ele viria de *getto nuovo* ("nova fundição", em italiano) ou de *borghetto* ("pequeno burgo", em italiano), ou ainda de *ghet* ("separação", em hebraico). Não é o primeiro bairro separado: já houve outros em Valladolid em 1412, em Bolonha em 1417, em Turim em 1425, em Frankfurt em 1458. O nome veneziano irá impor-se para designar todos.

O gueto marginaliza os judeus, mas também os protege. Eles são confinados, já não são expulsos, e assimilam-se menos. O gueto suscita um estilo de vida feito de miséria, de trabalho encarniçado e de humilhações, que vão do sermão de conversão ao rapto de crianças. Mas também feito de alegrias familiares, artísticas e intelectuais[75]: nele, pela primeira vez encena-se teatro judaico; entre 1528 e 1575, constroem-se cinco sinagogas ornadas de esplêndida decoração[75]; desenham-se magníficas iluminuras; imprimem-se numerosos livros — o Talmude, já em 1525 — e organizam-se intensos debates filosóficos.

A experiência veneziana agrada a Roma. Como o papa continua recebendo confortáveis foros dos banqueiros judeus instalados em seus Estados, não é o caso de expulsá-los. A decisão é então tomada: separação. Em 1553, Júlio III condena o Talmude — impresso em Veneza — sob o pretexto de que ele atacaria Cristo. Numa bula datada de julho de 1555, *Cum nimis absurdum*, seu sucessor, Paulo IV, retira dos judeus de seus Estados ("condenados por Deus à submissão perpétua por causa de seus pecados[313]") os direitos concedidos por Paulo III e Júlio III, e proíbe-os de praticar a medicina, o comércio, o arrendamento de foros e pedágios, assim como qualquer ofício além do negócio de roupas e objetos usados e do empréstimo a juros. Obriga-os a usar um chapéu amarelo e generaliza o gueto. Já em agosto de 1555 ele cria um, em Roma (duas mil pessoas), e mais tarde outro em Ancona, o porto de Roma (mil pessoas), e um terceiro em Bolonha; outros, enfim, sob o nome de "carreiras", no Comtat Venaissin: em Carpentras (oitocentas pessoas), em Avignon (duzentas), em L'Isle-sur-la-Sorgue (duzentas) e em Cavaillon (cem).

A criação do gueto de Ancona, em agosto de 1555, ocasiona um grave incidente diplomático: ao serem reunidos os judeus da cidade, a Inquisição encontra no porto marranos portugueses desconhecidos, que ela aprisiona e faz julgar como apóstatas. Entre eles, um agente de Gracia Ha-Nassi, de Istambul; é um súdito otomano, com lotes consideráveis de mercadorias. Gracia Mendes pede a Selim II o Magnífico que intervenha para conseguir liberá-lo. O sultão surpreende o papa com esse pedido e, à guisa de represália, confisca os bens de mercadores cristãos de Ancona que estão de passagem por um porto do império otomano. A carta de Selim II chega ao papa depois que um primeiro grupo de marranos portugueses já foi conduzido à fogueira; o papa suspende o seqüestro dos bens de Gracia Ha-Nassi mas não liberta seu agente, também levado à fogueira[314]. Gracia Ha-Nassi reclama então o total boicote ao porto de Ancona e convence *rabbi* Joseph ibn Levi, responsável por uma *yeshiva* que ela fundou em Istambul, a assinar um *herem* (uma ordem) proibindo qualquer judeu de comerciar com Ancona. Mas essa ordem não se sustenta muito tempo, sendo os judeus de Ancona suas primeiras vítimas. Um pouco mais tarde, outros tentarão fazê-la aplicar novamente, mas sempre em vão.

Reflexão doutrinária importante: em 1556, assim que é relegado ao gueto, o rabino e banqueiro pisano Yehiel Nissim reflete, num tratado teológico intitulado *A vida eterna*[456], sobre a ética de operações financeiras que o Talmude não pudera prever. As operações relativas a objetos concretos (a letra de câmbio, os contratos de associação, o seguro marítimo) continuam autorizadas[329]; as desprovidas de fundamento econômico ou de utilidade social (como a especulação com as moedas) são proibidas. Por exemplo, comprar marcos para as necessidades do comércio é lícito; mas fazer isso "na esperança de que a cotação dessa moeda aumente por ocasião das grandes feiras" é "o tipo de usura que a Torá proibiu"[456]. *Rabbi* Nissim formula aqui uma proibição expressada de outra maneira, mas exatamente no mesmo momento, pelos *rabbis* do Marrocos: a economia especulativa é proibida porque não cria nada. Para chegar a essa conclusão, os letrados certamente trocaram muitas cartas entre Fez e Pisa. Reencontraremos essas noções de prudência financeira em financistas de Amsterdã, no século XVII, e de Londres, no século seguinte.

Em 1559, depois de anos de debates teológicos, a publicação do Talmude e do *Zohar* nos Estados pontifícios é autorizada, com alguns cortes. Isso em nada altera a condição dos judeus: em 1569, Pio V ainda os acusa de "falsidades", de "traição" e de ter, por "suas rapinas, arruinado os Estados da Igreja"[313]. Ele suprime todos os guetos de suas cidades italianas, exceto os de Roma e Ancona, "pois a santidade do lugar poderia operar a conversão deles". Na realidade, a medida visa manter o muito lucrativo comércio do Levante e o punhado de bancos dos quais ele necessita. Aliás, o papa seguinte, Sisto V, reconhecerá que o dinheiro que extrai dos negociantes judeus é o que o incita a tolerá-los em Ancona[313].

Os Pisa, os Nissim, os del Banco, os Volterra, os Rieti, os Tivoli, expulsos de Pisa em 1569, rumam então para o norte. Entre eles, um certo Andrea del Banco, cambista, cujos descendentes logo encontraremos na Alemanha sob o nome da localidade para onde vão emigrar: Warburg[18].

Dois anos mais tarde, após a vitória de Lepanto, o governo de Veneza, por sua vez, decide expulsar do gueto todos os judeus, declarados cúmplices dos turcos e agentes do duque de Naxos; depois, como tantas outras vezes na história, cancela tal decisão em troca do pagamento de um imposto.

As comunidades cerram fileiras. Em 1577, o conselho da de Pádua, em Venécia, excomunga quem recorrer aos tribunais civis, e não ao *beth din* de Veneza[75]. Condenação gravíssima, que acarreta a proibição de entrar numa sinagoga, de comerciar com outro judeu e de comprar comida *kosher*. Em 1586, as últimas comunidades italianas até tentam dotar-se de uma organização única, como acabam de fazer as da Polônia e do Marrocos. Mas o projeto fracassa: em 1593, Clemente VIII (papa intransigente, que, aliás, criará muitas dificuldades para admitir a conversão de Henrique de Navarra, Henrique IV no trono da França, e que desaprovará o edito de Nantes) reafirma a expulsão dos judeus de seus Estados — exceto, mais uma vez, os de Roma e Ancona, a quem o Vaticano ainda vende licenças de banqueiro a 250 escudos por ano[313].

Fato relevante: para tentar demonstrar sua lealdade (questionada depois que o duque de Naxos fomentou um ataque turco contra Veneza), os judeus venezianos fazem Simone Luzzato, rabino da cidade durante cinqüenta e sete anos, escrever um *Ensaio sobre os judeus de Veneza* no qual elogia a seriedade deles, a competência, a rapidez, a eficiência, a sinceridade e, sobretudo, a fidelidade[75]. Além disso, acrescenta Luzzato, à falta de mãe pátria, os judeus venezianos não têm ninguém a quem enviar o dinheiro que ganham, o que não é o caso dos outros mercadores estrangeiros instalados na cidade. Ele retoma a insistente máxima do Talmude: nada é bom para os judeus se não o for também para aqueles que os rodeiam. Reencontraremos incessantemente esse argumento: e, por toda parte, as comunidades vão procurar salientar os serviços que elas podem prestar.

Em 1692, Inocêncio XI proíbe aos últimos judeus de seus Estados — os de Ancona e de Roma — o empréstimo com juros. Fecha os bancos deles, sem com isso abrir-lhes novas profissões[313]. Sem recursos, os judeus de Ancona ainda tentam resistir boicotando seu próprio porto. Em vão: são eles as principais vítimas dessa medida. Já não lhes é concedido senão o ofício de adeleiro. Muitos partem. A vida dos que restam nesses dois guetos, feita de humilhação e miséria, torna-se pavorosa.

A única região da península onde os judeus continuam livres — quando o papado não exerce muita influência ali — é a Toscana, e sobretudo seu porto principal, Livorno. Lá, os judeus são bem recebidos e seu número atinge quase cinqüenta mil quando, em 1492, afluem os judeus espanhóis atraídos pelos senhores de Florença, os Medici[263]. Já em 1494, uns e outros são escorraçados por Savonarola. Nesse dia, Fernando, esquecendo-se de que ele mesmo os baniu da Espanha dois anos antes, escreve aos novos senhores de Florença para protestar contra a expulsão de seus súditos[19]!

Em 1512, alguns raros judeus (duzentos) retornam a Florença com os Medici; em 1527, têm de partir juntos mais uma vez, para voltar, de novo juntos, em 1530, e ali permanecer sob sete gerações dos Medici. Abre-se então, para esses poucos judeus toscanos, um longo período de liberdade econômica e cultural.

Em 1551, Cosimo I de Medici (muito ligado a Judah Abravanel, o filho de Isaac, que ele conheceu em Nápoles) propõe um estatuto aos mercadores judeus dos Bálcãs a fim de atraí-los para a Toscana e desviá-los de Nápoles, Veneza e Ancona. Depois de uma nova expulsão — a quarta — e da criação de guetos nos Estados do papa, em 1555, algumas centenas deles voltam-se para a Toscana[263].

Uma virada: em 1570, para obter o reconhecimento do Vaticano ao seu título de grão-duque da Toscana, Cosimo II resigna-se a encerrar as comunidades de Florença e de Siena em guetos. No ano seguinte, os quinhentos judeus do grão-ducado são confinados ali, num entardecer.

Durante esse período, somente os de Livorno continuam protegidos: a cidade, declarada porto franco em 1548 (os Medici querem fazer dela a rival de Ancona), permanece acolhedora para os judeus. Ali, eles podem exercer todas as profissões e até ocupar empregos públicos. Privilégio supremo: a cidade lhes garante imunidade perante a Inquisição quanto às transgressões passadas; em outras palavras, os conversos livorneses conservam o direito de tornar-se novamente judeus, sem com isso serem considerados "relapsos".

De toda parte, vem gente para instalar-se nessa rara cidade européia sem gueto: enquanto, em 1600, uma centena de judeus reside ali, em 1689 eles já são três mil e, no fim do século, cinco mil. Não demoram a considerar-se uma elite judaica, assim como farão, mais tarde, os judeo-alemães.

Em 1600, um médico de Livorno, Moisés Cordovero, é também um banqueiro importante. Alguns criam empresas de tecelagem de seda, de moldagem de vidros por sopro, de artesanato em coral. Eles comerciam com Argel, Túnis, a Índia e o Brasil — de onde importam, em 1632, o primeiro café a chegar à Itália. Seus impressores publicam todos os livros de preces utilizados no norte da África. Seu intercâmbio cultural com o Oriente, a América e norte da África é considerável. Depois de Amsterdã, Livorno torna-se o segundo grande centro da atividade comercial, da imprensa e da vida intelectual judaicas.

De Lutero aos judeus de corte

Sob os Habsburgo — que, desde a eleição de Carlos V para o Sacro Império Romano Germânico, em 1519, reinam sobre a Áustria, a Alemanha, Flandres, a Espanha e uma parte da Itália —, os judeus quase não são tolerados. Só são admitidos como penhoristas, exceto na Boêmia e na Morávia, onde também têm acesso ao artesanato. Os príncipes utilizam-nos igualmente para coletar os impostos, tornando-os ao mesmo tempo prestamistas involuntários e forçados, ainda odiados pelos serviços que prestam. Em 1538, o clero do Hesse compara os prestamistas judeus de Frankfurt a "uma esponja que aspira a riqueza do povo para cuspi-la depois no tesouro do príncipe"[193]. As poucas centenas de judeus de Frankfurt, no Hesse, são relegadas a partir de 1458 a uma só rua, separada por altas muralhas e fechada todas as noites nas duas extremidades. Moradias exíguas. Insalubridade total. Famílias numerosas. Longas noites de estudo.

Em Praga, a comunidade é bem mais numerosa e mais livre do que em outros lugares da Europa central. Contam-se ali artesãos, mercadores, médicos, *yeshivot*. Praga é até a primeira cidade situada ao norte dos Alpes onde se imprimem, desde 1526, livros em hebraico.

Esse desenvolvimento geral da imprensa na Europa acarreta outra conseqüência, esta inesperada: ao consultarem diretamente os Evangelhos, certos cristãos questionam a pertinência da leitura que a Igreja faz deles; surge uma outra ética cristã, que, implicando uma relação totalmente diferente com o dinheiro, está mais próxima dos judeus.

Em outubro de 1517, um monge agostiniano de trinta e quatro anos, Martinho Lutero, afixa à porta da igreja colegial de Wittenberg *Noventa e cinco teses contra as indulgências pontifícias*, em protesto contra o maciço tráfico de indulgências organizado pelo papa Júlio II, sucessor de Alexandre VI, para edificar São Pedro de Roma[92]. Apoiando-se, na Alemanha e em cantões suíços, nos sentimentos anti-romanos das igrejas e das monarquias, ele estende seu movimento. Em 1521, é excomungado. Em março de 1536, em Basiléia, João Calvino ataca como Lutero a obrigação do celibato eclesiástico, o culto a Maria, os mosteiros. Ele quer proclamar o sacerdócio universal e voltar a uma leitura direta do texto dos Evangelhos, sem a mediação dos clérigos.

De início, a atitude dos primeiros protestantes diante dos judeus é conciliadora[214]. Para Lutero, o que lhes retardou a conversão foi a perseguição que sofreram; portanto, é preciso dialogar com eles. Um teólogo católico, Johann Eck, chega a denunciá-lo como "enamorado dos judeus". Nas comunidades da Alemanha, surge a esperança[193]: "Graças a Deus e à Reforma", escreve em 1537 o rabino David Levi, "possuímos agora, nos diversos Estados que habitamos, direitos e privilégios desconhecidos por nossos antepassados desde sua dispersão".

Em 1540, entre outras medidas, a Igreja replica a Lutero com a criação da Companhia de Jesus e com a reorganização, em torno de Inácio de Loyola, de seu corpo doutrinal.

Em seguida, os reformadores propõem uma grande revisão da ética econômica. O dinheiro já não é sujo; é permitido fazê-lo trabalhar. Calvino autoriza os pastores a praticar o empréstimo a juros em razão dos "piedosos lazeres que ele proporciona aos ministros do culto". Exatamente o que dizem os rabinos, desde quinze séculos antes!

Para a cristandade, trata-se de uma mudança radical: além dos primeiros banqueiros católicos, mais ou menos dissimulados como negociantes, os prestamistas judeus vêem-se agora diante de uma concorrência aberta e direta: a dos protestantes, e, bem depressa, não só dos pastores.

A violência contra os judeus por parte da Reforma manifesta-se primeiro nos discursos explicitamente antijudaicos do próprio Lutero[214]. Em 1543, ele publica *Contra os judeus e suas mentiras*, série de panfletos que retomam as clássicas acusações: assassinato ritual, envenenamento de poços, feitiçaria. Inclusive as acusações sobre a usura. Lutero exige que as casas dos judeus e as sinagogas sejam queimadas, o Talmude e os livros de orações, confiscados, e que eles sejam condenados a trabalhos forçados.

Por todo o Sacro Império, a situação das raras comunidades torna-se precária e difícil. Por volta de 1550, um certo Josel de Rosheim é eleito "comandante dos judeus do Império"[193], retomando as velhas funções do exilarca e do *stadlan* para negociar os estatutos e defender os judeus perante a Dieta.

Em Kassel, capital do eleitorado de Hesse-Kassel, vivem agora alguns judeus que emprestam aos camponeses ricos e aos mercadores de trigo. Entre eles, os del Banco, banqueiros de Pisa que vieram instalar-se ali em 1556, após sua expulsão. Estes mudam então de sobrenome, para tornar-se os von Kassel[18]. Em certos Estados alemães, os judeus devem fazer preceder seu sobrenome de *ben*, associando-o ao de seu pai. Em outros, devem assumir o nome da cidade onde residem, precedido de *von*. Já em 1559, Simon von Kassel, "cambista de dinheiro e prestamista sobre bens agrícolas", muda-se de Kassel para Warburg, na Vestfália, para onde retornaram algumas centenas de judeus, após os massacres do século XIV. O tutor de Warburg, o príncipe-bispo da vizinha cidade de Paderborn, concede-lhe o direito de instalar-se ali por dez anos. Depois dele, seu filho Samuel e, mais tarde, seu neto Jacob Simon dirigirão o pequeno negócio familiar de penhoristas. Assumem então o nome da localidade: Jacob Simon von Warburg torna-se inclusive o chefe da pequena comunidade judaica do bispado de Paderborn[18].

Disseminadas pelo Império, as comunidades ainda são pouco numerosas. Em Frankfurt, a mais importante de todas passa de 400 a 1.380 membros entre 1542 e 1610, sempre amontoados na mesma rua. Para evitar acolher mais judeus, as autoridades locais, assim como as de todas as outras cidades do Império, limitam a doze por ano o número de casamentos (só permitidos depois dos vinte e cinco anos) e a dois por ano o número de recém-chegados a quem é consentido estabelecer-se. As autoridades do Hesse continuam proibindo aos judeus a agricultura, o comércio de armas, o de especiarias, o de vinho e o de trigo. Eles devem usar uma insígnia (dois círculos amarelos concêntricos) e são proibidos de sair do gueto à noite, aos domingos e nas datas de festas cristãs; nos outros dias, não podem circular pela cidade em grupos de mais de dois indivíduos nem entrar num parque ou num albergue. Nessa comunidade minúscula, e no entanto centro do judaísmo do Império, delegados vindos de toda a Alemanha reúnem-se clandestinamente em 1603, a fim de discutir maneiras de preservar sua unidade, de evitar a assimilação e, particularmente, de impedir seus membros de levar aos tribunais não-judaicos os litígios que os opõem; no encontro, planeja-se a designação de um novo delegado-geral, fala-se da criação de um fundo de solidariedade social e sublinha-se a necessidade de vigiar a moralidade das transações comerciais. Mas a polícia imperial irrompe na reunião e prende delegados por alta traição: eles são acusados de conluio com as "potências do Norte". A conferência é interrompida; seus projetos são esquecidos, e cada comunidade permanece sozinha.

Em 1607, os Warburg se mudam mais uma vez. Jacob Simon instala-se mais ao norte, em Altona (Altwasser); esse porto franco no Elba está sujeito à soberania dinamarquesa, muito mais tolerante do que as cidades circundantes. Alguns judeus, asquenazes e portugueses, estão implantados ali desde séculos antes. Cidade da Hansa, capital das comunidades da região, Altona é a sede do tribunal rabínico das localidades dos arredores. Desta vez, a família não muda de sobrenome. Por volta de 1615, Jacob Warburg (o *von* desapareceu) manda construir em sua própria residência de Altona uma bela sinagoga, a primeira do bispado[18].

Em Hamburgo, cidade alemã colada a Altona, a situação é bem diferente: o Senado local só tolera vinte e cinco sefardis, em contrapartida a um considerável imposto de 1.000 marcos — e, ainda assim, proibindo-os de praticar sua religião, mesmo em âmbito privado. Entre eles, um mercador de especiarias, um importador de produtos do Brasil, um agente de câmbio e um importador de açúcar.

Em seguida, a situação no Império parece distender-se. Alguns mercadores judeus começam a acumular uma certa poupança e a investir, confiantes no futuro. Em Viena, em 1621, uma comunidade retorna após dois séculos de exílio. Dentre seus integrantes, os Oppenheim, os Oppenheimer, os Wertheimer, os Aguilar, pequenos penhoristas, tornam-se banqueiros da corte e organizam enormes empréstimos para o Estado. Em 1630, Jacob Bassevide Treuenberg é designado fornecedor de produtos agrícolas para os exércitos[372]. Um pouco mais tarde, em 1641, em Praga, Ferdinando III atribui aos judeus o direito de comerciar, a fim de agradecer-lhes por terem participado da defesa da cidade contra os suecos. Em Hamburgo, em 1650, a prática do judaísmo é autorizada em âmbito privado.

Em 1648, terminada a Guerra dos Trinta Anos, o sistema de corporações na Europa central está morto; a Hansa perdeu importância; as guildas se apagaram. Os judeus irrompem então no artesanato e na indústria. Em Praga, um certo Leopold Porges, oriundo de uma família vinda da Espanha, instala uma oficina de tecelagem de algodão[34]. É o primeiro industrial judeu repertoriado. Mais um mito destruído: os judeus não se acantoaram voluntariamente no comércio e na atividade bancária; basta que as guildas desapareçam, basta que as limitações religiosas se enfraqueçam, e eles vêm trabalhar também naquilo que ainda não se chama indústria.

A liberalização parece anunciar a emancipação e a assimilação: em Spa, filhos de mercadores judeus vêm tratar-se em hospitais cristãos; em Frankfurt, em 1685, mercadores judeus saem do gueto durante o dia para trabalhar na Bolsa.

Mas a hora ainda não chegou, e a recém-esboçada emancipação se interrompe: quando corretores judeus aparecem na Bolsa de Frankfurt, os banqueiros protestantes queixam-se de que "os judeus lhes extorquiram todas as letras de câmbio". Eles são expulsos da Bolsa, proibidos de instalar-se "nas melhores ruas da cidade"[34] e, de novo, circunscritos ao gueto. Por mais de um século... Em Viena, os judeus constituem então cento e onze famílias, com três sinagogas; em 14 de fevereiro de 1670, sob a influência de sua esposa Margarida-Teresa, filha do rei da Espanha, fiel sustentáculo dos jesuítas, o imperador Leopoldo I de Habsburgo expulsa-os novamente. Em cinqüenta anos, os prestamistas judeus haviam conseguido 35 milhões de florins para o governo que os escorraça[403]. Em 8 de agosto do mesmo ano, Leopoldo vende por 100.000 florins o bairro judeu, rebatizado então como Leopoldstadt. Agora, ele só tolera alguns banqueiros aos quais deve muito e que ainda pretende pressionar.

Inversamente, em 21 de maio de 1671, Frederico Guilherme, eleitor de Brandemburgo, aceita a instalação de alguns judeus em Berlim contra o pagamento anual de oito táleres "para sua proteção" e de um florim de ouro por todo casamento e todo enterro.

Destino: Samuel Oppenheimer[403], nascido em Worms em 1630 e emigrado para Viena, por volta de 1660 torna-se fornecedor do exército. Mecenas dos estudos talmúdicos, funda numerosas sinagogas e *yeshivot*. Em 1673, ao tempo em que a comunidade é banida de Viena, ele ainda obtém para o imperador os meios de financiar a guerra contra a França; e depois, em 1682, a guerra contra os turcos. Sem ter sido reembolsado, em 1697 é acusado — erroneamente — de ter conspirado para mandar assassinar seu sócio, Samson Wertheimer[357]. Em 1701, ele ainda financia a guerra de Sucessão da Espanha — sempre sem receber o reembolso. Por ocasião de sua morte, em 1703, o Tesouro imperial lhe deve 5 milhões de *guldens* e recusa-se a pagá-los aos seus herdeiros, o que provoca a bancarrota de sua casa, última firma judaica de Viena, para onde os judeus não retornarão antes de decorrerem trinta anos.

8. Judeus clandestinos no coração do capital (1492-1700)

Entre os mais ricos exilados da Espanha, alguns assumem o risco de emigrar para os países do "coração" do capitalismo, nos quais viver como judeu é particularmente perigoso: Flandres, Inglaterra e as colônias da América. Por sua própria condição, eles só podem entrar nesses lugares clandestinamente.

Extraordinária mentalidade, a desses indivíduos que se arriscam a verse novamente expulsos ou — pior ainda —, se se apresentarem como convertidos, a ser denunciados e torturados. Em geral, os conversos admitem então haver permanecido judeus em segredo. Arrependem-se, enquanto inventam estratagemas e códigos para persistir em sua fé. Os "relapsos" são expulsos em certos casos, e, mais freqüentemente, condenados a ser queimados vivos em grandes autos-de-fé públicos; os arrependidos gozam do privilégio de ser executados antes de serem lançados às chamas.

Com freqüência, esses conversos misturam crenças cristãs e judaicas e ignoram cada vez mais o essencial de umas e de outras. Criados num clima de dúvida, divididos entre duas religiões, sempre de sobreaviso, buscando o novo nos vazios deixados pelas certezas dos outros, recusando as definições unívocas do verdadeiro, do justo, do belo, do normal, capazes de apreciar, de admitir coisas contraditórias e de dar-lhes crédito, eles inventam o espírito científico e tornam-se as mentes mais emancipadas de sua época[457].

De Montaigne a Colbert

Desde 1394, em princípio já não há judeus no reino da França; deles, os franceses só conhecem o que mostram as pantomimas e as Paixões de Cristo[61]. Os dos Estados do papa — terrivelmente amontoados, humilhados, maltratados — conseguem às vezes infiltrar-se clandestinamente em Nîmes, Montpellier, Narbonne, e até no Maciço Central. São então comerciantes ambulantes, mercadores de cavalos, que morrem de medo de ser descobertos e voltam aos guetos depois de fazer seus negócios[204]. Outros fazem-se esquecer em Ruão, na Bretanha ou em Toulouse, de onde certos marranos financiam em segredo a partida de judeus para Amsterdã e Livorno.

Depois de 1492, somente a Guyenne* os acolhe abertamente: de fato, desde Luís XI, o parlamento de Bordeaux está autorizado a isentar os estrangeiros do direito de *aubaine*, em virtude do qual os bens destes revertem ao Estado, em caso de morte dos titulares. Permite então a duzentos e sessenta mercadores da península ibérica, vindos sobretudo do norte da Espanha e de Portugal, tornarem-se "burgueses" sob a denominação de "mercadores portugueses" ou "cristãos-novos". Eles são sabidamente judeus, e admitidos como tais; podem até voltar a ser judeus mais ou menos publicamente. Um pouco mais tarde, cartas de privilégio fornecidas por Henrique II assegura-lhes — sempre na Guyenne — a liberdade de circular e de comerciar, o direito de adquirir bens imobiliários e até o estatuto de "reinícolas" (nascidos no país). Eles se instalam em Bayonne e em Bordeaux. Os Gradis, os Lupes, os Memir[246] recriam as redes de seu comércio com a Holanda. Permanecerão judeus discretos, em certos casos durante três séculos, antes de se revelarem cada vez mais. Outros tornam-se cristãos e se assimilam.

Em sua maioria, revelam-se mentes abertas, viajantes da liberdade, como Michel de Montaigne, neto, por parte de mãe, de um desses refugiados: o mercador Antonio de Lupes, que passara por Toulouse antes de instalar-se em Bordeaux. Montaigne se tornará prefeito dessa cidade em 1581. Impregnado por sua ascendência e suas relações judaicas — um dia, assiste a uma circuncisão —, ele encarna por seus escritos[279] a filosofia de todos os marranos. Pessimista: "Tudo recua à nossa volta, em todos os grandes Estados que conhecemos, sejam os da Cristandade, sejam os de outros lugares. Olhai para eles: aí encontrareis uma evidente ameaça de mudança e de ruína". Universal: "Considero compatriotas todos os homens...". Escrever é sua única riqueza: "Tomei uma estrada pela qual seguirei incessantemente e sem trégua, enquanto houver no mundo pena e papel"[279]. Nô-

---

* Antigo nome da província francesa da Aquitânia. Adiante, *aubaine* ('vantagem inesperada'), termo derivado de *aubain*, estrangeiro estabelecido no reino sem ser naturalizado. (N. da T.)

made: "A viagem me parece um exercício proveitoso [...]. Eu passeio por passear". Com perfeita consciência da precariedade da condição humana: "Meu traçado é divisível por toda parte: não é baseado em grandes esperanças, cada dia constitui seu alvo".

Em Paris, os judeus não são autorizados a instalar-se. Mas alguns raros visitantes correm esse risco, especialmente estudantes da Sorbonne que se apresentam como conversos. Por volta de 1540, o embaixador de Francisco I em Veneza, o bispo Georges de Selve, oferece a cátedra de hebraico ao *rabbi* Eliya Bahur Levita, o qual declina do convite para protestar contra a interdição dos judeus no reino[211]. Clément Marot adapta alguns Salmos; Rabelais estuda o Talmude. Registra-se também, em 1615, a passagem por Paris de um médico judeu de Veneza, o doutor Montaldo. É possível que tenha havido ali, nessa época, outros judeus secretos. De fato, os boatos correm prontamente, assim que um notável se distancia da Igreja. Por exemplo, em abril desse mesmo ano de 1615, quando um protegido de Concini, o abade de Saint-Mahé, Cosme Ruger, recusa os sacramentos em seu leito de morte, preferindo morrer como ateu, logo se espalham os rumores de que ele é judeu e de que outros judeus controlam Concini e são os donos do país[211]. Para aplacar a ira popular, em 12 de maio a regente Maria de Medici e o jovem Luís XIII renovam o edito de expulsão de 1394, "sem qualquer exceção ou privilégio": uma expulsão sem judeus!

Cerca de vinte anos depois, o mesmo Luís XIII autorizará os "mercadores portugueses das Províncias Unidas" a circular pela França. Mas não a se instalarem no país.

Por volta de 1651, Pascal, que pôde conhecer conversos em Ruão em torno de 1645, é um dos primeiros a reconhecer o que o Evangelho e o cristianismo devem aos judeus. Molière fala deles de passagem em *O avarento*: o termo é então um insulto, tanto no teatro como na linguagem popular.

Um insulto que pode levar longe: em 1652, um incidente revela ainda a fantasia de uma presença judaica em Paris[61]. Um dia, um certo Jean Bourgeois zomba em público da confraria dos adeleiros e designa-os como "esses senhores da sinagoga". Sentindo-se injuriado, um adeleiro o mata.

Escândalo. Panfletos acusam o assassino de ser judeu. O processo estabelece, ao contrário, que ele se enfurecera por ser tomado como tal, ao passo que os adeleiros "são bons católicos que cometem o erro de exercer um ofício judaico" (as roupas usadas servem de garantia aos prestamistas). E no entanto, em princípio, já não existiam prestamistas judeus em Paris havia duzentos e sessenta anos!

Um pouco mais tarde, em outubro de 1684, em Paris, onde continua a não haver judeus, eles ainda são responsabilizados pelo desaparecimento de crianças! Em 20 de novembro, a polícia ordena a noventa e três artesãos com suas famílias, denunciados anonimamente como judeus, que deixem o país no prazo de um mês[61].

Talvez se creia que eles vêm do leste, por onde os judeus só entram legalmente na França com a anexação de Metz em 1552. Em 1657, por carta de privilégio de 25 de setembro, Luís XIV toma sob sua proteção os judeus da Alsácia, assemelhando-os aos de Metz, que se tornaram franceses um século antes. Comunidades pobres e numerosas: mais de dez mil pessoas obrigadas a viver essencialmente como penhoristas e pequenos comerciantes[67]. Assim como os do Comtat Venaissin, eles viajam um pouco pelo resto do reino, onde não têm o direito de estabelecer-se, e onde introduzem práticas novas, vendendo, com pequena margem de lucro, artigos mais próximos das necessidades dos consumidores, porque não-conformes aos modelos corporativos, e cuja promoção eles sabem fazer, quebrando a estreita moldura do mercantilismo[67]. Embora recebam a aprovação da monarquia, embora Colbert às vezes os elogie e louve a utilidade deles para o Estado[68], ninguém ousa ainda deixá-los retornar abertamente a Paris e a outras cidades.

De Shylock a Cromwell

Em 1493, um pequeno número de conversos, ainda mais disfarçados do que em Bordeaux, instala-se em Londres e em Bristol, onde a presença de judeus está proibida desde 1391. Médicos e mercadores, são tolerados sem ingenuidade, pois considerados úteis à diplomacia e à espionagem, ao jogo duplo e aos negócios. Sabe-se que eles odeiam a Espanha e precisa-se deles como agentes secretos na guerra que se anuncia contra esse país. Em 1536, eles ainda não passam de trinta e sete famílias — médicos e mercadores — que organizam diariamente, na casa de uma delas, um serviço religioso. A polícia, perfeitamente informada, faz vista grossa, por ordem de Henrique VIII, que utiliza certos teólogos judeus para justificar biblicamente seu divórcio de Catarina de Aragão e seu casamento com Ana Bolena.

Ao mesmo tempo, com o desenvolvimento do comércio e do artesanato, das minas e da metalurgia, o investimento e o crédito se tornam cada vez mais necessários. Em 1545, em meio ao cisma anglicano, Henrique VIII autoriza o empréstimo a juros — decisão que o Parlamento se recusa a promulgar em 1552. Em 1571, o crédito é finalmente permitido e a nobreza se resigna, desprezando os que fazem tal comércio. Nesse ano, um certo Thomas Wilson publica um *Discurso sobre a usura* criticando "os juros que podem fazer desabar a sociedade, impelindo as pessoas a tomar empréstimos". Sempre a mesma reprovação, há quinze séculos... Quanto a admitir judeus em Londres abertamente, nem se cogita disso ainda[152].

A partir de 1558, Elisabeth I tolera perto de si alguns conversos vindos de Ruão e de Bordeaux. Um deles, Rodrigo Lopez, por volta de 1570 torna-se médico do conde de Leicester, então favorito da rainha.

Em torno de 1580 chega também, desta vez de Praga, a pedido da Royal Mining Company, um judeu engenheiro de minas da Boêmia, Joachim Ganz (ou Gans ou Gaunse), aparentado com o astrônomo David ben Salomon Ganz[291], que trabalha em Praga com Kepler e Tycho Brahe. Na Inglaterra, Joachim Ganz, que permaneceu judeu em segredo, é empregado nas minas de cobre — então metal estratégico, essencial para a fabricação do bronze no qual se fundem os melhores canhões. Ele revoluciona a exploração do cobre, reduzindo de dezesseis semanas para quatro dias a duração do processo de purificação; e até descobre, para as impurezas, um aproveitamento na tintura de têxteis. Dessa forma, assegura à marinha inglesa uma considerável vantagem sobre os simples canhões de ferro dos quais dispõe a Armada espanhola. Quanto a isso, não estará enganado Francis Bacon, que quarenta anos depois, em sua utopia *A nova Atlântida*[26], fará de Ganz o modelo do homem douto, sob o nome de Joachim.

Em 1588, outro converso, o doutor Hector Nunes, toma conhecimento, pelas redes de mercadores conversos, da chegada iminente da frota espanhola e informa os monarcas ingleses, os quais baixam as medidas necessárias à defesa do país.

Dois conversos totalmente esquecidos pela História, Nunes e Ganz, permitem assim aos ingleses vencer aquela que era chamada de Invencível Armada...

É no ano seguinte, em 1589, que se representa em Londres pela primeira vez *O judeu de Malta*, peça de Christopher Marlowe[268]; ela narra a história de um judeu avarento e cruel, chamado Barrabás, cuja filha, enamorada de um cristão, acaba convertendo-se. História antijudaica — alguns a lêem hoje como simplesmente atéia —, tanto mais absurda quanto, na época, os únicos judeus de Malta são uns pobres mercadores capturados entre Túnis e Livorno pelos cavaleiros de Malta, piratas quando lhes convém, e reduzidos a trabalhar miseravelmente em La Vallette, enquanto esperam que uma comunidade concorde em pagar seu resgate.

Em 1593, o conde de Essex, que teme a influência do doutor Rodrigo Lopez sobre a rainha — ele se tornou também médico desta —, acusa-o de ter tentado envenenar Elisabeth. Lopez é preso, torturado e enforcado, apesar de uma displicente intervenção da soberana em seu favor.

É exatamente nesse momento, entre 1594 e 1597, que William Shakespeare escreve *O mercador de Veneza*[381]. Nela, mistura-se tudo o que está em jogo nas relações entre o mundo, os judeus e o dinheiro. Numa Veneza de comédia, metáfora da Londres da época, porto já fervilhante de atividade, trata-se de justiça e de liberdade, do direito de emprestar e do direito de explorar, de amor e de corrupção. Um jovem cristão, Bassânio, corteja uma bela e rica herdeira, Pórcia. Para obter a mão dela, Bassânio deve resolver um enigma escondido em um escrínio escolhido entre três. A fim de cortejá-la, ele toma emprestados alguns milhares de ducados a um mercador judeu, Shylock, dando como fiador seu melhor amigo, o mercador cristão Antônio. Como os navios com os quais este último pretende reembolsar o empréstimo tomado por Bassânio não retornam, Shylock exige receber a garantia, tal como está descrita no contrato de empréstimo: uma libra da carne de Antônio. O caso é levado ao juiz — na verdade, a bela Pórcia, mascarada —, que exige que a lei seja respeitada ao pé da letra: Shylock deve receber exatamente uma libra de carne, mas sem que se derrame uma gota de sangue, sob pena de morte. Evidentemente, Shylock não pode correr esse risco; sua fortuna é confiscada; ele é condenado a converter-se; sua filha Jessica foge com um amigo de Bassânio.

Shakespeare retoma aqui elementos antiquíssimos do anti-semitismo cristão; a lenda dos três escrínios, especialmente, vem de um conto italiano de 1378, de Giovanni Fiorentino; a da libra de carne é inspirada num poema antijudaico do século XIV, o *Cursor Mundi*.

Ao longo dos séculos, a peça conhecerá um imenso sucesso no mundo inteiro. Claro, um Peter Brook dirá: "Não a montarei nunca, enquanto existir no mundo um único anti-semita". Na verdade, nada é menos judeu do que o comportamento de Shylock: como vimos, a moral judaica proíbe as represálias e rejeita a lei de talião; e também condena qualquer corte de carne num animal vivo. Shylock, perseguido transformado em perseguidor, na verdade é representativo dos puritanos ingleses (ao exigir o respeito literal à lei e ao opor-se ao arbítrio dos tribunais de exceção) e do capitalismo financeiro (que se opõe ao capitalismo aventureiro de Antônio, enriquecido pelo tráfico de escravos denunciado por Shylock). Antônio e Shylock, unidos pela mesma "tristeza" (uma das palavras decisivas da peça), compartilham o mesmo estatuto: indivíduos ricos, ambos negligenciados, no fim, por aqueles a quem amam. "Sou um judeu", diz Shylock. "Então, um judeu não possui olhos [...], mãos, órgãos [...], sentidos, afeições, paixões? Não é alimentado pelos mesmos alimentos, ferido com as mesmas armas, sujeito às mesmas doenças, curado pelos mesmos meios, aquecido e esfriado pelo mesmo verão e pelo mesmo inverno que um cristão?"[360]. Audácia inaudita na época: o judeu é um ser humano; ele pode ser útil.

A lição de *O mercador de Veneza*, aliás, é aquela que a Inglaterra da época necessita ouvir: é preciso saber acolher os estrangeiros, porque é deles que depende a prosperidade. Logo virão outros, para dizer-lhe isso de outro modo.

Embora, em 1609, alguns mercadores portugueses ainda sejam expulsos de Londres porque deixaram demasiado evidente o fato de serem judeus, são cada vez mais numerosos os conversos a se arriscarem na Inglaterra. Em sua maioria, trata-se de intelectuais que Francis Bacon, em sua utopia de 1627, descreve como "sábios perfeitos"[26].

Tudo se acelera em 1649, com a chegada de Oliver Cromwell ao poder. Primeiro, este utiliza um certo Antonio Fernandez Carvejal como espião na Holanda; depois, em setembro de 1655, recebe a visita de um extraordinário personagem, do qual voltaremos a falar: o rabino Menasseh ben Israel, vindo de Amsterdã para explicar-lhe que o Messias não retornará ao mundo enquanto os judeus não forem autorizados a viver na Inglaterra. Além disso, sublinha Menasseh — retomando os argumentos empregados em 1638, em Veneza, pelo rabino Luzzatto —, os judeus serão bastante úteis ao desenvolvimento do país, uma vez que, não tendo pátria para onde enviar seu dinheiro, gastam-no onde estiverem. Entusiasmado, Cromwell convoca uma conferência de mercadores e de religiosos, em 4 de dezembro de 1655, a fim de decidir sobre o retorno dos judeus. Mas os notáveis da Inglaterra se opõem. Cromwell suspende então a conferência, em 18 de dezembro, e propõe a Menasseh uma pensão anual de 100 libras. Sabendo-o enfermo, o *rabbi* afirma preferir receber 300 libras de imediato, e de uma só vez. Não obterá nada, e morrerá arruinado. Um ano e meio mais tarde, em 1657, Cromwell deixa construir em Londres uma sinagoga, a primeira em dois séculos e meio: após três gerações "clandestinas", e mais de um século e meio depois que seus antepassados tiveram de deixar a Espanha, algumas centenas de conversos declaram-se então abertamente como judeus.

A morte de Cromwell, em 1658, seguida pela restauração da monarquia em 1660 e pelo casamento de Carlos II com Catarina de Bragança, não impede a chegada a Londres de outros conversos, e até de judeus que já retornaram à sua religião, tais como os banqueiros holandeses Jacob Henriques e Samson Gideon, atraídos pelo "coração" do mundo[152].

Efetivamente, a votação pelo Parlamento de Westminster, em 9 de outubro de 1661, dos *Navigation Acts*, que reservam o comércio de importação somente aos navios britânicos, desencadeia uma guerra com as Províncias Unidas. Os holandeses são vencidos. Doravante, o mar é inglês. Carlos II restabelece a Igreja anglicana e autoriza os judeus da Inglaterra a trazerem um rabino de Hamburgo. Em 1684, eles são aceitos e reconhecidos pelo Parlamento, sob a denominação de "estrangeiros infiéis". Em 1689, John Locke expõe, em sua *Carta sobre a tolerância*, que a religião é um assunto privado, no qual o poder civil não deve intervir, exceto para garantir a liberdade de todos. Nesse ano, Guilherme III de Orange-Nassau, *stathouder* da Holanda desde 1672, torna-se rei da Inglaterra. As duas superpotências marítimas fundem seu poder.

Não se contam então mais do que seiscentos judeus na Inglaterra. A maioria é de mercadores; alguns exercem o monopólio do comércio de coral; outros são banqueiros, como Joseph Salvador e Samson Gideon, que se tornou conselheiro do ministro das Finanças. Em 1690, doze judeus, vindos também de Amsterdã, são admitidos à Bolsa de Londres, para a qual trazem a *expertise* holandesa; eles não demoram a negociar um quarto do conjunto dos empréstimos governamentais da época[34]. Artesãos ou banqueiros, judeus asquenazes, igualmente provenientes de Amsterdã, constroem sua primeira sinagoga. Um pouco mais tarde, Jorge II propõe que o Parlamento atribua nacionalidade britânica a todos os judeus residentes no país há pelo menos três anos. As razões apresentadas pelo rei esclarecem bem o papel que eles exercem: "Grande parte é de judeus estrangeiros; é importante incitá-los a gastar suas rendas no reino [...]. Se tiverem os mesmos direitos civis que os outros súditos, os judeus se apegarão ao país. Por fim, seus vínculos com os principais banqueiros da Europa serão de grande vantagem em caso de guerra, uma vez que facilitarão os empréstimos ao governo"[152]. Jorge II vai, assim, ao encontro do próprio fundamento do altruísmo judaico: nada é bom para os judeus se não o for para seus hospedeiros. O pragmatismo inglês, alimentado pelos argumentos antecipados meio século antes por Menasseh ben Israel, triunfa sobre três séculos de ostracismo: os ingleses precisam dos judeus, cujo papel nos Países Baixos eles conhecem.

No coração do dinheiro dos outros: em Flandres

Em 1492, os Habsburgo têm sob seu controle o conjunto de Flandres, onde os judeus são proibidos de residir. Quando, em 1516, Carlos V, que reina em Gand, se vê ao mesmo tempo à frente da Espanha em virtude de uma série de mortes prematuras (ele é neto de Fernando de Aragão, o Católico), a situação torna-se ainda mais difícil para os raros conversos que vieram para Flandres após a expulsão daquele país: a Inquisição chega e os apanha. Assim, permanecem apenas os que estão seguros de sua conversão ou que têm razões imperiosas para correr um tal risco.

Encontram-se judeus em Bruges, mercadores ou professores[143]. Entre eles, Juan Luis Vives, nascido em 1492 em Valência, pouco antes da expulsão[469]. Depois de estudar na Sorbonne — é um dos raros conversos a ter passado por Paris —, ele ensina em Louvain e em Oxford, onde faz amizade com Tomás Morus. Num memorando bastante detalhado que dirigiu em 1526 aos escabinos de Bruges (*De subventione pauperum*), proclama que todo homem tem igual direito às riquezas da natureza e propõe a criação de uma renda garantida para cada um — e não só para os pobres: "inclusive para as prostitutas e os jogadores"[143]. Em troca, mesmo os mais idosos deverão prestar um serviço à sociedade. A História atribuirá erradamente a Tomás Morus essa idéia de renda mínima; no entanto, ela descende em linha reta, através desse converso de Bruges, da *tsedaka* bíblica.

Depois de Bruges, e à frente de Amsterdã e Londres, é em Flandres, e de início em Antuérpia, que se concentra o dinheiro do mundo. De fato, assim como Veneza foi a verdadeira beneficiária das cruzadas, Antuérpia é, com Sevilha, a beneficiária da descoberta da América e do comércio com as

Índias. É lá que, em 1501, aporta o primeiro navio português vindo de Calicut com especiarias destinadas ao norte da Europa. Antuérpia torna-se então a capital da economia mundial[69].

Os raros conversos que ali se arriscam são muito vigiados[66]. Em 1532, um deles, Diego Mendes, irmão de um mercador converso que ficou em Livorno, é denunciado e preso como "judaizante", sem dúvida por causa de alguma rivalidade comercial. Num entreposto que lhe pertence, encontra-se o equivalente a 170 mil ducados em especiarias provenientes de Portugal. O rei do país, João III, obtém de Carlos V a libertação de Mendes. Ele se tornará um banqueiro importante, e seu filho, mais ainda: em pouco tempo, virá a ser Juan Ha-Nassi, duque de Naxos, em Istambul. No ano seguinte, desencadeiam-se em Antuérpia novas perseguições contra outros "cristãos-novos" acusados de açambarcar o comércio de especiarias. Elas resultam no confisco dos bens desses indivíduos, visto que eles mandam trazer anualmente de Portugal o equivalente a 300 mil ducados em especiarias[66].

Em 1578, o soberano lusitano retira dos últimos conversos que ficaram em Lisboa, acusados de judaizar secretamente, o monopólio do comércio da pimenta. Privados de mercadorias, os correspondentes deles nos Países Baixos voltam-se então para o comércio da seda e do diamante — que também mandam trazer da Índia, mas por Veneza. Dessa forma, à falta de especiarias, em poucas décadas eles fazem de Antuérpia a capital mundial dos diamantistas.

Mais um episódio extremamente perigoso: apesar da bancarrota[69] de 1557, que é a ruína deles tanto quanto de Gênova, os espanhóis, conduzidos por Alessandro Farnese, ainda têm forças para retomar em 27 de agosto de 1585 uma Antuérpia revoltada, de onde fogem às pressas os conversos. Estes só retornarão após a partida definitiva dos espanhóis, em 1609, e trarão de volta o comércio do diamante[28].

Contudo, são mal tolerados na região. Em 1674, o clero de Vilvoorde, cidade flamenga vizinha de Bruxelas, forçará as autoridades civis a recusar-lhes hospitalidade, apesar da oferta de um foro considerável. E será preciso esperar até 1716 para que o primeiro judeu seja admitido em Bruxelas, deixada em 1349: este será um certo Joseph Hartog, evidentemente diamantista, proveniente de Amsterdã.

Pois, doravante, é nessa última cidade que tudo acontece. Já em 1520, haviam chegado alguns raros marranos, embora Amsterdã estivesse sob controle espanhol. No decorrer do século, a cidade torna-se todo-poderosa; por volta de 1580, sua frota é tão forte quanto o conjunto das outras marinhas européias: 48 mil marinheiros equipados com um extraordinário novo tipo de navio de comércio, o *fluit* ("flauta")[69]. Os marranos vindos durante o século XVI encontram amigos cristãos e outros conversos, antigas relações comerciais, que aceitam servir-lhes de testa-de-ferro em seu comércio à distância, a fim de não expor ao perigo os marranos da Espanha, de quem eles continuam sendo correspondentes.

Será preciso esperar a independência das Províncias Unidas, em 1593, e a partida dos espanhóis para que judeus se instalem abertamente ali. Os descendentes de marranos já estabelecidos na cidade se revelam; outros vêm da Alemanha. Alguns, como Balthazar Orobio de Castro, tornam-se até rabinos ultra-ortodoxos.

Esses antigos marranos não demorarão a constituir uma pequena comunidade florescente. Em 1609, são vinte e quatro, portugueses e espanhóis, a participar da criação da Bolsa de Amsterdã, com outros setecentos acionistas[58]: entre eles, Diego Dias Querido, Duarte e Antonio Seraye, Filipe Dias Vittoria, Francisco Rodrigues, Garcia Gomes, Gaspar Sanchez, Gaspar e Manuel Lopes Souro. Não passam então de cem famílias. Nesse ano, chega à sua comunidade um converso, Gaspar Rodrigues Nunes, nascido em Lisboa de pais e avós conversos, que foge de Portugal, onde se tornou suspeito de haver permanecido judeu em segredo por ter viajado à Espanha — esse é um dos indícios observados pela Inquisição... Torturado, expulso em 1604 para a ilha da Madeira, onde nasce seu terceiro filho, Menasseh, Gaspar Nunes desembarca então em Amsterdã com a mulher e os três filhos, depois de uma estada em La Rochelle. Mais de um século depois que seus bisavós deixaram oficialmente de sê-lo, Gaspar Nunes se torna de novo abertamente judeu, sob o nome de Joseph ben Israel. Ele é o pai do rabino Menasseh ben Israel, de quem já falamos a propósito de seus contatos com Cromwell.

Em 1615, os Estados Gerais das Províncias Unidas autorizam essa pequena comunidade a exercer publicamente seu culto. As profissões dos judeus se diversificam. Agora eles dominam a indústria da seda[28]. Em 1616, um certo Salomon Franco conclui sua aprendizagem de lapidador de diamantes com um profissional protestante, David Bulsinck. Vários negociantes judeus continuam a comerciar com Portugal (açúcar, azeite, tecidos e moeda) e com a Espanha, mas através de testas-de-ferro. David de Castro Tartas edita um jornal em espanhol, *La Gaceta de Amsterdam*, que contém informações políticas, comerciais e marítimas, e é enviado aos marranos da Espanha e de Portugal[58]. Nenhuma das informações publicadas deixa suspeitar que se trata de um jornal de marranos. E, no entanto, ele é o vínculo entre todas essas famílias dispersas.

Um destino: Menasseh ben Israel torna-se rabino em 1622, com a idade de dezoito anos; em 1626, apaixona-se pela imprensa e recebe dos dirigentes da comunidade a responsabilidade de uma tipografia com caracteres hebraicos e latinos, criada com o dinheiro comum. Sucesso: a partir de 1628, empregando operários cristãos, ele publica cinco a seis volumes por ano[34] e faz amizade com Grotius e Rembrandt, que pinta seu retrato. Em 1634, Menasseh é inclusive o único judeu, no meio de cento e cinqüenta e nove cristãos, a participar da feira de livreiros que já se realiza em Frankfurt[58].

Em contrapartida, outros marranos ainda se integram muito mal. A maioria não consegue reatar com uma prática que eles mesmos jamais conheceram. Aliás, certos rabinos não-conversos recusam-se a reconhecê-los como judeus: há várias gerações, eles não são nem circuncidados nem se casaram na religião. O médico Juan de Prado, o filósofo Pedro Nuñez, o escritor Isaac de la Peyrère se rebelam contra a ortodoxia dos rabinos[57]. Enfrentam a ira das comunidades para continuarem livremente suas pesquisas. A figura máxima desses marranos rebeldes é um certo Baruch Spinoza, nascido em 1632 numa família de conversos portugueses que voltaram ao judaísmo em Amsterdã[457]. Ele estuda na escola judaica, aprende hebraico e espanhol, e descobre Maimônides e Crescas com um amigo marrano, também ele rebelde aos rabinos, o médico Juan de Prado.

Os judeus são agora quinhentos, entre os cento e catorze mil habitantes que povoam a cidade. Essencialmente, trata-se de sefardis oriundos de famílias de conversos; alguns asquenazes vindos da Alemanha juntam-se a eles. Embora ainda sejam considerados estrangeiros, sentem-se agora mais tranqüilos e investem sua poupança na economia. Enquanto que somente 1 por cento dos chefes de família cristãos são titulares de uma conta bancária, 9 por cento dos judeus a possuem[58]. Chega-se de toda parte para criar empresas: em 1641, Emmanuel Benveniste vem de Veneza para implantar uma gráfica com importantes capitais privados e promete vir a constituir um perigoso rival para Menasseh ben Israel, o qual, para resistir, associa-se em 1643 a encadernadores cristãos, para grande enfurecimento da comunidade judaica que o financiou. Isso não o preocupa e, a cada seis semanas, ele imprime até oito mil exemplares de livros de orações, exportados para toda a Europa. Em 1648, Menasseh solicita fazer parte da guilda dos livreiros — o que lhe é recusado, para sua grande decepção. Em 1650, ele publica seu próprio livro, *A esperança de Israel*[44], magnífico texto em que apresenta a cristãos a ética judaica. Em 1655, antes de partir para Londres, onde espera ter melhor acolhida, publica uma *Apologia dos judeus* na qual retrata judeus que serviram ao seu príncipe, de Antípater junto a César até Juan Ha-Nassi junto a Solimão. Ele explica que as quatrocentas famílias judias dos Países Baixos rendem muito dinheiro ao Estado e que, por toda parte onde são admitidos, os judeus são bons cidadãos, que só querem trazer a prosperidade ao seu redor. "São vassalos fiéis". Nesse ano, Baruch Spinoza é excomungado pelos rabinos de Amsterdã[457].

Quando Menasseh ben Israel parte para a Inglaterra, o governo holandês, preocupado com a idéia de perder "seus judeus", encarrega seu embaixador em Londres de vigiá-lo. Quando ele volta, de mãos vazias, em 2 de junho de 1657, o conselho da cidade, tendo avaliado o perigo, apressa-se em conceder a cidadania aos principais mercadores judeus. Nesse ano, Menasseh ben Israel morre na miséria. No ano seguinte, Joseph Attias cria uma nova gráfica e faz publicidade nos jornais sobre as novas famílias de tipos que propõe aos seus clientes. Em 1661, ele é admitido na guilda dos livreiros cristãos, o que fora recusado a Menasseh treze anos antes[58].

Essa prevenção das guildas contra os artesãos judeus não se refere apenas à imprensa. Naquele ano, também é criada uma guilda da seda, que visa ajudar os novos fabricantes do tecido a despojar os judeus desse mercado, por eles dominado há meio século. Estes decidem então transferir suas oficinas e seus empregados cristãos para um pequeno vilarejo onde têm suas residências de verão, fora da jurisdição das guildas[58]. O estratagema durará por sete anos, mas depois eles irão à falência.

Refúgio máximo para os que fogem das guerras e das perseguições religiosas, Amsterdã acolhe então protestantes franceses e de Antuérpia, judeus sefardis e asquenazes[58]. Por volta de 1660, um terço da população, ou seja, cento e cinqüenta mil pessoas, é de ascendência estrangeira[69]! No entanto, contam-se apenas dois mil judeus alemães e poloneses, e outros tantos sefardis. O nível de vida deles não é muito alto.

Em 1660, somente sete famílias judias — todas sefardis — são proprietárias de suas casas (entre elas, os De Pinto e os Souza Coutinho). A maioria adota as regras e os costumes da sociedade protestante e começa a empregar judeus alemães e poloneses, com os quais suas relações nem sempre são das mais amigáveis...

Por volta de 1660, Uriel Acosta, filho de um marrano instalado em Amsterdã no início do século XVII, portanto à mesma época em que chegara o pai de Menasseh ben Israel, resmunga por ter de dobrar-se às regras da ortodoxia judaica: "Qual foi o diabo que me empurrou para os judeus?"[457], chega ele a escrever, no fim de sua patética autobiografia. Excluído pelos rabinos, Acosta acaba cometendo suicídio.

As relações comerciais entre judeus da Holanda e marranos da Espanha continuam perigosas. Tragédia: em 1655, o cônsul espanhol em Amsterdã furta a lista dos marranos de seu país que trabalham com os judeus dos Países Baixos e a envia ao rei Filipe IV, o qual a transmite à Inquisição[58]...

Como em outros lugares, os mercadores judeus são também diplomatas. Moses Curiel, também chamado Geronimo Nuñes da Costa, é representante comercial dos Países Baixos em Portugal — na boca do lobo! A família Belmonte age como representante diplomática na Espanha — mais perto ainda do coração do perigo[172]! Em 1650, Guilherme II, *stathouder*, confia a Moses Machado, fornecedor ao mesmo tempo dos exércitos holandês e francês, missões diplomáticas durante o conflito... franco-holandês! Em 1659, Henrico de Azevedo é encarregado pelo governo holandês de concluir um acordo com a Argélia.

Em 1666, passado o lastimável episódio de Shabbatai Zvi, por ocasião do qual muitos dirigentes da comunidade de Amsterdã caem no ridículo, o pensamento filosófico pode expressar-se mais livremente. E não é por coincidência que, quatro anos mais tarde, aparece anonimamente o *Tractatus theologico-politicus* de Baruch Spinoza[457], no qual ele faz a apologia da democracia e da liberdade religiosa. Também lança as bases de uma crítica bíblica sistemática, retomando os argumentos de outro espírito livre, Abraham ibn Ezra, o qual havia concluído que o Pentateuco não resulta somente da mão de Moisés. Para Spinoza, as leis bíblicas não são verdades reveladas, ditadas por Deus, mas textos humanos que cada um deve confrontar com sua própria consciência, por sua vez baseada na razão universal, para encontrar seu próprio caminho em direção a Deus[457]. Não o Deus de uma fé revelada, fonte de conflitos e de intolerância, mas um Deus universal, o próprio Universo encarnado na Natureza. Em 1672, Spinoza recusa a cátedra de filosofia de Heidelberg que o Grande Eleitor lhe oferece, assim como a pensão que Luís XIV propõe conceder-lhe se o filósofo dedicar a ele uma de suas obras. Spinoza renuncia a publicar a *Ética*[396] e retira-se para Haia, onde ganha a vida polindo lentes ópticas, enquanto se corresponde com Leibniz. Morre em 1677, ocupado em traduzir a Bíblia para o flamengo.

Encontram-se destinos desse tipo entre outros filhos de mercadores judeus que se recusam a substituir os pais nos negócios. Alguns tornam-se poetas (Daniel Levi de Barrios, David Jessurum, Hazan David Abenatar

Mello, Antonio Enriques Gomez), escritores (além de Menasseh ben Israel e Baruch Spinoza, citemos David Cohen de Lara, Moses Israel de Mercado, Alonso de Herrera) ou calígrafos (Abraham Fidanque, Jacob Guedella, Benjamin Senior Godines)[457].

Mas outros ainda são mercadores e preferem especular já não sobre idéias, mas sobre divisas: de Pinto, del Monte, Suasso, Bueno de Mesquita organizam empréstimos aos governos manipulando as taxas de juros e de câmbio. Não é raro que um banqueiro tome um empréstimo a 3 por cento na Holanda para emprestar a 7 por cento na Inglaterra. Na Bolsa, o jogo das ações torna-se bastante sofisticado; já mobiliza quase quatro mil e quinhentos "jogadores", entre os quais quinhentos judeus[58]. Os negociantes judeus recorrem ao livro escrito em 1556 em Pisa, no qual *rabbi* Yehiel Nissim alertava contra a especulação sem criação de riquezas[456]. Em 1688, um curioso financista judeu, Joseph de la Vega, publica em Amsterdã, sob o título *Confusión de confusiones*, o primeiro tratado já escrito sobre o mercado de ações, também alertando contra as especulações estéreis: "Vendeu-se arenque a prazo antes de pescá-lo, trigo antes de que o trigal germinasse, e mais outras coisas, mercadorias esperadas do Novo Mundo"[58]... Amsterdã tornou-se o templo da especulação, o local de formação das "bolhas" financeiras.

Como a comunidade constrói uma magnífica sinagoga, a cidade passa a exagerar a riqueza dos judeus. Conta-se que um dos aposentos da residência dos De Pinto é pavimentado com ducados de prata. Quando, em fevereiro de 1670, morre o rico Jacob Del Monte — também chamado Jacob Del Sotto, Jacob Van den Bergh, ou ainda Cornelius Van Dick —, a comunidade espera receber uma parte importante de uma herança que se supõe fabulosa, mas a viúva protesta, alegando que não resta nada e que, de qualquer modo, o moribundo mandou queimar seu testamento. Ao cabo de dois anos de contencioso, a comunidade recebe 40.000 *guilder* e uma parte do cemitério privado que Jacob Del Monte havia comprado pouco antes de falecer.

Na verdade, a fortuna dos judeus é mais aparente do que real. Em 1674, somente 250 judeus portugueses em 2.500 estão sujeitos à cobrança de impostos; e somente três judeus asquenazes em 2.500 são recenseados como empregadores. Em 1683, apenas 200 judeus holandeses (entre os quais dois asquenazes) num total de cinco mil são proprietários de suas casas[58]. Os cristãos mais remediados são muito mais ricos do que os judeus mais abastados, a tal ponto que, sozinho, o patrimônio do cristão mais opulento da época, Gerbrand Omnia, ultrapassa a soma dos patrimônios dos dez judeus mais prósperos.

9. OS TRÊS NOVOS MUNDOS (1492-1700)

Da África à Índia: os armadores judeus

Desde mil e quinhentos anos antes, muitos judeus preferem ser marinheiros a camponeses, armadores a banqueiros. Embora o maior número deles viva então na Polônia, alguns dos que se estabeleceram às margens do Atlântico atravessam o oceano para participar da exploração das Américas, primeiro a espanhola e a portuguesa, depois a holandesa e a inglesa.

Instalam-se então extraordinárias redes mascaradas entre judeus e marranos instalados em todos os países da cristandade.

De início, dois grupos de mercadores repartem o comércio de especiarias do Oriente para a Europa. Um vai da Índia em direção a Lisboa (é o "contrato indiano") e o outro, de Lisboa ao resto da Europa (é o "contrato europeu"). Quando chegam a Lisboa, as mercadorias do "contrato indiano" são revendidas aos participantes do "contrato europeu", sendo que metade dos lucros vai para o rei de Portugal[358]. Os judeus mascarados estão presentes nos dois "contratos", amplamente organizados por mercadores conversos a partir de Bordeaux e Antuérpia e, a seguir, de Amsterdã e Londres. Eles importam, vendem e às vezes beneficiam especiarias, drogas, algodão, sedas, pérolas, diamantes. Embaralham as pistas para que não se saiba quem é o verdadeiro proprietário das cargas que transportam. Aliás, em 1576, Conrad Rott, principal participante dos dois "contratos", reconhece ser financiado por mercadores conversos que ele adivinha serem ainda judeus. Os Gradis, em Bordeaux, aliados aos Pinto, de Londres e de Amsterdã, acrescentam a esse comércio o do vinho de Portugal. Em 1603, um mercador holandês, J. W. Ijzerman, escreve em seu *Diário de viagem (1598-1601)*: "Em minha opinião, os judeus, com seu comércio nos monopólios da Índia oriental, nos arrasam por toda parte"[58].

Eles não somente financiam, mas viajam. Também dão garantia contra os riscos, criando, de passagem, o seguro marítimo holandês, cujos prêmios enormes, medida dos riscos corridos, elevam-se então a 70 *guilder* por mil *guilder* em mercadorias, para uma viagem à Europa, e a dez vezes mais para um percurso destinado às Índias ou às Américas. Dessa forma, o prêmio praticamente dobra o preço de revenda dos produtos, fazendo a fortuna dos seguradores. Ele faz supor que o preço final de venda desses produtos distantes é um múltiplo elevadíssimo do preço de compra.

As Companhias das Índias

No fim do século XVI, após sua guerra de independência contra a Espanha e seu conflito com Portugal, os holandeses não podem mais utilizar Lisboa como escala comercial. Eles comerciam por si mesmos e substituem os portugueses na costa da África. Criam então companhias públicas às quais o Estado vende e revende ao infinito monopólios de comércio, incessantemente expropriados para obter mais dinheiro.

Em 1602, uma Companhia das Índias Orientais recebe o monopólio do comércio com a Índia. Como é preciso ser cidadão das Províncias Unidas para ser seu acionista, entre eles contam-se apenas dois judeus[58]: um homem, Stephan Cardozo, e uma mulher, Elisabeth Pinto, com 5 por cento do capital. Outros se acrescentam a esses, ao longo dos dois anos seguintes: Melchior Mendes, Manuel Tomás, Miguel Lopez Fernandez, Manuel Carvalho e Diego Dias Querido.

Em 1609, é assinada com a Espanha uma trégua de doze anos, que não é renovada em 1621. Os holandeses criam então a Companhia das Índias Ocidentais e lançam-se contra a Espanha numa guerra privada pelo Atlântico[69]. Em troca do pagamento de um milhão de *guilder* (montante incessantemente aumentado), a Companhia obtém por vinte e quatro anos o monopólio do comércio ao longo das costas da África e da América, "das ilhas de cada lado da América" e das "terras austrais e do Sul". Ela tem sobretudo o direito de "fazer tudo o que o serviço desta província, o lucro e o desenvolvimento do comércio exigirem". Mais claramente, tem o direito de pilhar todos os navios espanhóis e portugueses que encontrar. Aliás, nas contas dessa empresa de pirataria, há um item oficialmente intitulado "lucros e perdas por flibustaria e pilhagem marítima".

Em quinze anos, os oitocentos navios da Companhia capturarão quinhentas e quarenta embarcações espanholas com as respectivas cargas de ouro[69]. Em 1627, já devidamente limpo o mar, o capitão holandês promove dois ataques à Bahia, capital do Brasil português, suficientemente lucrativos para permitir que a Companhia recupere o fôlego. Os conversos dos Países Baixos, inimigos jurados dos espanhóis e dos portugueses, a ela se associam de bom grado a partir de 1633, ainda que às vezes se vejam confrontados a outros marranos, mercadores em navios vindos de Portugal.

Em 29 de abril de 1638, estando os holandeses instalados no Recife, o governo dos Países Baixos, após muitas querelas e outras tantas falências, reduz o domínio da Companhia somente ao comércio de material bélico, de madeira de tintura e sobretudo de escravos (ramo que lhe dá 240 por cento de lucro líquido por cabeça). O papel dos armadores judeus torna-se nisso tão significativo que, em 1652, a principal fonte de renda da comunidade de Amsterdã é a taxa que ela recebe sobre a renda das partes judaicas no seio da Companhia[58].

Outros judeus permanecem como armadores comerciais: em maio de 1657, Samuel Nuñes de Mercado é o único proprietário do barco *A escada de Jacó*. Antonio Lopez Pereira, Simon Drago, Diego Martinez são co-proprietários de navios que partem de Amsterdã, completam seus carregamentos na Inglaterra, transportam as mercadorias européias para os portos do Brasil holandês e voltam carregados de produtos exóticos. São, inclusive, os primeiros a importar tabaco, algodão, açúcar de cana e café para a Itália, a Alemanha e o norte da Europa, evitando cuidadosamente as embarcações e os portos ibéricos.

Curiosamente, não fazem muito comércio com a Turquia, apesar de suas íntimas relações comerciais com as comunidades de Istambul, Esmirna e Salônica. Eles viraram a página: agora, miram o oeste. Em 1658, não se contam mais que sete judeus entre os cento e sessenta e sete acionistas da Companhia das Índias Orientais[143]; eles ainda não passam de onze em 1658 e em 1674. Todos de ascendência marrana; entre eles, Antonio Lopes Suasso, Abraham Alewijn, David e Isaac de Pinto, Jacob Nuñez Henriquez, Athias Halevy.

A Índia e a China

A pimenta — que, como diz um veneziano da época, "traz consigo todas as outras especiarias"[69] — ainda vem da costa de Malabar, cujo comércio os judeus controlaram integralmente durante séculos. Mas já não é esse o caso. Em 1524, os últimos deles foram massacrados em Anjuvannam sob o pretexto de que ainda dominavam o mercado da pimenta. Em Cochin, morre uma comunidade criada em 1344 por emigrados da Mesopotâmia e em seguida protegida pelo rajá local. E, quando a Inquisição ali desembarca de navios vindos de Portugal em 1502, o chefe muçulmano ainda protege esses raros marranos, doravante atores marginais do comércio da pimenta, diante do colonizador cristão.

Quando, em 9 de agosto de 1663, tomam Cochin e a costa de Malabar dos portugueses, os holandeses ainda encontram alguns judeus que já não se reivindicam como tais. São banqueiros, mercadores, diplomatas, intérpretes; alguns são negros, outros brancos. O desembarque holandês livra-os da ameaça de serem descobertos. (Até hoje, o aniversário dessa chegada é uma festa em Cochin). Em 1686, alguns judeus de Amsterdã trazem livros impressos em hebraico; os indianos nunca viram um. Instala-se uma nova pequena comunidade. Os judeus da Holanda e os de Cochin vão continuar trabalhando juntos, mas sem se misturarem nem para casar, nem para rezar, nem mesmo para comer.

Mais longe, na China, já então primeira potência demográfica mundial, as poucas comunidades judaicas, ali instaladas por volta do ano 1000 e sem contato com o exterior desde 1300, não existem mais. Em 1605, o padre jesuíta Matteo Ricci, fundador da missão católica na China, conhece em Pequim um rapaz vindo de Kaifeng, onde ainda vivem, diz ele, doze famílias de costumes estranhos e que se acreditam muçulmanas (Ricci identifica práticas judaicas). Elas não sabem nada sobre suas origens e sequer ouviram falar do cristianismo. Portanto, foram necessários três séculos de isolamento para que a imensa China engolisse uma comunidade que não pôde se regenerar, como ocorreu na Índia, pela chegada de novos integrantes.

Colônias da Espanha

Na América de Colombo, de Pizarro e de Cortés, certos marranos fazem fortuna nas minas de prata de Potosí, ou como mercadores de escravos; outros permanecem como modestos artesãos ou miseráveis vendedores ambulantes. Em 1590, ao chegar, a Inquisição instala três tribunais do Santo Ofício: em Lima, na cidade do México e em Cartagena. Começam as detenções.

Destinos destruídos[434]: um rico mercador de escravos, Manuel Bautista Perez, apelidado "o Grande Capitão", chefe em Lima dos judaizantes secretos, é queimado. Um vagabundo, Juan Vicente, é por duas vezes "reconciliado", isto é, arrepende-se, antes de ser condenado à fogueira em 1626. Um *rabbi* escondido, Francisco Maldonna de Silva, desafia seus juízes, misturando sua fé e sua paixão pela razão, citando Aristóteles sob tortura, antes de ser queimado vivo em 1639, na cidade do México. Mulheres também sofrem a mesma sorte, caso de Leonor Nuñez, a quem os judaizantes secretos do México recorrem para a toalete dos mortos. Por fim, a mulher do mercador Francisco Botello rejeita qualquer arrependimento e clama seu judaísmo ao morrer, queimada viva, na Plaza Mayor de Lima, em 1659.

Colônias de Portugal

Após o descobrimento do Brasil em 1500 por Cabral, acompanhado do judeu polono-indiano Gaspar de las Indias, ninguém se apressa em instalar-se ali: no lugar não há nem ouro, nem prata, nem especiarias. É um converso, Fernando de Noronha, que recebe do rei de Portugal a concessão da região. À falta de voluntários, enviam-se para a nova terra condenados de direito comum. Alguns marranos precipitam-se para lá, acreditando-se assim ao abrigo da Inquisição. São médicos, advogados, mercadores, coletores de impostos. Por volta de 1550, os portugueses importam da Madeira a tecnologia açucareira e estabelecem no litoral do Nordeste os primeiros canaviais da América. Uma nova indústria começa. Durante mais de um século, o Brasil entregará à Europa, em média, 1.600 toneladas de açúcar bruto por ano.

Em 1580, após a união de Portugal e Espanha, a Inquisição desembarca no Brasil[326]; numerosos marranos preferem então fugir, e os que ficam estão ameaçados, como no México. Assim, a Inquisição desconfia de que os armadores portugueses que navegam pelo Río de la Plata, comprando açúcar, arroz, tecidos, escravos, e pagando com reais de prata, são "cristãos-novos" e judaízam. Esses conversos portugueses, que deram andamento à conquista do Brasil por conta de Portugal, alimentam então grande expectativa em relação aos holandeses que começam a rondar por essas latitudes. Muitos judeus portugueses vão ao encontro dos holandeses quando estes tomam Recife, em 1630. São bem recebidos; em 1634, o governador-geral holandês Maurício de Nassau permite a livre expressão religiosa. Uma comunidade instala-se então abertamente no Recife, reunindo conversos da Bahia e judeus de Amsterdã.

Trágico destino de um certo Isaac de Castro[469], chegado em 1641, aos dezesseis anos, proveniente de Amsterdã. Em 1644, a nova comunidade do Recife o envia à Bahia, capital do Brasil português, para procurar conversos e levá-los em segurança para o Recife. Ele é descoberto e detido; ao comparecer perante o bispo da Bahia, alega chamar-se José de Liz, judeu francês vindo ao Brasil para saber mais sobre o catolicismo. Expedido para Lisboa, muda de versão: pretende-se filho de conversos portugueses que foram para a França, mas, para ser exonerado do crime de "relapso", afirma não ter sido batizado. Dão-lhe então a escolha: ou tornar-se católico e passar cinco anos na prisão, ou reafirmar seu judaísmo e morrer. Ele persiste, diz rezar sete vezes por dia e obedecer aos setecentos e três *mitzvot*. Durante dois anos, padres tentam convertê-lo. Em vão. Em 1647, aos vinte e dois anos, ele é condenado e queimado cantando preces judaicas.

Outros judeus não tardam a desembarcar no Brasil holandês. Vêm da Hungria, da Polônia, da Turquia, do Marrocos, da Espanha, de Portugal, da Holanda e da Alemanha. Um engenheiro judeu, Balthazar da Fonseca, constrói a ponte que liga Recife a Mauricéia. Duzentos judeus afluem de Amsterdã para o Recife sob a direção de *rabbi* Isaac Aboab e Moses Raphel Aguilar[326]: temos então uma comunidade totalmente constituída, com seus rabinos e seus professores.

Em 1648, entre os doze mil habitantes europeus do Brasil holandês, contam-se mil quatrocentos e cinqüenta judeus, quase todos instalados no Recife[326]. Alguns deles, refinadores de açúcar ou corretores, adquirem grandes canaviais no vale de Pernambuco. Outros exercem um papel significativo no comércio de escravos, que eles compram dos navios da Companhia das Índias para revendê-los a crédito aos plantadores, a preço altíssimo, acrescido de juros de 3 por cento a 4 por cento ao mês, e pagável por ocasião da colheita. Seus lucros às vezes são de 300 por cento por cabeça. É tão grande o papel deles nesse mercado que, nos dias de festas judaicas, não se fazem leilões de escravos. Em 1648, o governador do Recife, Adriaen Lems, escreve à Companhia das Índias: "Os não-judeus não podem prosperar, porque os negros lhes são vendidos demasiadamente caro e com juros altos demais"[326].

Nesse mesmo ano, os regulamentos das comunidades do Recife e de Mauricéia exigem o pagamento, pelos mercadores de escravos, de uma taxa de cinco soldos por todo escravo comprado à Companhia das Índias, assim como um imposto de 4 por cento sobre o preço de cada mercadoria importada.

Açúcar e tabaco

O açúcar bruto de cana é refinado nos Países Baixos e depois distribuído para toda a Europa. O tráfego comercial é enorme: permanentemente, cem navios fazem a ligação entre Recife e Amsterdã, onde as refinarias rendem um quarto dos impostos indiretos dos Países Baixos[69]. Um dos mais importantes negociantes de açúcar, baseado em Salvador e em Recife, o marrano Manuel Rodrigues Vega, instala dois grandes entrepostos em Amsterdã, a fim de armazenar o açúcar da ilha de São Miguel. Em 1655, Abraão e Isaac Pereira, "mercadores portugueses da nação judaica", estabelecem uma refinaria em Amsterdã[58]. Outros recebem açúcar bruto via Portugal, que no entanto está em guerra contra os Países Baixos. Mistério das redes marranas: em julho de 1657, em Amsterdã, Simão e Luís Rodrigues de Sousa recebem do Porto, entre outras mercadorias, 135 caixotes de açúcar de um mercador "judeu em segredo", Antonio da Silva, instalado no Brasil português. Em novembro de 1658, um certo Sebastião Coutinho também recebe seis caixotes. No mesmo ano, Salomão, Moisés e Isaac del Pina constroem outra refinaria em Amsterdã, a qual revenderão em 1669 a cristãos[326]. Quando o açúcar começa a ser produzido em outros lugares afora a Europa, os judeus abandonam essa atividade, pressentindo-lhe o declínio.

Então o tabaco torna-se mais ainda um negócio judaico — e um fator de crescimento para a economia dos outros. Quer a história até mesmo que o primeiro branco a colocar os pés em solo americano, o marrano Luís de Torres, tenha sido também o primeiro a fumar esse produto. Em 1611, o primeiro barril de tabaco importado para a Europa é vendido por um mercador judeu, David Abendana, a um mercador cristão de Hoorn. Nove anos depois, encontram-se em Amsterdã dois corretores judeus de tabaco. Entre as trinta casas importantes que o beneficiam e vendem, dez são judaicas[58]. As primeiras são as de Isaac Italiander, Jacob Franco Mendes, Isaac Mendes e Sara Dias de Fonseca, que possui uma "fiação" de tabaco onde emprega catorze operários. Trata-se de uma verdadeira indústria, que funciona fora das guildas[451]. Entre os catorze importadores de tabaco que assinam uma petição em favor de um certo Manuel Lopez de Azevedo, onze são judeus. Jacob de Jehuda León — também conhecido como Jan Portremiel — emprega em suas manufaturas de tabaco numerosos operários judeus alemães. Esta, aliás, é uma especialidade dos judeus do Leste: em vinte quatro casamentos asquenazes celebrados entre abril de 1649 e junho de 1653 em Amsterdã, catorze envolvem trituradores de tabaco. Os sefardis não estão excluídos disso: Menasseh Gaon, industrial do tabaco, emprega em 1661 um "fiandeiro" asquenaze, Moisés Heyman, e três sefardis: David de Oliveira, Moisés da Fonseca e Abraão Levy. Mas, em geral, os sefardis são patrões e os asquenazes, empregados.

Em 1654, depois de vinte e quatro anos de presença holandesa, os portugueses recuperam Recife. Os dois mil judeus que ali vivem fogem em quinze embarcações para Caiena, Curaçao, Jamaica, Barbados, Panamá, Costa Rica e Antilhas francesas, que eles logo devem deixar por ordem do rei da França. Nessa região do Caribe, o armamento naval pirata torna-se quase um monopólio judaico, com tripulações e capitães judeus.

Em 1667, os holandeses trocam Nova Amsterdã pelo Suriname, que os ingleses ocupavam. Um ano depois, encontram-se ali judeus portugueses detentores de nove plantações: os Pereira, da Costa, da Silva, Casseres, Alonza de Fonseca, Mesa possuem 233 escravos, 55 caldeiras de açúcar e 106 cabeças de gado[34]. No ano seguinte, acrescentam-se outras seis plantações de judeus, com 181 escravos, 39 caldeiras e 66 animais. No fim do século, entre os quatrocentos canaviais do Suriname, cento e quinze pertencem a judeus. Em 1690, alguns deles até estão na vanguarda da repressão às revoltas de escravos. Dez destes querem emigrar para a Jamaica levando 322 escravos, mas o governo holandês do Suriname, temendo pela prosperidade da colônia, ainda os retém durante oito anos.

Um dos navios nos quais os judeus fogem do Recife, retomada pelos portugueses em 1654, é capturado por piratas espanhóis. Estes se aprestam a vendê-los como escravos quando, por sua vez, são interceptados por um navio francês, o *Saint-Charles*, cujo capitão é um certo Jacques de La Motthe[55], que está a caminho de uma minúscula colônia holandesa. Os judeus desembarcam ali: trata-se de Nova Amsterdã. Treze anos mais tarde, a colônia é trocada com os ingleses pelo Suriname e passa a chamar-se Nova York...

As colônias inglesas

Em 1584, *sir* Walter Raleigh, um dos favoritos de Elisabeth I, recebe autorização para explorar a Virginia e instalar ali uma colônia, na esperança de encontrar ouro e uma passagem para o Oriente. No local, Raleigh também quer procurar cobre, metal estratégico. Para a viagem, contrata especialmente Joachim Ganz (ou Gaunse), o engenheiro da Boêmia que, como já vimos, foi para a Inglaterra a pedido da Royal Mining Company e revolucionou a metalurgia do cobre no país.

Comandada pelo almirante Richard Grenville, a expedição parte de Plymouth e em 1585 chega a Roanoke (hoje, na Carolina do Norte). Em homenagem à "rainha virgem", Elisabeth, a região é batizada de "Virginia". Trata-se do primeiro estabelecimento inglês na América do Norte, trinta e cinco anos antes de o *Mayflower* acostar mais ao norte, numa região que virá a ser Massachusetts. Ganz encontra cobre, mas a colônia não se mantém: doenças, temores, conflitos com os índios. Em 19 de junho de 1586, *sir* Francis Drake chama os exploradores de volta à Inglaterra[64]. Ganz refugia-se então em Bristol, onde sobrevive dando aulas de hebraico e alemão. *Sir* Walter Raleigh perde o favor da rainha por esse fracasso e por ter posto em dúvida a divindade de Jesus, o que chama a atenção sobre Ganz: esse judeu não seria o diabólico mestre de pensamento de Raleigh? Não teria sido ele a fazer com que tudo fracassasse, semeando a dúvida no espírito desse bom cristão? Não seriam ambos judeus? Em 1589, acusado de blasfêmia — logo após a vitória sobre os espanhóis, que ele possibilitou —, Ganz admite ser judeu para evitar ser considerado como "relapso". É denunciado perante o Conselho privado. Ao que parece, concedem-lhe a vida e o expulsam para a Boêmia.

Tendo recuperado as boas graças da rainha, Raleigh retornará à América e subirá o Orinoco em 1595. Em seguida, será condenado à morte por ateísmo e terá a pena suspensa. Após quinze anos de prisão, partirá novamente em busca de ouro, mas fracassará mais uma vez. Jaime I mandará executá-lo em 1618.

Quanto a Ganz, este permitiu à Inglaterra vencer a Espanha, estabelecer-se na América do Norte e desencadear a revolução industrial. Mas quem se lembra dele?

Setenta anos mais tarde, em 1654, ao desembarcarem em Nova Amsterdã, os passageiros do *Saint-Charles* (Levy, de Piza, Taro, Lumbroso, Mercado, Nuñes[55]) encontram, entre os primeiros colonos ali instalados, um judeu alemão chamado Bar Simhon. O governador holandês, Peter Stuyvesant, manda para a prisão os recém-chegados e depois libera-os por ordem da Companhia, que tem entre seus acionistas muitos judeus. De volta à corretagem, eles comerciam com os índios, trocando tabaco, peles e peixe por tecidos e ferramentas[55]. No ano seguinte, chegam ao seu encontro outros, vindos de Amsterdã. Como sempre, vivem melhor nos lugares onde a Igreja não os persegue. Já em 1657, os direitos cívicos lhes são reconhecidos, "desde que eles não constituam um fardo para a Companhia Holandesa das Índias Ocidentais e que seus indigentes sejam sustentados por sua própria comunidade"[106]. Assim é que desembarca na América a *tsedaka*. Alguns fundam ali várias das futuras grandes famílias dos Estados Unidos[55]: os Nathan, Lazarus, Lopez, Lombroso, Seixas.

Em 1667, como vimos, os ingleses trocam o Suriname por Nova Amsterdã, que se torna Nova York. Quanto aos colonos, não há motivo de preocupação: os judeus são agora tolerados na Inglaterra, ao passo que, dez anos antes, não o eram. Outros — algumas dezenas — chegam da Europa oriental; corretores de vanguarda, instalam-se em Maryland, na Pensilvânia, na Geórgia e na Carolina[106].

10. VIDA E MORTE DAS NAÇÕES NO SÉCULO XVIII

No início do século XVIII, a população judaica mundial é de aproximadamente três milhões e meio de pessoas, ou seja, menos do que no ano 1000. Em sua maioria, elas se transferiram para terras cristãs. Todas as comunidades da Índia, da Ásia, do Oriente Próximo e do norte da África caíram em declínio. Em contrapartida, despertam as da Europa, entre as quais a da Polônia, resplandecente, e as das duas margens do Atlântico, promissoras. Desaparece um mundo no qual tanta gente acreditava, ao mesmo tempo em que, na revolução industrial que se anuncia, surge outra maneira de ser judeu. Outra maneira, também, de ser útil, o que continua sendo a condição para ser aceito.

Adormecimento do Islã

O Ocidente só se interessa pelo Oeste; ele esquece o Islã, o qual, por sua vez, esquece o Oriente.

Em 1739, os turcos tomam Belgrado, já ocupada em 1521 e disputada com os austríacos; é sua última conquista. Para eles, o refluxo começa em 1774, data em que abandonam aos russos a Criméia e uma parte do contorno do mar Negro, onde vivem mais de trezentos mil judeus. As comunidades que ficaram no império otomano, sempre marginalizadas e humilhadas, abremse ao espírito ocidental e se concentram em alguns pólos: Istambul (que continua sendo então, com seus 450 mil habitantes, uma das principais cidades do mundo, depois de Pequim e Cantão), Esmirna (ou Izmir), Argel, Túnis. Essencialmente preocupados com suas fronteiras ocidentais, os turcos abandonam as províncias do Levante à própria sorte[383].

Isolada de todas as grandes correntes comerciais, a Palestina está exangue. A tecelagem, única atividade local notável, afunda no marasmo. Menos de cem mil judeus ainda vivem ali, assim como outros tantos árabes. Recomeçam com toda a força os assaltos dos beduínos; os peregrinos rareiam. São João de Acre faz figura de modesta capital regional. Esse recanto do império não se diferencia muito, nesse momento, do espaço sírio ao qual pertence, geográfica e administrativamente.

No Marrocos, os judeus vivem cada vez menos em circuito fechado, e são cada vez mais aceitos pelos soberanos alawitas[459]. Mercadores e artesãos judeus comerciam com seus vizinhos árabes. O dinheiro está cada vez mais presente nas trocas. Para contornar a proibição de recorrer ao crédito entre eles, os mercadores organizam o reembolso sob a forma de divisas, de gêneros alimentícios ou de um metal precioso de natureza diferente daquela do empréstimo. Isso permite fixar livremente a cotação deste na data do reembolso, acrescentando-lhe o equivalente a juros. Num julgamento realizado em Fez em 1723, sob o reinado de Mulay Ismail, *rabbi* Judah Ben Attar ainda estigmatiza "essa prática que se espalha como uma chaga" e destinada, escreve ele, a "cobrir com uma peneira a visão do sol"[459]. Outra sentença do mesmo tribunal rabínico de Fez estipula em 1735, sob Mulay Abdallah: "O reembolso de uma dívida deve ser efetuado assim: quem quer que tome emprestados dinheiro ou mercadoria irá restituí-los na cotação fixada para eles na data do empréstimo. Nenhuma estimativa é novamente necessária, tenham os preços aumentado ou diminuído"[459]. Em 1760, Mulay Mohammed, ao subir ao trono, faz reconstruir todas as sinagogas e escolhe um judeu como tesoureiro e principal ministro. Ele constrói os portos de Anfa (em 1760) e Essauíra (em 1765) e neles instala muitos judeus.

O Marrocos, ao lado da Turquia e da Polônia, é um dos países do mundo onde os judeus são mais numerosos, ainda que não sejam forçosamente os mais bem tratados.

O fim da Polônia

No início do século XVIII, mais de seiscentos mil judeus vivem na Polônia, na Ucrânia e na Lituânia, numa região arrasada pelas guerras, onde até os camponeses livres estão arruinados e voltam a cair na servidão. O país já não passa de uma marionete nas mãos das potências estrangeiras. O século anuncia-se sombrio para todos os poloneses, judeus ou não.

Obrigados em 1697 a aceitar a subida ao trono do eleitor de Saxe Augusto II, respaldado pela França, pela Áustria e pela Rússia, e financiado de Viena pelos banqueiros Oppenheimer e Lehman[414], em seguida os poloneses recebem como monarca Estanislau Leszczynski, designado (em 1704 e, de novo, em 1733) com o apoio da França e de Maria Leszczynska; depois, em 1723, vem Augusto III de Saxe; em 1764, sob a influência russa, Estanislau II Augusto Poniatowski torna-se o último rei da Polônia[414].

Dois terços dos judeus poloneses amontoam-se agora nas cidades que ainda os protegem. Nem os reis nem os príncipes precisam mais deles. Os burgueses cobiçam-lhes o lugar. Eles continuam como propriedade das cidades, que não lhes concedem nenhum direito, particularmente perante a polícia. Com a chegada de novos imigrantes e o excepcional crescimento demográfico, os aluguéis explodem. O direito ao casamento é então estritamente controlado, para não aumentar a demanda por moradias. Nenhum judeu, ou quase nenhum, trabalha mais a terra. Um sexto deles é de gerentes de albergues, um terço atua no comércio (cera, sabão, sal, tabaco, álcool), um terço é de artesãos. Entre estes últimos, dois terços trabalham com peles e têxteis[414]. Em 1712, em Vilna, os artesãos judeus são proibidos de trabalhar durante as festas cristãs, de empregar cristãos e até de ter clientes cristãos[414]. Ainda assim, algumas oficinas se desenvolvem e contratam assalariados — operários, alfaiates, empregados em geral — a serviço de capitalistas, às vezes judeus. Alguns judeus são ainda intendentes, caso de Israel Rubinowicz, intendente de Elisabeth Sieniawska durante mais de quarenta anos[414]. Já não há um único grande banqueiro judeu junto aos príncipes, mas certos conselhos de comunidades ainda administram o dinheiro de nobres e da Igreja[414].

Diante da considerável defasagem de renda entre esses poucos ricos e todos os pobres, acontece — em Cracóvia, em Leszno, em Drohobycz, na Ucrânia — de alguns se revoltarem contra os dirigentes comunitários. Surgem então duas reações contraditórias entre os judeus poloneses.

De um lado, como em toda a Europa, aparece uma demanda por liberdade individual, acompanhada de um questionamento das instâncias comunitárias. Essa mistura entre reivindicação laica e exigência social caracteriza os "assimilacionistas", que se sentem antes de tudo poloneses. Entre eles, alguns acham até que sua sorte só pode melhorar junto com a de todos os camponeses, e aderem aos revolucionários nacionalistas[414].

De outro lado, por volta de 1750, desencadeia-se na Podólia um movimento inverso em torno de Israel ben Eliezer, célebre rabino conhecido pelo nome de Baal Chem Tov, que retoma os temas do *Zohar* para pregar a saída de um mundo que não os aceita: são os *hassidim* ou *chassidim*, que fazem a apologia da felicidade e do entusiasmo pela festa e rejeitam a sociedade mercantil. Os "ortodoxos" às vezes os excomungam, como em Vilna, onde *rabbi* Salzmann, o célebre *gaon*, execra-os; mas aliam-se de bom grado aos hassidistas contra os "assimilacionistas", seu inimigo comum.

Vários dirigentes católicos poloneses, como Tadeusz Czacki e Maciej Topor Butrymowicz, também pregam a assimilação dos judeus, o desaparecimento dos *beth din*, a redução das competências do Vaad e a reorientação dos artesãos para a indústria e a agricultura. Todos cidadãos poloneses iguais.

Em 1764, a Dieta polonesa dissolve o Vaad. Mas a crise econômica aguça o antijudaísmo dos artesãos poloneses contra seus concorrentes judeus[451], e o processo de assimilação é interrompido. Em 1768, ocorrem *pogroms* em Cracóvia, Poznam, Lvov, Vilna e Brest-Litovsk; os mortos são mais de dez mil. Na Ucrânia, os camponeses ortodoxos reclamam a independência de seu país e massacram milhares de católicos poloneses e dezenas de milhares de judeus ucranianos, considerados aliados dos ocupantes poloneses. Assim, o caminho da assimilação se fecha tanto mais quanto uma parte da Polônia passa à Rússia.

Em 5 de agosto de 1772, feita uma primeira partilha, a Polônia perde quatro milhões e meio de habitantes; cento e cinqüenta mil judeus vêem-se integrados à Áustria, vinte e cinco mil à Rússia e outros à Prússia. A fronteira austríaco-polonesa passa agora pela Galícia*, entre Cracóvia, que permanece polonesa, e Kazimierz, que se torna austríaca. Muitos judeus das zonas de combate partem então para a Lituânia, onde não são muito bem recebidos pelas comunidades locais: o Conselho dos Judeus da Lituânia até propõe rechaçá-los, por falta de espaço, quando o *gaon* de Vilna se recusa a tomar assento, observando que uma tal decisão não tem a menor necessidade de ser adotada: ela já o foi... em Sodoma e em Gomorra!

Em 1790, os judeus são novecentos mil na Polônia e na Lituânia, e cento e cinqüenta mil no Império. Seu número mais que dobrou em um século, pelo simples jogo da demografia. O amontoamento é cada vez mais difícil de suportar.

Em 3 de maio de 1791, os burgueses tomam o poder no que resta da Polônia; a Dieta instaura uma monarquia ao mesmo tempo hereditária e liberal. Esta concede aos burgueses os mesmos direitos que dá aos nobres; também decide que os judeus já não são propriedade das cidades e que, em conseqüência, por exemplo, ninguém deve poder prendê-los sem julgamento, como ocorre há séculos. Para as comunidades, grande alegria. No primeiro aniversário dessa Constituição, realizam-se cerimônias de ação de graças em todas as sinagogas do país.

Os magnatas, insatisfeitos com essa revolução burguesa que eles sempre haviam temido, apelam para a Prússia e para a Rússia, a qual ataca Varsóvia e Vilna. Em 1794, Tadeusz Kosciuszko, que defende o país contra o invasor russo, organiza uma unidade militar judaica cuja existência ele justifica assim: "Nada pode convencer melhor as nações distanciadas da santidade da nossa causa e da justeza da nossa revolução do que ver pessoas, diferentes de nós pela religião e pelos costumes, prontas a sacrificar de bom grado suas vidas para apoiar nossa revolução". Em abril de

---

* Obviamente, trata-se da região da Europa central, e não da *Galicia* ibérica, Galiza em português. (N. da T.)

1794, Kosciuszko e Poniatowski começam derrotando os russos, mas depois recuam: em 1795, a Polônia perde novamente Varsóvia, Kalisz e três milhões de habitantes. Poznan, largamente judaica (nesse ano, contam-se entre os alfaiates 923 judeus para 676 cristãos), passa à Prússia. A Áustria arroga-se o resto da Galícia com Cracóvia, de onde todos os comerciantes judeus são expulsos. A Áustria vai de Cracóvia, ao norte, a Trieste e Sarajevo, ao sul. Catarina II anexa a Lituânia, a Bielorrússia e a Ucrânia, de Vilna a Odessa — ou seja, no total, quase dois milhões de judeus, se acrescentarmos os que vêm do império otomano. A iniciativa dos magnatas contra os burgueses só serviu para fazer desaparecer a Polônia. Agora, a maior comunidade judaica do mundo passou essencialmente à Rússia.

Primeiro judeu de corte

Na Rússia, os judeus poloneses vêem-se num país que não sabe o que é um judeu. Ao longo de todo esse século, assim como nos precedentes, nenhum czar, nem mesmo Pedro, o Grande, autorizou qualquer um deles a instalar-se ali. Só se encontram vestígios de raras passagens de mercadores isolados, por Moscou ou pelos portos setentrionais, e de alguns convertidos integrados ao sabor das conquistas russas.

Um destino[403]: por volta de 1690, o filho de Chafirov, aquele mercador judeu convertido de Smolensk de quem já falamos, é notado por um amigo de infância do czar, o príncipe Menchikov, que o apresenta ao jovem Pedro, o Grande. Enobrecido, ele se torna conselheiro pessoal do soberano, a quem acompanha nas viagens. Em 1704, ele negocia a capitulação das tropas suecas em Narva, na Estônia. Mercador que ficou riquíssimo, manda construir para si uma primeira mansão em São Petersburgo, pelo arquiteto italiano Rastrelli — o mesmo que edifica os principais palácios da cidade —, e depois mais quatro para suas filhas, que fazem casamentos principescos. Nomeado vice-chanceler, casa uma de suas sobrinhas com o duque de Courlande e obtém o título de barão. Em 1711, quando o imperador, em guerra contra os turcos, é feito prisioneiro, Chafirov se apresenta no lugar dele como refém; permanece dois anos e meio em Istambul, onde estabelece contato com um marrano português, Daniel de Fonseca; faz-se então reconhecer como judeu, o que facilita sua vida de prisioneiro. Retorna à Rússia coberto de honrarias. Em 1716, Pedro, o Grande o encarrega de redigir um relato da guerra contra a Suécia, no qual se fala, pela primeira vez em russo, de "cidadão" e de "revolução". É o primeiro sucesso russo de livraria: mais de vinte mil exemplares. Em 1722, durante uma expedição à Pérsia, o czar se desentende com o príncipe Menchikov, protetor de Chafirov; ambos caem em desgraça. O segundo é exilado em Novgorod e tem seus bens confiscados. Com a morte de Pedro, o Grande, em 1725, Chafirov retorna a Moscou e morre abastado em 1739.

Em 1778, Catarina II autoriza os mercadores e artesãos judeus — que ela acaba de herdar, nos termos da primeira partilha da Polônia — a entrar nas guildas, o que lhes permite eleger representantes dentro das corporações e das municipalidades. É a primeira vez, na história da Diáspora, que judeus são admitidos para votar.

Ao cabo das três partilhas polonesas e da expansão da Rússia, em detrimento do império otomano, em direção à bacia do Dnieper, ao mar Negro e à Criméia, quase dois milhões de judeus passaram ao império russo, onde estão praticamente confinados naquilo que irá tornar-se um imenso gueto.

11. Fornecedores de corte e Revolução Industrial (1700-1800)

Judeus tolerados na França e na Itália

Em 1737, os dois mil judeus do gueto de Veneza são autorizados a sair dele à tardinha e aos domingos[75]. Em 1757, o mesmo ocorre aos de Florença. A situação dos que ficaram em Ancona continua pavorosa. Em Livorno, a cidade permanece acolhedora e livre. No Comtat Venaissin, outro Estado do papa, a situação dos judeus tampouco evoluiu muito[204]; uma testemunha[57] da época anota:

"Os judeus do Comtat Venaissin vivem em condições terríveis. Os cristãos dessa região não consideram que um filho de Israel é um ser humano igual a eles. Os judeus são obrigados a residir num bairro que lhes é destinado e de onde só podem sair em horários estritamente controlados. Se, por falta de sorte, eles se virem numa rua por onde passa uma procissão cristã (o que é freqüente), devem fugir para escapar das pedras que lhes são jogadas de todos os lados [...]. Têm de usar sempre um chapéu amarelo; as judias devem trazer um lenço da mesma cor atravessado no peito. Desgraçados dos que saírem do seu bairro sem esses sinais distintivos. Os judeus têm a obrigação de inclinar-se respeitosamente para saudar todos os cristãos, inclusive os mendigos, que lhes dizem então: 'Fazei uma oferenda!'. O judeu deve obedecer e dar cinco soldos. Só Deus sabe quantas moedas de vinte e cinco cêntimos um judeu é assim obrigado a pagar, a cada vez que sai de sua casa!"[57]. Para sobreviver, eles têm de sair do Comtat cada vez mais freqüentemente[204]. Em 1740, mercadores de Montpellier queixam-se de sua concorrência, ao que o intendente real responde: "Se os cristãos tivessem lojas tão bem sortidas quanto as dos judeus, a clientela acorreria a elas tanto quanto às outras"[293].

Na Guyenne, onde as cartas reais os denominam indiferentemente "cristãos-novos" ou "judeus", eles são tolerados cada vez mais abertamente. Em junho de 1723, o Regente renova-lhes os privilégios em troca de 100.000 libras ("Os judeus das assim chamadas generalidades*, conhecidos e estabelecidos em nosso reino sob o título de 'portugueses', ou ainda 'cristãos-novos' [...], são súditos do reino que gozam do direito de adquirir propriedades territoriais, de escolher seu bairro residencial...")[67]. Em Bordeaux, a família Gradis vende, para Londres e Amsterdã, vinhos, lico-

* Na França do Antigo Regime, circunscrição financeira, mais tarde administrativa, dirigida por um intendente. (N. da T.)

res, carne de boi salgada e farinha, adquiridos em Bordeaux e Ruão; funda a Sociedade do Canadá para abastecer as possessões francesas da América; e, durante a Guerra dos Sete Anos, freta navios por conta do rei. Outros grupos familiares de Bordeaux (Lopès-Dubec, Raba, Furtado) são banqueiros, mercadores de vinhos e de produtos coloniais, seguradores marítimos, comerciantes e artesãos. Quarenta e uma mulheres são recenseadas no exercício de uma atividade profissional — entre elas, uma banqueira e uma negociante de vinhos[67].

Na Alsácia, os judeus são 2.125 famílias em 1740; em 1784, contam-se 3.942, num total de 19.624 indivíduos. Muitos são comerciantes e penhoristas para os camponeses. As cartas de privilégio de 10 de julho de 1784 os autorizam a trabalhar a terra: "Permitimos aos judeus da Alsácia arrendar fazendas nas comunidades onde tiverem sido admitidos, mas desde que permaneçam nas mencionadas fazendas e que eles mesmos as explorem. Também os autorizamos a alugar, mas igualmente para cultivá-las eles mesmos, vinhas, terras e, em geral, qualquer outra espécie de bem imóvel. Proibimos, ademais, que eles empreguem domésticos cristãos, seja na exploração das mencionadas fazendas, seja na cultura das mencionadas vinhas e terras"[293].

Na Lorena, os judeus são bastante numerosos no fim do século XVII. Um deles, Samuel Levy, é tesoureiro-geral da Lorena, antes de ser preso em 1721; todos os judeus são expulsos. Retornam em 1726, e Estanislau, o rei destronado da Polônia, recebe-os em troca de pesada contribuição. Quando a Lorena passa a pertencer à França, o reino os tolera.

Em Paris, também são toleradas agora uma pequena comunidade de "portugueses" (vindos de Bordeaux e de Pont-Saint-Esprit-lès-Bayonne) e outra constituída por alemães, ingleses, poloneses, holandeses e gente vinda de Metz. Uma sinagoga de rito português é aberta à rue Saint-André-des-Arts; outra, de rito alemão, inaugura-se à rue Brisemiche. Em geral, os portugueses fazem comércio de chocolate e de seda, e habitam o bairro do Odéon. Os "alemães" são quinquilheiros, adeleiros e joalheiros; dependem da polícia para o visto de permanência e moram em quartos alugados nas proximidades do Conservatoire des Arts et Métiers, da Sorbonne e de Saint-Merri[141]. Até 1787, são obrigados a só fazer comércio fora das lojas e permanecem excluídos das corporações. Em geral, trata-se de gente simples, embora entre eles encontrem-se alguns raros industriais, financistas e intelectuais: um tradutor da biblioteca do rei, Israel Bernard de Valabrègue; um médico da corte de Luís XV, Daniel de Fonseca, de uma família vinda de Istambul; o agente oficial junto ao rei da "nação" judaica de Bordeaux, Jacob Rodrigues Pereira. Em 1772, um banqueiro alemão, Cerf Berr, obtém a nacionalidade francesa. O edito real sobre ele esclarece: "A guerra, assim como a penúria que se fez sentir na Alsácia durante os anos de 1770 e 1771, deram-lhe a oportunidade de comprovar o zelo que o anima pelo nosso serviço e pelo do Estado"[327]. Eles não são prestamistas, exceto na Alsácia. Aliás, em 1777 é criado um novo montepio, mais de um século depois do fechamento do de Théophraste Renaudot, com uma taxa de 10 por cento. Ele virá a ser o Crédit Municipal[68].

Em 17 de novembro de 1787, Luís XVI encarrega Malesherbes, ministro de Estado, de propor uma reforma do estatuto dos judeus da França. No mesmo ano, autoriza-os a possuir lojas e a ser admitidos nas corporações. Em 1788, alguns bispos se preocupam com o reconhecimento dos não-católicos: "Quão mais imediata ainda não será a revolução nas cidades, em meio aos assustadores progressos da irreligião e da imortalidade".

Às vésperas da Revolução, quarenta mil judeus residem abertamente na França: quinhentos em Paris, vinte e cinco mil na "nação alsaciana", sete mil e quinhentos na Lorena e o resto na Guyenne e no Comtat Venaissin[141].

As discussões entre os filósofos das Luzes traduzem também a evolução do olhar lançado na França sobre os judeus: cada vez menos teológico, cada vez mais econômico e político. Ele não é especialmente amável. Em 1720, Montesquieu escreve: "Tu me perguntas se há judeus na França? Pois fica sabendo que por toda parte onde há dinheiro, há judeus"[292].

Em 1723, em seu *Dictionnaire universel du commerce*, Savary cita provérbios que designam os judeus como perigosos trapaceiros: "'Um verdadeiro judeu' — negociante careiro e explorador; 'cair nas mãos dos judeus' — tratar com gente inflexível, tenaz e difícil nos negócios...". Ele acrescenta: "Os judeus têm fama de ser muito hábeis no comércio; mas também são suspeitos de não o fazer com toda a probidade e a fidelidade possíveis. Independentemente dessa crítica, é certo que as próprias nações mais prevenidas contra os judeus não somente os toleram em seu meio, mas também parecem até orgulhar-se de aprender com eles os segredos do negócio e de compartilhar os lucros"[356].

Na edição de 1732 do *Dictionnaire universel* de Trévoux, lemos a seguinte definição: "Diz-se 'rico como um judeu' para afirmar que se é riquíssimo. Também se chama de 'judeu' um negociante que trapaceia ou explora, porque os judeus são grandes usurários, velhacos e enganadores"[419].

Em 1764, numa de suas cartas, retomada no *Dictionnaire philosophique*, Voltaire escreve: "Os hebreus quase sempre foram errantes, ou salteadores, ou escravos, ou sediciosos. Até hoje ainda são vagabundos sobre a terra e, para horror dos homens, asseguram que o Céu e a terra e todos os homens foram criados somente para eles [...]. Neles só encontrareis um povo ignorante e bárbaro, que há muito tempo reúne a mais sórdida avareza à mais detestável superstição e ao mais invencível ódio por todos os povos que os toleram e os enriquecem. [...] Vós [os judeus] sois animais calculantes; tratai de ser animais pensantes!"[432]. E, no *Essai sur les mœurs* (Ensaio sobre os costumes), ele conclui: "Encaram-se os judeus com o mesmo olhar com que vemos os negros: como uma espécie inferior de homens"[431].

A mudança da imagem do povo hebreu faz-se em 1765 com a *Encyclopédie*. O verbete "Judeu", redigido pelo cavaleiro de Jaucourt, um dos principais colaboradores da obra, espanta-se com que "esse povo ainda subsista depois dos horrores que os judeus experimentaram, e eu admiro seu firme apego à lei de Moisés". O autor cita "seu tipo de vida sóbrio e regrado, sua abstinência no trabalho"; sua incapacidade de "possuir qualquer bem de raiz e de ter qualquer emprego". Por fim, considera injusto tratar os judeus de "infames usurários", uma vez que os cristãos não lhes deixaram, para "subsistir, outro recurso afora o comércio". Ele conclui:

"Confiscaram-lhes os bens quando eles recebiam o cristianismo; e, logo depois, mandaram queimá-los quando eles não quiseram recebê-lo". E mais: "Na Espanha, ficou-se em má situação por tê-los banido, assim como na França, por haver perseguido esses súditos cuja crença diferia em alguns pontos daquela do Príncipe". Diderot acrescenta: "Mas que homens nos oferece [a História] que sejam comparáveis em autoridade, em dignidade, em equilíbrio, em piedade, em consciência, a Abraão, a Isaac e a Jacó? [...] E Moisés? Que historiador! Que legislador! Que filósofo! Que poeta! Que homem!"[114].

Fornecedores de corte na Alemanha e na Áustria

No início do século XVIII, o Sacro Império constitui o Estado mais vasto e mais povoado da Europa: com os domínios patrimoniais dos Habsburgo, engloba o reino da Boêmia e suas dependências, a parte do reino da Hungria não ocupada pelos otomanos, o Milanês e o reino de Nápoles e da Sicília. Com a morte de Carlos VI, em 1720, uma crise de sucessão resulta numa guerra européia. Depois de incontáveis peripécias, a filha de Carlos VI, Maria Teresa, consegue impor-se.

Os judeus, quase todos expulsos de Viena em 1670, voltam pouco a pouco. Uma pequena comunidade sefardi instala-se em 1737 e recria uma rede comercial com as comunidades dos Bálcãs e de Istambul.

Na Alemanha, esquartejada e arruinada após a Guerra dos Trinta Anos, múltiplos pequenos Estados procuram fundar ou consolidar governos absolutistas, com base no modelo do de Luís XIV, admirado por todos. Todo príncipe alemão deseja um exército permanente e um "pequeno Versalhes"[329]. Banqueiros judeus — embora ausentes da França, modelo dos príncipes — vão fornecer-lhes os meios para isso. Sem poder investir na propriedade territorial nem nos cargos que dão acesso à nobreza, eles tornam-se gerentes dos direitos aduaneiros, administradores das moedas, fornecedores de grãos aos exércitos e de capitais aos Estados. "Fornecedores da Coroa", ajudam a transformar as velhas estruturas em regimes eficazes, a impor a razão de Estado[13], a assegurar a própria existência deste: não há Estado sem capacidade de tomar empréstimos. Mais uma vez, esses estrangeiros mal tolerados concorrem para o nascimento e o reforço das nacionalidades.

Embora usem perucas e trajes da moda, embora tenham o direito de viver fora dos bairros reservados aos outros judeus, embora sejam livres para circular pelos territórios de seu soberano, embora estejam isentos de impostos e autorizados a adquirir bens imóveis, embora alguns desses *General priviligierte Jüden* até recebam títulos de nobreza, os "fornecedores da corte" não vivem na corte. Portanto, é equivocadamente que muitos os chamam, com desprezo, de "judeus da corte"[372]. Salvo raras exceções, eles não exibem nenhum título oficial e são totalmente excluídos da aristocracia; ainda que os dotes que constituem para suas filhas (736 libras no início do século, mais de 9.000 no fim) equivalham aos dos aristocratas cristãos, eles nunca são admitidos no seio da nobreza[117].

Alguns destinos desses "fornecedores de corte"[403]:

Behrend Leffman (ou Lehman) é o homem de confiança de Augusto de Saxe. Judeu praticante, exerce muitos papéis: político, diplomático, econômico, sem jamais renunciar a uma rigorosa prática religiosa que o torna invulnerável, pensa ele[372]. Em 1697, o príncipe o envia a Paris a fim de buscar o dinheiro que Luís XIV lhe adianta, como outros monarcas, para sua eleição como rei da Polônia. Behrens leva o dinheiro dentro de barricas para álcool e emprega-o para comprar o voto do duque de Hannover, determinante.

Joseph Süsskind Oppenheimer, nascido em Heidelberg por volta de 1698, é fornecedor de diferentes cortes antes de ligar sua sorte à de Carlos Alexandre de Wurtemberg, governador da Sérvia, que o nomeia "administrador de seu cofrinho"[357]. Em 1733, quando sobe ao trono de Wurtemberg, Carlos Alexandre I convoca-o a Stuttgart para fazer dele o administrador das finanças do ducado e, depois, seu representante em Frankfurt, onde ele é o único judeu autorizado a viver fora do gueto, no albergue Cygne d'Or. Nomeado diretor da Moeda e mais tarde diretor das Finanças — único "fornecedor de corte" a gozar de um título oficial —, Süsskind reorganiza a administração do Wurtemberg, adquire uma imensa fortuna e torna-se o homem mais poderoso e mais abominado do ducado. Preocupado, ele obtém de Carlos Alexandre I, em 2 de fevereiro de 1737, um decreto que o anistia de antemão por todos os seus atos, passados ou futuros, realizados a serviço do Estado. Quando, algumas semanas depois, em 12 de março, o duque morre misteriosamente, Süsskind é detido e levado à prisão[372]. Seu processo, sua condenação, seu retorno ao judaísmo e sua execução em Stuttgart, em 1738, ecoarão profundamente por toda a Alemanha[402].

Wolf Wertheimer, filho de Samson Wertheimer, é banqueiro de Maria Teresa por volta de 1740. Ele financia o Tesouro público e reorganiza a administração, como fizera seu pai antes da expulsão dos judeus de Viena.

Behrend Levi, fornecedor da corte de Brandemburgo, é também o *stadlan*, isto é, o representante dos judeus de todas as terras do Grande Eleitor a oeste do Elba. Na verdade, defende os interesses do Grande Eleitor, e administra tão duramente os judeus de Kleve que estes se revoltam contra ele.

O mais célebre de todos esses fornecedores de corte será Mayer Amschel Rothschild[286]. Nascido no gueto de Frankfurt em 1743, ele é o primeiro a utilizar esse sobrenome, que remete ao de uma casa ocupada por um antepassado em 1560. Na família, as atividades são as de comerciante, cambista, mercador de lã e de seda. O pai de Mayer, comerciante piedoso, mantém relações de negócios com Joseph Süsskind Oppenheimer quando este vive em Frankfurt. De início, Mayer estuda na escola rabínica de Fürth. Aos doze anos, parte para Hannover, ao encontro de Wolf Jakob Oppenheim, outro fornecedor de corte e amigo de seu pai. Especializa-se em moedas e medalhas. Em 1764, obrigado a retornar ao gueto de Frankfurt, consegue vender algumas medalhas a Guilherme, príncipe de Hesse-Kassel. Em 1769, obtém o título de fornecedor dessa corte. Em 1770, desposa a filha de outro fornecedor da corte de Saxe (ele tem vinte e oito anos, idade que, na época, já é tardia para casar-se). Torna-se um especialista e um reputado negociante de peças antigas. Redige catálogos que envia aos seus clientes numismatas. Se um destes procurar certas moedas específicas, ele as consegue. Em 1780, o príncipe Guilherme e o duque de Weimar — o mecenas de Goethe — são seus clientes regulares. Em 1787, tendo-se tornado um dos mais ricos habitantes do gueto, ele precisa ampliar sua casa: entre 1771 e 1792, sua esposa lhe deu um filho por ano, o que, na época, não é excepcional no judaísmo da Europa central. Desses dezenove filhos, sobrevivem dez, cinco meninos e cinco meninas. Após o nascimento do último, Jacob, em 1792, Mayer Amschel começa a conceder créditos aos seus clientes. Os impostos que ele paga demonstram que, em 1794, sua renda é semelhante à da família de Goethe, que vive na cidade. Como fazem, desde milênios antes, todos os judeus, Amschel transfere um décimo de sua renda às obras sociais da comunidade. Em 1794, ele propõe ao príncipe de Hesse fornecer-lhe não mais moedas, mas dinheiro, "ao melhor preço possível"[286]. Tornou-se banqueiro.

Os fornecedores de corte são extremamente úteis ao desenvolvimento dos países, aos quais trazem os recursos financeiros para implantar um Estado moderno.

Os fornecedores de corte gozam de incontestável influência, sem com isso constituírem verdadeiras redes políticas[14]. Só manifestam uma real força coletiva em 1744, quando a imperatriz Maria Teresa decide expulsar os judeus da Boêmia sob a acusação de espionagem em proveito dos prussianos[357]. Wolf Wertheimer alerta então alguns fornecedores de cortes e certos responsáveis por comunidades em Roma, Bordeaux, Bayonne, Frankfurt, Amsterdã, Londres e Veneza. A comunidade de Roma intercede junto ao papa; as de Bordeaux e Bayonne organizam coletas em favor dos expulsos. A pedido dos judeus de sua roda, o rei da Inglaterra e os Estados Gerais dos Países Baixos intervêm junto a Maria Teresa. Ela acaba suspendendo o decreto de expulsão, contra pagamento, por Wolf Wertheimer e seus amigos, de 240.000 florins. Essa é a última tentativa de expulsar judeus de um país, antes de 1939. Mais uma vez, nesse momento, já não se tratará de expulsão...

Essa emancipação dos fornecedores de cortes não acarreta a dos outros judeus da Alemanha e da Áustria, que em sua maioria vivem em grande miséria. Um escritor prussiano da época, Christian Wilhelm Dohm, cristão, que apóia os judeus, queixa-se "da prática, em vigor desde Frederico Guilherme I, que atribui aos judeus ricos todos os tipos de favores e auxílios, muitas vezes à custa de outros judeus"[391].

Em 1740, Frederico II obtém o poder na Prússia, ao término de uma longa guerra com a Áustria. Em 1750, ele faz tudo para restringir o número de judeus em seu reino: um pai já não pode transferir seus direitos de residência a mais de um filho; os ofícios dos judeus são bastante limitados: eles não podem vender ouro, gado, lã, álcool, couro, tabaco. Só podem dedicar-se ao comércio de produtos importados (pedras preciosas, roupas, cavalos, peles, mel, chá, café, chocolate) e exercer determinadas atividades (camelô, adeleiro, penhorista, impressor, artesão). Ainda assim, tanto na Prússia como na Áustria, os que são autorizados a ficar progridem socialmente: em duas gerações, os adeleiros tornam-se negociantes; os artesãos, industriais; os penhoristas, banqueiros; os camelôs, proprietários de redes de lojas; os impressores, editores. Por suas inovações, eles participam do desenvolvimento econômico e social do conjunto do país.

Mas nem por isso mudam de trajetória: os que são banqueiros recusam-se a entrar para a indústria. Não por desprezo, mas a cada um seu ofício: "Quando a fábrica de espelhos de Neuhaus, na Baixa Áustria, que era subvencionada pela administração, revelou-se improdutiva, o judeu Wertheimer deu ao imperador o dinheiro necessário para resgatá-la. Quando lhe pediram que assumisse a direção da usina, ele se recusou, dizendo que seu tempo estava inteiramente tomado por outras transações financeiras"[323]. Os judeus serão criticados por não dirigirem eles mesmos as empresas que financiam, o que lhes dará a reputação de não entender nada quanto à revolução industrial. Na realidade, eles sabem que as finanças não são o que prepara da melhor maneira para a direção empresarial, e que a indústria exige competências específicas.

Destino: Moses Mendelssohn, nascido em Dessau (Alemanha) em 1729, filho de um professor de Torá, estuda hebraico, francês, latim, grego, inglês e italiano em Berlim. Torna-se amigo de Kant, publica textos filosóficos e é contratado como preceptor para a casa de um rico fabricante judeu de sedas, Isaac Bernhard; em 1763, recebe um prêmio da Academia de Ciências da Prússia por um ensaio "sobre a metafísica como ciência". Entra para a firma de Isaac Bernhard e torna-se seu sócio. Em 1779, ele é o modelo de *Nathan o Sábio*, peça de Gotthold Ephraim Lessing, dramaturgo e partidário das Luzes na Prússia. Mendelssohn orienta-se para um deísmo que ele acredita demonstrável pela ciência. Em 1785, em seu livro *Jerusalém, ou o poder religioso e o judaísmo*, faz a apologia da integração dos judeus ao mundo laico e da coexistência das religiões, ao mesmo tempo em que reivindica para o judaísmo o caráter único de uma religião revelada. É o primeiro a exortar os judeus a rejeitar a vida de gueto e a viver no mundo. Torna-se o símbolo do momento judaico das Luzes, a Haskalah ("a razão"). Traduz a Bíblia para o alemão, mas escrevendo-a no alfabeto hebraico, a fim de sublinhar a necessidade de uma passagem entre os dois mundos. É também o primeiro a convocar os judeus do Leste à modernidade, à recusa do Talmude como o núcleo da educação, à iniciação na descoberta das ciências profanas. Graças a ele, escolas judaicas laicas, para meninos e meninas, começam a aparecer em Berlim em 1778. Mendelssohn também recomenda viver na língua do país de residência, recusando o iídiche, trabalhar na indústria, não mais esperar o Messias, procurar melhorar o mundo dos vivos. Exorta, assim, o judaísmo da Europa central a sair de um gueto mais ou menos voluntário.

A emancipação política dos judeus, portanto, começa timidamente pelo progresso econômico, geração após geração. As autoridades fazem tudo para desacelerar essas evoluções; ainda que já não possam espoliá-los com outrora, os príncipes podem continuar mantendo-os à distância. Em Frankfurt, em 1784, recusa-se à comunidade o direito de sair do gueto aos domingos. Embora certas casas sejam bonitas e todos os interiores, bem mantidos, as ruas não dispõem de coleta de lixo e manutenção. Em 1788, um professor de matemática que havia sido autorizado a morar fora do gueto teve de voltar a ele, após um tumulto. Em 1795, um médico judeu que tem muitos clientes cristãos também é proibido de permanecer na cidade, depois dos protestos dos médicos cristãos incomodados por sua concorrência. Goethe visita então o gueto onde ainda reside Mayer Amschel Rotschild e espanta-se com as lamentáveis condições de vida dos habitantes, que "afinal são seres humanos".

Na Áustria, o novo imperador, José II, tenta em 1765 trocar o abandono das servidões pelo dos particularismos. Em 1781, revoga as taxas especiais sobre os judeus, outorga-lhes direitos civis, autoriza-os a praticar os ofícios manuais e a agricultura e admite-os nas universidades. Em contrapartida, tenciona obrigá-los a vestir-se como os cristãos, a passar alguns anos no exército e a falar alemão. Em 1789, ele escreve: "Desde o início do nosso reinado, um de nossos principais objetivos foi o de que todos os cidadãos dos nossos Estados, uma vez tolerados sem levar em conta sua nacionalidade, tomassem parte do bem-estar público"[117]. Em 1792, ante as reticências das comunidades judaicas quanto a uma integração tão rápida, Leopoldo II, o efêmero sucessor de José II, transforma o serviço militar em imposto e revoga o decreto relativo à obrigação de falar alemão[117]. Começa-se a constatar que os judeus trazem mais riquezas aos outros do que a eles mesmos.

Em 1797, Leopoldo autoriza finalmente os mercadores judeus do império a residir fora dos guetos[117]. Nesse ano, em Berlim, um ator abre uma apresentação de *O mercador de Veneza* com um discurso de desculpas dirigidas aos judeus eventualmente presentes na platéia.

Decadência nos Países Baixos

Com a morte, em 1702, de Guilherme III — o *stathouder* que se tornou rei da Inglaterra em 1689 —, os Estados Gerais da Holanda se recusam a dar-lhe um sucessor: os burgueses dos Países Baixos recuperam sua autonomia perante os príncipes.

Cerca de vinte mil judeus, metade sefardis, metade asquenazes, vivem em Amsterdã. Em 1743, um documento muito interessante[58] recenseia minuciosamente as profissões que eles exercem: trabalham essencialmente nas finanças e na corretagem, raramente no comércio e mais raramente ainda no artesanato. Vejamos os detalhes: 150 famílias estão nas finanças (110 vivem da atividade bancária, 40 são cambistas); 135 na corretagem (130 corretores de títulos, um corretor marítimo, quatro corretores de tabaco); 29 no comércio de atacado (dez de tabaco, seis de roupas, três de algodão, dois de têxteis, três de tapetes e cobertores, dois de rendas, um de porcelana, dois de queijos); 40 no comércio de varejo (seis de roupas, 16 de algodão, dez de chá, seis de tabaco, um de bambu, um de fio de algodão); 30 na joalheria (23 joalheiros e sete lapidadores de diamantes); 18 no comércio de álcool (dois proprietários de tabernas, 10 cervejeiros, seis proprietários de adegas de vinho); 58 exercem profissões intelectuais (14 impressores, nove livreiros, dois advogados, 12 médicos, cinco cirurgiões, cinco farmacêuticos, três professores, seis cantores, um açougueiro *kosher*, um instrutor); nove famílias são de operários (um destilador, um lavador de lã, dois peruqueiros, cinco porteiros). A maioria é de gente muito modesta.

Alguns ainda são muito ricos: ao morrer, em 1712, o corretor Abraham de Fonseca deixa uma considerável fortuna em diamantes, pérolas, pedras preciosas, corais, ouro e prata[34]. Catorze famílias possuem sua própria criadagem; vinte têm propriedades no campo. Os ricos estão integrados à vida pública: Jacob Chizkya Machado, filho do fornecedor dos exércitos Moses Machado, torna-se um dos principais diretores da Companhia de Utrecht e mete-se a criar um banco de câmbio, a organizar uma loteria e a mandar abrir um canal de Utrecht ao Zuiderzee, "a fim de que esta cidade seja tão poderosa quanto Amsterdã"[58]. Em 1748, um de Pinto e um Emmanuel Suasso figuram entre os principais dirigentes da Companhia das Índias Orientais[69]. Um ano depois, outro de Pinto é nomeado diretor da Companhia das Índias Ocidentais. Na Bolsa de Amsterdã, os judeus têm agora suas instalações reservadas, seus cafés; o comércio de títulos torna-se até uma especialidade judaica. Um documento[409] de abril de 1739 que define as regras do comércio de opções está assinado por trinta especialistas, entre os quais vinte e dois judeus (Israel Ricardo, David Spinoza,

Isaac Abravanel, Rodrigues Silva, Salomon de Meza, Cardoso, Mendes, Belmonte etc.)[58].

Em meados do século, os judeus asquenazes ainda são muito mais pobres do que os sefardis. Em 1743, somente uma família "alemã" dispõe de renda superior a 8.000 *guilder*. E as quatrocentas famílias judaicas portuguesas mais ricas de Amsterdã ainda sustentam oitocentas famílias pobres vindas da Alemanha e da Polônia. Em 1747, um dos jovens responsáveis pela comunidade sefardi, Isaac de Pinto, escreve: "O número de contribuintes da comunidade baixou de 629 para 610 em vinte e cinco anos; e o número de famílias necessitadas passou de 450 a 750"[58]. Em 1748, 1769 e 1785, a comunidade reclama do Estado uma supressão da taxa sobre o carvão e o pão dos mais pobres, essencialmente asquenazes.

Mas os sefardis também declinam. O comércio do açúcar e as refinarias, o negócio de pedras preciosas e as oficinas de lapidação de diamantes decaem; somente os que conseguiram adaptar-se ao comércio de títulos mantêm seu nível e participam da modernização da sociedade holandesa[69]. Mas eles esqueceram as lições de prudência enunciadas dois séculos antes por Yehiel Nissim em Pisa e um século antes por Joseph de la Vega em Amsterdã: não especular sem criar riquezas econômicas reais. Os negociantes "portugueses" recebem o golpe de misericórdia em 25 de julho de 1763: após a Guerra dos Sete Anos, um dos mais poderosos bancos cristãos vai à falência em conseqüência de má especulação na Bolsa, arrastando consigo o banco judaico Joseph Arendt & Co. e, em seguida, outros[58]. Em outubro, nove banqueiros "portugueses" de Amsterdã dirigem ao tribunal da cidade um requerimento em que pedem indulgência na aplicação da legislação sobre letras de câmbio. Recusa: todos são reduzidos à bancarrota. Joseph Arendt foge.

No ano seguinte, quarenta e um banqueiros (entre os quais trinta e seis judeus) estabelecem novas regras para a Bolsa a fim de evitar excessos desse tipo. Mas a lição não adiantou: as especulações recomeçam em 1773 e uma segunda crise, desta vez originada em Londres, arrasta à falência a Companhia Inglesa das Índias Orientais, na qual alguns sefardis holandeses investiram muito[69]. Protegendo antes de tudo seus próprios banqueiros, o Banco da Inglaterra recusa-se a descontar as letras de câmbio sacadas sobre a praça de Amsterdã. Com isso, todos ficam arruinados. Agora, a comunidade judaica de Amsterdã, sobretudo os sefardis, declina com a cidade.

Nesse ano, o mesmo Isaac de Pinto, que se tornou o responsável pela comunidade holandesa, propõe abolir o sabá e os feriados, a fim de recuperar os negócios perdidos. Num texto magnífico, ele acrescenta: "Nossa nação [judaica portuguesa] empobrece a cada ano, nossas casas comerciais estão abaladas, várias estão falindo; outras exibem um luxo e uma extravagância extremos. A classe média é muito prudente. O comércio de ações no qual nossos homens mais importantes mergulharam inteiramente é um desastre. No total, a nação judaica portuguesa conheceu seu verão e se aproxima de seu inverno, ao passo que os alemães mais pobres se precipitam para cá, desprezados por nós, na realidade mais trabalhadores do que nós, tendo ultrapassado seu inverno e vendo à sua frente um futuro próspero. Nós caímos. Eles sobem"[117].

Eles "sobem", mas não permanecem, pois os asquenazes vêem seu futuro desenhar-se em outro lugar: na Inglaterra, para onde partem em massa. Em 1783, o tratado de Versalhes retira da Holanda o comércio do oceano Índico; a Companhia Holandesa das Índias Orientais já não distribui dividendos e muitos acionistas se vêem na indigência. Muitos judeus de Amsterdã (onde eles ainda são vinte mil, ou seja, 10 por cento da população) partem então para a Inglaterra, onde vão desenvolver o comércio de valores. Realiza-se, cento e trinta anos mais tarde, a predição de Menasseh ben Israel.

Revolução financeira na Grã-Bretanha

De fato, desde o início do século XVIII, o judaísmo inglês está inteiramente voltado para a implantação das finanças públicas. Como em todo fortalecimento de uma nação, não há prosperidade privada que não seja precedida pela instauração de um Estado forte. E não há Estado forte sem finanças sãs, portanto sem financistas de confiança para emprestar a longo prazo. Mais uma vez, como tão freqüentemente ao longo da História, será esse o papel dos judeus: construir os alicerces financeiros da nova potência. A criação da função de Lord Treasurer e a instalação do Board of Treasury permitem organizar as finanças públicas e livrar o Estado dos intermediários feudais que o parasitam, verdadeira procissão de "funcionários" que compraram seus cargos e são incapazes de financiar o Estado. Inicia-se uma espécie de nacionalização das finanças públicas, comandada por judeus que trazem do exterior os recursos necessários e ajudam a organizá-los.

Em 1700, edifica-se em Londres uma primeira sinagoga sefardi, seguida de uma gráfica de livros em hebraico. Cinqüenta anos depois de implantados nos Países Baixos e um século antes de serem encontrados na França, esses dois pilares de toda comunidade soberana passam a existir na Inglaterra.

No mesmo ano, um banqueiro judeu holandês, Salomon de Medina, é feito cavaleiro em Londres por Guilherme III. Medina fez fortuna pagando ao marechal de Marlborough, durante todas as campanhas deste, uma remuneração anual de 6.000 libras esterlinas para ser o primeiro a saber dele a sorte das armas após as batalhas de Ramillies, Oudenaarde e Malplaquet (Blenheim para os ingleses) — informações das quais logo tira proveito na Bolsa. Tudo ainda está nas redes de comunicação intelectual e mercantil.

E essas redes se reformam. Outros negociantes chegam de Amsterdã com mercadorias vindas do continente, que ainda são trocadas por têxteis de Manchester. *The Spectator* de 27 de setembro de 1712 descobre essa rede que, na verdade, não parou de funcionar desde mil anos antes: "Os judeus estão a tal ponto disseminados pelos portos comerciais do mundo que se tornaram os instrumentos pelos quais as nações mais afastadas dialogam umas com as outras e pelos quais a humanidade se relaciona. Eles são como as cavilhas e os pregos de uma grande edificação, os quais, embora pouco considerados, são absolutamente indispensáveis para que o conjunto não se desfaça".

E, de fato, na Inglaterra, apesar de seu papel essencial no despertar econômico do país, os judeus ainda são "pouco considerados".

Em 1753, é rejeitado um projeto de *Jewish Naturalization Bill*, que atribuía aos judeus nascidos no estrangeiro os mesmos direitos concedidos aos judeus ingleses. Isso não impede em absoluto que muitos judeus da Alemanha e da Polônia acorram à Inglaterra. Muitos são corretores de mercadorias (trigo, corantes, especiarias, cânhamo, seda) e de divisas. Outros, ourives ou banqueiros; alguns se especializam no lançamento de empréstimos ao Estado, colocando enormes somas à disposição da Coroa. Entre eles, um negociante vindo da Alemanha, Isaac Ricardo. A estabilidade financeira e política do país, da qual eles participam, inspira confiança aos prestamistas. Como se tivesse inveja, Isaac de Pinto escreve de Amsterdã, em 1771: "A exatidão escrupulosa e inviolável com a qual esses juros foram pagos e a idéia que se tem do seguro parlamentar estabeleceram o crédito da Inglaterra a tal ponto que os empréstimos feitos surpreenderam e espantaram a Europa". Ele acrescenta que, na Inglaterra, "ninguém mais entesoura nos cofres-fortes" e que "até o avarento descobriu que fazer circular seu bem, adquirindo fundos de Estado, ações das grandes companhias ou do Banco da Inglaterra, é melhor do que imobilizá-lo"[117].

A confiança é tanta que em abril de 1782, numa situação financeira difícil, o governo inglês, que busca um empréstimo de três milhões de libras esterlinas, recebe o oferecimento de cinco milhões! "Bastou trocar uma palavrinha com as quatro ou cinco grandes firmas da praça de Londres"[69].

A Inglaterra torna-se o núcleo da economia mundial. Alguns judeus exercem nisso um papel importantíssimo: banqueiros, corretores, financiadores da dívida pública, agentes (entre outros) da prévia revolução financeira necessária à revolução industrial. Também aqui, eles trazem algo novo — no caso, dinheiro — ao país que os acolhe. E não existe boa acolhida se não se demonstrar como é possível ajudar o hospedeiro. Os emigrantes afluem: o número de judeus ingleses passa de seiscentos em 1700 a vinte mil no fim do século. David Ricardo, um filho de Isaac, nascido na Inglaterra em 1772, faz fortuna na Bolsa aos vinte anos e, depois, consagra-se à teoria econômica[339] para revolucioná-la.

Na Índia ainda neerlandesa, um dos dirigentes da Companhia Holandesa das Índias Orientais, David Ezechiel Rahebi, instala-se em Cochin. Em 1760, ele reconhece como judeus os Beni Israel, ali instalados desde Tito. Seus descendentes ainda permanecerão no país durante cento e vinte e cinco anos, como importadores de livros. Um negociante de Alepo, Chalom Cohen, que chegou a Calcutá em 1798, faz fortuna no comércio de seda e de índigo entre Alepo e Benares, até ser nomeado, em 1816, joalheiro do nababo de Lucknow. Em Madras, Calcutá, Bombaim e Hong Kong, os Solomon, os Castro e os Sassoon participam dos primeiros passos da colonização inglesa dedicando-se ao comércio de diamantes, pedras preciosas, algodão, juta e tabaco.

A esperança americana

Em 1728 abre-se a primeira sinagoga da América do Norte, na Filadélfia. Outra é inaugurada em Manhattan, dois anos depois[106]. Em 1740, o Parlamento britânico "autoriza" os judeus a se estabelecerem nas colônias inglesas... onde eles já estão desde mais de um século antes! Numerosos emigrantes instalam-se em Charleston, em Savannah, em Newport, onde uma forte comunidade de mercadores mantém o comércio de escravos e de rum[55]. Em 1750, contam-se dois mil e quinhentos judeus em toda a América do Norte. Em 1768 é edificada a primeira sinagoga do Canadá, a de Shearith Issael, em Montréal. Por volta de 1770, Aaron Lopez (o primeiro judeu naturalizado, em 1762, como cidadão de Massachusetts), em Newport, e Isaac da Costa, em Charleston, entre outros, participam do comércio de escravos[106].

Como se utilizam várias divisas, com taxas de câmbio que variam incessantemente, e como se paga tanto em dinheiro quanto em grãos ou em peles, alguns judeus, ao lado de outras pessoas, tornam-se corretores. Eles recebem cheques, transferem dinheiro para o exterior, compram e revendem obrigações do Estado e mercadorias. Como na Inglaterra na mesma época, alguns asseguram a instalação de uma tesouraria pública, instrumento essencial da soberania: não há Estado sem orçamento, isto é, sem imposto e sem capacidade de tomar empréstimos.

Aliás, é pelo imposto que começa, em 1773, a guerra da Independência: um grupo de colonos, para protestar contra os direitos aduaneiros sobre o chá, lança ao mar o carregamento de um navio inglês ancorado no porto de Boston. Em 19 de abril de 1775, a batalha de Lexington marca o início das hostilidades. A declaração de Independência, em 4 de julho de 1776, faz dos Estados Unidos da América o primeiro país do mundo a conceder aos judeus uma igualdade política total[106].

John Locke, que já em 1670 redigiu a Constituição das duas Carolinas, incluiu nela um artigo que protegia "os judeus, os pagãos e outros dissidentes". A Constituição da Pensilvânia, elaborada em 1681 por William Penn e que servirá de modelo à dos Estados Unidos, estipula em seu artigo 9: "Todos os homens receberam da Natureza o direito imprescritível de adorar o Todo-Poderoso segundo as inspirações de suas consciências". A da Virgínia, redigida em 1776, por sua vez afirma: "O homem pode beneficiar-se do livre exercício da religião segundo sua consciência".

O presidente Woodrow Wilson escreverá mais tarde que a Bíblia representou um modelo para os autores da Constituição americana: "Os colonos lembraram-se daquelas passagens da Bíblia que criticam a autoridade real e tiram da Coroa o manto de sua divindade, fazendo da sociedade hebraica um modelo de governo para os nossos pioneiros. No espírito de nossa Constituição, encontra-se aquilo que está no cerne da organização judaica, a saber, que a mais alta autoridade cabe aos princípios ("a rebelião contra os tiranos é obediência a Deus"), e também porque ela é um precedente divino de democracia pura".

A guerra da Independência acaba em 19 de abril de 1783 pelo tratado de Paris. Ela fez vinte e seis mil mortos, ou seja, proporcionalmente falando, muito mais do que qualquer outra guerra ulterior fará entre os americanos.

Em 1787, cada um dos novos Estados envia delegados à convenção de Filadélfia, encarregada de redigir a Constituição da União, ratificada em seguida pelos Estados. O espírito da Bíblia permanece: o primeiro projeto de símbolo para a União representa os judeus atravessando o mar Vermelho, perseguidos pelo faraó. Jefferson, Franklin e Adams rejeitam-no e preferem a águia[106]. Mas, no Sino da Liberdade, colocam uma inscrição extraída do Levítico: "*And Proclaim Freedom Throughout The Land Unto All the Inhabitants Thereof* (25, 10)".

Em abril de 1789, George Washington — cujas reticências em relação aos judeus estão manifestas em sua mensagem de 18 de agosto de 1790 à comunidade de Newport — torna-se o primeiro presidente dos Estados Unidos. Em 1792, vinte e quatro negociantes nova-iorquinos criam uma bolsa de câmbio no número 68 de Wall Street, em Nova York. Em 1795, uma lei exige que a pessoa viva há cinco anos no território dos Estados Unidos para conseguir a nacionalidade americana. Três mil judeus a obtêm, em 3,9 milhões de habitantes: camponeses, corretores, banqueiros, tais como Mordecai Sheftall, Francis Salvador ou Isaac Moses, que em 1781 cria o Bank of North America junto com Alexandre Hamilton[106]. E dois destinos do mundo das finanças: David Francks e Haym Salomon.

Nascido na Filadélfia numa família de banqueiros alemães, David Salisbury Francks[55] parte para o Canadá ao encontro dos insurgentes, quando estes invadem esse país em 1775. Ele financia o exército com seus próprios recursos. Após o fracasso sofrido no Canadá, em julho de 1776, retorna à Filadélfia e, como fala francês, torna-se oficial de ligação com o almirante d'Estaing, comandante das forças navais francesas. Em seguida, é nomeado ajudante-de-ordens do governador militar da Filadélfia, que assume o controle da guarnição de West Point. Mas não o acompanha, quando ele trai a revolta e tenta devolver West Point aos ingleses. Agora na condição de diplomata, Francks encontra em Paris Benjamin Franklin, embaixador dos insurgentes, e leva-lhe a cópia do tratado que reconhece a independência americana. Torna-se cônsul em Marselha e, em 1786, negocia um tratado com o Marrocos. Em 1789, o

Congresso lhe concede 400 acres de terra, como reconhecimento pelos serviços prestados.

Haym Salomon[55] deixa a Polônia em 1775. Tem trinta anos quando desembarca em Nova York e serve nas tropas alemãs de Hesse, que foram até lá para ajudar seu príncipe, o qual se tornou rei da Inglaterra. Em 1776, os ingleses suspeitam de que ele é espião dos insurgentes e o lançam à prisão. Ele foge e impele os soldados de seu regimento a desertar. Retoma sua profissão de corretor e casa-se com Rachel Francks, filha de David. Novamente preso por espionagem, serve de intérprete para os alemães a serviço dos ingleses, foge, chega à Filadélfia e torna-se fornecedor das tropas francesas, cujo idioma ele também fala. Nesse ínterim, mais uma história de finanças públicas: o governo continental, sem poder cobrar imposto, imprime papel-moeda ao infinito. Em maio de 1776, o exército está à beira da falência. No inverno seguinte, soldados morrem de fome. O superintendente das Finanças do governo provisório, Robert Morris, nomeia Haym Salomon "corretor do ministro das Finanças"[55]. De 1781 a julho de 1782, Salomon coloca 200 mil dólares em obrigações do Estado, um montante considerável; ele é o primeiro financista do Tesouro americano. Quando, no fim de agosto de 1782, a guerra vai mal e mais ninguém quer comprar-lhe esses títulos, Salomon assume-os por sua própria conta, na expectativa de vendê-los no ano seguinte[106]. Também empresta dinheiro, a título pessoal e sem jamais exigir reembolso, a dirigentes da jovem república americana, entre os quais James Madison, secretário de Estado e depois quarto presidente dos Estados Unidos (que o reconhece em suas memórias). Morre esquecido, após ter exercido um papel decisivo na vitória dos exércitos continentais, garantindo-lhes financiamento.

Em 1801, o terceiro presidente dos Estados Unidos, Thomas Jefferson, manda pedir a exploradores enviados pelo Estado às grandes planícies do Oeste que lhe tragam a resposta para a seguinte pergunta: "Como não está excluída a hipótese de que as tribos perdidas de Israel encontrem-se em algum lugar das Planícies, que vínculos existem entre as cerimônias dos índios e as dos judeus?"[106].

4

NÚMEROS

(1789 / 1945)

O mundo ocidental libertou-se da dominação feudal e religiosa. A democracia e o mercado abalam monarquias e impérios. Poderíamos então pensar que a assimilação efetuará aquilo que as perseguições não puderam realizar: fazer desaparecer o povo judeu na banalização do número, nas batalhas entre classes e nações novas. Nada disso. Ele vai sobreviver, exercendo um papel ainda mais singular nas transformações do mundo e de sua economia.

A sociedade ocidental começa a acionar a revolução industrial. O povo judeu, que já não está apartado num lugar ou num ofício, vai explorar os novos territórios e ofícios que se oferecem.

Também aqui, o Pentateuco ilustra a História. Seu quarto livro — o de Números, ou "No deserto"[90] — funciona como uma metáfora do período de um século e meio que vai da Revolução Francesa à *Shoah*. Ele narra a estada do povo hebreu no Sinai, durante trinta e oito anos e meio, desde o segundo ano da travessia até a morte de Moisés junto a Canaã. Começa com um recenseamento (quantas famílias devem ser alimentadas pelo maná, quantos homens devem pagar o imposto e quantos devem portar armas) e termina com outra redução (quantos entrarão na Terra Prometida). Tanto na entrada quanto na saída, contar provoca desgraça: no melhor dos casos, enumeram-se os contribuintes; no pior, recenseiam-se os soldados de uma guerra futura — nenhum dos que entram na armadilha do deserto sairá vivo dali.

De igual modo, o período coberto por este capítulo conta uma viagem, essencialmente através da Europa, na esperança de alcançar Terras Prometidas. A maioria sucumbirá nesse processo.

Aqui, tudo gira igualmente em torno de números. Durante o milênio precedente, o número total de judeus estagnou, enquanto a população mundial quadruplicava[86]. Em 1800, continuam existindo apenas pouco mais de quatro milhões de judeus, ou seja, menos do que na época da destruição do Templo[35]. Mais de três milhões vivem na Europa, principalmente na Rússia e no Império austríaco. Quase um milhão está em outros lugares, sobretudo em terras islâmicas.

Começa então um extraordinário crescimento: em 1880, eles são oito milhões, sete dos quais na Europa e na Rússia; depois, catorze milhões em 1914 e dezesseis milhões em 1939, quase metade dos quais é de indigentes amontoados no leste da Europa. Como se estacionados ali, antes de desaparecer.

Como no Livro, contar provoca desgraça.

Para quem os critica por serem diferentes, os judeus só têm agora uma resposta: fazer tudo para não o ser mais, sem com isso afastar-se, na maioria, de sua cultura. Já não se pode viver em circuito fechado sem empobrecer; participar do crescimento do conjunto exige assimilar-se. Sem esquecer que nada é bom para um judeu se não o for também para aqueles que o rodeiam. Como no deserto, alguns adoram o Bezerro de Ouro; outros adotam novas leis, inventam profissões inéditas, criam novas riquezas. Muitos se afogam nos números e neles perdem sua identidade. Outros, em contrapartida, encontram-na no individualismo, na integração, na competição, na recusa às regras coletivas, no espírito empresarial, sem que desapareça a exigência de solidariedade.

Pois a época dos Números é também a das aventuras pessoais, das escolhas solitárias. É um tempo de grandes destinos individuais, de dinastias intelectuais, industriais e financeiras, ao lado, como no passado, da obsessão judaica: a valorização dos Nomes. Mas é também a época das massas anônimas, dos operários sacrificados e rebeldes, patéticos construtores da modernidade.

Talvez alguém manifeste certas reticências ao ver nomear aqui esses sucessos: não é preciso lembrar que, não faz tanto tempo assim, designar alguém como judeu equivalia a condená-lo à morte. Não importa: dar nome, diz a Bíblia, é também a condição da eternidade.

1. OS COMUNICADORES DA REVOLUÇÃO INDUSTRIAL

Mais um mito a demolir: inteiramente ocupado em emprestar aos príncipes e em defender-se das perseguições, o povo judeu teria passado ao largo da Revolução Industrial. Nada mais falso. Numerosos judeus, como vimos, já se manifestaram nos primórdios das indústrias holandesa, britânica, alemã, polonesa e austríaca, nos séculos XVI, XVII e XVIII. No século XIX, esse é mais ainda o caso: os judeus estarão na linha de frente das prodigiosas mutações tecnológicas, industriais e financeiras que vão possibilitar a produção em massa. Nisso, democracia e mercado vão revelar-se inseparáveis. A entrada numa vai acelerar a entrada na outra.

Como os outros, cada um por si

Um após outro, os sistemas pós-feudais e os impérios despóticos desmoronam. As castas e as guildas se dissolvem. As igrejas vêem decrescer sua influência. As comunidades perdem sua justificação defensiva. Para muitos, o próprio sentido do judaísmo — estrutura de sobrevivência, moldura protetora e referência consoladora — tende a se apagar. Cada um quer afirmar-se cidadão livre, independente, laico; quer viver e trabalhar no meio dos outros, dentro da nova economia de massa, e não mais no artesanato confinado dos guetos. Todos eles desejam ser admitidos, como já o são os fornecedores de cortes em alguns raros países da Europa central.

A emancipação começa precisamente nos lugares onde eles estão próximos do poder: no Império, na Prússia e nos principados alemães. Em 1781 e, de novo, em 1789, o imperador José II isenta todos os judeus austríacos do uso da insígnia distintiva e do pagamento de impostos específicos; autoriza-os a tornarem-se artesãos, camponeses, professores, oficiais. Vários principados alemães fazem o mesmo; o principal deles, a Prússia, permanece intolerante.

Na França, ao tempo em que estronda a revolta, os judeus ainda não passam de vinte e cinco mil na Alsácia, sete mil e quinhentos em Metz, quinhentos em Paris, alguns milhares em Bordeaux e em Avignon, uns poucos em Toulouse e em outras cidades do sul. Nenhum está na corte, pelo menos conhecido como tal. Três quartos vivem no campo, em condições freqüentemente muito humilhantes. A Igreja inquieta-se com o reconhecimento dos não-católicos.

Somente os judeus de Bordeaux, Bayonne e Metz são convidados a redigir seus *cahiers de doléances**. Os "portugueses" — em geral, bem mais remediados que os "lorenos" — mantêm-se prudentes, temendo o amálgama com os pequenos penhoristas da Alsácia, muito malvistos por seus devedores. Reclamam apenas o direito de organizar-se em comunidades e o de exercer as profissões ainda proibidas pelas guildas[164]. Em outros lugares da França onde os raros judeus ainda não estão autorizados a residir abertamente, os *cahiers de doléances* raramente os mencionam, a não ser para denunciar, na Alsácia, "o abominável comportamento dos judeus, que impelem os pobres cristãos a tomar empréstimos superiores aos seus recursos"[164].

Por ocasião dos Estados Gerais, o representante dos "portugueses", o armador bordelês Gradis — cuja família vive na região há três séculos —,

* "Cadernos de queixas". Na França pré-revolucionária, documentos nos quais as assembléias preparatórias dos Estados Gerais reuniram as reclamações e as reivindicações da população. (N. da T.)

bem-acolhido pelo Terceiro Estado: burguês, não é nem nobre nem padre. Em 24 de dezembro de 1789, ele consegue que a Assembléia reconheça, para os poucos milhares de judeus do sudoeste, direitos cívicos plenos e integrais, também reconhecidos na mesma ocasião para os cerca de cem mil protestantes do país. Mas está fora de questão atribuir-lhes direitos específicos, nem como fiéis de uma religião nem como povo. Nenhum reconhecimento de seus tribunais, de suas regras alimentares, de suas festas. Nem pensar em deixá-los organizar-se política e economicamente[27]. Na tribuna da Assembléia Constituinte, Clermont-Tonnerre pronuncia esta frase definitiva: "É preciso recusar tudo aos judeus como nação e conceder-lhes tudo como indivíduos; convém que eles não constituam no Estado nem um corpo político, nem uma ordem"[164]... Tudo está dito: para eles, como para os outros, chegou o tempo do cada um por si.

Contudo, os judeus não obtêm o mesmo estatuto que os membros das outras religiões. Em 12 de julho de 1790, aplicar aos rabinos a Constituição Civil do Clero, votada pela Assembléia Constituinte, está fora de questão. Os emolumentos deles permanecem a cargo das comunidades, assim como suas escolas, a assistência aos seus pobres e seus tribunais.

Após uma vigorosa campanha conduzida por certos "portugueses" apoiados por aliados inesperados — como o padre Grégoire[179], que se inspira, nesse caso, em Blaise Pascal —, em 27 de setembro de 1791 todos os outros judeus do reino obtêm os mesmos direitos que eles. Mas a Assembléia Legislativa não toma nenhuma medida de aplicação; depois, a Convenção, que deseja instaurar o culto do Ser Supremo, fecha as sinagogas, assim como as igrejas, e proíbe o uso do hebraico[27]. Tudo fica mais fácil com o Diretório, a partir de 1795. Numerosos judeus do resto da Europa e de Constantinopla vêm então instalar-se na França. Abastados em sua maioria, expressando-se já em francês, eles logo formam uma comunidade de algumas centenas de famílias. Em Paris, em 1795, Beer León Fould, originário da Lorena, funda a primeira casa bancária judaica em Paris, à rue Saint-Georges.

Em todos os lugares por onde passam, os exércitos revolucionários incitam à emancipação dos judeus. Assim, em outubro de 1792, quando bombardeiam Frankfurt e destroem parcialmente o gueto, eles permitem aos judeus alemães — particularmente aos Rothschild — sair dali quase fortuitamente, não tendo sido reconstruídos os muros derrubados. A obrigação de usar na roupa uma marca distintiva e a de fazer preceder o sobrenome pelo prefixo "ben" também são suprimidas.

Em Amsterdã, na primavera de 1796, um pequeno grupo de judeus reunidos com cristãos numa sociedade chamada "Felix Libertas" acolhe como libertadores os regimentos franceses. Em 2 de setembro de 1796, a Câmara da República Batava aprova a emancipação dos judeus holandeses. As guildas são desfeitas, e mais nenhuma profissão lhes é proibida. O que devia acontecer não deixa de produzir-se: a liberalização tende a quebrar os mecanismos de solidariedade próprios das comunidades, e numerosos dirigentes judeus opõem-se às reformas. O conflito começa entre judeus laicos e religiosos, no terreno social.

A emancipação prossegue com a abertura, por Bonaparte, dos guetos de Florença, de Veneza e, em 1798, dos Estados pontifícios, em Roma e Ancona. A respeito deste último, uma testemunha anota: "A comunidade judaica, usando gorro amarelo e braçadeira com a estrela de Davi, vivia confinada ali num gueto trancado à noite. Substituíram[-se] o gorro amarelo e a braçadeira pela roseta tricolor, suprimiu[-se] o gueto. Os judeus de Ancona ficaram surpresos e encantados ao constatar que os primeiros soldados franceses a entrar no gueto eram judeus"[293].

Em março de 1798, ao chegar a Alexandria, Bonaparte divulga uma proclamação que institui um conselho dos judeus do Egito e uma função de "grão-sacerdote"[305]. Ele espera ocupar São João de Acre, seguir para Jerusalém e lançar ali outra proclamação para convocar à criação de um Estado judaico independente na Palestina, antes de apoderar-se de Damasco[305]. Os ingleses, acorridos em socorro aos turcos, fazem-no recuar; ele não continua até Jerusalém e espanta-se com a estreiteza do Jordão ("Parece o Sena em Montereau"). O texto de sua *Proclamação à nação judaica*, que devia ser datado de 1º floreal do ano VII da República Francesa (20 de abril de 1799), "Quartel-general Jerusalém", não é publicado[441]. Primeiro texto "sionista" e, ao mesmo tempo, reflexão sobre a emancipação de todos os povos, ele merece ser lido pelo que anuncia de radicalmente novo para os dois séculos seguintes:

"Bonaparte, comandante-em-chefe dos exércitos da República Francesa na África e na Ásia, aos herdeiros legítimos da Palestina, israelitas, nação única, que as conquistas e a tirania conseguiram, durante milhares de anos, privar de sua terra ancestral, mas não de seu nome nem de sua existência nacional! [...] Erguei-vos na alegria, exilados! Esta guerra, sem exemplo em toda a História, foi desencadeada por uma nação em sua própria defesa, uma nação cujas terras hereditárias eram consideradas por seus inimigos como uma presa exposta ao despedaçamento. Agora, essa nação se vinga de dois mil anos de ignomínia [...]. A Providência me enviou até aqui com um exército jovem, guiado pela justiça e acompanhado pela vitória. Meu quartel-general encontra-se em Jerusalém e dentro de alguns dias estarei em Damasco, cuja proximidade já não é temível para a cidade de Davi. Herdeiros legítimos da Palestina! A Grande Nação [a França], que não trafica os homens e os países como fazem os que venderam vossos ancestrais a todos os povos (Joel 4, 6), não vos convoca a conquistar vosso patrimônio. Não, ela vos pede apenas que recebais o que ela já conquistou. E, com seu apoio e sua autorização, que vos mantenhais senhores desta terra e a conserveis apesar de todos os adversários. Levantai-vos! Mostrai que todo o poder de vossos opressores não pôde aniquilar a coragem dos descendentes daqueles heróis que teriam honrado Esparta e Roma (Macabeus 12, 15). Mostrai que dois mil anos de escravidão não conseguiram sufocar essa coragem. Apressai-vos! Chegou o momento, que talvez não volte dentro de mil anos, de reclamar a restauração de vossos direitos civis, de vosso lugar entre os povos do mundo. Tendes direito a uma existência política enquanto nação entre as outras nações"[441].

Se tivesse sido lançado publicamente, por certo esse apelo não teria sido escutado: o retorno a Sião não é uma expectativa judaica da época. Contudo, não serão necessários "mil anos", mas somente cento e quarenta e cinco, para que "volte o momento" de um tal retorno.

De regresso à França, Bonaparte quer atrair o máximo de judeus ao seu império — "para o progresso do comércio"[305], dirá ele mais tarde a um de seus companheiros de Santa Helena: trata-se ainda da idéia de que os judeus trazem prosperidade ao seu redor, de que a riqueza que eles criam é superior àquela de que eles se beneficiam; vitória póstuma de Simone Luzzato, rabino de Veneza, e de Menasseh ben Israel, rabino de Amsterdã...

Em sua obsessão centralizadora, o imperador deseja, antes de acolhê-los, implantar os departamentos, regulamentar as relações entre a Igreja e o Estado e organizar o estatuto do crédito. Assim, depois de fundado o Banque de France em 1800 e de editado seu regulamento em 1803, ele define uma política de crédito que proíbe toda pessoa física de exercer a profissão de prestamista, exceto se criar um banco: *ipso facto*, todas as atividades dos prestamistas judeus na Alsácia são interrompidas.

No mesmo momento, outro soberano da Europa parece orientar-se, também ele, para a emancipação dos judeus: em 1804, um novo czar da Rússia, Alexandre I — no trono desde 1800, e que agora tem no seu território quase metade de todo o povo judeu, recuperada com uma parte da Polônia, com a Lituânia e com a Ucrânia —, fala de integrá-los impelindo-os, pela agricultura e pelo artesanato, a sair dos guetos. Mas esse desejo permanecerá praticamente como letra morta: os russos recusam-se a outorgar terras aos judeus e a aceitá-los nas guildas, assim como os judeus se recusam a abandonar a solidariedade comunitária que lhes garante a segurança. Nenhum dos dois lados admite o outro.

No império francês, depois que uma concordata especificou as regras de organização da Igreja católica, que artigos orgânicos definiram as aplicáveis aos protestantes e que o estatuto dos bancos foi elaborado, Napoleão se ocupa da sorte dos judeus. Primeiro, ele quer reunir representantes dos judeus de todos os países sob seu controle para fazê-los debater entre si[305]. O cardeal Fesch, seu tio, alerta-o: "O fim do mundo acontecerá quando os judeus se reunirem". Kellermann mobiliza os adversários dos judeus e Chateaubriand teme "medidas impostas que, de efeito em efeito, derrubarão as finanças do mundo nas tendas dos judeus e acarretarão por toda parte uma subversão total"[441].

Em 26 de julho de 1806, Portalis, ministro dos Cultos, reúne uma assembléia de cento e onze delegados — negociantes letrados e quinze rabinos — vindos de toda a Europa imperial para distinguir o que, no judaísmo, tem a ver com a teologia e com a política, e deduzir daí de que modo a prática do judaísmo pode ser compatibilizada com a lealdade perante o Estado. Em 23 de agosto de 1806, Napoleão escreve ao seu ministro dos Cultos para esclarecer o que espera de uma tal reunião:

"Nunca, desde a tomada de Jerusalém por Tito, tantos homens esclarecidos pertencentes à religião de Moisés puderam reunir-se num mesmo lugar. Dispersados e perseguidos, os judeus foram submetidos ora a taxas punitivas, ora à abjuração de sua fé, ora a outras obrigações e concessões opostas aos seus interesses e à sua religião [...]. O rumo da fé religiosa não pode ser traçado por pessoas isoladas; ele deve ser estabelecido por um grande congresso de judeus legalmente e livremente reunidos, e que compreenda membros das comunidades espanhola e portuguesa, italiana, alemã e francesa, ou seja, representantes dos judeus de mais de três quartos da Europa"[441].

Nasce o entusiasmo no seio das comunidades, o que preocupa os países da Aliança. Em setembro de 1806, Metternich, embaixador da Áustria em Paris, escreve ao conde Stadion, ministro dos Negócios Estrangeiros em Viena: "Todos os judeus vêem em Napoleão seu Messias"[441]. A polícia austríaca deduz daí que é indispensável vigiar os judeus da Áustria, suscetíveis de apoiar os franceses e talvez de espionar para eles.

Abre-se primeiro um debate sobre as competências dos tribunais rabínicos, particularmente sobre as condições do casamento. O imperador quer impor aos rabinos a celebração de casamentos mistos. A assembléia responde que "sua religião ordena-lhes encarar a Lei suprema como a lei do príncipe em matéria civil e política"[293]: assim, encontra um modo de autorizar os casamentos mistos... enquanto os torna totalmente impraticáveis. Portalis propõe então organizar um sistema piramidal em que cada comunidade, em cada cidade, seria dirigida por um conselho de notáveis eleitos pelos chefes das famílias mais tributadas; o Estado nomearia e remuneraria os rabinos como os curas e os pastores; e — esta é a grande novidade — um órgão de conjunto, um "consistório" central, administraria o conjunto das comunidades de cada país do império.

Para redigir e negociar os textos dos decretos destinados a aplicar esses princípios, Napoleão convoca para 9 de fevereiro de 1807, sob o nome de Sinédrio, uma reunião de setenta e um responsáveis judeus da França e da Itália, em sua maioria negociantes e financistas letrados. Evidentemente, nem o nome, nem o número, nem a pompa dessa reunião surgiram por acaso. O presidente do Sinédrio é um banqueiro bordelês, Abraham Furtado, que proclama Napoleão "o Ciro dos tempos modernos"[441]. Ele toma como conselheiro a mais alta autoridade talmúdica da época, o rabino David Sintzheim, de Estrasburgo.

Ao cabo de um ano de discussões, nos dias 17 de março e 20 de julho de 1808 são publicados quatro decretos aplicáveis a todo o império[293]:

O primeiro reparte os judeus em "consistórios" que, entre outras funções, devem recensear os conscritos judeus sujeitos ao serviço militar, aos quais é proibido comprar um substituto, como fazem os cristãos. O uniforme dos rabinos, tal como existe até hoje, é definido em detalhes.

O segundo decreto detalha o estatuto deles enquanto cidadãos: os judeus não devem mais ser considerados como uma nação à parte nem manter-se à parte dentro da nação. Cada um deve escolher para si um sobrenome de família e um primeiro nome. A competência dos tribunais rabínicos fica estritamente limitada às questões religiosas. As outras questões, especialmente os litígios econômicos, estão sujeitas ao novo Código Civil e aos tribunais imperiais — o que os rabinos tentaram, em vão, rejeitar. É o fim, pelo menos na França, do papel dos *beth din* na formação do direito social, financeiro e comercial.

O terceiro decreto refere-se à "repressão aos abusos imputados aos judeus". Ele ecoa as críticas feitas a estes na Alsácia, desde muito tempo antes. Doravante, a profissão de penhorista lhes é proibida, assim como a todo mundo; uma moratória de dez anos é instituída sobre todos os créditos; além disso, os obtidos por uma mulher sem o consentimento do marido, ou por um menor sem o dos pais, são pura e simplesmente anulados. Para abrir um estabelecimento comercial, o judeu deve solicitar uma patente ao administrador de seu local de residência, o qual só pode concedê-la depois que o conselho municipal votar pela aprovação, "tendo constatado que o mencionado judeu não se entregou à usura nem a um tráfico ilícito". Abraham Furtado tentou de tudo para impedir a promulgação desse texto, que ele designa como o "decreto infame"[293]. Ele obterá progressivamente sua anulação para o sul, o sudoeste, os Vosges e, por fim, Livorno. Mas não para a Alsácia.

O quarto decreto estipula que os judeus do império são obrigados a permanecer em seu país de residência; e que os judeus estrangeiros no império só poderão instalar-se nele se adquirirem uma propriedade agrícola ou estiverem empregados numa. Nenhum judeu ainda não-domiciliado no Alto Reno ou no Baixo Reno poderá vir estabelecer-se ali.

O conjunto é muito bem recebido por todos os judeus da Europa. É o fim da humilhação, do gueto, da marca amarela, do toque de recolher, das profissões proibidas. Na Inglaterra, na Áustria e na Rússia, invejam-se os do império francês, a cujo encontro não se pode ir. Somente alguns rabinos tentam impedir os membros de suas comunidades de submeter seus conflitos aos tribunais imperiais. Em vão: o acesso ao trabalho, às liberdades, a entrada para as universidades, as relações com os intelectuais cristãos subvertem tudo. Assiste-se assim à primeira ruptura séria entre, de um lado, os partidários do judaísmo ortodoxo e, de outro, os negociantes e os intelectuais judeus. Uns temem que isso leve ao desaparecimento do judaísmo; os outros esperam disso a erradicação do antijudaísmo. Nem uns nem outros esperam ainda alguma coisa de Jerusalém. Sobre todos esses pontos, tanto uns quanto outros enganam-se profundamente...

Tudo, porém, vai muito depressa. Já em 1810, na Europa imperial, vê-se aparecerem judeus em profissões novas: engenheiro, químico, industrial, cientista, jornalista, advogado, magistrado, funcionário público, pintor, romancista, músico. Quanto mais nova é uma profissão, mais os atrai, porque nenhum poder impediu ainda o acesso a ela.

Em Paris, em 1810, quinze famílias — chegadas, no caso de algumas, de Frankfurt e Istambul, antes do decreto que proibia a instalação de judeus estrangeiros, e, no de outras, depois de obterem derrogações — fazem parte agora da burguesia de negócios parisiense: entre elas, os Fould, Oppenheim, Furtado, Goudchaux, d'Eichtal, Rodrigues, Stern, Worms, Laurent-Meyer, Javal, Halphen, Allegri. Especialmente os Fould, banqueiros judeus de Bordeaux estabelecidos em Paris, participam do financiamento do esforço de guerra do imperador. Em 1811, o "decreto infame" é finalmente anulado na Alsácia. No mesmo ano, os "portugueses" de Bordeaux, derradeiros quase-marranos, abrem suas sinagogas à luz do dia.

Na Prússia, uma tímida emancipação, decidida em 1812, não é verdadeiramente aplicada, sendo os judeus acusados de espionar a soldo de Napoleão — cuja fuga, aliás, eles vão proteger, durante a retirada da Rússia.

Assim, na Europa inteira, a queda do imperador ocasiona revoltas antijudaicas e um retorno à ordem antiga; em toda a Europa, a Santa Aliança[117] invalida as disposições de emancipação. Em Florença, com a restauração da casa de Lorena, os judeus são obrigados a retornar ao gueto. Nos Estados do papa, Pio VII faz os judeus de sua alçada pagarem pela humilhação que ele sofreu por ocasião da sagração de Napoleão I. Somente Livorno, miraculosamente poupada, conserva seu estatuto de porto franco. Na Alemanha, é novamente proibido aos judeus comprar terras, casarse livremente, habitar no local de sua escolha. Em Frankfurt, eles também têm de voltar para o gueto[117].

Depois, vem o refluxo: os judeus desejam ser integrados e o são, pouco a pouco. A evolução iniciada no século XVI se conclui, pelo menos no Ocidente. Na França, de 1818 a 1830, todos os decretos do império, cuja validade estava prevista para durar dez anos, são reconduzidos. Exceto o terceiro, que perdeu sua razão de ser: todos os créditos dos prestamistas da Alsácia foram de fato anulados. Agora, a maioria das profissões está aberta aos judeus. Para grande pesar dos judeus ortodoxos, a partir de

1818, em certas sinagogas de Hamburgo, as preces são ditas em alemão e já não evocam nem o retorno a Sião, nem a vinda do Messias, nem os sacrifícios do Templo; o ofício semanal até acontece aos domingos. Em 1819, os judeus alemães economicamente emancipados reclamam — em vão — a emancipação cívica e política. Em 1821, com a supressão do tribunal do Santo Ofício, os judeus retornam a Portugal. Eles chegam do Marrocos ou de Gibraltar e se estabelecem em Lisboa e em Faro. Na França, em 1831, o Estado decide arcar com a manutenção dos rabinos, como já é o caso dos padres e dos pastores[141]. Desde a conquista, ele estende sua tutela aos judeus da Argélia — sem no entanto reconhecer-lhes a nacionalidade francesa —, colocando-os sob a responsabilidade de um certo Samuel Bacri, "chefe da nação judaica". Em 1834, a emancipação, isto é, a cidadania igual, é total nos Países Baixos. O mesmo ocorre na Suécia, em 1835, e numa parte da Suíça, em 1838.

Na Inglaterra, a emancipação é menos rápida: um primeiro projeto, aprovado em 1833 pela Câmara dos Comuns, é rejeitado pela dos Lordes. Nesse ano, um primeiro advogado judeu, Francis Goldsmid, é admitido no foro e presta juramento sobre sua Bíblia. Em 1837, a rainha Vitória nomeia cavaleiro um jovem banqueiro judeu, aparentado com os Rothschild e de quem voltaremos a falar: Moses Montefiore. Em 1841, aparece o primeiro jornal judaico em inglês, *The Jewish Chronicle* (publicado até hoje). No mesmo ano, outro banqueiro, Isaac Lyon Goldsmid, primeiro judeu a receber um título hereditário, é feito barão e, sob esse título, membro da Câmara dos Lordes.

Na Alemanha, na mesma época, inflama-se o debate sobre a emancipação dos judeus. Por volta de 1825, Berlim quer reservar a cidadania aos judeus ricos e designar os outros como "protegidos". A Haskalah, o movimento judaico das Luzes nascido com Mendelssohn, exorta a viver na língua e na cultura do país de residência. Por volta de 1840, em suas *Dezenove epístolas*, Samson Raphael Hirsch, rabino alemão de Frankfurt, defende a idéia de que é possível conciliar o "respeito à Torá com um engajamento no mundo"[200]. Em 1843, o filósofo liberal Bruno Bauer escreve, em *A questão judaica*, que a emancipação reclamada pelos judeus passa pelo desaparecimento da religião deles — a exemplo dos outros cultos — e por sua participação na emancipação da Alemanha: "Na Alemanha, ninguém é politicamente emancipado. Nós mesmos não somos livres. Como poderíamos libertar-vos? Deveis trabalhar, em vossa qualidade de alemães, pela emancipação política da Alemanha e, em vossa qualidade de homens, pela emancipação humana [...]. O judeu, por exemplo, terá verdadeiramente cessado de ser judeu quando não se deixar impedir por sua Lei de cumprir seus deveres para com o Estado e seus concidadãos. E quando, no dia do sabá, assistir às sessões da Câmara dos Deputados e participar delas"[38]. No mesmo ano, Bauer publica *O cristianismo sem véus*, crítica histórica dos Evangelhos.

Em Londres, Lionel de Rothschild, filho de Nathan, neto de Mayer Amschel, é eleito em 1847 para a Câmara dos Comuns. Mas não toma posse, pois recusa-se a prestar juramento "segundo a verdadeira fé cristã". Será preciso esperar sua quinta reeleição para que o texto do juramento seja modificado[152].

Em 1848, por toda parte na Europa, numerosos intelectuais, negociantes, operários, comerciantes e artesãos judeus participam das revoluções nacionais. Eles se sentem alemães, austríacos ou franceses, antes de serem judeus. Na Alemanha, Gabriel Riesser, neto de um célebre rabino de Altona e líder de um movimento de "judeus liberais", é um dos mentores das insurreições. Os chefes das comunidades judaicas do império — ricos negociantes — também estão à frente da revolução em Viena.

Em Hamburgo, assim como na maioria das cidades alemãs, os judeus obtêm a cidadania e a abertura do gueto. O Hesse e o Wurtemberg mostram-se mais liberais do que a Baviera, o Saxe e o Hannover. Na França, Adolphe Crémieux, advogado judeu de Nîmes, presidente do Consistório Israelita em 1843, deputado de 1841 a 1851, contribui para a derrubada de Guizot e torna-se o primeiro judeu francês a ocupar um posto ministerial: ministro da Justiça no governo de 1848, ele extingue a escravidão nas colônias e a pena capital para delitos políticos.

Rapidamente, tudo se encaixa na ordem autoritária. Única conseqüência durável dos acontecimentos de 1848: em 31 de janeiro de 1850, o rei da Prússia, Frederico Guilherme IV, constitui uma "União Restrita" de vinte e oito Estados alemães. Ali, os judeus tornam-se pouco a pouco cidadãos como os outros, nos limites de uma democracia censitária na qual somente os homens ricos têm o direito de expressar-se.

Os últimos diques que, na Europa, separam os judeus dos outros acabam cedendo: em 1855, *Sir* David Salomons é o primeiro lorde-prefeito judeu de Londres. A emancipação total dos judeus britânicos é votada em 1858. Lionel de Rothschild ocupa finalmente sua cadeira no Parlamento. Cria-se o Jewish Board of Guardians, organização judaica laica de apoio aos pobres e aos emigrantes vindos de todo o leste da Europa, e que retira a *tsedaka* da moldura religiosa. Entre as dezenas de milhares de judeus emigrados, todos os rabinos devem abandonar seus títulos e suas funções, para tornar-se *reverend misters*. Só são chamados *ministers* os rabinos filiados à United Synagogue, que usam um traje muito semelhante ao dos pastores. A religião judaica passa da esfera coletiva à esfera privada.

Na Suíça, em 1856, uma resolução federal finalmente concede aos judeus a igualdade política em todo o território.

No mesmo ano, em Bolonha (que ainda faz parte dos Estados do papa), a polícia seqüestra um menino judeu de seis anos, Edgardo Mortara, e instala-o em Roma numa instituição religiosa, porque uma empregada — judia — afirma ter mandado batizá-lo para vingar-se dos pais dele. Os protestos vindos do mundo inteiro provocam a criação em 1860, em Paris — por Adolphe Crémieux, que voltou a advogar, e Charles Netter —, da Aliança Israelita Universal[88], destinada a defender os direitos civis e religiosos dos judeus pelo mundo afora. Apesar dos protestos, Edgardo Mortara será criado num mosteiro, até tornar-se um dos próximos de Pio IX. Em 1861, o nascimento da Itália, com Florença por primeira capital, leva à abolição dos guetos; o último, o de Roma — que os papas mantiveram pelo máximo de tempo possível —, desaparece em 1870.

Em 1865, um dos Warburg, Samuel, é eleito deputado do Schleswig-Holstein ao Parlamento dinamarquês, do qual depende a cidade de Altona. Quando, em 1866, a cidade passa a ser alemã, Samuel Warburg torna-se o primeiro judeu deputado ao parlamento de um Estado da Alemanha[18].

Em 14 de julho de 1865, muçulmanos e judeus da Argélia são autorizados a pedir a nacionalidade francesa[374]; a cidadania será atribuída de direito a todos os judeus da Argélia, em 24 de outubro de 1870, por um decreto assinado por Adolphe Crémieux, o qual, após sua travessia do deserto sob o império, tornou-se deputado de extrema esquerda de Paris e efêmero ministro da Justiça do governo provisório da Defesa Nacional[374].

Em Londres, em 1867, Benjamin Disraeli, neto de um padeiro judeu italiano, escritor de sucesso como seu pai, convertido e orgulhoso de suas origens judaicas, torna-se primeiro-ministro da Grã-Bretanha e Lord Beaconsfield.

Em 1878, o tratado de Berlim reconhece a independência da Sérvia, da Bulgária e do Montenegro, e emancipa os judeus desses três países — medida que a Romênia continua rejeitando.

Em toda a Europa ocidental, a maioria dos judeus vive agora nas grandes aglomerações, mais favoráveis à integração, exceto na Alemanha e na Alsácia — onde será preciso esperar o ano de 1910 para que 45 por cento dos judeus se tenham tornado cidadãos. Com freqüência, os progressos do ensino laico relegam o do hebraico e do saber religioso para os sábados apenas. Na França e na Inglaterra, para onde afluem refugiados da Europa central e da Rússia, as comunidades financiam cursos e movimentos de juventude, tais como as *Jewish Lads Brigades* na Inglaterra. As comunidades francesa e inglesa fazem tudo para que esses refugiados percam o mais depressa possível seu aspecto de judeus do leste. Aqui e ali, emergem as figuras de grandes economistas como David Ricardo, engenheiros como Emil Berliner, cientistas como Albert Einstein, negociantes de arte como Nathan Wildenstein.

Quando, em 1905, o *Alien Immigration Act* restringe a imigração, duzentos e cinqüenta mil judeus vivem na Inglaterra, contra os sessenta mil de um século antes. Na França, eles são setenta mil. Os judeus do Ocidente são agora cidadãos integrais, e o judaísmo não passa de um aspecto de sua personalidade. A religião tornou-se um assunto pessoal. Ei-los inteiros, ocupados como os outros em participar da construção do mundo novo.

Os judeus na indústria européia: comunicar

Muitos historiadores[438] sustentaram que os judeus não exerceram nenhum papel na Revolução Industrial. As razões apresentadas para explicar tal ausência foram muitas: rejeitados pelas guildas, eles não teriam tradição industrial; suas regras religiosas seriam incompatíveis com os horários industriais; os operários cristãos não gostariam de obedecer a judeus; como preferiam ser artesãos por conta própria, estes veriam com maus olhos a produção em massa; a produção em grande número seria contrária à moral judaica; em vez de investir em máquinas, eles teriam preferido conservar sua poupança em dinheiro líquido, para melhor dissimulá-la em caso de espoliação; por fim, o que teria ocorrido seria uma revolução da energia, e os judeus sempre se teriam ocupado apenas de comércio e de finanças.

Numerosos contemporâneos — até mesmo judeus — compartilharam esse ponto de vista, não vendo judeus na indústria e acreditando-os totalmente ocupados com finanças. Assim, Disraeli escreve: "O que é curioso, nesse vasto desenvolvimento [da indústria inglesa], é que os dirigentes do mundo financeiro não participaram dele. Esses poderosos locadores de fundos, que muitas vezes têm nas mãos a sorte dos reis e dos impérios, pareciam homens que, ao contemplarem alguma excentricidade da natureza, a ela assistem com um misto de espanto e temor..."[286]

Embora seja exato que os banqueiros judeus *e* não-judeus fizeram questão — já veremos por quê — de não se tornarem industriais, outros judeus exerceram um papel no desenvolvimento industrial do século XIX. Um papel considerável e incrivelmente subestimado. Também nesse caso, eles criaram riquezas bem além de si mesmos.

Em primeiro lugar, corretores vindos da Alemanha para fazer comércio enveredam para a indústria. Assim, quinze sociedades judaicas de Frankfurt que importavam têxteis ingleses instalam-se em Manchester, de início para comprar e depois para produzir tais têxteis. Na mesma cidade e em Liverpool, eles são acompanhados por compradores de tecidos vindos de Istambul, de Viena ou de Livorno. Também os encontramos na indústria mineradora — que um judeu checo revolucionou, como vimos, na Inglaterra do século XVI. Eles estão igualmente presentes nas vidrarias e nas indústrias de consumo.

Numerosos judeus europeus — particularmente durante o último terço do século XIX — exercem um papel fundamental no desencadeamento das principais revoluções tecnológicas e industriais. Inovadores, dinâmicos, eles atuam em conformidade com sua ética: empreender, explorar, valorizar. A lista desses inovadores é impressionante; conquanto só estejam citados aqui — com as reservas que esse tipo de lista implica — aqueles dentre os grandes atores da revolução industrial européia para os quais o judaísmo teve relevância.

Por volta de 1860, um químico judeu bávaro, Ludwig Mond, instaura a indústria química alemã, especialmente a purificação do níquel, antes de emigrar com sua empresa e de tornar-se cidadão britânico em 1872. Seu filho, Alfred Mond, assume seu lugar a partir de 1906 e torna-se membro do Parlamento de Westminster nesse mesmo ano; em 1926, ele criará a Imperial Chemicals, que mais tarde será a ICI, uma das maiores empresas químicas da Europa.

Antes mesmo da criação da lâmpada elétrica por Edison, em 1879, Emil Rathenau adquire a primeira patente do americano Edison, instala a primeira "rede" elétrica alemã, no outono de 1878, e funda a primeira companhia alemã de eletricidade, a AEG*, em 1883.

Alfred Beit, nascido em Hamburgo e estabelecido na África do Sul, trabalha de início para os Porges, diamantistas de Antuérpia, antes de fun-

* Allgemeine Elektrizitäts Gesellschaft. (N. da T.)

dar em 1888, com Cecil Rhodes, a De Beers, que virá a ser a principal firma de diamantes do mundo.

Fritz Haber, professor de química, amigo íntimo de Albert Einstein, inventa em 1904 um método de síntese industrial do amoníaco que permite aumentar maciçamente a produção deste, o que terá consideráveis efeitos sobre a fabricação de adubos e sobre a produtividade agrícola.

Muitos outros nomes poderiam ser citados na indústria têxtil inglesa, alemã, francesa e flamenga, assim como na de móveis e na joalheria. Eles produzem em quantidade, sem respeitar as regras das antigas guildas, das quais nunca fizeram parte, adaptando os produtos à demanda, inventando novas técnicas de distribuição. Assim, em 1895, Theophile Bader e Alphonse Kahn criam, a partir de um pequeno armarinho, aquilo que virá a ser as Galeries Lafayette.

Mais notável ainda: numerosos judeus estão na origem das indústrias da comunicação. Se, em geral, isso não é sublinhado o bastante, é porque os historiadores só vêem na revolução industrial um formidável avanço no uso da energia e na mecanização do trabalho, freqüentemente esquecendo que ela também provoca uma reviravolta nos meios de comunicação que utilizam essa energia.

Alguns destinos — para nos limitarmos à Europa:

Charles Havas[332], inicialmente tradutor de imprensa, cria sua firma de tradução em 1825 e em 1832 funda em Paris, com Bernhard Wolf, a primeira agência de notícias com seu nome. Ele a desenvolve quando, a partir dos trabalhos de Samuel Morse, em 1840, as notícias podem ser transmitidas por telegrama — para começar, os horários dos trens[322].

Israel Beer Josephat, neto de um rabino alemão, de início bancário em Göttingen, vai trabalhar com Havas em Paris, em 1848, e em 1849 cria em Bruxelas um sistema postal por pombos-correio[332]. Emigrado em 1851 para a Inglaterra, com seu amigo Sigismund Engländer, um dos dirigentes judeus austríacos da revolução de 1848, ele utiliza seus pombos para encaminhar aos jornais britânicos, a grande velocidade, informações sobre as cotações em Bolsa e sobre os preços das matérias-primas: compreendeu que o que vende um jornal é *tempo*, novidade. O primeiro furo político é, em 10 de janeiro de 1859, a publicação, graças a ele, de um discurso do rei de Piemonte-Sardenha que leva ao desencadeamento da guerra franco-austríaca e à independência italiana. O *Times* publica-o no mesmo dia. Para fazer-se aceitar pela sociedade inglesa, amplamente xenófoba, Josephat passa a chamar-se Julius Reuter e, em 1865, muda o nome de sua sociedade para Agência Reuters. Em 1871, ele é feito barão pelo duque de Saxe-Coburgo-Gotha[332].

O físico e professor alemão Philip Reis inventa o primeiro "telefone" em 1860, isto é, bem antes de Graham Bell concebê-lo, em 1876.

Gabriel Lippman inventa a fotografia em cores em Paris, em 1891, o que lhe vale, em 1908, um dos primeiros prêmios Nobel de física.

Abraham Stern cria uma das primeiras máquinas de calcular automatizadas.

Outros inovam nos meios de transporte: assim, Moritz Herman von Jacobi inventa em 1838 um motor elétrico a eletroímã para acionar barcos. Siegfried Marens constrói em 1864 um dos primeiros automóveis a petróleo e, em 1875, outro modelo. Por volta de 1880, Albert Ballin funda a *Hamburg Amerika Linie*, a "Linha", que se tornará mais tarde a Hapag-Lloyd[18], companhia transatlântica de transporte marítimo da qual ele fará uma das maiores empresas alemãs[81]. Em 1896, Otto Lilienthal inventa e faz voar na Renânia a primeira máquina mais pesada que o ar, antes de morrer num acidente, no mesmo ano. Em 1892, David Schwartz inventa o balão dirigível navegável; ele morre antes de explorá-lo e sua viúva vende as patentes ao conde von Zeppelin, que acaba ganhando o crédito pela descoberta. Em 1924, Karl Arnstein constrói e pilota sobre o Atlântico o primeiro zepelim.

André Citroën é filho de uma imigrante vinda da Polônia e de Lévi Citroën, joalheiro em Paris, o qual, arruinado, suicidou-se em 1884, quando André tinha apenas seis anos. Ao ir visitar sua mãe em Lodz, André descobre uma engrenagem astuciosa em forma de asna, da qual se apresenta como comprador. Formado pela École Polythechnique em 1898, ele dirige as Entreprises Automobiles Mars em 1906, antes de fundar sua própria fábrica de engrenagens em 1912, sob a patente polonesa. A guerra, como veremos, mudará seu destino.

Como no século precedente, o sucesso desses pioneiros, contudo, mascara a condição da imensa maioria do povo judeu, feita de operários, artesãos, albergueiros, condutores de diligências, professores e pequenos comerciantes. Ao lado dos inovadores e dos capitães da indústria, forma-se assim uma classe operária judaica na Inglaterra e depois na Alemanha e na França, com os imigrados do Leste, que encontramos especialmente nas indústrias têxtil, alimentícia e do tabaco. Para lutar contra a exploração desses operários pelos patrões — judeus ou cristãos —, freqüentemente denunciada em Londres por *The Jewish Chronicle*, criam-se e organizam-se sindicatos especificamente judaicos ou seções judaicas de sindicatos. Assim, na França, nasce uma seção operária judaica no seio da SFIO*.

Mais uma vez, porém, é essencialmente pelo banco que passa o papel de vanguarda dos judeus na revolução industrial européia.

O banco judaico na revolução industrial européia

A partir dos fornecedores de corte, um pequeno grupo imaginativo — os banqueiros de negócios — forma-se na Alemanha, na França e na Inglaterra, para financiar as infra-estruturas públicas e as empresas privadas. Os banqueiros judeus, especialistas em empréstimos há dois mil anos, constituem a vanguarda dele.

A jurisprudência religiosa ainda proíbe que todo banco judaico pague e receba juros entre judeus, mas certos *rabbis*, como *rav* Yosef Rosen, consideram que, se o banco for uma entidade anônima — limitada unicamente aos seus ativos —, os juros tornam-se possíveis[409]. Para eles, uma sociedade não é uma pessoa e, portanto, pode emprestar a juros. Outros, ao contrário, estimam que a sociedade é apenas a máscara de seus acionistas e que os banqueiros judeus só podem cobrar juros dos gentios.

Seja como for, os banqueiros de negócios que ignoram a doutrina empenham-se em continuar financiando os Estados e as infra-estruturas

---

* Section Française de l'Internationale Ouvrière. (N. da T.)

públicas necessárias ao capitalismo. Tudo começa em Frankfurt: a Bolsa da cidade, já preeminente na Alemanha do século XVIII, desenvolve-se mais ainda na década que se segue a Waterloo. A fortuna local está então principalmente nas mãos dos príncipes e de alguns fornecedores dos duques de Hesse, de Baden e de Wurtemberg. Agora, eles precisam abrir-se para outros clientes.

O mais influente banco judaico da época, o Speyer, fundado em 1794, não demora a dispor de sucursais familiares em toda a Europa. Ele financia o desenvolvimento das empresas alemãs. A fortuna da família, avaliada por volta de 1820 em 420.000 florins, é uma das maiores do país. Outro banco, o de Joseph Mendelssohn — tio de Félix, o compositor —, é fundado em 1795. Salomon Oppenheimer abre o dele em Colônia em 1801. Samuel Bleichröder funda outro em Berlim em 1803. Todos praticam o câmbio, os empréstimos a longo prazo aos Estados, a gestão das fortunas dos príncipes, dos negociantes e dos armadores. Ainda raramente, empréstimos a industriais. Fusões, menos ainda.

Os mais influentes serão dentro em pouco os Rothschild, que deixamos em 1797, data em que Mayer Amschel se tornou um dos maiores antiquários e numismatas de Frankfurt. Nesse ano, ele já é um dos dez homens mais ricos da cidade. De sua casa no gueto, comercia com renomados antiquários em Berlim, Viena, Amsterdã, Paris e Londres, e com o landgrave de Hesse-Kassel, Guilherme IX, a quem empresta fundos para a aquisição de objetos e moedas, antes de impor-se aos poucos como seu principal conselheiro financeiro. Em 1798, ele envia para Londres, a fim de representá-lo, seu segundo filho, Nathan, o mais brilhante. Embora o mais velho, Amschel Mayer, permaneça ao seu lado em Frankfurt, Rothschild compreendeu que o futuro do mercado financeiro está em Londres. Dessa escolha decorrerá a continuação da história da família.

Em 1806, quando os exércitos franceses penetram no Hesse e liberam o gueto de Frankfurt, o Grande Eleitor confia a Mayer Amschel Rothschild títulos, moedas e jóias a esconder nas catacumbas da cidade, cujos mínimos segredos os judeus conhecem, por tê-las utilizado ao longo dos séculos para fugir do gueto quando este era atacado. Denunciado, Mayer Amschel é detido pelas tropas de Napoleão, as quais não conseguem fazê-lo confessar onde está escondido o tesouro principesco. Em Londres, enquanto isso, Nathan abre um banco; ele obtém a nacionalidade britânica em 1804. O dinheiro escondido por seu pai em Frankfurt serve-lhe para garantir sua subscrição de bônus do Tesouro britânico, os quais em seguida ele coloca por toda a Europa. Assim, Nathan faz-se aos poucos corretor, vendendo os títulos que o governo de Londres emite para financiar a guerra. As comissões, elevadíssimas em razão dos riscos, fazem ao mesmo tempo o poderio dos Rothschild e o de Guilherme IX, cujos bens servem de caução para os empréstimos ingleses. Os Rothschild pai e filho não demoram a tornar-se indispensáveis às potências coligadas contra Napoleão: entre 1811 e 1815, chegam a reunir a metade dos financiamentos trazidos por Londres às potências continentais — primeiro aos dinamarqueses e depois a Estados alemães —, os quais em seguida eles recolocam junto a poupadores britânicos. Não são totalmente os "tesoureiros da Santa Aliança", como os classificam certos biógrafos[76], mas exercem um papel importante no financiamento da guerra.

Assim, por fidelidade ao seu monarca, os Rothschild incluem-se entre os raros judeus da Europa a escolher o campo da Santa Aliança contra o de Napoleão.

Como o segredo da profissão de banqueiro reside na avaliação do risco — e, portanto, na qualidade das informações que permitem medi-lo —, Mayer Amschel tem a idéia de constituir para si uma rede privilegiada de informantes[286]. Talvez se inspire, para isso, naquilo que um século antes Salomon de Medina havia feito em Londres, ao pagar para receber, via pombos-correio, as notícias das batalhas do duque de Marlborough. De Frankfurt, ele estabelece ligações com a família Thurn and Taxis, que há séculos detém o serviço postal no império, e compra-lhe o direito de utilizar a formidável rede de pombos-correio dela para fazer circular com prioridade suas próprias mensagens. E assim seu filho Nathan toma conhecimento, pelas aves de Thurn and Taxis, que transportam as mensagens de oficiais ingleses bem-remunerados, da vitória de Waterloo, bem antes de a notícia chegar a Londres — em quatro dias[332]! — pelos canais oficiais. Nessa manhã, ele compra bem barato, na Bolsa de Londres, os títulos queimados a qualquer preço pelos que acreditam em certos rumores que anunciam a vitória de Napoleão; dois dias depois, já conhecido o resultado da batalha, revende-os pelo preço máximo. Mais tarde, dirão[286] — mas nada o confirma — que ele mesmo havia espalhado o boato de uma derrota inglesa, para derrubar as cotações.

Após a queda de Napoleão, a necessidade de dinheiro por parte dos Estados europeus é ainda mais considerável para a paz do que para a guerra. Os Rothschild, que financiaram os vencedores, encarregam-se de resolver isso. Sem nunca sacar sobre seus próprios bens, eles sabem, como bons corretores, onde encontrar capitais ao melhor custo. Para os Estados em cuja reconstrução colaboram, mas também para financiar os investimentos das empresas: siderurgia, têxteis e, dentro em pouco, ferrovias.

Em 1816, o quarto filho de Mayer Amschel, Salomon, parte para Viena e torna-se um dos banqueiros dos Habsburgo. Em 1817, instala-se em Paris o caçula dos cinco irmãos, James, enviado para colher os frutos dos vínculos tecidos com os Bourbon durante o exílio destes; ao longo de cinqüenta anos — inclusive sob Napoleão III, que não guardou rancor —, ele será o mais poderoso banqueiro do Estado e das grandes fortunas francesas. Finalmente, por volta de 1820, um quinto filho de Mayer Amschel, Karl, estabelece-se em Nápoles, reino então promissor, numa península cujo norte ainda é austríaco.

A rede está implantada, mas não se trata de uma única e mesma sociedade. Cada um está sujeito às exigências de seu país de adoção, mesmo quando elas contrariam os interesses de um dos outros irmãos. Em várias ocasiões, estes se vêem até em situação de concorrência[286]. Equivocadamente, Hannah Arendt escreverá: "Não existe melhor prova desse conceito fantástico de um governo mundial judaico do que essa família, os Rothschild, cidadãos de cinco países diferentes, poderosos em cada um, em estreitíssimas relações de negócios com pelo menos três governos (inglês, francês e austríaco), sem que os conflitos entre nações tenham, sequer por um instante, abalado a solidariedade dos banqueiros. Nenhuma propaganda poderia ter criado, por razões políticas, um símbolo mais eficaz do que a própria realidade"[13]. Na verdade, veremos que eles não concedem nenhum empréstimo importante sem obter, em seus respectivos países, a concordância explícita do ministério competente, em geral o dos Negócios Estrangeiros. São fiéis somente aos seus governos e não esquecem que a chave do sucesso — e da moral — dos judeus continua sendo a mesma há dois milênios: nada é bom para eles se não o for também para seus vizinhos não-judeus, estejam onde estiverem.

Os Rothschild, recém-chegados, estabelecem ligações com as mais antigas casas judaicas. Em 1820, os Warburg, que existem há mais de dois séculos, aliam-se a eles de duas maneiras: por um lado, tornam-se correspondentes em Hamburgo dos Rothschild de Londres e encontram prestamistas para as necessidades deles em ouro; por outro, Rosa, filha de Sarah Warburg — que então administra a casa com seus dois filhos, Siegmund e Moritz —, desposa um jovem banqueiro de Hamburgo, Paul Schiff, diretor do Kreditanstalt, estabelecimento recém-criado em Viena por Salomon Rothschild. Um pouco mais tarde, encontraremos um parente desse mesmo Paul Schiff como principal banqueiro nova-iorquino, e ainda aliado aos Warburg. Por outro lado, os Rothschild também trabalham com outros bancos judaicos mais antigos do que eles: os Oppenheimer de Colônia, assim como Samuel Bleichröder, estabelecido em Berlim em 1803. Em 1822, Nathan Rothschild torna-se cônsul-geral da Áustria na Inglaterra, com o título de barão austríaco — que ele não usará, preferindo esperar um título britânico.

Após a morte de Mayer Amschel, em 1824, o centro da família passa para Londres, que predomina sobre Frankfurt — o que os Rothschild previram antes de outros: doravante, a City é o principal entreposto de divisas do mundo, ao drenar a poupança disponível do continente para financiar a industrialização da Inglaterra e das terras longínquas. Isso fará do Rothschild o principal banco judaico do mundo. Intermediários, os *jobbers* e os *brokers*, compram e vendem títulos ingleses nos mercados bolsistas. Os *merchant banks* — entre os quais os Rothschild e uma dezena de outros novos bancos judaicos, tais como os Goldsmid, os Hambros, os Montaigu — organizam os aumentos de capital, os empréstimos a longo prazo, e aconselham as empresas industriais inglesas, cujo crescimento é fenomenal. O papel dos *merchant banks* é o de procurar intermediários e poupadores que comprem os títulos das empresas. É um trabalho de estrategistas e de corretores, mais que de financiadores. Eles também concedem empréstimos que alimentam os orçamentos da França, da Rússia, da Áustria, da Prússia e dos países recém-independentes da América do Sul; tais empréstimos são estabelecidos em libras esterlinas, o que permite a esses bancos não correr riscos de câmbio. O Hambros — do sobrenome de uma família judia vinda de Altona no início do século — serve aos interesses escandinavos. Os banqueiros judeus, embora assegurem o financiamento da indústria e das ferrovias nascentes — em 1839, os Rothschild financiam as primeiras ferrovias prussianas, como a Kaiser-Ferdinands Nordbahn, e outras na França —, proíbem-se de se envolver com a gestão das empresas que eles financiam, a fim de conservar sua liberdade de julgamento.

Única falha nessa estratégia: em 1843, em Viena, Salomon, que agora é Von Rothschild, adquire as aciarias de Witkowitz, primeiro e raro investimento de um banqueiro de negócios na indústria. Mas isso porque os empréstimos que eles haviam feito aos proprietários anteriores não podiam ser reembolsados.

Outros estabelecimentos prosperam por toda parte, além-Reno: os Haber, fornecedores dos duques de Baden-Wurtemberg no século XVIII, tornam-se em 1820 um dos primeiros bancos da Alemanha. Em 1833, Samuel Haber, agora Von Haber, funda o Darmstadter Bank. Em Frankfurt, o banco Bethmann, que salvou as finanças dos Habsburgo no século XVIII, é o primeiro a lançar-se na emissão de obrigações para as empresas e os Estados da Europa central. Seguem o mesmo caminho os Eskeles e os Arnstein em Viena, os Bischoffsheim e os Goldschmidt em Berlim, os

Warburg em Hamburgo, os Pereire e os Fould em Paris, os Lambert em Bruxelas, os Hambros, Montagu, Goldsmid, Sassoon e Montefiore em Londres, os Goldschmidt em Antuérpia, e, um pouco mais tarde, Leopold Kronenberg em Varsóvia, os Rosemberg em Jitomir, os Günzburg em Kiev e em São Petersburgo, os Aschkenasi em Odessa...

Dois casos particulares, que veremos repetir-se em várias ocasiões:

O primeiro é o de Moses Montefiore, nascido em 1784 em Livorno e educado em Londres, num ambiente muito religioso; de início aprendiz com um negociante de chá, ele se torna em seguida um dos doze corretores judeus da City; em 1812, casa-se com Judith Cohen, irmã da esposa de Nathan Mayer Rothschild, de quem, assim, passa a ser concunhado e, mais tarde, agente de câmbio. Tendo feito fortuna, aos quarenta anos Montefiore retira-se dos negócios para consagrar-se às instituições comunitárias. Veremos que exercerá nelas um papel considerável, durante sessenta anos.

O segundo caso é o de Maurice de Hirsch, nascido na Alemanha em 1831 num ambiente de banqueiros — sua mãe é uma Wertheimer, família de banqueiros em Frankfurt. Em 1841, ele trabalha no banco Bischoffsheim e Goldschmidt em Bruxelas e, em 1855, desposa Clara, filha de Jonathan Bischoffsheim. Em seguida torna-se amigo do príncipe de Gales (futuro rei Eduardo VII) e do arquiduque Rodolfo de Habsburgo. Veremos que virá a exercer nos assuntos judaicos um papel ainda mais considerável que o de Montefiore.

As alianças entre eles são cuidadosamente estudadas a fim de evitar o desmembramento das casas e de manter os segredos dos negócios dentro do mais estreito círculo. Em Paris, os Fould aliam-se aos Oppenheim e depois aos Heine, banqueiros de Hamburgo — pais do poeta —, que também foram instalar-se em Bordeaux. Em Bruxelas, os Lambert aliam-se aos Rothschild. Em geral, o essencial dos dotes é incorporado ao capital do banco do marido.

Um dos filhos de Benedict Goldschmidt (do Bischoffsheim e Goldschmidt), Leopold Benedict, casa-se com Regina, filha de Jonathan Bischoffsheim; outro, Maximilien, desposa a filha do barão Wilhelm von

Rothschild. Uma das filhas de Raphael Bischoffsheim casa-se com August Bamberger, um banqueiro de Mogúncia cujo filho, Heinrich, desposa a irmã do barão de Hirsch. Veremos que outro filho de Bamberger, Ludwig, será um dos fundadores do Banco de Paris e dos Países Baixos, em 1868; do Deutsche Bank, em 1870; e do Reichsbank, em 1871. Outra filha de Raphael Bischoffsheim, Clara, casa-se com Louis Cahen, um dos fundadores do Crédit Mobilier de Antuérpia. Gerson Bleichröder, a conselho de seu pai, de quem se torna adjunto em 1839, desposa a filha de um banqueiro de Breslau.

Em 1840, o Rothschild alça-se sobre todos os outros bancos, judaicos ou não. Depois de Nathan, seu filho Lionel instaura em 1836 um quase monopólio sobre as emissões do Tesouro britânico, algumas marcadas por uma conotação política: em 1847, para lutar contra a fome irlandesa; em 1856, para financiar a guerra da Criméia.

Doravante, a City atrai as fortunas da Europa e incita-as a investir-se na América, na Indonésia, na Nigéria, no Quênia e na África austral. Os bancos judaicos não são os únicos a interessar-se pela indústria britânica; porém, mais do que outros, descobrem o financiamento das estradas de ferro, da siderurgia, das minas e do petróleo. Dessa forma, emprestam a aciarias na Suécia, a companhias ferroviárias nos Estados Unidos, a mineradoras na África austral e na América Latina. O barão de Hirsch obtém uma concessão do governo turco, organiza o financiamento da ferrovia que liga Constantinopla à Europa, a Orient Express, e cria empresas na área do cobre e na indústria açucareira. O banco Speyer financia a industrialização da Turquia; o Rothschild, a do Egito. David Sassoon, originário de Bagdá e instalado em Bombaim em 1832 (recusando-se sempre a considerar como tais os judeus de Cochin), financia o orçamento do vice-rei das Índias com o concurso de bancos judaicos de Londres. Mais tarde, os Sassoon, com os Ezra, os Kadoorie (que ainda possuem em Hong Kong o Peninsula Hotel e a State Line) e os Hardoon, irão estabelecer-se em Hong Kong e em Xangai, onde logo prosperará uma extraordinária comunidade de negociantes judeus.

Depois de 1850, bancos cristãos assumem o controle dos empréstimos aos Estados. O Baring, fundado em 1839, torna-se o financiador titular da família imperial russa, de governos da América do Sul e das infra-estruturas da América do Norte. Em 1857, esses bancos britânicos detêm até mesmo a metade das ações das ferrovias americanas. Para sua grande desgraça: muitos vão à falência com eles, provocando uma grave crise cujos efeitos se transferem à Europa. Os bancos judaicos, mais prudentes, menos expostos aos mercados de risco, exercem um papel decisivo na solução dessa crise, fazendo intervirem suas redes através da Europa. Por exemplo, Sarah Warburg consegue, para a cidade de Hamburgo em falência, um empréstimo de seis meses a 6 por cento. O prestamista em Viena é seu próprio genro, Paul Schiff, que previamente solicitou e obteve a concordância explícita do ministro austríaco dos Negócios Estrangeiros[18]. A catástrofe passou bem perto...

Um dos dois filhos de Sarah, Siegmund Warburg, que administra então o banco familiar junto com a mãe, consigna esta frase que qualquer outro judeu poderia ter pronunciado em quase três mil anos: "Os Warburg sempre tiveram esta sorte: a cada vez em que estavam a ponto de tornar-se riquíssimos, acontecia alguma coisa que os fazia ser de novo pobres e os forçava a recomeçar tudo do zero"[18].

Em 1843, Samuel Bleichröder informa ao barão James de Rothschild, em Paris, que seu filho Gerson já dispõe da *prokura* — delegação de poder: "Tomei essa decisão considerando a probidade de Gerson, assim como sua atividade e seu zelo em servir a vossos honrosos interesses"[404]. Em 1847, Gerson torna-se sócio do pai e em 1855, com a morte deste, passa a dirigir o banco, de início com seu irmão Julius, que em seguida deixa o estabelecimento familiar para fundar seu próprio banco. Gerson cultiva ainda mais assiduamente do que seu pai as relações com os Rothschild e com a Salomon Oppenheimer e Filhos & Cia., que se tornou uma empresa de envergadura européia, dirigida em 1840 por Abraham e Simon Oppenheim, dois irmãos de excepcional dinamismo, cuja divisa merece ser registrada: "Vender uma pérola que você tem a alguém que a deseja não é fazer negócio; mas vender uma pérola que você não tem a alguém que não a quer, isto, sim, é o que se chama fazer negócio!"[18].

O caráter especificamente familiar desses bancos dilui-se pouco a pouco: é difícil assegurar a continuidade familiar de um negócio além de três gerações. Com freqüência, os netos do fundador, tendo perdido aquilo que ainda se chama de "fogo sagrado", são atraídos pelas artes. Interesses judaicos começam a unir-se a interesses cristãos para fundar estabelecimentos fadados a um excepcional futuro.

Primeira fusão: o Shaafhausenscher Bankverein, fundado em 1848 em Colônia, funde-se em 1853 com o banco de Abraham Oppenheim para tornar-se o Darmstadter Bank. Desaparece um grande nome; outro nasce.

Em 1860, Gerson Bleichröder associa-se a banqueiros cristãos, os Hansemann, para fundar o Consórcio Prussiano, sindicato de bancos que reúne os 30 milhões de táleres tomados de empréstimo pelo rei da Prússia a fim de financiar a mobilização prussiana durante a guerra franco-austríaca na Itália.

Segunda fusão: após trabalhar com Bischoffsheim e Goldschmidt em Mogúncia, Ludwig Bamberger funda em Amsterdã, em 1863, o Banco de Crédito e Desenvolvimento dos Países Baixos; em 1866, ele retorna à Alemanha para criar em 1870, com Hermann Karkuser e Aldebert Dalbruck, o Deutsche Bank, hoje um dos principais bancos do mundo[155]. Em seguida, vai para Paris e funde, em 27 de janeiro de 1872, seu Banco dos Países Baixos com o Banco de Paris, por sua vez criado em 1869 em Paris por Henri Cernuschi: é o nascimento do Banco de Paris e dos Países Baixos, por muito tempo um dos principais bancos franceses de negócios.

Terceira fusão: Eugen Gutmann inaugura em 1871 o Dresdner Bank, fundindo vários bancos locais. O fundador é judeu; os capitais não o são.

Ao lado desses grandes bancos, existem agora na Alemanha mais de dois mil outros, menores, dos quais pelo menos trezentos são judaicos. Sua importância e sua influência crescem incessantemente, sem que eles recebam depósitos ou abram filiais. Um deles, o Warburg, está então na iminência de tornar-se o mais influente do norte da Alemanha.

As redes familiares fecham-se mais ainda: em 1862, Siegmund Warburg, filho de Sarah, desposa a filha de um banqueiro judeu russo de Jitomir, a jovem Theophilie Rosenberg, cuja mãe, uma Günzburg, é oriunda de uma família de banqueiros de Kiev e São Petersburgo. Uma das irmãs de Theophilie é casada com Léon Aschkenazi, fundador do banco homônimo em Odessa; outra desposa o barão Joseph von Hirsch-Gereuth, sócio do banco Bischoffsheim e Goldschmidt em Berlim. Como é de uso nessas famílias, dois terços do dote vão engrossar o capital do banco. Em 1864, o irmão de Siegmund Warburg, Moritz, casa-se com Charlotte Oppenheim, filha de Abraham, o banqueiro de Colônia.

Lionel de Rothschild em Londres, Pereire em Paris, Günzburg em São Petersburgo, Kronenberg em Varsóvia, Stern Bros em Londres, Bischoffsheim e Goldschmidt em Bruxelas, Bleichröder em Berlim, Warburg e Behrens Söhne und Lieben em Hamburgo financiam juntos, da Europa aos Estados Unidos, da China ao Peru, empréstimos públicos para empresas de que os Estados são fiadores.

Na França, os bancos judaicos de negócios — Fould, Pereire, Dreyfus, Lazard, Rothschild, Milhaud, Haas, Bamberger (este último, associado a outros banqueiros judeus originários de Istambul: o conde de Camondo e o barão Leonino) — financiam o comércio exterior e o déficit orçamentário, mantendo-se afastados dos bancos de depósito que se desenvolvem a partir de 1863 em torno do Crédit Lyonnais. Em 1865, cinqüenta judeus são dirigentes de bancos em Paris; em 1872, em quatrocentos e quarenta donos de estabelecimentos financeiros, eles são noventa e cinco, o que marca seu apogeu.

Depois de 1870, o papel deles na Europa volta a ser modesto, comparado ao dos grandes sistemas bancários protestante e católico, que doravante dominam o mercado de capitais com numerosas agências, milhares de contas, múltiplas participações industriais. Os judeus continuam influentes como conselheiros dos Estados. Em 1871, em Paris, os Rothschild organizam o empréstimo captado pela França vencida a fim de pagar à Prússia o montante dos danos de guerra. Em 1875, Lionel de Rothschild, em

Londres, consegue adiantar ao governo britânico os capitais necessários à aquisição de sua parte no canal de Suez, cuja construção acaba de ser concluída. Agora, os banqueiros judeus também investem em projetos mais exóticos: os Rothschild estão presentes nas ferrovias dos Estados Unidos e, apesar de suas reticências diante do anti-semitismo russo, no petróleo de Baku; o barão de Hirsch, por sua vez, investe no açúcar e no cobre do império otomano.

Os bancos judaicos só permanecem todo-poderosos na Alemanha em torno do Warburg e do Bleichröder, primeiros bancos de negócios do país.

Com a morte de Sarah Warburg em 1885, e após a de seu filho mais velho, Siegmund, em 1889, o caçula Moritz, aos cinqüenta e um anos, vê-se à frente do banco junto com seus cinco filhos (Abraham, Max, Felix, Paul e Fritz) e suas duas filhas (Olga e Louisa). A sorte desses cinco irmãos ilustrará a evolução das tradições financeiras judaicas nesse fim de século. Quatro deles entrarão para a História[18].

Abraham, o mais velho, desposará uma cristã, para grande escândalo da família[436], e virá a ser um dos maiores historiadores de arte de todos os tempos[170]. Ele criará o célebre instituto que hoje tem seu nome, em Londres. Max, Felix e Paul conhecerão fabulosos destinos políticos e financeiros na Alemanha e nos Estados Unidos. Fritz garantirá as consideráveis obras beneficentes da família, particularmente para os imigrantes russos e na Palestina.

Em 1891, primeiro alerta para Max, que assessora o pai no lugar de Abraham, que foi estudar arte italiana em Florença: um banco russo pertencente à família de seu tio Siegmund, o banco dos Günzburg de São Petersburgo, afundou nas minas do Lena, na Sibéria setentrional, 7 milhões de marcos emprestados pelos Warburg[18]. O banco Günzburg não consegue honrar seus vencimentos. Rosa, uma das filhas de Siegmund, portanto prima de Max, deve casar-se em junho do ano seguinte com o barão Alexandre de Günzburg, de quem é noiva há dois anos. Nem pensar em permitir que o banco do futuro genro vá à falência! Moritz Warburg faz-se então fiador das dívidas de Günzburg, sem limite, e desconta todas as suas letras de câmbio. O banco Günzburg se reergue. Em 1894, o barão e Rosa, agora sua esposa, reembolsarão todos os seus credores por ocasião de um faustoso jantar oferecido em seu palacete de São Petersburgo: cada conviva encontrará o valor que lhe cabe em moedas de ouro colocadas sob seu prato, com um saquinho de seda instalado sobre a cadeira para que ele possa guardá-las depois de contá-las. O banco está salvo... pouco antes, como veremos, de seu fechamento e da expulsão dos Günzburg do país, sem um vintém[18].

Os destinos de outros dois filhos de Moritz Warburg, Paul e Felix, intimamente ligados, bifurcam-se na América. Em 1894, Felix conhece Frieda, a filha de Jacob Schiff, um emigrado alemão que está então à frente do banco Kuhn-Loeb e é o banqueiro judeu mais célebre de Nova York, além de um dos homens mais ricos da América. Paixão fulminante. Desta vez, não se trata de casamento arranjado. Felix desposará Frieda, irá viver em Nova York e trabalhará para o sogro. A cerimônia, em março de 1895, é a oportunidade, para a alta sociedade de Hamburgo[54] e para um certo número de banqueiros europeus, de atravessar o Atlântico num navio da Hapag, a companhia de transporte marítimo recém-criada por Albert Ballin, amigo de Max. Paul, *garçon d'honneur* do irmão, apaixona-se pela tia muito jovem de Frieda, Nina Loeb. Outro casamento. Paul torna-se assim tio de seu próprio irmão e também se instala em Nova York, onde, por sua vez, faz-se sócio do Kuhn-Loeb. A mais antiga família de banqueiros judeus ainda em atividade, vinda da Itália no século XVI com o sobrenome de Del Banco, implanta-se na América no primeiro nível da fortuna[18] sob o sobrenome de Warburg.

Max permanece na Alemanha para manter a velha casa depois da aposentadoria de seu pai, em 1898. É muito ligado aos dirigentes alemães, que ele tenciona engajar na aventura colonial e afastar do czar anti-semita. Um engenheiro russo que se fez britânico, Chaim Weizmann — de quem voltaremos a falar —, traçará um pouco mais tarde um retrato cruel de Max, de resto válido para todos os financistas judeus do momento: "Ele era o próprio tipo do judeu de corte, mais alemão do que os alemães, obsequioso, superpatriota, ansioso por adivinhar de antemão os desígnios e projetos dos senhores da Alemanha"[443].

Em 1901, em Frankfurt, com a morte de Wilhelm Carl von Rothschild, que não deixa herdeiros, fecha-se a matriz dos Rothschild: nem pensar em confiá-la a um estranho. Os Rothschild deixam a Alemanha. Os investimentos são menos precisos, menos ajustados: em 1911, os Rothschild acabam vendendo à Royal Dutch Shell sua parte nos poços de petróleo de Baku, sem que se possa vincular essa decisão a um boicote por parte do czarismo.

Mesmo na Alemanha, a glória e o papel desses bancos se reduzem. A força econômica judaica alemã, sempre criadora de riquezas para o país, concentra-se agora em torno de três homens: Max Warburg — que controla o banco —, Albert Ballin[81] — que controla a indústria a partir do armamento naval, setor estratégico da época — e Walther Rathenau — que se assenhoreia da energia com a AEG, fundada por seu pai. Os três são próximos do *kaiser*, apesar do anti-semitismo deste. E ainda mais próximos entre si. A primeira linha telefônica privada a ser instalada na Alemanha liga os escritórios de Max e Albert. Os Warburg lançam operações na Áustria com o Kreditanstalt, nos Estados com o Kuhn-Loeb, na Escandinávia e na Alemanha com o Siemens-Schuckertwerke, o Deutsche Bank, o Disconto-Gesellschaft e o Deutsche Orientbank. Eles financiam as ferrovias chinesas com um grupo germano-anglo-franco-americano dirigido por Jacob Schiff. Walther Rathenau, por sua vez, entra para a política.

A influência dos bancos judaicos sobre a política européia no século XIX

Ao emprestarem aos Estados, esses banqueiros são alvo das mesmas críticas feitas aos seus predecessores desde mil anos antes: esquece-se que esses criadores de riquezas para outros que não eles foram procurados porque mais ninguém queria prestar esses serviços; a imprensa e os concorrentes explicam que os governos não passam de marionetes corruptas nas mãos deles, e os apresentam como os donos da Europa, regiamente pagos pelo que fazem. Sem dúvida, certos banqueiros judeus da Europa figuram de fato entre as grandes fortunas de seus países. Mas os Rothschild sequer se aproximam da centésima fortuna britânica, e Fred Krupp é de longe o alemão mais rico de seu tempo, mais rico do que o próprio imperador; na França, nenhum judeu iguala a fortuna dos Morny ou dos Hottinguer. Eles constituem uma elite mais cultural do que material; como se esse ofício, feito de vigilante atenção aos sinais, predispusesse ao uso sofisticado da especulação intelectual. O dinheiro deve circular; para eles, é um instrumento de trabalho, e não um fim em si. Em toda parte, instruídos por milênios de perseguições, esses banqueiros recusam as honrarias e os títulos muito chamativos. Eles sabem que podem ser detestados pelos serviços que prestam e pelo dinheiro que emprestam. Vivem, portanto, em círculo fechado entre si, com um grande senso de etiqueta e uma obsessão única: a educação dos filhos. Às vezes possuem uma casa de campo — freqüentemente, com serviçais judeus —, jóias, prataria, quadros, móveis finos. Algumas mulheres mantêm salão: em Paris, Clara Bischoffsheim, Henriette Goldschmidt, esposa de Achille Fould, os Halévy, Mme. Straus; em Londres, os Rothschild; em Viena, a baronesa Fanny von Arnstein, de origem berlinense, casada com um rico banqueiro "tolerado", mantém um salão brilhante e mundano, assim como, em Berlim, Henriette Herz, que recebe Kant e Humboldt. Alguns banqueiros são grandes colecionadores, perspicazes e visionários, às vezes até *marchands* de quadros, abastados e prósperos. Nova forma do eterno ofício de corretor. Muitos dos filhos desses homens preferirão evitar as profissões ligadas a dinheiro e, quando puderem, entrarão — em geral, com a concordância dos pais — para as atividades artísticas: Heine, Mendelssohn, Offenbach são os primeiros exemplos disso.

Nenhum é verdadeiramente influente, do ponto de vista político, em qualquer país da Europa, exceto, como veremos, um Bleichröder na Prússia e, muito fugazmente, dois Pereire na França. Encarregados da captação da poupança, do financiamento ao Estado e, secundariamente, à indústria, aos portos, às estradas e ao armamento naval, eles permanecem inteiramente submissos à política externa de seus respectivos países. Para autorizar um empréstimo importante, sempre verificam o *nihil obstat* de seus diplomatas. Embora sejam consultados e freqüentemente utilizados como mensageiros oficiais pelos ministros dos Negócios Estrangeiros, eventualmente contra os bancos centrais ou mesmo à revelia dos embaixadores dos países, embora permaneçam essenciais ao bom equilíbrio orçamentário da maioria das nações da Europa, na verdade eles têm apenas uma ilusão de poder e devem total submissão à autoridade[231].

Alguns entram para a política. Michel Goudchaux é ministro das Finanças sob a Segunda República e Achille Fould o é sob o Segundo Império. *Sir* Ernest Cassel, filho de um pequeno banqueiro de Colônia emigrado sem um vintém para Londres, é promovido a diretor do banco Bischoffsheim, correspondente do Kuhn-Loeb e dos Rothschild em Londres, e torna-se amigo e conselheiro do príncipe de Gales, com quem compartilha a paixão por cavalos de corrida. Um Bischoffsheim é ministro na Bélgica. Ludwig Bamberger, o fundador do Deutsche Bank e do Banco de Paris e dos Países Baixos, torna-se deputado ao Reichstag em 1870 e inspira a legislação que originou o banco central, o Reichsbank. Em 1907, Luigi Luzzato torna-se ministro italiano das Finanças e, depois, presidente do Conselho. Walther Rathenau, filho do industrial Emil Rathenau, inicia uma carreira política.

Somente um banqueiro — talvez o mais discreto de todos — exerce um verdadeiro papel político na Europa do século XIX: Gerson Bleichröder[404], apresentado em 1865 pelo barão Carl Meyer de Rothschild a Bismarck, que procurava então um "bom banqueiro em Berlim". E ele é um bom banqueiro: todos os clientes dos Rothschild, quando vão à capital alemã, resolvem seus negócios com Bleichröder, na Behrenstrasse, a poucos minutos do castelo do imperador e em frente à futura residência de Bismarck, na Wilhelmstrasse. Mesmo certos antijudeus notórios, como o industrial Henkel, o compositor Richard Wagner e sua futura esposa,

Cosima von Bülow, têm conta lá. Tendo-se tornado o financista pessoal de Bismarck, Gerson impele o chanceler a extinguir o protecionismo comercial. Fornece-lhe os créditos recusados pelo Parlamento prussiano para as guerras austro-prussiana de 1866 e franco-prussiana de 1870 — Bismarck é o último chefe de governo a financiar suas guerras através de um banqueiro judeu. Graças às suas relações com os Rothschild, Gerson oferece ao chanceler um meio de comunicação confidencial com Disraeli. Em 1871, já com o título de barão, ele negocia as condições da paz entre a França e a Alemanha com os Fould. Bismarck, que sempre o utiliza sob enorme segredo, escreve sobre isso a um de seus ministros: "Antes de mais nada, é preciso que Bleichröder vá a Paris, encontre seus colegas judeus e discuta [a indenização de guerra no valor de cinco bilhões de francos] com os banqueiros"[209]. Mas, a partir desse momento, o silencioso anti-semitismo de Bismarck transforma-se em paranóico medo da suposta influência dos judeus. Bleichröder torna-se o primeiro alvo desse temor: agora é visto como espião e conspirador, corruptor, manipulador, dotado de um poder oculto, "tendo feito fortuna na Bolsa em vez de ganhar seu pão cotidiano com o suor do seu rosto"[209]. Sempre a acusação de parasitismo, isto é, de tomar sem dar, sem nada trazer aos outros. Acusação que os judeus, em sua condição de estrangeiros, particularmente vulneráveis, desde sempre enfrentaram.

Cada vez mais envolvido pelos assuntos judaicos, Bleichröder continua intercedendo pelas comunidades da Alemanha, da Romênia e da Rússia, enquanto aconselha o chanceler. Bismarck jamais reconhecerá o que lhe deve. Nem sequer mencionará o nome dele em suas Memórias. Um biógrafo do banqueiro anota: " Terá [Bleichröder] compreendido que a mistura de êxitos e humilhações que havia caracterizado sua vida era sintomática das relações profundamente pervertidas entre os alemães e os judeus?"[404]. Sem dúvida, era isso o que já haviam experimentado os fornecedores de corte em Bagdá no século IX, em Londres no século XII, em Córdoba no século XIII, em Sevilha no século XV, em Frankfurt no século XVIII: tanto mais odiados quanto mais extensos eram os serviços que eles prestavam.

Após a morte de Gerson Bleichröder, em fevereiro de 1893, seus filhos se convertem; o banco vegeta. Em colaboração com os Rothschild e os Mendelssohn, ainda participa de diversos empréstimos governamentais destinados a financiar a nova *Weltpolitik* alemã. Ele conserva uma posição mestra nas finanças romenas, italianas e mexicanas, mas já não está no centro das coisas: aliás, os filhos de Gerson Bleichröder são esquecidos pelo Kuhn-Loeb e por Max Warburg, em 1913, quando se trata de montar um empréstimo na Europa a fim de financiar as ferrovias americanas, particularmente a Illinois Central Rock Railroads. Em lembrança do pai deles, Max insiste em que sejam associados ao empreendimento, pelo menos simbolicamente. Veremos que ele logo retomará o papel político de Gerson Bleichröder. E, desta vez, na linha de frente.

2. Três fantasias

No momento em que os judeus param de ser prestamistas forçados para pessoas comuns, e conquanto a imensa maioria deles ainda seja pobre e esteja dispersa, um número reduzido de industriais e banqueiros judeus assumem um lugar considerável, visível e até espetacular, na revolução financeira e econômica da Europa. Judaísmo e dinheiro confundem-se então no espírito dos homens do século, em três novas fantasias das quais sairão as tragédias do século seguinte.

Primeira fantasia: de Saint-Simon a Enfantin

Emancipada dos rabinos, apaixonada pela modernidade, a juventude burguesa judaica passa a buscar novos mestres de pensamento. Primeiro, sente-se tentada pela franco-maçonaria, inventada justamente para reunir aqueles que desejam debater temas proibidos; mas não fica muito tempo nesse meio. Ainda que os Rothschild sejam influentes no rito escocês e que Adolphe Crémieux, no fim dos anos 1860, se torne um dos responsáveis por ela na França e, ao mesmo tempo, grão-mestre do Grande Oriente, são raros os judeus nessa sociedade: suas redes familiares lhes bastam.

Na França, um estranho personagem atrai numerosos judeus por sua ideologia do progresso e por seu universalismo: o conde Henri de Saint-Simon, sobrinho-neto do memorialista. Nascido em 1760, combatente na América, arruinado pela Revolução, ele prega uma religião universal, um "novo cristianismo"[353], mediante a supressão da herança e do empréstimo a juros, a organização científica do trabalho e o desenvolvimento industrial. Em 1820, na Europa destruída pelas guerras imperiais, é um dos primeiros a preconizar as grandes obras, na época tão ridicularizadas, e o crédito barato, então muito combatido. Chega a fazer das finanças audaciosas e do sistema bancário generoso os principais vetores de sua nova religião. Ele inspirará Auguste Comte e León Walras. Jovens judeus franceses ficam seduzidos por essa doutrina, na qual vêem algo como um modo de assimilar-se sem renegar a riqueza a serviço do bem, a velha fórmula do Talmude. Léon Halévy, filho de um banqueiro parisiense, torna-se secretário de Saint-Simon. Olinde Rodrigues, filho de um banqueiro bordelês, torna-se seu mecenas. Após a morte do mestre, em 1825, Rodrigues funda uma revista, *Le Producteur,* com o principal discípulo de Saint-Simon, Prosper Enfantin: um fanático no limite da perturbação mental. Dois outros discípulos, os irmãos Pereire, também originários do sudoeste, de início empregados dos Fould, passam à ação para realizar os projetos saint-simonianos. Émile Pereire afirmará: "Não basta haver escrito programas gigantescos; eu quero ainda traçar minha idéia sobre o solo". Eles fantasiam tornar-se os construtores de um mundo novo, onde o desenvolvimento industrial apagaria as diferenças religiosas e sociais. E, quanto a isso, terão êxito no primeiro caso mas perecerão por causa do segundo.

Em 1832, absolutamente sem dinheiro, os irmãos Pereire apresentam um primeiro projeto de ferrovia Paris-Saint-Germain-en-Laye e registram um plano de caixa de poupança. Não são os únicos: o banco Fould-Oppenheim cria a Compagnie du Chemin de Fer Paris-Meudon-Sèvres-Versailles. Em 1844, os Pereire fundam a primeira caixa de aposentadoria operária e militam pela abolição da escravatura. No poder, Napoleão III abre-lhes todas as portas. Em 1855, eles obtêm uma concessão de ferrovia financiada pelos Rothschild — que ainda os apóiam, mas com reticências, por ordem do imperador. Em 1857, unificam todas as linhas do sudeste sob a sigla PLM (Paris-Lyon-Méditerranée) e participam da implantação de outras redes ferroviárias na Espanha e na Tunísia. Nesse frenesi de crescimento, também financiam as obras de Haussmann em Paris e a criação da Compagnie Générale Transatlantique, que deve proporcionar à França os meios para voltar a ser uma grande potência marítima. É o triunfo deles.

A derrota vem do sistema bancário. Apesar da oposição dos estabelecimentos da praça, Napoleão III permite-lhes criar em 1852 uma Société Générale du Crédit Mobilier a fim de oferecer créditos a taxas baixas para novos empreiteiros. O sucesso é político, mas não financeiro: custos de gestão muito elevados. Em 1861 — o ano do tratado de livre câmbio com a Inglaterra, que os Pereire inspiraram a Napoleão III —, os Rothschild e Achille Fould — banqueiro, novamente nomeado, em 1861, ministro das Finanças — decidem livrar-se dos dois irmãos. Em 1863, Fould recusa-lhes autorização para transformar o Banco da Savóia, que eles compraram por ocasião da reanexação da província à França, num concorrente do Banque de France, o que lhes permitiria redescontar a carteira de empréstimos do Crédit Mobilier e sanear seu balanço. O banco deles já não tem fontes de financiamento e, em 1867 — posto em dificuldade por operações imobiliárias em Marselha —, só é salvo pelo Banque de France em contrapartida à demissão dos irmãos Pereire. O Crédit Mobilier se fundirá mais tarde com o Crédit Mobilier Français, depois com o Banque de l'Union Parisienne, com o BNCI* e finalmente com o BNP.

Os Pereire continuarão defendendo até morrerem suas idéias e seus projetos. Em 1880, Isaac Pereire, último saint-simoniano, até inspirará ao papa Leão XIII a *Rerum novarum*, primeira encíclica sobre o progresso social.

---

* Banque Nationale pour le Commerce et l'Industrie. Adiante, BNP: Banque Nationale de Paris. (N. da T.)

Segunda fantasia: de Marx a Drumont

Após o amálgama entre judeu, dinheiro e poder estatal, temos aquele entre judeu, dinheiro e exploração capitalista. Conquanto a doutrina judaica imponha que as comunidades sejam úteis ao mundo, eles são acusados de querer destruir. Assim como o único remédio possível contra a falência foi a eliminação dos Pereire, aqui o único remédio contra a exploração, segundo se pensa, é o desaparecimento do judaísmo, que supostamente acarretaria o do capitalismo. Esse vínculo entre capitalismo e judaísmo, a serem destruídos um pelo outro, constitui a tese de um jovem filósofo nascido numa família de *rabbis* e mercadores judeus de Trier (seu pai é Hirschel Ha-Levi e sua mãe, Henrietta Pressburg Hirschel), convertida ao protestantismo quando ele tinha seis anos. Em 1844, quatro anos antes do *Manifesto* que o fará universalmente célebre, Karl Marx — pois é dele que se trata — publica *Sobre a questão judaica* em resposta a Bruno Bauer, que, no ano anterior, propunha aos judeus assimilar-se para emancipar-se.

Para Marx, o judeu é a matriz do capitalismo; portanto, assimilá-lo não mudaria nada em seu estatuto. Ele só pode emancipar-se com o desaparecimento conjunto do capitalismo e do judaísmo. Nesse texto apavorante, uma das fontes involuntárias do anti-semitismo econômico moderno, podemos ler[270]: "Não busquemos o segredo do judeu em sua religião, mas sim busquemos o segredo da religião no judeu real. Qual é o fundamento profano do judaísmo? A necessidade prática, a utilidade pessoal. Qual é o culto profano do judeu? O tráfico. Qual é seu deus profano? O dinheiro. [...] A nacionalidade quimérica do judeu é a nacionalidade do comerciante, do homem de dinheiro. O judaísmo só atinge seu apogeu com a perfeição da sociedade burguesa; mas a sociedade burguesa só atinge sua perfeição no mundo cristão [...]. O cristianismo veio do judaísmo; e acabou por reconduzir-se ao judaísmo. [...] Portanto, não é apenas no Pentateuco e no Talmude, é na sociedade atual que encontramos a essência do judeu de nossos dias. [...] O dinheiro é o deus ciumento de Israel, diante de quem nenhum outro deus deve subsistir". E Marx esboça então a teoria do capital, que desenvolverá tão longamente trinta anos mais tarde: "O dinheiro rebaixa todos os deuses do homem e transforma-os em mercadoria. O dinheiro é o valor geral e constituído em si de todas as coisas"[270].

A seguir, jogando com o termo "emancipação", Marx pretende demonstrar que a libertação do judeu implica a libertação da sociedade perante o judaísmo: "A emancipação política do judeu, do cristão, numa palavra, do homem religioso, é a emancipação do Estado em relação ao judaísmo, ao cristianismo, à religião em geral"[270]. Em outras palavras, para emancipar os judeus — e, com eles, os outros crentes —, é preciso acabar com todas as religiões e com o capitalismo de que elas constituem o fundamento.

Nesse texto terrível, Marx explica que judaísmo e dinheiro são inseparáveis, que não se pode eliminar um sem eliminar o outro, que o trabalhador, por uma revolução contra a propriedade privada, pode libertar-se ao mesmo tempo de Deus e do capital. Em suma, por seu combate, "o trabalhador pode tornar-se livre".

Anticapitalismo e antijudaísmo misturam-se assim numa confusão de que muitos irão alimentar-se depois de Marx. De fato, se para ele é a eliminação do capitalismo que provocará a do judaísmo, para outros[228] a recíproca será igualmente verdadeira: eliminar o judaísmo — isto é, para eles, os judeus — permitirá desembaraçar-se do capitalismo do qual os judeus constituem a fonte.

Por uma monstruosa ironia, é deturpando a frase de Marx que outros alemães, um século mais tarde, escreverão às portas dos campos de concentração: "O trabalho liberta".

Já no ano seguinte, em 1845, na França, um discípulo de Fourier e especialista em animais e caça, Alphonse Toussenel, retoma a tese de Marx: o judeu é o capital. Ele escreve *Os judeus, reis da época. História do feudalismo financeiro*[416]. Grande sucesso que inspirará Drumont, Georges Duchêne e a Action Française.

Em 1860, outro judeu alemão, Ferdinand Lassalle, fundador do movimento socialista, escreve: 'Posso afirmar que já não sou judeu. [...] não gosto dos judeus e até tenderia a detestá-los em geral"[278]. Ódio a si mesmo, num ambiente hostil que impele até mesmo os judeus a odiar o judaísmo.

Um pouco mais tarde, Friedrich Engels, o mecenas de Marx, preocupado com os prejuízos que o anti-semitismo começa a causar no seio da classe operária alemã, lamenta que ele seja utilizado como "uma arma de propaganda da classe burguesa para desviar as massas operárias do sentimento anticapitalista"[278]; Engels teme que o ódio aos judeus sirva de derivativo à justa ira das classes exploradas contra os patrões, afastando-as assim dos partidos revolucionários. "Ao suscitar, entre os operários, hostilidade contra os judeus, as classes burguesas evitam que as reivindicações operárias sejam dirigidas contra elas próprias"[137]. Para Engels, todas as classes e todos os povos oprimidos deviam fundir-se numa Internacional Socialista, nova família, nova identidade dos povos, que reunisse operários e minorias de qualquer natureza num mesmo combate contra a burguesia[137]. Em outras palavras, interessaria aos judeus aliar-se à classe operária mundial para reclamar, também eles, enquanto minoria, seus direitos cívicos e sociais.

Em 1873, Charles Darwin recusa a dedicatória de *O capital* que Karl Marx lhe anuncia: essa não é sua área, observa ele, prudentemente.

Na Alemanha, Otto Glagau denuncia em 1874, numa série de artigos, as flutuações da Bolsa e as "especulações financeiras judaicas". Ele opõe o "capital predador" (judeu) e o "capital criador" (cristão). O segundo é nacional e protecionista; o primeiro, apátrida e globalista. "O sistema de livre câmbio pregado pela escola de Manchester é a doutrina do dinheiro do rei Midas. Ele quer transformar tudo em dinheiro: glorifica o egoísmo, rejeita todo sentimento de solidariedade e todo princípio moral. O judaísmo constitui o desenvolvimento extremo desse sistema. Só lhe interessa o comércio e, ainda assim, unicamente a barganha e a usura. O judeu não trabalha, mas faz os outros trabalharem; ele especula e faz negócios com o produto do trabalho manual e intelectual de outrem. O centro de sua atividade é a Bolsa"[310].

O judeu é assimilado ao estrangeiro, particularmente suspeito quando se exacerbam os nacionalismos alemão, francês ou russo. Em 1878, num panfleto publicado anonimamente, *A judaria na música*, Richard Wagner escreve: "Os judeus, à imagem dos Rothschild, são os detentores do ouro, os apodrecedores do mundo"[310].

Em 1879, um jornalista alemão, Wilhelm Marr, inventa o termo "anti-semitismo" para designar o que ele chama de ódio "não-confessional" aos judeus e ao judaísmo, isto é, o ódio ao estrangeiro, ao traidor em potencial, àquele que questiona a ordem nacional e abre as fronteiras às influências vindas de fora[310]. O termo é suficientemente vago para maquilar o ódio ao judeu englobando-o numa acepção mais vasta, mais adequada ao patriotismo nascente.

No mesmo ano (1879), Adolf Stöcker, capelão luterano da corte imperial e fundador do novo partido social-cristão, denuncia a emancipação dos judeus, que favorece a especulação na Bolsa, e critica o "capital móvel", de "ramificações internacionais e apátridas". Ele cria uma Liga Anti-Semita com um célebre filósofo cego, Karl Eugen Dühring, e reclama a expulsão dos judeus estrangeiros e a demissão dos judeus alemães da função pública. De suas palavras exalam-se o medo do mundo que chega, a recusa à modernidade, o medo daquilo que o estrangeiro pode trazer de novo e de perturbador.

No ano seguinte, em 1880, Franz Mehring e Friedrich Engels instalam a palavra "capitalismo"; desde então, todas as palavras em "ismo" fazem furor.

Com a crise econômica de 1883, o anti-semitismo, até então teórico, faz-se prático, de início na França e na Alemanha. Ao ligar, no espírito popular, ódio ao capital, ódio ao poder e ódio aos judeus, imputam-se a estes últimos todas as falências, todas as desigualdades, todas as misérias sociais. Nesse ano, por exemplo, um ex-funcionário dos Rothschild, Émile Bontoux, responsabiliza seus antigos empregadores pelo craque de seu banco, o Union Générale, criado em 1878. Em 1886, alguns meses após a morte de Victor Hugo, Édouard Drumont publica um dos maiores sucessos do fim do século[36], *A França judaica*, que designa o judeu como um ser não-humano, quase bestial, um monstro físico: "Os principais indícios pelos quais se pode reconhecer um judeu são, portanto: o famoso nariz recurvo, os olhos piscantes, os dentes apertados, as orelhas de abano, as unhas quadradas, o torso longo demais, o pé chato, os joelhos gorduchos, o tornozelo extraordinariamente saliente, a mão fofa e molenga do hipócrita e do traidor"[123].

Ao anti-semitismo só falta então encontrar uma oportunidade para cristalizar-se, se possível em torno de um estrangeiro inassimilável, instalado no seio do poder estatal, em situação de trair a pátria. Na França, essa oportunidade poderia ter sido, em 7 de setembro de 1892, o escândalo do canal do Panamá, do qual ainda falaremos; mas esse desastre na Bolsa ainda é insuficiente para solidificar um ódio nacional contra os judeus.

Em 7 de dezembro de 1893, no Reichstag, Libermann von Sonnenberg denuncia, em nome da Liga Anti-Semita e de seus recém-eleitos, "a Bolsa, quase inteiramente nas mãos dos judeus"[310]. Sempre a acusação de constituir um poder estrangeiro. O poder político alemão não interfere. Na Alemanha, como na França, nenhum judeu é admitido no alto funcionalismo público — particularmente no exército e na diplomacia — e tampouco na universidade. Muitos judeus alemães pregam então a assimilação acelerada. Não mais falar outras línguas além do alemão e identificar-se com a cultura alemã, sem renunciar — no essencial — à sua fé.

Na França, logo depois, em 14 de outubro de 1894, vem a oportunidade tão esperada pelos anti-semitas: um judeu suspeito de traição[72]. E não qualquer um: o capitão de artilharia Alfred Dreyfus, egresso da Polytechnique, filho de um rico industrial alsaciano que, em 1871, decidiu continuar francês, com seus filhos menores. Muito brilhante, e único judeu a servir como oficial do estado-maior — no qual é admitido com reticências, como estagiário —, o capitão é preso: ele teria transmitido documentos secretos à Alemanha, onde vive uma parte de sua família alsaciana. Às pressas, compara-se sua letra com a de um documento manuscrito, o "borderô" do espião. Alega-se ter encontrado ali uma prova. Assim, nem mesmo o mais assimilado dos judeus mereceria ser cidadão. Ele nega tudo, em bloco. O irmão de Alfred Dreyfus e um jovem jornalista judeu, Bernard

Lazare — que acaba de publicar uma *História do anti-semitismo* —, tomam sua defesa. O "Affaire" ("Caso"), como se tornou conhecido, dividirá o país em dois campos nos quais misturam-se socialistas e conservadores. Não é um *affaire* de dinheiro.

Em 22 de dezembro de 1894, perante um tribunal militar que o julga com base num dossiê secreto, Dreyfus é declarado culpado de traição. Condenado à degradação e à deportação perpétua, é enviado para a colônia penal em Caiena. Charles Péguy, Marcel Proust, Stéphane Mallarmé mobilizam os "intelectuais" em sua defesa — Paul Valéry e vários outros não se colocam do lado deles. Em 10 de novembro de 1896, *Le Matin* publica um fac-símile do borderô que acusa Dreyfus: aparece claramente que o documento não poderia ter sido escrito por ele. *Le Matin* pertence em parte a um colega de promoção de Dreyfus, um certo Philippe Bunau-Varilla[73], que reencontraremos mais tarde, auxiliando o financiamento, pelos bancos judaicos americanos, do... canal do Panamá! O coronel Picquart, que tomou a defesa de Dreyfus, é suspeito de ter provocado o "vazamento" da falsa prova para a imprensa.

Um ano depois, em novembro de 1897 — mês capital no desenrolar do caso[72] —, *Le Matin* ainda publica duas cartas ao adido militar alemão, supostamente escritas por Dreyfus, e uma carta autêntica de Dreyfus endereçada a Bunau-Varilla. Essa prova se acrescenta às acumuladas por Bernard Lazare desde um ano antes. No dia 12 de janeiro seguinte, Émile Zola publica o célebre *J'accuse* (Eu acuso) em *L'Aurore* e proclama a inocência de Dreyfus.

Apesar da atuação de numerosíssimos defensores de Dreyfus, o anti-semitismo aumenta no país, inclusive nos meios populares. E certos socialistas bem que gostariam de recuperá-lo para fazer dele um tema e uma arma contra os burgueses. Em junho de 1898, uma associação que reúne operários judeus de Paris se constitui e protesta junto à SFIO contra o anti-semitismo dos socialistas: "Notamos que a atitude dos senhores [os socialistas franceses] para com o anti-semitismo não é tão franca, tão enérgica quanto o é em outros casos semelhantes, nos quais está em jogo um princípio de progresso e de humanidade [...]. Os senhores não interferem porque acreditam ser proveitoso esse mal, porque consideram o anti-semitismo como uma árvore amarga, mas que vinga depressa e bem num certo solo, e na qual, depois, seria fácil enxertar socialismo. Os senhores querem centrar o ódio classista no ódio aos judeus. Em outras palavras, sua atitude é uma transação, no terreno político, entre os velhos apetites bárbaros, os velhos apetites ferozes, e as novas aspirações humanitárias e libertárias". Texto premonitório: as idéias do jovem Marx continuam a rondar o ambiente socialista. Como há judeus que são capitalistas, pode-se misturar uns e outros na denúncia. O traidor judeu justifica a violência dos ataques contra o capital, judeu ou não. As duas tragédias do século XX estão anunciadas.

No fim de agosto de 1898, um oficial dos serviços secretos franceses, o coronel Henry, reconhece ser o autor das falsidades que esmagavam Dreyfus e suicida-se[72].

Em setembro de 1899, Dreyfus é julgado novamente. Condenado, desta vez, a dez anos de reclusão, é imediatamente agraciado pelo presidente Loubet[72]. Clamor de seus defensores, que exigem sua reabilitação.

Enquanto isso, na Alemanha, após a desgraça de Gerson Bleichröder, Max Warburg é o único a manter alguma influência, e os anti-semitas continuam a manifestar-se abertamente. Em Viena, o chefe do anti-semita partido social-cristão, Karl Lueger, que acaba de ser nomeado prefeito da capital austríaca, critica publicamente os cem mil judeus da cidade por serem a causa dos problemas financeiros desta.

Em 1899, um inglês naturalizado alemão e que se tornou genro de Richard Wagner, Houston Stewart Chamberlain, explica em *Os fundamentos do século XIX* que Jesus não é judeu, mas ariano, e que os judeus "constituem a raça mais corrompida e mais degenerada do mundo"[315].

Na França, o "Affaire" se conclui: em julho de 1906, a Corte de Cassação reintegra o capitão Dreyfus à sua patente. Com a conclusão do "Affaire", a França moderna ganhou uma batalha: ali, já não é dominante o anti-semitismo. Mas este não disse sua última palavra: em 4 de junho de

1908, durante o traslado das cinzas de Zola para o Panthéon, um fanático atira no coronel Dreyfus e o fere. Pouco tempo depois, um dos heróis dessa aventura, o infatigável investigador coronel Picquart, torna-se ministro da Guerra.

Terceira fantasia: de Weber a Sombart

Com a progressiva separação, na França, entre a Igreja e o Estado, e com a atenuação, na Europa ocidental, das acusações abertas de deicídio, o judaísmo passa a ser tema de estudos sociais. A fantasia assume então novas dimensões, desta vez universitárias: é quando vemos a ética judaica erigida em fonte histórica e ideológica do capitalismo. Muitos se dispõem a aceitar este último, e até a glorificá-lo, mas somente se ele for desembaraçado de sua filiação judaica. Assim como se quis expulsar os judeus da história de Deus, agora quer-se excluí-los da do dinheiro. Ou melhor, relegá-los aos mais negros recônditos deste, àquilo que o dinheiro tem de mais ambíguo e menos produtivo. Já não se trata de buscar a presença do judaísmo nos fatos, mas nas mentes. Trata-se de mostrar que ele é constitutivo da parte menos confessável do capitalismo, ligada à especulação, não criativa de riquezas. Disso se concluirá que, para moralizar o capitalismo, é preciso livrá-lo dessa herança; em suma, purificá-lo de suas origens judaicas, do mesmo modo como a Igreja soube tão bem esquecer suas origens hebraicas. Tal é a ambição de certos teóricos alemães, no fim do século XIX.

Em 1902, mais de vinte anos depois de ter sido forjado o termo "capitalismo", e depois de *Das Kapital* de Marx, Werner Sombart faz o primeiro uso dele num curso universitário, *Der moderne Kapitalismus*[392].

Dois anos mais tarde, em 1904, em *A ética protestante e o espírito do capitalismo*[438], um famoso filósofo de cultura enciclopédica, Max Weber, tenciona demonstrar que a fonte do capitalismo reside numa ética religiosa bem anterior ao nascimento dele, e não numa simples maneira de organizar as trocas econômicas: o capitalismo não é questão de propriedade, mas de cultura e de consciência moral, "centro de direção de todas as matrizes de decisão no indivíduo e no grupo"[438]. Para ele, mais precisamente, a ética criadora do capitalismo repousa sobre uma apologia da responsabilidade individual, do rigor racional, da educação, da excelência e, sobretudo, de um uso moral do lucro. "A avidez por um ganho sem limite em nada implica o capitalismo, e muito menos seu espírito"[438]; portanto, para além da busca e da defesa da propriedade privada, o capitalismo é "o controle racional desse impulso anárquico"[438]. Essa moral conduz assim a moderar a sede de ganho, a disciplinar o gozo, a reinvestir o excedente, a basear-se na razão e em "chances pacíficas de lucro", e não em simples piratarias: o capitalismo não é a extorsão de lucro, mas a ética da poupança.

Para Weber, a fonte desse conjunto de regras morais necessárias ao capitalismo deve ser buscada nas religiões, mais precisamente em seus "impulsos práticos para a ação", muitas vezes contrários às suas próprias doutrinas teológicas. Weber é um dos primeiros a ligar a força do capitalismo à sociedade religiosa, ao passo que, antes dele, muitos viam no dinheiro o libertador do obscurantismo teológico. E em particular, escreve ele, o judaísmo "teve uma importância histórica decisiva no desenvolvimento da ética ocidental em matéria de economia"[438].

Decisiva, sem dúvida, mas acessória, pois no judaísmo, segundo ele, "a atividade econômica não se vê promovida ao nível de virtude"[438]; ela é apenas tolerada. Enorme erro histórico, e Weber, como veremos, comete alguns outros. Porque, continua ele, sempre peremptoriamente, o judaísmo acentua a responsabilidade coletiva, ao passo que o capitalismo precisa acionar a responsabilidade individual. Para o judaísmo, segundo Weber, não existe ambição privada, distinta do destino coletivo: "A busca do aperfeiçoamento individual é subordinada à lógica da redenção da coletividade judaica"[438]. Isso leva o judaísmo a praticar um capitalismo especial, moralmente condenável.

Até aqui, o raciocínio é somente falso. A partir desse ponto, Weber derrapa no delírio anti-semita: para ele, a precariedade do estatuto dos judeus incitou-os a não criar empresas industriais permanentes — portanto, necessariamente ascéticas —, mas sim a contentar-se com aproveitar os erros de outrem, pela usura, pela barganha e pelos tráficos, para participar de "banditismos políticos e coloniais sem que Deus fique chocado com isso, já que a moral está em outro lugar"[438]. Portanto, a mencionada precariedade levou-os a violar sua própria Lei. Os judeus, "que desejavam submeter sua atividade econômica ao imperativo de ética social da *berith* — a aliança —, foram levados a assumir o duplo papel de explorado e de explorador"[438]. Agindo assim, eles inventaram um "capitalismo de párias" que nada tem a ver, diz Weber, com o verdadeiro capitalismo. Emprestadores às instituições públicas, às operações imobiliárias, às guerras, aos mercados de provisões, aos empreiteiros coloniais, aos arrendatários de domínios, aos partidos políticos, aos *condottieri*, aos especuladores, os judeus estão "do lado do capitalismo aventureiro, orientado para a política e a especulação"[438]. E não do lado do capitalismo industrial, "o único que é honesto"[438]. Em conseqüência, eles não participaram da implantação daquilo que o capitalismo tem de mais específico: a poupança, a organização racional do trabalho e o aumento da produtividade decorrente disso. Os judeus, sublinha Weber, são então incapazes de criar empresas industriais, mesmo para seu próprio lucro ou por solidariedade entre eles: "Como se explica o fato de que, no momento em que existiam amplas camadas miseráveis de artesãos judeus, não se tenha visto nascer nenhuma burguesia especificamente moderna, isto é, industrial, para utilizar o trabalho judeu em domicílio?"[438]. De passagem, para que o judaísmo ingresse no verdadeiro capitalismo, ele então recomenda fazer financiar por banqueiros judeus... "o trabalho judeu em domicílio"!

O catolicismo, prossegue Weber, não faz melhor que o judaísmo, pois condena a riqueza, que permite consumir, e proíbe a ascese, que permite acumular. Em contrapartida, Lutero e Calvino, explica ele, lançam os verdadeiros fundamentos da moral capitalista ao garantirem um ganho ético para "toda atividade conduzida com método e consciência a fim de adquirir os bens deste mundo"[438]. Enquanto, para os judeus, um sucesso econômico é apenas o sinal de que nada de proibido foi cometido, e para os católicos é o anúncio de um perigo moral, o protestantismo o assume. Assim, os comerciantes de Londres vêem no sucesso de seus negócios o sinal da predestinação divina. Em outras palavras, para o puritano protestante, a conduta mais ética possível deve ser austera, racional e individualista. No protestantismo, portanto, reside a ética burguesa: esta impele à apropriação privada do capital em torno dos valores de poupança, de sobriedade, de lealdade e de honorabilidade. É ela que cumpre glorificar, valorizar, extrair de sua ganga histórica, como fonte de toda a modernidade.

Apesar — ou por causa — dos seus contra-sensos, a tese de Weber dará a volta ao mundo: ela permite aos protestantes anglo-saxões justificar ideologicamente sua dominação nova sobre o resto da cristandade. Weber não vê que os judeus inventaram a ética bem antes dos gregos e dos puritanos, e que a do dinheiro é apenas uma componente dela; que, para eles, a atividade econômica é um meio essencial de dirigir-se até Deus; que o livre-arbítrio individual é onipresente e não tem qualquer relação com o que ele chama, em total contra-senso, de "lógica da redenção da coletividade judaica". Ele tampouco vê que foram banqueiros judeus, de início prestamistas forçados, que ajudaram a constituir as administrações e os tesouros públicos sem os quais nenhum capitalismo privado poderia ter-se desenvolvido. Por não haver estudado os textos do judaísmo e explorado a realidade histórica, não vê que a moral judaica, presente em cada detalhe da conduta individual e coletiva, proíbe o comportamento que ele descreve. E que, ao fazer do judeu um "pária" do capital, está ignorando o papel por este exercido de descobridor, de organizador das finanças públicas, de inventor da ética individualista a partir de Hillel e, mais ainda, de inventor da civilização, ao substituir a lei de talião pela compensação monetária dos ferimentos. Não vê, enfim, que, no exato momento em que escreve, judeus estão justamente inventando as principais tecnologias de que irão alimentar-se as indústrias do século XX. Acreditando fazer a apologia da ética do capitalismo protestante, Weber apenas acrescenta um andar à estrutura de construção do anti-semitismo.

O debate, rapidamente lançado em torno de sua imponente obra, faz reconhecer Max Weber como o maior sociólogo do seu tempo. E até hoje muitos citam com respeito essa suma de ignorância e ingenuidade, sem enxergar que ela é uma das fontes principais — com Marx, que ele detestava — do anti-semitismo alemão.

Em 1911, outro universitário alemão, muito mais marginal, o historiador e economista Werner Sombart, responde-lhe com *Os judeus e a vida econômica*[392], no qual pretende reabilitar o papel destes últimos no nascimento do capitalismo: trata-se, na verdade, de uma outra caricatura, mais desmedida ainda que a de Weber ou a de Marx. Para Sombart tanto quanto para Marx, mas à diferença de Weber, os judeus inventaram o capitalismo; porém, para Sombart como para Weber, a moral judaica só constitui o fundamento de um dos capitalismos: o da especulação financeira, e não, como pensa Weber, o da aventura colonial[329]. Aliás, explica Sombart, o capitalismo começa com a queda de Constantinopla, que orienta a Europa para o Oeste, com a introdução — por judeus — dos algarismos árabes e com a comercialização — também por eles — dos metais preciosos. Para Sombart, certas correntes anteriores do catolicismo, como o tomismo, ao condenarem o gozo e o ócio, exerceram nessa invenção um papel considerável, ao contrário do protestantismo, o qual, diz ele, denuncia o amor ao dinheiro, despreza os bens terrestres, prega o ascetismo — e não a poupança — e exalta a comunhão com Deus. A moral puritana, que Weber considera a fonte da ética do capitalismo, não passa, aos olhos de Sombart, de uma pálida cópia do tomismo, ao exortar os fiéis a um controle metódico das pulsões, "trazendo em sua defesa tanto de ardor apaixonado quanto de estreiteza de espírito" e levando a preocupação de poupança até a mesquinharia[392], e não a correr riscos industriais.

Para Sombart, um dos capitalismos modernos, o das finanças, nasce de uma das encarnações muito específicas do judaísmo: os judeus poloneses emigrados para a Inglaterra a partir de meados do século XVII[329]. "O capitalismo inglês foi polonizado em conseqüência da emigração dos judeus poloneses que fugiam das perseguições cossacas [de 1648]"[392]. Esses judeus eram mestres em negociação; ora, "a alma de todo comércio moderno é a negociação"[391]. Aqui, Sombart inventa, pelas necessidades de sua causa, uma presença totalmente fantasista dos judeus poloneses na Inglaterra do início do século XIX. Ele cita o historiador judeu alemão Heinrich Graetz, que explica como o estudo do Talmude formava os judeus poloneses em estratégia de negociação: "O jovem assimilava as sutilezas ensinadas nas escolas e servia-se delas para tapear os menos astuciosos [...]. Mais de uma vez, os não-judeus com quem eles estavam em relação tiveram oportunidade de perceber, às próprias custas, a superioridade do espírito talmúdico do judeu polonês"[392]. Para ele, existe apenas uma diferença de grau, e não de natureza, entre o "pequeno mercador ambulante" polonês, o "judeu mercador de roupas velhas" e Nathan Rothschild, banqueiro judeu inglês "que, numa conferência de vários dias, negocia com o intermediário prussiano, em condições extraordinariamente complicadas, um empréstimo de vários milhões"[392]. Esse talento de negociador do mercador judeu se manifesta já em 1815, "quando os chefes militares britânicos, corrompidos pelos financistas judeus, transmitem-lhes com prioridade informações sobre o resultado das batalhas". Sombart conclui daí que, "do rei Salomão a Gerson Bleichröder, a riqueza judaica atravessa a história como um fio de ouro, sem a menor descontinuidade"[392]. Portanto, o capitalismo financeiro, necessariamente parasita e transnacional, é uma invenção e uma especialidade judaica[329].

Dessa forma, o livro de Sombart — recheado de erros factuais e de anacronismos — aparece como coletânea mais ou menos involuntária de caricaturas anti-semitas. Por exemplo, a fim de explicar o gosto pela poupança por ele atribuído aos judeus, cita um provérbio alemão segundo o qual "raramente se viu 'um bode sem barba e um judeu sem poupança'", utilizando assim a aproximação, tão cara aos anti-semitas, entre o bode e o judeu[329]. A exemplo de Weber, Sombart fala dos judeus sem dizer nada ou quase nada sobre o estatuto deles de prestamistas forçados, sobre a espoliação multissecular de sua poupança, sobre a obrigação em que eles se viram de dissimular qualquer patrimônio, sobre a obsessão antijudaica da

Igreja e dos príncipes, sobre a ética solidária e exigente do Talmude, sobre o papel deles na inovação industrial.

Em 1934, Werner Sombart publicará *O socialismo alemão*, obra abertamente pró-nazista que lhe trará a glória, o reconhecimento oficial e um eterno descrédito.

Assim, por múltiplos canais — jornalísticos, polêmicos, políticos ou universitários —, a partir do fim do século XIX o ódio aos judeus reaparece com força no campo das idéias. Ele já não é somente religioso, mas também teórico, laico e econômico: para alguns, trata-se de livrar-se do dinheiro e dos que o manipulam; para outros, ao contrário, não convém que os judeus possam tirar crédito dos benefícios do capitalismo. Nos dois casos, é preciso desembaraçar-se deles. Eles caducaram, já deram o que tinham de dar. Tornam-se então o ponto de focalização de todos os ódios, o inimigo comum aos liberais e aos socialistas.

Para eles, é hora de procurar outro refúgio. Encontrarão quatro. Em cada um, estarão na origem de um dos fundamentos da modernidade — de uma nova maneira de "reconstruir o mundo", como o diz tão bem o Midrash. Quatro refúgios, quatro matrizes.

3. Quatro matrizes

Desde o início do século XIX, a circulação mais livre das mercadorias, dos homens e das idéias, o fim das instituições feudais e os primórdios da emancipação impelem certos judeus a escolher mais livremente seu destino.

Alguns acompanharão a fundo a aventura colonial. Mil histórias de mercadores mereceriam ser contadas aqui, de Aden a Singapura, de Bombaim a Montevidéu, de Melbourne a Argel, de Pretória a Xangai. Esboçaremos só uma: a daquele filho de comerciante de Viena, Eduard Schnitzer, nascido em 1840, médico, e que parte para Cartum com o general Gordon, nomeado governador da cidade, para entrar em luta — sob o nome de Emin Paxá — contra mercadores de escravos que o assassinam no Congo, em 1892.

Fora dessas trajetórias tão fulgurantes quanto isoladas, quatro lugares impõem-se às massas judaicas: a Rússia e a Áustria-Hungria, onde residem então mais de dois terços do povo hebreu; a América e a Palestina, onde se encontram hoje dois terços do que resta deles.

Cada um constituirá uma das matrizes da modernidade: o socialismo, a psicanálise, a americanização, o sionismo.

A matriz do socialismo: o judaísmo russo até 1917

A partir de 1795, já não existem judeus poloneses, e ainda não existem judeus russos ou austríacos. Existem apenas judeus poloneses que se tornaram russos, prussianos ou austríacos ao sabor dos deslocamentos de fronteiras.

Tendo chegado séculos antes a um país então acolhedor, a Polônia, quase metade dos judeus da época — dois milhões — se descobre, pelas desgraças daquele tempo, no meio de seus piores inimigos, os russos e os austríacos. Varsóvia é russa. Cracóvia é austríaca. Eles irão tornar-se a matriz do socialismo na Rússia e a da psicanálise na Áustria.

Os russos atribuem à nobreza polonesa — os magnatas e a *szchlarta* que auxiliaram sua vitória — o poder de administração econômica que os reis até então haviam delegado amplamente aos judeus. Nem por isso estes são autorizados a deixar a Polônia, sua "zona de residência", e reúnem-se em povoações, os *shtetl* (em iídiche), ou *mestechkos* (em russo), que congregam vários milhares de habitantes[117]. Ali, levam uma existência particularmente difícil, em condições de extrema pobreza e de grande insalubridade. A vida gira em torno da sinagoga, do mercado e da escola, freqüentemente situada na casa do rabino, onde um mestre, o *melamed*, ensina as crianças a ler e a escrever o hebraico e o iídiche. Esses judeus ganham muito penosamente sua subsistência, muitas vezes trabalhando com a esposa e os filhos, no artesanato e em pequenas indústrias têxteis, como operários em domicílio. São também camelôs, comerciantes, albergueiros, operários de terraplenagem, merceeiros, negociantes de vinhos, mineiros, curtidores, alfaiates, peleteiros, penhoristas.

O início ainda é um período feliz — pelo menos, quer-se acreditar nisso. Por volta de 1800, o maravilhoso *rabbi* Nachman de Breslau (ou Bratislava, ou Presburg) escreve: "Ser feliz é um grande *mitzvah* [dever]". Pois ser feliz segundo a Lei mostra ao mundo que a felicidade é compatível com a moral. E também, como ecoando uma inquietação surda, esta metáfora: "A história da vida se passa sobre uma ponte longa e estreita. Para atravessá-la, o essencial é não ter medo". O medo está presente e não os deixará mais.

Para os czares, o objetivo é fundir todos os povos da Grande Rússia num só, dotado de uma só língua, uma só religião, uma só economia. Os judeus, pensam os russos, não são assimiláveis, pelo menos a curto prazo: diferentes demais. Assim, convém evitar que eles se instalem em todo o país, que "contaminem" os camponeses com sua língua, sua religião e suas regras econômicas tão especiais.

Contudo, os judeus vivem o nascimento desse novo século na esperança do advento de um czar que descarte a tirania de seus predecessores e volte ao abençoado tempo dos grandes reis poloneses. Apesar do crescente horror de sua situação, eles não renunciarão, antes do fim do século XIX, a considerar a Rússia um refúgio: cada coroação será como uma esperança, incessantemente frustrada, de liberação, de Terra Prometida; e cada czar, como um Messias possível.

O primeiro czar do século, Alexandre I, promulga em 1804 um estatuto que delimita as regiões nas quais os judeus são autorizados a viver: a Polônia, a Ucrânia e as margens do mar Negro; eles são incitados a deixar o campo — exceto se possuírem suas próprias terras — e envolvidos na colonização da Ucrânia, apesar da oposição das massas locais, que ainda os vêem como suplentes dos poloneses. O porto de Odessa atrai as multidões dos campos em redor. Uma extraordinária vida cultural — em iídiche e em russo — floresce ali em meio à miséria dos humildes mercadores, dos pequenos ladrões e dos operários do porto. Por toda parte, os judeus estão proibidos de destilar e vender álcool e de emprestar dinheiro aos camponeses. São autorizados a matricular-se nas escolas públicas; mas como, para isso, precisam abandonar o iídiche — às vezes mais constitutivo de sua identidade do que a Torá —, poucos as freqüentam. A língua russa demora a abrir caminho dentro das comunidades.

Ainda não se assiste a nenhum frenesi de emancipação. Emancipar-se para ser o quê? Russo? Polonês? Nada parece fazer sentido.

O tão liberal estatuto do império napoleônico é aplicado somente ao efêmero ducado de Varsóvia, reconstituído de 1807 a 1814, até que cem mil poloneses (entre os quais judeus) morrem como heróis, cobrindo a retirada do Grande Exército. Em 1815, Cracóvia volta a ser cidade livre, sob controle austríaco. A Rússia retoma Varsóvia, onde os judeus ainda representam um quarto da população. Como castigo pela colaboração deles com Napoleão, são relegados à periferia da cidade — e, ainda assim, somente se justificarem pelo menos 9.000 rublos de renda[414].

Apesar dos projetos de Alexandre I, nada é verdadeiramente feito na Rússia para integrar esses indivíduos duplamente estrangeiros: judeus e poloneses ao mesmo tempo. Embora a acusação de serem "bebedores de sangue" seja proscrita em 1817 — mas sem punição para os acusadores —, o isolamento deles é total.

No entanto, ainda são poucos os que desejam deixar o país: a Rússia continua sendo um refúgio. As comunidades vivem ali como sociedades solidárias, protegidas, alegres, luminosas, ainda que numa situação cada vez mais miserável. Avalia-se o otimismo pela natalidade, ainda uma das mais elevadas do mundo: mais de seis filhos por família. Na Rússia, os judeus são mais de 2,25 milhões em 1825.

Para enfraquecer essa identidade insubmersível e essa demografia galopante, Nicolau I, o "czar de ferro", ordena em 1827 que todos os jovens judeus de doze a vinte e cinco anos sejam alistados no exército russo e ali mantidos... por no mínimo vinte e cinco anos, depois de receberem uma educação cristã e de serem convertidos à fé ortodoxa. Assim, cada comunidade está sujeita a fornecer anualmente um contingente de conscritos. *Khapers* vão às aldeias para raptar os meninos que os moradores escondem. Pavorosas tragédias, figuras de heróis e de covardes. Motins, resistência, violências. Revoltas, às vezes sozinhos, às vezes ao lado dos outros poloneses, como durante uma insurreição brutal em 1831, sufocada pelas tropas czaristas, o que provocou a célebre declaração do marechal Sebastiani, então ministro francês dos Negócios Estrangeiros: "A ordem reina em Varsóvia".

Em abril de 1835, diante da expansão demográfica judaica, Nicolau I amplia o território onde eles têm o direito de viver: a "zona de residência" estende-se agora do mar Báltico ao mar Negro, de Lodz a Vilna, de Kiev a Minsk, de Varsóvia a Odessa. Em 1837, quase três milhões de judeus amontoam-se ali. Como fizeram pouco antes os prussianos, Nicolau I distingue então os judeus "úteis" (ricos, artesãos, agricultores) dos "supérfluos" (pobres, pequenos comerciantes). Os "úteis" são tolerados; os outros são mandados para o exército ou para colônias agrícolas. Intensifica-se a caça aos jovens; forçam-se dezenas de milhares de homens a ir cultivar solos de qualidade medíocre na Rússia meridional. Numerosas famílias perdem assim seus chefes; mulheres, às vezes com dez ou doze filhos, são reduzidas à mendicidade.

As cidades se povoam de desgraçados. Em 1842, o recenseamento dos artesãos judeus de Odessa indica que existem ali 12 ferreiros, 9 relojoeiros, 41 sapateiros com 88 operários, 14 impressores-encadernadores, 101 alfaiates com 94 operários, 14 vidreiros com 17 operários, 43 chapeleiros com 38 operários... Milhares de outros são comerciantes ou operários no porto, albergueiros e camelôs. Dezenas de milhares de outros ainda, miseráveis habitantes das aldeias vizinhas, são mendigos e, no verão, vão à cidade para trabalhar no porto ou nas pedreiras, a um copeque por dia. O relatório, pouco suspeito de simpatias judaicas, anota: "Anciãos, esmagados pelo calor, animam-se murmurando as Santas Escrituras"[117].

Em 1843, sessenta mil judeus são expulsos da cidade de Kiev, onde certas famílias estão implantadas há séculos. Na Polônia russa, eles agora só são autorizados a possuir terras agrícolas se pagarem direitos exorbitantes: ali já não restam mais que 6.159 famílias camponesas judias[414].

Assim, já não têm reconhecido o direito de viver nem na cidade nem no campo.

Faz-se de tudo para enfraquecer sua identidade. Em 1844, as comunidades perdem o direito de ter suas próprias instituições culturais e sociais. Terrível golpe: mais ninguém para organizar a caridade destinada às centenas de milhares de mendigos, nem para representar os judeus junto à administração russa, que, nesse ano, cria também escolas especiais a fim de "trazê-los para mais perto dos cristãos e desenraizar suas nefastas crenças, influenciadas pelo Talmude". A maioria se recusa a mandar para tais instituições os seus filhos, que continuam a freqüentar a escola do rabino, muitas vezes clandestina. Como a *tsedaka*.

Em 1846 — existem agora mais de três milhões de judeus na Rússia —, *Sir* Moses Montefiore, que se tornou barão inglês, vai cobrar das autoridades de São Petersburgo a interrupção dessas perseguições. Em vão. Alguns milhares de judeus começam a deixar o país. Os mais remediados vão estudar em universidades alemãs e adotam patronímicos germânicos. Outros, mais pobres, instalam-se na Inglaterra. Outros ainda, bem mais raros, seguem para a América. Para os restantes, a situação continua dramática até 1855. A "zona de residência" torna-se como um país paupérrimo, enquistado num país pobre, onde os judeus vivem cada vez mais em circuito fechado, de uma economia cada vez mais arcaica, sem qualquer acesso ao progresso técnico.

Em 1855 — contam-se agora mais de 3,6 milhões de judeus na Rússia —, sobe finalmente ao trono aquele que os judeus esperavam há setenta anos: Alexandre II, que eles logo apelidam de "czar justo". Em 1861, ele extingue a servidão. Depois de motins que opuseram estudantes e negociantes judeus — entre os quais Leopold Kronenberg — e poloneses à polícia russa, por ocasião das exéquias da mulher de um general polonês, Sowinski, símbolo do nacionalismo polonês, o czar, em vez de baixar novas medidas repressivas, suprime o terrível sistema de conscrição dos jovens: em vinte e nove anos, este engoliu mais de quarenta mil. No mesmo ano, o governador da província de Kiev suspende as interdições de residência: os expulsos podem retornar às suas cidades. Certos judeus — ditos "úteis" — são até autorizados, pela primeira vez na história russa, a viver fora da "zona de residência": médicos, negociantes, artesãos, advogados e jornalistas deixam Varsóvia, Vilna, Lodz ou Odessa para tentar a sorte em Moscou e em São Petersburgo, onde surgem algumas dinastias bancárias e industriais: os Günzburg, os Rosenberg, os Ashkenazi, os Rosenthal, os Friedland, os Zaks, os Brodski, os Poliakov, os quais logo estabelecem relações com os banqueiros alemães e britânicos que, como os Warburg e os Hirsch, procuram financiar grandes projetos. Kronenberg cria o banco Handlowy em Varsóvia. Samuel Poliakov constrói ferrovias na Rússia ocidental utilizando como mão-de-obra judeus especialmente autorizados a deixar a "zona de residência". Estes se tornam russos pela língua e pelo sentimento de pertença.

Em 1863, após muitas crises de fome, fracassa uma nova revolta polonesa, ainda apoiada por judeus; melhoram as relações entre os estes e os outros poloneses, ao passo que recomeça na Rússia uma agitação anti-semita. Um jornal, o *Novoye Vremya*, denuncia a presença dos judeus — no entanto, bem recente — na economia do império e acusa-os de constituir um Estado dentro do Estado. Dostoievski escreve[10]: "Hoje, o judeu e seu banco dominam por toda parte, a Europa e as Luzes, toda a civilização, o socialismo sobretudo, pois, com a ajuda deste, o judeu eliminará o cristianismo e destruirá a civilização cristã. Só restará então a anarquia. O judeu governará o universo...". O judeu já não é considerado apenas como a causa dos males do mundo; é suspeito de organizá-los para tomar o poder. Negação total da concepção judaica da economia. Enquanto, na doutrina bíblica, a salvação do judeu depende da salvação do mundo, agora acusam-no de querer apropriar-se do mundo para explorá-lo em benefício próprio.

A integração não progride. Em 1864, somente seis mil alunos freqüentam as escolas do Estado reservadas aos judeus. Nesse ano é criado em Mohilev, a partir do modelo das sociedades de socorro dos artesãos judeus da Idade Média, o primeiro sindicato judaico: um sindicato de operários têxteis. Em 1870, os quatro milhões de judeus russos — o número quase duplicou desde 1825! — sobrevivem em grande miséria. Um terço vive da caridade dos outros[117], cada vez mais difícil de organizar, sobretudo após as desastrosas colheitas de 1860. Uma comissão governamental, pouco favorável a eles também nesse caso, destaca que "90 por cento dos judeus constituem uma massa indigente que leva uma vida miserável"[117].

A partir de 1875, grande estréia: operários judeus, empregados em condições pavorosas nas primeiras fábricas em torno de Varsóvia, Lodz, Moscou e São Petersburgo, entram em greve. Essas greves incluem-se entre as primeiras a desencadear-se na Rússia, logo após as importantes greves operárias — em particular, de trabalhadores judeus — que os Estados Unidos, a Alemanha e a Inglaterra conheceram. Como a situação econômica do país piora, as desordens sociais aumentam. Nos guetos, em Varsóvia, em Vilna, em Odessa, alguns começam a sonhar com um socialismo judaico; outros evocam o advento de um socialismo russo; outros, ainda, imaginam um socialismo mundial. Em 1880, funda-se a ORT*, organização de apoio aos trabalhadores judeus da indústria e da agricultura: trata-se de mostrar que eles são capazes de produzir.

Em março de 1881, o assassinato do "czar justo", Alexandre II, extingue as esperanças das comunidades. Ante o descontentamento do povo, os poderes saem-se com a velha receita: a culpa é dos judeus. Um massacre de judeus em Elisabethgrado desencadeia uma onda de matanças em todo o sudoeste do país.

Começam então os *pogroms*[225] (termo russo que significa "destruição", "trovão", "fúria", "aniquilamento do inimigo"): em cento e sessenta cidades, mais de duzentas carnificinas — aos gritos de: "Surrem o judeu para salvar a Rússia!"[225] — resultam em quase mil mortos. As autoridades só as condenam suavemente, ou mesmo as encorajam; os atacantes, aliás, dizem-se convencidos de contar com o apoio do novo czar, Alexandre III, pavoroso tirano, na luta contra a "exploração judai-

* Sigla, em russo, de Obchtchestvo Remeslenovo Truda, Associação de Estímulo Profissional. (N. da T.)

ca". Começa a emigração para a Inglaterra e os Estados Unidos. Ela não demorará a ser maciça.

Pobedonostsev, procurador-geral do Santo Sínodo e antigo preceptor e conselheiro espiritual do czar, prognostica: "Um terço se converterá, um terço morrerá, um terço emigrará".

Em 1882, leis de exceção, ditas "leis de maio", restringem a superfície da "zona de residência". Reúnem-se os judeus num mínimo de locais; eles são novamente proibidos de viver no campo, de alugar ou possuir terras agrícolas; vêem-se excluídos do funcionalismo público, para o qual tinham podido entrar vinte anos antes; são proibidos de comerciar aos domingos e nos dias de festas cristãs, justamente quando, sendo suas tendas as únicas abertas, podiam ganhar algum dinheiro. O número de colegiais judeus autorizados nas escolas secundárias é reduzido. Isso não faz diferença, porque, em muitas cidades — mesmo naquelas onde os judeus representam dois terços da população —, a maioria das salas de aula fica vazia: ninguém quer ir estudar com os torturadores! Por toda parte onde a permanência é autorizada, os judeus têm de amontoar-se em condições de promiscuidade cada vez mais intoleráveis. Os que haviam optado por tornar-se plenamente russos estão desesperados. Escreve o diretor de *Razvet*, jornal em língua russa da *intelligentsia* judaica, fundado vinte anos antes, durante a euforia do reinado de Alexandre II: "Quando penso em tudo o que nos fizeram, em como nos ensinaram a amar a Rússia e a língua russa, a ponto de nossos filhos já não falarem hoje outra língua afora o russo, e em como somos hoje perseguidos e acuados [...], meu coração se enche de desespero, porque não há saída"[117]. Aqueles que haviam aderido ao movimento revolucionário nacional russo dos *Narodniki* ("Populistas"), acreditando que o problema judaico seria resolvido com o fim do czarismo, decepcionam-se com a falta de solidariedade de seus colegas socialistas diante dos *pogroms*. Formam-se então movimentos revolucionários especificamente judaicos: anti-religiosos, anticapitalistas e anticzaristas, eles esboçam e encarnam um nacionalismo judaico sem território específico.

Em 1887, explode uma grande greve judaica de massa: os operários judeus da indústria têxtil de Byalistock, na Rússia polonesa, interrompem o trabalho durante dois meses. Sofrimentos extremos. Muitos começam então a partir, primeiro para a Inglaterra — portanto, bem mais tarde do que o afirmará depois Werner Sombart...

Em 1888, Alexandre III e sua família salvam-se milagrosamente de um acidente ferroviário. Interpretando o acontecimento, a eminência parda Pobedonostsev vê nisso a necessidade de voltar a um regime duro, particularmente contra os judeus. Em 1889, campanhas anti-semitas são orquestradas pelo poder. Imputam aos judeus os fracassos econômicos do regime. Novos massacres se produzem, em vinte e seis localidades. Em 1891, os que haviam conseguido instalar-se em Moscou depois de 1865 são expulsos dali por ordem do irmão do czar, o grão-duque Serguei: vinte mil pessoas devem abandonar tudo em poucos dias para voltarem a amontoar-se na "zona de residência" já superpovoada. Só são autorizados a permanecer em Moscou os homens que aceitam se converter e as mulheres que aceitam se prostituir[117].

Muitos judeus do império russo — mais de um milhão no total de quatro milhões — desejam agora emigrar para a Inglaterra e para os Estados Unidos. Um jovem estudante, Chaim Weizmann, vai aperfeiçoar-se na Alemanha. Outros partem sem um vintém para a França, onde se reúnem sobretudo próximo à Bastilha. Mas como financiar e executar semelhante êxodo? Alguns raros mecenas judeus europeus tentam enfrentar esse extraordinário desafio: organizar a partida para o Ocidente dos quatro milhões de judeus da Rússia!

Em 1891, temos Maurice de Hirsch, banqueiro alemão cuja fortuna é estimada então em cem milhões de marcos. Inteiramente devotado à ação social, ele, por exemplo, oferece aos hospitais de Londres todo o ganho obtido com seus cavalos de corrida ("Meus cavalos correm por caridade", ironiza). Cria três fundações: uma, a Fundação Barão de Hirsch, "para ajudar a financiar a educação judaica" na Galícia; outra, para auxiliar os emigrados que já chegaram aos Estados Unidos; e a terceira, a Jewish

Colonization Association, para dar andamento a um imenso projeto: a emigração, no prazo de vinte e cinco anos, de 3,25 milhões de judeus da Rússia para a Argentina e o Brasil! Ele concede a essa associação, para começar, um orçamento de US$ 36 milhões (um terço de sua fortuna pessoal). Com a concordância do governo russo, instala um quartel-general em São Petersburgo, para organizar as partidas, e depois outro em Buenos Aires, para organizar as chegadas. Mas esse imenso projeto não demora a emperrar: a escolha das colônias agrícolas não é adequada e os recursos financeiros, embora consideráveis, são bastante insuficientes. Em cinco anos, somente 6.757 pessoas partirão para a Argentina e o Brasil (Philippson, no Estado do Rio Grande do Sul, onde se estabelecem trinta e sete famílias da Bessarábia). Maurice de Hirsch instala outras na República Dominicana e no Estado de Nova Jersey, em Woodbine. Mas, também nesses casos, novo fracasso: os judeus não têm vontade de reconstituir o gueto no exílio.

Em 1892, em Londres, Hagun Zitlovsky descreve em *De um judeu para os judeus* a utopia de um socialismo agrário judaico na Rússia e critica uma parte da *intelligentsia* judaica por seu distanciamento em relação ao povo e pelo caráter demasiado teórico de seus projetos.

Apesar das partidas, existem agora quase cinco milhões de judeus na Rússia, embora, pela primeira vez, o número de emigrantes por volta de 1893 seja superior ao crescimento demográfico natural: ninguém faz mais nada para retê-los.

Alexandre III, o czar odiado, morre em 1894 durante umas férias perto de Yalta, poucas semanas após ter ordenado a expulsão dos judeus dessa cidade, porque lhe davam medo. Seu sucessor, Nicolau II, restabelece um pouco da liberdade de expressão concedida outrora por seu avô. Alguns judeus de Varsóvia oriundos de meios abastados, como Rosa Luxemburgo — ela tem então vinte e quatro anos —, aderem ao Partido do Proletariado, são detidos, fogem e emigram. Operários judeus — que, em Varsóvia, Lodz, Vilna ou Kiev, trabalham nas fábricas dezoito horas diárias, por dez rublos ao mês[414], em condições pavorosas — também se somam aos movimentos operários da Polônia, da Rússia, da Lituânia e da Ucrânia — às vezes, movimentos especificamente judaicos. Um desses homens, Iuli Tsederbaum, dito Martov, futuro companheiro de Lenin, escreve então: "Quando os operários judeus estiverem organizados por toda parte [...], teremos aliados seguros, os operários russos, poloneses, lituanos, [...] cresceremos em força; com essa força, obteremos a igualdade dos direitos".

São tantos os judeus à frente do movimento que em 1896, durante o segundo congresso da II Internacional, o dirigente russo Plekhanov declara que eles são "a vanguarda do exército dos trabalhadores" na Rússia.

No ano seguinte, 1897 — no mesmo momento em que, como veremos, Theodor Herzl lança em Basiléia o movimento sionista —, um grupo cujos animadores são um professor primário, Aaron Kremer, e alguns operários, tais como Liber e Kossovsky, cria clandestinamente em Vilna uma organização de importância considerável, que está na origem do movimento socialista russo e do sionismo: meio partido, meio sindicato, a Algemeyner Yiddisher Arbeter Bund (Liga Geral dos Trabalhadores Judeus da Rússia, Polônia e Lituânia) logo se torna uma organização eficaz e poderosa, denominada o Bund ("sindicato" em iídiche); ela reclama direitos nacionais e culturais dentro do império russo. Sua utopia é a de acreditar que o anti-semitismo desaparecerá junto com a ditadura. O Bund organiza centenas de greves de ferreiros e de tecelãos, além de constituir grupos para resistir aos *pogroms* e de proclamar o iídiche — mistura de hebraico e alemão falada há séculos — língua nacional judaica. A organização recebe imediatamente uma assistência financeira de alguns judeus dos Estados Unidos, e isso não faz senão aumentar a ira dos meios nacionalistas russos, que acusam o Bund de traição.

Em 26 de agosto de 1897 aparece na Rússia, no jornal *Znamia* (Bandeira), sem menção de proveniência, um texto que provoca enorme escândalo[96]: os *Protocolos dos Sábios de Sião*, "obra composta por um conselho de eruditos judeus para dominar o mundo e aniquilar a cristandade"[96]. É um pretenso relatório de vinte e quatro autodenominadas "conferências secretas", nas quais dirigentes judeus supostamente organizam a queda das monarquias cristãs da Alemanha e a ruína da aristocracia russa, preparando-se para reinar sobre o mundo e para reduzir os não-judeus à condição de escravos:

"A intensificação dos armamentos, o desenvolvimento da forças de polícia são essenciais; não deve haver no mundo nada além de nós, das massas do proletariado, de alguns milionários devotados aos nossos interesses, da polícia e do exército [...]. Devemos criar, pela Europa afora, fermentos de discórdia e hostilidade. Devemos ser astuciosos em toda negociação [...] parecer honestos para sermos aceitos como os salvadores. Devemos forçar os governos a agir na direção do nosso plano, assim como devemos pressionar secretamente a opinião pública utilizando a imprensa, que, à parte algumas exceções sem importância, está inteiramente em nossas mãos. Devemos criar lojas maçônicas cujos membros serão, em sua maioria, agentes das polícias nacionais e internacionais, que saberão o que fazer com os rebeldes[96]...".

Ninguém põe em dúvida a autenticidade dessas revelações estapafúrdias. Elas obtêm uma repercussão considerável no mundo inteiro e reforçam a idéia, nascida com Marx e com os filósofos alemães, de uma dominação não só do pensamento bíblico como também de alguns financistas judeus sobre a economia e a política mundiais. Serão amplamente exploradas nos Estados Unidos, na Inglaterra, na França[96] e, algum tempo depois, em países islâmicos. Bem mais tarde — em 1921, e, curiosamente, por uma carta de um leitor turco endereçada ao *Times* de Londres, que acaba de declará-los autênticos! —, será descoberto que esses pretensos *Protocolos* foram escritos por um emigrado russo em Paris, Pierre Ratchovsky ou Rachkovsky, colaborador da polícia secreta czarista, que plagiou um panfleto francês, redigido em Bruxelas em 1864 por um certo Maurice Joly e dirigido contra Napoleão III, no qual sequer se fala dos judeus! Doravante, já ninguém poderá duvidar: trata-se de uma falsificação.

Nesse mesmo ano de 1897, segundo o recenseamento russo, 4.899.300 judeus ainda vivem na "zona de residência". Em certos distritos, eles ainda são majoritários, apesar das partidas, que se aceleram. A maioria é de camponeses, artesãos, operários, especialmente nas novas cidades industriais da Polônia, como Lodz. Raríssimos são os banqueiros. Cada vez mais numerosos são os sindicalistas e os revolucionários, que aderem a movimentos judaicos ou a organizações russas.

Em março de 1898, em Minsk, o Bund participa do nascimento — igualmente clandestino — do Partido Social-Democrata Russo. Martov, que nesse ínterim se tornou militante operário do Bund, e Leon Davidovitch Bronstein, dito Trotski, filho de um mercador agrícola de Odessa e criado na Ucrânia, integram suas fileiras e entram na clandestinidade. Detido e exilado na Sibéria, Trotski foge e parte para a Inglaterra, assim como Martov.

Em dezembro de 1899, o congresso clandestino do Bund discute os direitos nacionais dos judeus; em 1901, pede que estes sejam reconhecidos como uma nação dentro da Rússia e condena o sionismo nascente como uma "reação burguesa ao anti-semitismo"[117]. Nesse ano, outro militante judeu, Grigori Evseievitch Radomylsky, dito Zinoviev, também entra para o Partido Social-Democrata Russo.

Os anti-semitas russos não baixaram a guarda e multiplicam os incidentes, com o apoio e o financiamento — ora abertos, ora ocultos — do aparelho estatal. Em 6 de abril de 1903, em Kichinev, na Bessarábia (hoje Moldávia), uma jovem cristã se suicida; a imprensa local imediatamente responsabiliza seu empregador judeu. O editor de um jornal local até recebe dinheiro do ministro do Interior — V. K. von Plehve, violentamente anti-semita — para lançar uma campanha de convocação à matança de judeus. Durante dois dias seguidos, a multidão desencadeada massacra e saqueia: 50 mortos, 100 feridos, 1.300 casas destruídas. Os assassinos são condenados a penas leves. A imprensa ocidental começa a interessar-se e a denunciar esses massacres.

Nas aldeias, criam-se unidades judaicas de autodefesa. Multiplicam-se as revoltas; as greves de judeus se generalizam. A emigração para os Estados Unidos se acelera ainda mais.

Destino judaico: Grigori Andreievitch Gershvni, judeu lituano estabelecido em Minsk, onde dirige um laboratório de bacteriologia, organiza o assassinato de vários dirigentes políticos czaristas. Condenado à morte, tem sua sentença comutada em exílio perpétuo na Sibéria, de onde foge e, passando por China e Japão, segue para os Estados Unidos. Ali, militará para obter, dos banqueiros e dos sindicatos americanos, fundos para a luta social-revolucionária russa. Com sucesso: os banqueiros judeus americanos, como veremos, preferirão os socialistas russos aos czares anti-semitas.

Outro destino judaico: Maxim Wallach, judeu letão, entra em 1903 para o Partido Social-Democrata sob o nome de Maxime Maximovitch Litvinov. Voltaremos a falar dele.

Ainda no mesmo ano, Martov, que se tornou um dos responsáveis pelo Partido Social-Democrata, defende em Londres a idéia de um partido de massa democrático e não-violento. Dessa forma, anima a fração menchevique (minoritária) contra Lenin e contra os bolcheviques (majoritários), que priorizam a instauração de uma elite de revolucionários profissionais. Abre-se o fosso entre as duas correntes do movimento revolucionário russo. Em 1904, o ministro Plehve é assassinado. Certos judeus são acusados do crime. Dos trinta mil trabalhadores judeus sindicalizados que integram o Bund, cinco mil estão presos ou relegados à Sibéria. O exílio se acelera mais ainda: os judeus partem agora às dezenas de milhares para Nova York.

Por toda parte, motins operários misturam judeus e cristãos em manifestações pelo pão. Em 1º de julho de 1905, o jornal francês *L'Illustration*, que agora se interessa, como toda a imprensa ocidental, pela situação polonesa e russa, descreve a dos judeus de Lodz, grande cidade operária: "Quinze dias atrás, todos ou quase todos, na França, ignoravam a existência da cidade de Lodz, na Polônia [...]. Para lá novamente acorreram [ao longo do século XIX] alemães e muitos israelitas, aos quais a posse do solo e até os trabalhos da terra eram proibidos na Rússia. A cidade nova os atraiu [...]. Lodz é hoje uma formidável cidade industrial, habitada por 400 mil almas. Mas, nela, o operário é muito infeliz, justamente em razão do excesso de mão-de-obra. [...] Os industriais que consentiram em utilizar os serviços desses operários aproveitaram-se da situação deles de '*outlaw*' para oferecer-lhes salários ridículos: o pagamento médio de um operário de Lodz não passa de 60 copeques (cerca de 1,60 franco). A média se estabelece fatalmente a partir da tarifa que os operários eram obrigados a sofrer. Estagnados numa negra miséria, e por outro lado inquietados pela autoridade por causa de sua religião, os judeus de Lodz esforçaram-se por sair desse inferno. O 'sionismo' forneceu a muitos deles os meios para isso. Eles emigraram em massa para a América. O socialismo envolveu-se e agitou os operários não-israelitas, tão maltratados, do ponto de vista salarial, quanto os judeus. Toda a população operária de Lodz fermentou: sabe-se qual foi, nestes últimos dias, o resultado desse lamentável estado de coisas"[414]. Por aí, bem se vê como as reivindicações próprias dos judeus alimentam as do resto da classe operária russa e polonesa.

Em 1905, o Bund conta trinta e três mil membros, dos quais seis mil estão presos. Nesse ano, por ocasião da declaração de guerra ao Japão, o poder czarista acusa os judeus de ter inspirado a recusa — à qual voltaremos — dos banqueiros de Nova York a um pedido de empréstimo feito pela Rússia. Assim, quando se anuncia a derrota militar, os nacionalistas responsabilizam por ela os judeus. Os "Cem Negros" — desempregados e oficiais vencidos na guerra na Mandchúria, manipulados pela Okrana, a polícia política, e financiados pelos fundos secretos pessoais do czar — inscrevem em seu programa a eliminação dos judeus, esses "inimigos internos". É preciso vencer os judeus e os socialistas, já que não se conseguiu vencer os japoneses! Os monarquistas da União do Povo Russo organizam *pogroms* em mais de trezentas cidades, entre as quais Lodz, massacrando quase mil pessoas e ferindo vários milhares.

A emigração torna-se mais maciça. A maioria dos pobres parte para os Estados Unidos. Alguns banqueiros judeus de São Petersburgo e de Odessa preferem a Alemanha, onde já se encontram suas famílias.

Em 1906, funda-se na Rússia um partido sionista, *Poalei Zion* ("Trabalhadores de Sião"); de orientação marxista, ele prega a instalação de um Estado judaico socialista na Palestina.

A emigração atinge o máximo em 1908 e 1909: no período de dois anos, meio milhão de judeus deixam a Rússia. No fim de 1909, mais de um milhão e meio de pessoas emigraram, das quais 90 por cento para os Estados Unidos. Como o crescimento demográfico não se desacelerou, ainda restam quase cinco milhões.

Exilado em 1908 com Lenin na Europa ocidental, principalmente na Suíça, Zinoviev torna-se um dos mais próximos colaboradores dele. Trotski e Litvinov também fazem parte dessa roda. Outros partidos políticos russos desejam agora ver seu país alcançar o nível das democracias ocidentais. Em particular, reclamam a emancipação dos judeus. Em fevereiro de 1911, o Partido Socialista e o Partido Liberal propõem na Duma a abolição da "zona de residência", de modo a dar aos judeus o direito de viver onde quiserem e o de exercer todos os ofícios. Evidentemente, as organizações de direita e os monarquistas opõem-se à medida. Eles acusam os judeus de serem ao mesmo tempo anti-russos (como aqueles que, nos Estados Unidos, ajudaram o Japão a ganhar a guerra), anticzaristas (como os que, na Suíça, militam junto a Lenin pela derrubada da autocracia) e anticapitalistas (como os que, no Bund, fomentam as greves). Para a polícia, socialismo e judeu são a mesma coisa. Desacreditar um é desacreditar o outro.

Em março de 1911, novo episódio cheio de conseqüências: em Kiev, após a morte de um jovem cristão, Andrei Iuchinsky — cujo assassino, também cristão, é imediatamente identificado —, um contramestre judeu empregado numa olaria, Mendel Beilis, é detido sob a acusação de assassinato ritual; ele mofa na prisão durante dois anos, enquanto se procura montar, para incriminá-lo, um dossiê com falsos documentos e falsos testemunhos. Mas o mundo mudou; secundados pela imprensa, os cerca de dois milhões de judeus russos agora instalados nos Estados Unidos desencadeiam uma campanha. Fala-se de um novo caso Dreyfus; em outubro de 1913, o processo Beilis em Kiev é acompanhado por jornais do mundo inteiro. É a oportunidade de chamar a atenção do Ocidente para a situação dramática dos judeus russos. Por unanimidade, o tribunal declara Beilis inocente. Virada radical: o poder czarista é abertamente desprezado por um tribunal. (O procurador que atuou no processo, G. Zamyslovsky, reiterará suas acusações num livro, *O assassinato de Andrei Iuchinsky*, cuja publicação, às vésperas da Revolução, será financiada por fundos secretos com a aprovação pessoal do czar[117].) Toda a Rússia nacionalista sente-se ridicularizada por esse processo nacionalista, que ela vê como um "complô dos judeus" e dos estrangeiros contra o país. O socialismo é judeu e traidor.

Por ocasião das eleições de 1912 para a Duma, quase todos os partidos lançam campanhas anti-semitas. Por toda parte, em Varsóvia como em Kiev, boicotam-se as lojas dos judeus. Eles são acusados de dirigir a revolução: de fato, embora o Partido Social-Democrata conte apenas 364 judeus em 23 mil membros, vários de seus principais dirigentes o são — entre outros, Martov, Zinoviev, Trotski, Litvinov, Sverdlov, Radek, Kamenev, Uritsky. Muitos outros partiram.

No total, entre 1881 e 1914, mais de dois milhões e meio de judeus deixaram o "refúgio" russo pelos Estados Unidos e, acessoriamente, pela outra Terra Prometida: a Palestina. Muitos irão imitá-los a partir de seu outro "refúgio" da Europa, o império austro-húngaro.

A matriz da psicanálise: os judeus de Viena

A partir de 1790, as medidas opressivas se multiplicam no império austríaco, que conta meio milhão de judeus no início do século XIX. O efêmero Leopoldo II está bastante decidido a restringir-lhes ao máximo as liberdades. Em 1804, Francisco II torna a estada deles em Viena cada vez mais perigosa: sistematicamente, manda perseguir todos os clandestinos, onera o "imposto de tolerância" que recai sobre os poucos residentes privilegiados e procura impor-lhes a germanização mediante a obrigação de usar um patronímico alemão (como em outros lugares, escolhe-se um que seja modesto — nome de animal ou de ofício manual —, para não chamar a atenção dos vizinhos e do fisco).

Em 1820, os judeus do império austríaco são três vezes mais numerosos do que os da Alemanha (750 mil contra 250 mil), mas correspondem a menos de um terço dos que vivem na Rússia. Impostos exorbitantes reduzem seu nível de vida. Eles são proibidos de tornar-se proprietários de imóveis; o comércio de varejo, a indústria e um grande número de ofícios artesanais lhes são barrados. Por toda parte, medidas drásticas limitam os casamentos a fim de controlar seu número. Na Boêmia e na Galícia, a partir de 1773, é aplicada uma lei destinada a impedir o crescimento da população pela limitação do número de casamentos: somente o mais velho de cada família pode fundar outra. Até 1848, nenhum judeu pode contrair núpcias sem ter-se submetido, na polícia, a um exame sobre o conteúdo de um manual de instrução religiosa de um certo Herz Homberg, rabino tão assimilado que prega a criação de um imposto sobre os círios acesos nas noites de sábado[117]!

Em Kazimierz, onde vivem 10.820 judeus em 1830, um terço deles — os *Luftmenschen*, "gente que vive da atmosfera do momento" — subsiste graças ao socorro de organizações caritativas judaicas financiadas pelos menos desprovidos e por subsídios das comunidades da Europa ocidental.

Em Praga, onde está implantada uma das mais antigas comunidades judaicas da Europa, e na Galícia oriental e ocidental, a sorte dos judeus é particularmente lamentável. Na Hungria e na Transilvânia, eles são cerca de 250 mil em 1815 e vivem fechados entre si, em bairros separados; também ali, são proibidos de exercer certas profissões e devem pagar um pesadíssimo "imposto de tolerância". No entanto, a Hungria parece menos impermeável do que o resto do império às idéias liberais oriundas da Revolução Francesa: em 1839, a Dieta Húngara autoriza os judeus a tornar-se proprietários de moradias. Um deputado húngaro, Joseph Eötvös, até propõe a emancipação deles — o que é recusado pelo governo imperial de Viena. A partir de 1842, os guetos desaparecem das cidades húngaras. Em contrapartida, a exigência de assimilação faz-se mais premente. O imperador decreta que quem quiser abrir um comércio na Hungria deverá provar que foi escolarizado num estabelecimento húngaro, o que exclui a maior parte dos judeus[117].

Na Boêmia, na Morávia, na Galícia, a polícia persegue impiedosamente os judeus que tentam subtrair-se aos impostos exorbitantes ou às leis sobre a limitação dos casamentos. Após a revolução de 1848, mais violenta no império austríaco do que em qualquer outro lugar, o jovem Francisco José recebe a coroa do seu tio Ferdinando. Só a deixará ao morrer, em 1916. A emancipação se acelera, sobretudo entre 1859 e 1867, ao sabor das derrotas austríacas diante da França e, depois, da Prússia. Após Magenta e Solferino, o imperador toma um caminho mais liberal, até a adoção, em 1867, de uma nova Constituição que reconhece a autonomia da Hungria, ligada à coroa dos Habsburgo por uma união pessoal. Proclama-se a igualdade política e cívica de todos, seja qual for sua religião. A tutela clerical sobre o ensino é abolida. Os judeus obtêm, como os outros, a liberdade de viver em todo o império, até mesmo em Viena e Budapeste.

Há uma verdadeira corrida. Na capital, o número deles passa de cinco mil, em 1848, a quarenta mil em 1860 e a oitenta mil em 1880. Assim começa a glória intelectual de Viena. Muitos daqueles a quem foram proibidas as profissões ligadas a dinheiro dedicam-se então à atividade intelectual[14]. O dinheiro não é seu tropismo. Era apenas uma condição necessária, um modo de acesso à liberdade. O chefe da comunidade judaica da cidade, Ignaz Kuranda, funda uma imprensa liberal e torna-se até, a partir de 1861, o chefe do Partido Liberal. Processos movidos por "assassinato ritual" (na Galícia, na Hungria, na Boêmia) terminam em absolvição. Em Viena, cujo prefeito Karl Lueger é abertamente anti-semita, a população judaica atinge cento e cinqüenta mil indivíduos em 1900. Nessa sociedade hostil, o único modo de ser aceito é ficar célebre. Em Viena e em Praga, a vida torna-se tolerável para os intelectuais judeus. Ali vivem Kafka, Freud, Webern, Schoenberg, Mahler, Klimt e muitos outros. O teatro, em particular, é quase inteiramente judeu nessas cidades. Interpretar, dirigir, apresentar-se em espetáculo, coisas que há muito tempo os judeus fazem entre si nos guetos, agora se oferecem a todos.

Um destino: Sigmund Shlomo Freud, nascido em 1856, filho de um modesto e religioso negociante de lã da Morávia, cuja vida inteira é perseguida por problemas monetários. Depois de estudar a histeria a partir do caso Anna O. e a interpretação dos sonhos, Sigmund enuncia uma teoria da loucura duplamente revolucionária quanto ao dinheiro e quanto à loucura[8].

Toda doença mental pode ser tratada se a pessoa a revelar a si mesma por intermédio de um analista, a quem é preciso pagar caro pelo tratamento — sendo este, diz Freud, custe o que custar, um "bom negócio", comparado àquilo que seria preciso desembolsar por um tratamento médico clássico. Para ele, portanto, é essencial que o cliente pague[8]. Do contrário, pensa estar recebendo um presente do psicanalista, torna-se devedor deste e não trabalha sobre si mesmo. Pagar, portanto, força o cliente à introspecção, para justificar sua despesa. E esse trabalho é a condição de sua cura.

De modo mais geral, o dinheiro remete à forma anal da sexualidade; é uma matéria suja, a expulsar[8]. Assim, segundo Freud, o dinheiro organiza a forma primeira, primária (da sexualidade e da sociedade), que é preciso substituir por uma forma superior, intelectual. Ele escreve:

"Na verdade, por toda parte onde reinou ou onde persiste o modo arcaico de pensar, nas civilizações antigas, no mito, nos contos, nas superstições, no pensamento inconsciente, no sonho e na neurose, o dinheiro é colocado em íntima relação com o excremento. É bem conhecido que o ouro presenteado pelo diabo aos seus amantes transforma-se em excrementos depois que ele parte, e é certo que o diabo não é nada mais que a personificação da vida pulsional inconsciente recalcada. Por outro lado, conhece-se a superstição que relaciona a descoberta de tesouros com a defecação, e ninguém ignora a figura do "cagador de ducados" (*Dukatenscheisser*): já para a antiga Babilônia, o ouro é o excremento do inferno, *Mammon = ilu manman*. Portanto, quando a neurose segue o uso lingüístico, é que, aqui como alhures, ela toma as palavras em seu sentido original, carregado de toda a sua significação, e que, quando parece apresentar uma palavra em sentido figurado, ela habitualmente limita-se a reproduzir a significação antiga dessa palavra.

"É possível que a oposição entre aquilo a que o homem aprendeu a atribuir o máximo de valor e aquilo que é o mais desprovido de valor, e que ele rejeita como dejeto, tenha condicionado essa identificação entre o ouro e o excremento"[153].

À imagem da comunidade judaica vienense, que troca o dinheiro que a isola pelo teatro que lhe abre todas as portas, Freud repudia o dinheiro como "sujo". Ele anuncia assim a iminência de uma saída geral, por parte dos judeus, das profissões financeiras.

Mas outros, alhures, ainda estão nelas em cheio: eles inventam a americanização do mundo.

A matriz da americanização do mundo: os Estados Unidos no século XIX

Enquanto os judeus russos inventam o socialismo e os judeus austríacos descobrem a psicanálise, os judeus americanos participam, na linha de frente, do nascimento do capitalismo americano e da americanização do mundo.

No dia da declaração da independência da nova república, 4 de julho de 1776, a sociedade americana ainda é uma economia agrícola, com alguns negociantes, uma indústria fraca e ninguém para correr o risco de financiá-la. Como a potência britânica fez questão de manter as colônias na dependência em relação à metrópole, também não há ninguém para prover às necessidades em capitais por parte do frágil Estado que se instala: nem os bancos ingleses nem os bancos europeus. Mais uma vez, os judeus vão preencher esse vazio, correndo riscos que mais ninguém quer assumir: desta vez, sem serem forçados a isso.

Em 1800, eles ainda não passam de três mil na América do Norte, na maioria de origem portuguesa e espanhola[55]. Cidadãos livres e iguais pela primeira vez, são muito poucos para viver em circuito fechado. Inventam então um judaísmo aberto, antes mesmo de este aparecer na Europa. Já em 1809, numa sinagoga sefardi, em Nova York, o ofício é pronunciado em inglês; ali, o rabino é chamado de *reverend*. O judaísmo não é mais que uma dimensão da vida privada desses colonos; a assimilação parece em andamento, sobretudo nos estados do sul, muito cristãos.

À diferença de todas as outras emigrações judaicas desde dois mil anos antes, não se vem para cá em família. Não se fica em grupo. Pelo menos, na partida. E os recém-chegados, embora sejam, como sempre, pioneiros e exploradores, agora o são a título individual. Os judeus, como os outros, estabelecem-se de início em aldeias que virão a ser Chicago, Indianapolis e Saint Paul; em 1817, um certo Joseph Jonas fixa-se em Cincinnati. Uma vez instalados, eles procuram reter perto de si algumas outras famílias judaicas de passagem, fundar com elas uma comunidade, comprar terra para um cemitério e, mais tarde, tecer vínculos com as comunidades das povoações vizinhas, recriando assim os reflexos próprios das redes do ano 1000 no Mediterrâneo. Em 1820, eles são cinco mil, essencialmente comerciantes. Entre os instalados há mais tempo no sul — os Seixas, os Lazarus, os Nathan, os Cardoso, os Benjamin —, alguns enriqueceram; mais de três quartos das famílias judaicas de Charleston, Richmond e Savannah têm escravos, como quase metade das famílias dessas cidades. No norte, há os que já protestam contra a escravidão[55].

Por volta de 1825, na Alemanha, enquanto alguns poucos, dentre os mais afortunados, prosseguem seus estudos universitários e esforçam-se por integrar-se à sociedade alemã, os mais desprovidos começam a partir para a América levando as magras economias da família, às vezes para encontrar um amigo ou um primo que partiu mais cedo: a emigração se faz por capilaridade, como ocorre aos irlandeses e aos italianos.

Para ajudá-los a instalar-se, um certo Mordechai Emmanuel Noah, nascido em 1785 em Filadélfia, filho de emigrado, oficial de justiça, jornalista e juiz que se tornou um rico advogado, adquire em 1825 terras em Great Island, no Niágara, perto de Buffalo, a fim de criar ali uma colônia judaica que ele pretende denominar Ararat, nome do local de chegada de Noé, pois seu objetivo é o de "arrancar seus correligionários ao Dilúvio"[55]. O projeto aborta: os recém-chegados preferem permanecer nos portos de acolhida ou partir mais para oeste; ninguém quer ver reconstituído o gueto de onde saiu.

Desembarcam então, a partir de 1840, em meio a uma multidão de jovens igualmente desprovidos, os poucos aventureiros que irão subverter e estruturar o capitalismo americano: Goldman, Guggenheim, Kuhn, Lazard,

Lehman, Levinsohn, Loeb, Macy, Sachs, Schiff, Schoenberg, Sears, Seligman, Strauss, Warburg, Werheim...

Todos chegam pobres — salvo, como veremos, os Schoenberg (que passaram a chamar-se Belmont) e os Warburg. A maioria — exceto os Lazard, os Warburg e os Guggenheim — é originária da Baviera ou de Frankfurt. Os Guggenheim vêm da Suíça alemânica; quanto aos Lazard, estes são franceses.

Mais tarde, esses imigrantes se apelidarão entre si de os "Cem", os "Grão-duques judeus" ou "Nosso Grupo" (*Our Crowd*)[54]. Nenhum deles — salvo os Warburg — é oriundo de grandes famílias judaicas da Europa; nenhum rebento das dinastias de fornecedores de corte assume ainda o risco de abrir um escritório nas novas terras. Esses estão demasiado ocupados no velho mundo, demasiado aburguesados para "ir viver no meio dos selvagens". Os recém-chegados vão enriquecer dando à América os meios para organizar seu formidável desenvolvimento. Mais uma vez, nada é duravelmente bom para eles se não for igualmente útil para aqueles que os rodeiam.

Esses jovens emigrados não são os primeiros a criar bancos no Novo Mundo. Como a atividade creditícia ainda não está regulamentada — só o será depois da Guerra de Secessão —, diz-se então que, "para ser banqueiro, basta vestir-se de banqueiro"[54]. Assim é que, em 1826, um protestante, Nathaniel Prime, cria em Nova York o primeiro estabelecimento especializado no aconselhamento e no empréstimo a longo prazo às empresas — o primeiro "banco de investimento", forma americana do *merchant bank* inglês. Em 1826 é aberto em Baltimore um segundo banco, por outro protestante, Alex Brown. No mesmo ano, John Vermilye inaugura mais um; depois, Jay Cooke cria o dele em Filadélfia. Mais tarde, Pierpont Morgan e John D. Rockefeller fazem o mesmo. Os bancos seguintes serão fundados por judeus. E com que sucesso!

Em sua maioria, esses futuros donos das finanças americanas estréiam como modestos comerciantes. Na onda de imigrantes, entre os quais a maioria continuará pobre e anônima, chega primeiro, em 1837, Joseph

Seligman, o mais velho dos onze filhos de David e Fanny Seligman, comerciantes judeus tradicionalistas de Baiersdorf, aldeia da Baviera[54]. Desde os oito anos de idade, Joseph ajuda a mãe na loja, quando não vai à escola em Erlingen. Aos catorze anos, fala alemão, hebraico, iídiche e um pouco de francês e inglês. Como todos os adolescentes judeus alemães, ele aspira a partir para a América, onde um primo, recém-emigrado, está trabalhando numa loja de Manch Chunk, na Pensilvânia. David Seligman é reticente: deixar um filho exilar-se é aparecer como pobre na hora em que a assimilação se torna possível na Baviera. Mas Fanny acaba convencendo-o: não há futuro na Alemanha. Em julho de 1837 — com apenas quinze anos —, Joseph, levando o equivalente a cem dólares que recebeu da mãe —, embarca em Hamburgo no *Telegraf*: várias semanas de travessia, comendo porco! Na chegada à Pensilvânia, o primo lhe consegue um emprego de caixa a 400 dólares por ano, num canteiro de obras, em Watertown, dirigido por um tal de Asa Packer — o qual se tornará um rico industrial, será eleito membro do Congresso e, mais tarde, prestará alguns serviços ao banco Seligman[54].

No mesmo ano (1837), desembarca também um certo August Schoenberg, de vinte anos[54]. Mas este viaja em primeira classe. Desde os treze anos é aprendiz com os Rothschild (talvez, como se dirá mais tarde, por ser filho ilegítimo de Nathan) em Londres e, depois, em Nápoles, Havana e Nova York. Até então, os Rothschild não davam muita importância aos Estados Unidos, e nenhum membro da família tinha ido até lá. Mas os de Londres estimam agora que Nova York poderá tornar-se um dia um grande porto, secundado por um mercado financeiro considerável. Na época, trata-se ainda de uma cidade bem menos importante do que Boston, Filadélfia ou Charleston, e decidir abrir ali um escritório de finanças é enxergar longe. August Schoenberg muda então seu nome para Auguste Belmont e faz-se passar por um judeu francês que veio propor financiamentos ao governo americano. Ele esconde seus vínculos com os Rothschild: em Nova York, os sefardis interditam suas sinagogas aos "alemães", mas Belmont consegue ser admitido, dando a entender que é descendente de marranos.

Em 1840, os judeus são quinze mil nos Estados Unidos. São encontrados em Chicago, Nova Orléans e até em San Francisco. São essencialmente corretores, comerciantes, pioneiros — em todo caso, pobres, na maioria das vezes. Em 1843, os mais afortunados fundam uma sociedade laica de ajuda mútua, o *Bnai Brith*, que se multiplica por todo o país.

Entre os recém-chegados, um certo Henry Lehman desembarca em 1844, vindo de Rimpar, na Baviera, não longe da aldeia dos Seligman, a quem ele não conhece. Tão pobre quanto estes, não fica em Nova York. Parte para o interior e se instala em Mobile, no Alabama, de onde se irradia com uma carriola para fazer comércio ao longo dos rios. Com o dinheiro ganho dessa maneira, abre uma mercearia em Montgomery, principal cidade do estado e metrópole do comércio de algodão, e vende aos colonos ferramentas, malas, sementes.

Após o fracasso das revoluções européias de 1848, aflui uma segunda onda de judeus alemães, mais velhos e de melhor educação que os primeiros. Desta vez, eles emigram em família, munidos de algumas economias. São médicos, rabinos, professores, alfaiates. Instalam-se em grupo e formam comunidades na Hester Street, em Nova York, e na Maxwell Street, em Chicago.

Nessa onda de novos emigrantes, quatro chegadas notáveis:

Primeiro, Simon Guggenheim, com sua segunda esposa e oito filhos; vem de Aargau, na Suíça, onde a família (originária de Guggenheim, perto de Heidelberg, na Alemanha) está estabelecida desde 1696. Instala-se em Cincinnati, onde compra produtos de manutenção e tinturas que revende sob sua marca.

No mesmo ano, Marcus Goldman chega de Burgpreppach, na Baviera; desposa uma modista, uma certa Bertha Goldmann — sem vínculo de parentesco com ele —, e instala-se como alfaiate na Market Street, em Filadélfia.

Ainda no mesmo ano chegam os Sachs, de Wurtzburg, que se estabelecem como comerciantes em Baltimore. Esse Goldman, esse Sachs e esse Guggenheim não demorarão a se conhecer.

Sempre em 1848, Alexandre e Simon Lazard, assim como seu primo Alexandre Weil, emigram da Alsácia, instalam-se como negociantes em Nova Orléans e, bem depressa, como banqueiros em San Francisco.

Enquanto isso, outros bancos não-judaicos tornaram-se poderosos. Em 1849, os Morgan e os Peabody organizam os primeiros investimentos de capitais ingleses na América. Finalmente, vêm alguns banqueiros judeus europeus: os Speyer, estabelecidos na Alemanha, abrem modestos escritórios americanos; outro imigrante judeu alemão, Isaias Hellman — que virá a ser presidente do célebre Wells Fargo Nevada Bank de San Francisco —, funda o primeiro banco de Los Angeles (cidade tomada aos espanhóis pelos americanos em 1849), na esteira da primeira corrida para o ouro.

Em 1850, Henry Lehman, merceeiro em Montgomery há seis anos, economizou o suficiente para permitir que seus dois irmãos, Emmanuel e Mayer, venham ao seu encontro. Os três abrem juntos um escritório de corretagem de algodão em Montgomery.

No mesmo ano, dois cunhados — Abraham Kuhn e Salomon Loeb — deixam Worms pela América. Também não ficam em Nova York, mas sim vão vender tecidos por atacado em Cincinnati.

Sempre em 1850, os Lazard, de sua base em San Francisco, vão abrir um escritório em Paris, no seu país de origem.

Ainda nesse ano, um dos emigrados de 1837, Jo Seligman, deixa Watertown, onde se instalou por conta própria, e vai para Nova York. Seu irmão Jesse, que ele fez vir, parte para San Francisco, onde abre um comércio de cobertores, uísque, ouro, algodão, sapatos e charutos. Corretor de tudo, conforme a tradição, vende a crédito e empresta dinheiro aos seus clientes. A corrida para o ouro é sua fortuna: ele coleta o metal precioso que os mineiros lhe trazem e concede empréstimos sob penhor em Nova York, através do irmão, que comercializa o ouro[54]. Extraordinária organização, quando as diligências do Far West ainda são tão pouco seguras para os comboieiros de metal amarelo! Em 1857, o essencial dos 500 milhões de dólares em ouro que chegam da Califórnia a Nova York transita pelos dois Seligman[54]! Vem a riqueza. Os dez irmãos e irmãos de Jo vão ao seu encontro, um após outro.

Assim como os Seligman fazem fortuna com o ouro na Califórnia, os Lehman se enriquecem no sul com o algodão, que vendem ao norte contra as *cotton bills*, letras de câmbio negociáveis que eles colocam junto aos bancos de Nova Orléans e de Nova York.

As primeiras ferrovias americanas, que facilitarão grandemente o comércio desses homens, aparecem então, financiadas por bancos e companhias de seguros. Em 25 de agosto de 1857, o endividamento excessivo dessas empresas provoca uma grande crise financeira: primeiro, uma companhia de seguros de província, a Ohio Life and Trust Company, suspende seus pagamentos, seguida em 17 de outubro por cento e cinqüenta bancos americanos[298]. Os rumores estenderam-se também às companhias ferroviárias: no início de outubro, a cotação das ações da Illinois Central Railroad e de outras companhias caiu um terço. Os Rothschild, via Belmont, emprestam então 10 milhões de dólares a dois bancos americanos de Cincinnati, cujo controle assumem. Os Seligman, que se anteciparam aos acontecimentos, só conservaram bens líquidos e ouro, o que aumenta mais ainda seus ativos.

Em 1858, Henry Lehman morre de febre amarela em Nova Orléans[54]. Seu irmão Mayer Lehman permanece em Montgomery, onde desposa uma jovem que vem a ser enteada de Isaias Hellman, fundador do primeiro banco de Los Angeles. O terceiro irmão, Emmanuel Lehman, instala-se em Nova York a fim de organizar a venda do algodão de Mayer.

A economia americana parece estar tendo uma nova arrancada quando, em abril de 1861, o presidente Lincoln, um ano após sua eleição, impõe o bloqueio do sul escravagista. Auguste Belmont é então o conselheiro financeiro da Casa Branca, mas os Rothschild hesitam: na Europa, ninguém acredita na vitória do norte na guerra que se anuncia, e nenhum banco europeu quer emprestar a Washington[218]. O governo confederado, ao contrário, pode facilmente colocar seus bônus, garantidos pelo algodão que Emmanuel Lehman, junto com outros, vai escoar na Inglaterra. Aliás, segundo os rumores, seus fardos de algodão servem apenas de camuflagem para a exportação de ouro, prata e objetos preciosos.

Os Seligman alinham-se então ao lado da União, propondo-lhe, para começar, um modesto mercado de equipamentos para o exército: Jo envia seu jovem irmão Isaac a Washington para oferecer a outro emigrado alemão (não-judeu), que ocupa um posto importante na intendência das tropas nortistas, o financiamento da compra de uniformes — velho ofício dos fornecedores de corte na Alemanha! — para o exército do norte. Washington se interessa: as grandes manufaturas não querem fornecer-lhe o produto, temendo não ser pagas por um Tesouro cambaleante. Seligman obtém assim uma primeira encomenda, compra a crédito, de alfaiates, os uniformes, faz-se pagar em bônus do Tesouro, que ele consegue colocar com um bom lucro, e depois acerta com seus fornecedores. Em seis meses, fecha outros negócios do mesmo gênero com o Estado, por um total de um milhão e meio de dólares, novamente pagos em bônus do Tesouro, que ele recoloca[54].

Primeiro alerta anti-semita: em 1862, o general nortista Grant expulsa todos os judeus do Kentucky, do Tennessee e do Mississippi, porque foi descoberto nesses lugares um mercado negro do algodão e os boatos denunciaram judeus — sem prova. O presidente Lincoln anula imediatamente a ordem.

Nesse mesmo ano, Jo Seligman circula pela Europa (Frankfurt, Berlim, Amsterdã, Londres) para colocar seus bônus americanos junto a bancos comerciais. Assim é que dois jovens judeus americanos oriundos da Alemanha, Jo Seligman e Emmanuel Lehman, topam um com o outro em Londres no fim de 1862, cada um tentando financiar um dos dois campos da guerra de Secessão!

Jo Seligman tem sucesso, embora com mais dificuldade do que Emmanuel Lehman: para recolocar os bônus do norte junto a poupadores europeus céticos, os bancos devem propor a estes uma taxa de juros de 7,3 por cento, particularmente atraente. Seligman retorna triunfante: recuperou seu investimento e demonstrou que sabe financiar o orçamento do novo Estado. Em 1863, Washington recorre novamente a ele, desta vez para captar diretamente um empréstimo ao Tesouro, já sem falar de encomenda de uniformes[54]. Os bônus que Belmont não quis colocar no ano anterior...

Nesse mesmo ano, o general Lee, comandante-em-chefe do exército sulista, é interceptado em Gettysburg em sua subida para Washington. Começa o refluxo sulista[218]. Em dois anos, Seligman terá colocado na Europa cerca de 500 milhões de dólares em bônus do Tesouro, exercendo assim um papel fundamental no financiamento do exército do norte, condição da vitória.

Em 1864, Simon Guggenheim, ainda comerciante de panos em Cincinnati, torna-se banqueiro e muda-se para Filadélfia. No mesmo ano, o presidente Lincoln oferece à Northern Pacific Railroad a moldura jurídica necessária para comprar terras e abrir caminho em direção a Seattle.

Sempre em 1864, um certo Jacob Schiff, de dezessete anos, chega da Alemanha; partiu de lá sem o conhecimento de seu pai, um agente de câmbio em Frankfurt, oriundo de família abastada: um de seus antepassados foi grão-rabino da Inglaterra no século XVIII, e outro — se dermos crédito à tradição —, um certo Uri Phoebus Schiff, cambista em Frankfurt no século XIV, pretendia-se descendente do rei Salomão! Seja como for, trata-se de uma família conhecida: Heinrich Heine é aparentado com ela e o pai de Jacob é amigo de Sarah Warburg, cuja filha acaba de desposar outro Schiff, diretor do banco Rothschild em Viena.

Poucas horas após a rendição do general Lee em Appomattox, que marca, em 1865, o fim da Guerra de Secessão, Jo Seligman funda oficialmente seu banco, o J. & W. Seligman & Co. A exemplo dos Rothschild, ele instala três de seus irmãos na Europa — William em Paris, Henry em Frankfurt e Isaac (que ficou amigo de Lincoln) em Londres. Outros dois irmãos, Abraham e Leopold (os menos talentosos), vão para San Francisco; quanto aos dois últimos, James e Jesse (que ficou amigo de Grant), estes ficam com ele em Nova York. Os J. & W. Seligman & Co. permanecem como banqueiros do Tesouro americano, que eles financiaram durante a guerra.

As aciarias trabalham sem parar, o telégrafo funciona pelo continente afora; a Union Pacific e a Northern Pacific avançam para o oeste, a Central Pacific para o leste; o governo federal disponibiliza 60 milhões de dólares para que elas adquiram terras. Pequenos bancos, tais como o dos Guggenheim e o de Seligman, ganham muito dinheiro "sindicalizando" os empréstimos dessas companhias e recebendo comissões por esses investimentos.

Em 1866, apesar da descoberta de novas jazidas de ouro na Califórnia, que deveriam fazer baixarem os custos, a revelação da existência de minas de prata em Nevada provoca a queda da cotação desse metal, e não da do ouro. Seligman faz a aposta certa e ganha uma fortuna.

Novo alerta anti-semita: em 1866, sete companhias de seguros de Nova York, que decidiram não mais fazer negócios com judeus, têm de cancelar sua decisão ante a amplitude do boicote que sofrem de volta[54].

Nova York torna-se a capital das finanças americanas, em detrimento de Boston e de Filadélfia. Ainda modestos, os Loeb, os Lehman e os Goldman vão ao encontro dos Seligman nas proximidades de Wall Street.

Primeiro, os Loeb: em 1º de fevereiro de 1867, com os 500.000 dólares que ganharam vendendo roupas em Cincinnati, Abraham Kuhn e Salomon Loeb, os dois cunhados, retornam a Nova York, como fizeram antes deles os Guggenheim, e abrem uma agência de penhores no número 31 da Nassau Street.

Em seguida, os Lehman: Emmanuel e Mayer continuam trabalhando juntos. O algodão é produzido em Montgomery, comercializado em Nova Orléans e financiado em Nova York.

Por fim, os Goldman: em 1868, Marcus Goldman sai de Filadélfia e vai para Nova York; abandona a profissão de alfaiate para tornar-se também penhorista. Os Goldman e os Loeb, que agora se conhecem, percorrem a cidade a pé, visitando os atacadistas de jóias e os negociantes de couro, aos quais levam os valores líquidos que os bancos recusam a eles. Em troca, recebem letras de câmbio (que escondem no chapéu)[54] e, à tarde, vão colocá-las junto a bancos que eles conseguem convencer pelo volume das operações que trazem e pela seriedade de seus créditos: mede-se o montante dos negócios pelo volume do chapéu.

No mesmo momento, Jacob Schiff funda sua própria sociedade de corretagem bancária em Wall Street. Ele mal completou vinte anos.

Os bancos europeus, judeus e não-judeus, começam a perceber a amplitude do mercado americano e abrem alguns escritórios em nova York e em Boston, ou então compram bancos no Middlewest e na Califórnia. Outros judeus alemães, atraídos pela expansão americana, desembarcam então e criam estabelecimentos do mesmo tipo: surgem os Morgenthau, os Lewison, os Oppenheimer.

Jay Cooke, John Pierpont Morgan, Seligman e Guggenheim rivalizam agora nos empréstimos às ferrovias e às aciarias. O primeiro investimento bem-sucedido é feito em 1869 por Jay Cooke: trata-se de um empréstimo de dois milhões de dólares à Pennsylvania Railroad Union. Bancos judeus e não-judeus concorrem entre si, mas às vezes colaboram. Andrew Carnegie desenvolve suas atividades no aço com um financiamento de Guggenheim. Pierpont Morgan financia os negociantes judeus de algodão. Juntos, eles constituem os conselhos administrativos de certas sociedades cujo financiamento organizam, tais como as companhias ferroviárias. Os Guggenheim e o National Bank de Cincinnati — controlado, via Belmont, pelos Rothschild de Londres — financiam também um certo John D. Rockefeller; em especial, após 1870, ajudam-no a desenvolver a Standard Oil e a comprar as concorrentes; quando ele tentar adquirir um monopólio do cobre, os Guggenheim — que se tornaram especialistas nesse metal — irão aconselhá-lo firmemente a não fazer isso.

Em 1869, ano em que começa a funcionar o canal de Suez, Grant propõe o posto de secretário do Tesouro a Jo Seligman; este o recusa. No mesmo ano, o jovem Jacob Schiff fracassa em Nova York e retorna, mortificado, à Alemanha. Os Goldman, por sua vez, associam-se aos Sachs para fundar um modesto banco comum.

Essas poucas famílias não são nada representativas da sorte dos oitenta mil judeus que vivem nos Estados Unidos em 1870, ou seja, 2 por cento da população do país. Se alguns criam empresas e outros se tornam médicos ou advogados, muitos são adeleiros, comerciantes, alfaiates, operários. Alguns controlam o essencial da indústria de roupas, em que se incluem as de trabalho, como os *jeans*, patenteados por Levi-Strauss e Jacob Davis em 1873. Mais da metade dos judeus dos Estados Unidos mora em Nova York, onde eles recriam um verdadeiro gueto a leste de Manhattan, com seu comércio, seus artesãos, suas escolas, seus teatros, seus restaurantes. Ali se encontram jornais e tipografias em iídiche. Alguns — sobretudo "alemães" — instalam-se em povoações rurais como comerciantes e vendedores ambulantes, geralmente em número suficiente para construir uma sinagoga e criar uma sociedade de ajuda mútua, pivô da organização comunitária.

Entre os que emigraram entre 1837 e 1860, o mais rico é Jo Seligman. Os Lehman ainda são negociantes de algodão em Nova York e em Nova Orléans. Os Strauss são comerciantes em Nova York sob o nome de Macy's. Salomon Loeb é banqueiro em Nova York com Kuhn, assim como Goldman com Sachs. Em Filadélfia, os Guggenheim fazem fortuna graças ao financiamento das ferrovias e, logo depois, ao do mercado de cobre. Únicos entre os futuros poderosos, os Lazard não são alemães: depois de San Francisco e Paris, abrem um terceiro escritório em Londres, em 1870.

Os judeus alemães abastados continuam a falar alemão entre si. Tocam música alemã. Fazem estação de águas e tratam-se na Alemanha. Mandam seus filhos para as universidades alemãs. Abrem na Quinta Avenida a sinagoga *Emanu El*, onde as mulheres rezam ao lado dos homens e onde um rabino britânico oficia em hebraico. Eles contribuem (anonimamente, senão a oferenda não vale) com um décimo de suas rendas para obras judaicas: escolas, seminários, hospitais. Alguns financiam também a universidade de Harvard ou a de Frankfurt. Ainda não se interessam, como ocorre a certos judeus da Europa, pela Rússia e pela Palestina. Em 1870, fundam a United Hebrew Charities, que fornece alojamento, comida e educação aos recém-chegados em navios da World's Island.

Nem todos decidiram ainda de fato instalar-se duradouramente na América, e acompanham com paixão a política alemã. Em 1871, após a proclamação do império alemão, Abraham Kuhn — que fundou seu banco em Nova York com o cunhado Salomon Loeb — aposenta-se e volta para Hamburgo, cheio de esperança na nova Alemanha; ali encontra o jovem

Frontispício do *Sefer Mashmia' Yeshuah*,
de Isaac Abravanel (1437-1508); edição de 1644, Amsterdã.
Paris, Museu de Arte e de História do Judaísmo.

Menasseh ben Israel. Gravura de Rembrandt, 1636.
Berlim, Staatliche Museum.

Assembléia do Grande Sinédrio dos Judeus do Império. Desenho para a *Histoire de France sous l'Empire de Napoléon*. Castelo de Malmaison.

Amschel Mayer Rothschild (1773-1855).

Isaac Ber Josephat, dito Julius Reuter (1816-1899).

Uma rua judaica de Manhattan, no fim dos anos 1880.

Charles-Louis Havas (1783-1858). Daguerreótipo.

Sir Moses Haim Montefiore (1784-1885).

O conde Isaac de Camondo (1851-1911).

Gerson von Bleichröder (1822-1893).

Karl Marx (1818-1883).

Emile (1800-1875) e Isaac (1806-1880) Pereire.

Theodor Herzl (1860-1904).

Samuel Gompers (1850-1924),
líder sindical nos Estados Unidos (AFL-CIO).

André Citroën (1878-1975).

Mendel Beilis.

Ao lado, seu processo em Kiev em 1913.

Philippe Bunau-Varilla (1859-1940), engenheiro francês, diretor da Companhia Interoceânica do Panamá.

O processo do escândalo do Panamá em Paris.

Walther Rathenau (1867-1922).

Sigmund Freud (1856-1939), em 1926.

Reunião de operários judeus do Bund da Lituânia, no início do século XX.

Mercado judeu na Rússia, por volta de 1900.

Trotski rodeado pelo estado-maior do Exército Vermelho, 1920.

© Fototeca Hachette.

Grigori Evseiévitch Radomylsky,
dito Zinoviev (1883-1936), pronunciando um discurso.

© Roger-Viollet.

Bairro judeu de Praga, no início do século XX.

© Roger-Viollet.

Bairro judeu de Vilna antes de 1939.

Cinzelador judeu no Marrocos.

Lenhadores de Salônica.

Barraca de um artesão judeu no *mellah* de Fez.

Sapateiro em Fez.

Manhã de domingo em Pettico Lane, Londres.

O bairro judeu de Marrakech, no início do século XX.

A sinagoga e o mercado Randon em Argel, no início do século XX.

Hospital judaico de Túnis, no início do século XX.

Anciã judia, Túnis, 1930.

Nur Mahmud, médico judeu em Teerã, e sua família.

Família judia de um país árabe.

Jovem judia iemenita na Palestina.

Mulher judia em "trajes históricos",
tais como eram usados na Espanha no século XV.

O bairro judeu de Whitechapel em Londres, entre as duas guerras mundiais.

Livraria no bairro judeu de Paris, por volta de 1900.

A Noite de Cristal,
10 de novembro de 1938.

Bairro judeu de Varsóvia, no fim dos anos 1930.

Detenções no gueto de Varsóvia em 1941.

Usina I. G. Farben em Auschwitz.

© AKG Paris.

O presidente Chaim Weizmann presta juramento
como primeiro presidente do Estado de Israel, em 1948.

© Roger-Viollet.

David Ben Gurion, primeiro-ministro de Israel, em Paris, em junho de 1961.

Camp David, outubro de 1978: Sadat, Carter, Begin.

Acordos de paz de 13 de setembro de 1993 em Washington:
Peres, Rabin, Kozirev, Arafat e Clinton.

Jacob Schiff, que retornou mortificado da América após seu fracasso e foi enviado pela família para trabalhar no Deutsche Bank — fundado, como vimos, no ano anterior por outro banqueiro judeu amigo de seu pai, Ludwig Bamberger, que acaba de ser eleito para o Reichstag. Schiff não renunciou ao seu sonho americano e suplica a Abraham Kuhn que lhe arrume um emprego modesto no banco dele, nos Estados Unidos. Abraham concorda apenas em dar-lhe uma carta de apresentação para Salomon Loeb, em Nova York. Munido desse viático, Jacob desembarca na América pela segunda vez, em 1872. E agrada a Salomon, que o emprega, sem dar-se de conta de que acaba de encontrar seu patrão.

De fato, Jacob Schiff é uma personalidade extraordinária. Logo ao chegar, então com vinte e cinco anos, casa-se com Theresa Loeb, a filha muito jovem de Salomon — trata-se do casamento mundano de que falamos há pouco —, e faz-se sócio deste no ano seguinte. Quanto mais prudente é Loeb, mais audacioso é Shiff. Loeb prefere financiar os comerciantes; Schiff torna-se especialista no financiamento de ferrovias. Assim que lhe falam de uma linha a financiar, ele sabe escolher o melhor instrumento financeiro do momento e consegue colocar da melhor maneira os empréstimos às companhias. Agora em concorrência com J. P. Morgan, Seligman, Guggenheim e Belmont, esse rapaz ambicioso e muito dotado também mostra-se sempre pronto a desprezar todo mundo. Sobre Belmont, diz: "Uma ostra, sem a concha"[54].

Apesar da imensidão americana, as pessoas ainda se casam em círculo muito próximo, como na Alemanha. Jo Seligman desposou sua prima; três irmãos Seligman casam-se com três irmãs Levi; Mayer Guggenheim desposa sua cunhada; Levinsohn, sua sobrinha. Lehmans casam-se com Lehmans. Schiffs casam-se com Loebs e com Warburgs, os quais desposam Seligmans. Conforme a ancestral tradição, várias viúvas casam-se com o irmão mais novo de seu falecido marido. Como numa aldeia polonesa ou alemã, os casamentos se fazem entre filhos de sócios, o que revela a força reconstituída da organização familiar. Dois rapazes Sachs desposam duas moças Goldman (aí começa o Goldman-Sachs). Uma jovem Sachs desposa um jovem Strauss (aí começa a Macy's). Dois cunhados, Leopold Cahn e Semon Bache, fundam juntos a J. S. Bache & Co., que virá a ser a primeira agência de câmbio de Wall Street. Os quatro principais fundadores da Hallgarten (uma das primeiras redes de grandes lojas), assim como os do Goldman-Sachs, são também cunhados e genros.

Em 1873, o ano dos *jeans*, ou seja, quinze anos após a primeira crise de 1847, sobrevém a segunda grande crise financeira do capitalismo americano, também provocada pelo excesso de crédito[18]. Desta vez, os banqueiros judeus ficam tão expostos que, na imprensa americana, artigos anti-semitas atacam os judeus alemães, esses "novos-ricos", esses "produtos de 1848", que se alçaram "ao comando das finanças".

A crise, no entanto, provoca uma virada progressiva no "coração" do mundo industrial desse lado do Atlântico. As indústrias do aço, os estaleiros, as ferrovias se concentram. O equipamento em eletricidade conhece uma aceleração fulgurante. Nessa expansão, os banqueiros judeus estão mais do que presentes: eles financiam a maior parte das infra-estruturas, enquanto outros conduzem a indústria têxtil e outros, ainda, inventam uma parte notável dos usos da energia elétrica.

Um caso entre vários: Emil Berliner, judeu alemão nascido em Havana em 1851 e emigrado para os Estados Unidos em 1870, inventa em 1887 o microfone, o disco plano, o transformador e, quatro meses antes de Thomas Edison, o "transmissor telefônico", que Graham Bell lhe compra. Em seguida funda na Alemanha, e depois na Grã-Bretanha, o que virá a ser a mais importante gravadora da Europa: a Deutsche Gramophon.

Ao lado dessas poucas celebridades, milhares de outros judeus trabalham em 1870 como artesãos, professores, médicos, comerciantes, donos de restaurantes ou simples operários. Um terço deles ainda vive em Nova York, onde desembarcam, cada vez mais numerosos, os emigrantes da Rússia, e não mais somente da Alemanha.

Quando franceses propõem construir a Estátua da Liberdade em homenagem a essa América acolhedora, os ricos judeus alemães de Wall Strett não querem ouvir falar de um projeto que lhes recorda demais o passado, enquanto que os sefardis, como os Lazarus e os Pinto (que se designam entre si justamente como *sefardis* ou, às vezes, como *grandees*[55], e não como judeus), conscientes de que sua grandeza está ligada a essa memória, financiam o pedestal da estátua, embora sejam menos ricos.

Os bancos de negócios ganharam um poder considerável. John Pierpont Morgan Jr., que sucede seu pai, financia as ferrovias, organiza a General Electric e a US Steel, e funda uma nova filial, a Drexel, Morgan & Co.; ele é, segundo dizem, mais poderoso do que presidente dos Estados Unidos em pessoa. Jo Seligman e Simon Guggenheim são menos influentes, assim como outras casas ainda modestas: Lazard, Kuhn-Loeb, Lehman Brothers e Goldman-Sachs. Em 1875, Jo Seligman funda um segundo banco em San Francisco, o Anglo-Californian, apresentado como filial de um estabelecimento baseado em Londres. Seligman se americaniza, interessa-se pela agricultura, já não consome comida *kosher*. Como muitos, tende a esquecer que é judeu. Como ocorre a muitos, os outros não tardarão a lembrar-lhe isso.

De fato, a crise de 1873 e os excessos anti-semitas que ela provocou não pararam de provocar estragos. Nesse ano, o proprietário de uma rede nova-iorquina de lojas, Alexander T. Stewart, morre deixando uma imensa fortuna, da qual faz parte o hotel mais luxuoso de Saratoga, estação de águas próxima a Nova York para onde os ricos clientes vindos do sul importaram os jogos a dinheiro praticados nos *steamboats* do Mississippi. Os nova-iorquinos tornaram-se grandes clientes desses jogos. Embora não seja jogador, Jo Seligman é freqüentador assíduo do palácio, e prepara-se para ir até lá quando o executor testamentário de A. T. Stewart, um certo juiz Henry Hilton (sem relação com Conrad Hilton, o criador da cadeia de hotéis com esse nome), proíbe-lhe o acesso.

Escândalo, ameaça de processo: é o primeiro caso sério de anti-semitismo nos Estados Unidos. Outros hotéis, como o do Lake Placid Club, imitam o de Saratoga; a ordem dos advogados de Nova York rejeita a admissão de um judeu; os empresários imobiliários de Coney Island querem proibir aos judeus o acesso ao novo parque de lazer; outros clubes famosos fecham-lhes as portas. O juiz Hilton chega até a fundar uma efêmera American Society for the Suppression of the Jews...

Jo Seligman não se deixa derrotar e organiza o boicote às lojas A. T. Stewart, nas quais a queda das vendas é tal que Henry Hilton, em pânico, busca a paz: doa mil dólares a uma obra judaica. Suprema afronta! O boicote redobra, amplamente apoiado pelos meios protestantes. A empresa A. T. Stewart não demorará a falir.

Muito marcado por esse episódio, Jo Seligman morre no ano seguinte, em 1878. A cidade de Roller's Ridge, no Missouri, muda então de nome e passa a chamar-se Seligman. Jesse, o irmão de Joseph, vinte anos mais velho do que Jacob Schiff, torna-se o principal banqueiro da América.

No mesmo ano do falecimento de Jo, Jesse Seligman interessa-se por um velho projeto que volta à baila: um canal que atravesse o Panamá ou a Nicarágua para ligar os dois oceanos.

Em Paris, aureolado pela glória que a abertura do istmo de Suez lhe valeu, Ferdinand de Lesseps, aos setenta anos, prepara com bastante publicidade a emissão de ações de uma Companha Universal do Canal Interoceânico, previsto para seguir um traçado através do Panamá, que pertence à Colômbia. Mas só levanta 8 milhões dos 400 milhões de francos necessários, e os americanos, que não apreciam em absoluto a idéia de ver franceses meterem-se a executar o maior projeto americano, regozijam-se com o fracasso dele.

Em 1881 — ou seja, um ano após a mudança do banco Lazard de San Francisco para Nova York —, o desencadeamento de novos *pogroms* na Rússia acarreta a chegada de duzentos e cinqüenta mil novos emigrantes aos Estados Unidos. Agora são famílias inteiras, ortodoxas, na maioria totalmente desprevenidas, as quais, esgotadas, não ultrapassam os limites dos portos de desembarque. Elas reconstituem o equivalente dos *shtetls* no Lavendost Side de Nova York e no West Side de Chicago. Instituem seus tribunais, criam restaurantes, teatros, sindicatos, fraternidades, *yeshivas*, jornais; certos negociantes letrados resgatam seus ofícios de corretores, açougueiros, vendedores de objetos de culto. Operários em sua maioria, eles se empregam em fábricas de sapatos, de charutos, em ateliês de confecção — geralmente, pequenas empresas familiares, com freqüência judaicas, onde continuam a falar entre si o iídiche ou o russo. Muitos se tornam sindicalistas, e entre eles recrutam-se os cabeças das duras greves que se iniciam. À sua frente está Samuel Gompers, um judeu de origem holandesa nascido em Londres, aprendiz de sapateiro aos dez anos, chegado aos Estados Unidos aos catorze, em 1864, e que trabalha agora como operário de fábrica de charutos. Ele desencadeou sua primeira greve em 1875 e, em 1877, tornou-se presidente do sindicato de sua categoria; é o primeiro a instituir o pagamento de cotas regulares e organiza uma assistência aos novos membros.

Os judeus alemães não apreciam o "orientalismo" desses "selvagens asiáticos", a quem apelidam de *kikres* (porque o nome deles termina em -ky...) ou de *bohunk* ("bárbaros" e "socialistas"). Assustados pelo ativismo sindical e político desses homens, organizam a acolhida a eles da melhor maneira que conseguem e fazem tudo para ajudá-los a assimilar-se. O primeiro hospital judaico nos Estados Unidos (inicialmente chamado "Hospital dos Judeus de Nova York") é fundado por um grupo de judeus nova-iorquinos de origem alemã, entre os quais Samson Simson, um dos melhores juristas da época, o banqueiro Samuel Myer Isaacs — que também financia a criação do Maimonide College de Filadélfia — e Adolphus Simeon Solomons, o qual, com Clara Barton, funda também em 1881 a Cruz Vermelha americana.

Nesse ano, Jacob Schiff assumiu definitivamente a ascendência sobre seu sogro e tornou-se o patrão do Kuhn-Loeb & Co. Sua filha muito jovem — tem apenas dezessete anos — desposa, como vimos acima, Felix Warburg, conhecido da Alemanha, o qual se torna então sócio do Kuhn-Loeb junto com seu irmão Paul, que por sua vez se casa com a cunhada de Jacob, a outra jovem Loeb. É a união de duas casas, Kuhn-Loeb e Warburg, em torno de Jacob Schiff, que se torna assim o dono dos dois bancos de negócios mais famosos do mundo, de um e do outro lado do Atlântico[18].

Assim como duas irmãs de Henry Goldman desposaram dois irmãos Sachs, outra se casa com um certo Samuel Hammerslough, jovem alfaiate de Springfield (onde conheceu Abraham Lincoln), que acaba de adquirir com o sogro uma pequena firma de venda por correspondência cujo nome ficará famoso: Sears Roebuck. Goldman e Sachs irão ajudá-la a tornar-se um dos principais grupos de distribuição dos Estados Unidos, em concorrência com a R. H. Macy, propriedade do marido de outra jovem Sachs.

É nesse momento que Jesse Seligman é procurado por uns franceses, homens de negócios, a fim de que retome por sua conta o financiamento do projeto do canal do Panamá, que eles não conseguem montar. Seligman organiza um financiamento com o Banco de Paris e o Drexel, Morgan; raro caso de aliança entre bancos judaicos e protestantes. Grande ofensiva da mídia contra eles; no Senado, são acusados de querer "vender a América à França". Fala-se de conspiração judaica e censura-se Morgan por "juntar-se aos judeus"[54]. Seligman replica que os principais beneficiários do projeto serão os Estados Unidos, de onde partirão as máquinas que perfurarão o canal. Gustave Eiffel e vários outros fazem sua publicidade. Eles ganham: o empréstimo obtém um recorde de subscrições na Europa e em Nova York.

Mas os partidários do outro traçado, todos americanos, não desistiram, e em 1884 o governo de Washington assina com o de Manágua um tratado, dito de Zavala, para a construção de um canal através da Nicarágua. O Senado hesita em ratificar esse tratado. Em 1885, as obras iniciadas no Panamá em 1882 quase não avançam. Ainda estão em menos da metade da desobstrução. Lesseps se resigna às eclusas preconizadas pelo engenheiro-chefe que ele contratou, Philippe Bunau-Varilla[73], de cujo papel no caso Dreyfus já falamos.

Para inserir-se melhor dentro das exigências da economia moderna, lutando ao mesmo tempo contra as tendências à assimilação, o judaísmo reformado americano se organiza em 1885 com a "Plataforma de Pittsburgh": renuncia às regras alimentares, à circuncisão, ao sabá. Em 1887 funda-se a Hebrew Immigrant Aid Society, sociedade laica, financiada por todos os judeus dos Estados Unidos, e não só pelos mais abastados, a fim de assistir os mais desamparados deles. Em média, os judeus não são mais remediados do que os outros americanos. Em 1890, segundo as estatísticas oficiais do país, 35 por cento destes são pequenos comerciantes, 29 por cento empregados, 12 por cento operários, 15 por cento corretores, advogados, banqueiros, 5 por cento médicos. O ideal sonhado para os filhos: advogado ou médico.

Em 1886, aos trinta e seis anos, Samuel Gompers, que vimos presidir o sindicato dos operários das charutarias, reúne todos os sindicatos americanos numa American Federation of Labour, constituída de um sindicato por profissão. Negociador temível, ele será até sua morte, em 1924, o homem mais influente da classe operária americana.

Em 1889, depois de nove anos de obras, Lesseps já gastou tudo o que recebeu dos subscritores de seus empréstimos, ou seja, 400 milhões de dólares (um bilhão de francos); mas somente um terço do canal está escavado. O orçamento inicial chegava, tudo incluído, a 600 milhões... de francos! Em 1889, Philippe Bunau-Varilla apresenta um plano para dinamitar as rochas embaixo d'água[73].

No mesmo momento, está em jogo um destino totalmente diferente de judeu americano, portador, à sua maneira tão particular, do espírito bimilenar dos descobridores: Salomon Bibo, nascido na Prússia em 1853, vai em 1869 ao encontro de seus dois irmãos, emigrados três anos antes dele para o Novo México. De início, os três trabalham para uma outra família de pioneiros judeus, os Spielberg. Depois, os três irmãos se instalam num posto avançado a fim de fazer comércio com os índios navajos. Em seguida, servem de intermediários e negociadores entre os índios, os mexicanos e os anglo-saxões, e defendem os primeiros quando os brancos tentam tomar-lhes seus territórios. Em 1882, Salomon Bibo estabelece um posto de comércio — o eterno ofício de corretor! — entre os acomas, aprende-lhes a língua, estuda-lhes a situação, compreende que esses índios são explorados pelos brancos, passa para o lado deles e torna-se seu negociador. Tem então vinte e nove anos. Em troca do arrendamento dos 94 mil acres cedidos aos índios em 1877 pelo governo americano, Bibo se compromete a proteger-lhes as terras e o gado e a explorar as minas de carvão deles; irá pagar-lhes um aluguel anual de 12.000 dólares, aos quais se acrescentarão 10 dólares por tonelada de minério extraído. O contrato funciona tão bem que Bibo se torna uma espécie de chefe índio. Em 1888 — aos trinta e cinco anos — é até mesmo reconhecido pela administração federal em Washington como "governador do povo acoma". Em 1889, casa-se com a neta do chefe, a princesa Juana, que se converte ao judaísmo. Agora, ele é oficialmente o chefe dos acomas. Onze anos depois, o único chefe índio judeu da História se instalará em San Francisco para permitir que seus filhos recebam uma educação religiosa...

Mais um destino: Anton Oppenheimer — sem relação com os fornecedores da corte de Viena —, nascido na Baviera em 1840, emigrado para os Estados Unidos em 1858, de início comerciante no Texas numa cidadezinha chamada... Palestine, soldado no exército dos confederados do sul, depois comerciante de gado e, mais tarde, proprietário de terras, adquire uma sociedade de comércio por atacado que, em 1890, ganha o nome de American Hat and Shoe Company: enorme sucesso!

A Lehman Brothers é agora uma importantíssima empresa de comercialização de matérias-primas, mas os Lehman ainda não vivem no mesmo mundo que os Seligman ou os Guggenheim, e menos ainda no dos Schiff e dos Warburg. Quando morre Emmanuel Lehman, o poder passa ao seu filho Philipe e ao seu sobrinho Arthur; este desposará a filha de Adolph Lewinsohn, dono de uma importante mineradora americana ligada aos Seligman.

Os filhos desses cerca de cinqüenta grandes banqueiros são então educados nos melhores colégios protestantes e fazem seu *bar mitzvah*. Em casa, já não se fala alemão. O czar, cuja política anti-semita é acompanhada com grande ira, representa para esses banqueiros "o inimigo da humanidade", e eles não detestariam financiar uma revolução na Rússia. Alias, financiam os primórdios do Bund em Vilna. Jogadores de *squash*, amantes de ópera, eles possuem iates, quadras de pólo privadas e cavalos de corrida[18]. Fazem doações às obras sociais, judaicas ou não, e ocupam-se de perto da educação dos filhos. Quando partem para a Europa, de navio, os mais ricos levam *maître*, camareira e cozinheiro. Em suas residências acumulam-se vários Dürer, Rembrandt, Botticelli.

Em 1892, o príncipe André Poniatowski, recebido pelos Seligman, descreve bem o modo de vida deles: 'O dinheiro em si não tem significação para eles, fora dos negócios [...]. Só falam de esporte, literatura, arte, especialmente música, financiam obras e seus partidos políticos, e acima de tudo são devotados à vida em família, com uma intensidade que hoje só se encontra nas províncias francesas [...]. A vida desses homens, à parte seu gosto pelo esporte, assemelha-se à dos banqueiros das velhas casas de Lyon"[18].

Mas a calma nunca dura. No ano seguinte, os Seligman são atingidos por um escândalo.

Em 1893, uma crise de pânico na Bolsa de Nova York acarreta, entra outras, a falência da companhia de Lesseps. Ela é obrigada a interromper a escavação do canal. Cerca de 85 mil subscritores estão arruinados. Lesseps retorna à França, esgotado, para enfrentar uma investigação do Parlamento. Descobre-se então que ele corrompeu políticos de primeiro plano e jornalistas famosos para mascarar a verdade sobre o avanço das obras.

Como o escândalo envolve, entre outros cúmplices, dois corretores judeus (Cornelius Herz e Jacques Reinach), Drumont lança-se "contra os que arruinaram 85 mil subscritores", esquecendo que o golpe é essencialmente da responsabilidade de notáveis pertencentes aos partidos católicos. Lesseps é condenado; seu filho Charles foge para a Grã-Bretanha. Busca-se um comprador para o canal inacabado. Preço: 100 milhões de dólares.

Na França, as pessoas não desistem: o canal tornou-se estratégico, porque a Alemanha fincou pé na Venezuela para controlar o movimento de navios no Atlântico. Apesar do escândalo, uma Companhia Nova do Canal do Panamá é criada em 1894, no mesmo ano do início do caso Dreyfus, no momento em que uma investigação diligenciada pelo Congresso americano acusa J. P. Morgan e Seligman de haver ganho muito dinheiro em comissões pela colocação dos empréstimos franceses. Critica-se particularmente Jesse Seligman por ter oferecido a presidência do Comitê do Canal ao ex-presidente Grant. Ela coube finalmente ao secretário da Marinha do presidente Hayes, R. W. Thomson, que se demitiu do governo para aceitar o posto mediante um exorbitante salário anual de 24.000 dólares; sua presença tranqüilizadora contribuiu para atrair pequenos poupadores. Embora a comissão do Senado, ao concluir sua longa investigação, não encontre absolutamente nada a censurar em Jesse Seligman, este não sobrevive ao escândalo: morre algumas semanas mais tarde, vítima — como seu irmão, dezesseis anos antes — de ataques injustificados.

Os outros Seligman decidem não renunciar ao projeto de perfuração, sempre com os franceses e sempre através do Panamá. Eles contratam uma parte da equipe da Companhia Nova do Canal do Panamá[73], inclusive Philippe Bunau-Varilla. Após o escândalo, já não é o caso de buscar o dinheiro junto ao público; é preciso cobrar do contribuinte. A batalha entre os dois projetos desloca-se então para o Congresso.

Em novembro de 1896, enquanto, em Paris, Bunau-Varilla ajuda a revelar a verdade sobre o caso Dreyfus em seu jornal *Le Matin*, em Nova York nasce outro grande jornal: Adolph Simon Ochs compra o *New York Times*, então uma folha bastante modesta, com tiragem de apenas nove mil exemplares. Nascido em Cincinnati em 1868, de judeus emigrados da Alemanha em 1848, operário impressor aos onze anos na *Knoxville Chronicle* e depois no *Chattanooga Times*, Ochs assume aos vinte anos, por 250 dólares, o controle desse obscuro jornal em falência. Em 1889, casa-se com a filha do rabino Wise de Cincinnati, um dos fundadores do judaísmo reformado dos Estados Unidos, e que mais tarde exercerá um papel essencial no seio da comunidade judaica americana. Ochs estabelece os princípios do jornalismo ético, no momento em que Jo Pulitzer (com o *World*) e William Hearst (com o *Journal*) apostam no sensacionalismo. Ele implanta a independência da informação diante da publicidade e da linha editorial. O *Chattanooga Times* torna-se o diário mais respeitado do sul dos Estados

Unidos. Ochs encara o judaísmo como apenas uma religião; é hostil ao sionismo que acaba de surgir e que lhe parece contrário aos valores judaicos. O *New York Times* rapidamente conhece um sucesso fabuloso: sua tiragem passará de nove mil exemplares em 1896 a 780 mil em 1925.

Em 1897, o Senado confirma a escolha do traçado do canal através da Nicarágua — ainda hoje considerado como o que teria sido tecnicamente o melhor.

Aflui para a América, nesse momento, um milhão de judeus russos que fogem dos *pogroms* de 1894. A chegada deles subverte a estrutura do judaísmo americano: três quartos dos recém-chegados tornam-se operários nas grandes cidades; eles fabricam a maior parte das roupas do país. Em vez dos 12 por cento de vinte anos antes, agora dois terços dos judeus americanos são constituídos de operários, como os italianos e os irlandeses que desembarcam ao mesmo tempo que os judeus russos. Estes continuam mal acolhidos nas associações financiadas pelos ricos. A *Yiddish Gazette* afirma por exemplo, em 1897: "Nas instituições filantrópicas dos judeus aristocratas alemães [...] cada refugiado é interrogado como criminoso. É degradado, treme como uma folha, como se estivesse diante de um funcionário russo".

A experiência operária que eles trazem da Rússia lança-os à chefia de numerosos sindicatos em torno de Samuel Gompers: caso de Morris Hillquit, Meyer London, Sidney Hillman. Às vezes apoiados pela burguesia judaica (Jacob Schiff, Louis Marshall, Henry Mesowitz), obrigam os patrões a aceitar suas principais reivindicações: semana de cinqüenta horas, contratação preferencial para os operários sindicalizados, procedimentos de mediação. Em 1900 é até mesmo criado o primeiro sindicato propriamente judaico: um sindicato de mulheres que trabalham com vestuário.

Os conflitos entre os bancos judaicos e os dos WASP (White Anglo-Saxon Protestants) se agudizam. Em 1901, uma batalha na Bolsa ainda opõe Morgan e Schiff pelo controle do financiamento das ferrovias, particularmente a Northern Pacific Union — uma "batalha dos gigantes" da qual ninguém sai vitorioso.

Após o assassinato, em 6 de setembro de 1901, do presidente McKinley, favorável ao traçado nicaragüense, e que é substituído pelo vice-presidente Theodore Roosevelt, mais incerto, começa outra batalha entre os bancos protestantes e judaicos pela escolha do traçado do canal: Morgan abandona o campo dos Seligman e move uma campanha por um financiamento público do projeto nicaragüense. Em 1902, o Senado inclina-se para o projeto de Morgan quando uma erupção do vulcão Momotombo, na Nicarágua, seguida de outra — a da montanha Pelée*, na Martinica —, vira o jogo. Três dias antes da votação, Philippe Bunau-Varilla tem a idéia de enviar a cada senador americano um selo da Nicarágua que mostra o Momotombo fumegando[73]. A Nicarágua é uma terra vulcânica — mas não o Panamá, onde o canal não seria ameaçado. Mudança total: o Senado vota favoravelmente à aquisição da Sociedade do Canal do Panamá pelo Estado americano. Idêntica operação com a Câmara dos Representantes, que se pronuncia no mesmo sentido.

Mas nem tudo está ainda resolvido: o istmo do Panamá faz parte do território colombiano e o Parlamento de Bogotá, sob influência alemã, acaba de votar contra a cessão do terreno necessário ao prosseguimento da escavação. A não ser que sejam pagos dez milhões de dólares... Bunau-Varilla sugere então aos Seligman que provoquem a secessão do Panamá: mais barata do que corromper o governo e o Parlamento colombianos! Os Seligman pagam então cem mil dólares[54] — Bunau-Varilla, em suas Memórias[73], afirma tê-los entregue pessoalmente — a um pequeno grupo de independentistas panamenhos dirigido pelo doutor Amadon. No escritório nova-iorquino de Seligman, Bunau-Varilla redige a Declaração de Independência e a Constituição da nova república. Na Casa Branca, encontra-se com o presidente, Theodore Roosevelt, e pergunta-lhe se ele interviria no Panamá para proteger as vidas e os interesses americanos, se estourasse lá uma revolução. Silêncio consentidor do presidente. A revolução panamenha explode em 3 de novembro de 1903; a presença do *USS Nashville* na

* Em português, usa-se também a denominação 'monte Pelado'. (N. da T.)

baía convence os colombianos a aceitar a secessão em dezembro. O secretário de Estado Hays, pelos Estados Unidos, e Bunau-Varilla, pelo Panamá, assinam um tratado que concede por um século o canal aos Estados Unidos. A república do Panamá é proclamada. O doutor Amadon torna-se seu primeiro presidente. A França e os Estados Unidos o reconhecem, e Bunau-Varilla é nomeado... embaixador panamenho nos Estados Unidos! Apogeu da força dos Seligman e vingança póstuma de Jesse, nove anos após sua morte.

Em 1903, Paul Warburg, o irmão de Max, cidadão alemão por alguns meses ainda, publica um *Plano para um Banco Central* em que anuncia novas crises bancárias por falta de controle do crédito: com base no modelo daquilo que Ludwig Bamberger criou em 1870 no império alemão, ele propõe a implantação de um Banco Central que serviria de garantia mútua aos bancos e do qual seriam proprietários, em partes iguais, o governo e os grandes bancos privados. Somente cerca de dez bancos federais regionais ficariam ainda autorizados a emitir moeda lastreada pelo ouro e controlariam os créditos dos bancos[18].

Mas, em Washington, ninguém dá importância ao projeto desse rico banqueiro alemão, que só reside seis meses por ano em Nova York e passa o resto do tempo em Hamburgo. A economia está explodindo e o controle dos bancos contrariaria muitos interesses.

Doravante, o Kuhn-Loeb — que Jacob Schiff dirige agora junto com um recém-chegado, Otto Kahn, o qual acaba de desembarcar da Alemanha — financia empresas como Westinghouse, US Rubber, Armour, ATT, e reorganiza as ferrovias.

Os banqueiros judeus continuam vivendo e agindo sob o controle dos mesmos chefes de família. No Kuhn-Loeb, por exemplo, Felix e Paul Warburg estão, tanto no banco quanto em casa, sob a severa autoridade de Jacob Schiff, sogro de um e cunhado do outro. Toda sexta-feira à noite, as três famílias jantam juntas no número 932 da Quinta Avenida, onde Jacob Schiff — agora com cinqüenta e sete anos — mandou construir uma espécie de palácio de quatro andares[18]. Ele recita em hebraico as orações, que a família escuta em silêncio. Fala-se inglês, embora todos os adultos presentes sejam de origem alemã. Jacob Schiff envolve-se muito com as obras sociais pela integração dos imigrados russos. Ele funda uma nova organização caritativa, o American Jewish Committee (AJC), assim como o Seminário Teológico e o Herbert Union College; cria uma divisão judaica na New York Public Library; financia uma nova tradução inglesa da Torá; durante trinta e cinco anos, preside o Montefiore Hospital de Nova York, aonde vai semanalmente. Também financia a Cruz Vermelha americana e milita pela integração dos negros, pela gratuidade do ensino, pelos direitos sindicais e contra o trabalho infantil. Mas o essencial de sua luta refere-se à sorte dos judeus russos: em 1905, após um *pogrom* em Odessa, ele consegue que o presidente Theodore Roosevelt proteste pessoalmente junto ao czar — em vão.

É então que o Japão, frustrado em suas conquistas na China, ataca a Rússia. Embora, para espanto dos europeus e dos americanos, se revele uma potência militar moderna, o Império do Sol Nascente não pode derrotar o exército czarista sem comprar armas. Schiff aceita então organizar para ele um colossal empréstimo de 200 milhões de dólares, e obtém o apoio dos Warburg e dos Morgan. A colocação é difícil, mas Jacob tem êxito. No mesmo momento, ele se recusa a participar de uma captação organizada em Wall Street por conta da França, por temer que o dinheiro acabe em última análise nas mãos dos russos, que nessa época tomam muitos empréstimos em Paris. A cólera russa contra os financistas americanos só faz agravar os *pogroms*. Em 11 de julho de 1906, enquanto a guerra lhe é favorável, o Japão lança em Londres uma nova captação de 30 milhões de libras esterlinas. O Kuhn-Loeb, em Nova York, e o grupo Warburg, em Hamburgo, colocam-na em vários outros bancos. Desta vez, a demanda é dez vezes superior à oferta: o resultado das armas já não apresenta dúvidas.

Em pouco tempo, o Japão obtém uma vitória total; o tratado de Portsmouth lhe atribui direitos na Mandchúria, uma parte das Sacalinas, concessões na China e um protetorado sobre a Coréia. Max Warburg e Jacob Schiff tornam-se então os financistas titulares do Japão. Schiff chega até a fazer uma viagem triunfal ao arquipélago, para grande enfurecimento dos russos. Pela primeira vez, um imperador nipônico convida para jantar à sua mesa um estrangeiro que não é membro de uma família reinante. A filha do negociador japonês — o qual será em seguida ministro das Finanças e depois primeiro-ministro, antes de ser assassinado, em 1936 — irá residir por vários anos em Nova York, na casa dos Schiff.

Em 1906, o Kuhn-Loeb — onde, pela primeira vez, um sócio não-membro da família, Otto Kahn, vem a ser muito influente — ainda importa capitais europeus para investir na indústria americana: toma-se um empréstimo de 48 milhões de dólares na França para financiar a Pennsylvania Railroad Union.

No outono de 1907, a falência do Knickerbocker Trust & Co. provoca a nova crise financeira prevista quatro anos antes por Paul Warburg. Os bancos são acusados de haver ganho muito dinheiro concedendo empréstimos irrefletidos e de não ter visto aproximar-se o pânico. O projeto de Banco Central de Paul Warburg — cujo irmão Félix é um desses banqueiros acusados de laxismo — torna-se então atual.

Entre 1º de julho de 1908 e 30 de junho de 1909, depois de novos *pogroms*, há uma corrida: 540 mil judeus da Rússia chegam à América em famílias inteiras, em muitos casos bastante ortodoxas, levando consigo uma rica e profunda cultura iídiche. Os Estados Unidos abrigam agora a terceira população judaica do mundo: segundo uma estimativa demasiado precisa para ser exata, 1.777.185 indivíduos, contra 5.215.805 na Rússia e 2.084.591 na Áustria-Hungria.

O *melting pot* (expressão criada nessa época pelo escritor judeu inglês Israel Zangwill, numa peça dedicada a Theodore Roosevelt) faz da América o lugar utópico onde cada um vem "construir a República do Homem e o Reino de Deus"[460].

O Gold Standard Act instala a supremacia do dólar. Como a cada vez em que uma nação se transforma em entreposto de mercadorias, a nação em pauta se torna pouco depois entreposto de moedas. Trinta anos após sua tomada do poder industrial, a América, que agora obtém lucros superiores àqueles que pode investir em casa, começa a emprestar suas divisas às empresas e aos outros Estados do mundo. Os bancos americanos de negócios, que continuam a captar na Europa aquilo que emprestarão à América, começam a operar também em sentido inverso. Assim, em 1910, o Kuhn-Loeb e N. M. Rothschild providenciam para a República Dominicana um crédito cujo reembolso seria garantido pelos direitos aduaneiros que esta recebe. Antes de decidir participar da inciativa, Jacob Schiff telegrafa a *Sir* Ernest Cassel, em Londres: "Se eles não pagarem, quem irá buscar esses direitos aduaneiros?". Cassel responde: "Seus *marines* e os nossos"[18]. A superpotência militar e financeira já não é somente britânica: a América tornou-se imperial.

Nesse mesmo ano de 1910, Paul Warburg, aos quarenta e dois anos, torna-se finalmente cidadão americano, deixando que Max, sozinho em Hamburgo, gerencie o mais antigo banco judaico do mundo. A Associação dos Banqueiros de Nova York apóia então oficialmente seu projeto. Um senador de Rhode Island, Nelson Aldrich — sogro de J. D. Rockefeller Jr., financiado justamente pelo banco Kuhn-Loeb, de que Paul é um dos sócios —, presidente da Comissão Monetária Nacional, interessa-se pelas idéias dele.

Os bancos de Wall Street — em cuja linha de frente encontram-se o Kuhn-Loeb, o Lehman Brothers, o Guggenheim, o Seligman e agora o Goldman Sachs, seguidos de longe pelo Lazard, menor — ajudam as empresas a financiar-se mediante a emissão de obrigações ou de ações; em 1910, esse é o caso para a Underwood; em 1911, para a Studebaker; em 1912, para a F. W. Woolworth e, depois, para a Continental Can. Os nomes Goldman Sachs, Lehman, Kuhn-Loeb e Guggenheim tornam-se míticos.

Outro nome aparece em 1910: Salomon. Os três irmãos — Arthur, Herbert e Percy Salomon — e um certo Benjamin Levy retomam a pequena sociedade paterna de corretagem monetária, sob a denominação "Salomon Brothers". Eles começam financiando os equipamentos de estradas de ferro e a tesouraria das empresas, antes de transformar sua sociedade numa das primeiras firmas do mundo especializadas na emissão de obrigações.

Cresce a suspeita em relação aos bancos, judaicos ou não. No início de 1912, uma comissão do Senado, o Money Trust Investigation Committee, investiga as atividades do Kuhn-Loeb, do J. P. Morgan, do Kidder, do Lee Higginson e do National City Bank. Certos estados votam leis para instaurar um controle do crédito. Em novembro de 1912, o presidente Wilson, logo após ser eleito contra Taft e Theodore Roosevelt, pede a Paul Warburg que redija um projeto de lei a partir do seu livro. Apresentado no Senado por Robert Owen e à Câmara dos Representantes por um eleito da Virginia, Carter Glass, o projeto de Paul Warburg torna-se o Glass-Owen Act, que cria os doze bancos regionais de reserva e o Federal Reserv Bank (FED) previstos por Paul. Wilson oferece-lhe então a presidência deste último; mas Paul ainda se sente demasiado alemão e só aceita a vice-presidência, sem que seja nomeado outro presidente. Benjamin Strong, genro de John Pierpont Morgan — que morre nesse mesmo ano —, é nomeado presidente do banco regional de Nova York. Equilíbrio dos poderes, mais uma vez, entre bancos protestantes e bancos judaicos.

Otto Kahn torna-se, abaixo de Jacob Shiff, o homem mais importante do Kuhn-Loeb. É mais influente do que Paul Warburg, envolvido com o FED, e do que Felix, ocupado com seus mundanismos e suas obras.

Em 1913, Albert Strauss, primeiro sócio do banco Seligman a não ser membro da família, entra para o conselho administrativo da General Motors, empresa então em pleno desenvolvimento, assim como a Ford — esta, anti-semita.

Extraordinária defasagem entre esse punhado de miliardários e os outros, a multidão de judeus que, na Rússia, na Alemanha, na Áustria, na França, na Inglaterra, no Marrocos, na Turquia, na Argélia, mal conseguem sobreviver, tão freqüentemente miseráveis e perseguidos. Afora os que lutam — inclusive de armas na mão — contra o capitalismo. E afora aquele milhão e meio de outros que, chegados aos Estados Unidos entre 1900 e 1914, ficaram concentrados sobretudo em Nova York, onde representam então 28 por cento da população. Aqueles, é verdade, pelo menos realizaram as aspirações da Revolução Francesa: acabar com o gueto, encontrar uma terra de liberdade.

Alguns, bem mais raros, já miram outra Terra Prometida.

A matriz do sionismo: primeiras miradas à Palestina

Contrariamente a todos os mitos, a quase totalidade dos judeus do mundo, e sobretudo os mais ricos entre eles, darão mostras de ceticismo e até de hostilidade diante do projeto sionista quando este aparece, no fim do século XIX. Eles acabarão deixando-se convencer a financiar algumas colônias para abrigar judeus russos, porém não mais que na Argentina ou no Canadá: o projeto sionista não é um projeto do "dinheiro judeu", como o denunciarão mais tarde seus inimigos.

Tudo começa em 1833, quando o paxá (governador) do Egito, Mehemet Ali, invade a Palestina e a Síria, e proclama a igualdade de direitos para todos os seus súditos. Já então a Palestina é uma aposta geopoliticamente estratégica, ao menos para os ingleses, na rota da Índia. Assim, eles convocam em 1840 uma conferência em Londres que obriga Mehemet Ali a restituir a Palestina aos turcos em troca da hereditariedade do governorato do Egito, país transformado em 1841 em monarquia independente. Ali, judeus continuam trabalhando no comércio e no sistema bancário[235].

Enquanto isso, a Arábia costeira passa para o controle de Saud, o Grande, que estende o império wahhabita a toda a Arábia, antes de ser interrompido por Mehemet Ali e os egípcios.

Os trezentos mil judeus do império otomano exercem todas as profissões; agora, têm acesso até aos empregos públicos: funcionários, diretores de administrações, juízes, cônsules. Doravante estão autorizados a usar o chapéu nacional, o fez, sem exibir qualquer sinal distintivo. Figuras de banqueiros[235] e de negociantes (Gabbai, Adjiman, Carmona, Camondo) ilustram esse período de modernização. O banqueiro Camondo financia em Istambul uma escola moderna, aberta, onde se ensina em francês, o que provoca uma crise com o rabinato. Em outros locais do império, os judeus são quase todos muito pobres: marceneiros, adeleiros, comerciantes, às vezes empregados pelos turcos como funcionários distantes — como ocorre no Maghreb até a chegada dos franceses. Na Síria, em 1840, um grave incidente: o cônsul da França acusa-os do assassinato ritual de um monge capuchinho; muitos são então torturados e mortos. Os sobreviventes são liberados pela Porta sob a pressão internacional; mas no mundo árabe, assim como por muito tempo ocorreu na cristandade, instala-se duradouramente o mito: os judeus precisam beber sangue humano.

Na Palestina (que inclui então a atual Jordânia), a sorte deles é mais miserável ainda. Em 1845, embora ainda sejam majoritários em Jerusalém (oito mil judeus em quinze mil habitantes), eles não passam de trinta mil em todo o território, para quinhentos e cinqüenta mil árabes. Em 11 de agosto de 1850, Gustave Flaubert escreve em seus *Carnets de voyage*: "A maldição de Deus parece pairar sobre a cidade, cidade santa de três religiões que morre de tédio, de marasmo e de abandono"[145].

O primeiro banqueiro judeu a preocupar-se com a sorte dos judeus da Palestina é um judeu de Livorno que se tornou barão inglês: Moses Montefiore. Muito religioso, ele manda construir em 1860 uma sinagoga particular, em sua propriedade de Ramsgate, e só viaja levando seu próprio açougueiro. Ao lado dos projetos que financia para melhorar a situação dos judeus na Rússia, na Polônia, na Romênia e no Marrocos, Montefiore interessa-se pelos da Palestina, terra que, para ele, não é de natureza diferente daquela dos outros lugares onde residem judeus. Assim, estabelece uma aldeia em Yemin Moshe, junto às muralhas da cidade velha de Jerusalém — primeiro bairro *extra muros* —, para ajudar os judeus que residem então na Palestina a viver de modo auto-suficiente. Para auxiliar outros a tornarem-se camponeses, ele adquire as primeiras fazendas judaicas: dez hectares de plantações de laranja em Jaffa. Ainda não cogita de ajudar na imigração de outros judeus.

Na Europa e nos Estados Unidos, a idéia da restauração de um Estado judeu tampouco ocupa o pensamento das comunidades. Ninguém esqueceu o anseio bimilenar, mas poucos rabinos e intelectuais — e negociantes, menos ainda — evocam-no e se consagram a ele. Sem dúvida, alguns — como Moses Hess, em 1862, em seu livro *Roma e Jerusalém* — já tiveram esse sonho, mas o único vestígio político do assunto só se encontra numa conversa entre dois cristãos. Em 1863, o presidente Abraham Lincoln confidencia a um estranho padre canadense, Henry Wentworth Monk — que vive em Jerusalém, convencido de estar encarregado por Deus de recriar o Estado de Israel —, esperar que os judeus possam "restaurar seu lar nacional [*national home*]" na Palestina: "é um sonho nobre, compartilhado por muitos americanos". Em seguida, acrescenta este jogo de palavras: "Como meu médico é um judeu que muitas vezes me recolocou de pé, não vejo razão alguma para não dar uma ajuda [*a leg up*, literalmente 'um golpe de perna' para auxiliar alguém a subir] aos seus compatriotas". Mas as comunidades, por sua vez, não estão em absoluto preparadas para isso e, aos seus olhos, a Palestina ainda é uma comunidade entre outras.

Na Europa, o estado de espírito é o mesmo. Depois de fundar numerosas escolas em Tetuán, Tânger, Bagdá, Istambul, Andrinopla, Esmirna, Salônica, Sófia, a Aliança Israelita Universal[88] — criada em Paris, como vimos, em 1860 — abre outra em 1873 em Mikve Israel, perto de Jaffa, e depois mais duas: em Motsa, perto de Jerusalém, e em Petah Tikva. Mas, também aqui, não há nada específico, a não ser o papel pessoal desempenhado por Charles Netter, um dos fundadores da Aliança, preocupado com promover a Palestina. Os judeus franceses, alemães e britânicos estão mais ocupados em apoiar os três milhões de judeus russos do que em ajudar a Palestina; e não vêem nesta um refúgio eventual para aqueles.

O primeiro projeto coerente de Estado judaico na Palestina é formulado em 1880, quando um judeu russo, Leo Pinsker, médico em Odessa, publica em Berlim *A auto-emancipação*. Ele apóia na Rússia a fundação — clandestina — da associação *Hoveve Zion* (Os Amantes de Sião), cujo objetivo é "a ressurreição política, nacional e espiritual do povo judeu na Palestina", e a do movimento estudantil *Bilu* (acrônimo de *Beit Yaakov lekhu veneletha*: "Casa de Jacó, então marchemos"). Ambos logo organizam a partida de trinta mil judeus russos, poloneses e romenos de Odessa para Istambul e a Palestina. Trata-se essencialmente de estudantes idealistas e inexperientes. Jaffa, porta de entrada para a *Alya* ("Subida"), ainda tem apenas algumas centenas de judeus. A chegada dos novatos duplica a população judaica do país, mas eles não dispõem de qualquer recurso material.

Após a de Montefiore, a primeira ajuda significativa trazida aos judeus palestinos vem do barão Maurice de Hirsch, em 1882. Esse banqueiro simultaneamente alemão, belga, inglês e francês, que vai financiar um pouco por toda parte projetos de assistência aos refugiados, é muito hostil à idéia de um Estado judaico, que lhe parece estapafúrdia. Embora, em março de 1882, compre de turcos 2.200 hectares de terra a fim de ali instalar refugiados, ele considera esse projeto como um dos outros que existem em uma dezena de países.

Trata-se de uma proeza, pois quase toda a terra da Palestina pertence ao Estado otomano ou a alguns particulares que vivem no estrangeiro, particularmente em Damasco e em Beirute. Toda aquisição, portanto, supõe longas providências burocráticas junto às autoridades locais, hostis a qualquer presença judaica, e não menos difíceis tratativas com proprietários. Em junho de 1882, o governo otomano tenta proibir a instalação de novos imigrantes judeus, assim como toda aquisição de terra e toda construção. Proibições rapidamente contornadas. O barão de Hirsch manda construir em suas terras as primeiras fazendas privadas, as *moshavot*: Rishon Lezion, Rosh Pina e Zikhron Ya'akov. Os primeiros emigrantes, pouco familiarizados com a agricultura, começam drenando os pântanos, eliminando as pedras, criando terraços a fim de tornar cultiváveis os terrenos e plantando eucaliptos. Judeus iemenitas instalam-se em Jerusalém como operários de construção e trabalham nas primeiras plantações de limoeiros. Mas, à falta de recursos, certas fazendas logo se vêem à beira da falência.

Uma das primeiras vozes judaicas americanas favoráveis à criação de um Estado judaico faz-se ouvir no ano seguinte, em 1883. É a de Emma Lazarus, descendente de uma das famílias do *Saint-Charles* desembarcadas em Nova York em 1654, a poeta de quem alguns versos estão gravados no pedestal da Estátua da Liberdade. Para ela, "a Palestina deveria ser o país dos sem-pátria, um objetivo para os errantes e um asilo para os perseguidos de uma nação que tiver deixado de sê-lo"[55].

Em 1884, um ano antes da morte do barão Montefiore, o centésimo aniversário dele é decretado dia de festa em todas as comunidades judaicas do mundo. O outro grande mecenas, Maurice de Hirsch, conhece a tragédia: a morte de seu filho único, Lucien, em 1887. Ele se instala então em Paris e mergulha no trabalho. Escreve: "Perdi meu filho, mas não meu herdeiro: a humanidade é minha herdeira". Lança-se a um projeto grandioso. Em 1890, organiza a Jewish Colonization Association; seu objetivo, como vimos, é a emigração de 3,25 milhões de judeus russos para a Argentina, em vinte e cinco anos. Argentina, e não Palestina.

Nesse mesmo ano de 1890, o debate sobre o retorno à Palestina se intensifica. Surge o termo "sionismo", inventado por um escritor vienense, Nathan Birnbaum. Em 1891, um escritor russo, Asher Ginsberg, mais conhecido pelo nome de Achad Haam, insiste sobre a importância da laicização do judaísmo, sobre um acordo prévio com a população árabe, antes de falar-se em criar um Estado judaico, e sobre a necessidade de atrair intelectuais para a Palestina. É o "sionismo cultural". Nos Estados Unidos, a cultura bíblica e protestante leva os dirigentes a estabelecer incessantemente um paralelo entre a América e Israel, duas Terras Prometidas. E, assim, a interessar-se pelo sionismo. Em 1892, enquanto os *pogroms* na Rússia transformam-se em carnificina, o procurador da Corte Suprema, o porta-voz da Câmara dos Representantes, o reverendo William Blackstone e o cardeal Gibbons apresentam ao presidente Benjamin Harrisson e ao secretário de Estado James Blaine uma petição em que protestam contra a sorte infligida aos judeus da Rússia e pedem a convocação de uma conferência internacional "para considerar a reclamação dos judeus sobre a Palestina, sua antiga pátria, e promover, por qualquer outro meio justo e adequado, o alívio de seus sofrimentos [...]. Por que não devolver a Palestina aos judeus? Segundo a distribuição das nações feita por Deus, essa é sua pátria, inalienável, da qual eles foram expulsos pela força. Era um país dinâmico e culto, o centro de uma civilização e de uma religião. Consideramos apropriado dar aos judeus o direito ao retorno à terra da qual eles foram despojados por nossos ancestrais romanos". Nenhum judeu americano de destaque está na inciativa dessa profissão de fé sionista por parte de algumas das mais altas personalidades do país.

A glória de ter lançado o movimento sionista não caberá a nenhum desses precursores nem a qualquer financista. Ela será dada a Theodor Herzl, correspondente em Paris de um jornal vienense, *Neue Freie Presse*. Em 1895, impressionado pela onda de anti-semitismo provocada pelo escândalo do Panamá e pelo desencadeamento do caso Dreyfus, mais que pela situação russa, Herzl escreve *O Estado judaico* (*Die Judenstaat*)[197], cuja conclusão remete à do livro de Pinsker, redigido quinze anos antes: a nação judaica deve ressuscitar num território, se possível na Palestina. Ele propõe a criação de uma "companhia judaica" para adquirir terras "/*over there*" (naquele lugar), sem esclarecer ainda onde se situa esse "*over there*"; essa sociedade de direito inglês, com capital de 200 milhões de dólares, teria por missão a compra dos bens deixados pelos judeus nos países dos quais sairiam e de pagar-lhes em dinheiro líquido e em terras "*over there*", onde eles seriam orientados para a agricultura. A companhia obteria seus lucros gerenciando e revendendo os bens adquiridos dos judeus. O capital dessa "companhia judaica" seria subscrito por financistas judeus do mundo inteiro, mas também por "pequenos investidores" judeus e "pequenos bancos" judaicos — a fim de não depender apenas dos "grandes banqueiros", "que poderiam rejeitar o projeto com um sorriso" — ou mesmo por acionistas cristãos, "que poderiam ver com interesse a resolução da questão judaica e ser atraídos pela rentabilidade do projeto"[197].

Na verdade, se Herzl fornece tais precisões, é por saber que não pode contar com o apoio dos financistas judeus, nem na Europa nem nos Estados Unidos. Nem Guggenheim, nem Rothschild, nem Seligman, nem Schiff, nem Warburg, nem Hirsch, nem Kahn, nem Goldman, nem Lazard, nem

Oppenheim ou Salomon estão dispostos a financiar um tal projeto: para eles, trata-se de uma idéia fantasiosa.

O barão de Hirsch morre em 1896. Bem ou mal, sua Jewish Colonization Association continua transportando judeus russos para a América Latina. Nos três anos seguintes, sua esposa, Clara, doa 15 milhões de dólares, levantados de sua fortuna pessoal, para obras — judaicas em sua maioria — em Nova York, na Galícia, em Viena, em Budapeste e em Paris, antes de legar dez milhões de dólares a fundações. Mas pouca coisa para a Palestina.

Um dos filhos de James de Rothschild, Edmond-James, procurado por Herzl, também se recusa a participar do projeto sionista[286]; mas, solicitado por parte dos responsáveis pela aldeia de Rishon LeZion — que depende do movimento sionista Hoveve Zion, à beira da falência —, decide dar-lhe apoio, assim como à aldeia de Zikhron Ya'akov. Vai visitá-las e retorna entusiasmado, embora, tanto quanto Hirsch e Montefiore, não se tenha tornado nem um pouco sionista.

Em 1896, Theodor Herzl, sem deixar-se desanimar por essas primeiras recusas, procura toda uma série de autoridades políticas para submeter-lhes sua idéia. Chega a conversar com o núncio apóstolico em Viena sobre a eventual extraterritorialidade de uma parte de Jerusalém, no caso de ser estabelecido na Palestina um Estado judeu. Ele quer juntar seus principais apoiadores e fazer um congresso sionista em Munique, mas a oposição da comunidade local leva-o a deslocar essa reunião para Basiléia, cidade onde residem muito poucos judeus.

Em 29 de agosto de 1897, ou seja, poucas semanas antes da fundação clandestina do Bund em Vilna, Herzl realiza em Basiléia o primeiro Congresso Sionista Mundial: duzentos participantes de dezessete países reunidos no cassino municipal, entre os quais sessenta e nove delegados de organizações sionistas e diversos convidados a título individual. Cada um compareceu às próprias custas. Dez não-judeus participam, sem direito de voto. Nenhum financista judeu importante aceitou estar presente. É um encontro de intelectuais e de médicos.

Herzl expõe seu programa numa comissão presidida por um amigo seu, Max Nordau, filho de um rabino de Budapeste, que se tornou médico em Paris em 1880. Segundo esse programa, o sionismo busca para o povo judeu uma "pátria reconhecida pública e legalmente na Palestina". O congresso decide a "promoção da instalação, em Israel, de fazendeiros, artesãos e empreiteiros judeus; a organização e a união dos judeus do mundo, local e internacionalmente, segundo as leis de cada país; o fortalecimento do sentimento nacional judaico; a preparação com vistas a obter o consentimento dos governos, se necessário, para atingir os objetivos do sionismo".

Por incitação de Leo Motzkin, um matemático russo emigrado para Berlim, numerosos delegados solicitam que seja acrescentado que o futuro Estado judeu deve ser "reconhecido pela lei internacional", e não simplesmente imposto. Em outras palavras, que se obtenha um acordo com os árabes. Outras vozes se opõem a isso. Encontra-se uma fórmula de compromisso: o Estado deverá ser "garantido pela lei pública". Nela, fala-se na necessidade de um direito exemplar do trabalho.

Herzl é eleito presidente; Nordau torna-se um dos três vice-presidentes. Cria-se um comitê para gerir o movimento entre os três congressos anuais. Todos deverão pagar anualmente uma cota de um *shekel*, simbolicamente equivalente a um franco, um marco, meio dólar ou dois *shillings*.

Em 1898, o II Congresso Sionista cria o Jewish Colonial Trust para financiar a compra de terras na Palestina, com base no modelo do projeto de "companhia judaica" de Herzl. Também nesse caso, nenhum grande financista judeu se associa a ela, e só são coletadas, mediante um apelo aos pequenos doadores da comunidade britânica, 395.000 libras sobre os 8 milhões esperados. Novo fracasso financeiro de um projeto sionista. Pela primeira vez, um grupo de socialistas pede para ser associado à direção do movimento.

Herzl propõe ao sultão muçulmano que liqüide a dívida externa da Sublime Porta em troca da soberania judaica na Palestina. Contudo, nenhum dos banqueiros credores o autoriza a negociar em nome deles uma tal oferta... que é rejeitada.

No III Congresso, reunido em 1899, sempre em Basiléia, Herzl presta contas de seus encontros em Berlim, Constantinopla e Jerusalém. Esforça-se por evitar uma discussão sobre a natureza da identidade judaica e sobre a do Estado a construir, por temer que ela provoque uma cisão entre religiosos e laicos. O congresso analisa a conveniência de concentrar-se numa ação diplomática "um pouco ilusória", como a de Herzl, ou desenvolver implantações "concretas", como faz Rothschild, fora do movimento sionista. Critica-se Herzl por interessar-se apenas pelas personalidades que encontra, e não pela organização prática do movimento. Decide-se então que o Jewish Colonial Trust destinará os fundos que puder coletar exclusivamente às aquisições de terras na Palestina e na Síria. Doravante, o "*over there*" designa a Palestina.

No aspecto prático, os não-sionistas mostram-se mais eficazes do que Herzl. Edmond de Rothschild reúne as colônias que ele financia às da Jewish Colonial Association fundada pelo barão de Hirsch. Assume a direção de tudo, desenvolve Zikhron, Ya'akov, Rishon Lezion, e, sem saber, fixa os limites setentrionais do futuro país pelas aldeias de Rosh Pina e Metulla e pelo controle das nascentes próximas ao rio Litani. Apaixonado, o barão se empolga, adquire terras, ajuda a viabilizá-las, favorece o nascimento de uma pequena indústria judaica; acompanha de perto o funcionamento econômico dessas colônias, que agora empregam trabalhadores árabes, mais experientes, e instala em Jaffa uma administração para controlá-las, para grande raiva dos colonos[286].

Ainda não se contam mais que 85 mil judeus na Palestina (num total de dez milhões no mundo) para mais de meio milhão de árabes, incluindo-se a Transjordânia. Difícil imaginar um Estado em tais condições. Nem mesmo todo o dinheiro do mundo mudaria alguma coisa. Além disso, não há dinheiro.

Em 1900, o IV Congresso realiza-se em Londres; o objetivo é chamar a atenção da opinião pública da primeira potência do mundo e atrair o dinheiro da florescente comunidade judaica britânica. Discute-se a lastimável situação econômica das explorações agrícolas criadas na Palestina.

Gastam-se horas evocando um projeto de movimento esportivo, o Maccabi; os ortodoxos, liderados pelo rabino Yitzak Yaakov Reines, protestam contra essa perda de tempo; exigem que as pessoas se concentrem nas questões políticas e no financiamento da compra de novas terras. Também nesses pontos, nada resolvido: o fracasso é total.

O V Congresso, reunido em 1901 em Basiléia, decide — para atenuar o fracasso do Jewish Colonial Trust — criar uma organização encarregada de coletar, junto às massas judaicas, os fundos necessários à aquisição de terras: o *Keren Kayemeth Le-Israel* (KKL), ou Jewish National Fund. Um grupo dirigido por Leo Motzkin, Martin Buber e Chaim Weizmann pede que seja adotado um programa de promoção da cultura judaica na Diáspora, a fim de incitar ao retorno a Sião. Também exige mais democracia dentro do movimento. A Organização Sionista permanente, baseada em Viena, ganha força. Doravante, os congressos só serão realizados de dois em dois anos.

No terreno diplomático, nenhum progresso. Em Istambul, ninguém pretende ceder a Palestina. Por outro lado, num momento em que os navios começam a utilizar o óleo diesel, Londres volta a interessar-se pelo Oriente Próximo: em 1901, William d'Arcy obtém uma concessão para a extração do petróleo do Iraque e da Arábia. Abd el-Aziz ibn Saud assume o poder na Arábia e retoma Riyad dos turcos. Toda a política mundial não demorará a girar em torno dessas jazidas de ouro negro. A sorte da Palestina, assim como a do sionismo, dependerá muito amplamente disso.

Em 1902, Herzl é recebido pela Comissão Real sobre a Imigração Estrangeira e por Joseph Chamberlain, secretário de Estado britânico para as Colônias, que lhe propõe estabelecer uma em El-Arish, no Sinai, que então pertence ao Egito (por sua vez sob tutela britânica desde 1882). Herzl evoca a Argentina e Chipre.

No mesmo momento, um partido religioso, o Mizrahi, constitui-se em Vilna para reivindicar a "Terra Prometida". O Bund e o Mizrahi nasceram na mesma cidade, mas seus objetivos diferem radicalmente: um quer direitos para os judeus na Rússia; o outro, na Palestina. Uma tirada jocosa dirá que a distinção entre os bundistas e os sionistas está apenas... no enjôo da viagem marítima!

Em 1903, o governo britânico propõe oficialmente a Herzl uma implantação dos judeus... em Uganda, "em condições que deveriam permitir-lhes respeitar seus costumes nacionais". Apesar do absurdo do local escolhido, é uma vitória para Herzl: ele vê reconhecida pela superpotência do momento a legitimidade de sua reivindicação nacional.

Nesse mesmo ano, o Jewish Colonial Trust consegue criar em Londres uma pequena filial, a Anglo-Palestinian Company, com apenas 50 mil libras esterlinas de capital. Primeiro banco judeu, para a Palestina: entre os dirigentes, ninguém conhece ainda o projeto ugandense.

Escândalo: em 1903, Herzl apresenta aos delegados do Congresso Sionista o projeto de um lar judaico em Uganda. Solução de urgência e temporária para os judeus da Rússia — argumenta ele —, reconhecimento do direito nacional, que não implica renunciar ao objetivo final do sionismo: a Palestina. Surpresa horrorizada, tempestade! Os judeus russos revelam-se os mais hostis. Max Nordau, principal confidente de Herzl, defende junto com outros o projeto do seu amigo. Quase cisão. Uma votação (295 pró, 178 contra e 98 abstenções) decide enviar a Uganda uma simples missão de observação a fim de não indispor os britânicos, mas sem o menor compromisso.

Em 1904, o KKL, criado dois anos antes, realiza as primeiras aquisições sionistas — muito modestas — de terras na Judéia e na região de Tiberíades.

Sempre em 1904, o papa Pio IX se recusa a apoiar o movimento sionista. Última decepção para Herzl, que morre em 3 de setembro, esgotado, aos quarenta e quatro anos.

O escritor britânico Israel Zangwill, inventor do termo "sionismo"[460]*, assume então a chefia do movimento. Os principais dirigentes descartam

* O leitor terá notado que, páginas atrás, essa invenção é atribuída ao escritor vienense Nathan Birnbaum. (N. da T.)

o projeto ugandense; volta-se a considerar somente a Palestina, com base no *slogan* "Uma terra sem povo para um povo sem terra". Alguns, contudo, não renunciam a estabelecer outros refúgios fora do Oriente Médio. O próprio Zangwill diz que aceitaria um território em qualquer lugar, até em Uganda, para os judeus mártires da Rússia. Fala-se do Canadá, da Austrália; enviam-se delegações ao Iraque, à Líbia, a Angola. Jacob Schiff — que continua não-sionista — financia a instalação de 9.300 judeus russos em Galveston, no Texas.

Em 1905, o VII Congresso, que se realiza novamente em Basiléia, exclui definitivamente a implantação do futuro Estado fora da Palestina ou dos vizinhos imediatos desta. Israel Zangwill demite-se então e cria a Jewish Territorial Organization, que retoma o projeto ugandense. Impasse: Nordau se recusa a sucedê-lo, e quem herda o posto é David Wolffsohn. Os escritórios da Organização Sionista são transferidos de Viena — cujo prefeito é considerado demasiado anti-semita — para Colônia, onde são bem acolhidos. Havia-se esperado a morte de Herzl para fazer isso. Existem então na Palestina 85 mil judeus.

Em 1907, o VIII Congresso acontece em Haia, simultaneamente ao Congresso Internacional pela Paz. Um engenheiro químico russo que se tornou inglês, Chaim Weizmann, de quem já falamos, passa a ser o principal porta-voz do movimento. Os "pragmáticos", para os quais somente a amplitude das implantações possibilitará o reconhecimento pelas grandes potências, vence a disputa: a Organização Sionista abre finalmente um escritório de ligação em Jaffa. Escolhido para chefiá-lo, Arthur Rupin é o primeiro dirigente sionista a ir viver na Palestina. Notável administrador, tendo estudado direito e economia, Rupin é partidário de um Estado binacional, judeu e árabe. Ele cria aldeias, transforma estudantes em camponeses, camponeses em empreiteiros, e organiza cursos de formação agrícola em fazendas especializadas.

Após novos *pogroms*, chega à Palestina, por mar, a primeira leva de imigrados russos: cerca de cinco mil, número ridículo, se comparado aos quinhentos mil que afluem para os Estados Unidos na mesma época. São sobretudo jovens de idéias tão socialistas quanto as daqueles que preferiram seguir Lenin: entre eles, David ben Gurion, Moshe Sharet, Yitzhak ben Zvi.

Os recém-chegados participam da criação de cerca de trinta aldeias. Em vez de recorrer a árabes assalariados, montam em 1907 uma organização de autodefesa, a Bar-Giora. A prioridade deles é criar um movimento socialista. Outro dirigente sionista, Vladimir Jabotinsky, cujo projeto é simplesmente nacionalista, chega de Odessa.

Mas os recursos financeiros de que eles dispõem são muito insuficientes; os pioneiros afundam no marasmo. Ao cabo de alguns anos, metade dos quinze mil judeus russos então desembarcados na Palestina parte para a América, ao encontro do milhão e meio deles que seguiram diretamente para lá.

Em Londres, Menahem Ussichkin, Chaim Weizmann, Nahum Sokolov, e, em Jaffa, o Movimento dos Trabalhadores na Palestina acusam o presidente da Organização Sionista, Wolffsohn, estabelecido em Colônia, de abandonar os pioneiros à própria sorte.

Nesse ano (1907) é criada na Palestina a Ha-Shomer Hatsair, organização judaica de autodefesa. Em Jaffa e em Jerusalém, surgem jornais em hebraico, partidos políticos, organizações de trabalhadores agrícolas. Novos bairros são construídos em Jerusalém. Jaffa conta agora cinqüenta mil habitantes, entre os quais dez mil judeus.

Em Istambul, a revolução dos Jovens Turcos — apoiada por numerosos judeus turcos — traz em 1908 uma esperança, tanto para os árabes quanto para os judeus da Palestina. O sultão abdica em 1909; seu filho Abdul Hamid III o sucede, mas já quase sem poder. A igualdade de direitos é reconhecida para todos, exceto para os gregos, os armênios e os judeus.

Em abril de 1909, Rupin, chefe da Organização Sionista na Palestina, reúne sessenta famílias numa associação, Ahuzat Bayit, e compra um terreno no litoral, perto de Jaffa. Os lotes são distribuídos por sorteio: o bairro irá chamar-se Tel-Aviv. Nesse mesmo ano, ele cria também o primeiro *kibutz* (comunidade), Degania, às margens do lago de Tiberíades. É uma aldeia sem hierarquia, sem propriedade, sem dinheiro. O teórico dessa utopia é Aron David Gordon, intelectual socialista nascido em 1856 na Rússia e que chegou à Palestina em 1904. Para ele, somente o retorno à natureza e a eliminação do dinheiro permitirão mudar o destino dos judeus. Antes de que se possa erigir uma nação inteira sobre tais princípios, ele propõe construir comunidades — *kibutzim* — baseadas na propriedade comum da terra e de todos os bens, na igualdade absoluta dos membros, na educação coletiva das crianças e na ausência de dinheiro. Em sua maioria, os primeiros *kibutzim* serão construídos segundo o mesmo plano: um reservatório de água, barracas para alojamento, terras, um refeitório, uma biblioteca, uma mercearia, uma lavanderia, estábulos para os animais. Uma assembléia geral vota o orçamento e aprova a admissão de novos membros. Um secretário, responsável pelo conjunto, é eleito ao mesmo tempo que um tesoureiro e um coordenador do trabalho. As mulheres exigem fazer o mesmo trabalho que os homens; nenhum assalariado externo, judeu ou árabe, é admitido. A educação das crianças repousa sobre a vida coletiva, até o encontro delas com o mundo exterior através da universidade.

No Congresso Sionista de 1911 — no qual, pela primeira vez, uma sessão se realiza em hebraico — é definido um programa de criação de outros *kibutzim*. Muitos explicam que o *kibutz* é simplesmente o modelo reduzido do futuro Estado judaico, de onde o dinheiro será banido. Shlomo Kaplansky ainda levanta a questão das relações com os árabes. Otto Warburg, parente distante dos banqueiros, substitui David Wolffsohn à frente da Organização.

Em 1912, ao término da primeira guerra balcânica, a Grécia recupera Salônica, em cuja população mais da metade é de judeus de origem espanhola. Começam a helenização, a discriminação e a desjudaização.

Em 1913, o XI Congresso Sionista faz-se em Viena, antiga sede da Organização, onde o judaísmo intelectual é triunfante. Discute-se a criação de uma universidade hebraica em Jerusalém.

Em 1914, a Anglo-Persian Oil Company (Apoc), fundada cinco anos antes, passa para o controle do Almirantado Britânico, que decidiu empregar o óleo diesel na propulsão de seus navios. O petróleo iraquiano e iraniano começa a jorrar com abundância.

No total, quarenta mil judeus, na maioria originários da Rússia ou da Áustria-Hungria, emigraram para a Palestina entre 1904 e 1914. Os judeus americanos continuam a não se interessar pelo movimento sionista. E a ajuda financeira das comunidades do resto da Diáspora é tão pequena que mais de três quartos dos emigrantes vão embora, especialmente para a América. Em 1914, restam apenas oitenta mil judeus na Palestina, para um total mundial de aproximadamente onze milhões e meio (ou seja, quase o triplo do número deles no início do século XIX).

Conhece-se em detalhes a repartição desses onze milhões e meio: de fato, entre 16 de setembro de 1909 e 3 de outubro de 1910, tenta-se uma primeira contagem — evidentemente, muito aproximativa — do judaísmo mundial pelo *American Jewish Year Book*[470] para o ano judaico de 5670. Mais da metade deles vive no leste da Europa, e um oitavo nos Estados Unidos. Mais de 70 por cento habitam em três países: Rússia (5.215.800), Áustria-Hungria (2.084.600) e Estados Unidos (1.777.200). O resto reúne-se essencialmente na Europa (20 por cento): Alemanha (607.900), Grã-Bretanha e Império Britânico (380.800), Romênia (250 mil), Países Baixos (160 mil), França (158 mil, sendo 63 mil na Argélia), Itália (52 mil), Bulgária (36.455), Suíça (12 mil), Bélgica (12 mil), Grécia (8 mil), Sérvia (5.500), Dinamarca-Suécia (4 mil), Espanha (2.500), Luxemburgo (1.200), Creta (mil), Noruega (642). No mundo islâmico, eles não ultrapassam 7 por cento do total: império otomano (464 mil), Marrocos (110 mil), Tunísia (62.600), Pérsia (49.500), Egito (38.600), Líbia (18.600), Turquestão-Afeganistão (14 mil), Abissínia (3 mil). A América Latina e a Ásia representam apenas 0,5 por cento do total: Argentina (30 mil), México (9 mil), Cuba (4 mil), Brasil (3 mil), Suriname (1.158), Curaçao (mil), Peru (500), Venezuela (411), Costa Rica (43). Na China e no Japão vivem dois mil, quase todos estabelecidos em Xangai.

No total: 11.530.000 judeus, dos quais mais de 90 por cento em terra cristã. Sinal dos tempos: na contagem, sequer se diferencia a Palestina do resto do império otomano!

Em um século, essa repartição geográfica modificou-se enormemente. O povo judeu já não é camponês na Polônia, mas operário na Rússia e na América. Entre os judeus, alguns são excepcionais inovadores. Eles já não são denunciados unicamente como os agentes mais ou menos involuntários de todas as desgraças do mundo, ou como cúpidos açambarcadores, usurários, parasitas, mas também como os organizadores explícitos e conscientes de sua tomada de poder sobre a economia do planeta.

4. A LEI DO NÚMERO

A morte dos impérios

Quando, em 3 de agosto de 1914, o *Cristobal*, levando a bordo Philippe Bunau-Varilla, inaugura o funcionamento do canal do Panamá, o fato passa totalmente despercebido: no mesmo dia, explode a Primeira Guerra Mundial.

Os judeus, tanto quanto as outras populações, não dispõem de meios para circunscrever o curso da tragédia que se inicia. Vistos como suspeitos de traição por russos, poloneses, alemães, austríacos, ingleses, franceses, eles são indiscriminadamente acusados de ter desencadeado o conflito, vendendo armas a todos os beligerantes, de enriquecer com a guerra e de preconizar o pacifismo. Um especialista em história do imperialismo, o britânico O. R. Hobson[202], chegará a escrever que "a casa Rothschild exercia na França um papel mais importante do que qualquer outro governo estrangeiro"[202] e que "não teria havido Grande Guerra se Rothschild se tivesse oposto a isso"[202]... Odiosa mitologia! Na verdade, os judeus não exercem nenhum papel específico no financiamento dessa guerra[395].

Evidentemente, encontram-se judeus em todos os campos porque eles apóiam, como quase sempre fizeram, os países dos quais são cidadãos; em sua maioria, são até patriotas inflamados. Na Alemanha, partem para o *front* cem mil deles, entre os quais judeus poloneses alistados após o avanço das tropas do *kaiser* a leste; outros estão no exército austro-húngaro. Na Inglaterra, são alistados no exército cinqüenta mil, inclusive um regimento de imigrados judeus russos, o 38º batalhão real de fuzileiros. No império otomano, grande parte da população judaica se mobiliza em favor do governo, aliado à Alemanha. Na Rússia, contam-se mais de trezentos e cinqüenta mil judeus no exército do czar. James, filho de Edmond de Rothschild, combate no exército britânico; Eric, filho de Max Warburg, serve no exército alemão; Jimmy, filho de Paul Warburg, lutará no exército americano.

O mesmo ocorre quanto à indústria de guerra: na Alemanha, Walther Rathenau dirige a política de repartição das matérias-primas. Na França, ao lado de Georges Mandel, que entra para o gabinete de Clemenceau, um jovem engenheiro judeu, oriundo de uma família ortodoxa, Marcel Bloch, futuro Marcel Dassault, inventa uma nova hélice e fabrica em 1917 uma revolucionária aeronave de dois lugares, o SAE-4, de que o exército faz uso imediato; outro engenheiro, André Citroën, abandona suas engrenagens em asnas para construir usinas de obuses e reorganizar o serviço de munições e depois o serviço postal. Na Grã-Bretanha, mais um engenheiro judeu, aliás porta-voz do movimento sionista, Chaim Weizmann, descobre uma nova maneira de produzir acetona, solvente indispensável à fabricação de explosivos, e torna-se diretor dos laboratórios do Almirantado. Na Alemanha, grande número de cientistas judeus põe-se a serviço do esforço de guerra do Reich.

Os financistas judeus são igualmente nacionalistas: Max Warburg capta empréstimos de guerra alemães e financia a indústria bélica do *kaiser*. Ele anota em seu diário íntimo: "Nosso destino financeiro nunca esteve tão estreitamente ligado ao rumo político da Alemanha. [...] Provavelmente, não há um só banco privado alemão que tenha garantido mais empréstimos do que nós em favor do império alemão. [...] Contribuímos para financiar a guerra, especialmente dando nossa garantia para compras aos países neutros"[18]. Em Londres, a comunidade e os bancos judaicos dão total suporte ao governo, tanto quanto o fazem os franceses, como os Rothschild ou Horace Finaly no Banco de Paris e dos Países Baixos.

Os judeus americanos concordam com todos os outros em considerar que o único país a combater é a Rússia czarista. Quanto ao resto, o conjunto dos judeus se divide. Alguns declaram-se nitidamente pró-alemães, como Otto Kahn, o principal sócio do Kuhn-Loeb. Jacob Schiff — então com sessenta e oito anos — é também pró-alemão por achar que os ingleses financiam direta ou indiretamente a Rússia. Esse é igualmente o caso de Henry Goldman. Em contrapartida, outros, como Samuel Sachs, escolhem o campo franco-britânico e param de financiar qualquer transação com a Alemanha e seus aliados. Os Sachs não dirigem mais a palavra aos Goldman. Felix Warburg hesita: um de seus irmãos é conselheiro do *kaiser*, enquanto outro, nos Estados Unidos, dirige o FED!

Pouco a pouco, Felix Warburg e Otto Kahn situam-se ao lado dos Aliados. Mas não Schiff, que propõe demitir-se do Kuhn-Loeb — o que lhe é recusado. Os outros irão afinal alinhar-se com a posição do governo americano e mobilizar-se para vender os bônus de guerra emitidos por Washington; criarão assim, em escala continental, enormes redes de venda que colocarão rapidamente esses bônus, inventando com isso técnicas utilizadas em seguida para vender *ad nauseam* títulos de empresas americanas.

Em novembro de 1914, Felix Warburg, contrário a essa guerra fratricida, elege-se tesoureiro do American Jewish Relief Committee, que reúne todas as organizações americanas de ajuda aos judeus da Europa, não importa de que lado das trincheiras estejam eles. Uma agência, o Joint Committee, enviará fundos às comunidades vítimas da guerra.

Enquanto o conflito se prolonga — e a Grã-Bretanha acumula os empréstimos tomados a bancos americanos —, na Arábia o coronel Lawrence promete ao xarife de Meca, Faissal, fazê-lo soberano de um grande país árabe que englobaria a Palestina, se ele o ajudar a acelerar o fim do império otomano. Assim, em maio de 1916, enquanto, em Verdun, o exército francês enfrenta sozinho os alemães, em Londres Georges Picot assina com Sykes um acordo de partilha do Levante: Paris adjudica-se uma pequena zona de influência na

Síria, no Líbano e na região de Mossul; aos britânicos restarão o Iraque e o Irã, onde se encontra a maior parte das jazidas de petróleo conhecidas. Quanto à Palestina, esta ficará submetida a um estatuto especial, a decidir: não se revelam a ninguém as promessas feitas por Lawrence a Faissal. Sempre haverá tempo de dizer-lhes que ela deve tornar-se árabe.

Em abril de 1917, temendo que a Alemanha assuma o controle do Atlântico — e talvez também receando que uma subseqüente asfixia da Grã-Bretanha venha a impedi-la de reembolsar seus empréstimos —, os Estados Unidos entram finalmente na guerra. Entre os soldados americanos no *front*, encontram-se então milhares de judeus, inclusive Jimmy Warburg alistado entre os *marines* após seus estudos em Harvard.

Jacob Schiff se afasta do Kuhn-Loeb, o qual, sob a direção de Otto Kahn, torna-se a partir de 1917 inimigo irredutível da Alemanha, organizando os levantamentos de fundos para a Grã-Bretanha e a França e impelindo os neutros a recusarem empréstimos a Berlim. Conta-se que o *kaiser* teria declarado então: "É mais importante eliminar Otto Kahn do que o presidente dos Estados Unidos ou o general Pershing"[54]. Aliás, uma frota de submarinos persegue o navio no qual se encontra Kahn durante uma viagem em direção à Europa.

Em junho, é o Estado alemão que não pode saldar suas dívidas de guerra. E, como ninguém lhe concede novos empréstimos — graças às pressões de Otto Kahn, entre outros —, o *kaiser* recorre ao Banco Central, que aciona a máquina de imprimir notas; a inflação, até então contida, explode. Max Warburg insiste então com o *kaiser* em que se tente novamente lançar uma captação de empréstimos a longo prazo junto a países neutros, inclusive sob a condição de abandonos territoriais. Seu plano é descartado. Em 6 de julho de 1917, perante o Reichstag, ele prediz o fracasso da guerra submarina e anuncia a derrota alemã por desmoronamento da economia.

Enquanto isso, as tropas britânicas do general Allenby avançam em direção à Palestina, com a ajuda árabe e graças às manobras de Lawrence da Arábia. O movimento sionista não pretende entregar o controle de Jerusalém aos aliados árabes de Londres. Em 4 de junho de 1917, em resposta a uma carta de Lord Rothschild, o secretário-geral dos Assuntos Estrangeiros na França declara-se favorável ao estabelecimento de uma "nacionalidade judaica" na Palestina. Em agosto, Chaim Weizmann e Lord Rothschild, dirigentes da Organização Sionista Mundial, fundam um Comitê-Anglo-Palestino, o qual interroga o ministro britânico dos Assuntos Estrangeiros, Lord Balfour, sobre o que ele pretende fazer da Palestina depois da guerra. Intensas tratativas[7] seguem-se ao envio dessa carta, a fim de obter uma resposta favorável antes que as tropas britânicas entrem na Palestina.

Em 2 de novembro de 1917, Lord Balfour escreve a Lord Rothschild, presidente da British Zionist Federation, a carta aguardada há dois meses, esperada há vinte anos, sonhada há vinte séculos, e cujos termos foram cuidadosamente negociados:

"Caro Lord Rothschild,

"Tenho o grande prazer de endereçar a V. Sa., em nome do governo de Sua Majestade, a seguinte declaração de simpatia quanto às aspirações sionistas, declaração submetida ao gabinete e por ele aprovada:

'O governo de Sua Majestade encara favoravelmente o estabelecimento, na Palestina, de um Lar Nacional para o Povo Judeu, e empregará todos os seus esforços no sentido de facilitar a realização desse objetivo, entendendo-se claramente que nada será feito que possa atentar contra os direitos civis e religiosos das coletividades não-judaicas existentes na Palestina, nem contra os direitos e o estatuto político de que gozam os judeus em qualquer outro país.'

"Desde já, declaro-me extremamente grato a V. Sa. pela gentileza de encaminhar esta declaração ao conhecimento da Federação Sionista.

"Arthur James Balfour."

Se Lord Rothschild é o único destinatário dessa mensagem, é que Weizmann não havia sido associado às primeiras iniciativas e à redação do primeiro projeto de carta. Essa missiva chega bem a tempo: algumas semanas mais tarde, o exército britânico de Allenby apodera-se de Jerusalém, dando um fim a quatrocentos anos de dominação turca sobre a cidade. A Palestina cai de fato sob mandato britânico. Ali vivem 56 mil judeus apenas e 600 mil árabes (Transjordânia incluída). A França e a Itália — aliadas de Londres na guerra — aprovam de imediato a declaração de Balfour para não deixar a questão do Oriente sob controle unicamente britânico.

Em 26 de novembro de 1917, menos de um mês após a tomada do poder pelos bolcheviques, a Rússia de Lenin pede o armistício. Em 3 de março de 1918, os russos conduzidos por Trotski assinam a paz em Brest-Litovsk, fazendo enormes concessões territoriais. O império alemão acredita então beneficiar-se de um alívio, ou até de uma perspectiva de vitória. Na verdade, ele entra em agonia.

Em abril, Otto Kahn — o qual, em nome dos banqueiros, fez-se organizador do bloqueio financeiro à Alemanha — é recebido na França como herói. Janta com Clemenceau, que o designa como "o maior americano vivo", visita o *front* e informa os Aliados de ter sabido — por uma indiscrição do rei da Espanha, Afonso XIII, que o recebeu em Madri — que uma revolução comunista ameaça a Alemanha[54]. A notícia é importante: a vitória pode ser obtida na retaguarda, antes de sê-lo no *front*.

Em junho de 1918, por ocasião da renovação do seu mandato, Paul Warburg apresenta ao presidente Wilson sua proposta de sair da vice-presidência do FED, a fim de não a deixar, após a entrada dos Estados Unidos na guerra, nas mãos de um ex-cidadão alemão[18]. Para sua grande surpresa, o pedido de demissão é aceito. Amargurado, Paul Warburg retorna ao Kuhn-Loeb. Nesse dia, o *New York Times* escreve que "ninguém mais do que ele, em sua modéstia, poderia reivindicar o título de fundador do Sistema Federal de Reserva"[18]. Em agosto de 1918, após sete meses de hesitações, o presidente Wilson aprova a declaração de Lord Balfour.

Em Berlim, acelera-se a deterioração, por enquanto mais política do que militar. No início de outubro, o *kaiser* chama o príncipe Max von Baden para a Chancelaria e oferece a Max Warburg o cargo de ministro das Finanças. Este recusa: em sua família, não se é ministro. Em 5 de novembro, um comitê revolucionário assume o poder em Hamburgo; o prestígio de Max

Warburg é tanto que esse comitê, depois de fazê-lo refém e de pressioná-lo a dizer onde está o dinheiro da cidade, protege sua família, convida-o para almoçar e escuta seus conselhos[18]. Guilherme II abdica e parte para o exílio nos Países Baixos. Albert Ballin, o amigo judeu do *kaiser* e de Max, fundador da Hamburg American Line e um dos maiores industriais alemães, suicida-se de desgosto ante a derrota do seu país.

Doravante, os Estados Unidos são a maior potência do mundo. Principais produtores de trigo, carvão e aço, eles detêm metade do ouro do planeta. O dólar é a única moeda ainda verdadeiramente conversível em ouro. A libra caducou.

O novo chefe do governo alemão, Friedrich Ebert, pede a Max Warburg que dirija em Paris a delegação financeira às negociações do tratado de paz[223]. Já o irmão dele, Paul Warburg, fará parte da delegação americana! Por outro lado, estará presente uma delegação judaica, dirigida por um financista de Wall Street, Bernard Baruch, celebrizado por ter feito fortuna na Bolsa, antes de completar trinta anos, e que desde então aconselhou vários presidentes dos Estados Unidos.

As conversações se iniciam em 12 de janeiro de 1919, durante a semana sangrenta na Alemanha, em plena greve geral. Karl Liebknecht e Rosa Luxemburgo, judeus poloneses, serão assassinados logo depois.

Quando se debate a questão do futuro do império otomano, Chaim Weizmann, membro da delegação judaica, declara à conferência em que se discute a sorte da Palestina: "Não estamos pedindo um governo judeu. Estamos pedindo que, sob o governo da região, sejam estabelecidas no país determinadas condições e uma administração tal que nos permita enviar emigrantes à Palestina [...]. Nós nos empenharíamos em criar escolas onde seria ensinada a língua hebraica e construiríamos gradativamente uma nação que seria tão judaica quanto a França é francesa e a Grã-Bretanha, britânica. Quando essa nação formar a maioria da população, terá chegado o momento de reclamar o governo desse país"[444].

Confiante na promessa inglesa, o emir Faissal, filho do xarife Hussein, assina com Weizmann em Versalhes um acordo que fala de "colaboração com vistas a realizar as aspirações nacionais". Ele aceita a aplicação da declaração Balfour, em troca da promessa da criação de um Estado árabe em toda a região. Baruch obtém a garantia de que os direitos cívicos e culturais serão atribuídos aos judeus estabelecidos em todos os países da Europa, assim como um direito de observação dos sionistas sobre a Palestina.

Os alemães se resignam à perda de suas colônias, à neutralização da margem esquerda do Reno, ao abandono de seus investimentos no exterior e ao do essencial de sua frota, e ainda ao pagamento, como "reparação" aos Aliados, de 132 bilhões de marcos-ouro, dos quais cinco milhões a liquidar antes de 1º de maio de 1921, em troca do abastecimento em alimentos e em matérias-primas. O império austro-húngaro está desmantelado. Surgem numerosos Estados: Checoslováquia, Hungria, Polônia, países bálticos...

Os sete milhões de judeus otomanos, russos e austro-húngaros estão agora separados por vinte e sete fronteiras.

O nascimento da União Soviética

Karl Marx havia predito que a eliminação do capitalismo faria desaparecer o anti-semitismo. Nada disso se produz, quando o socialismo se instala na Rússia.

Em março de 1917, a queda do regime czarista acarreta a emigração das poucas famílias judaicas que haviam permanecido em Petersburgo após os acontecimentos revolucionários de 1905; entre elas, o barão Alexandre de Günzburg e sua mulher, irmã de George Warburg[18]. Mas a imensa massa judaica assiste com entusiasmo à derrocada da autocracia. Embora haja relativamente poucos judeus entre os membros do Partido Bolchevique, contam-se vários entre os altos dirigentes. Em particular, quatro: Grigori Eviseievitch Radomylsky, dito Zinoviev, que se tornou um dos mais próximos colaboradores de Lenin, é nomeado para a direção da III Internacional; Lev Davidovitch Bronstein, dito Leon Trotski, funda o Exército Vermelho com muitos oficiais judeus; Isaac Nahman Steinberg, escritor iídiche, originário de uma tradicional família judaica lituana, autor de uma tese de doutorado em direito sobre a lei penal no Talmude, membro da fração bolchevique do Partido Social-Democrata Russo e, depois, do Partido Bolchevique, torna-se, aos trinta anos, comissário do povo para a Justiça; por fim, Maxime Litvinov, detido em Londres e trocado por um cônsul britânico, torna-se comissário do povo adido aos Assuntos Estrangeiros. E ainda há outros, menos visíveis, como Sokolnikov, comissário do povo nas Finanças, ou Sverdlov, presidente da executiva dos sovietes. Muitos, em torno de Trotski, almejam um socialismo mundial, uma "Comuna Planetária" da qual a revolução russa constituiria apenas uma primeira etapa.

De início, a "Declaração dos Direitos dos Povos da Rússia" reconhece direitos religiosos e nacionais para os judeus. Abrem-se sinagogas e escolas judaicas, surgem publicações em hebraico e em iídiche. Mas os decretos de aplicação enquadram muito severamente essas novas liberdades. Já em janeiro de 1918, a separação entre as Igrejas e o Estado leva ao confisco dos bens dos diferentes cleros e à proibição do ensino religioso, seja ele cristão ou judeu.

Para os bolcheviques, como para Marx, a religião desaparecerá naturalmente com o capitalismo. Aos olhos de Lenin, não se pode em absoluto favorecer a manutenção de uma cultura judaica, "*slogan* dos rabinos e dos burgueses, que são nossos inimigos"[226]. Para Trotski, igualmente, o judaísmo desaparecerá com a concretização do socialismo.

Na primavera de 1918, quando a revolução bolchevique se propaga à Ucrânia, explode ali uma guerra civil. O Exército Vermelho deve defender-se ao mesmo tempo contra a guerrilha ucraniana de Petliura, contra as tropas brancas de Denikin e de Wrangel e contra o exército polonês de Pilsudski; chefes de bandos, os *atamanes*, também se envolvem na batalha. O único outro inimigo comum a todos esses exércitos antibolcheviques são os cerca de dois milhões de judeus que ali vivem; contra eles, esses exércitos retomam em coro o velho *slogan* dos *pogroms*: "Surrem os judeus para salvar a Rússia!". Grupos judeus de autodefesa se constituem. Quando o Exército Vermelho vence, as tropas brancas em debandada massacram todos os judeus que encontram. Quase dois mil *pogroms* fazem mais de cem mil mortos e meio milhão de desabrigados.

No fim da guerra, em novembro de 1918, a Polônia e a Lituânia recobram sua independência, perdida em 1795. Uma fração do judaísmo polonês desprende-se então do domínio russo, mas por meio de importantes movimentos populacionais: a nova Polônia recebe seiscentos mil judeus vindos da Rússia. Vendas forçadas, assassinatos, fome geral... Em suma, dois milhões e meio de judeus permanecem na órbita soviética; um milhão e meio de outros descobre-se em território polonês, aparentemente livres da ditadura. Vinte anos mais tarde, uma parte dos da União Soviética sobreviverá. Todos os da Polônia desaparecerão.

Em 1919, o Bund polonês é reconstituído em meio à euforia. O Bund russo junta-se ao Partido Comunista e constitui as *Yevsektsiya* ("seções judaicas")[226].

No oeste da Rússia, a batalha continua. Provisoriamente aliados aos ucranianos, os poloneses tomam Kiev em maio de 1920 e depois recuam diante do Exército Vermelho. Batalha diante de Varsóvia. Os poloneses interceptam a cavalaria russa de Tukhatchevsky e seu avanço em direção a Berlim. Novamente ameaçada de desaparecer, a Polônia aceita um armistício, assinado em Riga em 12 de outubro de 1920. A Ucrânia, que esperava a independência, é engolida pela Rússia. Os judeus que nela permaneceram e que combateram com os poloneses são considerados traidores e tratados como tais; delegados vindos do conjunto da Rússia para uma conferência sionista são detidos e deportados para a Sibéria. As organizações judaicas, acusadas de representar uma "tendência burguesa e clerical", são liquidadas. Procura-se distinguir os "burgueses", que cometem o erro de querer permanecer judeus, dos operários, sobre os quais se afirma estarem dispostos a deixar de sê-lo.

As medidas são as mesmas que atingem as Igrejas cristãs: fecham-se sinagogas e escolas; confiscam-se livros; impede-se o funcionamento dos organismos assistenciais. Os poucos burgueses judeus ainda presentes no país são presos pela Tcheka, a polícia política de Beria e Dzerjinsky. Ainda estão autorizados o uso do iídiche, seu teatro e sua imprensa, mas, como praticamente não existem escolas secundárias nem universidades nesse idioma, o número dos que o falam declina até desaparecer. O ensino do hebraico, "língua reacionária e clerical", é também proibido.

O governo soviético dirige-se então, em 1920, aos comerciantes judeus, cujas lojas acabam de ser nacionalizadas:

"O poder soviético luta obstinadamente contra a especulação e o comércio livre. Assim, à própria revelia, inflige um duro golpe às massas judaicas que, em razão da política czarista, foram até agora forçadas a viver do pequeno comércio e de outras ocupações precárias. Mas, enquanto priva os senhores de seus negócios vergonhosos e desvantajosos, ele lhes dá ao mesmo tempo o direito e a oportunidade de envolver-se num trabalho são, honesto e produtivo, inclusive a agricultura, que lhes era proibida sob o regime do czar; venham ao encontro das fileiras dos trabalhadores, e o poder soviético os ajudará!"[226].

O aniquilamento do judaísmo russo prossegue. O exílio está fechado aos judeus: já não se pode partir para a América. A Rússia era um inferno aberto; a URSS torna-se um inferno fechado.

Alguns ainda conseguem emigrar. Martov deixa a Rússia; instala-se em Berlim, com a família de Nabokov, como representante dos mencheviques. Pinhas Rutenberg, governador de Petrogrado sob Kerensky, preso durante seis meses, é por sua vez autorizado a emigrar para a Palestina, onde fundará a Companhia de Eletricidade e dirigirá o primeiro embrião de exército judeu, o Haganah.

Na Europa ocidental, continua-se afirmando que a revolução bolchevique é dirigida por judeus. Na Grã-Bretanha, na França, nos Estados Unidos fala-se de uma conexão entre a "judaria internacional" e a Revolução russa. Em 8 de fevereiro de 1920, Winston Churchill escreve: "Com a notável exceção de Lenin, a maioria dos dirigentes russos é constituída por judeus. Além disso, a principal inspiração e a força vêm dos dirigentes judeus"[226]. Curiosamente, é nessa época que uma carta de um leitor turco do *Times* de Londres revela o nome do autor da mistificação dos *Protocolos dos Sábios de Sião*. Sem dúvida, esse nome foi descoberto nos arquivos da Okhrana, a polícia secreta do czar. No mesmo momento, surge em Istambul o manuscrito de uma enigmática obra-prima da literatura russa: *Romance com cocaína*.

Dirigentes judeus da Revolução caem em desgraça[226]: em 1923, Isaac Nahman Steinberg, o jovem comissário do povo para a Justiça, consegue deixar Moscou; instalado em Nova York, ele escreverá ensaios políticos em iídiche, editará publicações judaicas e dirigirá um instituto de estudos judaicos. Zinoviev, implicado num escândalo ligado ao envio de uma carta ao Partido Comunista Britânico, é afastado, como Trotski, por Stalin. Mesmo assim, em 1925, o correspondente do *Times* na URSS, Robert Wilton[448], pensa poder ainda escrever, citando nomes, que três quartos do Comitê Central do Partido Comunista são judeus, assim como dezessete ministros, num total de vinte e três, e quarenta e um membros do Politburo, em sessenta. Inverificável: os nomes não provam nada, e o autor não apresenta nenhuma prova convincente.

Em 1924, para ajudar os judeus a sobreviver melhor na nova URSS — cujo projeto eles não contestam —, Felix Warburg e Julius Rosenwald (dono da Sears&Roebuck) criam a American Jewish Joint Agricultural Corporation, com o apoio de John D. Rockefeller Jr. (que os anti-semitas afirmarão ser "judeu em segredo", contra qualquer verossimilhança). A ambição deles é reunir, com a concordância das autoridades soviéticas, centenas de milhares de judeus em duzentas e quinze explorações agrícolas distribuídas por 2,5 milhões de acres. A Agro-Joint adquire as terras, o gado, os tratores, e financia quatrocentas escolas para dar formação nos ofícios artesanais (imprensa, trabalho da madeira). Em 1927, Felix Warburg visita quarenta dessas colônias agrícolas judaicas, duas das quais têm seu nome. É tão bem recebido que, ao voltar, faz a apologia do regime soviético, "que melhora a sorte econômica dos judeus", sem fazer qualquer menção ao aniquilamento cultural do judaísmo. No mesmo ano, o governo soviético projeta a criação de uma "região judaica autônoma", o Birobdijã, região estratégica na fronteira chinesa; a Agro-Joint é chamada a contribuir para financiar ali a instalação dos primeiros colonos, em 1928. A fome mata milhões de camponeses judeus, russos e ucranianos. Em 1930, são dissolvidas as seções judaicas do Partido, as *Yevsektsiya*; seus dirigentes, acusados por Stalin de "tendências nacionalistas", são deportados ou executados. À guisa de epitáfio, Stalin declara: "Os judeus só são uma nacionalidade no papel, o sionismo é um movimento burguês reacionário e o iídiche, um jargão". Lazare Kaganovitch e alguns outros judeus ainda ocupam os mais altos postos do país; Lef Efimovitch Meriajin ainda é presidente do Banco Central.

Um destino judaico particular: o de Armand Hammer, nascido em 1898 em Nova York, de pais judeus imigrados — que, segundo a tradição familiar, tinham chegado à Rússia vindos de Jerusalém —, descendente de Judas Macabeu e também chamado "Judas o Martelo" (a menos que *Arm* e *Hammer* tenham sido escolhidos porque o braço e o martelo são os símbolos do Partido Social-Democrata Russo...). Seu primeiro nome teria sido inspirado ao seu pai pelo herói de *A dama das camélias*. Em 1917, estudante de medicina, ele assume o pequeno laboratório farmacêutico paterno; a seguir, torna-se um dos primeiros produtores mundiais de gengibre, faz fortuna, conclui seus estudos de medicina em 1921, em Columbia, oferece seus serviços como médico à Rússia, onde grassa a fome, e ali descobre peles de grande valor, que troca por trigo americano. Sente-se mais útil assim do que como médico e torna-se um dos senhores do comércio Leste-Oeste, conciliando sua amizade por Lenin e sua plena adesão ao sistema capitalista. Ele explora minas de amianto na URSS, importa veículos para lá, tratores, e adquire incontáveis obras de arte russas junto ao Estado, em troca de produtos industriais. Deixa a União Soviética em 1931 e retira-se então dos negócios... até ver-se proprietário de uma modesta companhia petrolífera da qual fará uma das *majors*: a Occidental Petroleum, que explora, entre outros, ... o petróleo líbio.

Em 1928, o Birobidjã é declarado "região autônoma judaica", embora os judeus só representem ali um quinto da população. No quadro da coletivização, as ricas colônias da Agro-Joint são expropriadas pelas autoridades soviéticas e vinculadas aos colcozes vizinhos. Os judeus que nelas vivem são misturados à força aos outros camponeses.

Agora, 40 por cento dos judeus soviéticos estão repartidos por seis cidades. Centenas de milhares deles tornaram-se operários. Os casamentos mistos aumentam. Apesar da repressão, e embora só representem 2 por cento da população, eles ainda são 15 por cento dos estudantes.

A partir de 1930, Maxim Litvinov, até então adido de Tchitcherin, assume a política externa soviética. Obtém o reconhecimento da URSS pelos Estados Unidos, em 1933, e faz-se advogado da aliança com eles contra os nazistas, antes de ser dispensado de suas funções, em maio de 1939, após a assinatura do pacto germano-soviético de não-agressão. Substituído por Molotov, torna-se embaixador nos Estados Unidos em 1943. Morre em 1951.

Quando explode a guerra, a anexação do leste da Polônia e dos Estados bálticos vem acrescentar dois milhões de judeus poloneses aos três milhões que continuaram na Rússia.

5. O NOVO, A CRISE, O VELHO

Weimar e Wall Street

Segundo observa Hannah Arendt, é quando os judeus perdem função e influência, quando estão integrados, assimilados, que o anti-semitismo se exaspera e que eles ficam mais ameaçados[14]. É justamente o que se passa após a Grande Guerra, como tantas vezes foi o caso ao longo dos séculos precedentes.

Na Áustria, não é sob Metternich e Francisco José que o anti-semitismo se expressa com maior virulência, mas sob a República de 1920. Na França, tampouco é sob o Segundo Império, período em que os judeus franceses estão no topo de sua potência financeira, que se desencadeiam os piores ataques, mas sim em torno da Primeira Guerra Mundial, quando eles são menos visíveis em cargos importantes[14]. Na Alemanha, em seguida ao desastre de 1918, os judeus, integrados, perfeitamente identificados à cultura do país em cuja população representam menos de 1 por cento (460 mil pessoas), não tardam a ser brutalmente atacados e até, no caso dos mais influentes, assassinados.

Principal banqueiro do país, Max Warburg financia a compra de novos navios para a "Linha" que ele salvou da falência após a morte de Ballin[81]. Para contornar aquilo que o tratado de Versalhes impõe à Alemanha e evitar a apreensão das filiais da Zeiss e da Krupp no exterior, ele as disfarça de empresas britânicas e neerlandesas fazendo com que sejam compradas por duas filiais dos Warburg reabertas em Londres e em Amsterdã[18]. Walther Rathenau, ministro da Reconstrução de maio a outubro de 1921, negocia o tratado de Rapallo com Tchitcherin, na qualidade de ministro dos Assuntos Estrangeiros. Ele escreve *A nova sociedade* para criticar tanto o socialismo totalitário quanto o capitalismo desumanizado pelo progresso técnico, e para propor uma terceira via na qual o Estado controlaria a economia e os assalariados dirigiriam as empresas. Hugo Preuss, jurista judeu, redige a Constituição de Weimar. Kurt Eisner dirige o governo revolucionário bávaro, à frente de uma equipe na qual a maioria dos ministros é constituída por judeus.

O anti-semitismo explode. A caça aos judeus não demora a ser aberta. Na primavera de 1921, Kurt Eisner e vários de seus ministros judeus, assim como Hugo Preuss, são assassinados. Em 24 de junho de 1922, é a vez de Walther Rathenau, então ministro dos Assuntos Estrangeiros, ser morto por dois nacionalistas anti-semitas, membros de uma organização secreta, Cônsul. Todos são acusados de não ter conseguido fazer anular as reparações impostas à Alemanha. Os bancos alemães estão quase todos arruinados. O Warburg só sobrevive graças a um empréstimo do Kuhn-Loeb.

No fim de setembro de 1923, Paul e Max Warburg, com o Norddeutsche Bank e o Dresdner Bank, criam o Hamburger Bank, que emite suas próprias notas lastreadas sobre ouro e redescontáveis em dólares por intermédio do Warburg — também aqui, o dinheiro vem do Kuhn-Loeb.

Isso salva primeiro o Warburg e depois, como sessenta e seis anos antes, Hamburgo. Hjalmar Schacht, desde dois anos antes no Reichsbank, retoma a idéia por sua conta e sugere ao presidente do Conselho, Gustav Stresemann, criar uma nova moeda para toda a Alemanha, o Rentenmark, garantido pelo conjunto dos bens da economia alemã, com um novo instituto de emissão, o Rentenbank. Grande sucesso: os Warburg permitiram à República de Weimar estabilizar-se.

No verão de 1925, por ocasião de um almoço em casa de Schacht, Max Warburg encontra o marechal Hindenburg, que acaba de ser eleito presidente da República após a morte de Ebert, em 28 de fevereiro de 1925.

Ele é enviado a Moscou, à frente de um consórcio, para abrir um crédito comercial aos soviéticos. Ali cruza com seu irmão Felix, o qual tinha ido visitar suas colônias agrícolas...

Nesse ano, na América, a chegada de pessoas do leste da Europa é limitada por cotas, por causa do desemprego. A grande imigração se detém no momento em que seria dramaticamente necessária.

Os judeus já perderam então quase todos os postos-chave que detinham havia mais de cem anos nas indústrias e nos bancos alemães, exceto no Deutsche Bank, dirigido por Oscar Wasserman, e no Darmstädter Bank, de Jacob Goldschmidt. A comunidade judaica alemã está bastante integrada; os casamentos mistos se multiplicam. Ela se assimila tão depressa que, segundo previsões estatísticas da época, terá desaparecido em... 1950.

Em meio a esse marasmo, algumas exceções. Na Grã-Bretanha, os Rothschild[286], cujo banco permanece dominante; na França, Horace Finaly, que assume a presidência do Banco de Paris e dos Países Baixos e faz dele um grande banco. Marcel Bloch fabrica agora automóveis e caças-bombardeiros de eficácia reduzida pela modesta qualidade dos motores franceses. André Citroën constrói em 1919 a primeira fábrica européia de produção de automóveis em série; ele inventa o *marketing* e a publicidade — até à megalomania: manda iluminar a torre Eiffel com duzentas e cinqüenta mil lampadazinhas que desenham seu nome! Grande mecenas judeu, Citroën ajuda a desenvolver na França a ORT, instituição social destinada a formar jovens judeus no trabalho industrial. Pouco interessado em dinheiro, mais sensível aos encantos do jogo e das mulheres, ele vai à falência em 1934 e tem de ceder sua empresa ao grupo Michelin, seu principal credor, logo após o lançamento da "*petite voiture*" (o "carrinho"), o Traction, alguns meses antes de sua morte, em 1935.

Nos Estados Unidos, quatro quintos dos judeus vivem agora em Nova York, Chicago e Los Angeles. Embora um quarto da população judaica americana ainda pertença ao proletariado, os originários da Alemanha passam da indústria têxtil aos bancos, abandonando os outros ofícios aos mais recentes imigrados vindos do Leste, os quais, por sua vez, logo passam do estatuto de operários ao de advogados, ou da condição de sucateiros à de comerciantes; 60 por cento trabalham agora no comércio e 17 por cento nas profissões liberais (contra 3 por cento em 1900). Pouquíssimos ainda são operários. Todos os meios de promoção social são utilizados para progredir: vinte e seis judeus americanos são campeões mundiais de boxe no entreguerras, sendo os mais famosos Barney Ross e Benny Leonard. Espetacular mutação.

Na indústria, um destino especial: em 1922, Louis Blaustein funda uma *major* do petróleo, a American Oil Company (Amoco). Chegado da Lituânia em 1883, de início camelô, Blaustein inventa em 1900 um reservatório estanque que ele faz puxar por cavalos para vender querosene aos merceeiros; depois, em 1910, gasolina e um combustível específico ao qual dá o nome de *amoco*. Cria postos de serviço e, em 1923, quando o uso do automóvel se desenvolve, cede metade da Amoco à Pan-American, para não mais depender da Standard Oil, sua fornecedora de petróleo. Mas a Pan-American é comprada pela Standard Oil em 1925... A Amoco só recobrará sua independência muito mais tarde, por ocasião do desmantelamento do império Rockefeller pelas autoridades antitruste.

As grandes famílias se apagam. Em abril de 1920, Jacob Schiff, que não compreendeu nada da guerra, morre deixando uma fortuna estimada entre 50 milhões e 200 milhões de dólares, ou seja, muito inferior àquilo que ele distribuiu para obras ao longo de toda a sua vida. Seu filho Mortimer sucede-o na direção do Kuhn-Loeb, que drena ainda 9 bilhões de dólares por ano: dois terços para financiar as ferrovias e o resto destinado à indústria e a emissores estrangeiros[18]. Cada sócio ainda ganha mais de um milhão de dólares por ano. Já não se trata do principal banco de negócios do país. Os outros bancos judaicos também tendem a deixar o cenário: o Seligman desaparece; o Lehman e o Guggenheim perdem influência. O Goldman-Sachs e o Salomon ainda se agüentam.

Os casamentos mistos tornam-se mais freqüentes. Na Europa, os Rothschild chegam a fazer disso uma regra. Nos Estados Unidos, vários Seligman mudam de religião. Otto Kahn, que com a guerra se tornou o banqueiro mais renomado de Nova York, declara que "são Paulo, são Francisco e Jesus são os três maiores personagens da História"[54]. Dillon (do banco Dillon Read), que na realidade se chama Lapowski, recusa-se a considerar-se judeu. Felix Warburg, um dos americanos mais ricos de seu tempo, já não freqüenta o banco. Felix é aquele para quem se inclina o regente da orquestra quando ele vai à Metropolitan Opera House, mas já não é o dândi de antes da guerra. Apaixonado pelos assuntos judaicos, transfigurado por sua ação militante, preside com entusiasmo, a partir de 1914, o Joint Distribution Committee, que auxilia os refugiados judeus; implanta-o no mundo inteiro e participa da fundação do Apelo Judaico Americano, que coordena as coletas de fundos em favor do Joint. Continua não sendo sionista, mas interessa-se profundamente pela sorte dos judeus do mundo inteiro; não aprova nada do que acontece na Palestina — para onde, segundo ele, os judeus russos levam o comunismo —, mas, nos últimos quinze anos de sua vida, distribui mais de 13 milhões de dólares para obras judaicas[18].

Paul Warburg já não vai ao seu escritório do Kuhn-Loeb. No início de 1929, denuncia a "bolha" financeira que ele vê formar-se e anuncia "uma depressão geral em todo o país"[18]. Mais uma vez, ninguém o escuta.

A Crise chega em outubro com o Kreditanstalt, em Viena. É uma catástrofe para toda a Diáspora, assim como para o resto do Ocidente. Em Londres, o bairro de White Chapel povoa-se novamente de judeus miseráveis. Em Paris, as necessidades dos refugiados do Leste excedem os recursos assistenciais das comunidades. Na Alemanha, os bancos judaicos mal sobrevivem, e a crise aguça o anti-semitismo. O Darmstädter Bank de Jacob Goldschmidt, assim como os Warburg, estão em perigo. Um terço dos judeus alemães estão mergulhados na miséria. Em 8 de dezembro de 1931, o governo alemão institui sobre os que partem uma "taxa de fuga" igual a um quarto do valor corrente dos bens deles no momento da partida. Por toda parte, na Europa e nos Estados Unidos, os bancos judaicos são acusados, sem provas, de ser responsáveis pela recessão. O anti-semitismo faz-se cada vez mais furioso contra a "plutocracia judaica". Entre os quatro milhões e meio de judeus presentes em solo americano, quase um milhão cai na pobreza. Certas organizações de assistência comunitária chegam até à falência. Pela primeira vez, na América, numerosas famílias judaicas descem na escala social. A América fecha suas portas mais hermeticamente ainda, e centenas de milhares de judeus europeus em busca de refúgio encontram agora interditado o acesso aos Estados Unidos.

Os antigos grandes bancos judaicos estão de mal a pior. O Goldman-Sachs, que criou em 1928 um fundo de investimento (a Goldman-Sachs Trading Corporation), do qual metade dos títulos foi vendida ao público, está quase falindo. A situação é também péssima para o Kuhn-Loeb, tanto quanto para bancos protestantes como o Morgan, o Kidder Peabody's e o Lee Higginson.

Mortimer Schiff morre em agosto de 1931, deixando ao seu filho John e aos outros herdeiros apenas 7,6 milhões de dólares líquidos, além de títulos em 81 sociedades. O valor destes, ainda avaliado em 28,7 milhões de dólares no dia de sua morte, cai 54 por cento em razão do desabamento da Bolsa, na hora da divisão entre os herdeiros: o que Mortimer deixa já não passa então de um décimo daquilo que seu pai lhe legou, onze anos antes!

Paul Warburg, que tem de ceder larga parte de sua fortuna para salvar da falência seu filho Jimmy, morre de ataque cardíaco em 24 de janeiro de 1932, deixando apenas 2,5 milhões de dólares. Por ocasião de sua morte, o jornalista Walter Lippmann escreve: "Ele previu o pior e o anunciou a tempo. Ele foi um dos arquitetos daquilo que há de mais sólido em nosso Banco Central, e o mais sincero crítico de suas fraquezas".

Felix, por sua vez, ainda tem meios para mostrar-se generoso. Em 1931, envia ao Deutsche Bank, ainda presidido por Oscar Wassermann, três milhões de dólares a serem transferidos para os judeus vítimas de *pogroms* na Galícia, que voltou a ser polonesa.

Em 1935, uma única sociedade financeira judaica americana parece livrar-se de tudo isso: a mais recente, Salomon Brothers, que relança a emissão de obrigações. Em 1936, segundo a revista *Fortune*, somente 30 dos 420 diretores da New York Clearing House são judeus, assim como o são 46 dos 252 membros da New York Stock Exchange.

O último Seligman, Jeff, morre em 1937 sem herdeiros. A casa se estiola sem os fundadores. Tanto quanto o pai, os filhos de Felix Warburg não são apaixonados pelas finanças: o mais velho, Frederick, instala-se em Middleburg, na Virginia, onde possui um haras; Gerald, o segundo, faz uma bela carreira de violoncelista e regente. Ao sair de Harvard, Jimmy, filho de Paul Warburg, escreve sob pseudônimo o libreto de uma comédia musical de sucesso, *Time and Dandy*[18].

Em 1939, metade dos judeus da América trabalha no comércio, e um quarto exerce profissões liberais — dois setores favoráveis à promoção social. Lê-se na revista *Fortune*: "A comunidade judaica não monopolizou a indústria, como freqüentemente se diz, embora haja judeus que se interessam por certas áreas. Existem e ainda existirão alguns judeus para ocupar funções eminentes no sistema bancário e nos seguros... O comércio de álcool (que era tradicionalmente judaico na Polônia, onde eles não bebiam) nos Estados Unidos encontra-se nas mãos de judeus não-alemães (eles representam a metade dos destiladores do país)".

Samuel Bronfman figura entre os melhores desses destiladores. Após um início em hotelaria com seu pai, ele cria no Canadá um negócio de bebidas alcoólicas que o leva a controlar uma das maiores destilarias mundiais, a Seagram's Ltd. Segundo seu biógrafo, "enquanto o uísque escocês envelhece em doze anos, o de Sam Bronfman só precisa de dois dias"[54]. O álcool concerne então às zonas de sombra da sociedade americana. E, portanto, às do judaísmo americano.

Chicago

Evidentemente, nenhuma sociedade está isenta de delinqüentes. Tanto quanto as outras, a diáspora judaica também. No entanto, faz-se tudo para evitar violências. A obsessão das comunidades sempre foi a de prevenir a imoralidade, e a ética judaica protege-as mais do que outras contra a criminalidade. A tal ponto que desde o início dos tempos, como vimos, uma comunidade se considera coletivamente responsável por todo assassinato cometido em suas vizinhanças e proíbe-se de aceitar como dádiva o produto de um roubo ou de um crime. E reprime severamente toda fraude — sobretudo, como também vimos, em relação a um não-judeu.

Afora as de "crimes rituais", nenhuma outra acusação séria de assassinato em bando organizado é encontrada antes da chegada em massa de judeus russos ao solo americano, por volta de 1910. Contudo, são incontáveis os boatos, como aquele segundo o qual Jack, o Estripador, jamais detido, escondia-se em White Chapel, um dos bairros judaicos de Londres. Assim, aqueles de quem evocaremos aqui o percurso desprovido de ponto de referência, de estrutura de acolhida, de família e de comunidade constituem outras tantas provas *a contrario* da força da ética judaica, quando é respeitada.

Na América do não-direito, tudo é possível. E, entre os três milhões de judeus americanos do pós-guerra, surgem algumas centenas de criminosos isolados. Mas no caso deles, como sempre, as coisas não se fazem pela metade: se é para ser criminoso, então que se esteja entre os principais. Segundo *The Jewish Almanach*, "não é exagero dizer que a influência deles sobre o crime organizado nos Estados Unidos, durante os anos 20 e 30, iguala ou mesmo ultrapassa a dos italianos".

Antes de 1914, imigraram três milhões de italianos e outros tantos judeus provenientes da Rússia e do império austro-húngaro. Todos ou quase todos se instalam em Nova York e em Chicago, nas *Little Italy* ou quase guetos. Os italianos importam os hábitos da Mão Negra e da Camorra;

alguns judeus — já sem qualquer vínculo com sua comunidade e sem relação entre si — tornam-se sócios deles.

O primeiro judeu chefe do crime em Nova York, Arnold Rothstein, apelidado "o Cérebro", organiza por volta de 1910 a corrupção nas partidas de beisebol, assume o controle da polícia da cidade e planifica a importação de álcool (cujo consumo fica proibido a partir de 1919) do Canadá e da Europa, enquanto arbitra e mantém a ordem entre outros temíveis chefes de bando, como Arthur Flegenheimer (dito "Dutch Schultz") e Louis Buchalter, que massacra sua própria gangue com a ajuda de seu principal lugar-tenente, Jack "Legs" Diamond.

Rothstein repara no jovem Mayer Lansky, filho de imigrados russos, nascido em 1902 em Grodno, na Rússia. O rapaz começa — desde 1916, ou seja, cinco anos após chegar à América — roubando carros e fazendo apostas nas esquinas de Nova York; depois, envereda para o grande banditismo. Para ele, o judaísmo é apenas uma vaga ligação com a memória de seu pai, nada mais. Em sua casa, festeja-se o Natal e ignora-se tudo sobre as festas judaicas. Grande organizador, desprovido de qualquer escrúpulo, ele passa por um homem comum. Casa-se, tem filhos; evita a fama, deixando a outros o trabalho de matar em seu lugar, embora lhe aconteça fazer execuções pessoalmente[180]. Em 1919, quando Mayer já trabalha para Rothstein, junto com seu amigo de infância Bugsy Siegel — um matador psicopata —, um italiano chamado Charlie Luciano convida-o para ser seu guarda-costas mediante remuneração. Mayer recusa, mas em contrapartida propõe associar-se a Luciano; o italiano aceita. Estranha aliança: os mafiosos costumam só cooperar entre italianos originários da mesma província. Mas o russo e o siciliano se apreciam e se compreendem quase sem palavras. Juntos, eles assumem o controle dos penhoristas e dos corretores de seguros dos guetos e das *Little Italy*, compram empresas de apostas em Nova York e montam um sindicato de *bookmakers* em todo o país, enquanto planificam a corrupção de policiais e de políticos já iniciada por Rothstein. Lansky só se opõe a Luciano quando este mostra interesse pela prostituição. Em outros locais, judeus, italianos e irlandeses fazem juntos a lei. Assim, em 1920, o norte de Chicago é controlado pelos irlandeses e o sul pelos italianos, uns e outros assistidos por lugares-tenentes judeus. Todos administram a lei seca.

Na costa leste, a Máfia é dirigida por Giuseppe Masseria e Sal Maranzano, os quais pedem a Luciano para livrar-se de Lansky, recuperar seu território e aderir a eles: um siciliano, dizem, não trabalha com um judeu. Charlie não aceita e mantém-se afastado da luta entre Maranzano e Masseria pelo título de *capo di tutti capi*.

O FBI não interfere: o adversário de Edgar Hoover, chefe desse organismo desde 1924, não são os gângsteres, mas os comunistas. Para ele, a Máfia não é prioritária.

Em setembro de 1928, Arnold Rothstein é assassinado em Nova York — sem dúvida por ordem de Dutch Schultz, que quer tomar-lhe o lugar. Em 9 de maio de 1929, Lansky e Luciano reúnem em Atlantic City todos os chefes do crime do leste americano: Guzik e Capone de Chicago, Buchalter de Nova York, Bernstein de Detroit, Dalitz de Cleveland, Hoff e Rosen de Filadélfia. Para deter as *vendettas*, propõem organizar o sindicato como uma espécie de cooperativa, sem chefe, com partilha dos territórios. Lansky funda aquilo que será chamado de "Murder Inc.", um grupo de matadores a seu serviço, cuja direção ele confia a Siegel e Buchalter. Schultz e Lansky tornam-se então os grandes cabeças do gangsterismo judaico americano.

Em 10 de setembro de 1931, com a queda de Masseria, dois gângsteres judeus, Bugsy Siegel (o capanga de Mayer Lansky) e Bo Weinberg (braço direito de Dutch Schultz), liquidam, por ordem de Lansky e de Luciano, o vencedor, novo *capo di tutti capi*, Maranzano, em seu escritório da Unione Siciliana. Assim, Lansky faz de Charlie Luciano, agora "Lucky", o chefe da Máfia do leste.

Luciano, por sua vez, ajuda Lansky a livrar-se de um de seus principais opositores, Waxey Gordon, que dirige a produção de álcool em Filadélfia desde o assassinato de Rothstein. Para isso, o siciliano simplesmente faz chegar à administração fiscal informações sobre Gordon, o qual é enviado à prisão sem jamais saber quem o denunciou. Às vezes, a eliminação é menos suave: assim, Lansky e Luciano ajudam Buchalter a liquidar seu próprio lugar-tenente, Jack "Legs" Diamond. Juntos, eles assumem então o controle total de sua região e organizam o sindicato do crime nos Estados Unidos.

Embora Hoover persista em negar a existência da Máfia italiana — rebatizada de Cosa Nostra pela polícia, para não reconhecer o erro do chefe do FBI —, ela é pouco a pouco desmantelada. Al Capone é preso em 1932 por fraude fiscal; o próprio Lucky Luciano é detido em 1935. Dutch Schultz, o rival de Lansky, morre também nesse ano, nos braços dos policiais, após uma fuzilaria, proferindo palavras enigmáticas. Lansky, que sem dúvida mandou liquidá-lo, livra-se de seu último rival, Charles "King" Solomon, de Boston, que importa o essencial do uísque para o país.

Com o fim da lei seca, Lansky volta-se para o jogo: primeiro em Saratoga e, depois, em Nova Orléans e em Las Vegas, onde fará eliminar seu último capanga, Bugsy Siegel, culpado de não respeitar o orçamento para a construção de um hotel[180].

Alguns anos depois, Lansky tentará refugiar-se em Israel, que lhe recusará o benefício da Lei do Retorno: por seus crimes, ele perdeu o direito de ser reconhecido como judeu. Morrerá em Miami, em sua cama.

Hollywood

Ao declínio da potência dos judeus nas finanças corresponde seu brilhante aparecimento nas indústrias do espetáculo. Depois de ter estado, na Europa, junto com outros, na origem das indústrias do telefone e do disco, do automóvel e do transporte aéreo, eles entram agora na do cinema[154]. O teatro de Viena prenunciava o filme de Hollywood.

A invenção do cinematógrafo, em 1894, não é judaica. Nem Lumière, nem Méliès, nem Pathé nem Gaumont são judeus. Tampouco o é Thomas Edison — o inventor do caleidoscópio, em 1889 —, que funda uma importantíssima sociedade de produção; os principais estúdios anteriores a 1914 (Selig, Vitagraph, Biograph, Lubin) não são propriedades judaicas. Mas as firmas essenciais de hoje, sim: Universal, Fox, Paramount, Warner Bros., MGM, RCA e CBS são todas criações de imigrados judeus do leste da Europa[154].

Como no sistema bancário, esses senhores do futuro não se conhecem quando chegam, e a ascensão de cada um não resulta em absoluto de uma ação coordenada. Na verdade, muitos deles sentem-se pouquíssimo judeus. Contudo, sem ter consciência disso, eles empregam faculdades de pioneiros que já vimos expressarem-se em várias outras ocasiões. Aqui estão alguns desses destinos que originaram o cinema de hoje:

Adolf Zukor desembarca da Hungria em 1890; trabalha inicialmente com peleteria e depois adquire *nickelodeons*, máquinas acionáveis por moedas, instaladas em subsolos insalubres, aos quais só descem homens dos meios populares, para difundir, por cinco *cents*, filmes de animação de um minuto. Zukor logo compreende que o cinema possui um engenho específico; com o aparecimento das salas em 1905, em vez de alternar, como fazem os outros, jogos de cena e espetáculos na tela, ele se lança ao comércio de filmes mais longos, apresentando pela primeira vez, a partir de 1907, simultaneamente em várias salas, um primeiro filme com duração de dez minutos, *The Great Train Robbery*. Em seguida torna-se produtor, pois, segundo diz, a pessoa vende melhor aquilo que ela mesma fez. Ele escreve: "Os autores de filmes visavam muito baixo, limitando-se à historieta. O cinema precisava de ambição estética"[154]. Durante uma viagem pela Baviera, em 1907, grava uma longuíssima apresentação de uma *Paixão de Cristo* — bastante anti-semita, o que não o incomoda! É um triunfo em Nova York. Ele inventa assim o longa-metragem. Às vésperas da Primeira Guerra Mundial, adquire os direitos de *Elisabeth, rainha da Inglaterra*, estrelado por Sarah Bernhardt, de *Tess d'Uberville* e de *O conde de Monte-Cristo*. Em 1916, implanta-se em Hollywood. Associado a Jess Lasky, um produtor de teatro — a Broadway também é judaica nessa época, como o era o teatro em Viena, e com freqüência povoa-se de vienenses —, funda em 1917 a Paramount Pictures, colocando-a a serviço da propaganda de guerra.

Originário de Laupheim, no Wurtemberg, Carl Laemmle, aprendiz de alfaiate e depois trabalhador agrícola, descobre as *nickelodeons* em Chicago no início do século. A partir de 1906, distribui filmes em verdadeiras salas equipadas com uma centena de poltronas, acessíveis às mulheres sozinhas e às famílias. Nelas, assiste-se a uma mistura entre documentários curtos — depoimentos sobre a vida americana — e teatro. Em 1909, Laemmle se lança por sua vez à produção, funda em Nova York uma companhia à qual dá o nome de Independent Motion e ilustra com imagens um poema de Longfellow. Em 1912, muda de cidade e cria a primeira empresa de produção da Califórnia, a Universal Studios, tendo como seu vice outro judeu — este, húngaro —, Wilhelm Fuchs. Ele inventa o *star system* com Mary Pickford. Fuchs (que passa a chamar-se Fox) irá estabelecer-se em Long Island e criará a 20th Century Fox.

Os irmãos Warner — três nasceram na Polônia e o quarto, no Canadá — abrem sua primeira *nickelodeon* em 1903 em Pittsburgh, na Pensilvânia. Melhoram pouco a pouco a qualidade das salas e, em 1912, produzem seu primeiro filme em Nova York. Em 1918, criam seu próprio estúdio em Hollywood e, em 1923, fundam a Warner Bros.

Nascido em 1870 em Nova York, de uma família austríaca, Marcus Loew passa da peleteria ao espetáculo e, durante muito tempo, duvida do futuro do cinema, acreditando que o teatro sempre será preeminente. A partir de 1909, contudo, distribui os filmes de Zukor e, às vésperas da Primeira Guerra Mundial, constrói a primeira rede de uma centena de salas modernas, às quais as pessoas se dirigem agora em família: em 1913, dez milhões de americanos vão ao cinema.

Louis B. Mayer, ex-sucateiro, que alega não saber o nome de sua cidade natal — é Minsk — nem sua data de nascimento (ele escolhe o ano de 1885 e o dia 4 de julho, data da festa nacional dos Estados Unidos), cria salas de melhor qualidade a partir de Havervill, Massachusetts. Mayer funda a Alco, que se torna a Metro quando ele a funde, em 1920, com a rede de salas de Marcus Loew.

Em 1916, Samuel Goldfish, associado aos irmãos Selwyn, cria o Studio Goldwyn, que virá a ser a Goldwyn, em 1920. Nesse ano, Carl Laemmle, presidente da Universal, proíbe sua própria empresa de apresentar personagens judeus caricatos, o que ainda deixa indiferentes os outros.

Em 1924, a Metro de Loew e Mayer e a Goldwyn de Goldfish e Selwyn se fundem: a firma comum torna-se a Metro Goldwyn Mayer, depois MGM, o que muitos traduzem em iídiche — língua correntemente falada em Hollywood nessa época — por *Mayer Ganze Mishpokhe* (toda a família Mayer). Irving Thalberg, nascido no Brooklyn de uma pouco praticante família judaica da Renânia, torna-se dono da criação artística da MGM.

Em 1926, os irmãos Warner produzem *Don Juan*, primeiro filme no qual a música pode ser sincronizada com a imagem, e, em 1927, o primeiro filme falado, *The Jazz Singer*, interpretado por um cantor judeu que conta sua própria vida: nascido na Lituânia, filho do rabino Moses Yoelson, ele é Jackie Rabinowitz Yoelson, que chegou a Washington em 1890 e, 1899, mudou seu nome para Al Jolson, tendo em seguida partido com o irmão em turnê teatral, na qual se apresenta com o rosto pintado de preto. A fita obtém enorme sucesso. Tudo muda: os espectadores já não precisam saber ler inglês. Mas, para controlar a qualidade do som, passa-se a filmar somente em interiores, e apenas textos de qualidade, geralmente comédias inspiradas da Broadway, com atores de inglês perfeito. Às vezes, também se fazem em Nova York filmes em iídiche, para o público do Brooklyn e de Chicago.

Por volta de 1928, os irmãos Warner compram duzentas e cinqüenta salas e os estúdios da Burbank. A qualidade das salas de projeção e dos filmes melhora mais ainda.

A crise de 1929 suscita a necessidade de comédias musicais. Músicos judeus — entre outros — a satisfazem: George Gershwin, por exemplo, inspira-se nas canções de ninar iídiches de sua infância para compor certas melodias de sua ópera sulista, *Porgy and Bess*.

Em resumo: Marcus Loew fundou a Metro, Carl Laemmle a Universal, Adolf Zukor a Paramount, William Fuchs a Fox, Louis B. Mayer, Samuel Goldfish, Marcus Loew e Irving Thalberg a MGM, Jack Warner a Warner Bros. Todas, de um modo ou de outro, ainda estão aí até hoje.

Em nenhum dos filmes produzidos por esses homens é possível perceber-lhes a origem, da qual eles fazem tudo para livrar-se. Nenhum faz política. Somente Louis B. Mayer, amigo íntimo de W. R. Hearst, o modelo de *Cidadão Kane*, é próximo do presidente Hoover e um dos maiores financiadores do Partido Republicano[32].

Em 1933, cinqüenta e três produtores num total de oitenta e cinco são judeus, quando desembarcam da Alemanha hitlerista alguns diretores judeus (Lubitsch, Cukor, Sternberg, Mankiewicz). Goebbels denuncia então Hollywood como uma *jüdisches Geselschaft* — sem reação por parte da mídia americana ou nem mesmo dos produtores judeus. Quando, numa entrevista coletiva, Cecil B. DeMille denuncia em 1937 "os abusos da influência judaica sobre a indústria cinematográfica"[154], John Ford deixa a sala batendo a porta, mas nenhum produtor judeu protesta. Até a entrada dos Estados Unidos na guerra, os judeus de Hollywood evitam até usar sua influência para realizar filmes antinazistas. O único a evocar antes da guerra a ameaça hitlerista, *The Moral Storm*, fala de "não-arianos", sem mencionar os judeus[32]. Em 1935, interrogado sobre a conduta a adotar diante de Hitler, Thalberg diz esta frase terrível: "Muitos judeus morrerão, mas o judaísmo sobreviverá ao nazismo"[32]. A um jornalista que lhe pergunta, em 1936, por que seus filmes nunca evocam o nazismo, Adolf Zukor — cujo próprio irmão permaneceu como rabino em Berlim até 1932 — dá esta resposta mais terrível ainda: "Hollywood só deve se envolver com o entretenimento das pessoas. Dar ao cinema um papel político seria um erro, seria fazer propaganda"[154].

Em 1940, Charlie Chaplin é o primeiro diretor a realizar um filme antinazista, *O ditador*. Por seu personagem semimendigo, um errante perseguido, ele é sem dúvida o mais judeu dos cineastas. Pelo menos, é o único a erguer-se contra Hitler — o qual, como Robert Brasillach, acredita-o judeu, o que ele não é, embora mantenha o mistério sobre suas origens e com freqüência se divirta declarando que "espera sê-lo um pouco"...

Em setembro de 1941, Charles Lindbergh, hostil à entrada dos Estados Unidos na guerra e até mesmo pró-nazista, ainda denuncia: "O maior perigo que ameaça este país são a propriedade e a influência judaicas na indústria do cinema"[154]. Nem os japoneses nem os alemães...

Também encontramos judeus na linha de frente dos que desenvolvem os outros dois novos meios de comunicação: o rádio e a televisão. Dois destinos ilustram isso:

Nascido perto de Minsk em 1891, emigrado para Nova York em 1905, David Sarnoff, após breves estudos numa *yeshiva*, torna-se aos quinze anos vendedor de jornais e, mais tarde, telegrafista junto a Marconi. Em 14 de abril de 1912, ele recebe as últimas mensagens do *Titanic* e divulga para o mundo inteiro os nomes dos sobreviventes. Em 1919, passa a ser diretor comercial da RCA, que se fundiu com a firma de Marconi. Em 1921 ocorre-lhe a idéia de comentar para o público, a partir de um transmissor da Marinha, o campeonato de boxe Carpentier-Dempsey. Nasceu o rádio — falta popularizá-lo. A RCA investe 2.000 dólares no projeto de Sarnoff. Em seguida, ele tem a idéia de combinar rádio e fonógrafo. Em 1926, monta a primeira rede de radiodifusão e, em 1930, tornar-se presidente da RCA. Em 1939, lança a televisão, fundando a NBC.

Filho de um imigrante russo que se tornou fabricante de charutos, William S. Paley, egresso da Warton School, descobre o rádio em 1927, por ocasião de propagandas feitas pela empresa paterna uma pequena estação de Filadélfia, que ele compra em 1929. Paley faz dela a CBS, apresenta Bing Crosby e Frank Sinatra no rádio e, em 1939, lança a CBS em televisão, ao mesmo tempo em que Sarnoff cria a NBC. Ele será dono da empresa até a idade de noventa anos, em 1990, depois de dispensar três de seus... sucessores!

Enquanto isso, de 1924 a 1938, cento e cinqüenta mil judeus originários da Alemanha e da Áustria conseguem entrar nos Estados Unidos, apesar das limitadíssimas cotas reservadas aos judeus do Reich. Entre eles, Albert Einstein, Hannah Arendt, Herbert Marcuse, Bruno Bettelheim. E Edward Teller, que, sob a direção de um físico judeu nova-iorquino, Robert Oppenheimer, logo irá encaminhar o projeto nuclear americano em Los Alamos.

Jerusalém

Terminada a Grande Guerra, o antigo império otomano e a Pérsia, que abrigam então as mais importantes reservas mundiais de petróleo, tornam-se lugares de confronto entre ocidentais. Os britânicos dão suporte à Arábia de Saud e ao Iraque, e confirmam a independência do Kuwait, criado em 1915. A parte alemã da Turkish Petroleum Company — criada em 1912 por bancos alemães, a fim de controlar o petróleo iraquiano — é cedida à França. Uma migalha, comparada ao "bolo" dividido entre a Anglo-Persian Oil Company (Apoc), a Shell e o grupo local privado Gulbenkian.

Em 3 de maio de 1919, o presidente Wilson fala de uma "*Jewish Commonwealth*". A Organização Sionista e certos mecenas não-sionistas adquirem terras nas regiões de Jerusalém, Tel-Aviv, Haifa, assim como em outras zonas até então inacessíveis: o Neguev, a Transjordânia. No mesmo ano, um sindicato, o Histadrut, é fundado em Haifa e não demora a reunir quatro mil membros. "O objetivo", dizem seus estatutos, "é envolver todos os trabalhadores da Palestina que vivem de seu trabalho, sem explorar ninguém, na instalação de colônias novas e em todas as questões econômicas e culturais relativas ao trabalho na Palestina". Em pouco tempo, ele congrega metade dos assalariados do país.

Na Palestina — Transjordânia incluída —, vivem então 600 mil árabes e 60 mil judeus; 25 mil imigrados partiram de volta sob a pressão dos turcos. Mas uma nova *alya* se desencadeia: 40 mil novos emigrantes vêm substituí-los.

Em 1920, os árabes fomentam motins em Jerusalém e depois em Jaffa. Até então favorável a um Estado binacional judeo-árabe, Rupin adere à idéia de um Estado judaico separado. Em 1921, o primeiro congresso sionista do pós-guerra realiza-se em Karlsbad (Karlovy Vary em checo); Chaim Weizmann o preside. Discutem-se a insuficiência da coleta de fundos nas comunidades judaicas em favor da Palestina e as dificuldades enfrentadas com os árabes. Conclui-se que o sionismo "quer viver em relações de harmonia e de respeito mútuo com o povo árabe", e pede-se à executiva do movimento que desenvolva "uma compreensão sincera com o povo árabe".

Em julho de 1922, a Sociedade das Nações confia oficialmente à Grã-Bretanha um mandato sobre a Palestina. A declaração Balfour é retomada no preâmbulo do mandato. Uma decisão que obtém o apoio, entre outros, da China de Sun Yat-sen — cujo principal conselheiro é um judeu de Xangai que se tornou general chinês, Morris Cohen, enquanto um médico judeu austríaco, Jacob Rosenfeld, passa a clinicar no futuro Exército Popular de Mao Tsé-tung...

Em setembro de 1922, a Transjordânia, parte oriental da Palestina, é confiada um dos filhos do emir Hussein, o emir Abdallah, criando-se assim um Estado-tampão entre a Síria, sob tutela francesa, e a península arábica, onde é crescente a força da família Saud. Será necessário esperar três anos para que a Transjordânia recupere Aqaba, em detrimento dos sauditas, e tenha acesso ao mar. Nenhuma identidade nacional une ainda os diversos habitantes do resto da Palestina, vindos da Síria, do Líbano, da Arábia e de outros lugares.

Herbert Samuel é nomeado alto-comissário para o resto da Palestina. Vivem agora ali 660 mil árabes e 84 mil judeus. Embora os britânicos queiram conter a imigração judaica, vinte e cinco novas implantações são criadas, em condições econômicas precárias; o preço das terras contíguas às colônias e o das que dispõem de fontes de água sobe vertiginosamente. As pessoas instalam-se em muito maior número nas cidades. Em três anos, Tel-Aviv passa de 13 mil a 40 mil habitantes. Pequenas indústrias e estabelecimentos comerciais desenvolvem-se ali. Mas os dirigentes da Agência Judaica não possuem o capital necessário à assistência dos 60 mil migrantes que, no período de três anos, chegam da Polônia e da nova URSS (entre eles, Golda Meyerson, que virá a chamar-se Golda Meir).

A razão dessa insuficiência de recursos é sempre a mesma: apesar da declaração Balfour, a maioria dos judeus ricos é hostil ou indiferente ao sionismo; ao passo que os políticos americanos e europeus o aprovam, a exemplo do presidente Harding, que, em 1921, fala em "restaurar os judeus em sua morada histórica nacional", ou de Calvin Coolidge, que evoca a "mãe pátria judaica na Palestina"[7].

Um dos dirigentes sionistas, Menehem Ussishkin, eleito em 1923 para a presidência do Jewish Colonial Trust, parte então com Chaim Weizmann para a Europa e a América, a fim de tentar coletar fundos. Com os magros capitais que irá trazer, outro dirigente, Yehoshua Hankin, financista sem igual sob a aparência de rabino, negociará com beduínos a aquisição de 60 mil hectares em Rehovot, em Hadera, na Galiléia, no vale de Beit She'an, perto do Jordão, ao sul de Tiberíades. Ninguém tem na cabeça um mapa exato do país a edificar.

Na primavera de 1923, Felix Warburg encontra em Nova York Chaim Weizmann, que partiu em busca do apoio político e financeiro das comunidades judaicas americanas. O futuro primeiro presidente do Estado de Israel conta seu encontro com um dos judeus mais ricos do mundo — talvez o mais rico — da seguinte maneira, que resume bem a atitude dos judeus americanos da época diante do sionismo:

"Felix era um homem excepcional, caridoso no mais alto grau, uma figura central da comunidade judaica americana, embora não mantivesse contato direto com sua base. Havia nele algo de 'bom príncipe' [...]. O senhor Warburg me fez um relato daquilo que, segundo suas informações, acontecia na Palestina. Para ser franco, eu nunca ouvi lengalenga mais fantasista da parte de uma pessoa inspiradora de confiança: bolchevismo, imoralidade, desperdício de dinheiro, inação, ineficácia, tudo isso baseado em disse-me-disses"[18]...

Weizmann sugere então que Felix Warburg vá à Palestina para julgar por si mesmo. Para sua grande surpresa, Felix concorda. E até mesmo viaja durante as semanas seguintes. Na volta, revê Weizmann, que ainda se encontra na América, e que nota uma certa mudança na atitude do miliardário — o qual passou da hostilidade à benevolência distante:

"Nós dois não considerávamos a Palestina sob o mesmo ângulo: para nós, sionistas, tratava-se de um movimento de renovação nacional; para ele, ao menos quando começou a interessar-se, aquela era uma de suas cinqüenta e sete atividades filantrópicas — talvez mais importante e mais interessante do que as outras, mas cuja natureza não era muito diferente.

Toda a sua educação se opunha a que ele compartilhasse dos nossos pontos de vista; ademais, seus colegas, nos incontáveis negócios em que ele estava envolvido, constantemente o preveniam sobre o perigo que uma identificação muito próxima com os sionistas o faria correr. Warburg era um dos trunfos mais preciosos da comunidade, e eles temiam demais perdê-lo em proveito de uma idéia nova, que, por seu princípio e sua essência, poderia açambarcar toda a sua atenção"[18].

A partir desse dia, Felix Warburg irá colaborar com Weizmann, favorecendo uma série de projetos culturais na Palestina. Mas não se interessa verdadeiramente pela aquisição de terras, e muito menos pelo projeto político dos sionistas. A oposição entre as duas estratégias é até mesmo frontal — uma, cultural, e a outra, política.

Para Warburg, a Palestina deve tornar-se um fulcro cultural do judaísmo, o local de renascimento de uma identidade ética, e uma nação entre outras; aliás, ele pensa que Weizmann alimenta sobretudo uma ambição política pessoal.

Warburg cria então um comitê destinado a financiar o desenvolvimento, em Jerusalém, de uma universidade, da qual um embrião acaba de ser instalado no monte Scopus — ela era um projeto do movimento sionista desde 1913. Ele arca com o essencial das despesas, sob a condição de fazer da instituição uma universidade do judaísmo, ao passo que Chaim Weizmann — e, mais tarde, Albert Einstein — desejam que ela seja um instituto científico. Felix, que dá o dinheiro, impõe seu ponto de vista. Para contraditá-lo, Weizmann e Einstein fundam então, perto de Tel-Aviv, aquilo que bem mais tarde virá a ser o Instituto Weizmann, um dos primeiros institutos científicos do mundo. Em outubro de 1924, todos irão inaugurar as primeiras instalações da Universidade Hebraica de Jerusalém, da qual eles compõem — sempre em desacordo — o primeiro conselho administrativo.

Somente alguns judeus europeus mostram-se ativos na compra de terras. É o caso dos Rothschild, os quais, para alguns, até se tornaram sionistas. Em 1923, Edmond-James cria uma Palestine Jewish Colonization

Association, cuja primeira colônia é Binyamina (do nome hebraico do pai dele). É também eleito presidente de honra da Organização Sionista Mundial, de que Weizmann é o presidente operacional. O conselho executivo da Organização deixa Londres para instalar-se em Jerusalém com o Jewish Colonial Trust, cuja filial, a Anglo-Palestine Company, passa a ser o Banco Leumi ("Banco Nacional"). O número de judeus na Palestina passa de 90 mil em 1927 a 160 mil em 1929.

A Turkish Petroleum Company (TPC) transforma-se na Irak Petroleum Company. A Esso, a Gulf, a Texaco, a Socal/Chevron e a Socony/Mobil figuram em seu capital. Em 1928, um acordo dito "da linha vermelha" proíbe que as companhias acionistas da Anglo-Palestine Company explorem petróleo sem a concordância das outras dentro dos limites do ex-império otomano — Arábia Saudita incluída, Kuwait excluído. A França perde Mossul, mas recebe em troca um quarto da produção de óleo bruto dessa região por intermédio da Compagnie Française des Pétroles (hoje TotalFina-Elf). A repartição do petróleo do Oriente Médio está resolvida, assim como a sorte daqueles que lhe gerenciam os territórios: estes ficarão sob tutela anglo-saxônica. Não sem algumas traições recíprocas, como veremos.

Em 1929, pela primeira vez, uma conferência reúne em Londres a Organização Sionista Mundial e representantes das comunidades judaicas do mundo inteiro. Tendo decidido apoiar o movimento sionista, essa conferência cria uma nova instância (já existem pelo menos outras três!), o Keren Hayesod, para coletar fundos junto às comunidades exangues e céticas da Europa e da América, e sobretudo uma agência encarregada de organizar, junto com os britânicos, a acolhida aos judeus na Palestina: a "Agência Judaica", cujo princípio estava previsto desde 1922, no texto do mandato britânico. Seu conselho de administração instala-se em Londres, recém-deixada pela executiva da Organização Sionista. Ainda se trata apenas de um clube: "A Agência Judaica", escreve Weizmann, "reúne um grupo de personalidades dentre as mais ilustres: nela estão representadas todas as classes da sociedade, todas as obras do espírito humano, de Léon Blum, o grande chefe socialista, a Marshall e Warburg, personagens de direita; de

Lord Melchet, um dos mais importantes industriais da Grã-Bretanha, a Albert Einstein e ao poeta Chaim Nachman Bialik"[443].

Nesse mesmo ano, em Hebron, Haifa e em outras localidades, ocorrem revoltas das quais resultam 135 vítimas judaicas e 116 árabes. A pedido dos dirigentes árabes, o governo MacDonald tenta mais uma vez impor restrições à imigração judaica. Em sinal de protesto, Felix Warburg e Chaim Weizmann, os quais pelo menos desta vez compartilham a mesma opinião, demitem-se do conselho da Agência e só retornam quando o primeiro-ministro britânico renuncia a essas restrições.

Mas Warburg mantém suas reservas em relação a Weizmann, a quem considera cada vez mais "como uma espécie de Mussolini". Em 1929, ele escreve a um dos dirigentes judeus britânicos, o fundador da primeira companhia química da Europa — a Imperial Chemicals —, Sir Alfred Bond, agora Lord Melchet, um dos raros judeus ainda influentes no *establishment* britânico e, como Warburg, membro do conselho da Agência Judaica: "Sou a favor de toda ação que permita chegar a um acordo com os árabes e mostre que nossas ambições são limitadas". As relações entre Felix e Chaim só podem tensionar-se ainda mais. Aliás, os britânicos não se privam de, com freqüência, jogar Warburg, que preconiza a idéia de um "fulcro" cultural, contra Weizmann, que reclama a criação de um Estado.

Em 1930, Edmond-James de Rothschild, único ator financeiro significativo do sionismo, adquire com seus próprios capitais 5.200 hectares nos quais cria aldeias (Pardess Hanna, Binyamina, Givat Ada, Bnei Brak e Herzliya), *kibutzim*, *moshavim*, vinhedos, uma companhia elétrica e uma fábrica de cimento. Em 1934, o ano de sua morte, ele compra de duas famílias árabes da Síria mais 5.600 hectares, e estabelece colônias na Alta Galiléia e no vale do Huleh. No total, terá adquirido 50 mil quilômetros quadrados de terras e criado quase trinta colônias, que passam então a uma fundação à qual ele havia proibido a revenda desses bens.

Em 1933, o acordo dito "da linha vermelha" é rompido pelos americanos: a Socal/Chevron obtém do monarca Abd al-Aziz ibn Saud, recém-reconhecido como rei pela Grã-Bretanha, a concessão — sem o assentimento dos outros — do território saudita, onde se descobriu petróleo em 1930. No mesmo ano, um Alto Comitê executivo árabe, presidido pelo grão-mufti de Jerusalém, Hadj Amin el-Husseini, desencadeia revoltas em Jerusalém e em Jaffa contra os ingleses, provocando a morte de vinte e cinco árabes e de um policial britânico.

Com a chegada de Hitler ao poder, a emigração proveniente da Europa se acelera: de 1933 a 1936, 174 mil refugiados — operários, agricultores, funcionários, médicos — ainda desembarcarão da Alemanha, da Polônia, da Áustria, da Checoslováquia, da Hungria; 60 mil deles, entre os quais o grande filósofo alemão Martin Buber, serão originários do Reich. As organizações judaicas continuam adquirindo terras. Contam-se agora na Palestina duzentos mil judeus para um milhão de árabes atraídos pelo crescimento econômico.

Em janeiro de 1935, a Agência Judaica erige-se em governo oficioso dos judeus da Palestina. Em 26 de janeiro de 1935, uma *fatwa* é lançada pelo grão-mufti de Jerusalém contra os árabes que vendem suas terras a judeus. Em novembro, o Alto Comitê árabe presidido pelo grão-mufti ainda reclama a proibição da venda de terras às organizações sionistas, a interrupção da imigração judaica e uma grande novidade: a instalação de um governo autônomo árabe.

O alto-comissário britânico aceita e propõe a instauração de um Conselho Legislativo. Mas, em fevereiro de 1936, Londres rejeita o projeto; é cedo demais: o desequilíbrio entre as duas populações ainda é muito grande.

Em 19 de abril de 1936, uma revolta árabe massacra transeuntes judeus em Jaffa, o que se repete em Tel-Aviv. Em maio, uma greve dos trabalhadores árabes, de cento e setenta e cinco dias, dedica-se a interromper as comunicações entre as diferentes implantações judaicas, para demonstrar que o funcionamento do país depende da população árabe e obrigar os britânicos a deter o desenvolvimento do projeto sionista e a criar de imediato um governo nacional árabe para toda a Palestina.

No mesmo momento, a ameaça hitlerista leva à criação do Congresso Judaico Mundial — mais uma organização! —, que visa reunir os organismos dirigentes das comunidades judaicas do mundo inteiro, sionistas ou não. É a primeira vez em sua história que todas as diásporas tentam coordenar-se. O Congresso Judaico irá manter-se sempre como um lugar de encontro, sem poder e sem real legitimidade representativa.

Apesar da vontade, por parte dos judeus, de adiar ainda mais a decisão, dada a expectativa de um afluxo de novos imigrantes, em julho de 1937 uma comissão britânica encarregada, sob a direção de Lord Peel, de estudar uma solução definitiva propõe pela primeira vez a divisão da região em três entidades: um Estado judaico, incluindo uma zona costeira que se estenderia do monte Carmelo a Be'er Tuvia, o vale de Jezreel e a Galiléia; um Estado árabe, que incluiria a Judéia, a Samaria e o Neguev e que se fundiria com a Transjordânia; e uma zona mediana, entre Jaffa e Jerusalém, que permaneceria sob mandato britânico. Corredores permitiram que todos tivessem acesso aos Lugares Santos, "depósitos sagrados de civilização", que ficariam igualmente sob mandato britânico. Enquanto não fossem criados esses dois Estados, os judeus seriam proibidos de adquirir terras na região destinada aos árabes.

Essa é a primeira vez em que a idéia de um Estado propriamente judaico parece ser levada a sério pelos ingleses.

O governo e o Parlamento britânicos aceitam as conclusões da comissão Peel. Quanto aos sionistas, estes mostram-se divididos: o Estado seria exíguo, reduzido a duzentos mil habitantes; Jerusalém não estaria incluída nele. David Ben Gurion quer aceitar o plano: mais vale um Estado do que nada. Os árabes o rejeitam: não admitem um Estado judeu, mesmo em troca de um Estado palestino. Os grupos militares da Haganah, o exército oficial da Agência Judaica, e da Irgun, milícia paramilitar sionista de direita criada em 1937, lançam então numerosas ofensivas contra os britânicos a fim de criar um fato consumado sobre um território mais vasto do que o previsto pela comissão Peel. A insurreição árabe recomeça. Os ingleses dissolvem o Alto Comitê Árabe. O grão-mufti de Jerusalém foge para o Líbano.

Entre 1937 e 1939, 250 mil emigrantes conseguem passar, fugindo do inferno nazista; muitos outros têm de retornar, pois as barreiras e as pressões árabes impedem os ingleses de deixá-los entrar na Palestina. A população judaica total chega agora a 450 mil pessoas. A economia se desenvolve: indústrias agroalimentares e têxteis, refinarias de petróleo, cooperativas de transporte, companhias de eletricidade e de água, usinas de potássio do mar Morto. Criam-se novos *kibutzim* em lugares estratégicos.

Em 1939, o governo britânico convoca uma conferência entre judeus e árabes para resolver o assunto; os árabes recusam-se a participar. Em maio desse ano, Londres publica um novo *Livro branco* que prevê a expiração do mandato dentro de um prazo de dez anos, aconteça o que acontecer. Para os sionistas, uma catástrofe: ele renega a declaração Balfour e prevê apenas a fundação de um "Estado soberano da Palestina" dividido em três zonas, assim como a limitação da população judaica a um terço da de árabes. As fronteiras dessas três zonas são diferentes das linhas de partilha indicadas pela comissão Peel. Uma, que compreende as colinas da Judéia e da Samaria, a Galiléia ocidental e o norte do Neguev, será árabe, e os judeus não poderão adquirir terras ali. Outra (o vale do Jezreel, a Galiléia oriental e a maior parte das planícies costeiras) será judaica, e a aquisição de terras poderá continuar, desde que submetida à aprovação do alto-comissário. A terceira, enfim (uma faixa costeira que vai de Zikhron Ya'akov a um ponto situado ao norte de Rehovot, englobando as zonas urbanas), também será judaica e, nela, as aquisições de terras não estarão sujeitas a nenhuma restrição. Já não é em absoluto o mesmo mapa! E, principalmente, esse *Livro branco* limita a imigração judaica a 75 mil entradas em cinco anos, o que bloqueia na Europa aqueles que querem fugir do nazismo. Os ingleses abandonaram todas as suas promessas. No entanto, quando a guerra explode, judeus e britânicos vêem-se no mesmo campo; as questões judeo-árabes são omitidas.

Em 1941, o grão-mufti de Jerusalém prega o extermínio dos judeus da Palestina e pede a Hitler que "resolva a questão judaica no interesse nacional e popular, com base no modelo alemão".

Em 6 de maio de 1942, em Nova York, os dirigentes da Agência Judaica encontram-se com representantes do governo americano no hotel Biltmore. David Ben Gurion, chefe da Agência Judaica, explica que não haverá nova ordem mundial "enquanto não for resolvido o problema de ausência de pátria dos judeus". Ele não sabe que, na Europa, a *Shoah* começou.

6. A economia da *Shoah*

Por várias vezes ao longo da História, os judeus foram expulsos depois de terem servido. Desta vez, vai-se levar a barbárie até o fim: eles ajudaram a globalizar a economia; portanto, quem os odeia não pode correr o risco de expulsá-los, por temor de que, do exterior, eles se voltem contra esse inimigo; então, a única solução para o ódio é a "final".

Todas as correntes do antijudaísmo e do anti-semitismo, explícitas ou implícitas, de Marx a Drumont, de Weber a Sombart, assim como muitas outras, convergem então para um trágico apogeu: eles queriam livrar-se do judaísmo; os nazistas querem livrar-se dos judeus[74]. O judeu não é para eles um bode expiatório, mas o ponto focal a que tudo conduz, aquele que é preciso eliminar para acabar com as duas principais limitações do mundo: o dinheiro e Deus. Nisso não há qualquer racionalidade, mas somente uma monstruosidade.

De início, trata-se ainda de expulsar: o programa do Partido Nacional-Socialista, datado de 4 de fevereiro de 1921, enuncia claramente, em seu item 17, que, a partir da tomada do poder, qualquer pessoa com avô ou avó judeus e que tenha entrado na Alemanha após 2 de agosto de 1914 perderá sua nacionalidade, será expropriada e "expulsa" do espaço vital germânico. Em 1924, Adolf Hitler escreve em *Mein Kampf* que é preciso proteger "a existência e a reprodução de nossa raça e de nosso povo, a subsistência de nossos filhos e a pureza do nosso sangue, a liberdade e a independência de nossa pátria"[201]. Alfred Rosenberg, o ideólogo do Partido Nazista, preconiza em 1930, em *O mito do século XX*, "a purificação da raça nórdica" a fim de preservá-la da mestiçagem, "liquidando" os "associais", os "parasitas", os "indesejáveis", particularmente os judeus, agentes revolucionários aliados aos bolcheviques para dominar o mundo. Contentar-se com expulsá-los exigiria ignorar que essa medida ameaçaria engrossar o número de inimigos externos. Como um judeu no exterior seria tão perigoso quanto no interior, só restará a "solução final". Aquilo que ainda não se chama de globalização proíbe a expulsão e obriga ao aniquilamento.

O anti-semitismo, que há séculos acompanha a revolução industrial, encontra aí sua conclusão derradeira: a eliminação, pela aplicação dos próprios princípios dessa revolução, dos inimigos da nova Alemanha, para impedi-los de prejudicar o país, do interior e do exterior. Todos os atores da economia alemã, e não somente os nazistas, exercerão nisso seu papel[74]. E, para esse fim, não se criará nenhum órgão especifico: no encaminhamento, na contabilidade, na gestão, na recuperação dos subprodutos e na instalação dos campos da morte, tudo é imitado das usinas e da sociedade.

A economia da tomada do poder

Em 10 de abril de 1932, o marechal Hindenburg é reeleito com 19,2 milhões de sufrágios, contra os 13,5 milhões de Adolf Hitler. Heinrich Brüning, que apoiou o marechal, permanece chanceler e continua invocando o desemprego — que atinge agora mais de cinco milhões de alemães — para reclamar a anulação definitiva das reparações da Grande Guerra. Em 29 de maio, ele se demite; Franz von Papen o sucede à frente de um gabinete de técnicos e de "barões"; ele se esforça por incluir os nazistas na maioria com vistas a preparar novas eleições, na esperança de neutralizá-los. Em junho, em Lausanne, Papen obtém a anulação definitiva das reparações, em troca da vaga promessa de um pagamento ulterior, pela Alemanha, de três bilhões de marcos a um Fundo de Reconstrução da Europa, que falta estabelecer. Nas eleições legislativas de julho, os nazistas refluem ligeiramente, obtendo 200 assentos em 607. Hjalmar Schacht alinha-se então com Hitler. Papen se demite. Hindenburg apela para o general Von Schleicher. Os transtornos se agravam. Contam-se agora mais de seis milhões de desempregados. Hindenburg decide-se por uma nova dissolução, em novembro de 1932. Terminado o novo o escrutínio, os nazistas perdem 34 assentos.

Em 30 de janeiro de 1933, a pedido de Papen, que acredita estar em condições de manipular o futuro Führer, Hindenburg nomeia Hitler para o cargo de chanceler, com apenas três ministros nazistas num total de onze. Depois de um encontro para obtenção de fundos em Berlim, em 8 de fevereiro, e de uma reunião no dia 20 com Hermann Goering, presidente do Reichstag, os industriais alemães — Frederick Flick, Röchling, Siemens, Westruck, Hugo Stinnes, Wilhelm Zangen, presidente do patronato alemão, e sobretudo os Krupp — aderem aos nazistas. Em 27 de fevereiro, o Reichstag é incendiado; no dia 28, a pedido de Hitler, o marechal-presidente suspende as liberdades fundamentais e manda prender grande número de comunistas; Hindenburg convoca eleições para 5 de março de 1933. Os nazistas obtêm 44 por cento dos votos. Hitler é confirmado na chancelaria.

A eliminação dos judeus — teorizada há tanto tempo — organiza-se então em seis etapas: expropriação, concentração, trabalhos forçados, operações móveis de matança, deportações, extermínio.

Expropriação

Em 14 de março de 1933, Max Warburg é informado de que o prefeito de Hamburgo não o consultará mais sobre os problemas financeiros da cidade, porque recebeu numerosas petições contra a "ditadura" dos Warburg. Max não se preocupa muito: seu amigo Schacht, que acaba de ser designado responsável pelo financiamento da campanha eleitoral de Hitler, retorna em 17 de março à presidência do Reichsbank, da qual havia saído três meses antes. Melhor ainda: no decreto de nomeação de Schacht, assinado pelo próprio Hitler, são igualmente designados os outros oito membros do conselho do Banco Central. Entre eles, três banqueiros judeus: Mendelssohn, Wasserman, do Deutsche Bank, e Max Warburg. Um Warburg nomeado por Hitler!... É a prova de que não há nada a temer: os nazistas não farão nada do que anunciam. Aliás, o todo-poderoso Schacht repete para quem quiser ouvir que não se cogita em absoluto de prejudicar os judeus, "tão importantes para o bom estado das finanças internacionais da Alemanha"[18]. Portanto, assim como a maioria dos outros judeo-alemães, Max Warburg ainda está confiante, mesmo quando os nazistas acusam os judeus de controlar a imprensa e de ter açambarcado toda a indústria, aproveitando-se da crise de 1923. Quando, em março de 1933, seu sobrinho Siegmund deixa a Alemanha, abandonando tudo, e suplica que ele faça o mesmo, Max responde "saber de fonte segura que os dirigentes nazistas não levam a sério aquilo que seus próprios jornais escrevem"[18]. Alemão há quatro séculos, Max não consegue acreditar na loucura de seus compatriotas...

Em 7 de agosto de 1933, por ocasião de uma conferência reunida em Amsterdã, um advogado de Nova York, Samuel Untermeyer, reclama o boicote à Alemanha, em nome dos judeus americanos. Várias entidades judaicas organizam e financiam algumas partidas da Alemanha com destino à Palestina e aos Estados Unidos. Nenhum outro país se oferece para acolhê-los. O Canadá, inclusive, até lhes fecha explicitamente as portas: "*None is too many*" ("Nenhum já é demais"). Existem então 9,5 milhões de judeus na Europa, num total de 15,4 milhões no mundo: destes, 5,5 milhões encontram-se na URSS e na Polônia.

Em maio de 1933, Haim Arlozorof, que dirige então o departamento político da Agência Judaica, negocia com os nazistas um acordo secreto (sob o nome de código *Haavara*, "transferência"). Nos termos desse acordo, os judeo-alemães que partissem para a Palestina deixariam seus bens a organizações judaicas, as quais os venderiam a alemães e, com o produto dessas vendas, por um lado comprariam mercadorias alemãs para a Palestina e, por outro, assistiram os emigrados quando estes chegassem à Terra Prometida. Não se está longe da Jewish Company imaginada quarenta anos antes por Theodor Herzl. Muitos sionistas protestam. Em junho de 1933, Arlozorof é assassinado. Após um grande debate — deve-se, fazendo isso, apoiar indiretamente a economia nazista? —, o projeto é avalizado no congresso sionista de Praga, em outubro de 1933. Rupin assina o acordo. O banco Warburg organiza o financiamento. Um dos dirigentes do movimento sionista radical, Jabotinsky, por sua vez julga o acordo "ignóbil, desonroso, desprezível" e prega, ao contrário, uma intensificação do boicote à Alemanha. Os cerca de vinte mil judeus alemães que se beneficiarão desse plano terão, afinal, a vida salva.

No fim de 1933, Henry Goldman, que voltou à Alemanha em 1932, é detido pelos nazistas; liberado, retorna rapidamente a Nova York.

Em julho de 1934, Schacht tranqüiliza Max Warburg mais uma vez: ele obteve do próprio Adolf Hitler a confirmação de que os judeus "conservarão o direito de viver normalmente na Alemanha".

Em julho de 1935 — alguns dias depois que em Paris, em 14 de julho, o cortejo fúnebre de Alfred Dryfus atravessou a Place de la Concorde diante das tropas em armas —, são promulgadas as leis de Nuremberg "para a proteção do sangue e da honra alemães", proibindo os casamentos entre judeus e não-judeus. É declarada judia toda pessoa que tenha ou três avós judeus ou somente dois, se seu cônjuge for judeu. Doravante os judeus estão banidos do funcionalismo público, da justiça, do ensino, das profissões liberais, do exército e das profissões culturais. Uma cota limita a admissão deles nas escolas e nas universidades.

Quanto às empresas judaicas, estas continuam funcionando. Em 1936 — quando a coalizão da Frente Popular conduzida por Léon Blum ascende ao poder na França, suscitando uma nova onda de anti-semitismo —, as contas do Warburg ainda estão equilibradas. Krupp continua pagando-lhe os juros devidos a título de empréstimos. Numerosos judeo-alemães ainda pensam que o nazismo não passa de um fenômeno passageiro, que vai desaparecer rapidamente.

Existe até quem dê a entender que os nazistas apóiam o sionismo! No entanto, uma circular do ministério alemão dos Assuntos Estrangeiros, de

22 de junho de 1937, estabelece claramente o contrário: os nazistas não admitem potência judaica fora da Alemanha. Esse documento capital atesta que a "solução final" está em todas as mentes desde antes da guerra: "Contudo, seria um erro supor que a Alemanha apóia a formação de um estrutura de Estado na Palestina sob alguma forma de controle judaico. Dada a agitação anti-alemã do judaísmo internacional, a Alemanha não pode aprovar [a idéia de] que a formação de um Estado judaico na Palestina ajudaria o desenvolvimento pacífico das nações do mundo". Um memorando interno da seção de Assuntos Judaicos das SS retoma o assunto e confirma: "A proclamação de um Estado judaico ou de uma Palestina administrada pelos judeus criaria para a Alemanha um novo inimigo, que teria profunda influência sobre os desenvolvimentos [políticos] no Oriente Próximo". Um Estado judaico "trabalharia para trazer uma proteção especial às minorias judaicas em todos os países, dando, por conseguinte, uma proteção legal à atividade parasitária do judaísmo mundial". Um tal Estado não poderia absorver todos os judeus, mas sim "serviria de base ao judaísmo internacional, assim como Moscou serve de base ao comunismo internacional". Tudo está explicitado aqui: já que a expulsão é perigosa, a eliminação é a única solução válida. Muitos, nas chancelarias inglesa, francesa e americana, preocupados com seus interesses árabes, também não estão longe de pensar que não convém deixar os judeus se instalarem em massa em outro lugar, isto é, na Palestina.

Num primeiro momento, contudo, as demissões de judeus são tratadas segundo a lei alemã; os tribunais são tomados por numerosos litígios, que eles tratam imperturbavelmente; assim, um diretor de cena judeu, contratado por tempo indeterminado, processa por ruptura de contrato uma empresa cinematográfica que se julga no direito de demiti-lo em virtude de uma cláusula de seu contrato que previa a cessação do emprego em caso de "doença, morte ou causas similares, que deixem o diretor na incapacidade de trabalhar". A propósito, em 1938, o Reichsgericht (a mais alta jurisdição da Alemanha) confirma que essa cláusula do contrato é "incontestavelmente aplicável", porque as "características raciais" do queixoso equivalem a uma doença ou à morte[198]. Em outras palavras, desde 1938, tanto para os mais altos magistrados da Alemanha quanto para seus diplomatas, todos os judeus do Reich já são considerados juridicamente mortos.

Nesse mesmo ano de 1938 começa a expropriação das empresas judaicas. Em abril, os judeus devem inicialmente declarar todo valor superior a 5.000 marcos: 135.700 judeus alemães declaram em conjunto um montante de sete bilhões de *Reichsmarks*; 9.567 judeus estrangeiros declaram 415 milhões; 2.259 judeus "apátridas" declaram 73 milhões. Total: 7,5 bilhões de *Reichsmarks*. Sobre isso, incidem impostos que recolhem 2 bilhões de *Reichsmarks*, ou seja, quase um terço do valor dos patrimônios registrados.

Em 14 de junho de 1938, um decreto do ministério do Interior manda que sejam declaradas, com vistas à expropriação, todas as empresas industriais judaicas. Consideram-se como tais as empresas cujos proprietários são judeus e aquelas nas quais o presidente ou um dos representantes legais, ou ainda um membro do conselho administrativo, é judeu. Todas essas empresas devem ser cedidas a não-judeus e "arianizadas".

Decide-se em seguida a arianização das empresas de serviços (bancos, aconselhamento em crédito, transações imobiliárias, corretagem em Bolsa). Em maio de 1938, o Warburg é cedido a um empregado que se tornou nazista, Brinckmann[18]. É também o caso do Bleichröder, do Oppenheim e de uma centena de outros bancos judaicos. Em julho de 1938, suprimem-se as licenças dos médicos e dos advogados judeus.

No *Gau* de Francônia, Julius Streicher convoca todos os proprietários judeus de habitações e manda-os assinar uma transferência de seus bens à cidade de Fürth ou a outro aquisidor que ele designa, por um preço simbólico. A cidade paga 1.000 *Reichsmarks* por apartamentos que valem 100.000; um particular adquire por 180 *Reichsmarks* uma casa que vale 20.000[198]. Max Warburg decide-se a deixar Hamburgo.

Em seguida, chega a vez dos comerciantes. Na noite de 9 para 10 de novembro de 1938, após o assassinato, em Paris, de um diplomata alemão por um jovem judeu polonês, Hershel Grinszpan, os nazistas massacram centenas de pessoas e ferem gravemente milhares de outras; 7.500 lojas são saqueadas, 300 sinagoras incendiadas. É a "noite de Cristal".

Dois dias depois, em 12 de novembro de 1938, às 11 horas, uma reunião surrealista presidida por Goering, com Goebbels e Heydrich, ordena que as companhias de seguros reembolsem o montante dos prejuízos causados nas lojas judaicas... ao Ministério das Finanças, a fim de compensar os impostos que os comerciantes judeus já não poderão quitar! Os seguradores presentes se espantam. O ministério decidirá, acrescenta Goering, quanto às somas a pagar eventualmente aos proprietários judeus. Ele declara: "Tomou-se a decisão de arianizar a economia alemã e de afastar dela os judeus; demorou-se demais a aplicá-la [...]. A Alemanha quer apropriar-se do que foi pilhado. Portanto, é o governo alemão que deve ser indenizado. [...] Os judeus devem transferir suas propriedades ao Estado". Segue-se uma discussão: Goebbels propõe ordenar aos judeus que destruam eles mesmos suas sinagogas, a fim de substituí-las por garagens; debate-se a questão de saber como serão importados os seis milhões de vidraças — ou seja, o equivalente à produção anual de vidros na Bélgica, o país fornecedor — necessários aos consertos, e por fim analisa-se a maneira de reservar aos judeus compartimentos separados nos trens, sem que com isso lhes seja oferecida a vantagem de ficar, nesses compartimentos, menos amontoados do que os outros passageiros...

Em conclusão, decide-se que uma multa suplementar de um bilhão de marcos será infligida aos judeus, por terem provocado "a justa cólera do povo alemão". Vinte e cinco mil deles são enviados para campos de concentração em Dachau, Oranienburg-Sachsenhausen, Buchenwald, Ravensbrück e Mauthausen, por comportamento "anti-social" e "criminoso".

Algumas semanas mais tarde, confiscam-se as últimas empresas industriais, os últimos bens imóveis, valores mobiliários e contas bancárias pertencentes a judeus.

Em janeiro de 1939, Joachim von Ribbentrop repete que "a Alemanha deve considerar perigosa a formação de um Estado judaico", porque "isso traria um incremento internacional ao poder do judaísmo mundial". Ninguém quer entender que seu discurso, na realidade, implica a liquidação de todos os judeus sob controle alemão. De 1938 a maio de 1939, somente 150.000 deles deixam o Reich; quando explode a guerra, eles são ainda 370.000.

A expropriação começa em setembro de 1939 na Polônia e, a partir de 18 de outubro de 1940, na França, assim como em todos os países anexados ou vencidos.

A partilha dos bens judaicos provoca conflitos entre os serviços nazistas[269]. Os estoques de matérias-primas confiscadas vão para o exército. Henrich Himmler e o Escritório Principal de Reforço ao Germanismo querem que as empresas liquidadas sejam atribuídas aos combatentes e aos herdeiros dos alemães "étnicos", em seguida aos dos alemães "assassinados" pelos poloneses e, por fim, aos dos combatentes mortos nas várias frentes de batalha[198]. Decide-se assim reservar empresas para os futuros ex-combatentes e constituem-se então "sociedades de apreensão" encarregadas de administrar as empresas judaicas enquanto se espera o retorno dos guerreiros.

É na França que, pela primeira vez, os alemães confiam a um governo estrangeiro o cuidado de proceder por conta deles à expropriação[269]. O chefe — alemão — do estado-maior administrativo do comando militar, o doutor Elmer Michel, escreve: "Procuraremos substituir os judeus por franceses para que, dessa maneira, a população francesa seja levada a participar da eliminação dos judeus, e para evitar a impressão de que somente alemães querem ficar no lugar dos judeus"[198]. O general Otto von Stüpnagel, representante alemão, decreta que as empresas com uma participação judaica mínima podem não ser expropriadas se se livrarem "voluntariamente" de seus acionistas e dirigentes judeus. O doutor Michel estimula então a cessão "voluntária" das empresas a aquisidores "arianos". Quando os judeus se recusam a torrar seus bens, a venda é concluída à força, com a concordância do comando militar. Se não houver comprador, o Serviço de Controle do ministério da Produção Industrial e do Trabalho, dirigido por um ex-regente do Banque de France, o presidente Fournier, nomeia administradores provisórios[269]. Tudo é feito para salvaguardar as aparências da legalidade. Não o suficiente, sem dúvida: em janeiro de 1941, o doutor Michel escreve ao comando militar que "estão tentando suscitar dúvidas sobre a validade legal que virão a ter, após o fim da Ocupação, os contratos concluídos pelos administradores"[198].

A lei vichysta de 22 de julho de 1941 visa "eliminar a influência judaica da economia nacional" praticando as "consignações nacionais". Assim, em dezembro de 1941, o comando alemão encarrega a Caixa de Depósitos e Consignações de cobrar uma multa de um bilhão sobre os judeus da França[232]. Ela reunirá as "consignações" judaicas adquirindo da administração dos Domínios, a baixo preço, as ações apreendidas nas contas bancárias de vinte e oito mil poupadores judeus.

Por toda parte, no Reich e nos territórios ocupados, a partir de março de 1941, os compradores alemães perdem o direito de utilizar as marcas de fábrica e as denominações comerciais judaicas. O banco Warburg passa então a chamar-se Brinckman[18]. A famosíssima marca de porcelana Rosenthal torna-se objeto de um debate absurdo: a sociedade, arianizada em 1936 e denominada Rosenthal Porzellan AG, quer conservar seu nome ("Não se trata de um nome, mas do símbolo de um produto"); o ministro da Propaganda assinala que o conselho administrativo está inteiramente arianizado, que o fundador e presidente da sociedade, Philipp Rosenthal, emigrou em 1933 e já morreu, que a viúva dele é uma "ariana pura" e que os novos proprietários são todos arianos; todos os serviços são favoráveis à manutenção do nome, mas ninguém ousa tomar a decisão de autorizar uma empresa a conservar um nome judeu[198]. No fim de 1941, os nazistas acabam decretando que... "Rosenthal" não é um patronímico judeu!

Em outubro de 1943, a situação, na França, de 11 mil empresas e habitações (um terço em zona ocupada) está "resolvida". Prudentes, os compradores franceses desses bens espoliados se constituem em associação de "proprietários de antigas empresas judaicas" a fim de preservar-se contra qualquer contestação ulterior. No verão de 1944, quando os aliados se aproximam de Paris, o doutor Michel expressa novamente sua satisfação ante os progressos da "desjudaização da economia francesa"[53]: 42.739 empresas estão sob a tutela de administradores nomeados pelo Estado; mais de 7.500 foram liquidadas e outras tantas, vendidas por um montante de 2,1 bilhões de francos.

Concentração

O brutal empobrecimento dos judeus e sua exclusão do trabalho provocam seu amontoamento nas grandes cidades, de início em Viena e em Berlim. A partir de 1939, nelas se concentra a metade dos judeus do Reich. Na Polônia, o ocupante alemão, ao chegar a Cracóvia, em 6 de setembro de 1939, encontra ali 50 mil judeus. Em abril de 1940, concede-se a eles quatro meses para evacuar a cidade: 35 mil vão embora e 15 mil são autorizados a ficar. Depois, os outros são chamados de volta e encerrados em guetos. O primeiro é criado em Lodz em 1940 e reúne 150 mil pessoas. Outros o são, em março de 1941, em Cracóvia (20 mil judeus, entre os quais seis mil das aldeias vizinhas), em Lublin e em Varsóvia (onde se amontoam 500 mil pessoas em condições abomináveis). Assim que o gueto é instituído, os alemães delegam sua administração à comunidade judaica[198]. Cada gueto constitui-se assim como uma cidade-Estado sitiada, com suas revoltas, seus heróis e suas fraquezas.

Em abril de 1941, Paetsch, diretor do Banco Central do Reich, afirma que a gestão do gueto de Lodz custa um milhão de *Reichsmarks* por mês e que o de Varsóvia ficará igualmente caro. O chefe da Divisão de Finanças do governo geral da Polônia ocupada, Spindler, acrescenta que o de Varsóvia representa uma despesa anual "insuportável" (*untragbar*) de 70 milhões a 100 milhões de *zlotys*[198]. Todas as faturas são então enviadas aos judeus, suspeitos de dissimular consideráveis haveres dentro dos guetos. Em julho de 1942, em Varsóvia, o dirigente do conselho do gueto, Czerniakow, recebe faturas da empresa alemã de obras públicas Schmidt und Münstermann, por despesas de construção do muro do gueto, num montante total superior a 1,3 milhão de *Reichsmarks*[198].

O trabalho forçado

Para reduzir o custo dos guetos, procura-se então rentabilizá-los. O doutor Gate, economista do Escritório Nacional da Rentabilidade do governo geral, especialista em racionalização e planificação da produção, recomenda utilizar os judeus em trabalhos forçados: "Admitindo-se que se possam empregar no gueto entre 60 mil e 65 mil judeus, calculando-se uma produtividade da ordem de 5 *zlotys* por trabalhador e por dia, e supondo-se que se mantenha no mesmo nível o número de judeus que trabalhem durante sete ou oito meses do ano em canteiros fora do gueto, sem variação dos salários, conclui-se que o conjunto das atividades liberaria cerca de meio milhão de *zlotys* por dia para pagar o abastecimento, ou seja, 93 *zlotys* por indivíduo"[198]. Para alcançar esses objetivos, ele avalia em 40 milhões de *zlotys* por ano os investimentos necessários por parte das empresas alemãs. Tais estimativas são consideradas demasiado "teóricas"[198].

A partir de 26 de outubro de 1939, "destacamentos judeus" dos guetos são requisitados ao sabor das necessidades; toda administração que precisa de mão-de-obra apresenta seu pedido; o chefe das SS e da polícia, Krüger, estabelece um fichário geral que registra profissão, idade, sexo etc. Conflito de autoridade: Hans Frank, o governador geral, recusa-se a reconhecer a mínima autoridade das SS nesse domínio. Naturalmente, o trabalho forçado não é remunerado. Uma exceção: em Varsóvia, na primavera de 1941, um dos principais utilizadores de mão-de-obra judaica, dono de uma empresa de recuperação de sucata, o capitão de cavalaria Sehn, afirma-se "contrário à escravidão" e paga a Czerniakow 2 *zlotys* por homem e por dia[198].

Para racionalizar o uso do trabalho forçado, instala-se uma nova estrutura: o campo de trabalho. Em vez de fazer as pessoas trabalharem fora do gueto autorizando-as a retornar a ele todas as noites, enviam-se para esses campos chefes de família que deixam seus parentes como reféns dentro do gueto. O território polonês não demora a semear-se de campos de trabalho cuja mão-de-obra é utilizada em canteiros de fossos antitanques, obras hidráulicas, vias férreas. Em fevereiro de 1940, Himmler decide mandar escavar um gigantesco fosso antitanque nas novas fronteiras orientais da Alemanha: alguns milhares de judeus — e não milhões, como previsto no plano original — são reunidos em Belzec e em Plaszow para cavar um fosso entre o Bug e o San. Cinco mil judeus, remunerados a 50 *pfennigs* por dia, concluem o eixo rodoviário Gleiwitz-Oppeln, na Alta Silésia[198]. As obras fluviais do distrito de Varsóvia utilizam vinte e cinco mil judeus.

Em seguida, os campos de trabalho tornam-se fornecedores de mão-de-obra para empresas industriais de caráter militar. Em 1941, dezenas de milhares de trabalhadores judeus são obrigados a integrar-se à indústria de armamentos e à indústria elétrica (AEG — fundada pelos Rathenau — e Siemens). As equipes de trabalho não exigem vigilância rigorosa, por causa dos reféns deixados nos guetos. O custo da mão-de-obra é baixíssimo e a gestão financeira, particularmente simples: nada obriga a pagar os salários. Em 1942, embora os mandatários do Reich no setor do trabalho exijam que se pague um salário simbólico, a administração regional reserva o essencial desse pagamento para a "manutenção" dos campos.

Os próprios guetos também se transformam em campos de trabalho. Em Lodz, a estação ferroviária carrega entre 70 e 90 vagões por dia com artigos baratos fabricados ali mesmo. Rumkowski (o "mais antigo dos judeus") recebe o poder de "sujeitar todos os judeus a trabalhar sem retribuição"[198]. No gueto de Varsóvia, em julho de 1942, 95 mil judeus "economicamente ativos" asseguram exportações às vezes oficiais, às vezes clandestinas. Os produtos confeccionados são os mesmos que em Lodz: uniformes, caixas de munição, calçados, pequenos utensílios, escovas, vassouras, colchões, brinquedos, reparação de móveis, conserto de roupas usadas[198]. Os compradores são as forças armadas alemãs, os serviços das SS e da polícia, os organismos de obras públicas, as empresas privadas. Rapidamente, o exército se torna o principal comprador e depende daquilo que a força de trabalho judaica produz.

Mas os escritórios centrais aguardam com impaciência a liquidação dos guetos a fim de se apoderarem dos "tesouros escondidos". Quando obtiverem ganho de causa, ficarão decepcionados: os dois milhões e meio de judeus dos territórios ocupados e do governo geral não têm quase nada; em todo caso, possuem muito menos do que os oitocentos mil judeus do Reich[198].

O Holocausto artesanal

Após essas quatro primeiras etapas — definição, expropriação, concentração, trabalho forçado —, vem a "solução final". Quanto mais sucessos militares obtém o Reich, quanto mais cresce o número de judeus nos territórios dominados, menos ele pode administrá-los em campos de trabalho. No momento do ataque alemão contra a União Soviética, em 22 de junho de 1941, 2.160.000 judeus já se encontram nas regiões ocupadas pelos alemães (Ucrânia, Bielorrússia, Criméia). Um milhão e meio de judeus conseguem fugir ante o avanço das tropas alemãs; são apanhados na armadilha mais de dois milhões e meio, 90 por cento dos quais estão reunidos em menos de cinqüenta cidades. Aqueles que não se pode colocar para trabalhar não podem ser expulsos. Precisa-se de espaço: é necessário eliminá-los.

Em julho de 1941, Himmler confirma seu desejo de eliminar todos os judeus, "eternos fermentos de corrupção", de deslocar trinta e um milhões de eslavos para a Sibéria e de substituí-los por quatro milhões de alemães, enviados ao campo a fim de serem protegidos da "corrupção urbana".

Tomada a decisão, os alemães, nos meses que precedem a invasão da URSS, preparam um primeiro método de extermínio em massa: os grupamentos móveis de matança, os *Einsatzgruppen*. Eles reúnem integrantes das SS, policiais alemães — tropas comuns — e às vezes também forças locais[168].

A partir da entrada na URSS, quatro desses grupamentos, ou seja, três mil homens — da Wehrmacht, e não das SS —, são enviados como batedores, com ordem de capturar os judeus de surpresa, conduzi-los para fora da cidade, executá-los, de preferência à beira de um fosso que eles mesmos tenham sido obrigados a cavar para esse fim, e enterrá-los[168]. Tais operações são realizadas por soldados alemães comuns, que poderiam ter descumprido as ordens sem temer pela própria vida; aliás, alguns — raros — fizeram isso[168].

Dos subúrbios de Leningrado até Odessa, Simferopol, Rostov, Babi Yar (perto de Kiev), Ponar (perto de Vilna) e Kaunas, entre junho e novembro de 1941, os *Einsatzgruppen* exterminam quinhentos mil judeus. Em novembro, dois milhões deles ainda estão vivos na URSS. Uma segunda onda é lançada, desta vez com um número maior de matadores, sempre soldados da Wehrmacht. No fim de 1943, mais novecentos mil judeus são exterminados dessa maneira. Essas fuzilarias são objeto de relatórios organizados por data, por localidade e por categoria de vítimas[198], redigidos por suboficiais e reunidos e sintetizados diariamente pelo RSHA (Escritório Central de Segurança do Reich).

Outros judeus são então deportados para campos que não têm mais nada de campos de concentração ou de trabalho[236]. Mas tais operações ameaçam o rendimento das empresas associadas a eles. Em 14 de outubro de 1941, uma das empresas de armamentos ligadas a um campo de trabalho envia um telegrama a Heydrich: "Como todos sabem, procede-se atualmente a uma nova deportação de judeus que afeta nossos operários judeus laboriosamente formados com vistas à sua especialização. Eles foram treinados em soldagem e blindagem do zinco, e sua partida provocaria uma diminuição da produção talvez equivalente a um terço"[198]. Convém preservar a capacidade de produção, tanto mais quanto "esses operários judeus se mostram mais capazes e trabalhadores do que os outros e neste momento alcançam recordes de tal ordem que talvez se pudesse comparar a produtividade de um judeu à de dois operários especializados arianos xo"[198]. Heydrich aceita suspender a deportação dos judeus do armamento e de suas famílias.

Mas, em outros locais, o extermínio continua. Na verdade, reencontra-se aqui a milenar hesitação dos perseguidores entre a exploração durável e a eliminação imediata. No período de alguns meses, os defensores da exploração da força de trabalho resistirão aos desejos de Hitler, preferindo matar os judeus por esgotamento em vez de por gás. Mas fracassarão diante das decisões impacientes do Führer.

Em dezembro de 1941, iniciam-se experiências de extermínio por gás em Chelmno, na Polônia, com caminhões cujos gases de escapamento asfixiam prisioneiros amontoados na parte traseira do veículo.

O aniquilamento industrial

Em 20 de janeiro de 1942, em Berlim, num belo palacete à beira do lago de Wannsee, os representantes de todos os ministérios organizam a "solução final". Assim que a conferência termina, em 25 de janeiro de 1942, Himmler escreve a Glücks: "Os campos de concentração enfrentarão as grandes tarefas econômicas durante as próximas semanas". Mais precisamente, ele pede a Glücks que massacre rapidamente cem mil homens e quinhentas mil mulheres[198]. E ordena que todos os judeus do governo geral sejam exterminados antes do fim de 1942. Albert Speer, ministro da Produção de Guerra, e o general Fromm, chefe do exército de reserva, enquanto contestam a legitimidade das estatísticas das SS, queixam-se a Hitler: a solução final ameaça a reserva de mão-de-obra judaica e bloqueia nos campos de concentração soldados alemães que seriam mais úteis em outros lugares. Goebbels escreve, em 27 de março de 1942: "Não restará grande coisa dos judeus... A profecia a seu respeito feita pelo Führer, porque eles suscitaram uma nova guerra mundial, começa a realizar-se da mais terrível maneira"[198].

Altos funcionários estabelecem decretos e regulamentos e negociam a deportação com os Estados ocupados; a administração das ferrovias se encarrega do transporte[236]. O morticínio assume uma amplitude industrial. O uso do gás asfixiante torna-se a regra.

Depois de Chelmno, seis campos são mantidos: Belzec, Sobibor, Treblinka, Maidanek e Auschwitz.

Se Himmler manteve este último sítio — a poucas dezenas de quilômetros de Kazimierz —, foi em razão de seu fácil acesso por ferrovia e de seu isolamento. Rudolf Hœss será nomeado para a direção desse campo muito mais moderno do que os outros, dotado de unidades que combinam uma antecâmara, uma câmara de gás e fornos crematórios para incinerar os cadáveres. Pouco a pouco, os centros de matança começam então a operar: Belzec, o primeiro, de outubro de 1941 a fevereiro de 1942, serve de protótipo; Sobibor é então preparado em ritmo infernal, de março a abril de 1942; em seguida, Treblinka é construído por judeus arrebanhados no gueto de Varsóvia, onde os nazistas também apreendem pregos, cabos e interruptores. A realização dessas instalações sofisticadas exige, porém, mais tempo do que o previsto.

A Degesch, uma sociedade de luta contra os parasitas, propriedade da IG-Farben, da Degussa e da Goldschmidt, prepara o zyklon B, produzido em seguida pela Dessauer Werke e pela Kaliwerke em Kolin. A Degesch controla a distribuição do produto, a Heli e a Testa garantem a venda direta aos "utilizadores": a Wehrmacht e as SS. A IG-Farben fabrica o estabilizador desse gás. Apesar do bombardeio, em março de 1944, da usina de Dessau que produz o zyklon, as SS nunca se verão desprovidas dele[198].

As deportações para os novos campos ocasionam minuciosos detalhamentos; os transportes são preparados mediante listas nominais previamente estabelecidas nos campos de trânsito. Na Polônia, a administração das ferrovias pede ao seu pessoal que anote o número de deportados de cada comboio a fim de cobrar o transporte deles à polícia de segurança. A contabilização é feita na partida; quanto à administração dos campos, esta só registra os judeus mantidos vivos.

O transporte dos judeus para os campos exige uma organização considerável, submetida à autoridade do setor IV-B-4 do RSHA dirigido por Eichmann, colocado de início sob a direção de Heydrich e depois sob a do chefe da Gestapo, o general Müller, e de Himmler. Eles utilizam os serviços da Reichsbahn, monstro administrativo que reina sobre quinhentos mil empregados. Os responsáveis pelos trens de viajantes são os mesmos indivíduos que formam e planificam os comboios da morte em toda a Europa, "em meio à gestão cotidiana dos programas de transporte"[198]. Como observará Eichmann por ocasião de seu processo, "a elaboração dos horários era uma ciência em si". Em novembro de 1941, após os primeiros transportes, a Reichswehrnigung, a organização judaica central, que acredita poder impedir a catástrofe negociando com os nazistas, recebe do capitão Gutwasser, do RSHA, a ordem de cobrar sobre os últimos bens dos futuros deportados uma soma que será depositada numa conta especial W (*Sonderkonto W*) a fim de pagar, entre outras coisas, a "viagem" deles por ferrovia[198]. Em 3 de dezembro de 1941, Eppstein e Lilienthal, membros do *præsidium* da "União Nacional Judaica", dirigentes das comunidades polonesas, transmitem as instruções recebidas de "nossos serviços de controle" (isto é, da Gestapo): pede-se a cada passageiro de um "transporte de evacuação" o pagamento de uma soma igual ou superior a 25 por cento daquilo que ele ainda possui[198]. Autofinanciamento da "solução final": "Mesmo transportados em furgões para gado, a tarifa básica por um lugar de terceira classe é de 4 *pfennigs* por quilômetro de via férrea. As crianças de menos de dez anos pagam meia tarifa e as de menos de quatro viajam gratuitamente. Uma tarifa de grupo (meia tarifa de terceira classe) é concedida se pelo menos quatrocentas pessoas forem transportadas. O faturamento é endereçado ao organismo que requisita o comboio, o RSHA. Para os deportados, ele adquire uma ida simples; para os guardas, compra uma ida e volta"[198].

As deportações para os campos de extermínio[74] começam em junho de 1942. Cinco mil judeus são enviados de Cracóvia para o campo de Belzec e eliminados por gás. No verão de 1942, conduzem-se a Maidanek vários milhares de judeus, em razão da saturação das linhas que levam a Belzec e a Sobibor, e constroem-se ali, em setembro-outubro, "três pequenas câmaras de gás"[198] para onde a maioria é encaminhada de imediato. Em outubro, outros seis mil ainda são enviados a Belzec e mortos por gás. Esses centros de morticínio funcionam depressa e bem: "O recém-chegado descia do trem pela manhã e, à tardinha, seu cadáver era queimado e suas roupas, empacotadas e armazenadas para serem expedidas à Alemanha"[198].

A recuperação dos bens dos deportados que deixavam os guetos e dos das vítimas dos campos é muito planificada. Os bens levados pelos deportados do gueto de Lodz para o campo de Kulmhof e as posses abandonadas nos guetos são centralizados num serviço que não depende nem das SS nem da polícia[74]. As "receitas" vão para a administração do gueto. Esta mantém uma contabilidade precisa do conjunto das operações de venda (exceto peliças, expedidas diretamente para Ravensbrück, onde funciona uma fábrica de roupas destinadas à Waffen SS). Todos os bens confiscados são propriedade do Reich. O WVHA (Escritório Central Econômico-Político) os distribui às próprias SS, particularmente aos soldados feridos e condecorados, ou então como presentes de Natal para as famílias deles.

Uma diretiva de Hans Frank, governador geral, regulamenta com extrema precisão a distribuição das "mercadorias"[198]. A maioria dos objetos de valor (dinheiro, jóias, relógios de ouro, ouro dentário) é entregue ao Reichsbank, que tem por presidente o ministro da Economia, Walther Funk; a maior parte dos têxteis (à exceção da seda, que vai diretamente para o ministério da Economia) cabe à VOMI (*Volksdeutsche Mittelstelle*), organização de ajuda social aos "alemães de linhagem"[198]. As somas são depositadas no Tesouro sob uma conta especial, destinada ao financiamento das SS.

Em Auschwitz, o diretor administrativo ocupa-se ao mesmo tempo da coleta, da triagem, do inventário e do empacotamento. Em Maidanek, Sobibor, Treblinka e Belzec, o chefe das SS e da polícia de Lublin, Globocnik, constitui um fichário central de todos os bens coletados e atribui as competências[198]: Georg Wippern encarrega-se de jóias, divisas, objetos diversos (de valor); Hermann Höfle reserva-se a triagem de roupas, calçados etc.

Em seguida, os bens dos campos da Polônia são encaminhados aos armazéns de Lublin. Os nazistas os disputam entre si. A partir de abril de 1942, o general Grawitz, médico chefe das SS e da polícia, escreve a Wigand, chefe das SS e da polícia de Varsóvia: "Lembrei-me de que os chefes das SS e da polícia de Varsóvia e de Lublin detêm depósitos de ouro antigo de origem judaica"[198]. Himmler alerta então o Ministério da Economia. Rudolf Brandt, do estado-maior pessoal de Hitler, escreve ao general das SS Oswald Pohl: "Conceder um tratamento generoso a todos os pedidos de ouro e de dinheiro emanados das SS"[198]. Em agosto de 1942, Globocnik solicita autorização para "levantar antecipadamente" 2 milhões de *zlotys* sobre a "evacuação judaica" para financiar escolas destinadas aos colonos alemães do distrito.

Na França, ao serem presos, os judeus são aconselhados a levar consigo todo o dinheiro líquido, os valores mobiliários e as jóias que puderem, a fim de não se verem depois na privação[53]. Quando eles chegam ao campo de Drancy, dinheiro, títulos e jóias lhes são imediatamente confiscados pela polícia francesa.

Nos campos da morte, implantam-se empresas SS que tentam fazer os prisioneiros trabalharem antes de serem exterminados, a fim de constituir um império industrial SS. De novo, o dilema entre infligir a morte pelos trabalhos forçados e aplicar a "solução final" sem trabalho...

Frank, que dirige o WVHA, anexa certos campos e investe contra os centros de morticínio situados no governo geral. Deseja a qualquer preço utilizar a mão-de-obra judaica em suas empresas, ainda que isso deva desacelerar a aplicação da solução final. Em 16 de setembro de 1942, ele escreve a Himmler: "Os judeus utilizáveis que emigram para o Leste deverão interromper sua viagem e trabalhar na indústria de guerra"[198]. Eles devem "dar até o último segundo do tempo de vida que lhes resta, a fim de que as SS possam criar uma base industrial e exercer um poder econômico"[198]. Em 18 de setembro, o general Von Ginart protesta junto ao Estado-Maior contra a saída dos judeus das empresas: "Os poloneses jamais poderão substituí-los. Não são suficientemente qualificados".

Em novembro de 1942, Hitler solicita pessoalmente que todos os judeus sejam retirados da indústria de armamento e substituídos por poloneses, depois que estes se tiverem familiarizado com suas tarefas. Os responsáveis pelos campos expedem então a quase totalidade dos comboios para as câmaras de gás, o que exaspera os responsáveis das SS pela alocação de mão-de-obra. Pohl já não consegue retardar o processo. Na primavera de 1943, apenas 160 mil prisioneiros ainda se encontram sob sua autoridade: 15 por cento deles estão ocupados na manutenção dos campos (cozinha, enfermaria, esvaziamento de fossas etc.) e nas operações de "aniquilamento" (os *Transportkommandos* limpam os vagões após o descarregamento; os *Effektenkammerkommandos* fazem a triagem dos objetos de valor; os *Sonderkommandos* estão empregados nos fornos crematórios); os outros trabalham nas empresas SS, em firmas privadas (IG-Farben) e nas instalações dos campos. As empresas SS consagram-se principalmente a atividades rudimentares: pedreiras de saibro (Auschwitz e Treblinka I), fabricação de cimento (Maidanek), produtos derivados da madeira[198].

A IG-Farben instala no próprio campo de Auschwitz uma fábrica de borracha sintética ("Buna"), que produz 25 mil toneladas, e investe nela 700 milhões de *Reichsmarks*. Os detentos que ali trabalham estão submetidos ao regime alimentar do campo: a IG-Farben acrescenta um pouco de "sopa Buna" para "melhorar o rendimento"[198]. As SS fornecem os guardas. Quando a IG-Farben exige punições para certos detentos, as SS as administram. Os métodos e a mentalidade das SS tornam-se empresariais: por exemplo, durante a construção da fábrica, os prisioneiros devem "transportar o cimento em passo de corrida". Dos 35 mil prisioneiros que passaram por "Buna III", morrem pelo menos 25 mil[198]. Por ocasião de uma visita de um grupo de dirigentes da IG-Farben, um destes aponta um prisioneiro idoso, o doutor Fritz Löhner-Beda: "Esta porcaria de judeu poderia trabalhar um pouco mais depressa". E acrescenta: "Se eles estiverem incapazes de trabalhar, devem ser mandados para a câmara de gás"[198]. Terminada a inspecção, o doutor Löhner-Beda é extraído da equipe de trabalho e espancado até morrer[198].

Apesar das ordens de Hitler, que não quer saber de trabalhos forçados, em 1943 várias empresas importantes juntam-se à IG-Farben nos campos da morte: as usinas de detonadores da Krupp, destruídas em Essen em 5 de março de 1943 por um bombardeio aliado, são objeto de dezessete projetos de reinstalação em Auschwitz. Um dos dirigentes da Krupp, Hölkeskamp, encontra quinhentos operários judeus ainda empregados em duas empresas de Berlim e expede-os para Auschwitz a fim de colocá-los à disposição de sua usina[198].

Enquanto isso, eliminam-se as mulheres, os doentes, os anciãos, as crianças inaptas para o trabalho. Em 1943, a filha mais nova de Theodor Herzl morre no campo de Theresienstadt — os dois mais velhos suicidaram-se em 1930.

Em 23 de março de 1943, um estatístico, Richard Korherr, resume em dezesseis páginas a situação em 31 de dezembro de 1942 e evoca explicitamente a "solução final para o problema judaico".

Aqui e ali, contudo, organizam-se resistências. A partir de janeiro de 1943, o exército italiano às vezes se recusa a cooperar com o exército alemão e a entregar os judeus postos sob seu controle, impedindo os alemães de deportá-los. Em fevereiro, ele até força os franceses a descumprir uma ordem de transferência, de Nice para Auschwitz, de várias centenas de judeus franceses. Ribbentrop, ministro dos Assuntos Estrangeiros, queixa-se a Mussolini de que "os círculos militares italianos [...] não têm uma visão clara da questão judaica".

Também nos campos se organizam resistências: em Cracóvia, o movimento Akiba resiste, até que, em março de 1943, todos os sobreviventes são enviados para o campo de trabalho de Plaszow. Treblinka se revolta em 2 de agosto de 1943; Sobibor, em 14 de outubro de 1943; Maidanek e Auschwitz-Birkenau, em 7 de outubro de 1944. Inócuas rebeliões, que lavam a honra.

Em outubro de 1943, um milhão e meio de judeus já foram massacrados nos campos da morte.

Um destino: em novembro de 1943, o rabino Riccardo Pacifici, de Gênova, duzentos membros de sua comunidade e cem judeus vindos do norte da Europa e refugiados ali são deportados e mortos por gás em Auschwitz. Em 1944, os nazistas arrebanham os 260 judeus que vivem em Candia (outro nome de Heraklion), em Creta, e os colocam num navio com 400 reféns gregos e 300 soldados italianos. A embarcação é afundada: nenhum sobrevivente.

Enquanto isso, ainda se trabalha nas usinas dos campos da morte. Em 1º de março de 1944, um comitê de coordenação, reunido sob a chefia de Speer e encarregado de construir usinas aeronáuticas em *bunkers* enormes, precisa de duzentos e cinqüenta mil trabalhadores. Ele pede para utilizar judeus. Não sem reticências, Hitler admite que ele empregue, "como último recurso", os cem mil judeus húngaros ainda não deportados. O general

Pohl pergunta: "Podemos empregar mulheres no programa de construção da Organização Todt?"[198]. Resposta irônica de Himmler, em 24 de maio de 1944: "Meu caro Pohl! É claro que convém utilizar as mulheres judias! Será necessário apenas tratar de alimentá-las bem. Aqui, o importante é o abastecimento em legumes crus. Portanto, não se esqueça de importar bastante alho da Hungria!"[198]. Em 9 de junho de 1944, Pohl anuncia que entre dez mil e vinte mil "judias húngaras" estão disponíveis. E defende seu ponto de vista: "Não faz muito tempo, eu obtive resultados excepcionais na Siemens, colocando as judias nas instalações eletromecânicas". Um responsável pelo ministério dos Territórios Ocupados do Leste retruca: "As questões econômicas não devem ser levadas em conta na solução da questão judaica"[198]. No verão de 1944, os 425 mil judeus da Hungria terminam seu martírio em Auschwitz[445].

À medida que se desenvolve o programa de aniquilamento, os custos aumentam. Estimam-se em 150 milhões de *Reichsmarks* as despesas globais com transporte, instalação dos campos e operações de matança.

Na França, em 31 de julho de 1944, pouco antes da chegada dos Aliados à região parisiense[22], Maurice Kiffer estabelece as contas do campo de internação de Drancy, sob sua administração desde outubro de 1941, para o chefe de polícia Amédée Bussière. Ele estima em 24.208.422 francos o montante global das "entradas", isto é, das somas confiscadas aos 67 mil deportados internados em Drancy antes de serem transferidos para os campos da morte. Kiffer escreve: "Transferi a maior parte das somas que restam em nosso caixa para a Caixa de Depósitos e Consignações, a saber, um total de 12.039.892,85 francos" (cerca de 2,5 milhões de euros, em valores de 2002). O que significa "somas que restam em nosso caixa", a não ser que cada um foi-se servindo de passagem? Kiffer especifica que também restam valores mobiliários (títulos, bônus ao portador), "para [os quais] nenhuma decisão foi tomada", assim como jóias e objetos de valor. Ele avalia em 24 milhões de francos (5 milhões de euros, em valores de 2002) o total das somas confiscadas em Drancy. Como acabamos de ver, sobre esse total, em julho de 1944, ele deposita o saldo de 12 milhões de francos na Caixa de Depósitos e Consignações, a qual se declara hoje incapaz de indicar o que aconteceu com esses fundos. Sem dúvida, foram transferidos para contas de depósitos abertas na Caixa pela chefia de polícia...

Os últimos SS deixam Drancy em 17 de agosto de 1944. No total, 75.721 judeus foram deportados da França[224]; 300 mil foram despojados de seus bens, e muitos jamais os recuperaram.

Em novembro de 1944, os nazistas decidem que o problema judaico está resolvido e suspendem as operações com gás em Auschwitz, o último campo de extermínio ainda em atividade, destruindo as câmaras de gás e os fornos crematórios. Os russos chegam ao local em 20 de janeiro de 1945.

Em 2 de abril de 1945, uma anotação interna da direção da Caixa de Depósitos, confrontada com a obrigação de restituir aquelas ações ou de reembolsá-las pelo valor de compra, emprega vinte e seis vezes a expressão "o judeu", quinze das quais nas duas primeiras páginas. Pode-se ler, por exemplo: "É bastante evidente que o judeu tomará o partido mais vantajoso para ele"[232].

Ainda que o inominável não possa reduzir-se à abstração dos Números, estes dizem o suficiente: em 1933, havia nove milhões de judeus na Europa; dois terços deles foram exterminados.

5

DEUTERONÔMIO

(1945 / ...)

1. *As Terras e o Livro*

2. *Não há sedentários sem nômades*

3. *O elo do Oriente: Israel*

4. *O elo do Ocidente: as diásporas*

5. *Sobre Ocidente e Oriente*

Terminada a Segunda Guerra Mundial, desmoronaram todas as estratégias montadas durante três milênios; os exílios seculares não serviram de refúgio; o dinheiro não desviou a violência; Deus não salvou Seu povo do inferno. Os judeus americanos, que eram considerados tão poderosos, não puderam nem impedir o massacre, nem construir o Estado-refúgio, nem acelerar o fim da guerra. A suposta onipotência judaica não passava de uma fantasia dos carrascos.

O balanço da *Shoah* impõe uma evidência: a maioria desse povo era constituída de pobres operários da Europa central, e não de ricos banqueiros da Alemanha. Os sobreviventes se calam, testemunhas de massacres dos quais, ao redor deles, ninguém quer mais ouvir falar.

Mesmo que precisem mudar de nome, alguns almejam resgatar o anonimato, não ser mais mencionados nem escolhidos por ninguém, nem mesmo por Deus. Outros, ao contrário, querem despertar as diásporas, devolver-lhes algum brilho e recursos, e sobretudo reconstruir as instituições da solidariedade em benefício dos sobreviventes da Europa.

Outros, enfim, pretendem construir o mais depressa possível a nação-refúgio que fez tanta falta. Para alguns desses, tal nação deverá ser banal, anônima, escapar à especificidade maldita; nela, a doutrina judaica deverá ser esquecida e todos deverão poder exercer qualquer profissão, ainda que ilegal. Para outros, ela terá de ser um Estado exemplar da ética laica, socialista à alemã e, ao mesmo tempo, democrático à britânica; ali poderá nascer um homem novo, livre das exigências da herança própria do judaísmo e da dos países de acolhida; um homem simultaneamente herói da Bíblia e intelectual vienense. Para certos outros, enfim, o Estado novo deverá ser uma teocracia submetida apenas às leis do reino de Davi, inclusive o jubileu, a proibição do empréstimo a juros entre judeus e a *tsedaka*, apressando assim a vinda do Messias. Nesses três projetos, trata-se de uma nação imaginária, de uma utopia; a ser construída sem dinheiro, sem exército, sem organização estatal, até mesmo sem população... E no meio de um ambiente hostil.

Estranhamente, tal é também o desafio do último livro do Pentateuco, o Deuteronômio, ou "Palavras"[90]. Livro das utopias, ele pode por esta última vez, ao menos metaforicamente, acompanhar a História.

Meditação sobre o conjunto da Lei, essencialmente transmitido — segundo a tradição — por Deus a Moisés durante os últimos trinta e sete dias da vida deste, no limiar da Terra Prometida, o quinto livro recapitula os princípios necessários à vida em Israel no meio de populações hostis: os dez mandamentos, as duas primeiras frases do *shema* — a prece que une todos os judeus, onde quer que estejam, nas horas mais solenes — e o último discurso do patriarca, derradeira reflexão sobre o lugar da liberdade na condição humana. Esse livro reúne o conjunto das leis necessárias, que permitem a Israel ser um exemplo ético, e o conjunto das punições que esperam esse povo se ele não der tal exemplo. O Deuteronômio descreve sobretudo como fazer o bem em torno de si, como garantir a própria prosperidade através da dos vizinhos.

Sem dúvida redigido — pelo menos em parte — pouco após a saída do deserto, esse livro visa lutar contra os cultos pagãos circundantes e afastar os dois inimigos do povo nômade, finalmente de volta à sua morada: a idolatria que corrompe, a discórdia que dispersa.

Com grande exatidão, são essas as duas principais questões que se apresentam aos sobreviventes saídos dos desertos da *Shoah*.

1. As Terras e o Livro

Quando a alvorada aparece sobre os escombros, cada um se conscientiza do incomensurável desastre. Desapareceram dezenas de milhões de russos, ucranianos, ciganos, alemães, poloneses, húngaros. Ao todo, sessenta milhões de mortos, entre os quais dois terços do judaísmo europeu.

Já não existe nada daquelas comunidades que, no entanto, haviam conseguido resistir, às vezes durante quase dois milênios, a todas as perseguições, de Antuérpia a Odessa, de Bordeaux a Esmirna, de Livorno a Vilna, de Frankfurt a Trieste, de Viena a Kiev, de Hamburgo a Salônica, de Berlim a Breslau, de Amsterdã a Lodz. Nada. Mais ninguém. Judeus da Argélia também pereceram em grande número. Em Kazimierz, dois mil miraculados surgem dos porões e dos maquis da Galícia. Em toda a Polônia, os duzentos e cinqüenta mil sobreviventes só devem sua salvação a alguns "justos" poloneses e à chegada do Exército Vermelho; alguns outros passaram a tempo para as redes de resistência dos Países Baixos e da França, nas quais muitas vezes lhes foram reservadas as missões mais arriscadas.

A imensidão do desastre, inexplicável, deixa os sobreviventes petrificados num incoercível sentimento de remorso coletivo: para os judeus da Europa, o de ter sobrevivido; para os outros, o de não haver compreendido a tempo o que acontecia no inferno nazista, de não ter sabido apressar o bombardeio das vias que conduziam a Auschwitz, nem os desembarques ı a Normandia e na Sicília, nem o contra-ataque soviético.

Retorno à terra

Assim que são libertados dos campos, os sobreviventes da Alemanha, da Hungria e da Polônia deixam a Europa central, muitos com destino à Palestina. Através de sua organização de solidariedade unificada, o "Joint", os judeus americanos financiam essas partidas, em geral clandestinas: a "fuga", segundo o termo eloqüente dos organizadores, daqueles que agora são pudicamente chamados os DP, *displaced people*.

Na nova geopolítica que se instala, erguem-se fronteiras entre os dois blocos, e tudo parece ter de ser lido doravante segundo o novo confronto Leste/Oeste. A Palestina, contudo, ainda não é um desafio da guerra fria. Stalin, agora senhor do Leste, parece encorajar o nascimento de uma nação judaica, afinal inspirada por russos, e que ajudará, espera ele, a conter a influência dos britânicos no Oriente Próximo. Estes últimos, que desejam livrar-se de seu mandato o mais depressa possível, só aparentemente aprovam um tal projeto — que alguns deles já lamentam ter iniciado, em 1917. Em Washington, o presidente Truman é favorável à idéia, acreditando que, após o Holocausto, aplicar a declaração Balfour tornou-se um dever; ao passo que o Departamento de Estado e o secretário de Defesa mostram-se francamente hostis: ao seu ver, os sionistas são demasiado socializantes, e os países árabes petrolíferos poderiam ser tentados a alinhar-se junto a Stalin para afastar a ameaça sionista. Nem pensar em deixar o petróleo com os soviéticos.

Compreendendo que os britânicos querem livrar-se de seu mandato o mais depressa possível, os sionistas decidem ocupar posições estratégicas que permitam manter um território suficientemente coerente para constituir um país. A Agência Judaica gerencia assim uma centena de instalações com o apoio financeiro (ainda muito modesto: menos de 50 milhões de dólares) do Joint americano, ocupado principalmente em ajudar os refugiados na Europa. Em março de 1945, no Cairo, seis países — Egito, Síria, Líbano, Arábia Saudita, Iraque e Transjordânia — criam a Liga Árabe. O conflito se prepara.

Em janeiro de 1946, os britânicos deixam o Iraque a Faissal, filho mais velho de Hussein do Hedjaz, e a Transjordânia ao emir Abdullah, irmão caçula do primeiro. Quase no mesmo momento, em março, Winston Churchill, em seu célebre discurso de Fulton, anuncia que uma "cortina de ferro" baixou entre as duas partes da Europa.

Para resolver o estatuto do restante do mandato, uma comissão anglo-americana conclui pela necessidade de passar pela recém-criada Organização das Nações Unidas (ONU). Muitas chancelarias ainda hesitam entre um único Estado com duas entidades, uma judaica e outra árabe, e dois Estados distintos — e, nos dois casos, ninguém sabe o que fazer com Jerusalém.

Em agosto de 1946, durante uma reunião secreta[136] em Paris, a direção da Agência Judaica decide aceitar a partição, para a qual obtém a concordância do presidente Truman. Entre o Jordão e o mar, o equilíbrio demográfico se modifica após a chegada de judeus sobreviventes do Leste. Contam-se agora na Palestina 650 mil judeus e ainda um milhão de árabes, às vezes vindos de longe, atraídos pelos empregos criados pelos colonos judeus e pela contribuição inglesa. Aos cem mil sobreviventes poloneses acrescentam-se 123 mil romenos. Em outubro de 1946, onze novas implantações, cuidadosamente repartidas, dão à Agência e ao seu chefe, Ben Gurion, o controle do Neguev.

Instalada a Organização das Nações Unidas, os britânicos não demoram a levar a questão da Palestina ao Conselho de Segurança. Uma das primeiras decisões deste é a criação, em 13 de maio de 1947, de uma Comissão Especial para a Palestina (Unscop), composta por representantes de onze nações. Já no dia seguinte, o delegado permanente soviético ao Conselho de Segurança, Andrei Gromyko, claramente toma partido em favor de um Estado judaico independente numa parte desse território: "Nenhum Estado europeu soube defender os direitos elementares dos judeus contra a violência fascista. Isso explica as aspirações judaicas a ter seu Estado. Seria injusto negar esse direito".

Os diplomatas americanos e britânicos aderem a contragosto: numa hora em que o Plano Marshall prepara-se para derramar 13 bilhões de dólares sobre a Europa, não há um centavo disponível para o Oriente Próximo. Nem em Washington, nem em Londres, nem em Moscou. Nem para os imigrados clandestinos, especialmente os do *Exodus*, que desembarcam em julho de 1947 após uma longa errância. Nem para os árabes das regiões do mandato. Em junho e julho, a Comissão Especial das Nações Unidas faz uma pesquisa *in loco*. A Agência Judaica explica-lhe seu projeto; o Alto Comitê Árabe boicota a comissão, que entrega seu relatório em setembro: sete países (Canadá, Tchecoslováquia, Guatemala, Países Baixos, Peru, Suécia, Uruguai) recomendam a criação de dois Estados separados e de uma zona internacional em torno de Jerusalém, ficando as três entidades reunidas numa união econômica; o Estado hebreu englobaria todas as colônias existentes e seria povoado por 558 mil judeus e 405 mil árabes; o Estado palestino, por 800 mil árabes e mil judeus; a zona internacional, por cem mil judeus e 105 mil árabes. A Índia, o Irã e a Iugoslávia recomendam a criação de um Estado único que comporte duas "províncias", uma sob direção judaica e outra sob direção árabe. A Austrália se abstém.

Os sionistas aceitam o plano, apesar da exigüidade do território que lhes é atribuído e da ausência de Jerusalém; um Estado, finalmente! Os países árabes recusam a partição e ameaçam entrar em guerra, se um Estado hebreu for criado assim. Somente um dirigente árabe, o rei Abdullah da Transjordânia, faz saber ao responsável pela Agência Judaica, David Ben Gurion, que autorizaria a instalação de um Estado judaico, desde que o resto do território do mandato lhe fosse submetido, como, aliás, os britânicos haviam dado a entender ao seu pai, em 1917.

A tensão aumenta. Em 16 de setembro de 1947, durante um encontro secreto em Nova York, pouco antes da votação, o secretário da Liga Árabe, Azzam Paxá, declara ao representante da Agência Judaica, Abba Eban: "Os senhores só poderão obter alguma coisa pelas armas. Nós tentaremos derrotá-los. Não tenho certeza de que ganharemos. Expulsamos os cruzados, mas perdemos a Espanha e a Pérsia. É possível que percamos a Palestina. É tarde demais para falar de solução pacífica"[136]. A guerra é inevitável.

O debate na Assembléia Geral sobre o relatório da Comissão Especial começa em 21 de outubro de 1947 no centro de patinação de Flushing Meadows, que serve de sede provisória às Nações Unidas. A batalha diplomática é incerta. O presidente Truman faz saber que, reunidos numa entidade econômica, os dois Estados podem formar um conjunto viável: "Se for desenvolvida como nós desenvolvemos a bacia do Tennessee, essa região pode fazer subsistirem de vinte milhões a trinta milhões de pessoas".

Por ocasião de outra reunião secreta, em Naharaya — na residência de Avraham Ruthenberg, diretor de uma estação elétrica instalada no Jordão[136] —, em 17 de novembro de 1947, Abdullah da Jordânia assina com uma adjunta de Ben Gurion, Golda Meir, um acordo pelo qual ele se compromete a não intervir no conflito para além da linha de partilha proposta pela Comissão Especial, em troca do abandono, em seu proveito, dos territórios reservados ao Estado palestino: a Palestina é ele.

Em 29 de novembro, numa das últimas votações não cindidas pela guerra fria, a Assembléia Geral das Nações Unidas aprova a partilha, por 33 votos a favor, 13 contra e 10 abstenções. O mínimo necessário de dois terços é obtido. Os Estados Unidos, a URSS, a França, a Grã-Bretanha votam a favor; certos aliados dos Estados Unidos (Grécia e Cuba) votam contra; outros (El Salvador e Honduras) se abstêm. Fica decidido que a criação dos dois Estados será proclamada no fim do mandato britânico, marcado para 14 de maio de 1948. Naquela noite, um comando árabe assassina os sete passageiros judeus de um ônibus.

Em 5 de dezembro, os Estados Unidos decretam um embargo sobre as entregas de armas na região, ao passo que os britânicos continuam a fornecê-las aos árabes e os judeus as compram de contrabando na Tchecoslováquia.

Em janeiro de 1948, primeiro assalto árabe, o do Exército de Libertação Árabe de Fauzi El-Kaukji, contra os *kibutzim* do norte. A Haganah tenta estabelecer uma continuidade territorial entre as colônias e assegurar o controle das fontes de água que alimentam o lago Tiberíades e o rio Litani: é o plano "D" de Ben Gurion. Em 1º de março de 1948, o conselho do Yishuv, órgão de gestão da Agência, transforma-se em Conselho Provisório do Povo, com trinta e sete membros, espécie de parlamento provisório que prepara a proclamação do Estado. Solicitado por Ben Gurion, Albert Einstein, que militou por essa criação, não aceita tornar-se o primeiro presidente do Estado de Israel. Irá recusar-se mais uma vez em 1952, "entristecido por não poder aceitar". O cargo irá para Weizmann, que sonha com ele há trinta anos. Até abril de 1948, a ofensiva é árabe; os judeus de Jerusalém estão isolados; em 6 de abril, as tropas da Haganah tentam inutilmente abrir caminho para Jerusalém. No dia 9, a aldeia árabe de Deir Yassin, situada numa colina que controla a rota de Jerusalém, é atacada pela Irgun, apesar da oposição por escrito da Haganah. O massacre deixa uma centena de mortos — menos do que o total anunciado tanto pela própria Agência Judaica (para apavorar as populações árabes) quanto pelos árabes (para denunciar a Irgun). Isso desencadeia uma partida maciça dos árabes, que abandonam casas e campos[378]. Quatro dias depois, um comboio sanitário judeu, a caminho do hospital Hadassah de Jerusalém, cai numa emboscada: morrem setenta e sete pessoas, entre médicos, enfermeiras, doentes e feridos. Em 22 de abril, Haifa é tomada pela Haganah; em 4 de maio, a Legião Árabe ataca a aldeia de Kfar Etizon e massacra os sobreviventes após a rendição deles[136].

Em 14 de maio, dia da partida dos britânicos, David Ben Gurion proclama o renascimento do Estado de Israel após 1.878 anos de ausência, com 700 mil habitantes judeus e os 156 mil árabes que decidiram ficar.

Nesse território ainda incerto, o essencial da terra, ainda pertencente às autoridades do mandato, é entregue ao novo Estado. David Ben Gurion é encarregado por Chaim Weizmann de formar um governo provisório com os cinco departamentos da Agência Judaica, que conservará apenas a responsabilidade pela acolhida dos refugiados, com a ajuda do Banco Anglo-Palestino.

A história que começa é tão singular quanto a dos séculos passados. E a economia do povo judeu vai revestir mais uma vez, nesse lugar, características particulares: em cinqüenta anos, ele criará um novo Estado cuja população se multiplicará por sete; um quarto de sua atividade será consagrado à defesa, e ele não poderá fazer nenhum comércio com seus vizinhos. Apesar desses obstáculos únicos na História, seu nível de vida será multiplicado por quarenta em meio século; ele se tornará o primeiro país do mundo em nível de educação, de pesquisa, de exportação industrial, de formação profissional e de inovação tecnológica. A assistência externa, de início muito fraca e depois muito importante, antes de reduzir-se novamente, não explica tudo, longe disso: aquela que seus vizinhos receberão será equivalente, ao passo que o nível de vida deles permanecerá dez vezes inferior.

Naturalmente, não é possível ao novo Estado obedecer aos princípios econômicos do Talmude. É um Estado judaico, e não um Estado bíblico. É um governo socialista, e não teocrático. O Estado possui a quase totalidade das terras e dos bancos, assim como dois terços do aparelho de produção industrial. O resto pertence à Agência, aos sindicatos e aos *kibutzim*. Somente os pequenos comércios são empresas privadas. Já ninguém disputa com os bancos o direito de receber juros de seus clientes.

Os Estados Unidos são os primeiros a reconhecer *de facto* o novo Estado, onze minutos após a proclamação deste. A União Soviética é a primeira a reconhecê-lo *de jure*, o que a França fará ao cabo de quatro meses; os britânicos e os americanos só o farão oito meses mais tarde. Léon Blum escreverá ao presidente Weizmann: "Judeu francês, nascido na França de uma longa série de ancestrais franceses, falando apenas a língua do meu país, alimentado principalmente de sua cultura, tendo-me recusado a deixá-lo mesmo na hora em que corria todos os perigos, eu participo ainda assim, com toda a minha alma, do esforço admirável — miraculosamente transportado para o plano da realidade histórica — que doravante assegura uma pátria digna, igual e livre a todos os judeus que não tiveram, como eu, a boa sorte de encontrá-la em seu país natal".

Ninguém pensa mais em proclamar o Estado palestino desejado pelas Nações Unidas; quanto aos vizinhos árabes, estes só almejam destruir o Estado hebreu.

Já em 15 de maio o secretário da Liga Árabe, Azzam Paxá, anuncia "uma guerra de extermínio". No mesmo dia, os exércitos do Egito, da Síria, da Transjordânia, do Líbano e do Iraque atacam. Diante deles, a Haganah — Tsahal (por Tsavah Haganah Le-Israel) — ainda não dispõe de nenhum tanque, nenhum canhão; entre seus 60 mil combatentes, somente 19 mil estão equipados com armas pesadas vindas da Tchecoslováquia e, em seguida, da França. De início, a batalha parece perdida: em 29 de maio, os 2.500 judeus da Cidade Velha de Jerusalém se rendem; em 11 de junho, é declarado um cessar-fogo, que contudo não se mantém. Depois, o movimento se inverte: Lod é tomada por um jovem coronel da Tsahal, Itzhak Rabin, em 12 de julho. Os árabes são expulsos dali; a rota de Jerusalém é reaberta após um violento combate entre a Tsahal e as tropas da Legião Árabe, conduzidas pelo inglês Glubb Paxá. Uma segunda trégua, decidida em 18 de julho, também não funciona. Em agosto, o conde Bernadotte vai negociar um acordo em nome da ONU: ele propõe que Israel devolva o Neguev e Jerusalém em troca da Galiléia, o que os dois campos rejeitam. O conde é assassinado. Os dirigentes árabes continuam incitando os árabes a partir, enquanto esperam que "os judeus sejam lançados ao mar". A Tsahal ocupa a Galiléia até o Golan e o monte Hermon. A Legião Árabe bombardeia Jerusalém até outubro. O presidente Truman continua hesitando em apoiar demasiado claramente o novo Estado. Suas declarações são de extrema prudência. Por exemplo, em 28 de outubro de 1948: "É uma responsabilidade verificar que nossa política em Israel se ajusta à nossa política mundial; é meu desejo ajudar a construir na Palestina um Estado democrático forte, próspero, livre e independente. Ele deve ser suficientemente grande, suficientemente livre, suficientemente forte para permitir que seu povo garanta sozinho seu próprio desenvolvimento e sua segurança"[136]. Em outras palavras: nós não queremos que o novo Estado caia na órbita soviética...

Em dezembro, Abdullah assume o título de rei do "reino hachemita da Jordânia", novo nome da Transjordânia. Uma parte da Palestina, pela primeira vez, torna-se claramente independente. A Resolução 194 das Nações Unidas pede a Israel que permita o retorno dos palestinos exilados "aos seus lares, o mais cedo possível", e uma indenização para todos "aqueles que decidirem não voltar". Nenhuma continuidade será dada a essa medida e os refugiados se amontoarão em acampamentos, sem que os Estados árabes façam alguma coisa para tirá-los dali[378]. No total, deixaram seus domicílios 700 mil palestinos — metade dos quais, segundo os "novos historiadores" israelenses[378], sob a pressão dos israelenses.

Enquanto isso, um aparelho de Estado hebreu se constrói a partir das agências e da administração do mandato. O primeiro-ministro das Finanças, Eliezer Kaplan, institui a "lira" (uma lira vale então quatro dólares) como moeda, de início emitida pelo Banco Anglo-Palestino, o qual virá a ser o Banco Leumi. Sua primeira prioridade é o controle das despesas sociais e a coleta do imposto. O primeiro orçamento, o de 1949, é de 160 milhões de dólares para um PIB de menos de um bilhão de dólares. O déficit externo é de 220 milhões de dólares. A ajuda da Diáspora não passa de 60 milhões de dólares. Equação insolúvel...

Em 31 de janeiro de 1949, simultaneamente ao reconhecimento *de jure*, os Estados Unidos confirmam o embargo total às entregas de armas e concedem ao novo Estado um primeiro empréstimo de 135 milhões de dólares, que mal cobre a metade do déficit externo desse primeiro ano[42].

Em 14 de fevereiro de 1949, o parlamento hebreu vota a "Lei de transição", que será chamada "Pequena Constituição": ela não decide nenhum debate difícil; os dirigentes da época, todos laicos, não querem afrontar os religiosos, que almejam uma teocracia.

Em 1949, são assinados quatro armistícios sucessivos: em 24 de fevereiro, com o Egito; em 3 de abril, com o reino hachemita da Jordânia, em Rhodes; em 23 de março, com o Líbano, em Nahariya[136]; por fim, em 20 de julho, com a Síria, em Mishman Hayarden. O Iraque não assina. Um certo número de palestinos continua partindo: os de Majdal vão para Gaza e a aldeia passa a chamar-se Ashkelon. Nos dois campos, aldeias foram destruídas e civis, massacrados. O Estado de Israel recobre 836 mil hectares, 48.600 dos quais são cultivados, incluindo 277 instalações rurais, 15 aldeias, 99 *moshavim*, 159 *kibutzim*; seus 111 mil habitantes fornecem a quase totalidade dos produtos agrícolas.

Em 5 de julho de 1950, David Ben Gurion designa a "Lei do Retorno" como uma das leis fundamentais do Estado, afirmando que ela "materializa a principal missão dele: a reunião dos exilados. Essa lei estabelece que não é o Estado que concede aos judeus habitantes no estrangeiro o direito de instalar-se em Israel, mas sim que esse direito lhes é natural e inerente na medida em que, sendo judeus, eles desejem instalar-se no país". Em outras palavras, o Estado está a serviço dos imigrantes. Afluem então 121 mil judeus iraquianos, obrigados a vender seus bens ao apresentarem seus pedidos de emigração, e depois muitos outros. Organizam-se pontes aéreas a partir de Xangai (os comunistas tomaram o poder ali em 1949), de Esmirna, do Iêmen. No total, os judeus expulsos dos países árabes são tantos quantos os árabes expulsos da Palestina. Seguem-se os búlgaros e os líbios, menos bem recebidos do que os judeus da Polônia: para os primeiros, alugam-se quartos de hotel; para os outros, simples tendas[378]. No total, de 1948 a 1951, 700 mil imigrantes duplicam a população judaica do país.

Como ninguém quer emprestar — e muito menos dar — ao novo Estado, o financiamento das necessidades deste é coberto, a partir de maio de 1951, por "bônus de Israel" colocados nas diásporas, muitas vezes pelos rabinos que autorizam excepcionalmente a percepção de juros sobre judeus: a razão disso, explicam eles[409], é que ninguém sabe ao certo o nome dos tomadores finais, cidadãos de Israel alguns dos quais não são judeus...

As doações das diásporas à Agência Judaica, coletadas em 71 países pelo Keren Hayessod (Tesouro da Colonização Judaica) e, nos Estados Unidos, pelo United Jewish Appeal, somam cerca de 60 milhões de dólares em 1951[42]. O essencial serve para alojar os recém-chegados. Israel se desenvolve numa economia de guerra. Mas o embargo que atinge o país funciona como uma fonte de crescimento: este é de 30 por cento em 1951, ano em que o orçamento recebe dos Estados Unidos uma primeira doação de 65 milhões de dólares para auxiliar a instalação dos refugiados[41]. A Síria, por sua vez, recusa a assistência americana e inclina-se aos poucos para a órbita soviética.

Em setembro de 1952, é assinado um acordo com a Alemanha Federal sobre "reparações", num montante — irrisório, diante do que a RFA recebe do Plano Marshall! — de 60 milhões de dólares anuais durante doze anos, ou seja, o equivalente à ajuda americana anual a Israel, ou ainda cerca de um sexto do orçamento, ao passo que a ajuda da Diáspora diminui até cair para 27 milhões de dólares. A renda *per capita* ainda é muito baixa: 470 dólares, ou seja, um quarto daquela da França[42].

Em 1953, o crescimento se retarda com o número de imigrantes, enquanto a inflação se acelera até atingir 57 por cento por ano. Israel afunda; o projeto sionista parece ter começado mal. Tanto mais quanto a situação política dos vizinhos torna-se mais ameaçadora. Na Jordânia,

Abdullah, assassinado no início do ano, é substituído por seu filho, Talal; já em maio de 1953, porém, este deixa o trono ao seu próprio filho, Hussein, que se torna rei com menos de dezoito anos. No Cairo, em 1952, o rei Faruk é deposto por um grupo de militares ainda mais hostil a Israel. Em 1953, morre Abd el-Aziz ibn Saud, que reina sobre a Arábia há cinqüenta anos. Seu filho mais velho, Saud, e o caçula, Faissal, disputam o poder. Os americanos continuam confiando nos britânicos para gerir essa parte do mundo e evitar que ela enverede para o lado soviético. Dwight Eisenhower, presidente dos Estados Unidos de 1952 a 1960, escreverá em suas *Memórias*: "No fundo, nós considerávamos que, apesar dos interesses americanos e franceses, os britânicos deviam conservar ali suas responsabilidades no plano da segurança e da estabilidade. Os britânicos tinham profundo conhecimento da história, das tradições e dos povos daquela parte do mundo".

Mas quando, em outubro de 1954, o coronel Nasser afasta o general Nagib e assume o poder no Egito, os americanos o apóiam e lhe entregam armas, ao passo que os britânicos suspeitam das ambições do jovem *ra'is**. A França, por sua vez, continua fornecendo armas a Israel e trocando segredos militares com esse país. Em 1955 — em sua primeira intervenção na região —, os Estados Unidos propõem, pelo plano Johnston, a partilha das águas do Jordão e de seu afluente, o Yarmuk, entre os países ribeirinhos, que rejeitam todos esse plano, cada um querendo mais. No mesmo ano, o filho do presidente sírio, Zaim, propõe aos israelenses abrir negociações e acolher 300 mil palestinos. Ben Gurion demora a responder e Damasco retira sua proposta.

Em 26 de julho de 1956, o presidente Nasser nacionaliza o canal de Suez. A França e a Grã-Bretanha reagem desembarcando em Suez, e os isralitas, invadindo o Sinai, sem a concordância dos Estados Unidos. Em 5 de novembro, o marechal Bulganin, presidente do Conselho de Minis-

* Em árabe, "chefe". Aplica-se ao presidente da República, ao presidente do conselho de ministros etc. (N. da T.)

tros da URSS, ameaça a França e a Grã-Bretanha com represálias nucleares, se elas não se retirarem. Os dois europeus recuam e saem do jogo. Israel retira-se do Sinai e suas tropas são substituídas por forças de interposição das Nações Unidas. O conflito Leste/Oeste estende-se doravante ao Oriente Médio; cada um coloca suas peças no tabuleiro. Os americanos, que começam a esperar poder utilizar o Islã como um antídoto contra o comunismo, abrem linhas de crédito para a Jordânia, o Egito e os palestinos através da UNRWA, o organismo das Nações Unidas encarregado dos refugiados. Os soviéticos também vêem o Islã como uma porta de entrada para os países do sul e multiplicam os esforços de assistência aos países árabes: o Egito, o Iraque e a Síria transferem-se progressivamente para o lado deles. Em 1959, três estudantes, Yasser Arafat, Khalil al-Wazir e Salah Khalaf, fundam no Kuwait a organização Al-Fatah, cujo objetivo é a reconquista de toda a Palestina pela luta armada.

Após um período de estagnação, a economia israelense recomeça a crescer com a chegada de novos imigrantes, sempre financiada por empréstimos contraídos junto aos Estados Unidos e às comunidades judaicas do Ocidente. A inflação devora o resto. Chegam então os judeus egípcios, tunisinos e marroquinos; e depois, em 1962, 14 mil judeus da Argélia — outros 200 mil preferem acompanhar os outros franceses à metrópole. Somente mil franceses e outros tantos americanos fazem anualmente sua *aliah* (ou "subida"). Por outro lado, um acordo de união aduaneira é assinado em 1965 entre Israel e a União Européia.

Na Arábia, Faissal afasta definitivamente Saud IV. Em 1965, palestinos criam a Organização para a Libertação da Palestina (OLP), de início dirigida por Ahmed Chukheiri, sob a tutela de Nasser. A organização Al-Fatah passa a fazer parte dela. Em maio de 1967, a pedido do Egito, as tropas das Nações Unidas se retiram do Sinai. Em junho, o porto de Eilat, no mar Vermelho, é bloqueado pelo Egito, que fecha o golfo de Aqaba. Desencadeia-se uma guerra-relâmpago entre Israel, Síria, Jordânia e Egito. Em menos de uma semana, ela dá a Israel o controle da Cisjordânia, do Sinai, do Golan e de Jerusalém Leste, com um milhão de palestinos. Israel anexa Jerusalém Leste e ocupa o resto dos territórios. Em sinal de protesto, a França suspende suas remessas de armas a Israel. Os Estados Unidos logo irão iniciar as deles.

Em 12 de junho de 1967, o líder da Fatah, Yasser Arafat, decide lançar a luta armada na Cisjordânia, para onde vai secretamente, em julho. Em agosto, a conferência de cúpula árabe de Khartum rejeita qualquer negociação com Israel.

Em 22 de novembro de 1967, a Resolução 242 do Conselho de Segurança, cujas versões francesa e inglesa são deliberadamente contraditórias, exige que Israel restitua "os" — ou "alguns" — territórios ocupados. Ela também reconhece implicitamente Israel; Nasser a aceita, à diferença da Fatah. Em dezembro de 1967, Ahmed Chukheiri se demite da presidência da OLP.

Os dirigentes trabalhistas israelenses (Moshe Dayan, David Ben Gurion, Golda Meir) hesitam: devolver as terras conquistadas à Jordânia, ao Egito e à Síria não seria recriar a ameaça anterior, sem ter obtido nada em troca? "Restituí-las" a quem? Ao antigo ocupante jordaniano? A um Estado que os outros Estados árabes não aceitam verdadeiramente? Criar a Palestina não seria correr o risco de criar um inimigo a mais? Anexá-la para melhorar as condições de segurança não seria tornar-se uma nova África do Sul? Nada é explicitamente decidido.

Instalam-se então em Israel uma euforia política e um frenesi de consumo. Embora, em 1968, o número de veículos por mil habitantes ainda seja dez vezes inferior ao dos Estados Unidos, a diferença de nível de vida se reduz em relação à Europa e aumenta em relação aos árabes da Cisjordânia e dos países vizinhos.

A Fatah instala-se agora na Jordânia, de onde partem os atentados. Em 18 de março de 1968, um ônibus que transportava crianças topa com uma mina perto de Eilat; dois passageiros morrem. Em resposta, no dia 21, os israelenses atacam uma base da Fatah em Karameh, aldeia de refugiados, na Jordânia. Os palestinos ocupam cada vez mais espaço na Jordânia, a ponto de ameaçar o poder do "reizinho". Certos dirigentes árabes e alguns israelenses, aliás, vêem a solução do problema palestino na substituição dos dirigentes da Jordânia pelos da OLP: a Jordânia passaria a ser a Palestina e tudo voltaria à ordem. Em abril de 1968, Arafat torna-se porta-voz da OLP. O Conselho Nacional Palestino adota em junho uma carta que faz da "luta armada [...] o único caminho". Os palestinos instalam-se também no sul do Líbano.

Enquanto isso, acelera-se a corrida armamentista: a Guerra dos Seis Dias mostrou que o Oriente Médio pode constituir um campo de provas para os dois blocos. Assim, a indústria americana começa, após a da França, a utilizar os sucessos militares israelenses como argumentos comerciais junto a outros clientes mundo afora. Em conseqüência, no mesmo ano Israel obtém a promessa de que a assistência militar americana sempre lhe permitirá manter uma "vantagem qualitativa" diante do armamento soviético de seus vizinhos. Richard Nixon, aliás, reconhece o interesse comercial dos Estados Unidos em financiar a defesa de Israel: "O compromisso dos Estados Unidos com a segurança e o futuro de Israel baseia-se tanto em nossa concepção moral quanto em nosso próprio interesse". O tom é bem diferente do de seus predecessores...

Em fevereiro de 1969, Yasser Arafat torna-se presidente da OLP: os movimentos de guerrilha assumiram o poder. Enquanto outro movimento — a FPLP, Frente Popular pela Libertação da Palestina — prepara seqüestros de avião na Europa, a Fatah, braço principal da OLP, arroga-se cada vez mais poderes na Jordânia. Em junho de 1970, integrantes dela tomam como reféns clientes de grandes hotéis de Amã. Em julho, o Egito e a Jordânia dão sua concordância a um plano de paz apresentado pelo secretário de Estado americano Rodgers. Israel aceita. A paz está ao alcance da mão. No fim de agosto, os palestinos recusam. Em 6 de setembro, a FPLP seqüestra dois aviões (um americano e um suíço) e, no dia 9, um terceiro. Os três aparelhos são conduzidos à Jordânia. Em 16 de setembro, o rei Hussein massacra vinte mil (segundo certas fontes) militantes palestinos, antes de expulsar os sobreviventes. Yasser Arafat e a OLP se estabelecem então em Beirute, com o "Setembro Negro", movimento terrorista.

A economia israelense permanece socializante: a Agência Judaica, a união sindical, os *kibutzim* e o exército — quatro "fardos" segundo as teorias clássicas, quatro pontos de apoio segundo a prática sionista — ainda compartilham o poder econômico e social. O setor privado continua marginal: como há dois mil anos no seio da Diáspora, os judeus de Israel não gostam de ser assalariados de um empregador privado, ainda que este seja judeu. Em 1971, no entanto, o PIB por habitante triplicou desde o nascimento do Estado. Com uma taxa de 10 por cento ao ano, o crescimento se mantém muito superior ao do Ocidente, o qual, contudo, louva a economia de mercado. À falta de trabalhadores judeus em número suficiente, a economia até mesmo passa a depender da mão-de-obra árabe; começa então a colonização da margem oeste do Jordão e da Faixa de Gaza.

Como, depois da Guerra dos Seis Dias, a ajuda das diásporas aumentou muito, os judeus americanos começam a exercer uma influência aberta dentro da Agência Judaica: doravante, designam 30 por cento dos dirigentes dela. Essa assistência mostra-se equivalente à dos Estados Unidos e se mantém em cem milhões de dólares por ano, ou seja, menos de 5 por cento do orçamento israelense[41]. Durante o mesmo período, o conjunto dos Estados árabes vizinhos recebe dos mesmos Estados Unidos uma ajuda duas vezes superior. Em 28 de novembro de 1971, o primeiro-ministro jordaniano Wasfi Tall, aquele que esmagou os últimos *feddayin* palestinos, é assassinado por integrantes do Setembro Negro.

A aceleração da corrida armamentista exige um financiamento cada vez mais elevado. Em 1972, pela primeira vez, acrescentam-se às doações americanas empréstimos destinados ao financiamento de equipamentos militares oriundos da América. O orçamento militar representa agora metade do orçamento geral e ultrapassa um terço do PIB[41]. Desde então, as despesas aumentam nitidamente mais depressa do que as receitas, embora a gestão dos territórios ainda mobilize pouquíssimos recursos (300 funcionários israelenses e 15 mil palestinos).

Em setembro de 1972, um grupo da Fatah toma como reféns atletas israelenses nos Jogos Olímpicos de Munique: onze são mortos. A tensão militar e a ameaça terrorista fazem-se mais fortes. Vários dirigentes palestinos são assassinados em Beirute por comandos israelenses. A primeira-ministra, Golda Meir, alertada, não acredita na iminência de um ataque árabe. Contudo, em 6 de outubro de 1973, dia do Yom Kippur, o Egito e a Síria atacam Israel e recuperam uma parte do Sinai, assim como o Golan. Após duas semanas de combates durante as quais a própria existência de Israel fica ameaçada, e em parte graças ao audacioso golpe de um jovem general, Ariel Sharon, que toma pela retaguarda as tropas egípcias no Sinai, o Egito perde dez mil homens, 650 tanques e 180 aviões. No armistício, a Resolução 338 das Nações Unidas retoma os termos da Resolução 242. Nasser renuncia, antes de ser chamado de volta por seu povo. As conferências árabes de Argel (novembro de 1973) e de Rabat (outubro de 1974) reconhecem a OLP como a única representante do povo palestino. Em junho de 1974, a OLP adota como programa "edificar a autoridade nacional independente sobre toda parte do território palestino que for libertada"; mas sua carta não é ab-rogada. Em novembro de 1974, perante a Assembléia Geral das Nações Unidas, Arafat fala do "sonho" de um "Estado democrático onde cristãos, judeus e muçulmanos pudessem viver em total igualdade". A situação econômica de Israel torna-se bem mais difícil: a alta dos preços do petróleo e o aumento das despesas militares retardam o crescimento e fazem explodir a inflação: em 1974, um dólar passa a custar 6 liras! Quanto às despesas públicas, estas representam agora 80 por cento do PIB: tanto quanto na URSS, ou quase! Os déficits públicos explodem. Para financiá-los, o Estado monopoliza toda a poupança do país, sufocando a economia privada. Apesar disso, Israel ainda conhecerá taxas de crescimento da produtividade que se colocam entre as mais elevadas do mundo, com uma média anual de 4,4 por cento em vinte e cinco anos. Os orçamentos de solidariedade se ressentem; os novos imigrantes são as primeiras vítimas disso. Iniciam-se movimentos sociais, como o dos Black Panthers, movimento radical de judeus marroquinos que exigem recursos suplementares para a integração dos sefardis, nesse Estado construído por asquenazes. Itzhak Rabin torna-se primeiro-ministro em maio de 1974.

Ante o derramamento de armas soviéticas nos países vizinhos, os israelenses precisam de armas novas, que eles continuam não tendo recursos para pagar. Assim, nesse ano de 1974, os Estados Unidos lhes doam pela primeira vez 2,2 bilhões de dólares para comprar armas — às empresas americanas, evidentemente — e bloqueiam as vendas de armas dessas mesmas empresas a certos países árabes.

No mesmo momento, Washington busca aliados no Islã contra a crescente influência dos soviéticos no Afeganistão, na África e em outros lugares, na esperança de provocar uma paralisação do adversário e até mesmo uma revolta nas repúblicas da Ásia central.

Numa espécie de síntese das posições de seus predecessores, Jimmy Carter, eleito em 1977, explica o apoio americano a Israel tanto pela moral religiosa quanto pelo interesse econômico dos Estados Unidos: "Os Estados Unidos mantêm com Israel uma relação única e moralmente justa. Ela é compatível com nossas convicções religiosas profundas, e é justa em termos de interesse estratégico dos Estados Unidos". Apesar desse apoio, Israel está cada vez mais isolado no plano internacional. Em janeiro de 1985, o país precisa defender-se de ataques vindos do sul do Líbano. Começa a guerra entre as falanges cristãs e os palestinos. Em 10 de novembro de 1975, a ONU adota uma moção que assimila o terrorismo ao racismo. Em junho de 1976, o exército sírio intervém ao lado dos cristãos libaneses contra os palestinos.

Uma nova alta do preço do petróleo eleva a inflação israelense a 30 por cento em 1977 e engole inteiramente a ajuda americana. Agora, são necessárias 10 liras para um dólar...

Em agosto de 1977, chega ao poder Menahem Begin, chefe do partido de direita, o Likud; a situação social e econômica do país é tanto mais desesperadora quanto as despesas militares aumentam incessantemente. Para surpresa geral, em novembro de 1977 Anwar el-Sadat vai a Jerusalém: a situação econômica do Egito não é melhor do que a de seu adversário. Em setembro de 1978, abrem-se negociações em Camp David, sob a égide do presidente Carter. Por um tratado assinado em 26 de março de 1979,

Israel restitui o Sinai ao Egito em troca de seu reconhecimento. Os outros dirigentes árabes boicotam o Egito e designam a OLP como única e legítima representante dos palestinos. Arafat declara-se disposto a aceitar a título provisório a margem oeste do Jordão e a Faixa de Gaza como um Estado de fronteiras ainda imprecisas. A URSS invade o Afeganistão em dezembro de 1979.

Em Israel, a paz com o Egito não resolve a crise financeira. Em 1980, ainda que uma nova moeda, o *shekel* — retorno à gruta comprada por Abraão! —, substitua a lira, a inflação atinge 131 por cento e as despesas orçamentárias continuam representando mais de dois terços do PIB.

O Líbano, onde se estabeleceu o quartel-general da OLP, torna-se a principal ameaça para Israel, após a instalação na fronteira norte do país, em fevereiro de 1981, de um movimento fundamentalista xiita ligado ao Irã, o Hezbollah. Para desimpedir a área, Israel bombardeia e invade o sul do Líbano. Em 6 de junho de 1982, a Tsahal chega a impor o bloqueio de Beirute. Arafat tem de refugiar-se em Trípoli, no norte do Líbano. Em 9 de setembro de 1982, a cúpula árabe de Fez reconhece o "direito de todos os Estados da região à paz", sem no entanto mencionar Israel. Nos dias 16 e 17 de setembro, em represália ao assassinato do presidente Gemayel, quase dois mil civis palestinos e libaneses são assassinados ou desaparecem nos campos de refugiados de Sabra e Chatila, perto de Beirute, mortos por milicianos cristãos, sem que intervenham as tropas do general Sharon, que estão ocupando Beirute. Em 20 de dezembro de 1982, Yasser Arafat e seus assessores embarcam em navios gregos, escoltados por navios franceses, e partem para Túnis.

A situação econômica e política de Israel torna-se crítica, embora a ameaça militar pareça afastar-se; a dívida externa do país é uma das mais altas do mundo, e a ajuda dos Estados Unidos já não consegue mais do que reembolsar as parcelas anuais. Em agosto de 1983, Begin renuncia e seu sucessor, Itzhak Shamir, tampouco pode reduzir os déficits. Quase em falência, os quatro principais bancos do país são nacionalizados. Em 1984, a inflação dispara até 400 por cento; um dólar é trocado por 800 *shekels*!

Em setembro de 1984, Shimon Peres, que se tornou primeiro-ministro de um governo de união nacional, dá uma virada completa na política econômica: diminui todos os salários em 30 por cento, congela os preços, reduz o déficit orçamentário e privatiza uma parte da economia; um novo *shekel* (equivalente a mil "antigos" *shekels*) é posto em circulação. É uma mudança radical. Para acompanhar a reforma, a ajuda americana instala-se num ritmo anual de três bilhões em doações (1,8 bilhão em doações militares e 1,2 bilhão em doações civis), ou seja, naquele ano, 8 por cento do orçamento total. Esse montante não se alterará até 1997, depois diminuirá e tenderá a representar uma parte decrescente das despesas do Estado. Além disso, três quartos da assistência militar cabem aos Estados Unidos, em mais de mil empresas americanas espalhadas por quarenta e sete estados — a política interna está vigilante!...

Em 1985, os Estados Unidos assinam com Israel o primeiro acordo de união aduaneira entre eles. Esse acordo de livre câmbio beneficia as empresas americanas, cujas exportações para Israel triplicarão em dois anos. Mais explicitamente do que nunca, Ronald Reagan fala então de Israel como de um "ativo" estratégico para os Estados Unidos: "Somente se tomarmos consciência do papel essencial do Estado de Israel em nossos cálculos estratégicos é que poderemos construir os alicerces destinados a afastar as intenções de Moscou sobre territórios e recursos vitais para nossa segurança e nosso bem-estar".

O programa de Shimon Peres, prolongando as reformas do governo Begin, é um sucesso: em um ano, a inflação cai de 400 por cento para 20 por cento; a parte das despesas públicas no PIB diminui um quarto; a economia privada começa a desenvolver-se com a privatização progressiva do conjunto dos ativos do Estado — 165 empresas, na maioria muito reduzidas, que representam 8 por cento dos assalariados da indústria — e dos da união sindical, a Histadrut.

Em outubro de 1985, um navio italiano de cruzeiro, o *Achille Lauro*, é seqüestrado por um comando palestino, com vistas a obter a libertação de cinqüenta prisioneiros palestinos em Israel; pela primeira vez, um judeu americano é assassinado. A situação econômica e social agrava-se nos "territórios". Metade da população tem agora menos de dezoito anos. Em 8 de dezembro de 1987, um acidente rodoviário, no qual um caminhão israelense atropela quatro trabalhadores de Jabaliya, um subúrbio de Gaza, desencadeia uma revolta movida a pedradas e coquetéis Molotov. Começa a primeira *Intifada*, com mulheres e crianças apedrejando soldados e colonos, primeiro em Gaza e depois na Cisjordânia. Mesmo assim, inúmeros contatos secretos tentam aproximar israelenses e palestinos.

A estabilização econômica oscila. A gestão dos territórios torna-se cada vez mais custosa. Israel ainda permanece no topo da escala mundial quanto à dívida externa por habitante. Em 1988, um novo governo de união nacional (Shamir torna-se primeiro-ministro, com Peres nas finanças) decide-se por um plano de austeridade complementar: as despesas com a defesa são estabilizadas (antes de baixarem progressivamente de 30 por cento para 14 por cento do PIB).

Com a chegada de Mikhail Gorbatchev ao poder em Moscou, o conflito Leste/Oeste se atenua e, com ele, a tensão no Oriente Médio. Em julho de 1988, o rei Hussein renuncia a qualquer pretensão territorial na Cisjordânia. Em Argel, em novembro de 1988, a OLP reconhece as Resoluções 242 e 338 da ONU, admitindo implicitamente o direito de Israel à existência e abandonando a "luta armada". Em maio de 1989, Yasser Arafat declara em Paris que a carta da OLP que previa a destruição do Estado de Israel "caducou"; ele renuncia, em Genebra, ao terrorismo. Em novembro de 1989, a queda do muro de Berlim provoca o afluxo a Israel de duzentos mil judeus da URSS em dois anos; 53 por cento deles estão em idade de trabalhar, e a maioria tem um nível de quadro superior ou de engenheiro. Em 25 de maio de 1991, uma ponte aérea repatria também da Etiópia a comunidade dos falachas. Acredita-se que esses recém-chegados representarão um encargo considerável, e, para financiar a instalação deles, os americanos prometem até 10 bilhões de dólares de ajuda suplementar, em cinco anos. Na verdade, esses refugiados constituem imediatamente um fator de crescimento, em virtude de suas excepcionais qualificações profissionais. Embora percebam, por um trabalho igual, um salário 40 por cento inferior ao dos outros, os novos imigrados compensam o essencial desse atraso no período de alguns anos. Graças a eles, a indústria evolui em direção aos setores de alta tecnologia. A taxa de crescimento anual permanece em 6 por cento, em média.

O conflito do Oriente Médio já não é um conflito Leste/Oeste; e ainda não constitui um conflito Norte/Sul. Os Estados Unidos têm agora muito menos razões estratégicas para ajudar Israel. Tanto mais quanto, em janeiro de 1991, eles precisam sobretudo da aliança de todos os árabes — e dos soviéticos, em plena crise — para expulsar do Kuwait o Iraque, o qual, apoiado pela Jordânia e pela OLP, invadiu o emirado no verão precedente.

Em 3 de outubro de 1991, após a derrota do Iraque, a paz se aproxima. Primeiro, israelenses e palestinos se encontram em público, em Madri, e depois em segredo, em Oslo. Em 9 de setembro de 1993, Israel e a OLP se reconhecem mutuamente, e Israel concede um regime de autonomia parcial a certas partes dos territórios ocupados. Mas, entre várias outras, a questão de Jerusalém não está resolvida, assim como a dos refugiados. Em 13 de setembro de 1993, Yasser Arafat aperta a mão de Itzhak Rabin na Casa Branca, diante de Bill Clinton. Uma conferência do conjunto dos países doadores traz a promessa de 2,4 bilhões de dólares para assistência aos palestinos. Só a metade será efetivamente depositada.

O terrorismo pontua — de um lado e do outro — qualquer avanço em direção à paz. Em plena negociação, em fevereiro de 1994, um colono judeu americano mata quarenta pessoas na mesquita de Hebron. O drama é seguido pelo primeiro atentado suicida do movimento islâmico Hamas. Isso não impede a assinatura entre Israel e a OLP, em 29 de abril de 1994, de um acordo sobre a economia, o qual visa estimular sociedades israelenses a implantarem-se em Gaza, ajudar na criação de empresas palestinas e reduzir a dependência dos trabalhadores palestinos em relação aos empregadores de Israel.

Um tratado com a Jordânia, assinado em 17 de outubro de 1994, prevê que Israel fornecerá anualmente a esse país 50 milhões de metros cúbicos de água, até a assinatura de um acordo definitivo quanto à partilha das águas do Jordão.

Mais de vinte países novos estabelecem então relações diplomáticas com o Estado hebreu. As exportações deste aumentam em mais da metade com a Índia e em quase dois terços com a Tailândia; a China torna-se um dos principais clientes das indústrias civis e militares israelenses, que vêem reduzirem-se as encomendas da Tsahal.

Em 28 de setembro de 1995, após novas negociações em Oslo, é assinado um novo acordo intermediário entre israelenses e palestinos: a Cisjordânia é dividida em uma centena de zonas dotadas de três estatutos diferentes, definindo os contornos de um futuro Estado. O exército israelense deve retirar-se das oito maiores cidades; um Conselho Nacional Palestino deve ser eleito. Não se está longe da criação do Estado palestino quando, em 4 de novembro de 1995, Itzhak Rabin é assassinado por um extremista israelense. Os atentados suicidas perpetrados pelo Hamas recomeçam imediatamente. A economia afunda novamente. A paz se distancia. Em 29 de maio de 1996, as eleições legislativas são vencidas pela direita e Benjamin Nethanyahu torna-se primeiro-ministro. A aplicação dos acordos de Oslo é questionada.

Para tentar depender menos dos Estados Unidos nas negociações de paz, Israel propõe então ao governo americano suprimir a ajuda econômica e aumentar a ajuda militar em metade do montante desta (levando-a de 1,8 milhão a 2,4 milhões de dólares). Entre 1990 e 1998, oitocentos mil judeus russos continuam afluindo para Israel, ou seja, proporcionalmente, o equivalente a uma população igual à da França que fosse instalar-se nos Estados Unidos! Contrariamente ao que muitos temem, as riquezas que eles criam continuam superando nitidamente o custo para recebê-los.

A promessa de paz ainda atrai enormemente os investimentos estrangeiros: estes passam de 100 milhões de dólares em 1990 a 2 bilhões de dólares em 1998. Após a assinatura em Wye, nos Estados Unidos, em 23 de outubro de 1998, de acordos de aplicação, Israel recebe ainda a promessa de uma ajuda especial para retirar suas tropas de certas zonas a serem restituídas à Autoridade Palestina, a qual, por sua vez, recebe uma ajuda para instalar as suas[136].

As negociações de paz recomeçam após a formação, em 17 de maio de 1999, de um novo governo trabalhista dirigido por Ehud Barak. Em setembro de 1999, é estabelecido um novo calendário que marca a conclusão de uma paz global para 13 de setembro de 2000. A esperança ainda reside essencialmente no fato de que a condução das discussões se encontra, dos dois lados, nas mãos de laicos, conscientes daquilo que arriscam em seu próprio campo se deixarem uma batalha territorial degenerar em conflito teológico. Assim, admite-se tacitamente só abordar as questões religiosas depois de um acordo sobre a repartição dos territórios, sobre o retorno dos refugiados e sobre a questão da água (90 por cento da água da Cisjordânia são utilizados pelos israelenses).

Em julho de 2000, após numerosos preparativos, começa em Camp David, por insistência de Barak e contra a opinião dos palestinos, uma reunião de cúpula que, desta vez, visa a criação de um Estado palestino e a conclusão de uma paz definitiva. Ninguém se preocupou ainda em saber qual(quais) será(serão) a(s) moeda(s) do novo conjunto, como será organizada a livre circulação dos trabalhadores e quais serão os meios de soberania postos à disposição da futura Palestina, onde corrupção e desemprego continuam sendo os piores inimigos da paz. Ninguém tampouco sabe como será mantida uma identidade nacional israelense, uma vez abertas as fronteiras. No entanto, está-se perto de um acordo sobre as fronteiras, com base nas propostas de Bill Clinton, quando se apresentam as questões dos refugiados — eles são oficialmente 3,7 milhões, essencialmente na Jordânia e em Gaza — e de Jerusalém. A fim de reforçar sua posição sobre esse ponto, Yasser Arafat provoca uma reunião do "comitê Al-Qods" — integrado pelo conjunto dos Estados árabes interessados na Cidade Santa —, a qual reafirma que Jerusalém deve tornar-se a capital do futuro Estado palestino. Clinton propõe que a parte árabe da cidade seja administrada pelos palestinos, mantendo-se sob soberania israelense. Outras sutilezas permitem aproximar-se de um compromisso. O acordo está quase feito, sobre um território palestino que representa 96 por cento da Cisjordânia (com troca pelos 4 por cento restantes); a soberania palestina seria reconhecida sobre os bairros de maioria árabe de Jerusalém; o Muro ocidental ficaria sob soberania israelense.

Por viverem em democracia, os israelenses não têm nenhum meio de impedir que um antigo general coberto de glória e de opróbrio, Ariel Sharon, venha conscientemente sublinhar com sua presença, em 28 de setembro, na Esplanada das Mesquitas, o caráter insolúvel do problema de Jerusalém. E, por não viverem ainda em democracia, os palestinos tampouco dispõem de qualquer meio para impedir alguns de seus extremistas de destruírem locais tão sagrados para o islamismo quanto para os outros monoteísmos. Tudo resvala. Entra-se em discussões cada vez mais absurdas sobre as condições de retorno ou de não-retorno dos refugiados, até agora esquecidos por todos, e sobre as condições do exercício da autoridade sobre o Monte do Templo e a Esplanada das Mesquitas.

Em 4 de março de 2001, em seguida à dissolução da maioria de Barak e às eleições, o general Ariel Sharon torna-se primeiro-ministro do Estado de Israel. A paz nunca esteve tão distante. Todo o ano de 2001 é semeado de atentados, de represálias, de revoltas, de oportunidades perdidas. Vinte e cinco novas colônias de povoamento são criadas. A economia da região afunda. O turismo desaparece. Pela primeira vez, o crescimento de Israel é negativo. Israel e a Palestina pagam muito caro pelo retorno da violência. Em 24 de dezembro de 2001, Sharon proíbe a Arafat o acesso a Belém.

Israel é um Estado judeu?

Um país rico: desde o nascimento do país, o PIB foi multiplicado por vinte; a renda *per capita*, por quarenta, e agora se aproxima da renda da Espanha, de Portugal ou da Grécia; a capitalização em Bolsa é proporcionalmente uma das mais elevadas do mundo: mais de um milhão de israelenses são acionistas; o número médio de veículos (um para 3,4 habitantes) aproxima-se do da Europa; as famílias (cujo patrimônio médio ultrapassa 160.000 dólares) permanecem muito endividadas; a parte da defesa se mantém superior a 15 por cento do PIB, ou seja, o triplo do que ela representa nos outros países desenvolvidos.

O país já não é socialista: a parte do orçamento no PIB não representa mais que 47 por cento em 2001, contra 77 por cento em 1984; as desigualdades aumentaram consideravelmente a partir de 1975; um milhão de israelenses vivem abaixo do limite de pobreza; um quarto das crianças não dispõe do mínimo vital. Embora o Estado ainda possua 90 por cento do solo e 160 empresas, os principais bancos e a indústria, antes propriedades do Estado e dos sindicatos, estão agora privatizados[41]. Os 270 *kibutzim* do país, embora ainda garantam um terço da produção agrícola, não representam mais que a qüinquagésima parte da população e a décima quinta da produção industrial. Alguns já não passam de centros de turismo; outros, com a extensão das cidades, acolhem grande superfícies ou lavanderias automáticas. Outros se privatizam. As crianças vivem ali com seus pais até a idade da escola secundária. Somente uma criança de *kibutz* em três retorna a ele após o serviço militar. Por outro lado, a Histadrut, de início sindicato único, não mais exerce qualquer papel econômico: seu pólo industrial, Koor, foi desmantelado; seu banco, Hapoalim, privatizado; seu auxílio-doença, Kupat Holim, tornou-se autônomo; somente 30 por cento dos assalariados estão sindicalizados nela, em vez dos 90 por cento do início dos anos 1950.

O país tornou-se uma economia da inteligência. À diferença das elites precedentes, que desabrochavam no exército e nos *kibutzim*, as de hoje — mistura de sabras, marroquinos e antigos soviéticos... — construíram uma das primeiras indústrias do saber. Com um índice de alfabetização de 95 por cento, o país tem a maior proporção de cientistas e de engenheiros do mundo (14 para mil assalariados, contra oito nos Estados Unidos e no Japão); em 2002, 15 por cento dos trabalhadores têm mais de dezesseis anos de estudos, enquanto que esse total não passava de 1 por cento em 1979. Primeiro país do mundo em participação nas despesas de educação (7 por cento do PIB), Israel entrega anualmente o maior número de diplomas por habitante. As novas tecnologias representam 15 por cento do PIB do país e dois terços da produção industrial. Somente o Japão exporta proporcionalmente mais *softwares* do que Israel, que também é o segundo — neste caso, abaixo da Suécia — em número relativo de assalariados empregados na informática. Suas tecnologias modificam todos os setores, inclusive a agricultura, que já não ocupa mais que 2 por cento da população, com o primeiro rendimento por hectare do mundo. Para ocupar os outros empregos, Israel faz virem 300 mil romenos e tailandeses; metade dos operários da construção e 11,5 por cento dos trabalhadores da indústria é de estrangeiros, entre os quais 45 por cento palestinos.

No entanto, Israel ainda conserva certos traços de *um país em desenvolvimento*: um terço de seu orçamento permanece consagrado à defesa; a economia informal continua muito importante, em particular pelo emprego de mão-de-obra palestina clandestina; uma parte significativa das rendas — pelo menos 3 por cento — é consagrada à loteria nacional e aos jogos ilegais.

Ajuda externa cada vez menos necessária. A contribuição das diásporas, tão essencial nos primeiros anos, tornou-se hoje irrisória. Apesar da tentativa de unificação das coletas (United Jewish Appeal nos Estados Unidos, Appel Juif Unifié na França), milhares de associações concorrem entre si para coletar somas cuja recapitulação se revela difícil. Assim, o United Jewish Appeal recolhe cerca de um bilhão de dólares por ano, que ele reparte entre instituições sociais na América, no resto da Diáspora e em Israel. Os "bônus de Israel", que arrecadaram 20 bilhões de dólares em quarenta anos, agora só servem para reembolsar os bônus anteriores e manter a rede comunitária. Nos Estados Unidos, quatro mil fundações coletam fundos destinados a obras judaicas, e metade dos judeus americanos, de um modo ou de outro, contribui anualmente com pelo menos 50 dólares por cabeça. Duas vezes por ano, os vinte principais doadores americanos (que pagam juntos cerca de 300 milhões de dólares no total de um bilhão) combinam entre si o melhor uso para suas doações. Assim, desde a criação do Estado, cada israelense recebeu da Diáspora 20.000 dólares por cabeça, ou seja, o equivalente a um ano de renda[41]. Hoje, depois de ter representado até 5 por cento, as doações das comunidades constituem apenas 0,3 por cento do PIB israelense. A isso se acrescentam as contribuições anuais dos Estados Unidos (2,7 bilhões de dólares em doações, essencialmente militares, ou seja, seis vezes mais que o total oriundo das diásporas) e da Alemanha (600 milhões de dólares sob a forma de "indenizações" individuais que substituem, a partir de 1965, as "reparações" globais)[41].

No total, apesar da amplitude desses aportes, na verdade a ajuda externa tornou-se negativa, pois os reembolsos de empréstimos anteriores ultrapassam anualmente em seis bilhões de dólares os novos aportes. Portanto, a ajuda já não é senão um modo de manter um vínculo cultural com as diásporas e um vínculo tecnológico com a indústria americana de defesa. Nada mais.

A economia não é nem um pouco judaica: uma reduzidíssima parte do que é ortodoxo em Israel está integrada à economia; e a própria economia obedece pouco à Lei. Exceto pelo fato de que ela volta a ser nômade: ao enveredar para a economia da inteligência, as indústrias — e seus quadros — podem deixar o país quando bem lhes aprouver: uma diáspora de quinhentas mil pessoas já reúne os *yordim* ("os que descem", por oposição àqueles "que sobem"), isto é, os israelenses que saíram do país. Dessa forma, surge hoje em Israel uma espécie de pós-sionismo que faz do país uma comunidade mais banal, menos ideológica, mais americanizada, apesar da forte presença dos religiosos. O estatuto dos cidadãos não-judeus até mesmo se banalizou, a ponto de a Corte Suprema autorizar os árabes israelenses — cujo número passou de 156 mil a 1,1 milhão em cinqüenta anos — a comprar terras em qualquer ponto do país.

Ao lado de Israel, a economia jordaniana — iniciada praticamente com as mesmas vantagens e desvantagens de Israel — permaneceu muito frágil, com uma renda *per capita* sete vezes inferior à de seu vizinho. A Palestina obtém, em 2000, uma renda dez vezes inferior (e até mesmo quinze em 2001, por causa da guerra). Dois terços da população situam-se abaixo do limite de pobreza; a economia é muito dependente da de Israel: são os portos israelenses que coletam os seus direitos aduaneiros, os quais constituem o essencial das rendas de seu orçamento; um quarto de seu PIB provém dos trabalhadores empregados em Israel. Em Gaza e na

Cisjordânia, a maioria das trocas correntes se faz em *shekels*, estando formuladas em dólares as operações de investimentos. As doações anuais da diáspora palestina são da ordem de 90 milhões de dólares, encaminhados essencialmente através da Welfare Association, criada em 1983, que distribui seus fundos entre organizações humanitárias na Palestina. Poderosa, culta, laica e brilhante, essa diáspora prospera na América, na Grã-Bretanha e no Golfo; em certos anos, ela colabora com 100 milhões de dólares para financiar investimentos industriais e com 200 milhões de dólares para a construção de casas. À falta de poupança local, esses investimentos representam o essencial dos que são feitos na Palestina. Aliás, a mais importante empresa palestina, a Papico, foi criada em 1994, com 350 milhões de dólares, por cento e quarenta homens de negócios da diáspora. Outras sociedades — a Apic, a APFF, o Palestine Bank for Investment, o Salam International Investment — tentam organizar a arrancada de uma economia estrangulada pela guerra e pelas desordens administrativas.

O despertar das diásporas

À diferença do que ocorreu na Idade Média, ao choque da *Shoah* não se segue um renascimento das comunidades nos locais de suas desgraças. As da Europa central não se reconstituem; as do oeste europeu enfrentam muitas dificuldades para financiar a acolhida aos sobreviventes.

Na URSS, onde ainda são mais de dois milhões em 1945, os judeus continuam vivendo uma situação dificílima. O anti-semitismo permanece intenso, apesar da guerra e do papel que nela exerceram os cem generais judeus do Exército Vermelho, os cento e vinte e um judeus contemplados com o título de heróis da União Soviética e os quinhentos mil soldados judeus. Em 1947, Stalin proíbe a publicação do *Livro negro*, coletânea de depoimentos de russos sobre a *Shoah*, redigido por um comitê antifascista judeu da União Soviética; seus vinte e cinco membros, acusados de "cosmopolitismo", são presos e condenados à morte. Muitos judeus russos, embora estejam agradecidos a Stalin por ter vencido Hitler e ter sido o primeiro a reconhecer o Estado de Israel, tentam deixar o país e seguir para Israel ou para outros lugares. Quando, em 1950, Stalin abandona suas esperanças de fazer de Israel um Estado-satélite, a imprensa denuncia os judeus russos, húngaros e tchecos como "cosmopolitas sem raízes", "demolidores do orgulho nacional", "agentes a serviço do imperialismo ocidental". Em agosto de 1952, os condenados do comitê antifascista são executados secretamente na prisão de Lubianka, junto com outros quatrocentos e cinqüenta intelectuais judeus. A mesma sorte espera numerosos judeus dos partidos comunistas do leste da Europa.

Em 13 de janeiro de 1953, Stalin, que deixou de apoiar Israel, acusa um grupo de médicos judeus (que cuidavam, numa clínica especial, da elite do partido e dos dirigentes dos partidos irmãos) de fomentar o envenenamento dos dirigentes soviéticos. É a "conspiração dos jalecos brancos". Stalin manda prender esses "sabotadores, agentes de organizações sionistas", e planeja deportar para a Sibéria todos os judeus soviéticos, fichados por Beria. Em 28 de fevereiro, tais planos de deportação chegam a ser discutidos no Politburo. Segundo uma das versões circulantes, Molotov, casado com uma judia, teria manifestado violenta oposição à deportação; o marechal Vorochilov, herói da guerra, teria gritado: "Eu me envergonharia de continuar membro do nosso Partido, que ficaria completamente desonrado!". Stalin teria berrado: "Camarada, sou eu quem vai decidir em que momento você não terá mais o direito de usar sua carteira!". Ele teria então entrado em coma, expirando alguns dias mais tarde. Segundo outra versão — hoje aceita por todos os historiadores —, Stalin teria morrido naquela noite, após um jantar com muita bebida em companhia de Beria, Malenkov, Bulganin e Khruchtchev. Seu corpo teria sido encontrado no dia seguinte, no quarto trancado à chave por dentro.

Sob Khruchtchev, a situação dos judeus soviéticos não melhora. Boris Pasternak não pode publicar *O doutor Jivago*, Vassili Grossman é enviado ao *gulag*. Em 1959, os judeus ainda são dois milhões e meio, na maioria cada vez mais assimilados. Embora dois terços do total tenham feito estudos superiores, embora eles ainda representem 15 por cento dos médicos e 10 por cento dos advogados e dos atores, determinadas cotas vêm limitar seu acesso a posições importantes na pesquisa, nas universidades, na administração, na justiça, no exército e no Partido.

Após a Guerra dos Seis Dias — na qual são esmagados exércitos árabes equipados com armas soviéticas —, a situação deles agrava-se seriamente. O judaísmo é apresentado em Moscou como uma "religião criminosa", à diferença das outras. Depois de uma vasta campanha anti-semita que os despoja de sua nacionalidade, os últimos judeus da Polônia e da Romênia recebem autorização para emigrar; o derradeiro deixa Kasimierz em 1968. Nessa Europa central onde, trinta anos antes, viviam dois terços do povo judeu, já não há mais que cemitérios.

Em contrapartida, aqueles que, na URSS, supostamente detêm demasiados segredos não são autorizados a partir. Os expurgos prosseguem nas universidades, nos meios de comunicação, nas instituições governamentais e dentro do Partido. Ida Nudel, Nathan Chtaranski e todos aqueles a quem é recusado um visto de saída, os *refuzniki*, são agora perseguidos abertamente. Em 1970, judeus de Leningrado tentam desviar um avião para Israel, e seu processo marca o início de uma campanha internacional pelo direito dos judeus à emigração. Do lado de cá, eles são considerados responsáveis pela queda do czarismo, do *gulag*, do terror stalinista; do de lá, responsáveis pelos fracassos econômicos e militares do país. São acusados indiscriminadamente de ser agentes do imperialismo ocidental, de fomentar conspirações anti-soviéticas ou de ser stalinistas totalitários. De 1968 a 1981, 250 mil judeus saem da URSS, arrancados um a um por intervenções ocidentais, em troca do fornecimento de trigo ou de outros gêneros agrícolas. Em 1981, Brejnev já não dá vistos de saída. Será preciso esperar o ano de 1986 e Mikhail Gorbatchev para que tenha fim o anti-semitismo de Estado e que se abram as portas do império para dois milhões de prisioneiros; em quinze anos, 1,4 milhão vai embora, sendo novecentos em direção a Israel. Restam ainda trezentos mil na Rússia e duzentos mil na Ucrânia; outros persistem em não deixar as novas repúblicas da Ásia central.

Em outros lugares, desde a guerra mundial, as diásporas declinaram por toda parte, menos no Canadá e na França, onde progrediram, e nos Estados Unidos, onde a comunidade americana permaneceu muito importante.

Na Europa, os judeus são ainda 1,5 milhão (dois terços na França, e o restante sobretudo no Reino Unido), ou seja, o número mais baixo desde o século XIV. Na Grã-Bretanha, onde ainda eram quatrocentos e dez mil em 1967, eles não passam agora de trezentos mil, uma comunidade bastante assimilada, com muitos artistas e homens de teatro, e que está envelhecendo apesar da chegada de trinta mil israelenses (o mesmo total dos britânicos que partiram para Israel).

Em terras islâmicas, não há uma só comunidade com mais de vinte mil membros: as mais importantes ainda se encontram na Turquia (19 mil) e no Marrocos (6 mil).

Na América Latina, o total de judeus não passa de quatrocentos mil, chegados essencialmente da Europa nos anos 30. Muitos emigram para Israel, para a Espanha e sobretudo para Miami.

Nos Estados Unidos, onde ainda vive quase a metade dos judeus do mundo, seu efetivo fica estagnado, a partir de 1960, em torno de cinco milhões. E esse número só se manteve por causa da chegada de uma "nova diáspora": quatrocentos mil imigrantes oriundos da URSS e trezentos mil vindos de Israel. Eles representam agora menos de 2,5 por cento da população americana, contra 4 por cento em 1920; 85 por cento deles vivem em quinze cidades. As três maiores comunidades judaicas do mundo encontram-se ainda em Nova York (1,9 milhão), em Los Angeles (580 mil) e em Miami (535 mil). Muitos continuam agrupados por origem: numerosos russos estão em Brighton Beach, no Brooklyn, e os sírios no Queen's, enquanto os iranianos se reúnem em Los Angeles. Como o resto dos americanos, eles tendem a deslocar-se para o oeste e o sul. Somente 3,5 milhões pertencem a famílias em que pai e mãe são judeus; 15 por cento das crianças freqüentam escolas judaicas. As comunidades se dividem em vários movimentos: os ortodoxos, os conservadores, os reconstrutivistas, os tradicionalistas e os reformados. Com mudanças consideráveis: em 1972, os reformados ordenam a primeira rabina, seguidos em 1983 pelos conservadores. A comunidade judaica se distingue do resto dos americanos mais por seu nível educacional do que pelo de vida: 90 por cento das crianças judias em idade escolar e universitária estão estudando, contra 55 por cento do resto da população. Embora os judeus vivam com uma renda média 10 por cento mais alta do que a da média da população, 150 mil dos de Nova York podem pretender beneficiar-se dos programas públicos de luta contra a pobreza; outros 275 mil (quadros médios desempregados ou superendividados, emigrados provenientes da ex-URSS etc.) estão classificados entre os "quase pobres", sem direito à assistência da cidade. Aliás, o essencial das doações dos mais abastados é consagrado a ajudá-los e a permitir-lhes encontrar moradia e trabalho.

Na França, vive hoje a segunda comunidade judaica fora de Israel. Extremamente diversificada, contraditória, com nível de vida igual ao do resto do país, ela reúne mais de 600 mil pessoas, metade das quais vive na região parisiense e cuja maioria é sefardi. O número de sinagogas passou de 30 em 1965 a 300 em 2002. Embora 40 por cento sejam membros de uma dessas sinagogas, somente 4 por cento das crianças (26 mil) freqüentam uma das cem escolas judaicas. Também aqui, mais de 90 por cento dos que estão em idade escolar ou universitária fazem estudos, contra 70 por cento do resto da população. A organização religiosa, congregada em torno dos consistórios estabelecidos pelo Sinédrio de Napoleão em 1807, é completada por grande número de obras sociais laicas, a maioria das quais gravita em torno do Fonds Social Juif Unifié (FSJU), criado após a guerra. Um judaísmo reformado extremamente dinâmico atrai uma fração significativa e crescente dessa comunidade, uma das mais vivas do mundo, 15 por cento de cujos membros são considerados observantes e 50 por cento, tradicionalistas.

Com 300 mil pessoas, muitas de origem polonesa, russa ou marroquina, instaladas em Montréal, Toronto, Winnipeg e Vancouver, a comunidade canadense também é muito dinâmica, muito presente na vida política, econômica (os Bronfmann, os Reichman) e artística (Leonard Cohen). Destinos: encontram-se hoje na família Shumiatcher, que vive no Canadá há um século, escritores, cineastas, arquitetos, advogados, juízes, professores, banqueiros, poetas, empresários de espetáculos...

Quatro quintos dos 7,5 milhões de membros da Diáspora vivem, em suma, em cinco países: Estados Unidos, França, Canadá, Reino Unido e Rússia. Os outros estão instalados sobretudo na Argentina (220 mil), na Ucrânia (150 mil), na África do Sul (114 mil), no Brasil (110 mil) e em outros sessenta e seis países, da Turquia (19 mil) à Síria (cem), passando pela Austrália (8 mil).

No total, o povo judeu soma hoje cerca de 12,5 milhões de pessoas, ou seja, 0,2 por cento da população mundial (em vez dos 3 por cento, ao que se supõe, de dois mil anos atrás). Relativamente, portanto, ele é quinze vezes menos numeroso do que na época romana. Sua participação na riqueza mundial é de apenas 0,5 por cento, no máximo, o que deveria ser suficiente para dissipar as fantasias de fortuna que as pessoas fazem a seu respeito...

Para acabar com o mito do dinheiro judaico

Após a *Shoah*, ficou impossível falar do lugar do povo judeu na economia mundial. São raríssimas as empresas que se mantiveram propriamente judaicas. Em sua maioria, aquelas das quais falamos até aqui, que o eram por causa de seus fundadores, não o são mais, ou até desapareceram. De geração em geração, o fogo sagrado acabou por enfraquecer até apagar-se. Como os outros, os judeus se assimilam, e suas empresas deixam de ser identificáveis aos respectivos criadores, ainda que estes lhes tenham legado o nome. Por fim, os que ainda dirigem empresas, como assalariados, não lhes imprimem uma especificidade judaica e não constituem um grupo específico: já não existe — ou quase não existe — "dinheiro judaico".

Para começar, certos industriais judeus deixam de sê-lo. Entre estes, Marcel Bloch, ao voltar de Buchenwald, torna-se Marcel Dassault, converte-se e produz em 1949 um primeiro avião a jato, o *Ouragan*, seguido do *Mystère* e do *Mirage*. Outros criadores também mudam de nome, às vezes sem esconder isso — como Ralf Lifchitz, que passou a chamar-se Ralph Lauren —, às vezes mais discretamente.

Em contraposição, certos dirigentes de empresas na condição de assalariados são judeus, sem que estas, evidentemente, possam ser consideradas judaicas, como, no entanto, pretendem incontáveis panfletos anti-semitas. Por exemplo, a Dupont de Nemours, empresa química fundada no fim do século XVIII por um protestante francês, foi durante algum tempo dirigida por um judeu lituano, Ernest Shapiro, e uma parte de suas ações pertenceu por um momento ao grupo Bronfman, sem que com isso ela se tornasse uma firma judaica. Do mesmo modo, a Walt Disney Company, cujos principais quadros dirigentes de hoje são judeus, não é uma sociedade judaica, apesar do que dizem também incontáveis *sites* e publicações anti-semitas nos Estados Unidos. Tal é igualmente o caso da Time Warner, da Warner Music, da ABC, da CBS. Michel Bloomberg, fundador de uma agência de informações financeiras e novo prefeito de Nova York, Larry Ellison, fundador da Oracle, e Steve Balmer, presidente da Microsoft, evidentemente não fazem das empresas que eles dirigem — ou que criaram — "empresas judaicas".

Em Hollywood, a Goldwyn Pictures permanece, ao lado da NBC (dirigida pelo filho de David Sarnoff), como a única empresa de origem judaica ainda dirigida por um descendente do fundador (o filho de Samuel Goldwyn). Em Londres, a agência Reuters — que não esconde suas origens em sua "biografia" oficial — jamais teve alguma coisa de agência especificamente judaica!

Na imprensa escrita, o grupo Newhouse (fundado por Samuel Newhouse — nascido na Rússia em 1895 — e dirigido por seus filhos Samuel e Donald) controla vinte e seis jornais, editoras e revistas (*Vogue*, *Vanity Fair*, *New Yorker*)[261] sem ser especificamente judaico. Assim como o *New York Times*, que ainda pertence à família Ochs e é dirigido por Arthur Ochs Sulzberger, bisneto do primeiro proprietário. O *Washington Post* continua pertencendo à filha de Eugen Mayer, que passou a chamar-se Kathy Graham e cujo filho dirige hoje o grupo, também proprietário da *Newsweek*.

Nenhuma rede secreta os liga, nem em público nem nos bastidores. E, se os Pritzker são proprietários dos hotéis Hyatt, evidentemente não há nada de específico em seus negócios ou em sua clientela!

Por fim, dos bancos judaicos que financiaram a economia do século XIX, poucos sobreviveram: o Warburg, o Seligman, o Bischoffsheim, o Kuhn-Loeb foram engolidos por outros; o Oppenheim, o Guggenheim, o Lehman, o Bleichröder tornaram-se quase insignificantes.

Na colocação de empréstimos, somente dois estabelecimentos de origem judaica — Salomon Brothers e Dillon-Reed — mantêm-se como principais corretores de colocação de obrigações, mas há muito tempo perderam qualquer especificidade. O Salomon Brothers salva Nova York da falência em 1975 — com Felix Rohatyn, do Lazard — e a Chrysler em 1980, obtendo-lhe 5 bilhões de dólares de empréstimos garantidos pelo governo federal. Nenhum desses dois estabelecimentos é dirigido por descendentes das famílias fundadoras, e nada lembra suas origens — nem mesmo em suas brochuras ou em seu *site* na Internet —, que Dillon sempre rejeitou.

Entre os bancos de negócios do século XIX, só conservam importância o Goldman-Sachs, o Lazard e o Rothschild, sendo os dois últimos os únicos ainda dirigidos por descendentes das famílias fundadoras.

Desde o início do século XX, o Goldman-Sachs, que se alçou com o Merryl Lynch ao primeiro nível dos bancos de negócios mundiais a partir de 1986, já não é dirigido por membros das famílias fundadoras. Até há pouco tempo, quem o dirigia era John L. Weinberg, filho e neto de dirigentes da firma, mas sem vínculo de parentesco com os fundadores.

O banco Lazard, desenvolvido por André Meyer[333] a partir dos anos 40 e, a partir de 1975, por Michel David-Weill, descendente de um dos três fundadores, é hoje uma grande casa mundial, consultora das principais fusões e aquisições, sem especificidade judaica. Vindo da Hungria, com passagem por Paris, Felix Rohatyn exerceu nele um papel considerável, hoje desempenhado por Bruce Wasserstein, que assumiu a direção no lugar de Michel David-Weill.

A casa Rothschild mantém seu nível na Grã-Bretanha. Na França, David de Rothschild, filho de Guy, descendente de James, recriou a casa em Paris como banco de negócios em 1987, após a nacionalização como banco comercial em 1982. Em seguida, David foi associado à direção do de Londres e hoje faz do conjunto, com seu primo Evelyn, um dos primeiros bancos de negócios do mundo. Ele ainda dirige, depois de seu pai, Guy, a instituição de assistência social da comunidade francesa, o FSJU. Seu primo Benjamin, filho de Edmond, dirige outro grupo Rothschild, outro conjunto de bancos, sem ou quase sem qualquer relação financeira com o precedente.

Muitos bancos criados por judeus na Europa desapareceram com o nazismo e não ressurgiram dos escombros. Em Bruxelas, o banco Philippson, fundado em 1871 por Franz Philippson e que passou a chamar-se banco Degroof durante a última guerra, não recuperou seu nome. Os descendentes dos proprietários iniciais voltaram a ser acionistas minoritários e um deles preside o conselho administrativo do Degroof. Em Hamburgo, o banco Warburg, que se tornou Brinckmann em 1939 e voltou a ser Warburg em 1991, dois anos após a saída da família Brinckmann, praticamente desapareceu. O Deutsche Bank — que, em sua "biografia" oficial, não menciona o judaísmo de seu fundador, Ludwig Bamberger — e o Dresdner Bank — o qual, por sua vez, não o esconde — já não têm nada de judaicos. Na Polônia, é também esse o caso dos bancos Handlowy e PKO. De igual modo, em Londres, o Hambros há muito tempo deixou de ser um banco judaico, tanto por seus acionistas quanto por seus dirigentes.

Trajetória meteórica: em 1938, o sobrinho de Max Warburg, Siegmund[18], cria a casa S. G. Warburg em Londres, antes de participar do financiamento da economia de guerra, de inventar as ofertas públicas de compra de ações, de lançar mais tarde os primeiros empréstimos em eurodólares e de tentar inutilmente uma fusão com o Kuhn-Loeb, para reatar com a tradição familiar. Ele morre em 1982 sem ter visto desaparecer sua casa — da qual fez então uma das principais no mundo —, engolida quinze anos depois pela União dos Bancos Suíços.

Por outro lado, vários judeus eminentes exercem um papel importante no encaminhamento das instituições financeiras internacionais que se instalam a partir de 1944.

É o caso de Harry Dexter White, filho de emigrados lituanos, nascido em Boston em 1892. Ele escolhe os movimentos financeiros estrangeiros na França como tema de sua tese, demonstrando que as exportações de capitais podem levar um país ao desastre. Depois de lutar no *front* em 1917, ensina economia em diversas universidades americanas e, em 1934, passa a trabalhar na administração pública. Vice-ministro das Finanças e adjunto de Henry Morgenthau em 1942, prepara com os britânicos os estatutos das futuras instituições financeiras internacionais, cuja criação está prevista para depois do fim da guerra, de resultado ainda indeciso. Ele propõe a implantação de um fundo de estabilização dos câmbios que emitiria uma moeda de reserva, a *unitas*, e de um banco mundial de investimento que financiaria o desenvolvimento dos países a reconstruir e gerenciaria o estoque mundial de ouro. Diante disso, o negociador britânico, John Maynard Keynes — que já foi um dos negociadores britânicos do tratado de Versalhes, após a Primeira Guerra Mundial —, propõe um sistema menos dependente dos Estados Unidos: uma moeda mundial, o *bancor*, e um banco central mundial. Harry Dexter White impõe tanto mais facilmente seus pontos de vista a Keynes quanto os comboios de navios americanos de socorro que atravessam o Atlântico parecem retardar ou acelerar sua velocidade pelo ritmo dos progressos obtidos pelos negociadores... Em julho de 1944, em Bretton Woods, nos Estados Unidos, o papel do Fundo Monetário Internacional (FMI) é reduzido à concessão de empréstimos a curto prazo para compensar as flutuações das taxas de câmbio; o do Banco Mundial limita-se a consentir empréstimos para o lançamento de projetos específicos no Terceiro Mundo. Nomeado primeiro administrador americano do FMI, Harry Dexter White, então muito doente, tem de demitir-se já em março de 1947. Em janeiro de 1948, é acusado de ser agente comunista, por haver desejado a adesão da URSS ao FMI e por ter proposto, com Henry Morgenthau, o desmantelamento da indústria alemã. Em abril, depõe numa comissão de inquérito do Senado. Interrogatório tenso: recusam-lhe o repouso que ele solicita; ele morre quarenta e oito horas depois. Em 1953, o senador McCarthy acusará o presidente Truman de ter ocultado que Harry Dexter White era espião soviético, antes de os arquivos demonstrarem que ele nunca foi nada disso.

Outros, mais tarde, exercerão um papel influente junto aos poderosos, em certos países da Europa, criando várias outras instituições financeiras internacionais e continuando a escapar, pela literatura ou pela ciência, às profissões ligadas a dinheiro.

Hoje, quando *brokers* e fundos de pensão gerenciam o essencial da poupança do mundo, o ofício de corretor de capitais toma novas direções. Mais uma vez, encontramos corretores judeus nos setores mais inseguros: primeiro as *junk bonds*, títulos muito arriscados, outrora tão úteis ao financiamento da indústria americana, e em seguida os *hedge funds*, mecanismo de cobertura dos riscos. Alguns trabalham em bancos ou em fundos especializados, tais como o Marshall-Wace, o Voltaire, o Meditor ou o Tiger. Outros se encontram entre os gerentes dos principais fundos, tais como o Capital Research International, o Fidelity ou os do Deutsche Bank, e até em fundos de *venture capital* dedicados a financiar a inovação.

Entre estes últimos, um dos únicos a ter criado sua própria estrutura é George Soros. Nascido na Hungria em 1930, chegado a Londres em 1947, ele trabalha de início para o que resta então do pequeno banco Bleichröder em Nova York, antes de fundar em 1979 o Quantum Fund, que logo passa a gerir mais de 15 bilhões de dólares. Mais que um investidor, Soros é especializado na gestão a curto prazo, inclusive a especulação sobre as moedas, antes de consagrar o essencial de seu tempo, e de sua fortuna, às suas fundações pela promoção da democracia no leste da Europa e à propagação das idéias do filósofo Karl Popper.

Dois setores permanecem amplamente judaicos, como há séculos: as indústrias de roupas, em Londres, Chicago, Nova York e Paris, e a corretagem de diamantes, exercida essencialmente entre Nova York — na Rua 47 —, Tel-Aviv e Antuérpia. Ambos enfrentam forte concorrência: particularmente, o mercado indiano parece estar assumindo o poder no setor dos diamantes.

O papel relativo do "meio" judaico na criminalidade diminui também com a globalização, embora ainda se encontrem alguns de seus membros como corretores em certos tipos de lavagem de dinheiro do tráfico de drogas, de Los Angeles a Moscou, de Bogotá a Tel-Aviv. Uma única rede especificamente judaica foi revelada, em fevereiro de 1990, em Nova York. Seu circuito era o seguinte: uma parte da droga do cartel de Cali era trocada na Colômbia por diamantes; para serem convertidos em dinheiro líquido, estes eram enviados a Milão e montados em jóias, as quais seguiam para Manhattan a fim de serem vendidas legalmente — mediante pagamento em espécie — na Rua 47, onde, segundo um comentário enfático do diário israelense *Maariv*, que revelou o negócio, "há mais restaurantes *kosher* do que em toda a Tel-Aviv, e onde fica a maior lavanderia de dinheiro da droga nos Estados Unidos". Uma parte do produto dessa venda era então entregue pelos joalheiros a instituições judaicas de Nova York, que restituíam parcialmente o dinheiro — sempre *cash* — a contrabandistas dos cartéis. Os dirigentes dessa rede faziam alguns de seus intermediários — judeus ortodoxos, como um rabino do Brooklyn cuja prisão, em fevereiro de 1990, revelou toda a história — acreditarem que eles estavam ajudando diamantistas da Rua 47 a fraudar o fisco, ou judeus iranianos a liberar seus capitais. O chefe da rede, um israelense, confessou ter lavado dessa maneira 200 milhões de dólares para o cartel de Cali — ou seja, menos de 1 por cento do volume anual de negócios desse cartel, que distribui quatro quintos da cocaína e um terço da heroína consumidas no mundo.

O que resta do anti-semitismo?

Com a *Shoah* e o nascimento de Israel, o anti-semitismo na Europa faz-se mais discreto, mas não desaparece: como sempre, ele ressurge com força por ocasião das crises econômicas. Às velhas acusações de deicídio e de prática da usura acrescentam-se agora as dos adversários da política de Israel, que às vezes misturam anti-sionismo e anti-semitismo: Deus, a terra e o dinheiro.

Em 1963, o concílio Vaticano II, por iniciativa de João XXIII, em princípio dá fim a dois milênios de acusações de deicídio, num texto em que cada palavra é importante:

"A Igreja não pode esquecer-se de que recebeu a revelação do Antigo Testamento por esse povo com o qual Deus, em Sua inefável misericórdia, dignou-se de estabelecer a antiga Aliança, e de que se alimenta da raiz da oliveira generosa sobre a qual foram enxertados os ramos da oliveira selvagem que são os gentios. Na verdade, a Igreja acredita que Cristo, nossa *Paz*, reconciliou os judeus e os gentios por Sua cruz, e em Si mesmo fez dos dois um só. [...] Ela recorda também que do povo judeu nasceram os apóstolos, alicerces e colunas da Igreja, assim como o maior número dos primeiros discípulos que anunciaram ao mundo o Evangelho de Cristo. [...] Embora os chefes dos judeus, com seus partidários, tenham provocado a morte de Cristo, aquilo que foi cometido durante Sua Paixão não pode ser imputado indistintamente a todos os judeus que então viviam nem aos judeus do nosso tempo. Se é verdade que a Igreja é o novo povo de Deus, nem por isso os judeus devem ser apresentados como reprovados por Deus ou malditos, como se isso decorresse das Sagradas Escrituras".

Apesar — ou por causa — desse texto, nada está verdadeiramente encerrado: assim, em 1965, num sermão pronunciado no domingo da Paixão, Paulo VI, sucessor de João XXIII, declara que "este dia marca a triste e grave página que narra o conflito entre Jesus e os judeus, o povo que, predestinado a esperar o Messias, não o reconheceu e por fim o matou". Foi preciso esperar até janeiro de 1975 para que o Vaticano publicasse um documento que convocava os católicos a combater o anti-semitismo, e até 1985 para que um documento romano mencionasse o Holocausto e o Estado de Israel.

No ano seguinte, João Paulo II é o primeiro papa a penetrar numa sinagoga, a de Roma; em 1993, ele estabelece relações diplomáticas com Israel, depois vai até lá e reza diante do Muro Ocidental; em 2000, publica afinal um documento sobre os "erros da Igreja", mencionando pela primeira vez, entre eles, a Inquisição e as conversões forçadas.

O anti-semitismo cristão se atenua e se encobre, sem desaparecer inteiramente. Ele ainda está presente, com vestígios mais ou menos esquecidos, em incontáveis livros do ensino católico.

Já o anti-semitismo econômico, este continua a manifestar-se mais ou menos esporadicamente, a cada recessão, sob a forma de acusações de exploração, de parasitismo e sobretudo de dominação da economia mundial. Na Grã-Bretanha e na Bélgica, existem movimentos ou partidos abertamente anti-semitas. Na França, em 1954, quando Pierre Mendès France se torna, depois de Léon Blum e René Mayer, o terceiro judeu presidente do Conselho, um panfleto proclama: "Franceses honestos! Franceses de velha estirpe! Peguem suas tochas...! Isto aqui vai arder. O dinheiro dos judeus é a miséria dos outros! Não comprem mais nada aos judeus. Rastreiem as negociatas deles. Preparem seus dossiês. Saibam que Mendès (dito France) acaba de vender Paris à judaria internacional"[56]. Nos Estados Unidos, o macarthismo é acompanhado por uma violenta denúncia (evidentemente, sem provas) das supostas ligações entre os judeus de Hollywood e os de Moscou. Em 1950, o livro de um certo William Wickliffe, *The Federal Reserve Corporation*, obtém um enorme sucesso explicando como os banqueiros judeus controlam o FED e, através dele, a economia americana. Outra obra, *The Federal Reserve Conspiracy*, de um certo Eustace Mullins, afirma: "O povo americano suporta o fardo de centenas de bilhões de dólares de dívidas simplesmente porque nós deixamos que um punhado de estrangeiros inimigos assumisse o controle do nosso sistema monetário. Os três mais importantes são: Paul Warburg, o judeo-alemão que redigiu o *Federal Reserve Act*, Emmanuel Goldenweiser, o judeu russo que controlou o varejo das operações do Federal Reserve Board durante trinta anos, e Harry Dexter White, filho de judeus lituanos, que criou o Fundo Monetário Internacional".

Em 1967, manifestações em Nova York opõem professores negros a professores judeus, e levam intelectuais americanos — às vezes eles mesmos judeus, como Noam Chomsky — a se oporem a Israel, sempre sem evitar desvios anti-semitas. Mais tarde, um dos dirigentes negros mais extremistas, Louis Farrakhan, repete incansavelmente: "O banco federal é propriedade do governo? Não, é dos judeus! No mesmo ano em que se criou a administração fiscal, criaram-se o FBI e a Liga Judaica Contra a Difamação. Isso não foi coincidência!". Outros repisam que Nova York, cidade judaica ("Jew York"), não é a América. Mil *sites* na Internet, que hoje florescem nos Estados Unidos e em outros lugares sem o menor controle, em razão da primazia reconhecida à liberdade de expressão, alegam revelar — sem exibir, tampouco eles, outras provas além de suas invectivas — como judeus controlam o conjunto das indústrias do espetáculo, ou a do açúcar, ou ainda, ao sabor da fantasia dos seus autores, as de calçados, jóias, trigo, algodão, petróleo, aço, álcool, meios de comunicação e bancos... O judeu já não é somente o parasita que desvia pela usura uma parte das riquezas, nem aquele que procura influenciar os poderes para servir aos seus próprios interesses, mas também o dono oculto dos mercados (como nos *Protocolos dos Sábios de Sião*), o arquiteto da globalização. Esses indivíduos vêem judeus mascarados em todas as manifestações de um poder financeiro, cultural ou político. Não há um só poderoso que não seja denunciado por eles como tal, ou como submetido à influência de uma "tirania judaica mundial". Como uma conspiração é, por definição, clandestina, inconfessada, a prova de sua realidade reside justamente na impossibilidade de demonstrá-la; e os que a põem em dúvida são necessariamente agentes a soldo dos conspiradores! Assim é que, em 1992, James Bo Gritz, candidato hipotético do Partido Populista à eleição presidencial americana, explica que "oito famílias judaicas controlam o Federal Reserve Bank: Rothschild, Lazard, Israel Roses Seils, banqueiro da Itália [?], Lehman Brothers, Chase Manhattan, Kuhn-Loeb e Goldman Sachs". Se nenhum banco dessa lista é acionista do banco federal, somente um é acionista do Federal Reserve Bank de Nova York: o Chase, justamente o único a jamais ter tido vínculos judaicos!...

Em 1997, na Suíça, um *best-seller* do alemão Jan Van Helsing, *As sociedades secretas e seu poder no século XX*, acusa os judeus de serem ao mesmo tempo responsáveis pelo capitalismo, pelo bolchevismo, pelas crises econômicas e pelas instabilidades políticas. No Japão, outro livro, *Os japoneses e os judeus*, que vende mais de um milhão de exemplares, responsabiliza indiscriminadamente os judeus pela guerra russo-japonesa, por Hiroshima e Nagasaki e pela aids[171]. A seita Aum Shinrikyo chega a afirmar que os judeus se aproveitaram da derrota japonesa em 1945 para controlar o mundo[171]. Na Alemanha como na França, não desapareceram as profanações de cemitérios judaicos, as agressões contra os rabinos, os dirigentes, as sinagogas e os centros comunitários. Chega-se até a acusar os judeus de serem indiretamente responsáveis pela *Shoah*: Hitler seria simplesmente, adiantam certos historiadores alemães como Ernst Nolte, uma resposta ao marxismo e à União Soviética. Bastará acrescentar que o marxismo e a URSS são "criações judaicas" para que o judeu perseguido se torne — supremo refinamento — responsável por sua própria perseguição!

Nos países muçulmanos, com freqüência o anti-semitismo serve de disfarce para desafiar o Ocidente sem mencioná-lo. Assim, em plena crise do câmbio, em setembro de 1997, durante a reunião anual do FMI em Hong Kong, o primeiro-ministro malásio responsabiliza os "banqueiros judeus" pela queda da moeda de seu país. Ele terá de retirar suas acusações um pouco mais tarde.

No momento em que uma das religiões monoteístas, filha do judaísmo, reconhece seus erros em relação a ele, alguns, em outra religião que o acolheu durante catorze séculos, assumem a vez do ódio. Assim renascem, numa parte da imprensa árabe de hoje, além dos ataques anti-sionistas, todas as velhas acusações abandonadas pelos cristãos[462]. Conselheiros agrônomos israelenses no Egito são acusados de espalhar doenças, e outros, de envenenar a água; afirma-se que médicos judeus esterilizaram mulheres palestinas em Gaza e até as inocularam com o vírus da aids. O ministro da Saúde da Autoridade Palestina, Riad Al-Zaanun, escreve no diário palestino *Al-Ayam* de 25 de julho de 1998: "Os médicos israelenses utilizam os pacientes palestinos para a experimentação de medicamentos e para a formação de jovens médicos". O secretário da Autoridade Palestina, Taib Abdel Rahim, escreve que os aviões israelenses espalharam chocolates envenenados sobre a Faixa de Gaza. Um certo Mustafá Mahmud escreve em 23 de junho de 2001, no jornal egípcio *Al-Ahram*: "O que querem exatamente os judeus? Leiam o nono *Protocolo dos Sábios de Sião*". Vários países árabes reimprimem em todas as línguas essa falsidade forjada um século atrás pela polícia czarista. Em 25 de março de 2001, Mahmud Al-Said Al-Kurdi escreve no jornal egípcio *Al-Akhbar*: "O Talmude, o segundo livro santo dos judeus, decreta que as *matsot* do Dia do Perdão devem ser amassadas com o sangue de um não-judeu. De preferência, deve tratar-se do sangue de jovens obtido após um estupro". Em 20 de fevereiro de 2001, o *mufti* de Jerusalém, Ikrama Sabri, declara numa *fatwa* difundida pela rádio palestina: "Existem várias versões sobre o motivo pelo qual os judeus choram diante do Muro. Segundo uma dessas versões, eles choram porque não respeitaram os dez mandamentos do nosso mestre Moisés, que a paz esteja com ele. Segundo outra versão, eles choram pelo fato de que o profeta Maomé era árabe, e não judeu. É por isso que eles chamam esse local de *Muro das Lamentações*. Mas, de acordo com a lei internacional, trata-se de um patrimônio islâmico consagrado, pois o muro Al-Burak faz parte da muralha da mesquita Al-Aksa. Mais ainda: foi o próprio profeta Maomé que o santificou, quando amarrou nele a montaria Al-Burak, que o transportara em seu lombo de Meca a Jerusalém, na noite do Maaraj. Por isso, nós decretamos que esse muro pertence ao islamismo e não tem o menor vínculo com os judeus"[462].

Poderíamos acrescentar mil exemplos extraídos de outros jornais árabes ou dos livros escolares desses países. Por fim, segundo o pai do fundamentalismo muçulmano, o egípcio Sayyid Qutb, em seu livro *Nosso combate contra os judeus*, a natureza "maléfica" destes se explica pelo ódio que eles sentem contra o anjo Gabriel, de quem Maomé recebeu a revelação de seu papel de profeta, e por sua "ingratidão" diante da hospitalidade dos muçulmanos. Eles são, insiste Qutb, "os piores inimigos dos muçulmanos".

Felizmente, todas essas expressões ainda permanecem amplamente minoritárias e são objeto de denúncia por parte dos responsáveis oficiais pelo islamismo, tão ameaçado quanto o judaísmo.

2. NÃO HÁ SEDENTÁRIOS SEM NÔMADES

Não devemos espantar-nos com essas sobrevivências. Três milênios de história mostram como se constituiu pouco a pouco o mito do judeu fascinado pelo dinheiro e que se tornou todo-poderoso. Mas, igualmente e sobretudo, como se desenrolou a extrema diversidade dos destinos judaicos.

Nenhum fio condutor parece ligar ao longo dos séculos esses mercadores que estudam os textos à luz de velas, enquanto transportam fardos de algodão em navios que fazem a rota de Áden para a Índia, esses alfaiates que costuram peliças nas tendas de uma aldeia polonesa, esses camponeses que cultivam videiras numa doce província francesa, esses ourives que negociam peças raras em Frankfurt, esses financistas que colocam os empréstimos dos príncipes alemães e das companhias ferroviárias americanas, esses sindicalistas que organizam greves na Lituânia, esses dirigentes comunistas russos, esses operários poloneses, esses industriais alemães, esses exploradores da América e da China, esses marranos que morrem por sua fé, esses piratas das Caraíbas, esse chefe índio, esses produtores de Hollywood, mas também esses músicos vienenses, esses estivadores de Odessa, esses matemáticos franceses, esses mendigos nos mercados do Marrocos, esses adeleiros no interior argelino. Todos, contudo, são confrontados à mesma escolha: instalar-se, tornar-se sedentários, assimilar-se e perder sua identidade, ou então continuar sendo eles mesmos, exercer papéis que os outros rejeitam, correr o risco de serem perseguidos e despedidos.

Os que escolheram uma dessas mil e umas maneiras de persistir em seu ser demonstraram que não existe cultura judaica sem uma dimensão nômade, que não há riqueza senão a serviço de uma ética, que nada é bom para eles se não o for para o mundo, e que o mundo obteve enormes benefícios dos papéis que os fez desempenhar, exigindo-lhes que criassem seus modos de vida e pagassem seu direito de permanência.

Muito além de si mesmos, eles revelam esta realidade raramente levada em conta: *nenhuma das sociedades sedentárias teria podido sobreviver sem nômades* que transportassem entre elas mercadorias, idéias, capitais, e que para isso ousassem correr riscos intelectuais e materiais que nenhum sedentário se disporia a correr. Tal é a primeira diferença entre esses dois tipos de cultura: o grau de perigo que cada um está disposto a enfrentar. Admitidos temporariamente como sedentários, criadores de riquezas para seus hospedeiros, odiados pelos serviços que prestam, objetos de suspeita pelas mudanças que trazem, os nômades são expulsos quando as ameaças que eles assumiam estão suficientemente controladas para serem então enfrentadas pelos próprios sedentários. E, em contraposição, *o nômade precisa igualmente do sedentário* para encontrar acolhida nos oásis deste, para trocar e comerciar. Ele também precisa manter-se em união a fim de beneficiar-se da ajuda da comunidade.

O povo judeu exerceu a função do nômade que cria riquezas para o sedentário. Foi assim que ele cumpriu seu papel de "reparador do mundo". Também sua identidade se construiu nesse nomadismo forçado: seu nome é viagem; sua vida é movimento; sua nostalgia é sedentária. A hospitalidade e o enriquecimento de seus anfitriões são as condições de sua sobrevivência. Sua cultura e sua moral se estruturam em torno das necessidades da errância: solidariedade, hospitalidade, tolerância são os artigos de sua lei. Precariedade e marginalidade são sua condição. A novidade constitui seu fundo de comércio. Nômade, ele não pode acumular duravelmente nem enraizar-se; o dinheiro não pode ser para ele mais que um veículo. O nomadismo não é uma superioridade — mas somente uma especificidade compartilhada com outros povos e absolutamente necessária à sobrevivência e ao bem-estar dos sedentários.

Mais precisamente, os judeus asseguram há quase três mil anos os três serviços essenciais prestados pelos viajantes: descobrir, ligar e inovar. Sem essas contribuições, nenhuma sociedade aberta teria podido sobreviver.

Descobrir

Toda descoberta é necessariamente o resultado de uma perambulação nômade; ela não é nunca uma apropriação, mas a disponibilização, para todos, de uma idéia, um território ou um saber. Desde o momento em que partem para sua primeira viagem, e antes mesmo de assegurar sua identidade através de seu Livro, os hebreus são descobridores.

Sua primeira descoberta é a da unicidade de Deus. Um tal aprofundamento só poderia ser feito por nômades: viajando, eles transportam consigo seus deuses; estes acabam necessariamente por fundir-se num só, para ser transportável. Esse deus, acompanhando-os agora por toda parte, já não é o deus de um território, mas, forçosamente, também o dos lugares que eles atravessam: o deus dos hebreus só pode ser o de todos.

Outra descoberta de que eles participam no primeiro nível é a da moeda e dos instrumentos desta: o cheque, a letra de câmbio, a cédula. Abstração, forma de universal, bem nômade, o dinheiro exerce, no domínio material, funções paralelas à de Deus: assim como Deus substitui o politeísmo, o dinheiro substitui a troca. Como Ele, substitui a violência, o sacrifício, as represálias. Assim como a idéia de Deus, o dinheiro é uma abstração nômade. Como Ele, mas num terreno totalmente diferente, apresenta-se como todo-poderoso, infalível, ciumento, incompreensível, organizador da vida coletiva. Como Deus, o dinheiro permite viajar com pouco peso; é fonte de descoberta. É um meio de servir a Deus, de fazer o bem. Ele não é diferente daquilo que o pincel é para o pintor, dirá no século XX o banqueiro Siegmund Warburg, resgatando assim a obsessão judaica por considerar a fortuna apenas como um meio de realizar outras exigências. Mas — diferença radical em relação a Deus, que é eterno — o dinheiro é precário, volátil, reversível. Ele é a outra face de Deus.

O nômade é também aquele que descobre territórios: por isso os judeus figuram entre os primeiros na astronomia, na cartografia, na geografia — ciência maior, conhecimento precioso —, mas também entre os viajantes impenitentes que ligaram a Europa à China, às Índias, à América, tal como Yehudah Crescas ou Gaspar de las Indias, dos quais falamos acima.

Essa descoberta do universal simultaneamente à do abstrato leva-os a participar da invenção do método científico. Na verdade, a própria maneira dos *rabbis* aparenta-se com a da ciência, pois consiste, como vimos, em assinalar invariantes por trás dos casos particulares, princípios por trás de uma jurisprudência, números por trás de palavras, conceitos por trás de fatos. Ora, como têm permissão sobretudo para pesquisar onde ninguém se arrisca ainda, os judeus se tornaram pioneiros na medicina, na matemática, na música, na química, na física nuclear, na psicanálise, na genética e, mais em geral, em todo domínio no qual uma descoberta pode ameaçar uma ordem estabelecida e criar riquezas novas, para outros que não os poderes instalados: existem outros modos de mudar o mundo além da economia.

Por fim, o nômade não habita apenas o espaço, mas também o tempo, dentro do qual ele viaja para prever o futuro e avaliar-lhe os riscos. Assim, a especulação intelectual constitui aos seus olhos uma viagem virtual pela duração. Esse sentido do longo prazo é aguçado pelo ofício de prestamista forçado, que impele os judeus a avaliar os acasos, a adotar garantias, a assegurar-se. Por isso é que eles estão presentes em todos os ofícios ligados à estimativa do risco ou, em outras palavras, à exploração do tempo: de banqueiro a segurador, de filósofo a futurólogo... E também aqui eles descobrem, anunciam, arriscando-se a ser considerados responsáveis pelos acontecimentos que prevêem, pelas ameaças que assinalam. De novo, bodes expiatórios.

Ligar

Muitas vezes, descobrir é simplesmente ligar domínios que *a priori* não têm a menor relação uns com os outros, como fazem, além de muitos outros, Sigmund Freud entre sonho e sexualidade, Albert Einstein entre ondas e partículas, Gabriel Lippmann entre química e fotografia... É também, mais prosaicamente, ligar entre si territórios conhecidos e descobertos, junto com os sedentários que neles residem. Assim, instalam-se desde a Antiguidade comunidades-escalas em todos os portos e feiras; e, entre lugares, povos, grupos sociais, empresas, mercados, criam-se redes de comunicações culturais e comerciais sem as quais a economia do mundo não teria podido crescer.

Portanto, o primeiro ofício judaico é, muito naturalmente, o de *corretor*, que consiste em encontrar um fornecedor para aquilo que se quer comprar, ou um cliente para aquilo que se quer vender. Eles exercem também todos os outros ofícios de "ligadores": navegadores, armadores, banqueiros de negócios, impressores, jornalistas, escritores, cineastas... Dos radanitas do século XI aos marranos do século XVII, de Gracia Mendes a André Meyer.

O texto é o instrumento básico dessa relação. Um nômade não pode ligar se não souber ler. Por isso a expressão escrita, de que os judeus são alguns dos mais antigos detentores, é para eles tão essencial. E, com ela, a imprensa, o telefone, o rádio, o cinema e todas as outras formas da comunicação. De Menasseh ben Israel aos irmãos Warner. De Julius Reuter a Isaac Berliner. Dos irmãos Soncino a David Sarnoff.

Inovar

Assim como exportam, assim como ligam, os judeus importam. Uma vez admitidos por sedentários, e tendo ligado nações sedentárias entre si, eles trazem para uma aquilo que descobriram em outras: mercadorias, capitais, idéias.

O primeiro ofício dos estrangeiros, aliás, é o de abastecer aqueles que os acolhem com produtos do exterior. Assim, os judeus fornecem pimenta a Lisboa, diamantes a Antuérpia, café à Itália, tabaco a Lisboa, uniformes à América, sedas preciosas aos príncipes alemães.

Eles também trazem novidades até quando exercem os ofícios mais sedentários, subvertendo, por exemplo, a agricultura em Babilônia, na Espanha, na Mesopotâmia, na Palestina, no Egito, na Polônia, no Brasil, no Suriname, nos Estados Unidos. E subvertem igualmente as relações sociais: primeiros sindicalistas, até mesmo primeiros revolucionários, ao importarem para a América aquelas idéias amadurecidas na Europa ocidental e postas em prática no leste europeu.

Importadores de dinheiro e de metais preciosos, eles são, enfim, emissários de capitais destinados aos camponeses, aos cruzados, às cidades, às igrejas, às cortes, aos exércitos, de Babilônia à Espanha, da Polônia à Alemanha, de Londres à América. Com eles, o dinheiro torna-se o veículo da novidade, e eles mesmos se tornam uma *burguesia-curinga*, uma burguesia de reposição, aplicando-se a encontrar os recursos de que os tesouros públicos necessitam: banqueiros das cruzadas, dos reis da Inglaterra, das cidades alemãs, da jovem América, todos odiados pelos serviços que prestam. Mais uma vez, bodes expiatórios.

Entre esses grandes corretores da novidade, encontramos: o duque de Naxos na conquista de Tiberíades, Nathan Rothschild na busca pelo financiamento da Santa Aliança, Joseph Seligman na procura de dinheiro para Abraham Lincoln, os irmãos Pereire na montagem dos projetos de financiamento das ferrovias; mas também Samuel Gompers, na fundação de sindicatos americanos a partir de conceitos e métodos importados da Europa, e incontáveis anônimos, no exercício de todos os comércios de coisas e de idéias.

Esses três papéis — descobrir, ligar, inovar — são essenciais ao funcionamento da economia sedentária. Eles são a chave do desenvolvimento do mundo. Não há desenvolvimento sedentário sem esses nômades. Mas, de igual modo, sem eles não há questionamento da ordem estabelecida. Por isso, são malvistos por muito tempo: as pessoas execram aqueles que contribuem para subverter as situações adquiridas.

A partir do século XVI, com a expansão da liberdade, numerosos países do Ocidente esforçam-se por favorecer as viagens de seus próprios súditos e por atrair os viajantes estrangeiros. Declinam os países que não têm diáspora entre os outros, ou que expulsam de seu território as dos outros. É o que ocorre na Espanha que expulsa os judeus e na Rússia que os isola em papéis sedentários, sem fazer com que sejam preenchidas por outros as funções destinadas aos nômades.

Durar

Os nômades são apanhados entre dois fogos: ameaçados de desaparecer pela violência, também o são pela paz que os assimila. Para durar, precisam mesclar permanência e mudança, curto e longo prazos. A História leva então os judeus a conformarem-se a sete leis, nunca explicitadas e, no entanto, sempre aplicadas:

- *Viver em grupo* para proteger-se das perseguições. Daí a organização rigorosa da vida comunitária, a proibição de rezar sozinho, a exigência dos casamentos internos e, sobretudo, a persistente obrigação da solidariedade, magnificamente expressada por este mandamento do Gênesis: "Deixa tua casa escancarada e trata os pobres como membros de tua família" — e por este outro mandamento do Levítico: "Se teu irmão vier a desobedecer, se vires sua fortuna vacilar, sustenta-o, ainda que ele seja estrangeiro e recém-chegado, e fá-lo viver contigo"; e, enfim, pelo comentário que exige dos membros de uma mesma comunidade "prestarem-se reciprocamente todos os serviços compatíveis com seus próprios interesses". Vimos a aplicação concreta disso ao longo dos séculos.
- *Manter-se incessantemente alerta*, avaliar as ameaças, estar pronto para partir a qualquer momento, em caso de perigo. Com freqüência, certas comunidades encarregam um de seus membros das relações com os poderes externos e da vigilância perante as ameaças. Assim, o *nassi*, o *exilarca*, o *naguib*, o *stadlan* negociam, cada um seu país, com as autoridades sedentárias.
- *Transmitir a herança cultural* às gerações seguintes. A educação, tanto a judaica quanto a laica, é o primeiro dever: obrigação incessantemente repetida e que confere ao livro, à leitura e à escrita um lugar único na História.
- *Impor-se uma moral muito austera*, não tolerar nem arrogância nem imoralidade, para não criar nem inveja nem pretexto para perseguição. O Talmude especifica bem detalhadamente como não se deixar levar pe-

las exigências do dinheiro e manter prioridades morais, como não fazer festas espalhafatosas nem despesas suntuárias. Por que não acumular *bens sedentários*; nada de terras ou de castelos: não se cobrir de riquezas nem exibi-las. Possuir somente bens nômades: idéias, livros, um violino, diamantes. "A toda pessoa que faz muitos negócios, não é dado tornar-se um sábio", conclui o Talmude.

- *Aceitar a lei do anfitrião* sem violar a sua, viver das lealdades simultâneas e não sucessivas, aceitar a dualidade sem nunca mentir sobre sua fé, exceto para salvar a própria vida. É o caso do marrano que nunca se diz judeu mas nunca se esquece de sê-lo. Ou o do cidadão que deve ser absolutamente fiel a toda república que o acolha.
- *Aceitar as contribuições estrangeiras*, as idéias, as culturas, a língua dos outros, e, particularmente, acolher os recém-convertidos ao judaísmo. Sem dúvida, essa é a lei menos fácil de fazer aplicar.
- *Criar riquezas novas* ou serviços novos, portadores de progresso para os que rodeiam a comunidade, e jamais construir uma força ou uma riqueza apoderando-se dos bens que já existem. Para que nada lhes seja proveitoso se não o for para os outros. Para que os outros se interessem pelo bem-estar dos judeus. Num versículo que resume tudo, o Deuteronômio diz: "Deves amar a Deus com todas as tuas forças" — "isto é", comenta Rachi, "com todas as tuas riquezas"[409].

Sem essas leis, as comunidades judaicas sem dúvida não teriam resistido nem à violência que escorraça nem ao sedentarismo que assimila. Com elas, o povo judeu soube conservar sua razão de ser. Se, dois mil anos atrás, tivesse permanecido em sua terra, ele se teria tornado um povo do Oriente Médio entre outros. Pois bem, nenhum destes sobreviveu. A perseguição, mantendo-o nômade, paradoxalmente o ajudou a perdurar. Dando a cada um o interesse em permanecer judeu, para sobreviver.

Mas nada garante que o mesmo ocorrerá no futuro: quem, em 1800, poderia ter previsto o que aconteceu no século XIX? E mais: quem saberia, em 1900, anunciar as tragédias de que o século XX veio a ser palco?

Numa hora em que o centro de gravidade do mundo — ao menos no plano demográfico — inclina-se de novo para o Oriente, a história de Israel se desenrolará, mais uma vez, com base em sua capacidade de exercer um papel de ponte, de corretor de paz e de progresso entre o Oriente e o Ocidente. Se ele tentar limitar sua identidade às terras adquiridas, está perdido. Se continuar sua trajetória, poderá sobreviver e ajudar a humanidade a não desaparecer.

3. O ELO DO ORIENTE: ISRAEL

Durante toda a história humana — exceção feita ao último meio século —, o essencial do povo judeu viveu no Oriente. Hoje, esse é novamente o caso, com Israel como ponto central. Mas esse Estado, para sobreviver, não poderá ficar isolado, irrisório enclave do Ocidente num Oriente hostil. Mais uma vez, ele deverá ser útil àqueles que o rodeiam, antes mesmo de pensar em si. Isto é, deverá ao mesmo tempo ajudar na ocidentalização da região e aceitar sua própria orientalização.

Objetivos de guerra, formas de guerra

Os israelenses são hoje 6 milhões (entre os os quais 1,1 milhão de árabes) e os palestinos, 3,2 milhões (não incluindo os refugiados no exterior). Os egípcios, os sírios, os iraquianos e os jordanianos são 180 milhões. Amanhã, esse desequilíbrio demográfico se acentuará.

É certo que Israel ainda conhece o mais alto nível de fecundidade de todos os países desenvolvidos (2,8 filhos por mulher) e sua população se mantém jovem: pela simples ação do crescimento demográfico, ela passará a 7,6 milhões em 2025 e a mais de 8,5 milhões em 2050.

Porém, o mais tardar em 2010, a população árabe de Israel e da Palestina será mais numerosa do que a população judaica. Já nesse ano, os árabes representarão 58 por cento dos 15,2 milhões de habitantes instalados entre o mar e o Jordão. Porque, se um conhece uma taxa de fecundidade mais alta que todas as do hemisfério Norte, o outro conhece a taxa mais elevada do planeta (5,6 por cento). Antes de 2050, os palestinos serão mais numerosos do que os israelenses, e, para manter um equilíbrio entre judeus e árabes, seria necessário a Israel um afluxo anual de 50 mil imigrantes. Ao lado, o Iraque, a Síria, o Egito, o Líbano e a Jordânia, hoje trinta vezes mais povoados, no conjunto, do que Israel, em 2025 o serão trinta e duas vezes mais.

O equilíbrio seria rompido ainda mais depressa se um direito de retorno fosse concedido aos descendentes dos palestinos que partiram em 1948. A não ser que o mesmo direito fosse concedido aos descendentes dos judeus expulsos dos países árabes no mesmo momento.

Os dez milhões de israelenses iriam então ver-se confrontados a 350 milhões de vizinhos árabes. Uma tal configuração, combinada a uma crescente defasagem de nível de vida, só poderia ser tolerável em situação de paz.

Ora, Israel está sob a ameaça de *cada um dos cinco objetivos de guerra* que espreitam o mundo: guerra por territórios, por religiões, por riquezas, por água, por energia. E esse país poderia ter de experimentar, mais uma vez, todas as *novas formas de guerra* do futuro: terrorismo urbano, combates sem uniformes, armas civis, guerra sem armas.

- Começou uma guerra pelas *fronteiras* entre o Estado hebreu e um Estado palestino. Guerra de civis, rua por rua, crianças judias e árabes misturadas; guerra de represálias na qual cada um assassina para vingar o morto precedente; guerra contraditória, também, na qual extremistas cometem atentados ou assassinatos para impedir outras pessoas, em seu próprio campo, de fazer a paz. Mais uma vez, guerra de retaliação, assassina de todas as civilizações. Ela pode resultar no desaparecimento da Autoridade Palestina e no retorno a uma ocupação direta dos territórios, sem que isso traga solução durável para a coexistência dos dois povos.

- Israel, último país do Norte implantado no Sul, é também uma das possíveis apostas de *uma guerra entre o Norte e o Sul*. A diferença entre os níveis de vida (de um para dez) na região excita as invejas e exacerba o sentimento de injustiça. Trabalho não-legalizado, exploração, imigração clandestina misturam-se ali. Uma guerrilha econômica poderia sabotar os pontos fortes da economia de Israel.
- Israel é igualmente envolvido pela *guerra religiosa* declarada por uma parte do Islã ao Ocidente judaico-cristão, uma guerra da qual o sionismo é um símbolo e a causa palestina, um álibi. Poderíamos então imaginar uma guerra que implicasse todas as forças religiosas e laicas contra as desses extremistas religiosos. Para obter a exclusividade de Deus.
- Israel poderia ainda ser incluído numa *guerra pelo petróleo*, de cuja reserva mundial o Oriente Médio controla dois terços. Na verdade, desde a declaração Balfour e o acordo de partilha das riquezas do Golfo, uma tal guerra constitui o segundo plano do conflito israelense-palestino.
- Por fim, o *deficit em água* da região poderia tornar-se uma causa de guerra. Israel, Jordânia e Palestina dispõem hoje de menos de 500 metros cúbicos de água por habitante e por ano; e esse volume vai decrescer, exigindo uma nova partilha e investimentos consideráveis.

Tudo somado, Israel não poderia sobreviver ao acúmulo de tais guerras e a tais relações de força. Apesar de sua superioridade tecnológica, o país seria esmagado demograficamente; suas elites partiriam, sua economia desmoronaria. A guerra durável, total, marcaria o fim do sionismo.

Aliás, o que está em jogo em tudo isso não seria mais que a prefiguração de conflitos mais vastos, fora do Oriente Médio, em torno dos mesmos objetivos de guerra, mas com novos instrumentos, em particular por desvios de meios civis de transporte (como em Nova York, em 11 de setembro de 2001) a fim de usá-los como instrumentos de matança. Muitas fronteiras serão então contestadas, muitas batalhas oporão as pessoas do Norte às do Sul, muitos movimentos religiosos se erguerão uns contra os outros, muitas hostilidades serão desencadeadas para assegurar o controle de fontes de energia (especialmente no Cáucaso); por fim, a apropriação das fontes de água logo se tornará uma causa de tensão máxima: em 2015, três bilhões de seres humanos não disporão de água. As pessoas combaterão entre si por ela.

Não pode haver Israel sem Palestina

No entanto, a paz ainda é possível e, também nisso, Israel precisa ser útil aos outros para sobreviver: cinco milhões de judeus e quatro milhões de árabes habitam hoje 24 mil quilômetros quadrados entre o Jordão e o Mediterrâneo, e os palestinos reclamam apenas 20 por cento dessa terra. Mais do que ninguém, Israel tem interesse em conceder-lhes esse espaço. Israel precisa da Palestina pelo menos tanto quanto a Palestina precisa de Israel. Poderíamos até mesmo dizer que Israel tem mais interesse na existência da Palestina, que lhe permitirá retomar seu desenvolvimento em segurança, do que a própria OLP. De fato, para esta, a criação do Estado poderia levar ao questionamento de seu papel dirigente, pois a evolução da Palestina em direção à democracia faria surgir uma elite totalmente diferente. Como a guerra o condena a desaparecer, o Estado hebraico só sobreviverá a longo prazo se reconhecer o direito da Palestina à existência, isto é, o direito a um Estado dotado de todos os instrumentos da plena soberania, num território viável e coerente, com um estatuto especial para Jerusalém, capital de um e do outro, cidade para todos. Em contrapartida, os palestinos devem reconhecer o direito de um Estado judaico à existência e recuperar seus próprios refugiados em troca do reconhecimento de Jerusalém Leste como capital da Palestina. Enfim, cada um deve aceitar a presença do outro em seu próprio território.

De tudo isso, muitos parecem hoje convencidos. Falta apenas encontrar, nos dois campos, os homens de Estado que consigam impor tais medidas aos seus próprios extremistas. Homens capazes de compreender que o uso exclusivamente da força, sem respeito às necessidades do outro, conduz à ruína. A paz passa pela aceitação da existência do outro, pela separação dos combatentes, pela instalação de uma força de interposição para fazer respeitar um cessar-fogo, pela luta de cada um contra seus próprios extremistas.

A comunidade internacional deverá ajudar israelenses e palestinos para que eles reaprendam a trabalhar juntos, a combater o terrorismo interno e a partir de seu próprio território.

Uma vez estabelecido esse reconhecimento recíproco e — mais complicado ainda! — enfraquecido o ódio, será necessário, para que a paz se instale duravelmente, organizar uma verdadeira cooperação entre os dois países. Não será algo fácil: de fato, eles são muito diferentes, e não apenas no plano religioso.

Há muito tempo o mundo árabe sonha edificar sua unidade econômica e reunir num conjunto integrado os 300 milhões de habitantes de vinte países, da Arábia Saudita ao Sudão e do Iraque à Líbia. Vários projetos foram lançados nesse sentido: Fundo Árabe para o Desenvolvimento Econômico e Social; Conselho da Unidade Econômica Árabe; Conselho de Cooperação do Golfo; Banco Árabe de Desenvolvimento Econômico; Banco Islâmico; Mercado Comum Árabe; Zona Árabe de Livre Comércio... Todos esses projetos fracassaram, e até os direitos alfandegários entre esses diversos países permanecem muito elevados. A defasagem entre os níveis de vida, as diferenças de sistema social, as rivalidades políticas impediram-nos de integrar-se, e o comércio entre países árabes ainda representa apenas 5 por cento de suas trocas.

Seria mais difícil ainda unir Israel e a Palestina com seus vizinhos, a Jordânia, o Egito, o Líbano e a Síria. Às seqüelas das guerras, acrescenta-se o fato de eles não terem o hábito de comerciar um com o outro e de poucos produzirem aquilo de que o outro necessita. Contudo, um tal projeto seria a condição necessária de uma paz durável, como foi o caso na Europa. Criar as condições para que cada um tenha interesse no sucesso do outro.

O desencadeamento desse projeto começaria por uma liberação progressiva da circulação de bens e serviços. Ela possibilitaria o retorno de todos ao crescimento e ao emprego e conduziria pouco a pouco, tal como na Europa, à harmonização das legislações e à utilização em comum dos recursos básicos, especialmente a água, o que exigiria consideráveis investimentos conjuntos. Também como na Europa, fundos sociais deverão ser financiados a fim de compensar as enormes diferenças de nível de vida entre esses diversos países. Uma vez construído um tal espaço econômico, as identidades nacionais deixariam de ser antagônicas, cada um teria interesse no crescimento do outro. Eles passariam da hostilidade à rivalidade, da rivalidade à concorrência, da concorrência à cooperação. De saída, a paz seria perigosa para os dirigentes: ditadores veriam seus povos dirigirem sua cólera contra eles e reclamarem a democracia e a união.

Com isso, a "União do Oriente Médio" teria um dia uma moeda, um parlamento e até, bem mais tarde, como a Europa, um executivo. Israel deveria então aceitar ser atravessado por populações que hoje lhe são hostis; teria até a responsabilidade de conceder a esses estrangeiros o direito de estada, de instalação, de compra de terras, de voto nas eleições locais. Membro, entre outros, da "União do Oriente Médio", Israel e seus vizinhos se juntariam então num modo de vida mais ou menos comum, num destino comum. Como na Europa, casamentos mistos selariam o coroamento do processo. Tendo-se assim tornado sedentário, Israel deveria aceitar a contribuição dos outros. E com isso perderia sua identidade, pelo menos tal como era aquela desejada pelos seus fundadores.

Em suma, tanto na paz quanto na guerra, o projeto sionista perderia seu sentido.

Sobre Oriente e Ocidente

Diante desse duplo impasse — na guerra como na paz —, as elites israelenses hesitam. Elas não admitem nem os prejuízos da guerra nem as conseqüências da paz. Aterrorizadas, vêem como a mais absurda das guerras de religião devastou a Irlanda; angustiadas, constatam como a mais bela das pazes transforma a África do Sul. Quanto aos palestinos, atravessados pelas mesmas dúvidas, alguns ainda vêem no prosseguimento do conflito o melhor meio de manter sua unidade, temendo que a paz a faça explodir.

Para sair desse dilema, alguns, num e noutro campo, proporão uma bunkerização das duas nações, encerradas atrás das fronteiras. Deslocamentos maciços de populações, como foi o caso entre a Croácia e a Sérvia, permitindo criar entidades quase homogêneas. Entre elas, uma espécie de "muro de Jericó": o primeiro muro entre o Norte e o Sul. Contudo, uma tal solução, que serviria a muitos interesses em cada campo, seria política e economicamente impensável: não se pode conceber que os árabes israelenses aceitem ser apartados a tal ponto de seus primos que vivem do outro lado do muro, como foi o caso na Alemanha e, ainda hoje, na Coréia. Para Israel, isso suporia expulsar todos os árabes israelenses e viver sem nenhum vínculo com sua vizinhança. Quanto à Palestina, uma tal partição viria privá-la de uma parte considerável de suas rendas e lhe acarretaria um desmoronamento econômico ainda mais profundo do que aquele de que ela padece hoje. Ambas as opções são impossíveis, exceto para certos extremistas dos dois campos.

Israel, portanto, deverá aceitar a paz e tudo o que a abertura implica. Deverá deixar de basear sua especificidade unicamente na propriedade de um solo, para, mais uma vez, definir-se por sua capacidade de promover uma identidade de nômades, de veiculadores, isto é, sua capacidade de continuar existindo e brilhando por uma língua, uma história, uma cultura, um conjunto de valores. O país se tornaria então o corretor e o glorificador de seus próprios valores, assim como dos valores ocidentais, ao mesmo tempo em que aceitaria ser enriquecido pelos valores do Oriente e do Islã.

Num tempo ainda mais distante, no seio do futuro triângulo onde tudo acontecerá — Ocidente, Islã e Extremo Oriente —, irá descortinar-se, para a mais oriental das potências do Ocidente, um novo papel de corretor da paz e do progresso.

A educação será então o mais estratégico dos trunfos. A corrida pelos armamentos do espírito valerá só por ter sido desencadeada. A Diáspora terá a cumprir nesse momento um papel estratégico que ela já não parece em condições de exercer: de fato, com raríssimas exceções, ela está desaparecendo justamente na uniformidade da ocidentalização e no esquecimento de sua identidade.

4. O elo do Ocidente: as diásporas

Desaparecer por indiferença

A população judaica mundial, estimada em 12,5 milhões em 2002, vem decrescendo desde meados dos anos 70, quando atingia ainda 13,7 milhões. Também a Diáspora, em cerca de vinte anos, passou de 9 milhões para menos de 7,5 milhões. Sua baixíssima taxa de fecundidade (1,6 filho por mulher, exceto nas famílias ortodoxas) não lhe permite manter esse número, e isso sem computar as partidas para Israel. Daí resulta seu envelhecimento: nos Estados Unidos, somente 21 por cento dos judeus americanos têm menos de 18 anos, contra 35 por cento da população americana em seu conjunto. Em outros lugares — menos no Canadá e na França —, a situação é pior ainda: na Rússia, as crianças de idade inferior a 14 anos representam menos de 10 por cento do total, e os indivíduos com mais de 55 anos tornaram-se quase metade da comunidade.

A isso acrescentam-se a multiplicação dos casamentos mistos e a regressão do sentimento de pertença. Por toda parte, no Ocidente, cada vez menos pessoas vivem na casa dos pais, e cada vez mais pessoas se casam com alguém que se conheceu no trabalho ou na universidade. Em todas as comunidades minoritárias do mundo, o número de casamentos mistos aumenta. Na diáspora judaica, em particular, esse número passou de 3 por cento dos casamentos em 1940 para 8 por cento em 1960 e para mais de 52 por cento em 2001. Na Argentina, ele chega a 57 por cento. Nos Estados Unidos, atinge até 72 por cento entre os laicos, embora se mantenha em 3 por cento entre os ultra-ortodoxos. Nesse país, em dez uniões não-formalizadas, oito são mistas. Somente os afro-americanos nos Estados Unidos e os muçulmanos na Europa ainda escapam em parte a essa tendência, porque assim desejam e porque são objeto de segregação. E, como o nível universitário leva à assimilação, a diáspora judaica é particularmente abrangida. Eterno dilema: o saber laico ameaça a pertença específica.

Em sua maioria, os casamentos mistos não se traduzem pela conversão do cônjuge judeu a outra religião, mas pela recusa à conversão por parte do cônjuge não-judeu, e sobretudo pelo abandono do judaísmo na geração seguinte. Hoje, se um terço dos jovens da Diáspora desposa um não-judeu que não se converte, mais da metade dos filhos de casais mistos nos Estados Unidos não se tornam judeus. Também nesse país, 700 mil jovens de menos de 18 anos, com mãe judia ou pai judeu, são criados em outra religião; e 600 mil adultos nascidos de pelo menos um genitor judeu praticam outra religião.

Até mesmo os filhos de casais judeus perdem sua identidade: nos Estados Unidos, duas crianças judias em três não recebem educação religiosa. Na França, essa proporção é quase de um para dois. Uma das raras exceções na Diáspora é Antuérpia, onde 90 por cento das crianças ainda freqüentam uma escola judaica.

Mais do que nunca, a pertença torna-se uma opção individual, cada vez menos ditada pelo meio circundante. Se é difícil, para um israelense, não se dizer tal, para muitos judeus da Diáspora, particularmente os americanos — entre os quais um Jerry Seinfeld constitui um modelo —, essa pertença à Diáspora só se manifesta hoje por dados vagos: a lembrança da *Shoah*, a vigilância ante as ameaças de anti-semitismo, a necessidade de um apoio ao Estado de Israel, a solidariedade para com os mais pobres, a piedade filial e o respeito às tradições familiares. Só permanecem judeus aqueles que assim escolhem; mas, como somente os que nasceram judeus podem fazer essa escolha, o número deles não pode senão decrescer.

Em suma, se as tendências atuais se prolongarem, um terço da Diáspora terá desaparecido em 2020, e dois terços em 2050. Segundo uma análise ainda mais pessimista de certos pesquisadores de Harvard, em 2080 só existirão nos Estados Unidos 900 mil judeus, no máximo. Segundo outra análise, esta do American Jewish Committee para o *American Jewish Yearbook*, a população judaica americana ainda atingirá 3,8 milhões em 2080, mas 40 por cento desses indivíduos terão então mais de 65 anos.

Ao lado do canadense, o judaísmo francês parece ser o menos ameaçado por essas evoluções crepusculares, embora os ritmos de assimilação, de um e de outro, estejam aproximando-se aos poucos daqueles dos Estados Unidos.

Em conseqüência, a não ser que a guerra o esvazie de sua população, Israel será em 2020 a principal comunidade judaica do mundo e, até 2050, ali viverá a maioria do povo judeu. Este deixará de ter uma diáspora mais vasta do que a nação. Então se falará de "diáspora israelense", e não mais de diáspora judaica. Ela se tornará uma diáspora nacional, e não mais cultural, misturada, na globalização, às outras diásporas nacionais, mestiçada com elas.

O povo judeu teria então vivido dois mil anos na vanguarda para desaparecer quando os outros tivessem ido ao seu encontro. Esse desaparecimento pela uniformidade não é o único que o ameaça.

Desaparecer pelas diferenças

Enfraquecidas, mas sempre invejadas, as diásporas também poderiam desaparecer em conseqüência da hostilidade dos sedentários. Já vemos manifestar-se contra elas um retorno da violência, assim como contra outras minorias. A lembrança da *Shoah* já não basta para protegê-las de dramas de amplitude comparável. Tais dramas poderiam conhecer uma recrudescência, se em torno das diásporas se cristalizassem acusações fantasiosas, como a de dominar a globalização. Ou ainda se elas fossem designadas, por algumas forças ainda indiscerníveis e imprevisíveis, como ligadas a um Estado cuja existência viesse a ameaçar, como se afirmaria, o acesso do Ocidente ao petróleo; ou, de modo mais geral, se elas fossem denunciadas como o principal obstáculo entre Oriente e Ocidente, isto é, entre mundo islâmico e cristandade. Então se poderia chegar, no pior dos pesadelos, a um acordo entre as duas religiões filhas contra a mãe, entre o islamismo e o cristianismo contra o judaísmo. Ou do islamismo e dos laicos contra o judaísmo. O recente discurso do novo presidente sírio perante o papa, no qual o judaísmo é denunciado como deicida, e a ausência de reações do Vaticano quanto a isso poderiam constituir um dos prenúncios de uma tal coalizão hostil ao judaísmo. Resta-nos imaginar quais forças, no Ocidente ou alhures, poderiam cultivar tais fantasias. Felizmente, isso é hoje impossível e essa ameaça está distante.

De maneira mais geral, a globalização, ao levar à uniformidade, exacerba a rivalidade entre os que se assemelham[165] e focaliza a violência sobre um terceiro: também aqui, o povo judeu parece na situação de tornar-se mais uma vez o "terceiro sofredor", bode expiatório de rivais uniformes.

Por enquanto, nada permite adivinhar a eventualidade de tais ameaças, pelo menos no atual estado das relações de forças geopolíticas. Mas, em 1900, nada ou quase nada deixava pressagiar o que veio a acontecer algumas décadas mais tarde...

5. SOBRE OCIDENTE E ORIENTE

Abrir-se ou desaparecer

As novas tecnologias de comunicação vão constituir uma formidável ferramenta de relação entre diásporas e comunidades de origem. Elas vão acelerar a preeminência dos valores oriundos do povo judeu, generalizando para todos as condições e os meios do nomadismo; não existe nada mais judeu, em seu espírito, do que o telefone celular.

Como todas as outras minorias, as diásporas judaicas só poderão sobreviver se a barbárie do mundo recuar, o que está longe de depender delas; se cada um aprender a apreciar as diferenças, a encontrar sua felicidade na felicidade dos vizinhos. Não numa justaposição de comunidades mais ou menos fechadas, em torno do comunitarismo, mas na multipertença, na participação em entidades múltiplas; e, mais particularmente, no que se refere ao judaísmo, se um acordo territorial for possível. Se, enfim, as religiões prosseguirem no formidável esforço de renovação cultural que parece animar hoje alguns de seus dirigentes.

Um grupo de mecenas americanos animados por um financista de Wall Street, Michel Steinhardt, filho de um joalheiro do Brooklyn, anseia favorecer um melhor conhecimento da história e da identidade judaicas por parte dos jovens judeus. Fazendo do apego a Israel um substituto para a pertença religiosa, esse grupo fundou a Partnership for Excellence in Jewish Education, dotada de 18 milhões de dólares por ano e destinada a enviar jovens da Diáspora para descobrir Israel e sua história: oito mil jovens no primeiro ano, 50 mil nos anos seguintes. Ele fundou também o Birth Right ("direito de nascimento"), que oferece luas-de-mel aos recém-casados judeus. Por fim, graças a técnicas comerciais modernas, o grupo aconselha comunidades sobre a maneira de fazer evoluir sua abordagem do culto e dos fiéis, reatando assim com tentativas semelhantes desenvolvidas pelas Igrejas protestante e católica da América e da Europa, também elas apoiadas por empresários: marketing religioso.

Muitas outras contribuições seriam necessárias para que o judaísmo — como as outras confissões — voltasse a ser um pólo de atração e fornecesse respostas para as grandes questões que se apresentam à humanidade. Sem com isso fechar-se numa ortodoxia intolerante, num comunitarismo ciumento. Não é certo que todas as diásporas judaicas terão meios de favorecer uma tal renovação espiritual. Para que elas deixassem de definir-se apenas por aquilo que os outros lhes fizeram, ou por aquilo que os outros fazem a Israel, seriam necessários professores, escolas, debates, locais de encontro. Seriam necessárias a paz, a abertura, a tolerância, a aceitação do apoio recíproco, a modernização dos ritos, das práticas e das idéias. Se a guerra persistir no Oriente Médio, a responsabilidade pela sobrevivência do judaísmo pesará então sobre três comunidades do Ocidente: as dos Estados Unidos, do Canadá e da França. Se vier a tornar-se um lugar de paz, Israel poderá, em contrapartida, financiar por sua vez a vida cultural de certas diásporas: não haveria melhor uso para os fundos pagos pelos bancos suíços a fim de indenizar as espoliações perpetradas durante a última guerra mundial.

Num e noutro casos, para que tal renovação tenha êxito, será necessário sobretudo que o povo judeu, como qualquer outra minoria, restabeleça a abertura aos recém-chegados, tolere novos modos de vida e acolha mais facilmente aqueles que desejem ir ao seu encontro. O Joint Conversion Institute, criado em Israel em 1999, tenta abrandar as regras da conversão para admitir também como convertidos aqueles que não se comprometessem a viver de maneira ortodoxa. Trata-se ainda de um primeiro e tímido esboço. Somente as sociedades abertas podem sobreviver. Somente a abertura garantiu até aqui a sobrevivência do judaísmo.

Afinal, Rute, a bisavó de David, de quem, segundo o Talmude, descenderá o Messias, não era judia...

Transmissores do Oriente e do Ocidente

Ao lado de Israel, a diáspora judaica poderia exercer, entre outros, um papel ético, lembrando a todos os seres humanos os valores morais que lhe permitiram durar, continuando a ajudar os outros a dialogar, a criar, a progredir, a trocar. No momento em que outras civilizações se modelam e surgem, o povo judeu deverá resgatar, de modo totalmente diverso, com as novas ferramentas do virtual, o papel que ele exercia dez séculos atrás: transmissor entre o Ocidente, o Islã e o Oriente; transmissor de riquezas, de idéias, de culturas; mas também e sobretudo, talvez, nesta nova fase da história do mundo, transmissor de sua principal riqueza: o tempo.

Visto que o povo judeu pensa seu Deus, que se tornou o de todos, como o senhor do tempo no qual ele viaja e cujo valor ele mede com o dinheiro; visto que ele colocou, muitas vezes para sua própria desgraça, seu Deus e seu dinheiro à disposição dos outros, assim oferecendo tempo ao mundo — tempo de eternidade (por Deus), tempo material (pelo dinheiro), tempo do espírito (pela arte) —, resta-lhe fazer do tempo uma nova fonte de progresso da humanidade.

No novo diálogo das civilizações, na orientalização dos homens, agora em curso, o povo judeu terá um eminente papel a exercer no encontro entre as diversas visões do tempo, do Oriente e do Ocidente, que se vão confrontar. E isso, destacando a única virtude comum ao sedentário e ao nômade, essencial à futura cultura do tempo: a *hospitalidade*, na qual tudo acontece pelo prazer de agradar e no intercâmbio do tempo. Um tempo finalmente arrancado à dupla dominação por parte da terra e do dinheiro.

*
**

Esta história não fala somente de um povo demograficamente irrisório, mas também revela o papel de todas as minorias na história humana. Ela sublinha o dilema ao qual, cedo ou tarde, são confrontados todos os povos: desaparecer na indiferença da uniformidade ou morrer por causa da intolerância à singularidade. Ela anuncia a transformação, em última instância, de todas as coisas e de todas as relações sociais em dinheiro, a conversão de todos às culturas dominantes. Ela sublinha a ameaça que paira sobre todas as minorias, designadas como bodes expiatórios por aqueles cujos conservadorismos essas minorias denunciam, invejadas porque perduram e perseguidas por causa daquilo que dão. Ela também mostra que as diásporas bem-sucedidas são as que atribuem o máximo de importância à educação, à memória, à excelência, à longa duração, ao respeito pelos outros. Ela indica que o futuro é das nações abertas às diásporas das outras e às suas próprias. Ela ilustra o fato de que não há sedentários sem nômades nem nômades sem sedentários. Ela anuncia, enfim, que o Ocidente só tem interesse na paz com o Islã e com o Oriente se estiver disposto a abrir-se às culturas e às diásporas destes.

Todos os povos do mundo serão confrontados, de um modo ou de outro, a esses desafios. Todos têm uma dimensão ao mesmo tempo nômade e sedentária, com uma diáspora menos ou mais importante. Todos serão envolvidos nas diversas formas de guerra; o terrorismo nômade não poupará ninguém. Todos serão confrontados à exigência de definir-se por uma identidade cultural, por uma língua, e não somente por um território. Nenhum deles, a não ser que se feche num gueto, poderá ser mais que o cadinho de uma mestiçagem. Todos deverão resgatar o sentido de valores éticos e de aparatos morais que sirvam de proteção ante as loucuras do mundo. A história do povo judeu, em suas relações com o dinheiro e com o mundo, não é senão uma vanguarda, preciosa para todos em virtude das leis que ela ensina, daquilo que está à espera de cada um.

É ainda no Oriente que se encontram hoje as diásporas mais promissoras. Primeiro, a chinesa, vinte vezes mais numerosa do que a judaica, trinta vezes mais rica do que esta, e igualmente orientada para a família, a educação, o esforço, igualmente capaz de alimentar-se dos outros protegendo ao mesmo tempo sua própria identidade.

Amanhã, a globalização levará à multiplicação dessas diásporas, as quais ora desaparecerão dentro das nações que as acolhem, ora se renovarão mediante as contribuições de imigrantes, às vezes sem raízes, às vezes sem nação. Desse mosaico movediço será feito o mundo. Este só poderá sobreviver aceitando-se como tal, ensinando a cada pessoa o que ela deve esperar das outras e o que deve lhes dar.

Pelo menos, que a história dos judeus, do mundo e do dinheiro ensine esta lição: todo homem precisa dos outros para ser salvo.

NOTAS BIBLIOGRÁFICAS

1. ABBOTT (G. F.), *Israel in Europe*, Londres, Macmillan, 1907.
2. ADAMS, *Le Monde religieux dévoilé* [redigido segundo anotações fornecidas por Josué Van Oven, membro do Consistório Israelita da Alemanha].
3. ADAMS (Hannah), *History of the Jews from the Destruction of Jerusalem to nineteenth Century*, Boston, 1812.
4. ADLER (E. N.), *Jewish Travellers in the Middle Ages: 19 first hand accounts*, Nova York, Hermon Press, 1966.
5. AGUS (I.), *The heroic age of franco-german Jewry*, Nova York, Bloch, 1969.
6. ALBRIGHT (Mike), *Yaveh and the Gods of Canaan*, Nova York, 1983.
7. ALEM (Jean-Pierre), *La Mémoire du siècle. La Déclaration Balfour aux sources de l'État d'Israël*, Bruxelas, Complexe, 1991.
8. AMAR (André), "Essai psychanalytique sur l'argent", Paris, *Revue française de psychanalyse*, 1956.
9. ANCHEL (Robert), *Un baron juif français au XVIIIe siècle*, Paris, Souvenir et Science, 1930.
10. ANDICS (H.), *Histoire de l'antisémitisme*, Paris, Albin Michel, 1967.
11. ANDRIEU (Claire), "Le Mythe de la banque juive et les réalités de l'aryanisation", *Pardès*, Paris, 1992, nº 16.
12. ARENDT (Hannah), *Les Origines du totalitarisme*, Paris, Le Seuil, 1998. 3 vol.
13. ARENDT (Hannah), *Sur l'antisémitisme*, Paris, Calmann-Lévy, reedição 1973.

14. ARENDT (Hannah), *La Tradition cachée. Le Juif comme paria*, Paris, Christian Bourgeois, 1996.

15. ARISTÓTELES, *Éthique à Nicomaque*, Paris, J. Vrin, 1994.

16. ARMSTRONG (Karen), *A History of God, from Abraham to the present: the 4000-years quest for God*, Londres, Heinemann, 1993.

17. ATTALI (Jacques), *Au propre et au figuré*, Paris, Fayard, 1988.

18. ATTALI (Jacques), *Un homme d'influence*, Paris, Fayard, 1985.

19. ATTALI (Jacques), *1492*, Paris, Fayard, 1991.

20. ATTIAS (J.-C.) & BENBASSA (E.), *Dictionnaire de la civilisation juive*, Paris, Larousse, 1997.

21. AVI-YONAH (Michael), *The Jews under Roman and Byzantine rule, from Barkochba to the Arab conquest*, Jerusalém, Magnus Press.

22. AZÉMA (Jean-Pierre) & BÉDARIDA (François), dir., *Vichy et les Français*, Paris, Fayard, 1992.

23. AZÉMA (Jean-Pierre) & BÉDARIDA (François) dir., *La France des Années noires*, t. I, *De la Défaite à Vichy*, Paris, Le Seuil, 1993.

24. AZÉMA (Jean-Pierre), *De Munich à la Libération*, Paris, Le Seuil, 1979.

25. BÄCK (Samuel), *Die Geschichte des Jüdischen Volkes und seiner Literatur vom babylonischen Exile bis auf die Gegenwart*, Lissa (Leszno), 1878.

26. BACON (Francis), *La Nouvelle Atlantide*, Paris, Flammarion, 1995.

27. BADINTER (Robert), *Libres et égaux... L'émancipation des Juifs 1789-1791*, Paris, Fayard, 1989.

28. BARBOUR (Violet), *Capitalism in Amsterdam in the 17th century*, Baltimore, Johns Hopkins, 1950.

29. BARD (Mitchell), *The Babylonians*.

30. BARNAVI (Élie), *Histoire universelle des Juifs*, Paris, Hachette, 1992.

31. BARNAVI (Élie), *A Historical Atlas of the Jewish People*, Nova York, Alfred A. Knopf, 1992.

32. BARNAVI (Élie) e FRIEDLÄNDER (Saul), *Les Juifs et le XXe siècle. Dictionnaire critique*, Paris, Calmann-Lévy, 2000.

33. BARNAVI (Élie), *Israël au XXe siècle*, Paris, PUF, 1982.

34. BARON (S. W.), *Histoire d'Israel: Vie sociale et religieuse*, Paris, PUF, 1957-1964. 5 vol.

35. BARON (S. W.), "Population", in *Encyclopaedia Judaïca*, t. 13, 1971.

36. BASTAIRE (Jean), "Drumont et l'antisémitisme", *Esprit*, nº 326, março de 1964.

37. BAUER (Julien), *La Nourriture casher*, Paris, PUF, 1996.

38. BAUER (Bruno), "La question juive", in *La Question juive par Karl Marx*, Paris, UGE, 1968.

39. BÉDARRIDE (Israël), *Les Juifs en France, en Italie et en Espagne*, Paris, Lévy Frères, 1861.

40. BENBASSA (Esther), *Histoire des Juifs de France*, Paris, Le Seuil, 1998.

41. BENDELAC (Jacques), *Israël à crédit*, Paris, L'Harmattan, 1995.

42. BENDELAC (Jacques), *Les Fonds extérieurs d'Israël*, Paris, Economica, 1982.

43. BENAMOZEGH (Élie), *Israël et l'humanité*, Paris, Albin Michel, 1961.

44. BEN ISRAEL (Menasseh), *Espérance d'Israël*, Paris, Librairie Philosophique J. Vrin, 1979.

45. BEN SASSOON (M.), "Letter fragments from the Geniza to the beginnings of the renewal of contact between the Babylonian yeshivot with the West", in *Tabriz*, vol. 56.

46. BENSIMON (Doris) e ERRÉRA (Églal), *Israéliens: des Juifs et des Arabes*, Bruxelas, Complexe, 1989.

47. BEN ZION (Yeshua-Raz), *From the lost tribes in Afghanistan to the Mashed Jewish Converts of Iran*, 1992.

48. Dr. S. BERG (Philip), *Kabbalah for the Layman*, Jerusalém, Press of the Research Centre of Kabbalah, 1981.

49. Dr. S. BERG (Philip), *An entrance to the Zohar*, Jerusalém, Press of the Research Centre of Kabbalah, 1974.

50. BERSTEIN (Serge) e MILZA (Pierre), *L'Allemagne 1870-1970*, Paris, Masson, 1971.

51. GILLE (Bertrand), *La Banque en France au XIXe siècle*, Paris, 1970.

52. BEUGNOT (Auguste-Arthur), *Les Juifs d'Occident* Paris, 1824.

53. BILLIG (Joseph), *Le Commissariat général aux questions juives* (1941-1944), Paris, Éditions du Centre, 1955-1960. 2 vol.

54. BIRMINGHAM (Stephen), *Our crowd*, Nova York, Harper and Row, 1967.

55. BIRMINGHAM (Stephen), *The Grandees*, Nova York, Harper and Row, 1971.

56. BIRNBAUM (Pierre), *Un Mythe politique, la "république juive"*, Paris, Fayard, 1988.

57. BLAZE (Elzéar), *La vie militaire sour le Premier Empire. Souvenirs d'un officier de la Grande Armée*, Paris, 1906.

58. BLOOM (Herbert I.), *The Economic Activities of the Jews of Amsterdam in the 17th & 18th centuries*, Londres, Kennicot Press, 1982.

59. BLUMENKRANZ (Bernhard), *Juifs et chrétiens dans le monde occidental (430-1096)*, Paris, Mouton, 1960.

60. BLUMENKRANZ (Bernhard), *Les Auteurs chrétiens latins du Moyen Âge sur les Juifs et le judaïsme*, Paris, Mouton, 1963.

61. BLUMENKRANZ (Bernhard), *Histoire des Juifs de France*, Toulouse, Privat, 1972.

62. BOCCACCIO, *Décaméron*, Paris, Bordas, 1988.

63. BOGUE (Donald J.), *The population of the United States*, Nova York, 1959.

64. BOORSTIN (Daniel), *Les Découvreurs*, Paris, Seghers, 1986.

65. BOUNAN (Michel), *La Vie innommable*, Paris, Allia, 1993.

66. BORNSTEIN-MAKOVETSKY (Leah), "L'activité de l'élite sépharade après l'expulsion", in *La Société juive à travers l'histoire*, t. III, Paris, Fayard, 1992-1993.

67. BOURDREL (Philippe), *Histoire des juifs de France*, Paris, Albin Michel, 1974.

68. BOUVIER (Jean) et GERMAIN-MARTIN (Henry), *Finances et financiers de l'Ancien Régime*, Paris, PUF, 1969.

69. BRAUDEL (Fernand), *Civilisation matérielle, économie et capitalisme*, Paris, Armand Colin, 1979.

70. BRAUDEL (Fernand), *La Méditérrannée et le monde méditerranéen à l'époque de Philippe II*, Paris, Armand Colin, 1966. 2 vol.

71. BRAUDEL (Fernand) e LABROUSSE (Ernest), dir., *Histoire économique et sociale de la France*, Paris, PUF, 1970.

72. BREDIN (Jean-Denis), *L'Affaire*, Paris, Fayard-Julliard, 1993.

73. BUNAU-VARILLA (Philippe), *Mémoires*, inéditas.

74. BURIN (Philippe), *Hitler et les juifs*, Paris, 1989.

75. CALIMANI (Ricardo), *Histoire du ghetto de Venise*, Paris, Denoël, 1997.

76. CAPEFIGUE (Jean-Baptiste), *Histoire des grandes opérations financières*, Paris, 1858.

77. CARS (Jean des), *Malesherbes*, Paris, 1994.

78. *Catalogue d'Actes relatifs aux Juifs, Revue d'études juives*, III, nº 86, p. 222.

79. CATANE (Moshe), *Des croisades à nos jours*, Paris, 1956.

80. CAVE (C.) & COULSON (Herbert), eds., *A Source Book for Medieval Economic History*, Milwaukee, The Bruce Publishing Co., 1936.

81. CECIL (L.), *Albert Ballin*, New Jersey, Princeton University Press, 1970.

82. CERBELAUD (Dominique), *Écouter Israël*, Paris, Le Cerf, 1995.

83. CHARLOT (Monica), *L'Angleterre, 1945-1980*, Paris, Imprimerie Nationale, 1981.

84. CHAUNU (Pierre), *L'Expansion européenne du XIIIe au XVe siècle*, Paris, PUF, 1969.

85. CHAUVEL (Geneviève), *Saladin, rassembleur de l'Islam*, Paris, Bordas, 1991.

86. CHESNAIS (Jean-Claude), *La Population mondiale*, Paris, Bordas, 1991.

87. CHEVALIER (Yves), *Le Juif, bouc émissaire: contribution à la théorie de l'antisémitisme*, tese de doutorado, Paris IV, 1984.

88. CHOURAQUI (André), *L'Alliance israélite universelle et la renaissance juive contemporaine*, Paris, PUF, 1965.

89. CHOURAQUI (André), *Histoire du judaïsme*, Paris, PUF, 1974.

90. CHOURAQUI (André), *L'Univers de la Bible*, Paris, Lidis, 1991.

91. CHOURAQUI (André), *Les Hommes de la Bible*, Paris, Hachette, 1994.

92. CLOULAS (Ivan), *Les Borgia*, Paris, Fayard, 1987.

93. COHEN (Raphaël), *Ouvertures sur le Talmud*, Paris, Jacques Grancher, 1990.

94. COHEN (Raphaël), *Les Chemins de la Torah*, Le Hameau, 1986.

95. COHEN (Brigitte-Fanny), *Elie Wiesel, qui êtes-vous?*, Lyon, La Manufacture, 1987.

96. COHN (Norman), *Histoire d'un mythe: "la conspiration juive" et "les protocoles des Sages de Sion"*, Paris, Gallimard, 1967.

97. Colóquio (XVII) dos Intelectuais Judeus de Língua Francesa: *Le modèle de l'Occident*, Paris, PUF, 1977.

98. Colóquio (XVIII) dos Intelectuais Judeus de Língua Francesa: *L'Argent*, Paris, Denoël, 1989.

99. COLOMB (Cristóvão), *Journal*, Paris, La Découverte, 1991.

100. COMTE (Bernard), "Conscience catholique et persécution antisémite: l'engagement de théologiens lyonnais en 1941-1942", *Annales ESC*, nº 3, maio-junho de 1993. pp. 635-654.

101. CONDER (Claude-Reignier), *Judas Macchabeus and the Jewish war of independence*, Londres, 1894.

102. CORÃO (O), Flammarion.

103. DA COSTA, *Israel en de Volken*, Utrecht, 1876.

104. DAHAN (Gilbert), *La Polémique chrétienne contre le judaïsme au Moyen Âge*, Paris, Albin Michel, 1991.

105. DAHAN (Gilbert), *Les Intellectuels chrétiens et les Juifs au Moyen Âge*, Paris, Le Cerf, 1990.

106. DALY, *The Settlement of the Jews in North America*, Nova York, 1893.

107. DAVIS (D.), ed., *Hebrew deeds of english Jews before 1290*, Fainsworth, Gregg, 1972.

108. DEDIEU (J.-P.), *L'Inquisition*, Paris, Le Cerf, 1987.

109. DELUMEAU (Jean), *La Civilisation de la Renaissance*, Arthaud, Paris, 1984.

110. DEPPING (Georges-B.), *Les juifs dans le Moyen Âge*, Paris, 1834.

111. DEUTSCH (Éméric), "L'Argent entre violence et pacification", in *L'Argent*, XVIII Colóquio dos Intelectuais Judeus.

112. DEUTSCHER (Isaac), *Staline*, Paris, Gallimard, 1973.

113. *Dictionnaire encyclopédique du judaïsme*, Paris, Laffont, 1996.

114. DIDEROT (Denis) & d'ALEMBERT (Jean), *Encyclopédie*, verbete "Judaïsme".

115. DIMONT (Max), *Jews, God and History*, Nova York, Simon and Schuster, 1962.

116. DOUBNOV (Simon), *Précis d'histoire juive*, Service Technique pour l'Éducation, Paris, 1963.

117. DOUBNOV (Simon), *Histoire moderne du peuple juif (1789-1938)*, Paris, Le Cerf, 1994.

118. DRAÏ (Raphaël), *L'Économie chabbatique*, Paris, Fayard, 1998.

119. DRAÏ (Raphaël), *Le Dieu caché et sa révélation*, Paris, Fayard, 1990.

120. DRAÏ (Raphaël), *La Conscience des prophètes*, Paris, Fayard, 1993.

121. DRAÏ (Raphaël), *Le Mythe de la loi du talion*, Paris, Anthropos, 1996.

122. DROZ (Jacques), dir., *Histoire de l'Allemagne*, Paris, Hatier, 1970-1976. 4 vol.

123. DRUMONT (Édouard), *La France juive, essai d'histoire contemporaine*, Paris, Marpon et Flammarion, 1886.

124. DUCELLIER (Alain), KAPLAN (Michel), MARTIN (Bernadette) e MICHEAU (Françoise), *Le Moyen Âge en Orient, Byzance et l'Islam*, Paris, Hachette, 1990.

125. EHRENBURG (Ilya) e GROSMAN (Vassily), *Le Livre noir*, Arles-Paris, Actes-Sud-Solin, 1995.

126. EHRENGERG (R.), *Le Siècle des Fugger*, Paris, S.E.V.P.E.N., 1955.

127. EINZIG (Peter), *The Euro-bond Market*, Londres, Macmillan, 1969.

128. EISENBERG (Josy), *Une Histoire du peuple juif*, Paris, Livre de Poche, 1970.

129. EISENBERG (Josy), *Histoire moderne du peuple juif, d'Abraham à Rabin*, Paris, Stock, nova ed. 1997.

130. EISENBERG (Josy) e ABECASSIS (Armand), *À Bible ouverte*, Paris, Albin Michel, 1978.

131. EISENBERG (Josy) e GROSS (Benno), *Un Messie nommé Joseph, À Bible ouverte V*, Paris, Albin Michel, 1983.

132. EISENBERG (Josy) e ABECASSIS (Armand), *Moi, le gardien de mon frère?, À Bible ouverte III*, Paris, Albin Michel, 1980.

133. ELIADE (Mircea), *Histoire des croyances et des idées religieuses*, Paris, Payot, 1976.

134. EMERY (Richard W.), *The Jews of Perpignan in the 13th century*, Nova York, Columbia University Press, 1959.

135. *Encyclopædia Judaica*, Jerusalém, Keter Publishing House, 1972.

136. ENDERLIN (Charles), *Paix et guerres. Les secrets des négociations israëlo-arabes, 1917-1997*, Paris, Stock, 1997.

137. ENGELS (Friedrich), *L'Origine de la famille de la propriété privée et de l'État*, Paris, Éditions Sociales, 1971.

138. ERNSTEIN (I.), *Studies in the Communal Life of Jews in Spain*, Nova York, Herman Press, 1968.

139. FAVIER (Jean), *De l'or et des épices. Naissance de l'homme d'affaires au Moyen Âge*, Paris, Fayard, 1987.

140. FEINGOLD, *The Politics of Rescue*, New Brunswick Rutgers University Press, 1970.

141. FEUERWERKER (David), *L'Émancipation des juifs en France de l'Ancien Régime à la fin du Second Empire*, Paris, Albin Michel, 1976.

142. FINKIELKRAUT (Alain), "Péguy, les Juifs, l'argent", in *L'Argent*, XXVIII Colóquio dos Intelectuais Judeus.

143. FINOT, *Étude historique des relations entre la Flandre et l'Espagne au Moyen Âge*, Paris, 1899 (anais do Comitê Flamengo da França).

144. FISCHEL (W. J.), (1965), "Rediscovery of the Medieval Jewish Community in Central Afghanistan", *Journal of the American Oriental Society*, vol. 85.

145. FLAUBERT (Gustave), *Carnets de voyage à Carthage*, Publicações da universidade de Ruão, 1999.

146. FLEG (Edmond), *Anthologie juive des origines à nos jours*, Paris, Flammarion, 1956.

147. FLEG (Edmond), *Moïse raconté par les sages*, Paris, Albin Michel, 1969.

148. FLEG (Edmond), *Anthologie de la pensée juive*, "J'ai lu", Paris, 1966.

149. FONTETTE (François de), *Histoire de l'antisémitisme*, Paris, PUF, 1993.

150. FRAENCKEL (André-Aron), "... Et ils dépouillèrent l'Égypte...", in *L'Argent*, XVIII Colóquio dos Intelectuais Judeus.

151. FRAZER (L.), *Le Bouc émissaire*, Paris, Laffont, 1983.

152. FREEDMAN (Maurice), PARKES (James), NEWSTATTER (Hannah), BROTZ (Howard), *A minority in Britain. Social studies of the Anglo-Jewish community*, Londres, 1955.

153. FREUD (Sigmund), *L'homme Moïse et la religion monothéiste*, Paris, Gallimard, 1997.

154. GABLER (Neal), *An Empire of Their Own: How the Jews Invented Hollywood*, Nova York, 1988.

155. GALL (Lothar), D. FELDMAN (Gerald), JAMES (Harold), HOLTFRERICH (Carl-Ludwig), E. BUSCHGEN (Hans), *The Deutsche Bank 1870*, Londres, Weidenfeld and Nicholson, 1995.

156. GARDET (Louis), *La Cité musulmane. Vie sociale et politique*, Paris, 1954.

157. GARELLI (Paul), *le Proche-Orient asiatique*, Paris, PUF, 1974.

158. GEIGER (Abraham), *Das Judenthum und seine Geschichte*, Breslau, 1909.

159. GÉNESTAL (R.), *Le Rôle des monastères comme établissements de crédit du XIe au XIIIe siècle*, Paris, 1901.

160. GEREMEK (Bronislaw), *La Potence ou la Pitié*, Paris, Gallimard, 1987.

161. GIL (M.), *Os Tusturi, família e clã* (em hebraico), Tel-Aviv, 1981.

162. GIL (M.), *Land of Israel during the first Muslim Period* (634-1099).

163. GINIEWSKI (Paul), *De Massada à Beyrouth*, Paris, PUF, 1983.

164. GIRARD (Patrick), *La Révolution française et les Juifs*, Paris, Robert Laffont, 1989.

165. GIRARD (René), *La Violence et le Sacré*, Paris, Grasset, 1970.

166. GOITEIN (Salomon Dov), *Juifs et Arabes*, Paris, Ed. de Minuit, 1957.

167. GOITEIN (Salomon Dov), Notas e tradução de *Letters of medieval Jewish traders*, Princeton University Press, 1973.

168. GOLDHAGEN (Daniel), *Les Bourreaux volontaires de Hitler*, Paris, Le Seuil, 1997.

169. GOLDMANN (Nahum), *Autobiographie. Une vie au service d'une cause*, Paris, Fayard.

170. GOMBRICH (E. H.), *Warburg Aby. An Intellectual Biography*, University of London, The Warburg Institute, 1970.

171. GOODMAN (D.), MIYAZAWA (M.), *Jews in the Japanese Mind*, Nova York, Free Press, 1995.

172. GOTTHEIL (R.), *The Belmont-Belmonte Family*, Nova York, 1917.

173. GOUREVICH (E.), *Guide des Hassidim*, Paris, Le Cerf, 1988.

174. GRABOÏS (Aryeh), "L'abbaye de Saint-Denis et les juifs sous l'abbatiat de Suger", *Annales ESC*, 24, 1969.

175. GRABOÏS (Aryeh), "Du crédit juif à Paris au temps de saint Louis", *Revue des études juives*, t. 129, Paris, 1970.

176. GRABOÏS (Aryeh), "Rôle et fonction de l'usure juive dans le système économique et social du monde médiéval (IXe-XIVe s.), in *La Société juive à travers l'histoire*, III.

177. GRAYZEL (Salomon), *Histoire des Juifs*, Service Technique pour l'Éducation, t. I, Paris, 1967.

178. GRAETZ (Heinrich), *Histoire des juifs*, t. I a V, Paris, Pévy, 1882-1897.

179. GRÉGOIRE, *abbé* (padre), *Histoire des sectes religieuses*, Paris, Potey, 1810.

180. GRIBBEN (Mark), *Meyer Lansky, mastermind of the mob*, Nova York, Dark Horse Multimedia, 1999.

181. GRIBETZ (Judah), GREESTEIN (Edward), STEIN (Regina), *Timelines of Jewish History*, Nova York, Simon and Schuster, 1993.

182. GROLLENBERG (Luc H.), *Atlas de la Bible*, Paris, Elsevier, 1954.

183. GROSS N., ed., *Economic History of the Jews*, Jerusalem Library of Jewish Knowledge, Jerusalém, Keter Publishing House, 1975.

184. GRUNEBAUM (G. E. von), *Eastern Jewry Under Islam*, Viator, 1971.

185. GÜDEMANN (M.), citando SHEKEL (*rabbi* Chalom bar Isaac), *Geschichte des Erziehungswesen und der Cultur der Juden*, Viena, 1881-1884, t. 3.

186. GUEDJ (Marc), "Argent et violence dans la loi du talion", in *L'Argent*, XXVIII Colóquio dos Intelectuais Judeus.

187. GUGGENHEIM (E.), *Le Judaïsme dans la vie quotidienne*, Paris, Albin Michel, 1992.

188. GUILLEN (P.), *L'Allemagne de 1848 à nos jours*, Paris, Nathan, 1970.

189. HADAS-LEBEL (Mireille), "Sémite: histoire d'un mot", *L'Histoire*, nº 148, outubro de 1991. pp. 16-18.

190. HADAS-LEBEL (Mireille), *Le Peuple hébreu*, Paris, Gallimard, 1998.

191. HADAS-LEBEL (Mireille), *Flavius Josèphe. Le Juif de Rome*, Paris, Fayard, 1985.

192. HAMBURGER, *Realencyclopädie des Judenthums*, Leipzig, 1896.

193. HARRIS, *History of the Medieval Jews*, Nova York, 1907.

194. HAYOUN (Maurice-Ruben), *Le Zohar aux origines de la mystique juive*, Paris, Noësis, 1999.

195. HEERS (Jacques), *Christophe Colomb*, Paris, Hachette, 1981.

196. HERÓDOTO, *L'Enquête*, Paris, Gallimard, 1985.

197. HERZL (Theodor), *L'État juif*, seguido de *Essai sur le sionisme*, Paris, La Découverte, 1990.

198. HILBERG (Raul), *La Destruction des Juifs d'Europe*, Paris, Fayard, 1988.

199. HIRSCHBERG (H. Z.), *Les Trois cycles de l'histoire des juifs d'Afrique du Nord*, vol. 6, outono de 1965, "Dispersion et Unité".

200. HIRSCH (Samsom), *Dix-neuf épîtres*.

201. HITLER (Adolf), *Mein Kampf*, trad. fr., Paris, Sorlot.

202. HOBSON (O. R.), *How the City works*, Londres, New Chronicle Book Department, 1955.

203. HUME (David), *Histoire de l'Angleterre*, Paris, Didier, 1842.

204. IANCU (Danièle e Carol), *Les Juifs du Midi. Une histoire millénaire*, Avignon, 1995.

205. JACOBS (J.), ed., *Jews of Angevin England*, Tornsworth England, Gregg, 1970.

206. JACOBSON (David), "When Palestine meant Israël", *Israël Biblical Archeology Review*, maio de 2001.

207. The Jewish Telegraphic Agency, "A Century of Vatican-Jewish Relations", *The Jewish Exponent*, Filadélfia, Jewish Publishing Group.

208. *Jews and Judaism in the United States. A Documentary History*, Nova York, Behrman House, 1983.

209. JÖHLINGER (Otto), *Bismarck und die Juden*, Berlim, 1921.

210. JOHNSON (Paul), *Une Histoire des juifs*, Paris, Lattès, 1989.

211. JORDAN (W. C.), *The French monarchy and the Jews from Philip August to Philip IV*, Filadélfia, 1989.

212. FLÁVIO JOSEFO, *La Prise de Jerusalem*, Mônaco, 1965.

213. FLÁVIO JOSEFO, *La Guerre des Juifs contre les Romains*, Paris, 1968.

214. KAENNEL (Lucie), *Luther était-il antisémite?*, Genebra, Labor et Fides, 1997.

215. KAPLAN (Joseph), *Un enseignement de l'estime*, Paris, Stock, 1982.

216. KARPELES, *Sketch of Jewish History*, Filadélfia, 1898.

217. KASPI (André), *Les Juifs pendant l'Occupation*, Paris, Le Seuil, 1991.

218. KASPI (André), *La guerre de Secéssion*, Paris, Gallinuard, 1992.

219. KATZ (Jacob), *Tradition and Crisis. Jewish society of the End of the Middle Age*, Glencoe, 1961.

220. KATZ (Jacob), *L'Émancipation des juifs en Europe*, Paris, Hachette, 1984.

221. KATZ (Jacob), *Exclusion et tolérance: chrétiens et Juifs du Moyen Âge à l'ère des Lumières*, Paris, Lieu Commun, 1987.

222. KEYNES (John Maynard), *The Economic consequences of the peace*, Londres, Macmillan, 1920.

223. KEYNES (John Maynard), *Carl Melchior*, 1920, Collected Writings, Londres, Macmillan.

224. KLARSFELD (Serge), *La shoah en France*, Paris, Fayard, 2001. 4 vol.

225. KLIER (L.) e LAMBROZA (Shlomo), *Pogroms: Anti-Jewish Violence in Modern Russian History*, Cambridge University Press, 1992.

226. KOCHAN (L), dir., *Les Juifs en Union Soviétique depuis 1917*, Paris, Calmann-Lévy, 1971.

227. KŒNEN, *Geschiedenis d. Juden in Nederland*, Utrecht, 1843.

228. KOLATCH (Alfred J.), *Le Livre juif du pourquoi*, Genebra, 1990.

229. KRIEGEL (Annie), *Israël est-il coupable?*, Paris, Laffont, 1982.

230. KRIEGEL (Maurice), *Les Juifs à la fin du Moyen Âge dans l'Europe méditerranéenne*, Paris, Hachette, 1979.

231. KRIEGEL (Maurice), "Les Juifs et l'argent au Moyen Âge", atas do XVIII Colóquio dos Intelectuais Judeus de Língua Francesa, Paris, Denoël, 1989.

232. Caisse des Dépôts et Consignations, *La spoliation antisémite sous l'Occupation: consignations et restitutions*, dezembro de 2001.

233. LAMBERT (Christian Yohanan), *Le Talmud et la littérature rabbinique*, Paris, Desclée de Brouwer, 1997.

234. LANDES (David), "Les juifs dans l'économie, images et réalités, l'argent", atas do XVIII Colóquio dos Intelectuais Judeus de Língua Francesa, Paris, Denoël, 1989.

235. LANDES (David), *Banquiers et pachas*, Paris, Albin Michel, 1993.

236. LANZMANN (Claude), *Shoah*, Paris, Fayard, 1986.

237. LE BRAS (Gabriel), "Usure", *Dictionnaire de théologie catholique*, t. XV, 2 (1950).

238. LE GOFF (Jacques), "Métiers licites et métiers illicites dans l'Occident médiéval", in *Pour un autre Moyen Âge*, Paris, Gallimard, 1977.

239. LE GOFF (Jacques), *Marchands et banquiers du Moyen Âge*, Paris, PUF, 1972.

240. LE GOFF (Jacques), *Saint Louis*, Paris, Gallimard, 1996.

241. *Le Juif et la France*, Catálogo da exposição do Palácio Berlitz, 5 de setembro de 1941-15 de janeiro de 1942, organizado pelo Instituto de Estudos das Questões Judaicas, 1941.

242. LE LORRAIN (Hugues), *L'Antisémitisme est-il indigne du chrétien et du Français?*

243. LEMANN (padre Joseph), *L'Entrée des israélites dans la société française et les États chrétiens*, Paris, Lecoffre, 1886.

244. LÉON (Abraham), *La Conception matérialiste de la question juive*, Paris, Pionniers, 1946.

245. LEROY (Béatrice), *L'Aventure séfarade*, Paris, Flammarion, 1991.

246. LEROY (Béatrice), *Les "Menir": une famille sépharade à travers les siècles (XIIe-XXe)*, Bordeaux, CNRS, 1985.

247. *Les Juifs d'Espagne, histoire d'une diaspora 1492-1992*, autoria coletiva, Paris, Liana Levi, 1992.

248. LESLIE (D. D.), "Persia or Yemen? The origin of the Kaifeng Jews", in *Irano-Judaica*, pp. 101-111.

249. LÉVINAS (Emmanuel), *De Dieu qui vient à l'idée*, Paris, Vrin, 1986.

250. LÉVINAS (Emmanuel), *Difficile liberté*, Paris, Albin Michel, 1976.

251. LEWIS (Bernard), *Les juifs en terre d'Islam*, Paris, Flammarion, 1986.

252. LEWIS (Bernard), *Sémites et antisémites*, Paris, 1991.

253. LIBER (Maurice), *Les Juifs et la convocation des États généraux*, Peeters, Louvain-Paris, 1989.

254. LOMBARD (Maurice), *Espaces et réseaux du haut Moyen Âge*, Paris-Haia, Mouton, 1972.

255. LOMBARD (Maurice), *Études d'économie médievale*, Paris-Haia, Mouton, 1971.

256. LOMBARD (Maurice), *L'Islam dans sa première grandeur (VIIe-XIe s.)*, Paris, Flammarion, 1971.

257. LULLE (Raymond), *Le Livre du Gentil et des trois sages*, Ed. de l'Éclat, 1992.

258. LUONS (Malcon) e JACKSON (David), *Saladin, The Politics of the holy war*, Cambridge University Press, 1997.

259. MADARIAGA (Salvador de), *Christophe Colomb*, Paris, 1952.

260. MAHARAL (Juddah Loew), *Commentaires.*

261. MAIER (Thomas), *Newhouse: all the glitter, power and glory of America's richest media empire and the secretive man behind it*, Nova York, Harper Collins, 1998.

262. MAIMÔNIDES (Moisés), *Le Guide des égarés*, Paris, Verdier, 1979.

263. MALISSA (Élisabeth D.), *Italy and the Jews*, Compiled and copyrighted, 2000.

264. MALO (Charles), *Histoire des Juifs depuis la destruction de Jérusalem jusqu'à ce jour*, Paris, 1826.

265. MANN (Thomas), *Joseph et ses frères. Joseph le nourricier*, Paris, Gallimard, 1980.

266. MARIÉJOL (Jean-H.), *L'Espagne sous Ferdinand et Isabelle*, Paris, 1892.

267. MARIÉJOL (Jean-H.), *Histoire de la France depuis les origines jusqu'à la Révolution française*, Paris, 1905.

268. MARLOWE (Christopher), *Le Juif de Malte*, traduzido por H. A. Baatsch in *L'avant-scène, théâtre 1046*, Paris, 1999.

269. MARRUS (Michaël R.), PAXTON (Robert O.), *Vichy et les Juifs*, Paris, Calmann-Lévy, 1981.

270. MARX (Karl), *La Question juive*, Paris, 1968.

271. MARX (Karl), *Le Capital*, Paris, 1985.

272. MASSING (Paul W.), *Rehearsal for Destruction*, Nova York, 1967.

273. MECKLEMBURG (*rabbi* Yaacov), *Haktav ve hakabbalah.*

274. MENDEZ BEJARANO (M.), *Histoire de la Juiverie de Séville*, Madri, 1922.

275. MICHEL (Alain), *Racines d'Israël. 1948: Plongée dans 3000 ans d'histoire*, Paris, Autrement, 1998.

276. MIXNÁ, t. 8, *Baba batra*; t. 9, *Babakama, Babametzia, Traité Nasikin*, traduzido do hebraico por R. Weil, Presses du Temps Présent, 1973.

277. MIQUEL (Pierre), *La Grande Guerre*, Paris, Fayard, 1983.

278. MISRAHI (Robert), *Marx et la question juive*, Paris, Gallimard, 1972.

279. MONTAIGNE (Michel de), *De la vanité*, Rivages, Paris, 1989.

280. MONTANDON (Georges), *Comment reconnaître et expliquer le Juif?*, Paris, Nouvelles Éditions Françaises, 1940.

281. MONTANDON (Georges), *La Race, les races*, Paris, Payot, 1933.

282. MONTESQUIEU (Charles de Secondat de), *Lettres persanes*, Paris, 1994.

283. MORAIS (Umberto), *A Short History of Anti-Semitism*, Nova York, Norton and Co., 1976.

284. MORUS (Tomás), *L'Utopie ou le Traité de la meilleure forme de gouvernement*, Paris, Flammarion, 1987.

285. MORRISSON, *The Jews under Roman Rule*, Nova York, 1893.

286. MORTON (F.), *The Rothschilds*, Nova York, Atheneum, 1962.

287. MUMFORD (Lewis), *La Cité à travers l'histoire*, Paris, Le Seuil, 1964.

288. NAHON (Gérard), *Les Hébreux*, Paris, Le Seuil, 1963.

289. NAHON (Gérard), 'Le crédit et les Juifs dans la France du XIIIe siècle", Paris, *Annales ESC*, t. 24, 1969.

290. NEHER (André), *Faust et le Maharal de Prague*, Paris, PUF, 1987.

291. NEHER (André), *David Gans (1541-1613), disciple du Maharal, assistant de Tycho Brahé et de Jean Kepler*, Paris, Klincksieck, 1974.

292. NEGER (André e Renée), *Histoire biblique du peuple d'Israël*, Paris, Maisonneuve, 1962. 2 vol.

293. NEHER-BERNHEIM (Renée), *Histoire juive: faits et documents, de la Renaissance à nos jours*, Paris, Klincksieck, 1971-1974. 4 vol.

294. NEUSNER (Jacob), *A History of The Jews in Babylonia*, Leyden, 1937.

295. NEUSNER (Jacob), *Le Judaïsme à l'aube du christianisme*, Paris, Cerf, 1986.

296. OUAKNIN (Marc-Alain), *Le livre brûlé: lire le Talmud*, Paris, Lieu Commun, 1986.

297. OUAKNIN (Marc-Alain), *De génération en génération... Être Juif*, Paris, Bibliophane, 1989.

298. ORMESSON (Wladimir d'), *La Crise mondiale de 1857*, Paris.

299. PALMER, *A History of the Jewish Nation*, Londres, 1874.

300. PARKES (James), *Les juifs de la communauté médiévale*, Nova York, Sepher-Hermon Press, 1976.

301. PARKES (Rev. Dr. James), *The Conflict of the Church and the Synagogue*, Filadélfia, Jewish Publication Society of America, 1961.

302. PAXTON (Robert O.), "La Spécificité de la persécution des Juifs en France", *Annales ESC*, nº 3, maio-junho de 1993.

303. PAXTON (Robert O.), *La France de Vichy (1940-1944)*, Paris, Le Seuil, 1973.

304. PÉREZ (Joseph), *Isabelle et Ferdinand, Rois Catholiques d'Espagne*, Paris, Fayard, 1988.

305. PIETRI (François), *Napoléon et les israélites*, Paris, Berger-Levrault, 1965.

306. PICCIOTO, *Sketches of Anglo-Jewish History*, London, 1875.

307. POLIAKOV (Léon), *L'envers du destin. Entretiens avec Georges Elia Sarfati*, Paris, De Fallois, 1989.

308. POLIAKOV (Léon), *Histoire de l'antisémitisme*; t. I: *l'âge de la foi*, Paris, Calmann-Lévy.

309. POLIAKOV (Léon), *Histoire de l'antisémitisme*; t. II: *de Mahomet aux Marranes*, Paris, Calmann-Lévy.

310. POLIAKOV (Léon), *Histoire de l'antisémitisme*, t. III: *L'Âge de la science*, Paris, Calmann-Lévy.

311. POLIAKOV (Léon), *Histoire de l'antisémitisme*; t. IV: *De Voltaire à Wagner*, Paris, Calmann-Lévy.

312. POLIAKOV (Léon), *L'impossible choix*, Paris, 1994, Austral.

313. POLIAKOV (Léon), *Les* banchieri *juifs et le Saint-Siège, du XIII*[e] *au XVII*[e] *siècle*, Paris, Imprimerie Nationale, 1965.

314. POLIAKOV (Léon), *Du Christ aux Juifs de Cour*, Paris, Calmann-Lévy, 1955.

315. POLIAKOV (Léon), *Le Mythe aryen*, Paris, Presses-Pocket, 1994.

316. POLIAKOV (Léon), *Bréviaire de la haine. Le III*[e] *Reich et les Juifs*, Paris, Calmann-Lévy, 1951.

317. POLONSKI (Jacques), *La Presse, la propagande et l'opinion publique sous l'Occupation*, Paris, CDJC, 1946.

318. PONCINS (Léon de), *La mystérieuse Internationale juive*, Paris, Beauchesne et ses Fils, 1936.

319. POOL (David de SOLA), *An Old Faith in the New World*, Nova York, Columbia University Press, 1955.

320. POOL (David de SOLA), *Portraits etched in stone*, Nova York, Columbia University Press, 1954.

321. POTOK (Chaim), *Une Histoire du peuple juif*, Paris, Presses-Pocket, 1996.

322. PRÉVOST (Philippe), *Histoire du ghetto d'Avignon*, Avignon, Aubanel, 1975.

323. PRIEBATSCH (Felix), *Die Judenpolitik des fürstlichen Absolutismus im 17 & 18. Jahrhundert.*

324. PULIDO FERNANDEZ (Angel), *Espagnols sans patrie*, 1905.

325. RACHI, *Le Talmud, commentaires*, publicado por Adin Steinsaltz.

326. RAIZAN (Marc), *História dos israelitas no Brasil*, Rio de Janeiro, 1937.

327. RAPHAËL (Freddy) e WEYL (Robert), *Regards nouveaux sur les juifs d'Alsace.*

328. RAPHAËL (Freddy), *Juifs en Alsace. Culture, société, histoire*, Toulouse, Privat, 1977.

329. RAPHAËL (Freddy), *Judaïsme et capitalisme*, Paris, PUF, 1982.

330. *Relatório do Congresso Judaico Mundial*, 1938.

331. RAULT (Jean), *Drumont, la France juive et la Libre Parole*, Paris, Société Française d'Éditions Littéraires et Techniques, 1935.

332. READ (Donald), *The Power of News, the History of Reuters, 1849-1989*, Oxford University Press, 1992.

333. REICH (Carl), *The biography of André Meyer*, Nova York, William Morrow and Co., 1983.

334. REINACH (Théodore), *Histoire des Israélites depuis l'époque de leur dispersion jusqu'à nos jours*, Paris, Hachette, 1884.

335. REINACH (Théodore), *Textes d'auteurs grecs et romains relatifs au judaïsme*, Hildesheim, G. Olms, 1963.

336. RENAN (Ernest), *Judaïsme et christianisme*, Paris, Copernic, 1977.

337. RENOUARD (Yves), *Histoire de Florence*, Paris, PUF, 1974.

338. RENOUARD (Yves), *Les Hommes d'affaires italiens du Moyen Âge*, Paris, Armand Colin, 1972.

339. RICARDO (David), *Œuvres complètes*, Zeller, 1966.

340. ROGIER (J.), AUBERT (R.), KNOWLES (M.-D.), *Nouvelle histoire de l'Église*, Paris, Le Seuil, 1968.

341. ROCKEVODE (J. G.), ed., *Chronica Jocelini de Brakelonda*, Londres, Camden Society, 1840.

342. ROLL (Eric), *Memoirs. Crowded Hours*, Londres, 1985.

343. ROSENBAUM (E.), SHERMAN (A. J.), *Das Bankhaus M. M. Warburg & Co. 1798-1938*, Hamburgo, Hans Christians Verlag, 1976.

344. ROTH (Cecil), *Doña Gracia Nasi*, Paris, Liana Levi, 1990.

345. ROTH (Cecil), *The House of Nasi, the Duke of Naxos*, Nova York, Greenwood Press, 1948.

346. ROTH (Cecil), *Histoire du peuple juif*, Ed. de la Terre Retrouvée, 1963.

347. ROTH (Cecil), *Histoire des marranes*, Paris, Liana Levi, 1990.

348. ROUCHE (Michel), *Le Moyen Âge en Occident*, Paris, Hachette, 1999.

349. ROUMANI (Maurice), *The Case of the Jews from Arab Countries: A Negleted Issue*, Tel-Aviv, World Organization of Jews from Arab Countries, 1977.

350. RUPPIN (Arthur), *Les Juifs dans le monde moderne*, Paris, Payot, 1934.

351. SAFRAN (Alexandre), *Un tison arraché aux flammes. La communauté juive de Roumanie 1939-1947, Mémoires*, Paris, Stock, 1987.

352. SAINT-BONNET (Georges), *Le Juif ou l'internationale du parasitisme*, Paris, Vita, 1932.

353. SAINT-SIMON (Henri de), *Le Nouveau Christianisme. Dialogues entre un conservateur et un novateur*, Paris, 1825.

354. SANTINI (P.), ed., *Documenti dell'Antica Costituzione del Comune di Firenze*, in Documenti di Storia Italiana, Florença, 1895.

355. SAPORI (Armando), *Le Marchand italien au Moyen Âge*, Paris, 1952.

356. SAVARY, *Dictionnaire universel du commerce.*

357. SAVILLE (Pierre), *Le Juif de Cour*, Paris, 1970.

358. SAYOUS (André E.), *Les Débuts du commerce de l'Espagne avec l'Amérique (1503-1518)*, Paris, 1934.

359. SAYOUS (André), "Les Juifs", *Revue Économique Internationale*, março de 1932.

360. SCHACHT (H.), *Mémoires d'un magicien*, Paris, Amiot-Dumont. 2 vol.

361. SHICK (L.), *Un grand homme d'affaires du début du XVIe siècle: Jacob Fugger*, S.E.V.P.E.N., Paris, 1957.

362. SCHLATTER, *Israels Geschichte von Alexander den Grossen bis Hadrian*, Carlowitz, 1901.

363. SCHŒNBERG (Shira), *Ashkenazim.*

364. SCHOLEM (Gershom), *Aux origines religieuses du judaïsme laïc: de la mystique aux Lumières*, Paris, Calmann-Lévy, 2000.

365. SCHOLEM (Gershom), *On the Kabbalah and its Symbolism*, Schocken Books, Nova York, 1969.

366. SCHOLEM (Gershom), *Sabbataï Tsvi, le Messie mystique*, Paris, Verdier, 1983.

367. SCHOR (Ralph), *L'Antisémitisme en France pendant les années trente: prélude à Vichy*, Bruxelas, Complexe, 1992.

368. SCHÖRER (von), *A History of the Jewish People in the Time of Jesus Christ*, Nova York, 1891.

369. SCHWARZFUCHS (Simon), *Les Juifs de France*, Paris, Albin Michel, 1975.

370. SCHWARZFUCHS (Simon), *Kahal. La communauté juive de l'Europe médiévale*, Paris, Maisonneuve et Larose, 1986.

371. SCHWARZFUCHS (Simon), *Brève histoire des Juifs de France*, Paris, Balcão do Livro do Kéren Hassefer.

372. SCHWARZFUCHS (Simon), "Les juifs de Cour", in *La Société juive à travers l'histoire*, t. III.

373. SCHWARZFUCHS (Simon), *Rachi de Troyes*, com um glossário de francês arcaico, estabelecido por Moshé Katane, Paris, Albin Michel, 1991.

374. SCHWARZFUCHS (Simon), *Les Juifs d'Algérie et la France: 1855-1930*, Instituto ben-Zvi, Jerusalém, 1981.

375. SCHWARZFUCHS (Simon), *Aux prises avec Vichy*, Paris, Calmann-Lévy, 1998.

376. SÉDILLOT (René), *Histoire des marchands et des marchés*, Paris, Fayard, 1964.

377. SEGEV (Tom), *Le Septième million*, Paris, Liana Lévi, 1993.

378. SEGEV (Tom), *Les Premiers Israéliens*, Paris, Calmann-Lévy, 1998.

379. SELTZER (Robert), *Jewish People, Jewish Thought*, Nova York, Macmillan, 1980.

380. SÉPHIPHA (H.-V.), *L'Agonie des Judéo-Espagnols*, Paris, Entente, 1979.

381. SHAKESPEARE (William), *Le Marchand de Venise*, Gallimard, La Pléiade, t. I, 1975.

382. SHATZMILLER (Joseph), *Le Prêt d'argent dans la société médiévale*, Paris, Les Belles Lettres, 2000.

383. SHAW (S.), *Histoire de l'Empire ottoman et de la Turquie*, Horvath.

384. SHIRER (William), *L'Ascension et la chute du IIIe Reich*, trad. fr., Paris.

385. SHORT (Walter), *The Exclusion of the Jews and Christians from the Arabian Peninsula.*

386. SILBERSTEIN (Laurence J.), "Others Within and Other Without", in *Jewish Thought and History: Construction of Jewish Culture and Identity*, ed. por Laurence J. Silberstein e Robert L. Cohen, 1994.

387. SILVAIN (Gérard), *Images et traditions juives, un millier de cartes postales*, prefácio de Alain Poher, Astrid, 1980.

388. SIRAT (Colette), *La philosophie juive médiévale en pays de chrétienté*, Paris, CNRS, 1988.

389. SIRAT (Colette), *La philosophie juive médiévale en terre d'islam*, Paris, CNRS, 1988.

390. SIRAT (René), *Les Fleurs du soleil*, Paris, 1991.

391. SOIL (H.), *Abravanel, Don Isaac, sa vie et ses œuvres*, Paris, Gallimard, 1983.

392. SOMBART (Werner), *Les Juifs et la vie économique*, Paris, 1923.

393. SOMBART (Werner), *L'Apogée du capitalisme*, Paris, 1932. 2 vol.

394. SOMBART (Werner), *Le Bourgeois. Contribution à l'histoire morale et intellectuelle de l'homme économique et moderne*, Paris, 1926.

395. SOUTOU (Georges-Henri), "Commente a été financée la guerre de 1914", in *La Première Guerre Mondiale*, Paris, Flammarion, 1991, t. II.

396. SPINOZA (Baruch), *Éthique*, Paris, PUF, 1990.

397. STARR (J.), *The Jews in the Byzantine Empire*, Tarnsworth, Gregg, 1969.

398. STEIN (Siegfried), "The Laws on Interest in the Old Testament", *The Journal of theological studies*, t. 4, 1953.

399. STEIN (Siegfried), "The Development of the Jewish law on interest", *Historia Judaïca*, 1955.

400. STEINGERG (August), *Studien zur Geschichte der Juden in der Schweiz während des mittelalters*, Zurique, 1902.

401. STEINSALTZ (Adin), *Hommes et femmes de la Bible*, Paris, Albin Michel, 1990.

402. STERN (Selma), *Jude Süss*, Berlim, 1929.

403. STERN (Selma), *The Court Jew, a contribution to the history of the period of absolution in Central Europ*, Filadélfia, Jewish Publication Society of America, 1950.

404. STERN (Fritz), *L'Or et le Fer, Bismarck, Bleischröder et la construction de l'Empire allemand*, Paris, Fayard, 1990.

405. STOLÉRU (Lionel), *Séminaire sur l'économie du judaïsme*, CUEJ, 1976.

406. SUAREZ FERNANDEZ (L.), *Les juifs espagnols au Moyen Âge*, Paris, Gallimard, 1983.

407. TALMUD, edição francesa Adin Steinsaltz, Paris, Ramsay/FSJU, 1999-2000.

408. TALMUD, editado em hebraico pelo rabino Adin STEINSALTZ, Jerusalém, Israel Institute for Talmudic Publications, 1994.

409. TAMARI (Meir), *"With all your possessions", Jewish Ethnics and Economic Life*, Nova York, Macmillan, 1987.

410. TAWNEY (R. H.), *La Religion et l'essor du capitalisme*, Paris, M. Rivière, 1951.

411. TENENTI (A.), *Florence à l'époque des Médicis: de la Cité à l'État*, Paris, Flammarion, 1968.

412. THALMANN (Rita), "La Traque des juifs dans le contexte de la 'mise au pas' de la France", *Annales ESC*, nº 3, maio-junho de 1993.

413. THOMAS (Louis), *Les Raisons de l'antijudaïsme*, Paris, Les Documents Contemporains, 1942.

414. TOLLET (Daniel), *Histoire des Juifs en Pologne du XVI*[e] *siècle à nos jours*, Paris, PUF, 1992.

415. TOURS (Gregório de): *Historia Francorum*, VII, trad. Robert Latouche, Paris, 1965.

416. TOUSSENEL (Alphonse), *Les Juifs rois de l'époque: histoire de la féodalité financière*, Paris, 1845.

417. TOVEY D'BLOSSIERS, *"Anglia Judaica" or the History and antiquities of the Jews in England*, Oxford, Fletcher, 1738.

418. Trabalhos do Centro de História das Religiões da universidade de Estrasburgo II, *Prière, mystique et judaïsme*, Paris, PUF, 1987.

419. *Dictionnaire universel français et latin (Dictionnaire de Trévoux)*.

420. TRIGANO (Shmuel), dir., *La Société juive à travers les âges*, Paris, Fayard, 1992-1993. 4 vol.

421. TROCMÉ (Étienne), *L'Enfance du christianisme*, Paris, Noësis, 1997.

422. TUDELA (Benjamim de), *Voyages autour do Monde*, Paris, 1830.

423. TURNER (H. A.), *Stresemann and the politics of the Weimar Republic*, Princeton University Press, 1963.

424. VAJDA (Georges), "Le rôle et la signification de l'ascétisme dans la religion juive", *Archives de sociologie des religions*, 1964.

425. VALDMAN (Édouard), *Les Juifs et l'argent. Pour une métaphysique de l'argent*, Paris, 1999.

426. VALLAT (Xavier), *Le Nez de Cléopâtre: souvenirs d'un homme de droite (1918-1945)*, Paris, Les Quatre Fils Aymon, 1957.

427. VAN CLEAF (Bachman), *Peltries or plantations*, 1969.

428. VANEIGEM (Raoul), *La Résistance au christianisme*, Paris, Fayard, 1993.

429. VAUX (Roland de), *Histoire ancienne d'Israël des origines à l'installation en Canaan*, Paris, Gabalda, 1986.

430. VAUX (Roland de), *Les Institutions de l'Ancien Testament*, Paris, Le Cerf, 1989-1991, t. I.

431. VOLTAIRE, *Traité sur la tolérance*, Oxford, Voltaire Foundation, 1999.

432. VOLTAIRE, *Dictionnaire philosophique*, Oxford, Voltaire Foundation, 1994.

433. WACHTEL (Nathan), *La Vision des vaincus. Les Indiens du Pérou devant la conquête espagnole*, Paris, Gallimard, 1971.

434. WACHTEL (Nathan), *La Foi du souvenir: labyrinthes marranes*, Paris, Le Seuil, 2001.

435. WARBURG (J. P.), *The long road home*, Nova York, Doubleday, 1964.

436. WARBURG (Aby), *Essais florentins*, Klincksieck, 1990.

437. WASSERSTEIN (Bruce), *Britain and the Jews of Europe, 1939-1945*, Oxford, Institute of Jewish Affairs, 1979.

438. WEBER (Max), *L'Éthique protestante et l'esprit du capitalisme*, Paris, Plon, 1964.

439. WEBER (Max), *Le Judaïsme antique*, Paris, Plon, 1971.

440. WEBER (Max), "La morale économique des grandes religions", *Archives de sociologie des religions*, nº 9, 1960.

441. WEIDER (Ben), *Napoléon et les juifs*, conferência feita na Sociedade Napoleônica Internacional, Alexandria, 1997.

442. WEINGORT (Abraham), *Intérêt et crédit dans le droit talmudique*, Paris, Librairie de Droit et Jurisprudence, 1979.

443. WEIZMANN (Chaim), *Naissance d'Israël*, Paris, Gallimard, 1957.

444. WEIZMANN (Chaim), *La Bataille pour la paix*, Paris, Hachette, 1981.

445. WIESEL (Élie), *La Nuit*, Paris, Ed. de Minuit, 1958.

446. WIESEL (Élie), *Les Juifs du silence*, Paris, Le Seuil, 1966.

447. WIESEL (Élie), *Célébration biblique. Portraits et légendes*, Paris, Le Seuil, 1975.

448. WILTON (Robert), *Les Derniers Jours des Romanov*, Paris, Crès, 1931.

449. WINOCK (Michel), *Nationalisme, antisémitisme et fascisme en France*, Paris, Le Seuil, 1990.

450. WIRTH (L.), *Le Ghetto*, Grenoble, PUG, 1980.

451. WIZNITZER (D.), *A History of Jewish Crafts and Guilds*, Nova York, Jonathan David, 1965.

452. WOLF, *The American Jews as Patriots, Soldiers, and Citizens*, Filadélfia, 1895.

453. YAFFE (J.), *The American Jews*, Nova York, Random House, 1968.

454. YE'OR (Bat), *The Dhimmi*, Fairleigh Dickinson University Press, 1985.

455. YE'OR (Bat), *Juifs et Chrétiens sous l'Islam*, Paris, Berg International, 1994.

456. YEHEIL NISSIM (Ben Samuel de Pisa), *Banking and finance among Jews in Renaissance Italy*, ed. crít., notas de Gilbert Rosenthal, Nova York, 1962.

457. YOVEL (Yeremiahov), *Spinoza and other heretics*, Princeton University Press, 1989.

458. ZAFRANI (Haïm), *Mille ans de vie juive au Maroc. Histoire et culture, religion et magie*, Paris, Maisonneuve et Larose, 1983.

459. ZAFRANI (Haïm), *Les Juifs du Maroc. Études de Taqqanot et de Responsa*, Paris, 1972.

460. ZANGWILL (Israel), *The Melting Pot*, Londres, Heinemann, 1919.

461. ZIPOERSTEIN (E.), *Business Ethics in Jewish Law*, Nova York, Ktav, 1983.

Jornais, revistas e sites *na Internet*

462. "L'Arche", Paris.

463. "Fortune", *Lehman Bros.* by AUTELLA K., 1984.

464. "Business Week", *Warburg S.G., The exceptional survivor*, 14 de março de 1977.

465. "Euromoney", número especial, *A History of Eurobond Market.*

466. "Investor Chronicle", entrevista de Siegmund Warburg, 1973.

467. "Jewish Chronicle", Londres.

468. "Jerusalem Post", Jerusalém.

469. "The Jewish Virtual Library".

470. "American Jewish Yearbook", Filadélfia.

471. "Biblical Archeology Review", Washington.

472. "Diário do Povo", Pequim, 15 de dezembro de 2000.

ÍNDICE REMISSIVO

B

C

D

E

F

G

H

I

L

M

Q

R

U

V

W

X

Y

Z

AGRADECIMENTOS

Agradeço ao grande rabino René
irat e aos rabinos Daniel Fahri e Marc-Alain Ouaknin. Agradeço a Jeanne uzenet, a Jacques Bendelac, a Ronnie Bruckner, a René Cleitman, a Charles nderlin e a Denis Maraval por terem revisado e discutido comigo os riginais deste livro. Agradeço também a Jeanne Auzenet por ter pesquisado bibliografia. A todos sou infinitamente grato.

Gostaria de ressaltar que toda a inexatidão ou julgamento de valor resentes nesta obra são de minha inteira responsabilidade.

Nota: Para cada acontecimento escolhi uma data dentre as várias aceitas entre os historiadores. Para cada nome próprio, de pessoa ou de lugar, mantive uma ortografia dentre as muitas utilizadas por vários autores.

O AUTOR

Jacques Attali é um dos maiores e ma respeitados intelectuais da França, além de autor de dezenas de obras qu incluem ensaios, peças teatrais e romances. Fundador e primeiro presiden te do Banco Europeu para a Reconstrução e o Desenvolvimento (Berd foi conselheiro especial do presidente François Mitterrand durante de anos, de maio de 1981 a abril de 1991, criou a Planet Finance Attal organização de captação de "microcréditos" para países do Terceiro Mur do, e presidiu a ACA, escritório especializado em consultoria para gover nos de países em desenvolvimento da África, Ásia, Europa do Leste e Am rica Latina.

1ª EDIÇÃO [2003]
Esta obra foi impressa em São Paulo no sistema CTP pela Gráfica Vida & Consciência para a EDITORA FUTURA. A fonte usada no texto foi Venetian301 BT no corpo 12,5/16; o fotolito de capa foi gerado pela Form Certa; o papel de miolo é chamois Bulk Dunas 80g da Ripasa e o de capa cartão Supremo 250g da Cia. Suzano.